Jean-Paul Sartre

Gesammelte Werke

In Zusammenarbeit mit dem Autor
und Arlette El Kaim-Sartre
herausgegeben von Traugott König

Autobiographische Schriften
Briefe
Tagebücher

Jean-Paul Sartre

Tagebücher

Les carnets de la drôle de guerre
November 1939 – März 1940

Aus dem Französischen
von Eva Moldenhauer

Rowohlt

Anmerkungen des Herausgebers:

Die numerierten Fußnoten stammen von Arlette El Kaim-Sartre, die mit einem * versehenen Fußnoten von der Übersetzerin.

Mit *réalité humaine* = «menschliche Realität» übersetzte Henry Corbin den Heideggerschen Begriff «Dasein». Der Bindestrich weist darauf hin, daß es sich um diesen Begriff handelt.

Veröffentlicht im Rowohlt Taschenbuch Verlag GmbH,
Reinbek bei Hamburg, Oktober 1988

Die deutsche Ausgabe folgt der 1983 bei
Éditions Gallimard, Paris, erschienenen Originalausgabe:
Jean-Paul Sartre, «Les carnets de la drôle de guerre.
Novembre 1939 – Mars 1940»

Umschlaggestaltung Klaus Detjen
Gesamtherstellung Clausen & Bosse, Leck
Printed in Germany
ISBN 3 499 34009 7

Zu diesem Buch

Diese Tagebücher zeigen, daß das Denken Sartres nicht im Elfenbeinturm entsteht, sondern unmittelbar aus äußeren und inneren Alltagserfahrungen seiner selbst und der Zeitgenossen hervorgeht und daß er es versteht, eine illusionslose Analyse unserer Existenz mit einer optimistischen Moral des ästhetischen und ethischen Engagements zu verknüpfen. Novellistische Glanzstücke über das Verhalten seiner Kameraden und ihre Gruppenkonflikte wechseln ab mit strengen philosophischen Reflexionen über Verantwortung und Freiheit, Authenzität und Unaufrichtigkeit, Willensbildung und Entscheidung, das Verhältnis von Bewußtsein und Welt – er entwickelt Schlüsselgedanken zu seinem philosophischen Hauptwerk *Das Sein und das Nichts*. Er skizziert an Hand konkreter Beispiele seine Literaturtheorie und Poetik und entwirft am Beispiel Wilhelms II. seine später auf Mallarmé und Flaubert angewandte Methode einer Beschreibung des Ineinandergreifens von individuellem und geschichtlichem Schicksal.

Die *Carnets* enthalten selbstkritische Analysen seines Charakters, seines Hochmuts, seines Verhältnisses zum Besitz, seiner Beziehung zu Freunden und Frauen, zu seiner Häßlichkeit und zur erotischen Verführung und Sexualität. Er begründet seinen Widerwillen gegen jede Form von «Ernsthaftigkeit», die er sowohl Besitzenden wie Revolutionären vorwirft, und seine Entschlossenheit, das Leben als Spiel aufzufassen.

Von den Heften, die Sartre während seiner Mobilisierung im Elsaß, zwischen September 1939 und Juni 1940, schrieb, konnten nur die hier veröffentlichten wiedergefunden werden. Die anderen, die einem verwundeten Freund in einem Zug abhanden gekommen waren, sind, so scheint es, nicht wieder aufgetaucht. Vielleicht sind sie vernichtet worden, oder diejenigen, die sie besitzen, konnten sich nicht entschließen, uns darüber in Kenntnis zu setzen. Wie dem auch sei, Sartre schrieb in erster Linie für seine Zeitgenossen: wir sehen keinen Grund, noch länger zu warten, um die uns verbliebenen Hefte dem Publikum vorzulegen.

Sartre verstand dieses Tagebuch als Zeugnis eines x-beliebigen Soldaten über den Krieg und die seltsame Wendung, die er nahm, über jenen Zustand untätiger Mobilisierung, in den man ihn zusammen mit Millionen anderer versetzt hatte. Er wollte auch, daß er eine Infragestellung seiner selbst sei, begünstigt durch diese erzwungene tote Zeit, weitab vom normalen Verlauf seines Lebens, eine Infragestellung, die das Ende seiner Jugend kennzeichnet. Außerdem findet man hier im Keim viele Interessen, die er später in seinen Werken entwickelt, die Skizze von L'être et le néant, *von* Les mots, *seine ersten Ideen zum Entwurf einer Moral und bereits die Frage: Wie läßt sich der Mensch in seiner Totalität erfassen?, die erst in seinem allerletzten Werk eine Antwort findet,* L'idiot de la famille.

Arlette El Kaim-Sartre

Heft III

November–Dezember 1939
Brumath-Morsbronn

12. November (Fortsetzung)

... «Als wäre seine ganze Person übergangslos von einem Milieu in ein anderes versetzt worden. Die Sache betraf sowohl den Blick wie die Atmung, die Gedanken wie die Gliedmaßen. Nichts mehr, weder innen noch außen, ließ sich so wahrnehmen wie vorher.»[1]

Nur verleiten ihn seine Geographie, sein Unanimismus und sein statistischer Naturalismus sofort, die Wirkung zu verpfuschen: «Die Angst vor den Schützengräben ist ein lokales Produkt. Wie die Schützengrabenlaus gedeiht sie nur in vorderster Linie.» Idiotisch: welches Bedürfnis drängt ihn, aus dieser Angst einen selbständigen Organismus zu machen, vergleichbar einem Ungeziefer, das zu seinem Gedeihen besondere klimatische Bedingungen braucht? Während er doch beinahe begriffen hat – einen Augenblick ganz und gar begriffen hat –, daß diese Angst das Sinnesorgan war, mit dem der Mensch die Welt der Schützengräben wahrnahm.

S. 12 (ebd.): «Die Offiziere fanden heraus, daß für den Angriff und die Chance eines Sieges keine Kostbarkeit des Materials, keine technische Vollkommenheit des Geräts zuviel oder ausreichend war, für die Verteidigung dagegen die simpelsten Materialien, Dinge, die überall herumliegen, Finten, die so alt sind wie die Welt, Requisiten von

1 Zitat von Jules Romains (*Prélude à Verdun*). Die Stelle aus Romains' Buch, die Sartre kommentiert, beginnt wie folgt: «Jerphanion empfand eine Zustandsveränderung; eine Erschütterung ganz besonderer Art, die er sofort identifizierte, weil er sie kannte. Als wäre...» Der Anfang des Kommentars befand sich im vorhergehenden Heft, das verlorengegangen ist.

beschämender Vulgarität alle ihre Möglichkeiten zeigten: mit einfachen Schaufeln umgegrabene Erde; Säcke, Kisten voller Erdklumpen oder Steine; in gestampften Lehm gepreßte Zweige; Gartendraht mit Stacheln.» Kurz, wie ich im letzten Heft notierte: die Zerstörung zerstört sich selbst. Wenn man den Zerstörer *zerstören* will (Gegenfeuer), fällt man in den Luxus der Mittel zurück, die ihren eigenen Tod in sich tragen. Will man jedoch seinen Beruf als Mensch ausüben, das heißt die Zerstörung *abwehren*, dann genügt ein Minimum an Mitteln – wie der bescheidenste Unterschlupf beim größten Sturm. Die künstliche Zerstörung neigt von sich aus dazu, einer Naturkraft ähnlich zu werden (Streuung der Granaten usw.) und, wie die Natur, die Zufälligkeit und Ungewißheit jedes Falles durch den Luxus der Mittel und die Zahl der Fälle wettzumachen. Die Zerstörung, da blind, ist statistisch.

Jede Gegenwart hat ihre Zukunft, die sie erleuchtet und mit ihr verschwindet, *vergangene Zukunft* wird:

Wo aber ist die Zukunft von einst?

Das ist der Sinn des berühmten Ausspruchs: «Wie schön war die Republik unter dem Zweiten Kaiserreich!» Nach 1870 war die einstige Zukunft des toten Zweiten Kaiserreichs die Republik. Nicht die von Jules Ferry und Gambetta. Eine andere, die nur Zukunft war und, in die Vergangenheit gleitend, ihre Qualität als Zukunft bewahrte. An einem Tag im letzten Frühling ging ich in Saint-Cloud spazieren, an der Eisenbahnlinie entlang. Ich sah den Bahnhof, seine Bahnsteige und seine Schienen und das fiebrig-graue Weiß des Dachs der Vorortszüge. Einen Augenblick lang erlebte ich eine vergangene Zeit wieder: zwei Jahre vorher hatte Castor eine Lungenentzündung, sie war in eine Klinik in Saint-Cloud gebracht worden, ich besuchte sie jeden Tag. Aber es war das Ende meiner Leidenschaft für O. Ich war nervös, unruhig. Jeden Tag wartete ich auf den Augenblick, sie wiederzusehen, und über diesen Augenblick hinaus auf irgendeine unmögliche Verständigung. Die Zukunft all dieser Augenblicke, die ich, auf den Zug wartend, im Bahnhof von Saint-Cloud verbrachte, war diese unmögliche Liebe. Und an jenem Tag im letzten Frühling lebte nun diese Zeit wieder auf, mit schmerzhafter und sanfter Poesie. Aber vor allem lebte ihre damalige Zukunft wieder auf. Was ich wiedersah, war ein Saint-Cloud, das nach Paris blickte, nach dem Montparnasse, wohin ich zurückkehrte, um O. zu treffen. Und jetzt hatte ich eine andere Zukunft, andere Hoffnungen, andere Lieben. Doch nichts war erregender als jener Augenblick, da ich mich von meiner lebendigen Zukunft abwandte, von Paris und den Leuten, die mich am Horizont von Saint-Cloud erwarteten, und einen Moment lang jener toten Zukunft nachsann. Und es war auch eher eine tote Zukunft als eine Reihe verstorbener Gegenwarten, nach der wir letztes Jahr in Rouen suchten, Castor und ich.

Als ich im September ausrückte, hatte jeder Augenblick eine unbestimmte und ferne Zukunft: das Ende des Krieges. Und diese ferne und ungreifbare Zukunft machte die Gegenwart erdrückend: je leichter die Zukunft, desto schwerer die Gegenwart. Und allmählich hat sich dann diese Zukunft verflüchtigt, ich habe nur noch eine alltägliche Zukunft und ein paar Anhaltspunkte: die Besuche, der nächste Urlaub. Das genügt, um das Leben sehr erträglich zu machen.

Montag, 13. November

Ausgezeichneter Satz, den J. Romains Maykosen in den Mund legt (der die Franzosen nicht liebt, aber Paris unendlich liebt): «Die Menschen sind wie die Bienen. Ihre Produkte sind besser als sie.»

Hin und wieder wird einer von uns – Feldwebel, Unteroffizier, Soldat – beim Lesen eines Briefs oder beim Auftauchen einer Erinnerung von schüchterner Erregung ergriffen und beginnt, von seinen Freunden, seiner Vergangenheit, seinem zivilen Leben zu erzählen. Seine Worte fallen in eine Grabesstille. Die anderen schreiben, schauen aus dem Fenster, scheren sich einen Dreck darum. Die Stimme des Burschen hört sich schmächtig an. Schließlich stirbt sie an Auszehrung, und der Mann steht sprachlos da, stumm, ein zaghaftes, verlegenes Lächeln auf den Lippen. Dann wendet er sich ab und macht sich wieder an die Arbeit.

Der Feldwebel, der Unteroffizier Naudin, der Soldat Hang reden alle drei vom Abmarsch. Mit Heldenmut. Einem Heldenmut, der sie schließlich selbst beeindruckt.

Der Feldwebel, kriegerisch und spöttisch: «Mein lieber Hang, Sie können ja schon mal beichten gehen.»

Hang: «Wieso beichten?»

Naudin: «Du weißt, was deine Frau dir gesagt hat?»

Der Feldwebel: «Ich geh nicht beichten, ich hab keine Sünden.»

Naudin: «Oh, wenn's drüben kracht, geh ich hin.»

Hang: «Wohin.»

Naudin: «Na, zur Beichte!»

Der Feldwebel: «Kein Bedarf.» Schulmeisterlich und ein wenig mit den Worten ringend: «Im Kriegsfall gilt für uns der Ausnahmezustand. Man braucht nicht zu beichten; egal, was für einen Glauben man hat oder in welcher Partei man ist, man kommt direkt in den Himmel.»

Hang: «Oh, das ist dann das Paradies von Mohammed!»

Sie lachen und freuen sich bei dem Gedanken, daß der dicke Unteroffizier Thibaud Angst haben wird.

«Wenn's knallt, scheißt er sich in die Kutte.» Erheitert wiederholt jeder: «Dann scheißt er sich in die Kutte, dann scheißt er sich in die Kutte.»

Hang: «Er will mit uns auf Beobachtungsposten gehen.»

Naudin: «Wirst schon sehen! Wirst schon sehen!»

Hang: «Wenn er mitkommt, gibt's hoffentlich 'ne kleine Schießerei.»

Ich: «Ja, vorausgesetzt, man schießt weder auf dich – noch auf ihn, weil du ihm ja nicht den Tod wünschst, noch auf sonst wen.»

Hang: «Ja. Hundert Meter weg.»

Naudin: «Man soll niemandem den Tod wünschen.»

Der Feldwebel: «Eine große Granate, die in zwanzig Meter Entfernung explodiert: da solltet ihr den Dicken mal sehen! Und ich würde ihm einen Stuhl hinstellen und zu ihm sagen: Setzen Sie sich, armer Thibaud, Sie sehen krank aus.»

Sie reden über die letzten Untaten des Dicken, und jeder malt sich aus, welchen Streich er ihm demnächst spielen wird.

Naudin: «Ach ja! Es gibt hier zwei oder drei, ich will keine Namen nennen, also, die haben ihn in der Hand! Sie haben noch die Papiere, alles ist aufgeschrieben. Sie sagen nichts, weil das zu schlimm wäre, aber wenn er uns anstinkt, da wirst du schon sehen! Die Papiere kommen zum Vorschein, und dann braucht er bloß noch seine Tressen abzureißen und sich den Schädel zu rasieren.»

Hang: «Die Bösen, die müssen's immer ausbaden.»

Naudin: «Du sagst es. Wer böse ist, der muß es ausbaden.»

Dienstag, 14. November

Gestern abend tun mir die Augen weh, und ich unterbreche meine Arbeit; in diesem Moment sagt mir Pieter, daß einer seiner Freunde ihm geschrieben habe: «Das Unverständnis und der Neid mancher Leute erstaunt und schmerzt einen.» Das ärgert mich, denn derselbe Kerl hat ihm vor einem Monat Wort für Wort schon mal dasselbe geschrieben. Ein Geschäftsmann, der auf einem Flakposten hockt, 50 Kilometer von Paris, in einem Kaff. Die Kameraden liegen im Dreck. Fünfhundert Meter von ihrer

Batterie entfernt gibt es sechs Häuser und einen Lebensmittelladen. Der Typ und einer seiner Kameraden, der in der *Coupole* Kellner ist, haben eine Alte aufgetan, die sie für 100 Francs im Monat logiert und verköstigt. Sie essen und schlafen nicht mit ihren Kameraden. Und weil Paris nicht weit ist, kann der Bruder des Typs zwei- oder dreimal pro Woche mit einem Hähnchen und ein paar Flaschen im Auto antanzen. Seine Freundin hat ihn besucht und die Nacht mit ihm verbracht. Er kriegt auch dicke Pakete. Und da wundert er sich und grämt sich, daß seine Kameraden neidisch werden. Ich sage Pieter meine Meinung und wage nicht hinzuzufügen, daß dieser Typ, wenn er nur ein Zehntel von Pieters wichtigtuerischer Spendierfreudigkeit besitzt, wenn er seine Pakete mit stürmischer Herzlichkeit teilt, Fotos von seiner Freundin herumzeigt, gefällig zu sein verspricht und dabei mit einem gewissen Gehabe kritischer Unparteilichkeit von seinen Geschäften redet – daß er sich dann bestimmt verhaßt gemacht hat. «Mit anderen Worten», sagt Pieter entrüstet, «du meinst, der Typ sollte den Schwachköpfen zuliebe, mit denen er zusammen ist, auf Bett, Frau und Essen verzichten?» Ich antworte: «Ja, genau.» Und ich sehe, was ihn schockiert, ohne daß er es sich klar zu formulieren vermag, nämlich daß der Umstand, mit Schwachköpfen zusammenzusein, zusätzliche Pflichten schafft. Er sagt: «Theoretisch ist das ja sehr schön, aber praktisch ... Du lebst in der Theorie, aber ich, ich bin ein Kaufmann, ein praktischer Mensch.» Ich sage: «Laß doch endlich mal diese Geschichten von Theorie und Praxis. Du bist nicht mehr und nicht weniger praktisch als ich: du brauchst mich bei bestimmten praktischen Dingen, so wie ich dich bei andern brauche.» Sofort ein anderes Argument von Pieter, ebenso voraussehbar wie das erste: «Jedenfalls tust du es nicht.» Ich hätte ihm erwidern sollen: «Nehmen wir an, ich tue es nicht und ich bin ein Schwein, aber ich spreche nicht von mir, ich sage bloß, daß man es tun sollte.» (Worauf er zweifellos geantwortet hätte: Ist ja sehr schön, wenn man sagt, daß man etwas tun *soll*, aber das ist leicht, wenn man es nicht selber tut, usw.) Aber ich bin müde und lasse mich auf den Boden der Anklage und der Rechtfertigung zerren – einen Boden, auf dem ich mich immer höchst unwohl fühle, weil ich nicht gewohnt bin, über mich zu sprechen, und weil mein Hochmut sich aufbäumt, sobald man mich unter Anklage stellt. Also antworte ich: «Wenn der Zufall es wollte, daß ich mit Typen der Infanterie zusammen bin, würde ich es bestimmt tun. Aber hier ist das anders.» – «Ich kenne dich allmählich», sagt Pieter, «du willst deine Ruhe haben, du schreibst den ganzen Tag, und wenn's dir paßt, allein ins Restaurant zu gehen, nimmst du keine Rücksicht.» Ich sage: «Weil ich mit bürgerlichen Typen zusammen bin; wegen denen werde ich mir doch keinen Zwang antun, und außerdem habe ich nichts, was ihr nicht auch habt oder haben könntet.» Hier kippt das Gespräch plötzlich um: Pieter fragt mich etwas säuerlich: «Aber wenn es dich so ankotzt, mit bürgerlichen Typen zusammenzusein, warum bleibst du dann?» Ja, warum? Das war die Frage, es ist immer wieder dasselbe soziale Problem, von dem ich neulich sprach, meine tiefe Unsicherheit. Ich antworte leichthin und unheilvoll: «Weil ich 1929 den Fehler gemacht habe, bei den Meteorologen unterzukriechen. Das war eine Sauerei, ich geb's zu.» Pieter: «Ha, ha! du bist also ein Schweinehund!» Und ich sage ungeschickt, ehrlich entrüstet, daß man mir ein so fernes Vergehen vorhält und mich gewaltsam mit dem Menschen in Verbindung bringt, der ich 1929 war: «Du willst mich doch nicht *heute* wegen einer Schweinerei verurteilen, die ich 1929 begangen habe!» Es ist mein Hochmut, der aus mir spricht, mein Sinn für den Fortschritt und meine Art, mich loszusagen von dem, was ich tags zuvor war. Jedesmal, wenn jemand von der Beständigkeit meines Ichs beeindruckt zu sein scheint, bin ich verstört vor Unruhe. Natürlich ziehe ich mir die vorhersehbare Erwiderung zu: «Weißt du, wem du ähnlich siehst? Einem, der ein Stück Schokolade geklaut hat und es acht Tage später genüßlich ißt und dabei sagt: ich bin ein Dieb, ein Schwein, ich habe Gewissensbisse. Ich dagegen, ich bin aufrichtiger als du, ich habe mich protegieren lassen, ich bin mit dem Ergebnis zufrieden und sage es.» Ich: «Ich weiß nicht, warum du das Aufrichtigkeit nennst: du verschweigst dir, daß du ein Schweinehund bist.» Pieter: «Ich bin kein Schweinehund. Ja, in einer Gesellschaft, in der es gerecht zuginge, könnte ich Gewissensbisse haben, wenn ich zu meinem Vorteil eine Ungerechtigkeit begehen würde. Aber auf dieser Welt hier, da sage ich mir, daß ich keine Ausnahme bin, daß es fünfhunderttausend Protegierte gibt wie mich und daß ein anderer an diesem Platz säße, wenn ich nicht da wäre. Während du sagst, daß du ein Schweinehund bist, das ist schlauer, aber du profitierst genauso wie ich von den Annehmlichkeiten der Meteorologie. Von einem, der sagen würde: ich bin ein Schwein, und dann auf diese Annehmlichkeiten verzichtet und sich zur Infanterie meldet, von dem würde ich sagen, er ist aufrichtig. Aber was beweist mir, daß du aufrichtig bist?» Paul: «Da ist noch was, was mich fuchst bei dem, was Sartre sagt: wenn du so denkst, müßtest du dich immer auf die Seite der Benachteiligtsten stellen.» Ich: «Nein, auf die Seite der Massen.» Pieter: «Und noch was: ehrlich, wie ich bin, freue ich mich, wenn ich erfahre, daß meine Frau den Laden wieder aufgemacht hat und daß er läuft. Auch da bin ich begünstigt. Aber du bist noch begünstigter als ich: du kassierst dein Gehalt. Aber es gibt welche, die nur ihre zehn Sous am Tag zum Leben haben, und ihre Frauen haben bloß ihre Unterstützung. Warum überläßt du ihnen nicht dein Gehalt?» Paul: «Völlig einverstanden.» Ich: «Das ist doch was anderes. Es gibt Friedensprivilegien und eine Gesellschaft, die auf diesen Privilegien aufgebaut ist. Im Frieden geht es nicht darum, daß einer diese Privilegien aufgibt, was nur ein Tropfen auf den heißen Stein wäre, sondern darum, daß er für die Abschaffung *aller* Privilegien kämpft» (bei diesen Worten denke ich – da mich die Anwesenheit des Sozialisten Paul dazu ermuntert – an Blum und Zyromski[2], und ich habe den undeutlichen Hintergedanken, ihn auf meine Seite zu ziehen). «Ich will, daß keine neuen Privilegien, Kriegsprivilegien dazukommen.» Keiner merkt, daß das Gespräch eine andere Richtung genommen hat – eine infolge meines Ungeschicks für mich gefährliche Richtung: ich hatte nur gesagt, daß man in jedem besonderen militärischen Milieu seinen Lebensstandard dem durchschnittlichen Standard anpassen müsse. Aber diese Idee hat sich im Laufe des Gesprächs verändert: nun ging es darum, das Los der Benachteiligtsten der *ganzen* Militärgesellschaft zu teilen: keinen Schlafsack zu haben, wenn andere, unsichtbare und ferne Menschen keinen Schlafsack haben – keine Besuche zu empfangen, wenn andere, an der Front, nicht die Möglichkeit haben, ihre Frau kommen zu lassen, usw. Und das liegt wahrscheinlich daran, daß die erste Idee schwammig und unbeständig ist: im Grunde ist sie nur Schein. Weil ich also *schlecht* gedacht habe, ist es so weit mit mir gekommen, daß ich plötzlich diese prinzipienlose Übertreibung verteidige: das Los der Elendsten zu teilen. Oder vielmehr war das Prinzip dieser neuen Idee – dunkel spürte ich dessen Gegenwart – der Humanismus von Guille[3], der sich zwar vertreten läßt, den ich aber nicht teile. Diese Unterscheidung zwischen Friedensprivilegien und Kriegsprivilegien überzeugt Paul nicht, er schüttelt den Kopf und schweigt. Während Pieter mir unbedingt beweisen will, daß ich viele Privilegien genieße: ich habe ein Bett – das er mir besorgt hat –, ich

2 Jean Zyromski, geboren 1890, Initiator der Tendenz «Bataille socialiste» innerhalb der SFIO. Redakteur der Wirtschafts- und Sozialseite des *Populaire*.

3 Sartres Freund. Er war sein Mitschüler in der École Normale, ebenso wie Raymond Aron, Paul Nizan und René Maheu, von denen später die Rede ist.

esse im Restaurant usw. usw. Das weiß ich verdammt gut. Ich gehe wieder zur Offensive über, aber von diesem Augenblick an bin ich wie vernagelt: ich werde Pieter kriegen, weil ich ihn aus gekränkter Eitelkeit kriegen will, aber im Grunde weiß ich, daß er mich gekriegt hat. Ich sage zu ihm: «Du warst der Sache nie gewachsen. Du hast alles beiseite geschoben, was ich dir über mein Schuldbewußtsein sagte, und hast behauptet, das seien bloß *Worte* und eine Attitüde.» – «Ja, genau. Was beweist mir denn, daß du die Wahrheit sagst? Vielleicht aus Hang zur Theatralik.» Er lehnt an der Heizung, hochrot, oratorisch. Ich sage zu ihm (ich sitze auf meinem Platz): «Schau dich an und sage mir, wer von uns theatralischer ist» (Unaufrichtigkeit, denn darum geht es gar nicht, aber ich verbuche einen Punkt, denn ich bringe Keller und Paul zum Lachen). «Du hättest erwähnen können, daß du keinen Beweis für meine Aufrichtigkeit hast. Aber es nicht dabei bewenden lassen dürfen, weil das Gespräch dann aufhört: ich kann sie dir nicht beweisen, ebensowenig wie du mir beweisen kannst, daß dein gutes Gewissen aufrichtig ist. Aber wenn du diskutieren wolltest, hättest du im Gegenteil die Hypothese dieser Aufrichtigkeit akzeptieren und mich auf diesem Terrain bekämpfen müssen. Es fehlte dir nicht an Argumenten.» Ich nenne ihm einige, in der Gewißheit, daß er mir diese nicht auftischen wird, da ich selbst sie ihm liefere: er wird glauben, daß ich fertige Antworten habe. Aber ich habe keine Antworten. Ich füge hinzu: «Tatsache ist, daß du nicht begreifen kannst, was es heißt, über sich selbst nachzudenken. Wenn ich dir sage, daß ich mich bei dieser oder jener Gelegenheit wie ein Schweinehund benommen habe, sind das für dich bloß *Worte*, du siehst nicht, wie anstrengend es sein kann, sich zu beurteilen. Und du siehst es nicht, weil du unfähig bist, eine solche Anstrengung zu machen. Deine Überlegung ist: ich bin kein Schweinehund, weil fünfhunderttausend Typen genau solche Schweinehunde sind wie ich, du läufst vor dir selber davon, und statt dich als einzelnes und einmaliges Individuum zu betrachten, beruhigst du dich, weil du in einer gesellschaftlichen Kategorie aufgehst. Du bist der Gewissensprüfung nicht gewachsen. Stimmt's etwa nicht? Ist dir das Maul jetzt gestopft?» Er: «Oh, natürlich hast du mir das Maul gestopft, du bist geschickt.» Ich: «Es geht nicht um Geschicklichkeit. Neulich, bei der Frage der Heirat, da war's genauso: ich stelle mich auf den Boden der Werte und des Denkens, und du bleibst ewig an den Fakten und Wörtern kleben.» Pieter: «Gut. Wenn ich in Zukunft mit dir diskutiere, fange ich damit an, mit den Wörtern zu spielen.» Das besiegelt seine Niederlage: mit einer überdrüssigen Handbewegung deute ich auf Paul und Mistler, der soeben hereingekommen ist, und sage: «Da seht ihr ihn! Unverbesserlich.» Gelächter. «Oh», sagt er, «du wirst immer recht haben.» Inzwischen ist es neun Uhr geworden, und wir gehen nach Hause. Man spricht von etwas anderem. Ich bin gereizt, und ich habe ein schlechtes Gewissen, denn mein Triumph ist äußerlich, im Grunde hat Pieter mich tief getroffen. Als wir uns vor der Tür seiner Wirtin trennen, sagt er hämisch auf mich gemünzt: «Oh, jetzt werden wir uns in ein bequemes Bett legen. Sehr angenehme Privilegien.» Ich sage zu ihm: «Du weißt genau, daß ich auf Stroh schlafen kann, es ist mir schnuppe, wie oft habe ich nicht deine Wache übernommen – und in Marmoutier schlief ich sogar auf dem nackten Fußboden.» Und trotzdem, als ich mit Paul unser gemeinsames Zimmer betrete, fühle ich mich lächerlich, einer Person von Dos Passos ähnlich (Richard), und ich erzähle mir die Geschichte im Stil von Dos Passos*: «Und Sartre ereiferte sich und sagte, daß man in Armut leben

* Siehe dazu Sartres Aufsatz *À propos de John Dos Passos et de 1919* in: *La Nouvelle Revue française* Nr. 299, August 1938. Wiederabgedruckt in: Jean-Paul Sartre, *Situations I*, Gallimard,

müsse, weil Krieg war. Und er verurteilte Pieter, weil Pieter sich hatte protegieren lassen. Und er erklärte, daß sie alle Schweinehunde seien, er selber inbegriffen, und daß man auf Stroh oder im Schlamm schlafen müsse wie die Frontsoldaten. Die Uhr schlug neun, und jeder ging nach Hause. Sartre grüßte seine Zimmerwirtin und legte sich in ein bequemes Bett mit einer Daunendecke auf den Füßen.» Und das wäre sogar noch etwas zu stark für Dos Passos. Im Zimmer gehe ich verärgert ein paar Schritte auf und ab, ich will die Frage mit Paul noch einmal erörtern, weil er an Ideen mehr gewöhnt ist und ich ihn daher leichter hinters Licht führen und mich dabei beruhigen könnte. Er hört mir zu, zögernd, höflich, wenig überzeugt. In Wahrheit berührt ihn die Frage persönlich, denn er ist antimilitaristischer Sozialist und dennoch durch den Krieg sehr privilegiert (Beamter, Meteorologe usw.). Wir löschen das Licht, und ich kann lange nicht einschlafen.

Diese komische Episode gibt mehrere Aufschlüsse. Über Pieter, über Paul, über mich.

Über Pieter. Er erscheint im Licht dieses Gesprächs als das schönste Exemplar des unauthentischen Rationalismus, genauer des Heideggerschen «*man*». Ein um so vollendeteres Exemplar, als er nicht dumm ist und Gefallen am Diskutieren und Argumentieren findet. Er ist geschwätzig, aber wie ein Grieche: er stellt Prinzipien auf, zieht die Konsequenzen daraus, prüft unterwegs nebensächliche Hypothesen, erhebt Einwände gegen seine These, die er widerlegt, macht einem mutmaßlichen Gegner Zugeständnisse, um ihn besser in die Flucht schlagen zu können, und zieht schließlich eine Schlußfolgerung. Noch nie ist der Fall eingetreten, daß man nicht verstanden hätte,

Paris 1947. Deutsch: *Über John Dos Passos und* Neunzehnhundertneunzehn in: *Der Mensch und die Dinge*. Aufsätze zur Literatur 1938–1946. Schriften zur Literatur. Band 1, Rowohlt Taschenbuch Verlag, Reinbek 1978, rororo 4260.

was er darlegen will, *noch bevor* er zu sprechen angefangen hat. Es kommt sogar vor, daß man in drei Worten schon ausgedrückt hat, was er eine Viertelstunde lang entwickeln wird. Das kümmert ihn nicht, weil es ihm nicht so sehr darum geht, zu überzeugen oder aufzuklären, als vielmehr darum, so lange wie möglich die Übereinstimmung seines Geistes mit ihm selbst zu genießen. Alle seine Ausführungen beginnt er mit: *Nein.* Aber dieses Nein verneint nicht eigentlich einen Satz, der von irgendeinem Gegner vorher gesagt wurde und in Widerspruch zu seinem Denken stünde. Es ist ein nichtendes Nein, dazu bestimmt, alles, was über die Frage Falsches oder Richtiges gesagt worden ist, vom Tisch zu fegen, um alles wiederaufnehmen und neugestalten zu können. Es kommt sogar vor, daß er wiederholt, was man ihm gerade gesagt hat, und es unter Voranstellung eines kategorischen Nein weiterentwickelt. Wie in folgendem Beispiel, das ich mir gemerkt habe, weil es das typischste ist. Ich: «Paul ist ein Hosenscheißer.» Er: «Nein. Mit Paul ist es so, daß er der Typ ist, der Angst hat, ein Hosenscheißer» usw. usw. Ganz besonders freut er sich, wenn er seine praktische Vernunft anwendet: Handlungsprinzipien, Plan, Projekte, Details usw. Er erklärt seine Projekte und schließt regelmäßig mit den Worten: «Verstehst du? Verstehst du ... den Coup?», mit einer kurzen Pause zwischen «Verstehst du» und «den Coup». Coup hat hier die doppelte Bedeutung von Handstreich, Unternehmung und diskutiertem Gegenstand, intelligibler Materie, wie in dem Ausdruck «den Coup diskutieren» zu erkennen ist. Denn diese streitlustige und jüdische Vernunft ist sozial: sie braucht Zuhörer. Die Zuhörer sind unerläßlich, weil nur sie die bloße Anwendung der Logik in einen «Coup» verwandeln können. Es ist Spiel, Wichtigtuerei und Höflichkeit in seinen logischen Reden. Sozial ist seine Vernunft auch durch die Materie, auf die sie sich bezieht: Sitten und Gebräuche, Werbepsychologie, Höflichkeit. Es ist eine bürgerliche Vernunft, die Menschen denkt und nicht Dinge. Obgleich er weder ungeschickt noch dumm ist, wenn es darum geht, ein Werkzeug zu reparieren oder zu benutzen.

Nur ist es eine Vernunft, die sich niemals sich selbst zuwendet, nicht nur, weil sie die Abstraktion ignoriert, sondern auch, weil ihm alles, was einem Gedanken oder einem Urteil ähnelt, unbekannt ist. Nicht, daß er nicht denkt oder urteilt, aber sobald er seine Urteile oder die Urteile im allgemeinen beurteilt, zerstört er grundsätzlich ihre Allgemeinheit und ihren absoluten Charakter. Das ging naiv aus seinen gestrigen Reden hervor. Zunächst reduziert sich das *Denken* für ihn auf Wörter. Ich *sage*, daß ich Gewissensbisse habe. Ich *sage* es, aber wodurch wird es bewiesen? Ich verstehe gut, daß er hier – und das hat mich verwirrt – meint, daß *Taten* es beweisen würden. Wenn ich mich zur Infanterie melden würde, wäre mein Denken solide und rechtlich gültig. Aber diese Taten wiederum erklärt er, wenn sie erfolgen, durch das Temperament. Wer so oder so handelt, tut es, weil es in seiner *Natur* liegt, so zu handeln. Ganz zu Anfang war ich verwundert gewesen über die Art, wie er nachzuweisen versucht hatte, daß Heroismus ein Märchen sei: diejenigen, die man Helden nennt, werden von ihrem Temperament getrieben – oder sie werden durch die Umstände zu Helden. Das Argument taugte nicht viel, aber mich interessierte die Neigung, jede Pflicht oder jeden Zwang auf eine natürliche Entfaltung zurückzuführen. Natürlich kommt er von hier aus mühelos zur Moral des Interesses: da jeder seinem Temperament folgt, ist jeder auf sein Interesse aus. Aber außerdem will er nicht einmal das individuelle Temperament anerkennen, wieder etwas Absolutes, das übrigens zu komplex für ihn wäre: es gibt nur Typen. Die Typen entstehen im übrigen durch die Überschneidung von ererbter Natur und beruflicher Tätigkeit. Nie wird er sagen: Paul hat Angst – sondern: Paul ist der Typ, der Angst hat. Nicht nur wegen einer grundlegenden Vulgarität, die ihn instinktiv zu den vulgärsten Wendungen greifen läßt, sondern weil er das Bedürfnis hat, sich auf klare Kategorien zu beziehen. Daher bin ich für ihn «der Bohemien», «der Montparnassien» usw. Und er wird alle meine Reaktionen durch meinen Boheme-Charakter und meinen intellektuellen Beruf erklären. Heute morgen, als wir auf unsere gestrige Diskussion zurückkamen, hat er mir sehr charmant erklärt, wie er meine Stellung begreift: «Verstehst du, du und ich, das ist nicht das gleiche. Ich bin ein Geschäftsmann, du auch. Aber ich, ich schließe um halb acht meinen Laden, über mein Privatleben bin ich keinem Rechenschaft schuldig. Während du weder am Tag noch in der Nacht den Laden schließt, und über alles, was du tust, bist du Rechenschaft schuldig. Ich kann mich in den Wetterdienst stecken lassen und sagen, daß ich froh drüber bin, das geht keinen was an. Aber du, wenn du das in deinen Büchern sagst, wird man dich nicht kaufen. Also bist du gezwungen, Gedankenopfer zu bringen, so wie ich an meinen Vorräten Opfer bringe.» Da somit das Denken und die Taten eine Emanation des Temperaments sind und dieses wiederum von Vererbung, Beruf und Umwelt abhängt, ertrinkt alles in einem universellen Relativismus. Das schlagende Argument selbst reduziert sich für ihn auf einen technischen Erfolg. Man beglückwünscht den Arbeiter dazu, aber die Glückwünsche selbst machen ihn zu einem zufälligen und individuellen Erfolg. Nie wird er sagen, wenn ihm ein Grund die Sprache verschlagen hat, daß es ein guter Grund ist, sondern daß ich *geschickt* bin. Er selbst verliert sich absichtlich in diesem Relativismus, er löst sich im Sozialen auf. Wie das unauthentische Sein Heideggers, das sagt: *man* stirbt, um nicht sagen zu müssen: *ich* sterbe. Eine Beziehung zu sich selbst hat er nur über die Gesellschaft: er spricht von sich im selben Ton, in dem er von den anderen spricht, nur mit mehr Zärtlichkeit. Er sagt: ich bin der Typ, der ..., so wie wenn er von Paul spricht, was immer voraussetzt, daß er über Kategorien zu sich selbst kommt. Verwahrt er sich gegen eine Beschuldigung – denn er kann gar nicht begreifen, daß man sich selbst beschuldigt –, dann ruft er die Kategorie zu Hilfe, zu der er gehört und die je nach den Umständen wechselt, indem er beispielsweise sagt: «Es gibt fünfhunderttausend Drückeberger wie mich, und wenn ich nicht hier wäre, wäre ein anderer an meiner Stelle», und gerade diese Austauschbarkeit des «Drückebergers» mindert in seinen Augen nicht nur sein Vergehen, sondern auch seine Unersetzbarkeit als Individuum. Dagegen betrachtet er sich mit gewisser Barschheit als Rechtssubjekt. Aber es handelt sich um gesellschaftliche Rechte, nur in einer gegebenen Gesellschaft und mit dem Gesetzbuch in der Hand gedenkt er seine Rechte wahrzunehmen – und genau die, die das Gesetzbuch ihm gewährt. Er könnte sich nicht vorstellen, von anderen zu träumen; wenn er keine findet, wo er welche zu finden glaubte, insistiert er nicht, sondern macht aus den bestehenden das Beste, immer auf halbem Weg zwischen dem Nutznießer des Gesetzes und dem Staatsbürger, der auf dem herumreitet, was man ihm schuldet. Das Ganze wird begleitet von einer totalen Blindheit für die Werte: er ist außerstande, das Sein-sollen von dem Faktum zu unterscheiden. Wenn man mit ihm über den *Wert* einer freien Verbindung redet, antwortet er: «Alle, die ich kenne, haben mit einer Heirat geendet oder sind zur wilden Ehe ausgeartet.» Oder ich sage ihm, sein Freund *sollte* sich dem durchschnittlichen Lebensstandard seiner Kameraden anpassen, und er antwortet: «Du würdest das nicht tun.» Und das wäre nicht weiter schlimm, denn diese Art Antwort ist bei allen spontan, da die bequemste. Aber was ich hier nicht wiedergeben kann, ist, daß es ihm trotz meiner Bemühungen, ihm den Unterschied zwischen Wert und Faktum klarzumachen, und obwohl er mit seiner Vernunft den Unterschied begreift, in der Folge nicht gelingt, seine Worte darauf abzustimmen, und daß er zwei Minuten später dieselben Argumente erneut auftischt. Im «man» verlorene Individualität, gesellschaftlicher Relativismus und allgemeine Toleranz, Rationalismus aus Höflichkeit, Blindheit für die Werte – das ist der Kern seiner Unauthentizität. Gepaart mit seinem jüdischen Gebaren, mit seinem Bedürfnis, Hände zu schütteln, gefällig zu sein, aus wirklicher Anteilnahme und langfristiger Berechnung, mit seiner klatschsüchtigen Neugier, seinem Bedürfnis, mit allen, besonders den Hochgestellten, anzubändeln, bilden diese Züge das, was ich gern seinen «Radikalsozialismus» nennen würde. Beeindruckend ist, daß seine Unauthentizität keinerlei Lücke aufweist, im Unterschied zu der der meisten Leute. Es ist ein kohärentes und bruchloses Weltsystem. Hier läßt sich Castors Frage am besten stellen: «Aber wenn die Unauthentizität kohärent ist, was beweist dann, daß sie weniger wert ist als die Authentizität?» In der Tat wird seine Psychologie à la La Rochefoucauld am Ende verwirrend, nicht aus ihr selbst heraus, dazu ist sie zu grob, sondern weil sie eine andere von derselben Art suggeriert. Schreibe ich dieses Heft schließlich nicht deshalb, weil ich ein Berufsdenker bin, usw.? Rausch der Erklärung durch die Ursachen. Und prompt erhalte ich einen Brief von L., die mir schreibt, ein gewisser Ullmann, von dem ich nie gehört habe, Doktor der Philosophie, behaupte, daß «*La nausée* * nach Philosophieprofessor stinkt».

Über Paul. Eine Kleinigkeit, aber sie hat mich bezaubert. Nach der Diskussion von gestern. Er war gerade dabei, in seinen Schlafsack zu kriechen, ich lag schon auf der Matratze. Wir plaudern, und ich sage: «Wenn man Offizier ist, sogar wenn man Sozialist ist, sogar wenn man ‹bis zur Schwäche gut zu seinen Männern ist›, ist man trotzdem Komplize.» Er ist meiner Meinung, nachdenklich sagt er: «Sogar wenn man Gefreiter ist!» Höf-

* Deutsch: *Der Ekel*, Romane und Erzählungen. Band 1, Rowohlt Taschenbuch Verlag, Reinbek 1982, rororo 581.

lich sage ich: «Oh! Gefreiter ...» – «Doch, doch! Sogar wenn man Gefreiter ist. Ich bin es wider Willen geworden, weißt du. Aber es gab keine andere Möglichkeit, nach Nancy zu kommen, und meine Frau war dort. Da habe ich mich ernennen lassen, aber ich hab's ihr verschwiegen. Bloß als letztes Jahr die Gendarmen gekommen sind, um meinen Gestellungsbefehl zu ändern, da war ich nicht zu Hause. Meine Frau hat ihn in Empfang genommen. Was hat sie mir die Hölle heiß gemacht, als ich heimgekommen bin!»

Das spricht Bände über seine Duckmäuserei und über sein Verhältnis zu seiner Frau. Er bittet mich um die Adresse von Gallimard, damit seine Frau *Le mur** und *La nausée* bestellen kann, aber das ist mir furchtbar peinlich, weil ich darin eine kollegiale Höflichkeit sehe. Unbeholfen sage ich: «Weißt du, du brauchst dich nicht verpflichtet zu fühlen ...», und er sagt ganz ungezwungen: «Aber doch, aber doch! Ich wäre sehr froh, wenn meine Frau deine Bücher liest und ich auch im nächsten Urlaub ...» Während des Gesprächs sagt er mir, daß er seit seinem fünfzehnten Lebensjahr Sozialist ist und seit 1930 Mitglied der SFIO**. Das belustigt mich, denn vor anderthalb Monaten hatte er mir gesagt: «Äh ... ich bin Sympathisant, aber nicht in der Partei.»

Für heute höre ich auf, ich kann keinen Gedanken mehr fassen, weil meine Augen schmerzen. Noch nie habe ich so deutlich gespürt, daß ich *mit den Augen denke*. Heute ist mein Horizont eingeengt, unmöglich, meine Gedanken zu fixieren, ich habe den Eindruck, daß rechts und links von mir zwei dunkle Mauern sind und zwischen diesen Mauern ein flimmerndes Kaleidoskop. Den Eindruck,

* Deutsch: *Die Wand* in *Die Kindheit eines Chefs*, Rowohlt Verlag, Reinbek 1983.

** Section Française de l'Internationale Ouvrière = Sozialdemokraten.

daß meine Gedanken mir nur ihre Oberfläche zeigen und wegrutschen und versinken, bevor ich sie habe packen können. Trotzdem guter Stimmung.

Donnerstag, 16.

Gestern habe ich nichts in dieses Heft geschrieben, weil mir die Augen zu weh tun. Zum Glück, weil ich klarer sehe, was ich über mich zu sagen habe. Ich werde es sagen, sobald ich kann. Heute will ich nur Pauls Abenteuer notieren. Er sollte mit dem Fahrrad eine Botschaft überbringen. Er ist aufgeregt und besorgt. Wir sagen zu ihm: «Du nimmst Helm und Gewehr mit.» So lautet der Befehl. Beim Gedanken, sein Gewehr mitzunehmen, hat er einen seiner gewohnten Wutausbrüche, hinter denen keine Bosheit, sondern Angst steckt. Er sagt: «O nein! Mit einem Gewehr fahr ich nicht hin. Ich weigere mich klipp und klar, hinzufahren.» Und er erklärt, daß er an Beschwerden der Bogengänge leide und auf seinem Fahrrad nie das Gleichgewicht halten könne mit einem Gewehr auf der Schulter. Schließlich borgt ihm der Oberst einen alten Revolver. Ich notiere hier beiläufig, daß dieser Revolver, obwohl ungeladen und außer Gebrauch, Pieter ehrfürchtigen Schrecken einjagt: «He, he», sagt er, «spiel nicht damit rum!» Paul trollt sich, mit Helm; er sieht aus wie eine alte Jungfer. Eine Stunde vergeht. Er kommt zurück, und als er die Stube betritt, erblicke ich zuerst Helm und Brille und dann seine schmutziggraue Gestalt, die schlimm aussieht. Jacke und Hose sind auf einer Seite ganz mit Schlamm besudelt. Seine linke Hand blutet, seine rechte Hand ist geschwollen. Er wollte einem Auto ausweichen, die Fahrradkette ist abgesprungen, er ist vornüber auf den Kopf und auf die Hände gefallen. Langsam verstehe ich, wieviel Angst vor sich selbst hinter seinem Haß auf den Krieg und hinter seiner Bestürzung steckt. Um seinen seelischen Gleichmut zu bewahren, ist es natürlich von riesigem Nutzen, wenn man einen gefügigen Körper hat, der nichts sagt. Aber als er aufbrach, hatte er sicher den Eindruck, seinem Körper ausgeliefert zu sein, den er nur im Frieden und unter allergünstigsten Umständen in der Gewalt hat und der, in den Krieg losgelassen, unter rauhen Männern nun herumtollt, ihm böse Streiche spielt und sich für sein Sklavendasein rächt.

J. Romains: «Im Krieg gibt es keine unschuldigen Opfer.»

Gestern habe ich eine Karte von Nizan bekommen, das hat mich gefreut.

Freitag, 17.
Meine Augen tun immer noch weh. Ich überlasse mich ein bißchen der Besorgnis und der Nervosität, weil dieses Unwohlsein ganz unberechtigt ist. Es geht nicht mehr darum, angesichts einer gesellschaftlichen Umwälzung sich zu einer Haltung aufzuschwingen, sondern furchtlos ein alltägliches Wehwehchen zu ertragen. Das ist schwieriger. Und da ich nicht wage, meine Augen *abzuhärten*, haben meine Gedanken eine gewisse Unschärfe, es fehlt ihnen an Klarheit. Eben jener Klarheit, die ich brauchte, um meine Krankheit hart und deutlich denken zu können, wie ich es bei einem Schmerz an der Hand oder der Leber tun würde. Ich habe den Eindruck, daß mein Gesichtsfeld durch beängstigende eiserne Vorhänge eingeengt ist. Trotzdem habe ich an meinem Roman* gearbeitet. Glaube ich wenigstens. Ich schreibe ins Unreine, mit geschlossenen Augen. Aber es widerstrebt mir etwas, dieses Heft mit kleinen Buchstaben zu füllen – wie übrigens auch (aus Sammlerleidenschaft), die Dicke der Buchstaben und den Zeilenabstand zu verändern. Daraus erwächst eine gewisse Denkfaulheit und eine eifrige Bereitschaft, die tägli-

* *L'âge de raison* (deutsch: *Zeit der Reife*, Rowohlt Taschenbuch Verlag, Reinbek, rororo 454).

chen Arbeiten zu erledigen, Schuhe putzen, das Klassenzimmer fegen usw., die mich vom Denken und Schreiben befreien. Ich unterhalte mich mehr. Dabei weiß ich, daß ich manches nachzutragen habe in dieses Heft, insbesondere die Bemerkungen, die ich über mich machen möchte bezüglich meines Gesprächs vom 13., und auch die Definition des In-seiner-Klasse-seins sowie die Schlußfolgerung meiner Reflexionen über die Politik. Aber die militärische Schlaffheit, in der alle Kumpane schwimmen, leistet meiner Faulheit Vorschub und lähmt mich. Es ist hier so leicht, ohne Scherereien zu leben und nichts zu tun, da dank dem Krieg das Warten abgeschafft ist. Das Warten und die Sorge. Diese Augenschmerzen sind übrigens viel erträglicher als einfache Kopfschmerzen. Aber da ist die Unruhe. Genau jene Unruhe, von der ich dachte, man sei sie im Krieg los. Und daher denke ich, daß man sie für gewöhnlich los ist, aber nur *im Hinblick* auf Schmerzen, die vom Krieg kommen. Diese hier werden von allen zivilen Sorgen begleitet: Furcht, das Augenlicht zu verlieren, nicht mehr schreiben zu können usw. Das alles natürlich in Form eines imaginären Glaubens. Ich rege mich nicht auf, aber ich bin etwas weniger guter Laune als sonst.

Was ich sagen wollte und was ich bei meinem Gespräch vom 13. deutlich gesehen habe, ist, daß ich mir, seit ich in Brumath bin, die Haltung eines moralischen Possenreißers zugelegt habe. So etwas wie *Ridendo castigat mores.* Neulich hat es mich erwischt. Ich bin sehr bekümmert auf mein Zimmer gegangen, ich nahm mich ernst. Ich sagte mir: es stimmt, ich sollte mich zur Infanterie melden. Und dann plötzlich: aber nein, nicht deswegen soll ich mir gram sein. Die Sache ist die, daß ich den Hanswurst spiele, genau das habe ich mir zuschulden kommen lassen. Der Grund war meine moralische Pedanterie. Anfangs sagte ich meinen Kumpanen unangenehme Dinge aus einer moralisierenden Laune heraus und weil ich nicht anders konnte. Übrigens, wie ich es hier notiert habe, warf ich es mir manchmal vor. Ich wollte nicht wirklich *reformieren*, so verrückt war ich nicht. Es gab einfach zwei «Naturen», die mich zutiefst ärgerten: Pauls verängstigte und umständliche Verzettelung, Pieters fromme und weichliche Selbsthingabe, seine gierige und feiste Art, so zu tun, als würde er sich alles, was er macht, als eine rührende Laune «genehmigen». Steht er auf, um Brot zu holen, dann hat man den Eindruck, daß er sich selbstgefällig ein Vergnügen genehmigt. Und wirklich, dieser dicke Mann leckt sich wie ein Kater. In dieser Hinsicht ist für mich sein Schmatzen beim Essen ebenso ein Zeichen dieser Hingabe wie irgendeine verabredete Handlung. Aber genug über Pieter. Ich wollte nur hervorheben, daß mir vor allem ihre moralische Atmosphäre mißfiel. Wenn ich eine abfällige Bemerkung über diese oder jene ihrer Verhaltensweisen machte, so deshalb, weil ich sie im Namen eines einfachen moralischen Prinzips rügen konnte. Aber im Grunde galt diese Rüge weniger ihrer besonderen läßlichen Verfehlung als vielmehr ihrer Existenz selbst, sie war das Symbol einer radikaleren Rüge, die ich ihnen nun doch nicht erteilen konnte und die sie gerade wegen ihrer Übertriebenheit gleichgültiger gelassen hätte als tausend besondere kleine Vorhaltungen. In erster Linie waren diese Rügen also schändliche kleine Freuden, die ich mir gönnte, und ich sah sie eher als Schwächen denn als Verdienste an. Dann kommt Mistler dazu, er hat Spaß an diesen Rügen, die im allgemeinen sehr komisch vorgetragen werden, lacht darüber und billigt überdies ihren Inhalt. Diese diskrete und amüsierte Bewunderung gibt mir nun das Gefühl, daß meine grotesken Reden ein substanzreiches Mark enthalten. Und ich würze das Groteske damit und füttere sie täglich mehr mit substanzreichem Mark. Nicht nur, wenn Mistler da ist, sondern den ganzen Tag. Ich vergnüge mich damit, ihnen die Freiheit beizubringen. So daß meine Reden, die zuerst rein negativ waren und sich auf eine gemeinsame Moral bezogen, positive Belehrungen werden. Aber dafür werden sie immer gröber – eine Sache des ästhetischen Ebenmaßes. Diesmal ist die Haltung eindeutig: ich werde zum moralisierenden Hanswurst. Unnötig zu sagen, daß es mir völlig schnuppe ist, ob ich Paul von seiner Hörigkeit befreie. Nur die Attitüde gefiel mir; sie erlaubte es mir, meine Galle zu verspritzen, meine Ideen darzulegen, kernige Reden zu schwingen, eine Rolle zu spielen. Denn ich bin gesellig und Komödiant – hier wahrscheinlich aus Langeweile und aus dem Bedürfnis, einen Überschuß an Ungestüm zu verausgaben, anderswo, um den Zieraffen zu mimen, früher einfach, um in den Augen der anderen eine deutliche Gestalt widerzuspiegeln. Und dann war es, meine ich, auch eine Art, regelmäßige Beziehungen zu den Kumpanen zu unterhalten: da ich keinen Spaß an ihnen fand, mußte ich wohl oder übel meinen Spaß mit ihnen treiben, das heißt, ich spiele mit ihnen, wie Montaigne sagt; ich zog sie in eine Komödie hinein, die ich mir selber aufführte, unter dem Vorwand, sie für Mistler aufzuführen; ich sehe darin auch eine Art schamhafter Distanzierung, eine Art und Weise, nicht ohne Zeremonie mit ihnen zusammensein zu wollen, gerade weil wir ohne Zeremonie lebten. Das sind keine Entschuldigungen, sondern Erklärungen. Freilich durfte man mich nicht dabei erwischen, tolerierbar war es nur in Form mutwilliger Gaukelei. Und an jenem 13. November habe ich mich dann ertappen lassen. Glücklicherweise hat mich meine prompte Fassungslosigkeit wieder zur Vernunft gebracht. Seither verteile ich meine Rügen wieder ungezielt und planlos. Ich glaube, so können sie mich besser ertragen; sie erklären sich diese Rügen lieber durch meine Aggressivität als durch meinen Bekehrungseifer.

Heute mittag esse ich in der *Écrevisse* mit einem Jäger, der von der vordersten Linie kommt. Er sagt: «Die Deutschen liegen zweihundertfünfzig Meter entfernt. Man sieht sie sehr gut, in den ersten Tagen spielten sie im Gras, sie hatten Akkordeons und Mundharmonikas dabei. Aber vor acht Tagen hat einer unserer Marokkaner einen von ihnen erschossen, und seitdem kann man den Unterstand nicht mehr verlassen, ohne daß sie auf uns ballern.» Melancholisch schließt er: «Immer gibt es einen, der Mist macht, und die andern müssen's ausbaden», ein Satz, der hier in aller Munde ist, den ich gewöhnlich aber nur höre, wenn ein betrunkener Soldat Ärgernis erregt hat und der Besuch der Cafés verboten worden ist.

Ich wüßte gern das Durchschnittsalter der Mobilisierten in diesem Krieg. Ihre Zahl, die wohl sehr viel größer ist als Anfang des letzten Krieges, und die Tatsache, daß es «schwache Jahrgänge» gibt, lassen vermuten, daß dieses Durchschnittsalter höher ist als im Krieg von 1914. In unserer Division jedenfalls ist der Jahrgang 03 der stärkste, er macht zwei Drittel des Bestandes aus, das letzte Drittel bilden alle anderen Reservejahrgänge seit 1892. Und Paul, Jahrgang 09, ist der jüngste. Das Durchschnittsalter der Division läge demnach bei sechsunddreißig Jahren, mit der Unter- und Obergrenze 30 und 47. Allerdings gilt sie als eine Division von Alten. Nicht selten begegnet man Leuten, die schon «beim anderen» dabei waren. Der Postbote mit den dichten schwarzen Augenbrauen zum Beispiel.

Ich muß gestehen – wenn ich nur mich, einzig und allein mich in Betracht ziehe –, daß ich etwas enttäuscht wäre, wenn dieser Krieg in einem Monat ganz plötzlich enden würde. Jetzt, wo ich drinstecke, möchte ich gern, daß er seinen Höhepunkt erreicht (seinen Höhepunkt an Schurkerei und Schwindel), bevor er verschwindet.

Samstag, 18.
Am Vormittag Untersuchung der Eingezogenen. Im Saal einer Gaststätte mußten wir in Bierkrüge pissen. Die Kumpane haben sich nackt ausgezogen. Ich auch. Über mich sage ich nichts, nur daß ich den Eindruck hatte, *einen Rücken zu haben*, während ich vor sechs Soldaten, die an einem Tisch saßen und in Papieren wühlten, um eine ungezwungene Haltung bemüht war. Aber die Kumpane haben mich überrascht: ohne Kleider waren sie nicht nackter als sonst auch. Pauls Hintern und die leichte Krümmung seiner Wirbelsäule haben mich nicht befremdet. Mir war, als würde ich sie schon immer kennen. Auch nicht der gewaltige Bauch, schalkhaft wie ein Lächeln, den Keller zur Schau trug, als wollte er sagen: «Das ist ein Faktum!», während der Oberstabsarzt seinen Gehilfen diktierte: «Fettleibigkeit, Fett-lei-big-keit.» Mir war, als hätte ich sie schon immer nackt gesehen. Ich denke, daß wir trotz dieser groben blauen Jacken und Hosen im Zustand völliger Nacktheit leben. Die Geschlechtsteile verliehen dieser manierlichen Versammlung einen Hauch von Melancholie. Runzlig, schlaff, verschämt, versuchten sie erfolglos, sich unter ihren Haaren zu verstecken. Der Oberstabsarzt befühlte sie mit eleganten Fingern und sagte: «Husten Sie.» Und ich habe den Satz von André Breton verstanden und ihm von ganzem Herzen zugestimmt: «Ich würde mich schämen, nackt vor eine Frau zu treten, wenn ich keine Erektion habe.» Darüber läßt sich nicht streiten, es ist eine Frage des Zartgefühls. Nach der Visite Spaziergang durch die Felder. Dabei mußte ich, ich weiß nicht, warum, an Doktor Fausts Spaziergang denken, als er dem Pudel begegnet. Ich ging voraus, die Kumpane folgten. Leichtes Ekelgefühl, weil ich so viele Ruten gesehen hatte. Aber was ist daran ekelhaft? Es war sexuell, denke ich. Eine Art, mich als Heterosexueller aufzuwerfen. Vielleicht klage ich mich ja zu Unrecht an, jedenfalls war es leicht und spontan. Mag sein, daß auch der Geruch des Urins mitspielte.

Der von Paul riecht säuerlich, das war mir bereits aufgefallen. Er selbst ist fahl und grau, aber seine Körpersäfte sind scharf.

Montag, 20.
Den ganzen Vormittag haben Hang und Unteroffizier Naudin sich gegenseitig vorgeworfen, daß sie nicht an der Front sind, und einander Drückeberger geschimpft.

Cassou, *48**: Über die Stimmung vor 48 sprechend: «Was hier von Anfang an berücksichtigt werden muß, ist der Glaube, der religiöse Akt. Durch einen religiösen Akt trennt sich der Mensch von seinen Glaubensvorstellungen, seinen Religionen, um sich mit *der* Religion zufriedenzugeben, derjenigen, mit deren Hilfe er sich selbst als Gattung offenbart, als ‹kosmischer Mensch›, wie der Lyoner Mystiker Ballanche sagte, oder als ‹kollektives Wesen›, wie Saint-Simon sagte. ‹Der Mensch›, sagten die Saint-Simonisten, ‹ist ein religiöses Wesen, das sich entwickelt. Die Menschheit hat eine religiöse Zukunft.› ... ‹Das Interesse der menschlichen Gattung (verkündet Lamartine) hängt an der menschlichen Gattung selbst.›»

Genau das ist die Grundlage des Humanismus: der Mensch, der sich als *Gattung* ansieht. Und eben diese Herabsetzung der menschlichen Natur verurteile ich. Eine Gattung, deren Schicksal darin besteht, die Welt zu erobern und einzurichten: der kosmische Mensch, wie Ballanche sagt. Ihm gegenüber diejenigen, die den Menschen definieren, indem sie die Bräuche, die ihnen genehm sind, für Merkmale seiner Natur halten. Der Mensch wird immer Krieg führen. Die Ungleichheit ist das Gesetz der Natur usw. Maurras und sein experimenteller Pseudopositivismus. Das geistert schließlich verworren in allen politischen Bewußtseinen herum: der Mensch als biologische

* Jean Cassou, *Quarante-huit*, Gallimard, Paris 1939.

Gattung mit seinem Gattungsschicksal – der Mensch als positive Realität, die nach den Erfahrungen zu bestimmen ist. Nichts zeigt besser, wie dringlich ein Unterfangen wie das Heideggers ist, und seine *politische* Bedeutung: die menschliche Natur als synthetische Struktur zu bestimmen, als mit Wesenheit ausgestattete Totalität. Sicher war es zu Descartes' Zeiten dringlich, den Geist mit Hilfe von Methoden zu definieren, die dem Geist selbst eignen. Doch damit isolierte man ihn auch. Und alle späteren Versuche, den vollständigen Menschen zu konstituieren, indem man dem Geist etwas hinzufügte, waren zum Scheitern verurteilt, weil sie nur Additionen waren. Die Methode Heideggers und derer, die möglicherweise nach ihm kommen, ist im Grunde dieselbe wie die von Descartes: die menschliche Natur mit Methoden zu befragen, die der menschlichen Natur selber eignen; zu wissen, daß die menschliche Natur sich bereits durch die Frage definiert, die sie über sich selbst formuliert. Nur setzen wir damit nicht den Geist, nicht den Körper, nicht das Psychische, nicht die Geschichtlichkeit, nicht das Gesellschaftliche oder das Kulturelle, sondern die menschliche Kondition als unteilbare Einheit, als Gegenstand unseres Fragens. Der Irrtum des Idealismus ist es, zuerst den Geist zu setzen. Der Irrtum des Materialismus und aller Naturalismen ist es, den Menschen zu einem Naturwesen zu machen. Die Religion des Menschen, aufgefaßt als natürliche Gattung: der Irrtum von 48, der schwerste Irrtum, der humanitäre Irrtum. Dagegen die menschliche-Realität, die menschliche Kondition begründen, das In-der-Welt-sein des Menschen und sein In-Situation-sein. Die Idee einer menschlichen Gattung hat unglaubliche Schäden angerichtet, da sogar Castor eines Tages in einem Gespräch merkt, daß sie zwei Fixpunkte in der unendlichen Reihe der Zeit hat: das Auftauchen der menschlichen Gattung in der Vergangenheit – in der Zukunft das Verschwinden der menschlichen Gattung. Mein Unbehagen angesichts der großen wissenschaftlichen und romanhaften Antizipationen: Erlöschen der Sonne, Zusammenstoß der Erde mit einem Kometen usw. Für mich besagt das gar nichts, und es ist *langweilig*.

Pieter hat Durchfall. Er macht große unglückliche Augen, wenn ich ihn ansehe. Er giert danach, bedauert zu werden. Ich versage ihm dieses Vergnügen.

Brief von Paulhan: «Hauptmann Marchat verhört Alain, sehr höflich, bei ihm zu Hause.[4] ‹Als ich auf dem Manifest das Wort *Friede* sah›, sagt Alain, ‹habe ich unterschrieben, ohne das übrige zu lesen.›»

Noch nie ist der Krieg ungreifbarer gewesen als in diesen Tagen. Er fehlt mir, denn wenn er nicht existiert, was treibe ich dann hier?

Eine Verordnung, die im *Officiel* erschienen ist, führt unauffällig Konzentrationslager in Frankreich ein. Beamte können ohne Urteil abgesetzt werden. Bravo! Aber was soll ich verteidigen, wenn nicht einmal mehr die Freiheit?

Einen dämlichen Brief an Paulhan geschrieben, den ich nicht abschicke. Ich kopiere ihn hier aus Masochismus (und weil ich ihn für geistreich halte):

«Im Augenblick bin ich in einem kleinen Dorf einquartiert, wo ich an meinem Roman arbeite: ich bin völlig frei und vollkommen allein: es ist eine Ruhestätte. Wenn die

4 Alain stand unter Anklage, weil er das Flugblatt des Pazifisten Louis Lecoin unterzeichnet hatte, das im September 1939 verbreitet worden war. Dieses Flugblatt mit der Überschrift *Sofort Frieden!* behauptete, daß keine der kriegführenden Parteien den Krieg wünsche, und rief die Armeen auf, die Waffen niederzulegen. Gegen alle Unterzeichner wurden Ermittlungsverfahren eingeleitet.

Deutschen schießen würden, würde mich das vielleicht stören; aber wenn die Deutschen schießen würden, wäre es ein anderer Krieg (und Sartre ein anderer Sartre, wie Vandal sagen würde). Dieser hier ähnelt der Oustric-Affäre[5] und der Philosophie von Herrn Brunschvicg. Das gereicht ihm zwar nicht zur Ehre, aber jede Epoche hat den Krieg, den sie verdient. Um so besser. Mit dem lebhaftesten Interesse habe ich erfahren, daß Petitjean[6] verwundet worden ist. Ich hätte mir nicht vorstellen können, daß es anders wäre. Denn sonst wäre Petitjean ein anderer Petitjean. Wenn man sich übrigens die Zahl der täglich Verwundeten vor Augen hält, kann man sagen, daß es ein wahres Glück ist, und das bestätigt mich in meinem Glauben an das Schicksal.

Ich habe mich sehr über die *Nouvelle Revue française* gefreut, die Sie mir freundlicherweise schickten. Doch mit welcher Verblüffung habe ich die Chronik von Caerdal gelesen. Gibt es denn niemanden, der Herrn Suarès die Augen öffnen kann? Dieser Krieg ist wirklich zu klein und zu technisch für solche Verwünschungen – und so naive. Auch ich bin in Rothenburg gewesen, und ich hatte nicht den Eindruck, daß die kleinen Kinder über mich spotteten: das hängt wohl von den Leuten ab.»

Ein absurder, unsympathischer Brief. Zunächst ist er nicht schlicht. Sobald ich mich in Positur setze, um Paulhan zu antworten, verliere ich jede Schlichtheit, wahrscheinlich davon beeinflußt, daß ich bei ihm als bösartiger Mensch verschrien bin, was ich nicht verdiene. Ich versuche, mit Höflichkeit kurz und bündig zu sein. Außerdem spiele ich das für die *Nouvelle Revue française* so typische Spiel des «falschen Vertrauens zum Leser». Darunter verstehe ich: ich bin davon überzeugt, daß Paulhan auf den

5 Finanzskandal unter der Dritten Republik (1929).

6 Buchhändler und Literat, Freund von Paulhan und Joë Bousquet.

ersten Blick nicht verstehen kann, warum ich den Krieg mit Brunschvicgs Philosophie vergleiche. Es bedürfte einiger erklärender Worte. Aber eben die schreibe ich nicht. Ich schenke ihm falsches Vertrauen, in der Überzeugung, daß er etwas verstehen wird, irgend etwas – denn es ist ausgemacht, daß man bei der *Nouvelle Revue française* immer etwas versteht –, und daß er sogar mehrere miteinander unvereinbare Erklärungen gleichzeitig annehmen wird. Und diese Interpretationen, die ich ahne, ohne sie zu kennen, verleihen meinem Satz, während ich ihn schreibe, eine ergötzliche Tiefe und Fremdartigkeit in meinen eigenen Augen. Man verallgemeinere das System des falschen Vertrauens, dehne es auf alle möglichen Leser aus, und man hat das Verfahren zur Herstellung der kritischen Notizen, die in der *Nouvelle Revue française* stehen. Außerdem war ich verärgert, weil mir Paulhan in allen seinen Briefen etwas von Petitjean erzählt: im ersten teilte er mir mit, daß sein Regiment harten Prüfungen ausgesetzt war; und im zweiten nun läßt er mich wissen, daß Petitjean verwundet ist. Er ist der Held der *Nouvelle Revue française*. Nicht, daß ich ihn beneide oder auf seinen Ruhm eifersüchtig bin. Aber ich habe Paulhan im Verdacht, in jedem seiner Briefe eine diskrete Parallele zu ziehen, um mich in Atem zu halten. Und dann bin ich mir nicht sicher, ob sein «Leiden Sie unter dem Schlamm und unter der Kälte?» nicht ironisch gemeint ist. Also betone ich die Harmlosigkeit des Krieges, um einen Zynismus zur Schau zu tragen, der meine einzige Verteidigung ist.

Aber mehr noch. Ich fühle, daß in mir Rechte keimen, die ich ersticken will. Es sind neue Rechte. Die Rechte des Frontsoldaten. Sagen wir bescheidener, die Rechte des Eingezogenen. Es gibt zweierlei – widersprüchliche – Rechte Eingezogener. Die ersten, von denen ich niemals infiziert sein werde, sind roh: von den Zivilisten Bewunderung und Dankbarkeit fordern, sich wichtig und heldenhaft fühlen. Jener Soldat, der *vor* dem Krieg, am

15. August, aus dem Urlaub zurückberufen, die Füße auf die Bank des Waggons legte und sagte: «Wir gehen und lassen uns töten.» Sich von anderer Wesensart fühlen als die Zivilisten und ihnen das Recht absprechen, vom Krieg zu reden, sei es, um Gutes oder Schlechtes über ihn zu sagen, weil nur diejenigen, die ihn machen, über ihn reden können. Aber die anderen Rechte, diejenigen, die mich bedrohen, sind heimtückischer: da es *mein* Krieg ist, habe ich das Recht, ihn madig zu machen. Mögen andere ihn schrecklich finden – diejenigen, die ihn nicht machen –, ich habe das Recht, in sehr einfachem Ton zu sagen: Aber nein, es ist nicht der Rede wert. Und ich erkenne jene Taktik wieder, von der ich aus Anlaß meiner politischen Haltung gesprochen habe, oder, besser, ich sehe die List meines Hochmuts sprießen, die ich folgendermaßen nannte: mich auf die Seite der Schwachen gegen die Starken stellen, zu denen ich natürlicherweise gehören sollte, auf die Seite der Frau gegen den Ehemann, des Kindes gegen die Eltern, der Schüler gegen die Lehrer. Schon spüre ich, wie in mir – aus Abscheu, zu einer neuen Elite mit besonderen Rechten zu gehören, zur Elite der «Eingezogenen» – die Neigung wächst, mich mit den Zivilisten gegen die Frontsoldaten zu verbünden, wie um ihnen zu sagen: «Aber nein, redet euch doch nichts ein. Es ist gar nicht schlimm. Ihr habt keinerlei Pflicht uns gegenüber usw.» Das wäre zwar nicht sehr unsympathisch, wenn ich wirklich ein Frontkämpfer wäre. Aber das bin ich nicht: nur Eingezogener. Und ich weiß genau, wenn ich kämpfen würde, wäre das Ergebnis, daß ich in dieser Neigung schwelgen würde. Aber da ich nicht kämpfe, sollte ich über dieses Thema schweigen.

Dienstag, 21.

Dank Cassou begreife ich die eigene Logik und die dialektischen Entwicklungen dieser Menschheitsidee, deren Erscheinen er um die Mitte der Julimonarchie ansiedelt. Der analytische Geist des 18. Jahrhunderts löst die Gemeinschaften in Individuen auf. Die Französische Revolution ist eine analytische und kritische Revolution, insofern sie die Gesellschaft als einen Vertrag zwischen *Individuen* auffaßt. Der Geist der Synthese erscheint von neuem mit Maistre und Bonald. Er steht dem kritischen Geist insofern entgegen, als er behauptet, daß die Analyse zerstöre, was sie zergliedert. Zum Beispiel wird der Geist der Analyse in einem König einen Menschen sehen, der auf einem Thron sitzt. Der konservative Geist wird ihm antworten, daß er durch diese Analyse eben das zerstöre, was den König ausmacht: das Königtum. Der theoretische Sieg des Geistes der Synthese über den Geist der Analyse drückt sich in der Politik durch einen Sieg des konservativen Denkens über das revolutionäre Denken aus. Die Gesellschaft wird zu einer Hierarchie unzerlegbarer Formen. Wenn die revolutionäre Kraft die monarchischen Institutionen umzustürzen vermochte, so zunächst deshalb, weil der analytische Geist sie bereits aufgelöst hatte, indem er ihren Sinn zerstörte. Denn eine Institution auf ihre Elemente reduzieren heißt ihren Sinn verfehlen, der in ihrer unauflösbaren Totalität liegt. Unter dem Einfluß dieser offiziellen Lehren kommt es bei den Reformern und Revolutionären zu einer Trennung zwischen dem Geist der Analyse und dem Geist der Revolution. Die *Anlässe*, die Gesellschaftsstruktur zu verändern, bleiben und verstärken sich, aber es gilt, die Motive zu verändern. Der Geist der Analyse wird vernichtet, und was von ihm übrigbleibt, wird von alten liberalen Voltairianern vereinnahmt. Vom Geist der Synthese fordert dann die neue Opposition, ihr die Motive zu liefern. Die Konservativen benutzen den Geist der Synthese, wenn sie erklären, daß ein Ganzes nicht auf seine Teile zurückführbar ist – daß sich daher die Gesellschaft nicht auf die Individuen zurückführen läßt. Der Revolutionär wird also nicht mehr, wie 1789, daran denken, sich auf die Rechte des Individuums zu berufen. Er entsagt dieser veralteten analytischen «Weltanschauung»*, deren Werkzeug stumpf geworden ist. Er wird aufhören, dem Ganzen seine Teile, der Gesellschaft ihre Individuen entgegenzuhalten. Er wird im Gegenteil eine größere Synthese anstreben, die die diversen Gesellschaften in sich einschließt, so daß er jeder von ihnen vorwerfen kann, sich gegen diese Totalität aufzulehnen, so wie die Konservativen den Individuen vorwerfen, sich gegen die kollektive Totalität aufzulehnen. Das synthetische Objekt ist bald gefunden: die Menschheit. Aber dieser Ausdruck «Menschheit» kann viele Bedeutungen haben. Die moderne Bedeutung: die menschliche Kondition jedes einzelnen Individuums ist noch nicht enthüllt. Infolgedessen ist die Menschheit zwangsläufig die historische Totalität der Menschen, die gelebt haben, leben und leben werden. Was es dem Revolutionär wie dem Reformisten gestattet, der monarchistischen oder nationalen Tradition eine menschliche Tradition entgegenzusetzen. Aber sobald diese Menschheit benannt und als Totalität gedacht wird, transzendiert sie schon ihre Geschichte. Geschichte gibt es nur *innerhalb* der Menschheit. Auch hier konnte sich noch ein Tor zur menschlichen Kondition öffnen. Aber der synthetische Geist von 48 ist daran vorbeigegangen. Der einzige die Geschichte transzendierende Begriff, den er fand, ist die *Gattung*. Und diesen Begriff liefert ihm die Biologie. Notwendig geht er mit der komplementären Idee des Erdballs einher, da eine Gattung der Bedingtheit durch ihre Umwelt unterliegt. Es handelt sich hier also um eine doppelte Herabsetzung: die der menschlichen Kondition zur menschlichen Gattung und die der Welt zum Erdball. Paradox, obwohl ziemlich geläufig ist jedoch, daß die herabgesetzten Begriffe noch gar nicht erahnt worden sind. Die Herabsetzung geht historisch den Begriffen voraus, die sie herabsetzt. Das Unauthentische zeigt sich vor der Au-

* Deutsch im Original.

thentizität. Durch die Idee der Gattung wird der Mensch aus sich herausgeworfen, nicht *in* die Welt im Heideggerschen Sinn, sondern in die Umwelt der Welt oder, genauer, auf die Erde. Und seine innige Verbindung mit der Welt wird zwar erahnt, aber in der herabgesetzten Form einer Symbiose mit der Erde und dem physikalischen Universum. In diesem Sinne kann Ballanche durchaus vom «kosmischen Menschen» sprechen, aber man sieht, was das bedeutet: die Idee einer kosmischen *Fauna* – das ist die Idee des In-der-Welt-seins. Daher die Formulierung: «irdisches Los des Menschen». Daher das Auftauchen – an diesem Scharnier – der Idee der *Arbeit* oder der Einwirkung des Menschen auf die Erde. Idee der Saint-Simonisten: die Ausbeutung des Menschen durch den Menschen muß ersetzt werden durch die Ausbeutung des Erdballs durch die Menschheit. Corbon schreibt: «Das Bezeichnendste an den Phänomenen des Lebens ... ist die allmähliche Herausbildung des Arbeitsgeräts sowie die allmähliche Zunahme des menschlichen Einwirkens auf die Welt.» Man sieht hier, daß die Arbeit und die Schaffung von Werkzeugen als Phänomene des Lebens gegeben werden. Aber nicht des Lebens der Individuen: des Lebens der Gattung. Und Renan: «Das große Reich des Geistes wird erst dann anbrechen, wenn die materielle Welt dem Menschen ganz unterworfen sein wird.» Daher die Würde der *Arbeit*, durch die sich die menschliche Gattung täglich besser und mehr des Universums bemächtigt. Daher die Heiligkeit der Arbeit: «O Arbeit, heiliges Gesetz der Welt», Lamartine (*Jocelyn*).

Warum *Heiligkeit*? Weil die Idee der menschlichen Gattung zwei Seiten hat: einen biologischen Aspekt und einen religiösen Aspekt. Für den Menschen ist sie eine Religion, weil jedes Individuum ein «kollektives Wesen» ist (Saint-Simon) und weil es immer in einem «Winkel der menschlichen Gattung» lebt (Blanqui). Für ihn ist die Menschheit eine leibliche und geistige Umwelt. Er ist stets nur *vermit-*

tels dieser Menschheit auf der Welt. Die privilegierte Gattung ist absolut und Selbstzweck. Zu Recht betont Cassou diesen Aspekt des Humanitarismus: «Durch einen religiösen Akt trennt sich der Mensch von seinen Glaubensvorstellungen, seinen Religionen, um sich mit *der* Religion zufriedenzugeben, derjenigen, mit deren Hilfe er sich selbst als Gattung offenbart...» (Cassou). Der Saint-Simonismus und der Positivismus sind Religionen: «Die Menschheit hat eine religiöse Zukunft» (Saint-Simon). Aber diese Religionen sind herabgesetzt wie alles übrige, da ihr Gegenstand eine *Gattung* ist. Es handelt sich hier gleichsam um einen Rassismus der Menschheit.

Zur Abwehr dieser Fetischisierung [*chosisme*] dient der zweite Aspekt der Gattungsidee. Ihr biologischer Aspekt. Die Entdeckung des Jahrhunderts ist, daß die Gattungen sich *entwickeln*. Ballanche verwendet als erster diesen Ausdruck. Der menschliche Fortschritt findet seine Quelle in den dumpfesten und organischsten Kräften der Gattung, er stützt sich auf die Deszendenztheorie. Die menschliche Gattung ist nicht mehr arm und statisch wie zur Zeit Linnés, nun trägt sie eine undifferenzierte, noch unkenntliche, jedoch sehr reiche Zukunft in sich. Wir gewinnen also damit jene anbetungswürdige Undifferenziertheit des Gottes der Mystiker zurück, die wir durch die Herabwürdigung und Inauthentizität der ursprünglichen Begriffe verloren hatten. Gleichzeitig werden Fetischisierung und Götzendienst vermieden: man betet die Menschheit an, aber die Menschheit *ist* nicht, sie wird. Damit steht sie übrigens nur in noch größerem Gegensatz zu den gegenwärtigen Gesellschaften mit ihren politischen Systemen, die einfach *sind*. Wie Cassou sagt: «Nunmehr ist die Zukunft die Substanz, in der wir sind, leben und uns bewegen.»

Daher die letzte dialektische Gestalt der Idee der menschlichen Gattung: der Kult der Frau als universeller Gebärmutter, als Symbol der Fruchtbarkeit. Durch die Frau ist uns die Zukunft der Menschheit sicher.

So verwandelt sich die synthetische Idee der Totalität der Menschen durch ihre eigene Dialektik in die Idee der biologischen Gattung, die ihre Geschichte transzendiert. Diese Idee erfordert die komplementäre Idee der «irdischen Umwelt», die sich in ein «zu eroberndes Universum» verwandelt. Diese Idee der Eroberung des Erdballs als dem Menschlichen eigentümliche Mission findet sich in der Antiphysis von Comte und Marx wieder, sie verleiht der *Arbeit* eine Würde, die sich in der marxistischen Definition des Wertes wiederfindet. Doch die Evolutionsidee, die sich der Gattungsidee zugesellt, bekämpft die dem Begriff der «menschlichen Art» eigentümliche Tendenz, zu verarmen und zu erstarren. Und dem im Schoß der menschlichen Substanz wie der Mensch Spinozas in seinem unendlichen Gott verlorenen Individuum fällt es nicht schwer, dieses synthetische Ganze, zu dem es gehört, anzubeten.

Die Lehre läßt sich nicht halten. Aber immerhin hat sie uns geprägt. Der Humanitarismus hat unseren Humanismus geboren. Auch Gide ist davon geprägt. Demnächst werde ich hier einige merkwürdige humanitäre Stellen aus seinem Tagebuch abschreiben, wo er sagt, daß Gott in der Zukunft ist. Wenn man heute nach politischen Prinzipien sucht, hat man im Grunde nur die Wahl zwischen vier Auffassungen vom Menschen. Der engen konservativen synthetischen Auffassung: Action Française zum Beispiel – der verjüngten engen synthetischen Auffassung: Rassismus, Marxismus – der weiten synthetischen Auffassung: Humanitarismus – der analytischen Auffassung: anarchischer Individualismus. Aber nirgendwo findet man einen Bezug auf die menschliche Kondition, die sich nach der individuellen «menschlichen-Realität» bestimmt.

Wir haben hier einen enormen Verbrauch an Zeitungen (zum Verdunkeln der Fenster, fürs Klo usw.), aber wir benutzen nie die Zeitung vom Tage. Keller verbietet es. Obwohl sie schon mittags von jedem gelesen, noch mal gelesen und kommentiert worden ist – und im übrigen jeder zugegeben hat, daß nichts drinsteht –, reißt er sie uns entrüstet aus der Hand, sobald wir uns anschicken, sie wegzunehmen. «Die nicht, die ist von heute.» Er verlangt, daß jede Zeitung ein Praktikum von geheimnisvoller und im übrigen variabler Dauer im Klassenzimmer macht. Am Ende dieses Praktikums wird die Zeitung als molsch betrachtet, ihrer Eigenschaft als Zeitung verlustig und in den Rang von Papier gesunken. Herabwürdigender Einfluß der reinen Dauer und Altern.

Keller ist weder ängstlich noch Poet. Wenn er in der Schule Wache hat, schläft er nicht wie wir andern auf dem Strohsack, sondern bleibt die ganze Nacht auf. Wir haben nicht herausfinden können, warum. Wenn man ihn am nächsten Morgen fragt: «Was hast du gemacht?», antwortet er: «Na ja, bis Mitternacht hab ich Zeitung gelesen. Um drei Uhr hab ich gefressen. Um vier hab ich geschissen.» – «Aber warum bleibst du auf?» Er gerät in Verwirrung und weiß nicht, was er sagen soll, oder er sagt: «Oh, jetzt ist's hell ...» Danach ist er den ganzen Tag stumpf, schläft ruckweise an seinem Platz ein und stört die Stille mit klagenden Schnarchtönen.

Herbst

Die Blätter fallen, wir werden fallen wie sie
Die Blätter sterben, weil Gott es will
Wir aber werden fallen, weil die Engländer es wollen
Im nächsten Frühling wird keiner sich mehr erinnern, nicht an die toten Blätter und nicht an die gefallenen Soldaten, das Leben geht über unsere Gräber hinweg.

Dieser Text ist auf ein blattförmig gezacktes Stück Papier gedruckt, mit Adern und von einer schönen Rostfarbe. Es ist ein Flugblatt, das deutsche Flugzeuge zweihundert Meter von hier abgeworfen haben und das ein Bauer aufgelesen hat. Er hat es uns gebracht, es geht von Hand zu Hand. Unter dem Text ein Totenkopf mit einem Helm.

Pieter beklagt sich, daß seine Frau anfängt, ihn einen Drückeberger zu schimpfen. Sie schreibt ihm wegen eines dringenden Geschäftsbriefs: «Schreib du ihm, du hast ja nichts zu tun. Ich habe keine Zeit.»

Mittwoch, 22.
In *48* von Cassou folgenden Satz gelesen: «Das exotische Blut der Flora Tristan und ihr abenteuerliches Schicksal sollten in jenem erhabenen Helden der Kunst und der Anarchie wiedererstehen, ihrem Enkel Paul Gauguin.» Unangenehmer Schock. Gegenüber Gauguin, van Gogh und Rimbaud habe ich einen ausgeprägten Minderwertigkeitskomplex, weil sie es verstanden haben, sich zu verlieren. Gauguin durch sein Exil, van Gogh durch seinen Wahnsinn und Rimbaud mehr als sie alle, weil er es verstanden hat, sogar auf das Schreiben zu verzichten. Ich denke immer mehr, wenn man zur Authentizität gelangen will, muß irgend etwas zusammenbrechen. Das ist im Grunde die Lehre, die Gide aus Dostojewski gezogen hat, das werde ich im zweiten Teil meines Romans zeigen. Aber ich habe mich vor den Zusammenbrüchen geschützt. Ich bin an meinen Wunsch zu schreiben gefesselt. Sogar im Krieg falle ich wieder auf die Füße, weil ich sofort aufschreiben will, was ich fühle und sehe. Wenn ich mich in Frage stelle, so deshalb, um die Ergebnisse dieser Prüfung aufzuschreiben, und ich merke, daß ich nur davon *träume*, meinen Wunsch zu schreiben in Frage zu stellen, denn wenn ich wirklich, und sei es nur für eine Stunde, versuchen würde, ihn aufzuschieben, ihn auszuklammern, dann würde jeder Grund, irgend etwas in Frage zu stellen, in sich zusammenbrechen. Ich sehe deutlich, daß darin eine für die anderen (für T., für die Mondfrau beispielsweise) sehr irritie-

rende Selbstsicherheit liegt, denn sie rührt trotz allem daher, daß ich etwas in mir *intakt* lasse, aus Gemeinheit.

Eine Geschichte von Naudin: Ein deutscher Offizier ist auf der anderen Seite des Rheins zu sehen, er schaut mit einem Feldstecher nach Frankreich herüber. Ein französischer Leutnant befiehlt einem Mann, ihn abzuknallen. Der Mann weigert sich. «Warum?» – «Er ist ein Mensch. Er hat mir nichts getan. Ich will einem Menschen nicht das Leben nehmen.» Der Offizier befiehlt es einem zweiten Soldaten (es waren nur zwei bei ihm), der sich ebenfalls weigert. Daraufhin sagt er zu ihnen: «Dann schießt eben alle beide, so wißt ihr nicht, wer von euch ihn umgelegt hat.» Sie schießen, und der Offizier fällt.

Um mich an der Wahrheit dieser Geschichte zweifeln zu lassen, genügt es, daß Naudin sie erzählt. Tatsache jedoch ist, daß er sie erzählt und ohne die geringste Entrüstung: wie etwas ganz Natürliches. Tatsache ist, daß *man* sie erzählt. Denn er hat sie bestimmt von jemandem, der sie von jemandem hat, usw. Die Reaktion des Feldwebels ist ganz anders (Kriegsbestie): «Na, die zwei Männer haben aber Glück gehabt. Wenn es nach mir gegangen wäre, hätte ich ihnen zwölf Kugeln verpaßt, und die hätten sie verdient.» Gereizt erkläre ich ihm, daß vereinzelte Erschießungen sinnlos sind und uns ohne jeden Nutzen Menschen kosten. Sofort kneift er, weil er Respekt vor der Bildung hat, und entwickelt das *Neben*thema: «Die Batterien dürfen nicht ohne Befehl schießen, weil man sie am Geräusch orten kann.» Und um seine Selbstsicherheit auf dem Boden der Bildung wiederzugewinnen, wo er sie verloren hat, erklärt er mit Kreide an der Tafel die Prinzipien der Ortung durch Geräusche.

Im übrigen hat Naudin einen komischen Pessimismus im Detail, der einem kindischen Wesen entspringt, einem unbewußten Schmollen gegen den Krieg, dem Wunsch, diesen ungreifbaren Krieg irgendwo zu packen, seine Untätigkeit durch Mythen zu retten, und schließlich der greinenden Wichtigtuerei eines Bauern. Es genügt ihm nicht, daß die deutschen Flieger gestern Flugblätter abgeworfen haben, er will, daß sie die Gegend auch mit Füllfederhaltern überschüttet haben, die explodieren, wenn man sie anfaßt. Vergeblich erklärt man ihm, daß sie doch wohl nicht Friedenspropaganda machen und sie *gleichzeitig* durch «Greueltaten» in Verruf bringen. Er verstummt am Ende, von den Stimmen bezwungen, nicht von den Gründen. Er pflegt seinen Pessimismus schweigend weiter. Schließlich verläßt er türschlagend den Raum, und der Feldwebel deutet wichtigtuerisch und betrübt auf die Tür, die sich soeben geschlossen hat: «So einer wäre verheerend für die Moral einer Batterie. Ein Vorgesetzter, ein wirklicher Vorgesetzter...» Die Tür öffnet sich wieder, Naudin kommt zurück, und der Feldwebel wird niemals sagen, was ein wirklicher Vorgesetzter zu tun hat: er zappelt, und ich sehe, daß dieser verschluckte Satz ihn innerlich peinigt.

Diese versteckten Revolten von Naudin sind höchst interessant. Er ist ein *verhinderter* Aufrührer. Der Neid bohrt an ihm und macht ihn bitter: als rekrutierter Bauer beneidet er die Arbeiter, die in der Fabrik geblieben sind oder dorthin zurückkehren, als Feldwebel der Reserve beneidet er die Berufsunteroffiziere, die einen Sold bekommen, er beneidet auch die Beamten, die noch ihre Bezüge erhalten. Doch diese Unzufriedenheit wird es nie bis zur Revolte bringen, weil zu viele Faktoren sie bremsen und zersplittern: Katholizismus, wohlgesinnter Konformismus, Dummheit, Gedankenlosigkeit, Unmöglichkeit, seine Ärgernisse zusammenzufassen und zu einem Strauß zu binden, Minderwertigkeitskomplex gegenüber der Bildung. Und außerdem – er «hat einen guten Kern». Aber es braucht nur ein faschistischer Schönredner zu kommen, seine lokalen Ressentiments unter der Fahne der guten

Gesinnung zu vereinen, und Naudin spurt. Bis zum Ende? Ich weiß es nicht, denn er ist ein Feigling. Aber spuren wird er.

Zu Beginn des Krieges sagte Naudin: «Ich bin dreimal eingezogen worden: im September 38, im März und im August 39. Ich hab die Schnauze voll, so kann das nicht weitergehen, und ich will's bis zu Ende erleben, mir wär's lieber, wenn es mal tüchtig kracht und daß man dann seine Ruhe hat.» Drei Monate sind vergangen. Eine herbe Enttäuschung war für ihn der Unteroffizierssold. Jetzt sagt er zwischen seinen Anfällen von Heldenmut grimmig: «Ich will bloß heil nach Hause kommen, und zwar so schnell wie möglich.» Davon abgesehen ist er ein großer kräftiger Kerl, dessen Körper Lebensglück ausstrahlt. Er ist 29 Jahre alt, ein hübscher Bursche mit roten Wangen, einer angenehmen Stimme. Pieter sagt, daß er in seinem Dorf wahrscheinlich der Hahn im Korb ist. Kräftige Muskeln, aber schon ein wenig Bauch. Grübchen im Kinn, alles, was nicht rot ist wie die Backen, ist stahlblau wegen des dichten Barts. Er wirkt komisch und schnuppert wie ein junger Hund, auch ein bißchen ein Luftikus, ein Herzensbrecher.

Im zivilen Leben stellt Keller jeden Abend eine Leiter an die Fassade seines Hauses, schließt zwei Drähte an die Hauptstromleitung an und hat auf diese Weise Licht, ohne daß es über den Zähler läuft. Bei Tagesanbruch holt er seine Leiter wieder ein und schaltet die Drähte ab. Später, nach dem Krieg, will er ein Grundstück kaufen und bauen. Aber er wird in seinem Haus kein Gas haben, denn beim Gas sind solche Ersparnisse unmöglich. Er wird einen elektrischen Herd haben und ihn mit demselben Verfahren speisen. «Das ist ein großer Vorteil der Vorstadt», sagt er zu Paul. «In Paris sind nämlich alle Leitungen in Stahlröhren.»

Donnerstag, 23.

In den evakuierten Regionen, nach Sarreguemines zu, haben die einquartierten Soldaten alles zerschlagen, in die Betten geschissen, die Schränke zerhackt. Aus diesem Anlaß notiere ich, daß die Franzosen «aus dem Hinterland», obwohl sie von der elsässischen Bevölkerung mit offenen Armen empfangen, von den Bürgern kostenlos beherbergt, von den Mädchen angehimmelt und von den Kindern umjubelt werden, die Elsässer streng tadeln. Es kommt vor, daß sie bei elsässischem Wein und Sauerkraut jammern: «Was wollt ihr», sagte neulich ein gebildeter Unteroffizier ernst, «diese Leute werden nie so sein wie wir.» «Ach!» sagt er traurig. «1918 ist man zu sanft, viel zu sanft gewesen. Die Meinungen achten, das ist ja schön und gut, aber zuerst hätte man Franzosen aus ihnen machen müssen.» Viele Soldaten grämen sich, wenn sie die Kinder elsässisch sprechen hören: «Kein Wunder. Eine Stunde Französisch pro Woche in ihren Schulen!» Und sie schlagen sich empört auf die Schenkel. Jeder von ihnen hat einen Elsässer getroffen, der ihm sagte: «Ich bin weder Franzose noch Deutscher: Elsässer.» Ein besoffener Soldat hat in einer Kneipe in Brumath unwillig zu Castor gesagt, als sie seine Annäherungsversuche zurückwies: «Du bist also Elsässerin!» Und auftrumpfend: «Bist du für oder gegen uns?» Es kommt vor, daß sie, während sie sich mit Würsten den Bauch vollschlagen, bedächtig den Kopf schütteln: «Wilde! Unmöglich, irgendwo in Brumath ein Stück Dauerwurst aufzutreiben!» Und neulich meinte ein Gefreiter bekümmert: «Ich sag dir's, ich bin Schlachter, ich hab den Metzger von Brumath zum Reden gebracht, also, die Kühe, die Maul- und Klauenseuche oder Tuberkulose haben, denen schaben sie das Fleisch ein bißchen ab und verwenden es als Wurstfüllung. So wird sie gemacht, ihre berühmte Straßburger Wurst.» Und ein Feldwebel: «Ihr werdet schon sehen: das Beste am Urlaub ist nicht, daß man die Frau und die Kinder wiedersieht, sondern daß man Franzosen aus Frankreich französisch reden hört.» Man sieht, daß diese legitime Entrüstung leicht dazu führen kann, in die Betten der Evakuierten zu scheißen. Im übrigen geben die Mütter und Frauen dieser guten Franzosen ihrerseits den Elsässerinnen deutlich zu verstehen, daß sie sich nur nicht für Französinnen halten sollten. Im Limousin, in der Dordogne behandelt man sie wie Hündinnen. Der Trommler von Saint-Germain-les-Belles, so schreibt mir Poupette, geht im Dorf herum, um die Ankunft der Evakuierten anzukündigen, und beschließt seine Ansprache mit den Worten: «Und vergeßt nicht, daß es immerhin Franzosen sind.»

Heute morgen sprechen wir über Politik, Hang, Pieter, Paul und ich, über die Organisation Europas nach dem Krieg. Es wird viel dummes Zeug geredet. In einer Ecke des Raums versucht Naudin einen Brief zu schreiben. Unsere laute Unterhaltung stört ihn dabei, und er tobt: «Ihr kotzt mich an! Ihr kotzt mich an!» Hang versucht, ihn für die Diskussion zu interessieren, aber vergeblich. Und da sage ich plötzlich zu ihm, als er seinen Kopf in beide Hände nimmt, um sich besser von der Welt abzukapseln: «Weißt du, Naudin, daß die Deutschen bei Wissembourg einem französischen Gefangenen bei lebendigem Leib die Haut abgezogen haben?» Er steht auf und kommt schnuppernd auf mich zu: «Wer hat dir das gesagt?» Absichtlich antworte ich vage: «Jemand ...» Ich gebe ein paar Details: «Es waren zwei Gefangene. Einer wollte nicht reden, da hat man ihm bei lebendigem Leib die Haut abgezogen. Dem andern hat man gedroht, man würde seine Kleider mit Benzin übergießen und anzünden. Da hat er Angst gekriegt und gesungen.» Naudin empört sich und vergißt darüber seinen Brief: «Die Schweine! Sollen sie nur kommen! Einer gegen einen, da möchte ich doch mal sehen, ob sie mir die Haut abziehen!» Er setzt sich in eine Ecke, mit verschränkten Armen, und schüttelt immer wieder den

Kopf, entsetzt, wütend, ernst und zufrieden: für heute morgen hat er seine Ration Greuel weg.

Bei den Diskussionen fühlt sich der Feldwebel durch seine Größe isoliert, hört zu, aber exponiert sich nicht.

Als ich heute nacht gegen ein Uhr plötzlich aufwache, denke ich über den Willen nach. Zwar habe ich noch lange nicht alles verstanden, aber ich glaube, daß ich die Frage ein wenig entwirren konnte.

Zuerst sehe ich, daß die klassische Auffassung des Wollens als eines besonderen Akts, der dem Bewußtsein entspringt, an zwei Klippen stößt.

Zunächst einmal müßte ein Willensakt, nach dem Bild des Bewußtseins – das Bewußtsein von sich sein muß –, sich selbst wollen. Ich will nach Paris fahren. Gut. Aber wenn mein Wille von einem Wunsch motiviert ist, ist er kein Wille, kein privilegierter Akt mehr, der dem Bewußtsein entspringt, sondern eine motivierte Struktur ähnlich den anderen. Der Wille muß gewollt sein. Sonst wäre mein Wille, nach Paris zu fahren, unwillentlich. Genau das hat Kant mit seiner Autonomie des Willens erkannt: ein Wille, der gut sein will anläßlich der Handlung, die er will. Es würde nichts nutzen, wie er ebenfalls erkannt hat, den Willen vom Ich abzuleiten, denn dann würde er immer noch aus einem Gegebenen hervorgehen (gleichgültig, ob dieses Gegebene nicht *ist*, sondern *dauert*, wie das tiefe Ich von Bergson: jedenfalls wird der Wille eine *natürliche* Emanation von ihm sein). Der Wille kann sich nur dann vom Ich herleiten, wenn das Ich sich vom Willen herleitet. So verweist der Wille, wie das Bewußtsein, auf ihn selbst. Und wie beim Bewußtsein muß man, um nicht in eine reflexive Kaskade von wollenden und gewollten Willen zu fallen, einräumen, daß dieser Verweis auf sich selbst der Infrastruktur des Willens entspricht. Es würde sich folglich um eine Art von ontologischem Argument des Willens handeln: der Wille, der sich selbst will als Wollen von X. Wir hätten eine nichtthetische Infrastruktur (wie beim Bewußtsein): Wille (des) Wollens, und eine transzendente willentliche Intentionalität: das gewollte Wollen wäre Wollen *von* X. Nur darf hier die Analogie mit der typischen Struktur des Bewußtseins nicht täuschen: daß ein Bewußtsein Bewußtsein (von) sich ist, ausgezeichnet, denn im nichtthetischen Bewußtsein ist das Bewußtsein nicht Gegenstand für das Bewußtsein: es geht hier nicht um *Erkenntnis*, die eine Dualität Objekt-Subjekt voraussetzt, sondern um die Transluzidität, die dem Bewußtsein als seine existentielle Bedingung eignet. Dagegen scheint es, daß dieses gewollte Wollen vom Typus der Erkenntnis ist, das heißt, daß es seinem Wesen nach eine Dualität enthält. Wenn wir uns nicht mit Worten abspeisen lassen, ist es unmöglich, die immanente Einheit des Willens und seines Gegenstandes anzunehmen, und sei es ein Wollen. Und zwar aus dem einleuchtenden Grund, daß der Gegenstand des Willens ein zukünftiger ist. Er ist ein bestimmter Typus von Möglichem, dessen ontische Substanz die Zukunft ist. Es liegt also *per definitionem* ein zeitlicher Abstand zwischen dem Willen und seinem Gegenstand, wie gering dieser Abstand auch sein mag. Die Idee eines gewollten Wollens in der Infrastruktur ein und desselben Bewußtseins ist widersprüchlich. Doch eben darauf läuft ihrer Logik nach die Idee eines Willensaktes hinaus – falls man ihn nicht zu einem streng determinierten Prozeß macht (aber dann hat der Willensakt seinen spezifischen Charakter verloren – es ist nicht mehr möglich, ihn vom Begehren, von der Leidenschaft, von den Mechanismen usw. zu unterscheiden).

Die zweite Schwierigkeit ist, daß der Gegenstand meines Willens auf Grund seiner Stellung in der Zeit von mir entfernt ist. Aber gerade die Freiheit, die man im Willensakt setzt, verbietet einem, *gegen* die Zeit zu wollen. Morgen will man diesen oder jenen Schritt tun. Wer aber schützt einen vor einem selbst? Morgen wird der Wille von heute in die Vergangenheit, aus dem Bewußtsein gefallen sein, er wird sich verknöchert haben, und man wird in bezug auf ihn völlig frei sein: frei, ihn zu übernehmen oder sich gegen ihn zu stellen. Man kann weder gegen sich noch gegen die Zeit schwören. Der Eid, den man sich selber leistet als Prototyp aller Eide, ist eine vergebliche Beschwörung, durch die der Mensch versucht, seine künftige Freiheit zu bannen. Er schwört im übrigen nur dann, wenn er spürt, daß er Gefahr läuft, seinen Eid zu brechen. Der Eid ist Eingeständnis von Bedrängnis. Nun ist aber jeder Willensakt des genannten Typs – und wir vollziehen oft welche – im Grunde nichts anderes als ein verkappter Eid. Was ich will, ist mein Wollen von morgen. Und damit kehren wir zur Dualität Wollen-Gewolltes zurück, aber es ist mir eben nicht möglich, mein späteres Wollen zu wollen. Wenn ich die Augen verdrehe, wenn ich die Faust balle, die Zähne zusammenbeiße und sage: ich *will* ihr treu sein, dann will ich ins Leere, ich will eine Fülle von besonderen Wollen, die Gefahr laufen, mir nacheinander zu entgehen. Diese Art von – übrigens sehr häufigen – Willensäußerungen würde ich leere Willensäußerungen nennen, in Analogie zu Husserls Leerintentionen. Ich fürchte, daß sie der klassischen Auffassung des Willens als Vorbild gedient haben. Sie lösen sich vom Bewußtseinsstrom ab und sind von einer starken Spannung begleitet, weshalb man sie zweifellos für voll hält. Aber es fehlt ihnen das Fleisch, das sie füllen könnte, jenes Wollen selbst, das als das ursprüngliche Phänomen erscheint und auf das wir nun verwiesen sind. Mehr als einer, der die Unwirksamkeit dieser leeren Willensäußerungen bemerkt hat, ist aus Enttäuschung und Skeptizismus zu dem Schluß gekommen, nur das Bewußtsein, das sich über die Ausführung des Aktes erstreckt, als Willen zu betrachten. Es gibt keinen Unterschied mehr zwischen dem Wollen und dem Akt. Mein Akt ist nicht nur Zeuge meines Wollens für mich selbst, sondern anderseits präzisiert und definiert sich mein Wollen durch den Akt, so wie Alain sagt, daß die Ausführung der Statue die Leitidee des Bildhauers abschleift, so daß am Ende die konkrete Idee im letzten Stadium ihrer Entwicklung und ihres Reichtums die Statue selbst ist. Es ist der ewige Zirkel: man muß die Akte nach den Intentionen beurteilen. Aber wonach sollen wir die Intentionen beurteilen, wenn nicht nach den Akten? Der Akt ist die materielle Stütze und der Ausdruck des Wollens, so wie die Sprache Stütze und Ausdruck des Denkens ist. Der Akt ist der äußere Aspekt des Willens und der Wille das einigende innere Thema des Aktes; einen Willen ohne Akt gibt es ebensowenig wie ein Denken ohne Sprache.

Ich werde diese strenge moralistische Entscheidung nicht tadeln, die darauf hinausläuft, die Intention nach dem Resultat zu beurteilen. Es ist eine ausgezeichnete Vorsichtsmaßnahme. Und gerade die Existenz der leeren Willensäußerungen zwingt zu dieser Vorsichtsmaßnahme, damit man sie aufdecken und ausschalten kann. Und dennoch erkenne ich deutlich, wenn ich mich in diesem Augenblick prüfe, daß es in mir eine bestimmte Zahl von vollen und wirksamen Willensäußerungen gibt, die indes mit keiner Verwirklichung einhergehen. Das Wollen, fest und standhaft zu bleiben, nichts zu bereuen, mich nicht dem Katzenjammer hinzugeben, mich in Frage zu stellen, ohne Bedauern morgen oder übermorgen Brumath zu verlassen, um nach Morsbronn zu gehen, meinen Roman zu beenden, bevor ich etwas anderes anfange, regelmäßig dieses Tagebuch zu führen, jeden dritten Tag an Castor zu schreiben, jeden zweiten Tag an meine Mutter. Entscheidungen, die mir näher liegen: morgen Paulhan antworten, noch heute abend, wenn ich das Tagebuch zugeklappt habe, Castor und T. usw. usw. Fernerliegende Entscheidungen, die meine Rückkehr ins Zivilleben betreffen, wenn wieder Friede sein wird. Und dennoch tue ich gegenwärtig nichts, um sie zu verwirklichen – und ich habe nichts zu tun.

Trotzdem sind das weder leere Willensäußerungen noch volle Willensakte, die früher existiert hätten und nun schlummern würden, bis sie sich erneut in Akten manifestieren. Es geht nicht um Erinnerungen an Willensäußerungen, sondern um reale Willensäußerungen, die aktuell existieren und mein eigenes Sein bilden. Jeder kann ähnlich hartnäckige und heftige Willensäußerungen in sich finden, die sich dennoch nicht *verwirklichen*. Sollte der Irrtum vielleicht daher rühren, daß man den Willen gewöhnlich als kurzen, zeitlich lokalisierten Bewußtseins*akt* betrachtet. Das heißt genau als ein leeres Wollen? Das liefe auf die Behauptung hinaus, daß das gewöhnlich nicht willentliche Bewußtsein unter bestimmten Voraussetzungen eine Willensstruktur annehmen kann. Aber ich habe in meinem 2. Heft bereits betont, daß es unmöglich ist, dem Bewußtsein den Willen hinzuzufügen, wenn er nicht vorher in ihm war. Man muß also zu Spinoza zurückkehren und Willen und Bewußtsein in eins setzen. Ich werde morgen erklären, worum es geht.

Heute abend plötzlich fühle ich mich ein wenig elend. Aber es geht vorüber.

Freitag, 24.

Heute nacht hat Paul wieder einen Anfall von Somnambulismus. Auf einmal fängt er zu schreien an: «Ho Ho Ho Ho Ho! Oh!» Das letzte «Oh» langgezogen, vibrierend und entsetzt. Ich sage: «Paul!» Paul mit schläfriger Stimme: «Was ist?» Ich: «Paul!» Er, mit einem verwirrten und verbindlichen Lachen (im Ton, mit dem man zu jemandem sagt, der einen anspricht und zu kennen vorgibt: «Ich weiß wirklich nicht, wer Sie sind»): «Ich weiß gar nicht, wo ich bin.» Und, über seine eigene Verlegenheit belustigt, mit einer gewissen psychologischen Genüßlichkeit: «Nein! wirklich nicht!» Er prustet. Ich: «Du bist in Brumath.» Paul, sehr gereizt: «Das weiß ich selber.» Ich:

«Warum hast du geschrien?» Paul, unaufrichtig: «Ich? Ich hab geschrien?» Schweigen, dann höre ich ein großes Gewühle, knisternde Seide, schwere Gegenstände, die über den Boden geschleift werden, Keuchen. Ich: «Was machst du?» Paul, würdevoll und gekränkt: «Nichts. Ich bin bloß wach.» Und *gleich darauf* einen gleichmäßigen, kräftigen Atem, der bald in leises Schnarchen übergeht. Heute morgen kommen wir überein, daß er während dieses Gesprächs tief geschlafen hat. Er hat mir geantwortet – und fast richtig –, ohne aufzuwachen.

Kommen wir auf den Willen zurück. Ich stelle fest, daß seine wesentliche Struktur die Transzendenz ist, da er auf ein Jenseits zielt, das nur in der Zukunft liegen kann. Aber diese Transzendenz setzt ein zu transzendierendes Gegebenes voraus. Der Wille braucht die Welt und den Widerstand der Dinge. Er braucht ihn nicht bloß als Stützpunkt, um sein Ziel zu erreichen, sondern seinem Wesen nach, um Wille zu sein. Denn nur der Widerstand eines Realen erlaubt es, das, was möglich ist, von dem zu unterscheiden, was ist, und darüber hinaus zu entwerfen, was das Mögliche ist. Hier wie überall geht das Reale dem Möglichen voraus. Die Welt des Traums, die imaginär ist, erlaubt diese Unterscheidung nicht, denn im Traum erhält das, was konzipiert wird, von der Konzeption selbst eine Art geträumte Existenz. Im Traum trinken wollen unterscheidet sich in keiner Weise von träumen, daß man trinkt. So *kann* der Geist als Opfer seiner Allmacht nicht wollen. Er kann nicht einmal aufwachen wollen. Er träumt nur, daß er aufwacht. Damit er sich wiederfindet, muß das Reale in irgendeiner Weise in seinen Traum eindringen. So ist der Träumer durch seine absolute Macht gefesselt. Ebenso erginge es letztlich einem göttlichen Geist, der durch schöpferische Intuitionen verführe. Wenn einem solchen Geist die bloße Konzeption genügte, um intuitiv den Gegenstand zu erzeugen, wenn er auf keinen Trägheitswiderstand stößt, wenn zwischen Konzeption und Verwirklichung kein zeitlicher Abstand liegt, dann träumt Gott. Seine Schöpfungen können sich nicht von seinen Affekten unterscheiden. Er ist in sich selbst gefangen und kann nichts wollen. Die göttliche Allmacht kommt einer totalen subjektiven Knechtschaft gleich. Gott wird von Schöpfung zu Schöpfung getrieben, ohne daß er in bezug auf sich und den Gegenstand «auf Distanz gehen» kann. Es gibt nur endlichen Willen und nur bei einem endlichen Sein, und seine Endlichkeit bezieht der Wille nicht aus einer äußeren Begrenzung, sondern aus seinem Wesen selbst. Der Widerstand einer Welt ist im Willen enthalten als das Prinzip seiner Natur. Und da man weder annehmen kann, daß der Wille jünger ist als die Welt – was uns zum Materialismus zurückführen würde – noch daß die Welt vom Willen erzeugt ist – was uns in den Bereich der schöpferischen Intuitionen zurückwerfen und damit den Willen beseitigen würde –, muß man wohl einräumen, daß Welt und Wille gleichzeitig gegeben sind. Es gibt Willen nur bei einem Sein, das in die Welt geworfen ist. Es ist die Welt, die das von seinen eigenen Träumen, von seiner totalen Freiheit durchdrungene Bewußtsein befreit. Der Wille charakterisiert die menschliche Kondition als die Notwendigkeit für ein in der Welt verlassenes Sein, die eigenen Ziele jenseits eines Realen wiederzufinden, das deren unmittelbare Verwirklichung unmöglich macht. Er definiert sich durch den notwendigen Abstand zwischen dem Ziel und der Konzeption des Zieles. Willen kann es nur geben, wenn die ganze Welt sich zwischen mein Bewußtsein und seine Zwecke schiebt. Sollte ein Geist mir die Macht verleihen, meine Wünsche sofort zu erfüllen, dann schlafe ich ein, da ich sie nicht auf Distanz halten, nicht *verhindern* kann, daß sie in Erfüllung gehen. Das haben alle Märchenerzähler dunkel geahnt, die uns tragisch endende Geschichten über erfüllte Wünsche erzählen. Der Wille zeigt sich also als ein «Sein-in»-der-Welt, das ein «Sein-zur» Veränderung der Welt ist. Jedes gewollte

Mögliche ist immer nur die Veränderung einer gegebenen Situation. Eine Veränderung, die nur dann *gewollt* sein kann, wenn sie am Horizont dieser gegebenen Situation als Resultat der Entwicklung der spezifischen Möglichkeiten dieser Situation erscheint. In diesem Sinne nehmen wir wahr, um zu verändern, und wollen die Veränderung ausgehend vom Wahrgenommenen. Jede Wahrnehmung zeichnet sich auf dem Hintergrund einer möglichen Veränderung ab – jedoch einer geregelten Veränderung – und schiebt sie auf Grund ihrer Dichte gleichzeitig hinaus. Ein Fenster als geschlossen wahrnehmen ist nur in einem Akt möglich, der über das Fenster die geregelte Möglichkeit, es zu öffnen, entwirft. Ohne diesen Akt wäre das Fenster weder geschlossen noch geöffnet: es wäre überhaupt nichts. Aber umgekehrt könnte es ohne das gegenwärtige Geschlossensein des Fensters nur das nichtende Bild eines geöffneten Fensters geben oder – im Fall des magisch erfüllten Wunsches – das magische Auftauchen eines geöffneten Fensters, das nicht *Ding* wäre, da es keinen Widerstand leisten könnte (es wird nach meinem Belieben sich vernichten oder sich schließen), und das das Bewußtsein nicht von seiner Immanenz befreien kann. Somit ist die primäre Struktur des Willens eine Transzendenz, die eine Möglichkeit in der Zukunft setzt jenseits eines Zustands der gegenwärtig gegebenen Welt. Daran sieht man den tiefen Sinn des Willens, der darin besteht, daß er nur dann er selbst sein kann, wenn er sich selbst entgeht, sich aus sich heraus in die Zukunft wirft. Er ist *Vor-wurf* (pro-jet)*. Daraus folgt natürlich, daß die Welt in ihrem gegenwärtigen Zustand nur von der Zukunft her erkannt wird. Somit sind Wille und Wahrnehmung untrennbar. Und das bedeutet wiederum, daß der Wille kein individueller Akt ist, der in einem gegebenen Augenblick der zeitlichen Kette auftaucht, sondern

* Deutsch im Original.

der Bezug des Bewußtseins zu seinen eigenen Möglichkeiten.

Bleibt noch zu bestimmen, wie dieser Bezug des Bewußtseins zu seinen Möglichkeiten aussieht. Bisher sind wir im großen und ganzen Heidegger gefolgt. Doch das können wir jetzt nicht mehr. Denn für ihn *ist* das Dasein* ganz einfach seine eigenen Möglichkeiten. Aber dann würde es nichts nützen, die Transzendenz zu setzen, wie er es tut, wenn wir in eine andere Art Immanenz zurückfallen. Der Wille ist ja die Macht des Bewußtseins, sich selbst zu entgehen. Jede Immanenz ist Traumzustand. Sogar die Heideggersche Immanenz, da das Sein sich als Möglichkeiten jenseits der Welt *wiederfindet*. Und ich meine durchaus, daß zwischen dem entwerfenden Sein und den entworfenen Möglichkeiten *Zeit liegt*. Da jedoch diese Zeit gegen den Strich gelesen wird, verliert sie ihre trennende Kraft, ist sie nur noch die Substanz der Vereinigung des Daseins* mit ihm selbst. Die Möglichkeiten des Bewußtseins sind tatsächlich transzendent. Es unterstützt sie, es will sie, es ist wollendes Bewußtsein *von* diesen Möglichkeiten, aber diese liegen außerhalb seiner. Sie beziehen ihre transzendente Objektivität aus der Materie, über die sie erfaßt werden, und diese ist genau der zu modifizierende gegenwärtige Gegenstand. Somit sind sie äußere Existenzen von sehr besonderer Art. Nennen wir sie Forderungen.

Darunter sind Gegenstände zu verstehen, die fordern, verwirklicht zu werden. Es sind Optionen auf uns. Aber wenn sie nur fordern würden, wären sie nicht *gewollt*. Man könnte nämlich Forderungen annehmen, die unerfüllt blieben: «meliora video proboque deteriora sequor». Sie wecken zudem Vertrauen, ich kann ihre Verwirklichung *voraussehen*. Und ich habe den Eindruck, bei dieser Voraussicht privilegiert zu sein. Es handelt sich um eine

* Deutsch im Original.

Evidenz, die sich dem Adäquaten nähert. Die anderen künftigen Gegenstände – diejenigen, die nicht gewollt sind – kann ich zwar *voraussehen*, aber ihre Möglichkeit ist selbst eine Wahrscheinlichkeit. Während die Möglichkeit des gewollten Gegenstandes Gewißheit ist. Zum Beispiel kann es sein, daß ich das Wort «Gewißheit», das mir unter die Feder kommt, nicht hinschreibe: ich kann auf tausenderlei Weise gestört werden. Aber ich weiß, daß es, *wenn* ich nicht gestört werde, entstehen wird; ich weiß, daß das, was man stören wird, *seine* Geburt ist. Man wird mich nicht daran hindern können, ein anderes Wort als dieses zu bilden, und es wird zumindest jene Existenz haben, dasjenige zu sein, dessen Entstehung verhindert wurde. Während es, wenn ich mein Vermögen dem Wasser anvertraue in Form von Waren, die ich in Übersee verkaufen möchte, möglich ist, daß ein Schiffbruch die Ladung zerstört und mich ruiniert, aber ich werde nie wissen, ob der Schiffbruch wirklich *das gute Geschäft* verhindert hat: es könnte sich ebensogut um einen Bankrott durch unredliche Konkurrenz oder falsche Berechnung usw. handeln. Das gute Geschäft ist nur *wahrscheinlich* verhindert worden. Im übrigen kenne ich diese Möglichkeiten-Optionen nicht im kontemplativen Sinne, ich realisiere sie. Das bedeutet, daß sie am Horizont meiner Handlungen als ihr Sinn erscheinen. Heidegger hat richtig gesagt, daß wir sie nicht thematisieren. Denn sie thematisieren hieße sie nichten, sie zu Begriffen oder Bildern machen. Indem wir handeln, rufen wir sie, obwohl unbenannt, am klarsten ins Leben.

So ist also der Sinn unserer Situation in jedem Augenblick gegeben durch diese Möglichkeiten-Optionen, noematische Korrelate unseres Wollens, die uns in der Zukunft erwarten. Und sie sind es, die unsere Wahrnehmungen motivieren und gestalten. Halten wir fest, daß es in zweifacher Beziehung *meine* Möglichkeiten sind: erstens, weil es meine eigenen Optionen sind, wie wir sahen – und zweitens, weil sie das objektive und transzendente Bild meines In-der-Welt seins sind. Tatsächlich haben diese Optionen Einfluß auf uns aus Liebe zu uns selbst. Heidegger hat betont, daß die Welt das ist, aus dem her das Dasein sich ankündigen läßt, was es ist. *Für uns* existieren diese Optionen. Für uns oder für andere. Das heißt letztlich für eine menschliche-Realität. Nur wäre es ein Irrtum zu glauben, daß diese mögliche menschliche-Realität, durch *unsere* menschliche-Realität über die Welt hinaus entworfen, unsere menschliche-Realität *ist*. Sie kann nur transzendent sein, eben weil sie auf der anderen Seite der Welt ist, jenseits aller Optionen. Die Optionen sind das noematische Korrelat der Entwürfe, die sich in den Handlungen realisieren, und die entworfene menschliche-Realität ist die synthetische Einheit der Optionen. Gewiß wird auch sie nicht thematisiert, aber es genügt zu denken, daß sie Einheit transzendenter Optionen ist, um zu verstehen, daß sie selbst transzendent ist. Das Bewußtsein kann seiner Immanenz nur entgehen, es kann nur dann Gegenstand seines eigenen Wollens sein, wenn es sein passiv gemachtes Bild auf die andere Seite der Welt entwirft. So sind die Optionen, die in der Zukunft warten, menschlich gefärbt. Es sind menschliche Möglichkeiten und meine Möglichkeiten. Sie existieren zum «Zweck des Menschen». Andererseits jedoch wird, sobald sie verschwinden, die transzendente menschliche-Realität nur noch eine leere Form sein, denn sie ist bloß die Einheit dieser Optionen. Das, was wir Selbstheit [*ipséité*] nennen wollen oder Schlagschatten des Bewußtseins jenseits der Welt – was nichts zu tun hat mit dem Ich als Einheit der reflexiven Bewußtseine.

Daraus folgt, daß es für das Bewußtsein in jedem Augenblick eine bestimmte Anzahl von Möglichkeiten gibt, die die seinen sind, das heißt, die ihm in der Form erscheinen, die wir soeben beschrieben haben. Diese Möglichkeiten sind das noematische Korrelat dessen, was wir den Willen des Bewußtseins nennen werden, und infolgedessen ist dieser Wille nichts anderes als das Besonders-sein des Bewußtseins. Das Bewußtsein bestimmt sich in jedem Augenblick selbst als das Bewußtsein, das bestimmte Möglichkeiten hat. Das muß existentiell verstanden werden: es ist das Sein des Bewußtseins, von bestimmten Möglichkeiten umgebenes Bewußtsein zu sein, darin unterscheidet sich seine Existenz qualitativ von der Existenz irgendeines anderen Bewußtseins, darin hat es seine eigene Art und Weise, sich in die Welt zu werfen. Und obwohl dieser Wurf eins ist, können natürlich die Optionen, die ihn noematisch manifestieren, Legion sein, da dieser Wurf sich in der Vielfältigkeit der Welt bricht. Sie sind uns alle gleichzeitig gegenwärtig, wenngleich nicht thematisch. Bewußtsein sein heißt daher in jedem Augenblick seine Möglichkeiten wollen und nur diese. Und das Band zwischen dem Bewußtsein und seinen Möglichkeiten ist ein ebenso reales, ebenso konkretes Band wie das zwischen dem Bewußtsein und den wahrgenommenen Dingen. Das Bewußtsein bestimmt sich selbst in jedem Augenblick beim nichtthematischen Erfassen einer konkreten Pluralität von Möglichkeiten-Optionen in einer *Situation*. Die Situation ist der inerte Widerstand der Dinge, gegliedert nach einer Hierarchie von Motiven und einer Hierarchie von Werkzeugen. Letztlich ist die Situation die Welt, die sich ganz und gar gemäß den eigenen Möglichkeiten des Bewußtseins gliedert.

Unter diesen Bedingungen wird man verstehen, daß das, was ich in jedem Augenblick will, genau meine Situation in der Welt ist. Ich *bin*, was ich *will*. Und das ist zwangsläufig begrenzt. Ich bin ein endliches Sein, zutiefst und total für mich selbst verantwortlich. Man wird auch verstehen, daß das, was man gemeinhin einen einzelnen Willensakt nennt, *entweder* ein leeres Wollen im Hinblick auf Möglichkeiten ist, die nicht *meine* Möglichkeiten sind, von denen ich aber aus verschiedenen Gründen wünschte, sie wären meine (das ist beim Eid der Fall), *oder*, im Fall voller Willensäußerungen, nur die jähe Thematisierung bislang nicht thematisierter Möglichkeiten sind. In letzterem Fall ist das, was man Wollen nennt, nur die Nichtung des Wollens des Bewußtseins, ohne daß im geringsten eine Verstärkung der Optionen vorläge. Eine vorläufige Nichtung, die im übrigen die genichtete Option ebensowenig beseitigt, wie die abbildende Nichtung die abgebildete Anwesenheit beseitigt. Sie hebt die Zeit der Nichtung auf, nicht mehr und nicht weniger. So bin ich ganz und gar Wollen, da ich will, was ich bin. Kein besonderes Wollen kann auf diesem Hintergrund auftauchen. Eine meiner Möglichkeiten verändern heißt gleichzeitig alle meine Möglichkeiten verändern, heißt meine Situation verändern, heißt mich anders wollen. Das kommt übrigens dauernd vor, aber jede Modifikation, wie oft sie auch eintreten mag, ist immer existentiell und total.

Kurz, gegenüber dem Bewußtsein gibt es die Totalität des Realen, in jedem Augenblick, eine Gruppe in einer Situation. Und dieses Reale umfaßt: die wahrgenommenen Dinge – die Anwesenheiten –, die Optionen – die Werte –, die Optionen, die nicht *meine* Optionen sind –, die Möglichkeiten, die niemandes Möglichkeiten sind –, wobei einige dieser Realitäten thematisch gegeben sind (wahrgenommene Dinge zum Beispiel) und andere nichtthematisch. Es gibt Bewußtsein *von* alldem.

Die Optionen, das ist die reale Zukunft als Sinn meiner Gegenwart. Doch diese Zukunft als Zukunft der Welt, Zukunft der Selbstheit ist dem Bewußtsein *transzendent*.

Ich würde einen Menschen wegen eines Sprachfehlers endgültig verurteilen, nicht aber, weil ich gesehen habe, wie er seine Mutter umbrachte.

Samstag, 25.
Paul weckt mich diese Nacht mit seinem stereotypen «Ho ho ho ho». Aber er bricht plötzlich ab und brabbelt «Pardon!», dreht sich auf die andere Seite und schläft wieder ein. Auffallend ist, daß er in den 3 Monaten, die ich ihn kenne, den Schrecken nie anders ausgedrückt hat als durch dieses «Ho ho ho ho ho! Oh!» Das scheint rituell und erstarrt zu sein. Es ist etwas Undefinierbares in diesem Ho ho ho ho ho: der gereizte und kleinliche Tadel eines etwas pedantischen Vorgesetzten (Lehrers) – und die bekümmerte Ohnmacht eines Greises (mein Großvater stieß in der Zeit seines Altersschwachsinns ähnliche Schreie aus, wenn er an meinem Arm durch sein Zimmer spazierte und ihm der Fuß wegrutschte: «Ho ho ho ho ho! Halt mich, Kleiner, halt mich!»), etwas Trockenes und Schluchzendes, Zitterndes. Das Oh! am Schluß dagegen entfaltet sich mit einer Art Evidenz, als ob die ersten Schreie den prophetischen Tadel angesichts einer drohenden Katastrophe und das Oh! am Schluß ein Lamento angesichts der vollendeten Katastrophe bedeuteten. Der Kerl beeilt sich zuerst, und seine kleinen prophetischen Schreie versuchen, durch Tadel zu warnen, zu verhindern, wie wenn man ein Kind ausschilt, das mit einer kostbaren Nippesfigur spielt. Aber die Katastrophe holt ihn rasch ein, und schon liegt die Nippesfigur zerbrochen am Boden, und das letzte Oh! entfaltet sich mit Muße, zieht sich in die Länge mit der empörten und bitteren Befriedigung des Propheten, der seine Prophezeiung verwirklicht sieht: «Ich hatte es ja gesagt.» Wenn man ihn nicht weckt, bricht Paul gewöhnlich gleich darauf in unmenschliche Schreie aus. Und dann beginnen die Gesten: er richtet sich auf und kriecht auf allen vieren durchs Zimmer.

Eines der merkwürdigsten Phänomene dieses technischen Krieges wird die systematische Verpflanzung der Elsässer gewesen sein. Auch 1914 hatte es Flüchtlinge gegeben, aber sie waren unter dem Druck der Umstände ihrer Heimat entrissen worden. Der Exodus der Elsässer dagegen ist organisiert, und statt sie über ganz Frankreich zu verstreuen, hat die Regierung es für richtig gehalten, sie per Gemeinden und Dörfer abzutransportieren, behutsam, ohne sie zu zerbrechen, samt ihren Behörden und ihrer Verwaltung. Die Jubelpresse hebt das Faktum mit Befriedigung hervor: «Strasbourg (Dordogne)», schreibt *L'Œuvre* *. Aber das Ergebnis ist sichtlich paradox: hätte man sie isoliert, dann hätte man sie entwaffnet, in ein soziales Milieu getaucht, das sie durchdrungen hätte. So aber hat man ganze Gemeinschaften samt ihren kollektiven Vertretungen, ihren Sitten, ihren Riten verpflanzt, sie jedoch der Umgebung beraubt, in die diese Sitten und Riten sich einfügen: Klima, Geographie, in der Architektur, im Stil der Häuser materialisierte Zivilisation, Kultur. Man kann sich denken, daß der gesellschaftliche Ritualismus außer sich gerät und frenetisch wird, je mehr ihm die realen Grundlagen fehlen. Es handelt sich jetzt um eine Art Gesellschaft ohne Land, die von ihrer Geistigkeit träumt, statt sie in den tausenderlei Geschäften des täglichen Lebens zu erfassen. Das provoziert Hochmut, als Abwehrreaktion, sowie eine krankhafte Verengung der sozialen Bindungen. Da haben wir nun eine frenetische, in der Luft schwebende Gesellschaft. Es wäre in diesem Fall nicht schlecht gewesen, diese Leute mit Zentren hoher Kultur in Kontakt zu bringen – mit der industriellen Zivilisation der Einwohner von Lyon – mit der Gesellschaft Südfrankreichs. Vielleicht ging das nicht. Was aber hat man getan? Man hat sie zu den limousinischen Bauerntrampeln geschickt, den letzten Menschen, rückständig, stumpfsinnig, geldgierig und niederträchtig. Diese Elsässer, noch ganz geblendet von der Erinnerung an ihre gepflegten Felder, ihre schönen Häuser, geraten in diese Gegend, in diese

* Radikalsozialistische Zeitung.

schmutzigen Städte, zu diesen mißtrauischen und häßlichen, zum größten Teil verdreckten Leuten. Man braucht nur die herrlichen Gehöfte zum Beispiel von Ittenheim, wo alle Gebäude um einen Hof gruppiert sind – die entwickeltste Form des Bauernhauses – mit jenen «Klötzen» des Limousin zu vergleichen, um zu spüren, welche Enttäuschung und Überraschung die elsässischen Gemeinden erlebt haben. Der Gegensatz wurde wohl durch den Unterschied der Sprachen und den Minderwertigkeitskomplex der Elsässer gegenüber Frankreich noch verstärkt. Ein Komplex, der sie natürlich noch kritischer macht. Ihr Sauberkeitssinn mußte einen Schock bekommen haben von Kleinstädten wie Thiviers, wo man noch vor zwölf Jahren Müll und Exkremente in Schlammgruben warf.[7] Das Resultat jedenfalls ist klar: alle Elsässer, die in die Heimat schreiben, nennen die Limousiner *Wilde*. Das Wort kehrt in allen Briefen wieder, es ist wirklich eine kollektive Vorstellung: «Wir sind bei den Wilden.» Die Limousiner wiederum nennen die Elsässer *Boches*. Ohne besondere Feindseligkeit, wie es scheint. Eher als Feststellung. Natürlich kam es anfangs deswegen zu Schlägereien, bis strenge Dekrete für Ordnung sorgten. Natürlich wird sich die limousinische Gemeinschaft mit den in ihrem Schoß verstreuten kleinen Krebsgeschwüren um so heftiger ihrer selbst bewußt. Heute gibt es dort zwei aufeinanderprallende Chauvinismen. Verschärft wird alles noch durch das Versagen der Obrigkeit. In vielen Gegenden haben fünfzig Prozent der Evakuierten noch kein Bett. Die Kranken wurden nicht behandelt. Unsere Zimmerwirtin nennt uns den Fall einer Frau, die jeden Tag zwölf Kilometer zurücklegen muß, um die nötige Milch für ihre Kinder aufzutreiben. Man steckt zwei oder drei Familien zusammen in eine

7 Diese Passage gewinnt einen besonderen Klang, wenn man weiß, daß Sartres Familie mütterlicherseits aus dem Elsaß stammt, sein Vater dagegen in Thiviers (Limousin) geboren wurde.

Scheune, und sie leiden unter der Promiskuität. «Wir trauen uns nicht mehr, uns auszuziehen», schreibt eine Elsässerin, «der Kleine von Thérèse (14 Jahre) schaut immer zu, wenn wir uns waschen.» Die elsässischen Bürgermeister tragen anscheinend ebensoviel Schuld wie die Präfekten: sie kümmern sich um nichts. Und die Einheimischen verschaffen sich kleine Gewinne: sie verleihen einen Strohballen für zehn Sous usw. «Das alles ist kaum geeignet, die Autonomiebestrebungen zu entmutigen», seufzt Mistler. Offensichtlich. Das merkwürdigste aber ist dieser unmittelbare Kontakt zweier Provinzen, die völlig intakt und *organisiert* geblieben sind. Das hatte es noch nie gegeben. Es gehört ins Kapitel jener Massenverpflanzungen, die Rußland aus ökonomischen Gründen einleitete und Deutschland und Italien aus politischen Gründen fortsetzten.

Die erstaunliche Konzentration der evakuierten Elsässer (ein Dorf von 1000 Einwohnern muß 1100 aufnehmen) soll durch den Willen gerechtfertigt sein, die Rahmen intakt zu lassen (Gemeindeämter, Präfekturen, religiöse Institutionen: Kirchenrat usw.), das Individuum (Hefe der Revolte) nicht sich selbst zu überlassen.

Flüchtlingsgeld*: 10 Francs für jeden Evakuierten. Mistler sagt: in einem Dorf kann man mit zehn Francs am Tag zurechtkommen und, wenn es sich um große Familien handelt (wo jedes Mitglied 10 Francs erhält), sogar noch Geld beiseite legen. Paul antwortet: «Weißt du, in einem Dorf kann man was sparen, wenn man dort Wurzeln hat, sonst nicht.»

Sonntag, 26.

Ich merke, daß ich aus einer seltsamen und etwas heuchlerischen Scham nichts über meinen Stimmungsumschwung

* Deutsch im Original.

seit sieben oder acht Tagen notiert habe. Ich habe es nicht getan, weil ich es nicht für «interessant» hielt. Und in der Tat ist es nicht sehr aufregend, aber wenn dieses Tagebuch die Geschichte eines Menschen im Krieg ist, der sich weder unter den Benachteiligsten noch unter den Glücklichsten befindet, muß ich alle diese Veränderungen gewissenhaft notieren. Ich habe sie nicht notiert und nicht interessant gefunden, weil sie mir nicht zum Ruhm gereichten. In Wirklichkeit bedrückt mich seit sieben oder acht Tagen mein Kriegerstand. Es ist weder «Katzenjammer» noch Wut, noch Revolte. Es sind unmerkliche Veränderungen in der Welt: die poetische Behaglichkeit von Brumath ist dahin. Es ist eine Stadt, die ich ein für allemal verlassen habe. Man hat zuviel von Abzug gesprochen. Ich bin nicht mehr da. Sie wurde gerade zur *querencia*. Sie ist nur noch ein Dekor ohne Charme. Ihre Poesie verdankte sie zum Teil ihrer Nähe zur Front. Es gab ein Jenseits im Osten, gefärbt von Gefahr und Exotik. Das alles ist verschwunden: wie Mistler gestern sagte: «Wer denkt an die Deutschen? Wer redet von den Deutschen? Wer führt denn Krieg gegen die Deutschen?» Der Feldwebel vielleicht. Aber das liegt am Beruf. Brumath ist nur noch ein sinnloser *Aufenthaltsort*, mit etwas Dunklem und Kaltem. Einige Plätze, die eine Art *mondänen* und *menschlichen* Charme besaßen, wie die Taverne *L'Écrevisse*, haben ihn plötzlich eingebüßt. Im letzteren Fall weniger auf Grund meiner Stimmung als wegen der langsamen Enthüllung der Wahrheit. Die umworbenen kessen Kellnerinnen, die sich an den Männern rieben und sie plötzlich in den Keller riefen, von wo sie zerzaust zurückkamen, die verschlagene hübsche Wirtin, die Jacqueline Delubac ähnlich sah, dann jene *jeunesse dorée*, Infanteristen und Feldjäger, die im zivilen Leben Flatterlinge gewesen waren (der eine ein Papasöhnchen, das seinen Geliebten nachtrauerte, Tänzerinnen im *Tabarin*, der andere ein Filmschauspieler, ein schöner fetter kleiner Mann), all diese Anstrengung, um hier so etwas wie einen Ersatz für eine Bar auf dem Montmartre zu schaffen, diese Auslese, die über die Preise erfolgte (denn die weniger Begüterten gingen meist etwas weiter unten in die Café-Konditorei), das alles verlieh diesem Café anfangs einen seltsamen, komischen und etwas perversen Charme. Aber jetzt, wo ich jeden Tag hier zu Mittag esse, kenne ich die Tricks: die bürgerliche Schändlichkeit der *jeunesse dorée*, das dumme Laster der beiden Mädchen, die albern sind wie Internatsschülerinnen, die Gewinnsucht der Wirtin. Im übrigen hat sich die Kundschaft nach und nach verändert, Unteroffiziere haben die Soldaten ersetzt, und manchmal kommen Hauptleute zu einer Lustpartie. Die *Taverne de la Rose* hat morgens noch immer ihren Charme, aber die Gewohnheit stumpft ihn ein wenig ab, ich werde ihre merkwürdige Poesie erst später in meinen Erinnerungen wiederfinden. Brumath ist also verdorrt. Das Klassenzimmer hat jetzt etwas von einem Käfig, einem Operationssaal und einem Büro. Gleichzeitig beginnt die Zukunft sich herauszuschälen und mich zu plagen. Es ist nicht mehr jener Nebel vom September. Zunächst warte ich auf meinen Urlaub, der meine Tage mit komischen Bildern bevölkert: lange Aufenthalte in dunklen, kalten Waggons, düsteres Paris mit violetten Sternen an den Straßenecken, seine schwärzliche Masse zu Füßen des Sacré-Cœur usw. Und außerdem, ich schäme mich, es einzugestehen, beginne ich, auf das Ende des Krieges zu warten. Oh, ein imaginärer Glaube, ich warte darauf, wie ich im Winter 39[8] auf das Ende des Friedens gewartet habe, ich glaube nicht daran. Aber schließlich fühle ich mich schlecht im Krieg, so wie ich mich 38 / 39 schlecht im Frieden fühlte. Ich hatte geglaubt, mich im Oktober darin einzurichten, und dann hat wohl Castors Besuch mich etwas aus dem Gleichgewicht gebracht. Indem ich auf den – nicht zu fernen – Frieden hoffe, partizipiere ich, wie ich

8 Wahrscheinlich muß es 38 heißen.

glaube, an einem kollektiven Phänomen. Alle diese Männer, die mit mir ausgerückt sind, waren anfangs ganz forsch – darüber habe ich mich im ersten Heft ausgelassen. Alle, außer den Zieraffen und den Sanftmütigen, haben die grotesken Mißgeschicke des Stoikers erfahren. Und da haben sie beschlossen, daß der Krieg sechs Jahre dauern würde – und das war eine Art, in einen anderen Stoizismus zu sinken. Einen saubereren vielleicht: es ging nicht mehr um den Heldenmut aus Ungeduld, der den Kugeln entgegenstürmt, sondern um eine lange menschliche Geduld, die sich darin übt, ein alltägliches Exil zu erleiden. Damals halfen uns die Zeitungen: es ging darum, Deutschland in Schrecken zu versetzen. Den berühmten Blitzkrieg, der sich in die Länge zog, beantwortete England mit der Ankündigung, daß man sich auf drei Jahre Krieg einrichte. Worauf Hitler in Danzig antwortete: fünf Jahre – zehn Jahre, wenn es sein muß. Es fehlte damals nicht an klugen Offizieren, die den Kopf schüttelten und in den Jubelzeitungen schrieben: es wird lange dauern, länger, als man meint. Und das war Werbung. Und auch eine Art und Weise, gegen 1914 zu denken. Man wollte nicht den Irrtum jener Männer wiederholen, die vor 25 Jahren zu einem «militärischen Spaziergang» ausrückten. Man zog es vor, sich in der anderen Richtung zu täuschen. Und wie die anderen war ich von diesem düsteren Glauben durchdrungen, auch wenn mein persönlicher Optimismus mich insgeheim auf einen kurzen Krieg hoffen ließ. Ich hatte den goldenen Mittelweg eingeschlagen und pflegte zu sagen: «Mein Vorrat an Courage reicht bis zum Frühjahr 41.»

Und nun beginnt auf einmal das Gerücht eines kurzen Krieges umzulaufen. Da ist zuerst ein Pfarrer, der aus der Stiefelwichse liest und Hitlers Sturz für Dezember voraussagt. Dann sind es diskrete Bemerkungen von klugen Leuten – denselben, die einen langen Krieg voraussagten, oder anderen –, die einen sprechen von der geheimnisvollen

Möglichkeit, daß der Krieg «abbrechen» könne, und die Offeneren schreiben: «Ich bin der Überzeugung, daß der Krieg kürzer sein wird, als man denkt.» Hier strecken auch die Pessimistischsten die Waffen. Zum Teil wahrscheinlich unter dem Einfluß dieser neuen Propaganda (ist sie beabsichtigt? Will man eine schon recht tief gesunkene Moral wieder aufrichten?), zum Teil auch, weil sich diese lange menschliche Geduld schwer erwerben läßt und weil sie vor Langeweile ersticken. Alle diese Geister werfen mir das Bild meines Optimismus zurück, und schon kehrt die Hoffnung wieder. Das ist vielleicht das schlimmste, weil dann unser tägliches Leben wieder unmenschlich absurd wird. Und der Friede, der wird nun wirklich ein Betrug ohne jede Größe zugunsten der herrschenden Klassen sein. Und wir stehen betrogen, geknebelt da und haben ein Jahr unseres Lebens verloren. Noch einmal: ich will hier keine *Ursachen* nennen, die meinen Trübsinn erklären könnten, sondern vielmehr die Veränderungen der Atmosphäre und des Horizonts beschreiben, bei denen ich selbst kalt bleibe. Die einzigen Veränderungen, die ich *in mir* finde, sind eine erhöhte Reizbarkeit und Anfälle von Leidenschaftsangst wegen T. Gestern zum Beispiel habe ich gegen zwei Uhr einen Brief von ihr bekommen, der mit den Worten endet: «Ich mache Schluß, denn ich sehe den Schädel von B. auftauchen, Leute halten ihn auf, aber sein Blick ist auf mich gerichtet, und er geht langsam auf mich zu, mit der Beharrlichkeit einer Krabbe. Bis morgen.» Dieses «Fortsetzung folgt» wie bei einem Zeitungsroman hat mich in einen Anfall eifersüchtiger Prophetie gestürzt: ich war *sicher*, daß es eine Affäre zwischen ihnen geben würde. Auf der Stelle habe ich einen unverzeihlichen Brief geschrieben, den ich schließlich zerrissen habe. Heute bin ich zu nuancierteren Ansichten zurückgekehrt. Aber diese Gefühlskrisen sind ein Zeichen von Unausgeglichenheit. Vielleicht ist es etwas Körperliches: meinen Augen ging es zwar besser, aber mir war flau. Und heute morgen fangen sie wieder an, mich zu peinigen. Noch einmal: ich kenne meinen Zustand nur durch dieses kleine Mißgeschick, das die Dinge färbt, und durch diese Ausbrüche. Jedenfalls war der gestrige Nachmittag besonders düster: ich schmorte in meiner Eifersucht, mit brennendem Kopf, während Paul, der am Morgen gegen Typhus geimpft worden war, auf und ab ging, rot und elend, mit ein paar Schweißtropfen auf der Stirn, in seinen blauen Mantel gehüllt. Über ihn nahm ich die Unbehaglichkeit dieses Klassenzimmers wahr. Alles war düster. Heute weiß ich nicht: ich bin kalt und hart, wie immer am Morgen, ohne Freundschaft für mich, ohne Leidenschaft, ohne Interesse für den Krieg und ohne Hoffnung, daß er bald zu Ende geht. Dieser Zustand scheint mir im Grunde die beste Art zu sein, in dieser jetzt beginnenden Periode den Krieg zu leben. Da es mir gerade einfällt, notiere ich, als Zeichen von Unausgeglichenheit, daß ich andererseits vor vier oder fünf Tagen ziemlich heftige Anwandlungen von poetischer Sentimentalität hatte. Ich habe Castor davon geschrieben. Interessant ist, daß Castor meinen Stimmungsumschwung in meinen Briefen gespürt hat, bevor er mir selber bewußt wurde.

Kurz, der Krieg ist eine konkrete Idee, die ihre eigene Zerstörung in sich trägt und sie mit ebenfalls konkreter Dialektik realisiert. An dem Tag, da man, wie Romains zeigte, festgestellt hat, daß die Mittel der Destruktion ihre Selbstdestruktion in sich tragen und daß einfache, unendlich viel billigere und primitivere *Konstruktionen* ausreichen, sie abzuwehren, ist der Krieg der *Menschen* praktisch beendet worden, und die Zerstörung hat sich auf die Waren verlagert. Mag sein, daß die Transportarten der Zukunft auch den Blockadekrieg unwirksam machen (wenn beispielsweise der Transport auf dem Luftweg erfolgt. Es war die Rede davon, Rohstoffe mit Zeppelinen von Rußland nach Deutschland zu transportieren). In diesem Fall wird der Krieg ausgespielt haben. Die Abschaffung des

Krieges ist also nicht vom Pazifismus, sondern von der dem Krieg eigenen Dialektik zu erwarten. Das Wesen des Krieges wird an dem Tag konkret *verwirklicht* sein, an dem der Krieg unmöglich geworden ist.

Ich habe Mistler geraten, an Ort und Stelle (er ist Elsässer und bei Elsässern untergebracht) eine kleine Untersuchung über die Lage der Evakuierten an Hand ihrer Briefe anzustellen. Das interessiert ihn. Heute morgen berichtet er mir, nach Gesprächen mit seiner Wirtin und ihren Nachbarinnen, daß die Briefe der Evakuierten über die Wilden, die sie aufnehmen, bei denen, die dableiben, ein intensives Gefühl von Stolz und Angst hervorgerufen haben. Ihr reiches, zivilisiertes und fettes Land mit seiner Behaglichkeit und seinem Luxus erscheint ihnen wie köstliches zartes Fleisch an den Grenzen eines schroffen und rückständigen Landes. Mehr denn je jagt die Evakuierung ihnen Schrecken ein. Unsere Zimmerwirtin erklärte uns noch vor kurzem: «Ich gehe nur weg, wenn man mich mit Gewalt evakuiert.» Die alten Frauen, die Mistler aufgesucht hat, wiederholten: «Wir wollen lieber bombardiert als ausgeplündert werden.» Denn Evakuierung heißt für sie Plünderung. Man kolportiert Geschichten über verdächtige Kisten, die im Bahnhof von Strasbourg lagen, von einem «Höcheren» an seine Frau geschickt, und die die Behörden haben öffnen lassen: es befand sich Frauenunterwäsche darin. Diese «Höcheren» (Offiziere – hohe Herren) sind gefürchteter als die Soldaten. Man spricht auch von einem Offizier, der in Brumath drei große Pakete an seine Frau zur Post gebracht hat. Die neugierig gewordenen Postfräuleins haben sie aufgemacht: wieder Frauenunterwäsche und -hüte. Diese letzte Geschichte ist ganz und gar unwahrscheinlich, da die Offiziere ebensowenig wie die Soldaten die zivile Post benutzen dürfen. Und selbst angenommen, die Militärs hätten hier und da Wäschepakete an ihre Frauen geschickt, könnte es sich dann nicht um jene Straßburger handeln, denen man kürzlich erlaubt hat, ein paar Stunden in ihrer Heimatstadt zu verbringen, um ihrer evakuierten Familie warme Sachen zu schicken – die sie aus ihrer Wohnung geholt haben? Jedenfalls hält sich hartnäckig das Gerücht der Plünderung, und die Motive, die man dafür beibringt, sind kurios: «Kein Wunder, daß sie plündern, diese Wilden: so was haben sie zu Hause nicht.» (So die Tochter des Direktors des Elektrizitätswerks.)

Das Fehlen von soliden Grundlagen, von Wurzeln sowie die Beibehaltung der sozialen Rahmen müssen, wenn ich nicht irre, die Evakuierten in eine Krise gesellschaftlicher Mystik stürzen. Die Priester und der Kirchenrat beeilen sich im übrigen, diese Mystik der Religion nutzbar zu machen. Immerhin haben die Behörden mit einer Gegenpropaganda für die im Elsaß gebliebenen Elsässer begonnen. Es vergeht kein Tag, an dem nicht evakuierte Elsässer (Bürgermeister, Pfarrer usw.) im Rundfunk einen kleinen Vortrag auf elsässisch halten, um ihren Landsleuten zu erklären, wie wohl es ihnen im Limousin ergeht. Vergeblich: die Briefe machen die Wirkung dieser Reden zunichte.

Mistler kommt herein, und ich lese ihm vor, was ich gerade geschrieben habe. Er hält die Notiz auf der vorigen Seite für viel zu kategorisch. Zwar habe ich lediglich seine Worte wiedergegeben, aber durch die bloße Tatsache, sie niederzuschreiben, habe ich ihnen eine Eindeutigkeit gegeben, die sie nicht haben sollten. Er korrigiert sich, und was er sagt, ist weit interessanter: Tatsache ist, daß es in Brumath eine Evakuierungs- und Plünderungspsychose gibt. Aber das Charakteristische an den Gerüchten, die sie schüren, ist, daß sie haltlos sind. Es sind Nebelschwaden. Keine näheren Angaben. Die Fakten sind wie mit Absicht verschleiert und vage. Zum Beispiel stimmt es nicht, daß man ihm gesagt hat: Ein Soldat hat Kisten voller Wäsche mit der Post verschickt. Nein, es ist vager und geheimnisvoller. Etwa in der Form: *Es gab* Päckchen voller Wäsche auf der Post. Und der Zusammenhang zwischen den Päckchen und den Höcheren ist ganz affektiv. Er existiert, aber man geht nicht so weit zu sagen, sie hätten sie verschickt. Sie haben etwas damit zu tun, das ist es. Auch wird das nicht einmal gesagt, es schwingt nur mit. Und wenn man etwas Genaueres wissen will, schmilzt das Gerücht dahin. Die Elsässer sind mißtrauisch und sagen: Ach, wissen Sie, ich war nicht dabei, man hat's mir erzählt. Es handelt sich also eher um einen geheimen Wahn, der auf die *Tatsachen* wartet, um zur Überzeugung zu gerinnen. Es ist eine unschlüssige, diskrete Angst, die sich selbst und anderen mißtraut, immer bereit, sich öffentlich zu widerrufen, kleiner zu machen, die aber wahrscheinlich, wenn sie allein oder unter sich sind, um so hartnäckiger ist, als sie keinen präzisen Gegenstand hat.

Wie um zu bestätigen, was ich heute morgen sagte, veröffentlichen die Zeitungen eine Erklärung von Roosevelt: «Ich hoffe, daß der Krieg im Frühjahr zu Ende gehen wird.»

Der Melder des 68., der im Zivilleben in Strasbourg wohnt, bekommt viele Briefe von Evakuierten in Périgueux. Die Elsässer werden dort sehr schlecht behandelt. Die Bevölkerung ist gegen sie aufgebracht, man wirft ihnen vor, sie seien die *Ursache* des Krieges. Wenn Hitler den Krieg erklärt hat (?), dann genau deshalb, weil er Elsaß-Lothringen zurückholen will.

Montag, 27.

Lieber sich selbst besiegen als das Schicksal. Sehr schön gesagt. Aber das zeigt so recht die Hinterhältigkeit des Stoizismus. Denn, um einen präzisen Fall zu nehmen, wenn ich mit aller Kraft an irgendeinem Objekt hänge, das mir entgeht, was kann dann der Verzicht für mich bedeuten?

Glaubt man etwa, ich kann weiterhin mit meinem Fleisch den Wert des Objekts bejahen, kurz, unter dem Verzicht auf diesen Wert leiden und *gleichzeitig* mein ganzes Begehren an der Wurzel abschneiden? Sieht man denn nicht, daß ich diesen Wert *über* mein Begehren erfasse? Es ist also notwendig, das Objekt in gewisser Weise abzuwerten, was zum Erlöschen meines Begehrens beiträgt. Dafür sind kleine jesuitische Listen recht nützlich, die es mir gestatten, unaufhörlich in Worten und Gedanken den Wert des Objekts zu bejahen (aus Treue zu mir), und mich zugleich davon abhalten, ihn zu empfinden. Aber das heißt willentlich blind sein, denn der Wert des Objekts, da er nur in meinem Begehren empfunden wird, ist für das Objekt *wirklich* konstitutiv. In diesem Sinne sind alle jene berühmten epikureischen und stoizistischen Schmähreden gegen die Verliebten (ein großes Pferd erscheint ihnen hoch aufgeschossen, eine Hinkende hat einen eigenwilligen Charme beim Gehen) nichts als jesuitische Finten und Slogans, denn es stimmt zwar, daß im Hinken dieser oder jener Frau Anmut verborgen ist, es gilt nur, sie darin zu entdecken. Aber man muß sie lieben, um sie zu entdecken. Die Stoiker sind einfach blind und taub. Aus Prinzip, weil der Zweck die Mittel heiligt. Es tut hier wenig zur Sache, daß der Zweck Gleichmut sein soll. Auf jeden Fall ist der Stoiker ein Pragmatiker, der gegen sich selbst zu Gewalt und Lüge greift, um sein Ziel zu erreichen. Was also tun? Nun, man soll eher leiden und stöhnen und weinen, aber sich niemals den Wert der Dinge verschleiern. Die Authentizität verlangt, daß wir ein bißchen weinerlich sind. Die Authentizität und die wahre Treue zu sich selbst. Was ich über die Liebe sage, sage ich auch über das Leben. Es ist schwer, aus dem Leben zu scheiden. Wer sich plötzlich aufspielt und meint, es ohne Bedauern zu verlassen, hat sich so oder so selbst betrogen. Ausgezeichnete Stelle in Koestlers *Spanischem Testament*: «Sie starben unter Tränen, vergeblichen Hilferufen und in großer Schwäche, wie

Menschen sterben müssen. Denn das Sterben ist eine verflucht ernste Sache, man soll kein Melodram daraus machen. Pilatus sagte auch nicht: ‹Ecce heros›; er sagte ‹Ecce homo›.» Wesentlich ist, daß diese fürchterliche Schwäche, die den Sinn dessen enthüllt, was Koestler *das* Sterben nennt, einen nicht daran hindert zu sterben, wenn es sein muß. Ich erinnere mich, daß ich selbst zu der Zeit, da ich in meinem Stoizismus verbarrikadiert war, immer davon geträumt habe, einen winselnden und feigen Helden zu zeichnen, der jedoch stets im rechten Augenblick tut, was nötig ist, der brüllend und um Gnade flehend zugrunde geht, aber doch nicht gesteht, was man ihn gestehen lassen wollte. Was mich betrifft, so weiß ich, daß mir in einem solchen Fall die Schreie gegen meinen Willen entrissen würden. Mit allen Kräften würde ich versuchen, nicht zu weinen. Wahrscheinlich würde ich weinen – ich weiß es nicht –, aber von der Angst besiegt und gedemütigt, die Angst würde meinen Stoizismus sprengen wie einen Damm, aber ich würde zweifellos versuchen, stoisch zu sein. Aus Hochmut, und ich tadele mich. Hochmut – Achtung vor dem Menschen. Und was steckt im Grunde hinter diesem schönen Stoizismus, wenn nicht die Angst vor dem Leiden. Die Authentizität verlangt, daß man das Leiden akzeptiert, aus Treue zu sich selbst, aus Treue zur Welt. Denn wir sind frei-zu-leiden und frei-nicht-zu-leiden. Wir sind verantwortlich für die Form und die Intensität unserer Leiden. Es ist sehr einfach, den Kopf zu verlieren – auch sehr einfach, stoisch zu sein. Aber in letzter Zeit spüre ich immer, daß es fast unmöglich ist, die Authentizität zu *halten*. Ich verstehe jetzt gut jene Worte einer Gestalt von Stevenson, die von sich sagt, sie sei ein Feinschmecker der Angst, weil die Angst die intensivste Gemütsbewegung ist – intensiver noch als die Liebe. Man sollte besser sagen: die authentischste.

Zu den Motiven, die mich veranlassen, diese Seite zu schreiben, gehört zum einen ein Ereignis meines persönlichen Lebens, das hier uninteressant ist – zum anderen, auf einer anderen Ebene, immer jener seltsame und hochmütige Wunsch, mich mit den Schwachen gegen die Starken zu stellen, um mich stärker als die Starken zu fühlen. Ich muß es sagen: ich habe so etwas wie einen spontanen und irrationalen Widerwillen gegen diejenigen, die klagen, wenn sie leiden. Um nichts in der Welt möchte ich das tun, und bei den kleinen Leiden, die das Leben eines durchschnittlichen Menschen, eines Stadtbewohners streifen, habe ich immer ohne große Mühe, aber mit großer Befriedigung eine diskrete Haltung bewahrt. Diese Diskretion gegenüber all diesen Wehwehchen galt magisch als *Zeichen* dafür, daß ich eine ähnliche Diskretion und Nüchternheit auch bei den furchtbarsten Leiden wahren würde. Magisch betrachte ich mich in jedem Augenblick meines Lebens, als hätte ich meine Prüfungen bestanden und wortlos die schlimmsten Schmerzen ertragen. Und dann gab es hin und wieder Löcher von Hochmut, und ich fragte mich gern, wo meine Grenzen auf diesem Gebiet lägen, und ärgerte mich, keinerlei Beweis zu haben. Aber ich wiederhole es, ich betrachte mich unbegründet als *auf der Seite* derer, die nicht stöhnen. Nun ja, ganz selbstverständlich werde ich mich auf die Seite derer stellen, die stöhnen, und diese List gibt mir das befriedigende Gefühl, die einen wie die anderen zu übertrumpfen: die Starken und Stummen, weil ich schweigen kann wie sie und nicht will; die anderen, weil ich aus freien Stücken eine Authentizität suche, die sich ihnen häufig auf Grund ihrer Schwäche aufdrängt. Und das ist ein weiterer Beweis für die enorme Schwierigkeit, die Authentizität zu erlangen. In die Suche selbst schleichen sich Betrug und List ein.

Ich erfahre, daß es einen Entwurf der *Times* gibt, der den Frieden auf die Föderation der Völker gründet. «Zu diesem Zweck werden die verschiedenen Nationen Europas eine gewisse Einschränkung ihrer ökonomischen, finanziellen und sogar politischen Unabhängigkeit akzeptieren.» Dieser Artikel ist in Frankreich nahezu totgeschwiegen worden. Man hat *Je suis partout** freie Hand gelassen, ihn zu kritisieren; dagegen schreibt Francisque Gay in *L'Aube*:

«Wie wir schon sagten, wird den demokratischen Journalisten, die die großen Linien unserer Kriegsziele zu verdeutlichen suchen, äußerste Diskretion ‹empfohlen›. Sie sollen Zurückhaltung üben, nicht nur wenn sie dem sensationellen Artikel der halbamtlichen *Times* zustimmen, sondern sogar wenn sie ihrer Freude Ausdruck geben über die Übereinstimmungen zwischen einigen Reden der Herren Lebrun, Daladier, Paul Reynaud und den noch präziseren Erklärungen der Herren Chamberlain und Eden, Lord Halifax oder Sir Neville Henderson. Dagegen tritt klar zutage, daß man die größte Freizügigkeit walten läßt gegenüber den Schriftstellern, die es für angezeigt halten, scharfe Anklagen gegen die Verträge von 1919 zu erheben.»

Es folgten Zitate aus Artikeln des *Petit Parisien*, der *Action Française*, des *Temps* und aus *Je suis partout*** usw., die gar nicht oder nur geringfügig zensiert worden sind. Es soll sich um Initiativen subalterner und reaktionärer Zensoren handeln.

Heute habe ich keinen besonderen Grund, fröhlich zu sein: diese Geschichte mit T., außerdem tun mir die Augen weh, das Wetter ist trübe, ich bin blank und gehe nicht aus. Und trotzdem, gegen halb eins, allein im Klassenzimmer mit Keller, der sich mit Bohnen vollfrißt, während ich Brot und Schokolade esse, bin ich ans Fenster gegangen

* Profaschistische Zeitschrift.

** Zeitungen der Rechtspresse.

und habe den Himmel und die roten Fensterläden des gegenüberliegenden Hauses betrachtet, und während ich an die Authentizität dachte, an den Dialog zwischen Mathieu und Marcelle*, ist eine kräftige und harte, nicht sehr starke, aber zähe Freude in mir eingezogen, ein kleiner harter Kern von Freude. Warum, weiß ich überhaupt nicht. Ich habe die Freude einfach empfunden und bin auf Hypothesen angewiesen, aber ich weiß genau, daß ich sie nur mir selbst verdanke. Sie kommt weder von meinem Hochmut noch von einer fragwürdigen Poesie der Gegenstände, noch von einer anfechtbaren Rührseligkeit. Sie hat nichts von einer flüchtigen Anwandlung. Sie ist kindlich und still, und da ich keinen Grund für sie sehe, halte ich sie für rein.

Ich sehe deutlich, worin sich diese Authentizität, der ich mich zu nähern suche, von der Gideschen Reinheit unterscheidet. Die Reinheit ist eine völlig subjektive Eigenschaft der Gefühle und des Wollens. Sie sind rein, insofern sie sich selbst verzehren wie eine Flamme, keinerlei Berechnung besudelt sie. Rein und zweckfrei. In diesem Augenblick brauchen sie keine andere Rechtfertigung als sich selber, sie suchen auch keine andere. Sie sind nur sie selbst und ganz und gar sie selbst. Aber die Authentizität ist nicht genau diese subjektive Inbrunst. Sie läßt sich nur von der menschlichen Kondition her begreifen, der Kondition eines Seins, das in eine Situation geworfen ist. Die Authentizität ist eine Pflicht, die uns sowohl von außen wie von innen kommt, weil unser «Innen» ein Außen ist. Authentisch sein heißt sein «In-Situation-sein» voll verwirklichen, wie immer diese Situation im übrigen aussehen mag, mit jenem tiefen Bewußtsein, daß man durch die authentische Verwirklichung des In-Situation-seins einerseits die Situation und andererseits die menschliche-

* Romanfiguren aus *L'âge de raison*.

Realität zu voller Existenz bringt. Das setzt ein geduldiges Erlernen dessen voraus, was die Situation verlangt, und außerdem eine Art und Weise, sich hineinzuwerfen und sich selbst als «Sein-zu» dieser Situation zu bestimmen. Natürlich sind die Situationen nicht ein für allemal katalogisiert. Im Gegenteil, sie sind jedesmal neu. Es gibt kein Etikett der Situationen und wird es niemals geben.

Mistler sucht mich auf. «Ich möchte dir eine Frage zum Thema der Soldaten-Väter stellen.» – «Bitte.» – «Wie dir ist mir aufgefallen, daß alle behaupten, sie würden ihre Kinder mehr vermissen als ihre Frauen. Warum?» – «Um das Scheitern ihrer Ehe vor sich zu verbergen. Seit der Kriegserklärung können sie einen Strich unter ihr vergangenes Leben machen und die Summe ziehen. Alles ist tot, man kann sich prüfen und sagen: Was habe ich getaugt? Nun, ihre Beziehungen zu ihren Frauen erscheinen ihnen so, wie sie sind: schäbig und mißraten, ihr größter Mißerfolg. Also lenken sie sich ab, indem sie an das Kind denken. Das Kind ist noch nichts, es gibt keine Summe zu ziehen. Im Gegenteil, es ist die Zukunft. Sowohl ihre Zukunft wie die seine: es ist die Nachkriegszeit, eine Nachkriegszeit, die *die ihre* ist, da sie das Kind gemacht haben. Eine Art zu denken: mein Leben ist noch nicht abgeschlossen, die Summe ist noch nicht gezogen, es gibt einen Aufschub. Das Kind ist der einzige Aufschub dieses toten Lebens.» – «Aber», sagt Mistler, «gibt es nicht auch individuelle Katastrophen mitten im Frieden, die jemand dazu bringen können, so zu denken?» – «Vielleicht, aber das ist nicht dasselbe. Im Frieden gibt es ein individuelles System, das Leben eines Menschen und seine Koordinaten: die Epoche. Das individuelle System kann variieren, aber die Koordinaten bleiben fest. Es variiert in bezug auf die Koordinaten. Es gibt also niemals diesen totalen Stillstand des Lebens. Sobald dagegen der Krieg kommt, wird der

Strich gezogen, nicht nur das individuelle System steht still und erstarrt, sondern auch seine Koordinaten. Alles ist in die Vergangenheit gesunken, man kann über sein Leben urteilen, über seine Epoche und sein Leben, insofern es aus dem Material der Epoche gemacht ist. Das wäre die Gelegenheit, frei zu sein, aber sie wollen nicht. Sie verbergen sich ihre totale Freiheit in bezug auf dieses verfehlte Leben mit Hilfe der Vaterliebe.»

*Terre des hommes** von Saint-Exupéry klingt sehr heideggerisch: «Ein Schauspiel hat nur dann Sinn, wenn man es auf eine Kultur, eine Zivilisation, einen Beruf beziehen kann.» «Die Notwendigkeiten, die ein Beruf mit sich bringt, verwandeln und bereichern die Welt.» «Den einfachen Reisenden bleibt der Sturm unsichtbar ... Nur große weiße Palmblätter entfalten sich, von Adern und Flecken gezeichnet, wie im Frost gefangen. Aber die Besatzung weiß, daß an solchen Stellen eine Landung verboten ist. Für sie gleichen die Palmwedel großen giftigen Pflanzen.»

«Das Flugzeug ist wohl eine Maschine, doch welch ein Instrument der Analyse! Mit diesem Instrument haben wir das wahre Gesicht der Erde entdeckt. Denn jahrhundertelang hatten uns die Straßen getäuscht ... Sie vermeiden die unfruchtbaren Landstriche, die Felsen, die Sanddünen, sie fügen sich den Bedürfnissen der Menschen und führen von Quelle zu Quelle ... Unser Planet erschien uns feucht und lieblich. Aber unser Blick ist schärfer geworden, und wir haben einen grausamen Fortschritt gemacht. Mit dem Flugzeug lernten wir die gerade Linie kennen ... So sind wir zu Physikern geworden ... und beurteilen den Menschen in der Perspektive des Weltraums.»

Ich lese *Terre des hommes* mit einer gewissen Erregung. Obwohl ich den Stil nicht besonders mag, er ist etwas

* Deutsch: *Wind, Sand und Sterne*.

wahrsagerisch, auf der Linie von Barrès, Montherlant; ich mag eine gewisse Affektiertheit nicht, auch nicht eine gewisse politisierende Biederkeit, die uns von der Grabrede («Guillaumet, du wolltest uns geizig deine Wiederkehr versagen») zur Lobrede segeln läßt, die in *La science et la vie** stehen könnten. Und vor allem mag ich diesen neuen Humanismus nicht: «‹Ich schwöre dir, was ich getan habe, hätte kein Tier fertiggebracht.› Dieser Satz, der großartigste, den ich kenne, dieser Satz, der den Menschen situiert, der ihn ehrt, die wahren Hierarchien wiederherstellt» usw. Aber es bleiben viele recht gute und sogar hervorragende Stellen, die mich erregen. Und außerdem ist nichts besser geeignet, einem Gefangenen Tränen zu entlocken, als diese Erzählungen von schwindelerregenden Reisen. Seit der Mobilisierung ist es mir oft passiert, daß ich mich nach den Städten und Landschaften der Welt, die ich kenne, gesehnt habe – und das ist manchmal bitter. Aber heute abend sehne ich mich nach Argentinien, nach der Sahara, nach allen Teilen der Welt, die ich nicht kenne, nach der ganzen Erde – und das ist sehr viel süßer, resignierter, hoffnungsloser. Es ist ein «zartes Leid», das dem Glück ähnelt. Wie die Sehnsucht nach einem Leben, das ich zur Zeit, als ich «tausend Sokratesse» war, hätte haben können. Jetzt bin ich nur noch ein einziger. Oder vielleicht zwei oder drei.

Dienstag, 28.

Mistler setzt seine Untersuchung fort. Hier die Fakten, die er heute morgen gesammelt hat. Anscheinend ist die Frage der *Arbeit* von erheblicher Bedeutung. Die Bemerkung eines Evakuierten (von einem Eingezogenen aus Metz wiedergegeben) ist ziemlich typisch: «Vielleicht hat man uns ja hierhergeschickt, damit wir *ihnen* das Arbeiten beibringen.» Eine Bemerkung, die offenbar von der

* Populärwissenschaftliche Zeitschrift.

Primitivität der Werkzeuge und Feldarbeiten dieser «Wilden» hervorgerufen wurde. Hier haben wir also Leute, die stolz darauf sind, daß sie zu arbeiten verstehen, bereit, anderen beizubringen, was sie wissen, und Ratschläge zu geben. Es ist ein Charakterzug der Elsässer, daß sie gern Ratschläge geben. Und so ist wohl ihre bitterste Enttäuschung, nach ihren Briefen zu urteilen, daß sie ihre Arbeitskraft nicht *einsetzen* können. Zudem stelle ich mir vor, daß sie, wenn sie arbeiten könnten, ihre menschliche Würde wiederfänden, sich nicht mehr als «evakuierte Menge» fühlen würden. Aber man beschäftigt sie nicht oder nur wenig (immerhin muß ich um der Nuancierung willen die Bemerkung eines Mannes aus dem Périgord festhalten, der in Brumath stationiert ist: in seinem Dorf beschäftigt ein Bauernhof 10 Elsässer. Er behauptet, sie seien zuerst ganz verwirrt gewesen von dem *modernen* und *neuen* Charakter der Geräte – vor allem der Pflüge. Aber sie hätten sich schnell daran gewöhnt). Jedenfalls arbeiten die meisten nicht. Sie sagen: «Es sind doch Leute im Limousin eingezogen worden, die müssen doch *ersetzt* werden. Wie kommt es, daß man uns nicht beschäftigt?» Offensichtlich mißtrauen ihnen die Limousiner; die Limousiner schuften sich lieber tot und machen *alles* selber. Aber da taucht ein soziales Phänomen auf: Großbauern, die die Untätigkeit satt haben, beabsichtigen, im Limousin Land zu kaufen. Es wird interessant sein, die Folgen dieser Absicht zu beobachten, wenn sie sie in die Tat umsetzen.

Andererseits haben in Saint-Junien einige elsässische Familien, von der Ernährung im Périgord angewidert («sie essen Dreck»), beschlossen, das Flüchtlingsgeld zusammenzulegen. Ein oder zwei Frauen, die geschickter sind als die anderen, kaufen ein und kochen. Ich bemerke hier die Tendenz, Geld zu sozialisieren, das sozialistischen Ursprungs ist. Es fällt ihnen weniger schwer, es in einen Topf zu werfen, weil sie es nicht als *ihres* empfinden. Gewiß haben sie ein *Recht* auf die Entschädigung von zehn Francs am Tag. Aber sie haben zu diesen zehn Francs nicht dasselbe innige Verhältnis wie zu selbstverdientem oder geerbtem Geld. Gleichzeitig scheint mir, als entstehe hinter dieser Andeutung eines Phalansteriums, hinter diesen gemeinsam eingenommenen Mahlzeiten jene Tendenz zu einem gesellschaftlichen Mystizismus, von der ich neulich sprach. Man findet sich wieder, man rückt näher zusammen. Vielleicht bekommt die Mahlzeit wieder jenen heiligen Charakter, den sie seit langem verloren hat. Jedenfalls fordern die Elsässer von Saint-Junien, um diese neue Institution zu einer allgemeinen zu machen, die Leute der benachbarten Gemeinden auf, sich ihnen anzuschließen. Und hier taucht ein weiteres Phänomen auf: die Behörden der benachbarten Gemeinden *verweigern* den Elsässern, die unter ihre Zuständigkeit fallen, die Genehmigung, ihre Mahlzeit in Saint-Junien einzunehmen. Warum? Dafür kann es verschiedene Gründe geben: vielleicht handelt es sich nur um die lokale Initiative eines kleinlichen oder feindseligen Gemeinderats. Vielleicht aber will man auch nicht, daß eine breitere Gesellschaft und Gemeinschaften ähnlich denen der Urchristen *außerhalb des Rahmens* entstehen, den die Regierung mit eifersüchtiger Sorgfalt bewahrt hat. Vielleicht auch legt man keinen allzu großen Wert darauf, daß die Elsässer, die in einer limousinischen Gemeinde evakuiert sind, erfahren, was in den anderen vor sich geht. Damit wird die Unzufriedenheit verstärkt.

Festzuhalten ist – bekanntlich verschmähen die Elsässer das limousinische Essen ebenso wie die Soldaten aus Mittelfrankreich das elsässische Essen –, daß ein paar von evakuierten Juden betriebene Metzgereien aufgetaucht sind, die Straßburger Würstchen und Fleischwurst verkaufen.

Die Elsässer in Limoges, die wütend sind, daß sie keine Arbeit finden, berichten, daß die Ladenbesitzer von Limoges sich über zuviel Arbeit beklagen: «Daran sind diese

Evakuierten schuld», sagen die limousinischen Geschäftsleute stöhnend, «verstehen Sie, dauernd kommen sie und kaufen ein, wir müssen uns ständig neu eindecken.»

Hang, dem ich von meiner Untersuchung erzähle, weist mich darauf hin, daß er Briefe von seinem Gärtner und dessen Frau bekommt, die sich vor allem darüber beklagen, daß sie schamlos ausgebeutet werden. Aber obgleich Elsässer, ist er Konformist und *will* sich nicht entrüsten. Er sagt zu mir: «Ich antworte ihnen, daß es ihnen viel besser geht als den Flüchtlingen von 1914 und daß sie sich nicht zu beklagen haben, weil es mit dem Krieg ganz anders hätte kommen können.» Trotzdem wurmt ihn die Vorstellung ein bißchen, daß man sie ausbeutet. Aber er zuckt die Achseln und sagt zu mir: «Was willst du, das ist doch so menschlich!»

Seit einiger Zeit wiederholt der Feldwebel immer wieder stirnrunzelnd: «Nur los mit dem Bumbum! Ich hab mit den Deutschen ein Hühnchen zu rupfen!» Die ersten Male hatten diese kriegerischen Worte alle Merkmale einer Improvisation. Doch allmählich sind sie zu einem Ritual geworden, und er mußte wohl oder übel nach Gründen dafür suchen. Heute morgen ist es soweit. Beim Kaffeetrinken sagt er zu mir: «Ich hab mit den Deutschen ein Hühnchen zu rupfen. Ich will ihnen die Peitschenhiebe heimzahlen, die sie mir verpaßt haben, als ich klein war.» Ich, lebhaft interessiert: «Ach, sie haben Ihnen Peitschenhiebe verpaßt?» – «Das heißt, nein. Ich war im besetzten Gebiet, als ich klein war. Und die Boches haben mir Schokolade gegeben, damit ich rufe: ‹Frankreich kaputt›. Ich konnte kein Deutsch, und ich rief es. Aber einmal hat mein Großvater in ihrer Gegenwart zu mir gesagt: ‹Ruf das nicht.› Und da haben sie mir mit der Peitsche gedroht.»

Gestern hat Paul in einem Wutanfall Pieter vorgeworfen, es fehle ihm an Würde, weil er immer bettelt. Und tatsächlich, Pieter *bittet* liebend gern: um einen Gefallen, eine Gunst, irgend etwas. Aber es wäre ein schwerer Irrtum zu glauben, er tue das aus niedrigen Beweggründen. Im Gegenteil. Zunächst gibt es eine gewisse schwärmerische Weltgewandtheit bei ihm. Er bittet, weil er zu bitten versteht. Zum Beispiel sagt er, als wolle er seinem Gegenüber eine angenehme Überraschung bereiten: «Sie wissen nicht, Madame, worum ich Sie bitten werde», so daß die Person, wenn sie erfährt, was man von ihr erwartet, entzückt und überglücklich ist, weil man ihre Neugierde befriedigt hat. Oder: «Ach, ich muß Sie noch mal belästigen ...» Es gibt bei ihm eine Art Großzügigkeit im Bitten. Es kommt vor, daß er mit einer Bitte beginnt, aber nicht weiß, worum er bitten soll: einfach aus Spaß. Aber das alles ist nicht das Wesentliche. In Wirklichkeit ist die Bitte für ihn ein heiliger Ritus der humanistischen Religion, eine naive, fast feudale Zeremonie, die einen Augenblick lang zwischen dem Bittenden und dem Gebenden Gleichheit herstellt. Der Akt des Bittens stellt zwei Menschen in ihrer menschlichen Nacktheit einander gegenüber. Pieter bringt sich ganz in seine Bitte ein: «Sie sehen, wer ich bin, ein Mensch wie viele andere, in seiner Menschenwürde.» Und wenn er Vorgesetzte so gerne bittet, dann weil er die Illusion hat, sich an den Menschen zu wenden. Und tatsächlich liegt in seiner Bitte immer etwas Vertrauliches und Geflüstertes, das hinter dem sehr offenkundigen Respekt bedeutet: «Ich vergesse nicht, daß Sie Offizier sind, aber was ich von Ihnen wünsche, wünsche ich von dem Menschen» usw. So ist er, wenn man es ihm gewährt – und es kommt selten vor, daß man es ihm nicht gewährt –, doppelt glücklich – und vor allem, weil er den Eindruck hat, daß der Leutnant oder der Hauptmann es ihm *als Mensch* gegeben hat. Daher ist die Bitte bei Pieter eine mystische und unaufhörlich erneuerte Kommunion seiner Menschlichkeit mit der der anderen. Das Gegenstück dazu ist, daß er ebenso großzügig gibt, wie er bittet – sogar und vor allem dann, wenn man ihn um nichts bittet.

Heute morgen beim Aufstehen beschäftigt mich immer noch jener Gedanke von Saint-Exupéry, den er so schön entwickelt: «Ein Schauspiel hat nur dann Sinn, wenn man es auf einen Beruf beziehen kann.» Paul sagt fröstelnd: «Es ist kälter als gestern.» Gestern regnete es. Und ich spüre, daß diese bittere und schneidende Kälte in keiner Weise derjenigen gleicht, die ich in Paris, an manchen Tagen, in meinem Zimmer im Hotel Mistral empfinden könnte. Diese hier ist *meine* Kälte, die Materie meiner Arbeit, eine Kälte, die in Kürze zu messen ich beauftragt bin. Sie ist viel weniger unangenehm als die andere, weil ich sie nicht passiv erdulde. Sie beißt mich nicht, sie streichelt mich und kratzt mich ein wenig, wie eine Katze, die mit mir spielen will. Gleichzeitig ist sie nicht wie früher eine kleine eisige Lache, die durch die Ritzen der Fenster ins Zimmer geflossen ist und dort stillsteht: sie ist ein Anzeichen für schönes Wetter. Sie *ist* das schöne Wetter. In dieses Zimmer hat sie sich bei geschlossenen Jalousien durch das gelbliche Licht der Glühbirnen gestohlen, ein Sonnenstrahl, trockene rosa Morgenröte. Ich brauche die Fenster nicht zu öffnen, ich bin bereits im schönen Wetter, und dieses Erwachen zweier Soldaten mit rosa Augen hat nichts Düsteres mehr, es ist ein Erwachen auf den Feldern, die Wände zählen nicht mehr. Sie sind nicht eingestürzt, aber sie vermögen nichts gegen diese Dimension von Kälte, meine neue Umgebung. Es gäbe noch viele ähnliche Veränderungen festzuhalten, aber dazu bin ich zu faul, ich werde sie aufschreiben, wenn sie mir einfallen. Immerhin gibt es eine, an die ich dachte und die nicht von meinem Meteorologenberuf herrührt, sondern von meiner Lage als Soldat im Krieg. Die schönen, reinen und kalten Himmel bergen jetzt etwas Bebendes und Haariges, das sich vom einen Ende des Horizonts zum anderen erstreckt wie ein Insektenflügel: es sind Himmel voll deutscher Flugzeuge. Es ist ihre Natur, eine Eigenschaft ihrer Landschaft, die man frühmorgens entdeckt, wenn man den Kopf hebt. Es macht überhaupt keine Angst, weil die Flugzeuge nicht bösartig sind, es interessiert auch nicht sonderlich; es ist einfach da, der Himmel ist leicht giftig, wie jene weißen Palmwedel, von denen Saint-Exupéry spricht. Und die Regenhimmel dagegen sind feste Wände, die uns abschirmen, ein Vorgeschmack des Friedens. Für unsere Zimmerwirtin, die Angst vor Luftangriffen hat, hat sich der Sinn des Klimas verkehrt. Sie öffnet die Läden und lächelt dem Regen zu wie früher der Sonne.

Ich vergaß zu sagen, daß die morgendliche Kälte kein lokales Abenteuer meiner Person, meiner Kameraden ist. Sie kommt von weit her, von oben, voll exotischer Poesie wie ein Schwarm Zugvögel. Wenn Castor diese Zeilen liest, wird sie wahrscheinlich an die Wintersportkälte denken, die ein humanistisches Band zwischen den Menschen war, ein menschliches Milieu und gleichzeitig eine dichte, fühlbare Substanz, die man mit den Händen berührte, mit der Haut des Gesichts. Auch diese wurde nicht erduldet, da man sie bis hinauf in die Berge suchen ging, aus Lust, in sie einzudringen und sie um uns herum pfeifen zu hören wie von einem Geschoß durchlöcherte Luft.

Zwei Anekdoten von Hang, für deren Echtheit er sich verbürgt. In der Nähe von Wissembourg wird eine französische Patrouille von den Deutschen überrascht. Die Männer flüchten, der Unteroffizier wird gefangengenommen. Man bringt ihn in eine Kasematte, und ein deutscher Offizier verhört ihn eine halbe Stunde lang in ausgezeichnetem Französisch. Der Unteroffizier stellt sich dumm, beginnt jedoch zu fürchten, daß man ihn ein wenig mißhandeln wird, um ihn zum Sprechen zu bringen. Nach einer halben

Stunde sagt der deutsche Offizier zu ihm: «Gut. Und jetzt hauen Sie ab, gehen Sie heim, und belästigen Sie uns ja nicht noch mal mit Ihren Patrouillen.» Andere Geschichte: wiederum in der Nähe von Wissembourg erteilt man evakuierten Zivilisten die Erlaubnis, für vierundzwanzig Stunden in ihr Dorf zu gehen, um notwendige Dinge zu holen. Unterdessen nehmen die Deutschen das Dorf ein. Sie sehen, wie die Zivilisten ihre Habe wegschaffen, helfen ihnen, ihre Bündel zu schnüren, und lassen sie dann abziehen. Diese zweite Anekdote erscheint mir zweifelhafter. Tatsache jedoch ist, daß man sie hier kolportiert. Es bestätigt sich, daß die wenigen Toten oder Verwundeten in diesem Abschnitt auf beiden Seiten Opfer von Repressalien waren, nach einem versehentlichen Schuß. Andere Geschichte: eines Nachts bezieht die 65. Division in aller Stille ihren Abschnitt. Am nächsten Morgen hängt auf der anderen Seite der Linien ein Plakat: «Ein herzliches Willkommen für die 65.»

Kurz, das Wollen wird gewöhnlich als ein Aufblitzen betrachtet, das die Substanz, von der es ausgeht, nicht modifiziert. Ich dagegen betrachte es als eine totale und existentielle Modifizierung der menschlichen-Realität.

Gleichsam als Bestätigung dessen, was ich gestern unter Berufung auf Valois[9] sagte, lese ich heute in *L'Œuvre*:

«Gestern um Mitternacht bringt *L'Œuvre* als Überschrift folgenden Satz der Rede von Herrn Chamberlain über die Friedensziele: ‹Es geht nicht darum, die Landkarten nach unseren Vorstellungen als Sieger neuzuzeichnen, sondern Europa mit einem neuen Geist auszustat-

9 Georges Valois, Journalist und Politiker (1875–1945). Er gründete im Jahre 1925 die Bewegung *Le Faisceau*. Später trennte er sich vom Faschismus und wurde wegen seiner Teilnahme an der Résistance deportiert.

ten.› Ein ausgezeichneter Satz, der mit den wiederholten Erklärungen der französischen Regierung übereinstimmt, da es sich bei dem ‹neuen Geist›, von dem Chamberlain spricht, ganz offenkundig um den Geist der Freiheit, der Gerechtigkeit und des Friedens handelt.

Doch um zwei Uhr morgens wird *L'Œuvre* von der Zensur aufgefordert, den Satz des englischen Premiers zu streichen.

Wir beeilen uns hinzuzufügen, daß in der folgenden Ausgabe die gestrichene Überschrift wieder eingesetzt wurde: die Chefs hatten interveniert.»

Der Schluß des Artikels, der ohne jeden Zweifel die subalternen Zensoren inkriminierte, ist von der Zensur gestrichen worden.

Ich kopiere hier den reizenden und ironischen Brief von T. über die Authentizität: «Wenn Du authentisch werden solltest, wärst Du nicht besser und nicht schlechter, es wäre etwas anderes. Gesellschaftlich gesehen wärst Du weniger wert, und Dein Leben nach außen würde wahrscheinlich weniger gelungen wirken. Aber an sich wärst Du tausendmal poetischer und tausendmal reiner; statt zu schreiben, wärst Du Thema für ein Buch (wie gefällt Dir das?). Wie Du glaube auch ich, daß es schrecklich schwer sein muß, zur Authentizität zu gelangen. Ich habe immer gedacht, man sei von Geburt an authentisch. Es ist ein Konstruktionsfehler, den Du nicht hast. Und dann hast Du Dich in die entgegengesetzte Richtung entwickelt, Du hast zuviel nachgedacht, du kennst Dich zu gut, und dann schreibst Du. Angenommen, man besäße einen Schimmer Authentizität, sobald man schreibt, geht alles zum Teufel. Ich muß schmunzeln, wenn Du sagst, daß Du bedauerst, nicht intelligent zu sein, wenn Du verlierst, um Nutzen daraus zu ziehen. Man kann keinen Nutzen daraus ziehen, weil so etwas wie die Authentizität nicht bekannt wird. Ich sehe das wie ein Ding ohne Milieu, und Du gehst als

Amateur drauflos, ohne zu sehr mit der Nase dagegenrennen zu wollen. Das Ergebnis ist, daß Du in Kürze ein wunderbares Buch in mehreren Bänden über die Authentizität schreiben wirst. Im Grunde solltest Du dazu Rauschgift nehmen. Die einzigen Schriftsteller, die ein bißchen authentisch waren, sind Surrealisten, und natürlich: Rimbaud.»

Abends essen Pieter und ich gewöhnlich Brot und Schokolade oder Konserven. Paul und Keller verdrücken die vier Portionen Fleisch und Gemüse. Gestern abend hat Pieter Lust, ein paar Kartoffeln zu essen. Er sagt zu Keller: «Ich werde ein paar Kartoffeln nehmen.» – «Gut», brummt Keller. Pieter geht, Keller und Paul essen. Nach zehn Minuten kommt Pieter zurück, um seine Kartoffeln zu essen: die Schüssel ist leer, sie haben alles vertilgt: «Mehr ist nicht für mich da?» fragt er. Und Keller, kalt: «Heute sind wir schlecht bedient worden.»

Es stimmt, ich bin nicht authentisch. Bei allem, was ich fühle, weiß ich, noch bevor ich es fühle, daß ich es fühle. Und dann fühle ich es nur noch halb, vollauf damit beschäftigt, es zu definieren und zu denken. Meine größten Leidenschaften sind nichts als Nervenregungen. In der übrigen Zeit fühle ich hastig, und dann lege ich es in Wörtern dar, ich drücke ein bißchen hier, übertreibe ein bißchen dort, und schon ist ein vorbildliches Gefühl konstruiert, das sich in einem gebundenen Buch unterbringen läßt. Alles, was die Menschen fühlen, kann ich erraten, erklären, schwarz auf weiß setzen. Aber nicht fühlen. Ich täusche, ich wirke wie ein Gefühlsmensch und bin eine Wüste. Wenn ich jedoch mein Schicksal betrachte, kommt es mir gar nicht so verachtenswert vor: mir scheint, daß eine Menge gelobter Länder vor mir liegen, die ich nicht betreten werde. Ich habe den «Ekel» nicht empfunden, ich bin nicht authentisch, ich bin auf der Schwelle der gelobten Länder stehengeblieben. Aber zumindest zeige ich sie, und die anderen können hingehen. Ich bin ein Anzeiger, das ist meine Rolle. Mir scheint, daß ich mich in diesem Augenblick in meiner wesentlichsten Struktur erfasse, in jener Art schmerzlicher Gier, mich fühlen, mich leiden zu sehen, nicht um mich selbst zu erkennen, sondern um alle «Naturen» zu erkennen, das Leid, den Genuß, das In-der-Welt-sein. Das bin wirklich *ich*, diese ständige, reflexive Aufspaltung, diese lüsterne Hast, aus mir selbst Nutzen zu ziehen, dieser Blick. Ich weiß es – und oft bin ich es leid. Daher rührt jener magische Reiz, den rätselhafte Frauen auf mich ausüben, T., früher O. Und dann habe ich hin und wieder unschuldige Freuden einer reinen Seele, die ich aber sofort erkenne, aufspüre, ausdrücke, in meiner Korrespondenz verbreite. Ich bin nur Hochmut und Hellsicht.

Mittwoch, 29.
Seit dem 2. September habe ich gelesen oder wiedergelesen:
Das Schloß von Kafka
Der Prozeß von Kafka
In der Strafkolonie von Kafka

Das Tagebuch von Dabit
Das Tagebuch von Gide [deutsch: *Tagebuch* 1889–1939, 3 Bde.]
Das Tagebuch von Green [deutsch: *Tagebücher*, 10 Bde.]
Les enfants du limon von Queneau
Un rude hiver von Queneau [deutsch: *Ein Winter in Le Havre*]
Die *Nouvelle Revue française* von September–Oktober–November
Mars ou la guerre jugée von Alain [Mars oder der verurteilte Krieg]
Prélude à Verdun von Romains [Vorspiel zu Verdun]

Quarante-huit von Cassou [Achtundvierzig]
La Cavalière Elsa von Mac Orlan [deutsch: *Die Reiterin Elsa*]
Sous la lumière froide von Mac Orlan [Unter dem kalten Licht]
Le Colonel Jack von Defoe [deutsch: *Leben und Begebenheiten des Obristen Jacque*]
Zweiter Band der Werke von Shakespeare (Pléiade)
Terre des hommes von Saint-Exupéry [deutsch: *Wind, Sand und Sterne*]
Ein spanisches Testament von Koestler

Donnerstag, 30.
Da ich kein Geld mehr habe und den Dezember nicht mit Schulden belasten will, indem ich Pieter anpumpe, gehe ich seit fünf Tagen nicht zum Mittagessen in die *Écrevisse*. Und weil mir die Kantine wenig Appetit macht, nutze ich die Gelegenheit und faste halb: morgens ein Käsebrot, abends ein Stück Brot und Schokolade, gestern gar nichts. Ich hoffe, auf diese Weise die vier oder sechs überflüssigen Pfunde zu verlieren, die ich seit September zugenommen habe. Meinen Gürtel konnte ich schon ein Loch enger schnallen. Offen gestanden wäre ich gestern mittag vielleicht in ein Gasthaus gegangen, aber ich spüre, daß meine Kumpane mir auflauern. Ich habe ihnen ihre Schwäche zu oft zum Vorwurf gemacht, zu oft durchblicken lassen, daß sie mir auf die Nerven fallen mit ihren hundertmal gefaßten und hundertmal aufgegebenen Vorsätzen! Sie wären froh, mich in flagranti zu ertappen. Dieses Vergnügen sollen sie nicht haben. Immerhin hat Paul sich schadlos gehalten und unter dem Siegel der Verschwiegenheit Mistler anvertraut, der es mir weitergesagt hat, daß «ich noch nie so aggressiv war wie seit diesem freiwilligen Fasten». Das belustigt mich und klärt mich auf: ich war mir dessen nicht bewußt. Aber wenn ich die Daten vergleiche, sehe ich wohl, daß diese nervöse Aggressivität schlicht und einfach

mit jener komischen Gefühlskrise zusammenhängt, in die ich mich wegen T. gestürzt hatte. Und diese Krise liegt vor meinem Vorsatz, weniger zu essen. Der vorgestrige Tag war im Hinblick auf diese Gefühlskrise wirklich quälend. Der gestrige sehr viel weniger. Die Post hatte mir keinen Brief von ihr beschert, und wenn ich in diesem Zustand bin, ziehe ich ihr Schweigen vor. Ich fühle weniger, daß sie ein Bewußtsein ist. Ihr Leben in Paris kommt mir irreal vor. Ein Brief ist das plötzliche Bersten eines treulosen und absoluten kleinen Bewußtseins mitten in jenem Paris, das ich vermisse. Wenn ich, was ich heute schreibe, mit dem vergleiche, was ich am Sonntag, dem 26., geschrieben habe, sehe ich, daß ich einen «Katzenjammer» durchgemacht haben muß. Aber da ich, aus Hochmut, auf meinem Entschluß beharrte, mein vergangenes Leben nicht zu bereuen und mich über dieses nicht zu beklagen, hat sich diese kurzlebige kleine Verzweiflung in die einzige freie Bahn ergossen, die sie finden konnte: eine krankhafte und eifersüchtige Unruhe wegen T. Nicht, daß ich keinen *Anlaß* zur Unruhe gehabt hätte – und noch immer habe. Aber ohne allen Zweifel hätte ich in Friedenszeiten anders reagiert.

Jedenfalls las ich vorgestern und gestern, freiwillig eingesperrt und verstockt fastend, ein Buch, das prächtig zu meinem Trübsinn paßte und dem die gegenwärtigen Umstände zur höchsten Wirkung verhalfen: *Ein spanisches Testament* von Koestler. Das leidenschaftliche Interesse, das es in mir weckte, verband sich rückblickend und schneeballartig mit dem Interesse, das *Verdun* von Romains geweckt hatte. Die schonungslosen Bücher, in denen von Grausamkeit, Elend und Tod die Rede ist, sind mir im Augenblick sehr wertvoll. Zur Zeit möchte ich keine anderen lesen. Allein die Tatsache, in diesem Krieg zu stecken – der zwar nicht besonders schrecklich ist, aber trotzdem eine diskrete Zukunft von Zerstörung und Tod hat –, reicht aus, diese düsteren Erzählungen lebendig und real zu machen. Im letzten Jahr hätte ich sie natürlich mit der gebotenen Entrüstung gelesen, aber ich hätte den Eindruck gehabt, daß sie mich nicht betreffen, meine Entrüstung wäre «generös» gewesen. Jener Krieg von 14 ist völlig verschüttet – und Spanien ist nicht Frankreich. Ich stelle mir vor, daß die meisten Bürger guten Willens sich bei der Lektüre der Zeitungen oder ähnlicher Zeugnisse einer Art von zivilisierter Sicherheit nicht erwehren können: so was wird in Frankreich nicht passieren. Spanien ist ein rückständiges Land – oder: in den Balkanländern hat man sich schon immer umgebracht usw. Ein Franzose hält Frankreich stets mehr oder weniger für einen Kosmos mitten in einem maßlosen, unförmigen und gewaltträchtigen Universum. Das Universum brodelt, von ungeheuren Stürmen erschüttert, aber das berührt den Kosmos nicht. Doch heute, da wir uns trotz allem im Krieg befinden, was ja immerhin eine Art ist, den Kosmos ins Spiel zu bringen, bin ich offen für diese düsteren Bücher, sie säubern mich von jener dünnen Schicht idealistischem Optimismus, die mir noch blieb. Ich habe den Eindruck, daß sie mir von den Menschen erzählen, so wie sie sind. Ein Franzose ist immer ein bißchen ein Typ, der Rindfleisch ißt, aber jeden heftig tadeln würde, der ihm vorschlägt, doch einmal einen Blick in die Schlachthöfe zu werfen, damit er sieht, wie die Tiere getötet werden. Ich habe mich den Schlachthöfen genähert. Am ersten Tag hat mir der Bericht vom Fall Malagas eine Mischung aus Entsetzen und Neid auf diesen trägen und grausamen Krieg eingeflößt, der immerhin im Hellen stattfand. Am nächsten Tag beeindruckte mich vor allem die systematische Aufzählung der schlauen Tricks, mit denen ein Mensch in Lebensgefahr sich die Gefahr verbirgt und sich beruhigt und dabei in seinen eigenen Augen so aussieht, als wolle er bloß mutig sein. Besonders gefällt mir jene Bemerkung über die Leute am Vorabend des Falls von Malaga: «Ich habe das unbehagliche Gefühl, daß all das Theater ist... daß wir alle, mich selbst mit inbegriffen, ein kindlich-pathetisches Stück aufführen, ohne von der niederträchtigen Realität des Todes eine Vorstellung zu haben.» Ich spüre sehr deutlich, welche Art von Trick hinter dieser pathetischen Irrealisierung des Todes steckt. Und dann später, wenn die Stunde des «Stücks» vorbei ist, wenn es gilt, mit dem ständigen Gedanken an den Tod erbärmlich zu leben, ist jede Anwandlung von Heldentum im Grunde ein Winkelzug, der Gott weiß was für eine naive Art und Weise, sich zu beruhigen, überdeckt. Einen im allgemeinen magischen Trost, den wir in seiner Nacktheit niemals akzeptieren würden, auf den wir aber heimlich schielen, wobei wir so tun, als wüßten wir es nicht. Es sind wirklich immer die Tricks des Stoizismus und jene Art, von hinten und *durch sich selbst* genau in dem Augenblick gepackt zu werden, da man schwören möchte, daß man sich zu einem verzweifelten Mut spannt. Das bringt so manche Saite in mir zum Schwingen: habe ich mich zu Beginn dieses Krieges nicht selbst dieser Technik des Trostes bedient und mich dabei für sehr tapfer gehalten? Daher jene Bemerkung: «Ich glaube nicht, daß, seitdem die Welt besteht, ein Mensch *bewußt* gestorben ist. Als Sokrates im Kreise seiner Schüler zum Schierlingsbecher griff, mußte er mindestens zur Hälfte überzeugt sein, daß er ihnen bloß ein Theater vormacht. ...Natürlich wußte er theoretisch, daß der Becher die tödliche Wirkung haben müßte; er hatte aber bestimmt das Gefühl, daß die Sache sich ganz anders verhält, als die andächtig-humorlosen Schüler es sich vorstellten; daß irgendwo ein schlauer Trick dahintersteckt, von dem nur er weiß.» Und jene andere Bemerkung: «Die Natur sorgt dafür, daß die Bäume nicht in den Himmel wachsen, auch die Bäume des Schmerzes nicht.» Aber für mich geht es nicht um die Natur, sondern um uns, und für diese schlauen Tricks sind wir voll verantwortlich. Im übrigen gesteht er, daß er einige authentische Augenblicke gehabt hat: «Die meisten von uns fürchteten nicht den

Tod, nur das Sterben; und es gab Stunden, in denen wir auch die Angst vor dem Sterben überwanden. In diesen Stunden waren wir *frei* – Menschen ohne Schatten, aus dem Rang der Sterblichen entlassen; es war das absoluteste Erlebnis der Freiheit, das einem beschieden sein kann.»

Auch diese Bemerkung: «Die permanente Nähe des Todes beschwerte es [unser Dasein] und nahm ihm gleichzeitig das Gewicht. Wir waren der Verantwortung enthoben.» Ich sagte schon, daß der Krieg als Rechtfertigung dienen konnte: er erleichtert, er entschuldigt das «Dasein». Auch den Tod, wie ich jetzt sehe. So schwierig ist es, bloß zu leben, ohne in *irgendeiner Weise* gerechtfertigt zu sein.

Im Grunde ist diese Gefühlskrise ganz einfach die durch einen äußeren Umstand herbeigeführte Enthüllung einer ganzen Dimension meines Universums und meiner Zukunft und gleichzeitig die Enthüllung der schrecklichen *Simultaneität*, die uns zum Glück fast immer verborgen bleibt. Ich denke, daß man, wenn man die Simultaneität *hier* in allen ihren Dimensionen leben würde, seine Tage damit zubrächte, zu bluten wie ein Heiliges Herz Jesu, aber viele Dinge verdecken sie uns. Zum Beispiel brauchen die Briefe, die ich bekomme, drei Tage, bis sie mich erreichen, und die, die ich abschicke, drei Tage, bis sie ankommen. So daß mein Leben zwischen der Vergangenheit und der Zukunft schwebt. Die Ereignisse, von denen ich erfahre, sind schon lange vergangen, und sogar die kurzfristigen Pläne, die man mir mitteilt, sind bereits verwirklicht (oder gescheitert), wenn ich Kenntnis davon erhalte. Die Briefe, die ich bekomme, sind von Zukunft umgebene Gegenwartszipfel, aber es ist eine von einer toten Zukunft umgebene Vergangenheits-Gegenwart. Und ich selbst, wenn ich schreibe, schwanke immer zwischen zwei Zeiten: derjenigen, in der ich mich befinde, wenn ich die

Zeilen für den Empfänger schreibe, und derjenigen, in der sich der Empfänger befinden wird, wenn er sie liest. Das macht diese «Umgebung» nicht irreal, sondern vielmehr zeitlos. Infolgedessen stumpft sie ab, verliert an Schädlichkeit. Dadurch kann meine hiesige Gegenwart, meine neutrale Gegenwart wieder etwas Farbe bekommen, ich kann an bestimmten Dingen hängen, an meiner Lektüre, an meinen kurzen Vormittagen in der *Rose* usw. Ebenso erscheinen mir die Briefe, die ich bekomme, nicht mehr als beunruhigende Zeichen für die Existenz anderer Bewußtseine, sondern als eine umgängliche Form, die diese Bewußtseine angenommen haben, um bis zu mir zu reisen. Wenn ich die Briefe lese, halte ich diese Bewußtseine gefangen, im Kreis um mich herum, sie können nicht entweichen, andere Himmel und andere Gesichter widerspiegeln, sie sind ein wenig versteinert, ein wenig vergangen. Aber sobald sich plötzlich die Simultaneität entschleiert, ist der Brief ein Dolchstoß: zuerst enthüllt er unwiderrufliche, da vergangene Ereignisse, und dann läßt er das Wesentliche entweichen, das gegenwärtige Leben der Bewußtseine, die ihre Briefe überlebt haben, die ihnen entwichen sind und ihre Leben jenseits dieser toten Botschaften fortsetzen wie die Lebenden jenseits der Gräber. Und in diesem Augenblick, ich weiß nicht, wie ich es sagen soll, kommt es mir vor, als sei ich selber vergangen, ohnmächtig, wirkungslos. Ich kann mich nicht an meine hiesige Zukunft klammern, sie versinkt. Daher ein Zustand der Nervosität, der dann die Form der Eifersucht annehmen kann.

Im übrigen bereue ich diese wenigen düsteren Tage nicht. Es war erfülltes Leben; sie haben mir am Rande dieser fruchtlosen und quälenden Nervosität die «zarten Schmerzen» beschert, von denen Exupéry spricht, und den poetischen Abend des 27., sie haben mir auch die grausigen Klarheiten des *Spanischen Testaments* beschert. Das alles offensichtlich auf Grund meiner Unausgeglichenheit: ich stürzte mich in die Ablenkung. Aber wenigstens fesselte mich diese Ablenkung; wenigstens zweimal bin ich ein anderer gewesen.

Madame Magdelin, schreibt mir meine Mutter, fertigt goldene Tressen für die Meßgewänder der Feldgeistlichen an der Front. «Und da nichts verkommen darf, beschlagnahmt ihre Arbeiterinnentruppe alles: die gestickten Gewänder der Präfekten, der Akademiker, die Ballkleider, alte Stoffe.»

Der Feldwebel wird von einer jungen Frau unentgeltlich beherbergt (ihr Mann ist Deutscher – und zur Zeit in einem Konzentrationslager). Aber er leidet und «wird ihr nie verzeihen, daß sie ihr Kind Willy nennt, wie die Boches».

Es bestätigt sich, daß die französischen Soldaten bei Wissembourg alles geplündert haben.

Um sechs Uhr kommt der Feldwebel und teilt uns mit, daß Rußland Finnland angegriffen hat. Schlimm.

Freitag, 1. Dezember
Das Gerücht wird präziser: Pieter hat gestern abend mit seiner Wirtin gesprochen. «Ich kenne einen», hat sie gesagt, «ich könnte sogar seinen Namen sagen, er ist Schutzmann in Strasbourg und speziell für die Bewachung der geräumten Häuser zuständig. Na ja, er kommt jede Woche mit Wäsche- und Kleiderpaketen heim.»

Unsere Zimmerwirtin hat zu der seinen gesagt, daß sie nach unserer Abreise nur noch Offiziere beherbergen würde, weil die sich wenigstens mit ihr unterhalten könnten.

Pieter sagt zu mir: «Wir sprachen gestern abend von dir, Paul und ich. Paß bloß auf, Junge, du arbeitest immer sechzehn Stunden am Tag! Kein Wunder, daß du reizbar bist!» Zuerst geschmeichelt, rechne ich nach, daß ich im Höchstfall 13 Stunden arbeiten kann, da ich kaum vor 8 Uhr an meinem Tisch sitze und die Schule erst um 9 Uhr abends verlasse. Davon sind dann die zwei Stunden Mittagessen abzuziehen (11 bis 13 Uhr). Gewiß schreibe ich während dieser Stunden in mein Heft, aber sehr viel weniger. Außerdem ordnet Pieter dem allgemeinen Namen «Arbeit» auch die Augenblicke zu, in denen ich Romane lese, sowie jene, in denen ich Briefe beantworte. Ich zähle also höchstens 8 bis 9 Stunden effektive Arbeit. Nichtsdestoweniger stimmt es, daß ich täglich zehn bis elf Stunden mit Lesen und Schreiben verbringe. Das erklärt die Ermüdung meiner Augen.

Gestern beim erneuten Blättern in Gides Tagebuch verblüfft über seinen *religiösen* Aspekt. Es ist als erstes eine protestantische Gewissensprüfung und dann ein Meditations- und Gebetbuch. Nicht zu vergleichen mit den Essays von Montaigne oder den Tagebüchern der Goncourts oder dem von Renard. Der Kern ist der Kampf gegen die *Sünde*. Und das Führen des Tagebuchs erscheint sehr häufig als eines der bescheidenen Mittel, einer der bescheidenen Tricks, die es erlauben, gegen den Dämon zu kämpfen.

Beispiel: «Nie war ich bescheidener als dann, wenn ich mich *zwang*, täglich in diesem Heft Seiten zu füllen, von denen ich weiß und fühle, daß sie mittelmäßig sind... Ich klammere mich verzweifelt an dieses Tagebuch, es gehört zu meiner Geduld, es hilft mir, nicht zu versinken.» (1916, 7. Februar). Und (16. September 1916): «Es gelingt mir nur unter dauernder Anstrengung, einer stündlich immer wieder zu erneuernden Anstrengung. Es gelingt mir nicht ohne Tricks und Genauigkeit.

Nichts ist erreicht, wenn ich behaupte, hier nur das Wichtige zu notieren. Ich muß mich darauf verlegen, alles in dieses Heft zu schreiben. Ich muß mich zwingen, alles und jedes zu schreiben.»

Das Heft ist eine Aufgabe, eine bescheidene tägliche Aufgabe, und man liest es auch eher mit Demut. Natürlich ist es nicht nur das und kann es nicht sein. Zum einen wegen der Person von Gide, seines Schriftstellerberufs, und zum anderen wegen der dialektischen Idee des Hefts, die sich aufdrängt und sich durch den Schriftsteller verwirklicht. Aber das Gerüst bleibt religiös. Daher die Strenge dieses Tagebuchs und zeitweise sein *heiliger* Charakter. Gleichzeitig ist es das Tagebuch eines *Klassikers*. Das heißt, er führt ein Buch des *Wiederlesens* sowie der Meditationen anläßlich dieses Wiederlesens. Dem ist übrigens auch der strenge Aspekt vieler Notizen zuzuschreiben. Das Heft ist alles andere als die Widerspiegelung eines Lebens. Es ist so etwas wie ein religiöses und klassisches Offertorium, ein moralisches Kontobuch, mit einer Soll- und einer Haben-Seite. Und fast jede Eintragung ist weniger die getreuliche Transkription einer Handlung oder eines Gefühls als selbst eine Handlung. Gebets*handlung*, Beicht*handlung*, Meditations*handlung*. Daraufhin habe ich mir mein eigenes Heft angesehen und festgestellt, wie sehr es sich von den Gideschen unterscheidet. Es ist als erstes ein Zeugenheft. Je weiter ich komme, desto mehr betrachtete ich es als ein Zeugnis: das Zeugnis eines 1939 mobilisierten Bürgers über den Krieg, den man ihn führen läßt. Und auch ich schreibe alles und jedes in mein Heft, aber mit dem Gefühl, daß der historische Wert meines Zeugnisses mich dazu berechtigt. Verstehen wir uns richtig: ich bin kein Großer dieser Welt, und ich verkehre nicht mit den Großen dieser Welt, mein Tagebuch wird also nicht den gleichen Wert haben wie möglicherweise das von Giraudoux oder Chamson. Andererseits befinde ich mich in keiner privilegierten Stellung, zum Beispiel auf der

Maginotlinie oder im Gegenteil in der Etappe, im Zweiten Büro oder bei den Zensoren. Ich befinde mich in einem Artilleriestab zwanzig Kilometer von der Front entfernt, umgeben von Klein- und Mittelstandsbürgern. Aber gerade deshalb ist mein Tagebuch ein Zeugnis, das für Millionen Menschen gilt. Ein *gewöhnliches* und eben darum *allgemeines* Zeugnis. Hier kommt nun eine List des Teufels ins Spiel, wie Gide sagen würde: gerade durch die Gewöhnlichkeit meiner Lage bin ich kühn geworden, ich habe keine Angst mehr davor, mich zu täuschen, und ich spreche unerschrocken über diesen Krieg, weil meine Irrtümer einen historischen Wert haben werden. Sollte ich mich täuschen, wenn ich diesen Krieg für einen Betrug halte usw., dann ist dieser Irrtum nicht nur meiner eigenen Dummheit anzulasten, er ist repräsentativ für einen Moment dieses Krieges. Andere, intelligenter oder weniger intelligent als ich, mehr oder weniger unterrichtet, waren überrascht wie ich, haben reagiert wie ich, ohne es aufzuschreiben, oder sie haben es mit anderen Worten gesagt. Das genügt, um mich zu überzeugen, daß alles, was ich schreibe, interessant ist, sogar die Beichte meines Trübsinns, denn es ist der Trübsinn, der Katzenjammer von 1939 – sogar das «alles und jedes», für das Gide sich entschuldigt und das zu schreiben er sich zwingt. So werde ich alles und jedes schreiben, ohne Bescheidenheit. Man erkennt die List des Hochmuts. Zu hellsichtig, um *allem*, was ich schreibe (Klatsch und Tratsch, politische Wahrsagungen, Stimmungen), Wert beizumessen, komme ich darauf zurück, diesen Wert ausnahmslos allen meinen Notizen zuzuschreiben, durch einen Umweg über die Geschichte. Ich benutze die historische *Relativität*, um meine Notizen mit einem absoluten Charakter zu schmücken. Der Vorteil dieser List – denn sie hat immerhin einen Vorteil – besteht darin, daß sie mir den Sinn für meine Geschichtlichkeit gibt – den ich im Grunde nie gehabt habe. Ihn mir täglich gibt, in meinen bescheidensten

Handlungen, während ich ihn im September nur im Erhabenen erreicht hatte, was man immer vermeiden sollte. Aber damit ist dieses Tagebuch ohne Bescheidenheit – und außerdem, wie ich irgendwo notiert habe, ohne Intimität. Es ist ein heidnisches und hochmütiges Tagebuch. Von anderer Warte aus gesehen und in einem ganz anderen Sinn ist dieses Tagebuch ein Infragestellen meiner selbst. Und auch hier ließe es sich mit den Gideschen Beichten vergleichen. Doch das ist nur Schein. Denn dieses Infragestellen betreibe ich nicht stöhnend und in Demut, sondern kalt und um Fortschritte zu machen. Nichts von dem, was ich schreibe, ist eine Handlung in dem Sinne, wie ich von Gides Handlungen sprach. Es sind Aufzeichnungen, und indem ich sie hinschreibe, habe ich den – übrigens trügerischen – Eindruck, das, was ich schreibe, hinter mir zu lassen. Ich schäme mich dessen nie, ich bin nie stolz darauf. Fast immer liegt ein Abstand zwischen dem Moment, da ich gefühlt habe, und dem Moment, da ich schreibe. Es ist also im wesentlichen eine Reinschrift. Außer vielleicht in einigen Fällen, wo das Gefühl auf Anhieb das Schreiben beherrscht hat. Ich versuche, schreibend eine solide, kristallisierte Basis zu errichten, von der ich ausgehen kann. Kurz, es gibt bei den Primitiven Zeremonien, die den Lebenden helfen, zu sterben, und der Seele helfen, sich vom Körper zu lösen. Meine «bekennerischen» Notizen haben das gleiche Ziel: meinem gegenwärtigen Sein zu helfen, in die Vergangenheit zu fließen, es notfalls ein bißchen hineinzustoßen. Es ist ein Teil Illusion dabei, denn es genügt nicht, eine psychologische Konstante aufzuzeigen, um sie zu modifizieren. Zumindest aber deutet es die Linie einer möglichen Veränderung an.

Alle diese Bemerkungen brachten mich natürlich dazu, Gides moralische Entwicklung mit der meinen zu vergleichen. Was ich getan habe. Ich werde versuchen, heute nachmittag und in den nächsten Tagen hier niederzuschreiben, wie meine verschiedenen moralischen Versuche seit meinem achtzehnten Lebensjahr ausgesehen haben, und mich bemühen, einige moralische Konstanten ans Licht zu bringen, die ich dabei entdeckt habe und die man meine moralischen «Affektionen» nennen könnte. Ich meine nämlich, daß jeder sich aus freien Stücken einen gewissen moralischen Affekt bestimmt, von dem aus er die Welt erfaßt und seine Fortschritte begreift. Beispielsweise ist es sicher, daß ich von Anfang an eine Moral ohne Gott gehabt habe – ohne Sünde, aber nicht ohne Böses. Ich werde darauf zurückkommen.

Den Glauben habe ich mit zwölf Jahren verloren. Aber ich denke, daß ich nie sehr stark geglaubt habe. Mein Großvater war protestantisch, meine Großmutter katholisch. Aber ihre religiösen Gefühle waren, soweit ich erkennen konnte, dezent und eisig. Bei meinem Großvater gab es eine prinzipielle Absage an das Religiöse als großes Kulturphänomen, gepaart mit einer kalvinistischen Verachtung für die Pfaffen. Ich glaube, er machte bei Tisch antiklerikale Witze, und meine Großmutter klopfte ihm auf die Finger und sagte: «Sei still, Papa.» Meine Mutter schickte mich zur ersten Kommunion, aber wohl eher aus Achtung vor meiner künftigen Freiheit als aus wirklicher Überzeugung. Etwa so, wie einige Leute ihre Kinder aus hygienischen Gründen beschneiden lassen. Sie hat keine Religion, eher eine vage Religiosität, die sie ein wenig tröstet, wenn es nötig ist, und sie ansonsten in Frieden läßt. Ich habe kaum religiöse Erinnerungen: doch ich sehe mich in der Rue Le Goff, mit sieben oder acht Jahren, die Tüllvorhänge am Fenster mit einen Streichholz anzünden, und diese Erinnerung ist mit dem lieben Gott verbunden, ich weiß nicht, warum. Vielleicht weil diese Brandstiftung keinen Zeugen hatte und ich dennoch dachte: der liebe Gott sieht mich. Ich erinnere mich auch, daß ich im Religionsunterricht des Abbé Dibildos (es war in den Räumen der Bossuet-Schule) eine Erzählung über Jesus vorlegte und eine Medaille aus Silberpapier bekam. Ich denke immer noch voller Bewunderung und Freude an diese Erzählung und an diese Medaille, aber das hat nichts Religiöses. Denn meine Mutter hatte meinen Aufsatz mit ihrer schönen Handschrift abgeschrieben, und ich denke, daß das Gefühl, das ich hatte, als ich meine Prosa so abgeschrieben sah, ein wenig mit dem Entzücken vergleichbar ist, das ich empfand, als ich mich zum erstenmal gedruckt sah. Außerdem mußte die Silbermedaille von einem schönen schillernden Blaßgrau auf die erste Seite der Arbeit geklebt werden, und das Ganze bildete einen herrlichen und kostbaren Gegenstand. Zudem war der Abbé, der meine Arbeit korrigiert hatte, ein hübscher, rothaariger und blasser junger Mann mit schönen Händen. Sosehr ich auch suche, etwas anderes finde ich nicht in mir. Doch. Man nahm mich noch recht häufig in die Kirche mit, aber – und das kennzeichnet ziemlich genau die Art von Bürgertum, zu dem ich gehöre – vor allem, um dort schöne Musik zu hören, die Orgel von Saint-Sulpice oder Notre-Dame. Ich sehe deutlich, welches Gefühl hoher Geistigkeit diese Vereinigung der reinsten Formen der Kunst mit den erhabensten Formen des Glaubens bei meiner Mutter und meiner Großmutter hervorrief, und ich sehe auch, daß bei diesen Lehrerfrauen und -töchtern die Religion nur Zugang hatte, weil sie sich mit dem Zauber der Musik schmückte. Sie wußten nicht mehr so recht, denke ich, ob die Musik sie ergriff, weil sie religiös war, oder die Religion, weil sie harmonisch war. Und ihre Ehrfurcht vor der Religion vermischte sich mit ihrem Akademikerkult der geistigen Werte. Ich selbst verstand nichts von dieser Musik, von diesen großen stöhnenden Winden, die mit einemmal die Kirche erfüllten. Aber diese Messen waren für mich trotz allem mit der Idee der Tugend verbunden. Da ich mich sehr langweilte, hatte meine Mutter mich dadurch ködern können, daß sie mir erklärte, ein *wirklich* braver kleiner Junge müsse sich bei der Messe wie ein Engel betragen. Ich verwirklichte daher in mir mit wenig Aufwand diese vollkommene Bravheit während der Stunde des Gottesdienstes, um dann meine Mutter fragen zu können, ihrer Antwort gewiß: «War ich brav gewesen, Mama?» Ich übertrieb noch, darauf bedacht, das leiseste Knacken meines Stuhls, das geringste Schleifen der Füße zu vermeiden. Aber ich haßte es, niederzuknien, denn ich habe, ich weiß nicht, wieso, zwei sehr empfindliche Höcker auf den Knien. Das ist alles. Sehr mager. Gott existierte, aber ich kümmerte mich überhaupt nicht darum. Und dann, eines Tages in La Rochelle, als ich auf die jungen Damen Machado wartete, die mich morgens zum Gymnasium begleiteten, und über ihre Verspätung ungeduldig wurde, kam ich, um mir die Zeit zu vertreiben, auf den Einfall, an Gott zu denken. «Nun gut», sagte ich mir, «er existiert nicht.» Das war eine authentische Evidenz, auch wenn ich überhaupt nicht mehr weiß, worauf sie sich stützte. Und dann war Schluß, ich dachte nie mehr daran, ich kümmerte mich um diesen toten Gott ebensowenig, wie ich mich um den lebendigen geschert hatte. Ich glaube, man könnte schwerlich eine weniger religiöse Natur finden als meine. Im Alter von zwölf Jahren habe ich die Frage ein für allemal erledigt. Sehr viel später prüfte ich die Beweise der Religion und die Argumente der Atheisten. Ich würdigte die Geschicke ihrer Kontroversen. Mit Vorliebe sagte ich, daß Kants Einwände nicht den ontologischen Beweis von Descartes trafen, aber all das schien mir nicht viel lebendiger zu sein als die *Querelle des anciens et des modernes*. Ich glaube, das alles erwähnen zu müssen, weil ich, wie ich schon sagte, an Moralismus kranke und der Moralismus häufig in der Religion wurzelt. Aber auf mich trifft das in keiner Weise zu. Zudem bin ich von Eltern und Lehrern erzogen worden, von denen die meisten Verfechter der weltlichen Moral waren und überall versuchten, sie an die Stelle der religiösen Moral zu setzen.

Ich unterbreche mich, um eine reizende Anekdote über Keller zu notieren. In der Festung von Saint-Cyr, im Jahre 1921, hatte man ihm eine Spritze gegen Typhus verpaßt und drei Chinintabletten gegeben für den Fall, daß er von der Spritze in den folgenden achtundvierzig Stunden Fieber bekäme: «Die Spritze hat mir nichts ausgemacht», sagt Keller großspurig, «trotzdem habe ich die drei Tabletten geschluckt, damit sie nicht verkommen.»

Ich notiere hier etwas, was ganz für Pieter spricht und was ich schon lange notieren wollte: er hat nur eine notdürftige Bildung erhalten und weiß es. Daher nutzt er seine erzwungenen Mußestunden dazu, Algebra zu treiben, drei oder vier Stunden am Tag, ohne großen Erfolg und mit Verbissenheit. Mistler und ich nennen ihn den Engel oder den Cherub. Und er ist wirklich ein Engel, in seinem Lächeln ist eine Art Unschuld, die mich bezaubert, und außerdem ist er frei von jeglichem Komplex und will nur glücklich sein. Und er ist es auch, sogar hier. Und seine Selbstschmeicheleien geben ihm das Aussehen eines Seraphs, der sich mit seinen Flügeln die Wange streichelt. – Diese Algebrastunden sind eine Weigerung, die Kriegszeit zu verlieren, eine Weigerung, sich gehenzulassen, ein Wille, diesen Müßiggang zu nutzen; die einzige Ablehnung des Krieges, die uns möglich ist. Wenn ich mir Keller neben ihm anschaue, der sich den Bauch vollschlägt, weil das Essen nichts kostet, Paul, diese gehetzte Ratte, und alle anderen, dann schätze ich ihn sehr.

Ich glaube nicht, daß ich zu sehr schematisiere, wenn ich sage, daß das moralische Problem, das mich bisher beschäftigt hat, im Grunde das Problem der Beziehungen zwischen Kunst und Leben ist. Ich wollte schreiben, das stand außer Frage, es stand nie in Frage, nur gab es neben diesen rein literatischen Arbeiten «den Rest», das heißt alles: die Liebe, die Freundschaft, die Politik, die Beziehungen zu sich selbst, was weiß ich. Was man auch tat, immer war man in alle diese Fragen hineingeworfen. Was tun? Ich denke, der Wahrheit treu zu bleiben, wenn ich in dieser Hinsicht drei Perioden in meinem Leben als junger und erwachsener Mann unterscheide. Die erste reicht von 1921 bis 1929, es ist eine Periode des Optimismus, die Zeit, da ich «tausend Sokratesse» war. In jener Zeit denke ich mit heiterem Herzen, daß ein Leben immer verpfuscht ist, und ich konstruiere eine metaphysische Moral des Kunstwerks. Aber im Grunde bin ich überhaupt nicht überzeugt; in Wahrheit bilde ich mir ein, daß es ausreicht, sich dem Schreiben zu widmen, und daß das Leben sich in dieser Zeit ganz von selbst entwickeln wird. Und das Leben, das sich entwickeln muß, ist in meinem Kopf bereits vorgezeichnet: es ist das Leben eines großen Schriftstellers, so wie es in seinen Büchern erscheint. Im Grunde ist es ein magisches Vertrauen: um das Leben eines großen Schriftstellers zu haben, braucht man nur ein großer Schriftsteller zu sein. Doch um ein großer Schriftsteller zu sein, gibt es nur ein Mittel: sich ausschließlich mit Schreiben zu beschäftigen. Und so würde mir das Schicksal dieses pathetische und erfüllte Leben mit dem verführerischen Muster schulden, das Leben von Liszt, Wagner, Stendhal, wenn ich nur gute Bücher schriebe. Dieser Optimismus lag sicherlich an meiner Kindheit und auch an einem aristotelischen Denken (einem begrifflichen und partizipationistischen Denken): ein großer Schriftsteller hat das Leben eines großen Schriftstellers, also mußte ich alle meine Anstrengungen darauf richten, ein großer Schriftsteller zu werden. Alles übrige käme von selbst. Würde man mich jetzt fragen, was ich damals sehnlicher wünschte, ein gutes Buch zu schreiben oder das Leben eines großen Mannes zu haben, dann wäre ich um die Antwort sehr verlegen. Mir scheint, daß ich auf dieses wunderbare Leben zwar überaus gierig war, aber daß ich es durch gute Bücher *verdienen* wollte. Nicht aus moralischen Gründen, sondern damit es wirklich meines wäre. Den Inhalt dieses Lebens kann man sich gut vorstellen: es gab darin Einsamkeit und Verzweiflung, Leidenschaften, große Unternehmen, eine lange Zeit schmerzlicher Düsterkeit (aber die kürzte ich in meinen Träumen heimlich ab, damit ich nicht zu alt wäre, wenn sie zu Ende ginge) und dann den Ruhm mit seinem Gefolge von Bewunderung und Liebe. Zu meiner Schande muß ich gestehen, daß *Jean-Christophe*[10], dieses Brechmittel, mir mehr als einmal Tränen in die Augen trieb, als ich zwanzig war. Ich wußte, daß es schlecht war, daß es ein widerliches Bild der Kunst zeigte, daß es die von einem spießigen Akademiker geschriebene Geschichte eines Künstlers war, aber trotzdem... Es gab eine Art, am Ende der Kapitel den Finger zu heben und zu sagen: Ihr werdet sehen! Ihr werdet sehen! Dieser kleine Christophe, er leidet, er geht in die Irre. Aber seine Leiden und seine Irrungen werden Musik werden, und die Musik wird alles wieder gutmachen – was mich vor Ärger und Begierde mit den Zähnen knirschen ließ. Kurz, ich wollte sicher sein, später ein großer Mann zu werden, um meine Jugend als die Jugend eines großen Mannes erleben zu können. Da ich mir dessen nicht sicher war, tat ich so, als ob ich es hätte werden müssen, und ich war mir sehr bewußt, der junge Sartre zu sein, so wie man vom jungen Berlioz oder vom jungen Goethe spricht. Und von Zeit zu Zeit machte ich einen kleinen Abstecher in die Zukunft, nur um des Vergnügens willen, mich von da oben nach meiner jungen Gegenwart umzudrehen und den Kopf zu schütteln, wie ich glaubte, daß ich es dann täte, wenn ich mir sagte: «Ich hätte nicht gedacht, daß dieses Leid mir in solchem Maße dienlich sein würde» usw., ich wandte mich, alt geworden, meiner Jugend zu und betrachtete sie mit einer Rührung voller Hochachtung. Diese künstlichen Verdopplungen hinterließen Spuren in

10 Werk von Romain Rolland.

einem dicken Heft, das ich verloren habe und in dem ich, zwischen zwei trockenen Philosophienotizen, Simone Jolliver ausschimpfte und ungefähr ausrief: «Du läßt mich leiden, aber wer zuletzt lacht, lacht am besten, denn ich bin groß.» In diesem Fall also vergnügte ich mich damit, meine Liebesqualen mit der bekümmerten Fürsorglichkeit eines künftigen Akademikers zu beurteilen, so wie Koszul über den Kummer von Shelley und Lauvrière über den von Poe spricht. Aber ich meine, daß es vor allem ein sehr junges Vertrauen in die Zukunft gab und außerdem jene bürgerliche Entschlossenheit, die das Wahrscheinliche nach eigenem Gutdünken eingrenzt und es immer vor dem Entsetzlichen, vor den Katastrophen anhält. Und dann war ich verfügbar: alles war mir noch möglich, da ich nichts war. Mit Hilfe dieses robusten Vertrauens in meinen guten Stern konnte ich seelenruhig behaupten, daß das Leben eine von vornherein verlorene Partie ist, und mit Begeisterung über jenes Wort von Amiel nachdenken, das er über Moses sagt: «Wie er hat jeder Mensch sein Gelobtes Land, seinen Tag des Ruhms und sein Ende im Exil.» Das Ende im Exil, das akzeptierte ich gern, es war weit weg, und außerdem erlaubte mir diese pessimistische Note, den Tag des Ruhms zu akzeptieren, ohne meine Meinung zu ändern. Bei Gott, das Leben war verpfuscht, da es immer mit einem Mißerfolg endete. Aber es gab ja den Tag des Ruhms. Verächtlicher Tag des Ruhms, natürlich, da er mit einem Scheitern endete. Aber immerhin war er da, wie eine unsichtbare Sonne, er wärmte mein Herz.

Diese Listen, dieser Pessimismus, der meinen grundlegenden Optimismus überdeckte und maskierte, erlaubten es mir, mich einer dunkleren und mutloseren Periode zu nähern, ohne daß sich meine Grundsätze sichtbar verändert hätten. Ich blieb weiterhin davon überzeugt, daß das Leben eine verlorene Partie war, nur glaubte ich diesmal daran. Und ich glaubte deswegen daran, weil ich es nötig hatte, daran zu glauben. Es war immer noch Lüge dabei. Aus folgendem Grund: ich war immer der Ansicht gewesen, daß ein großer Mann sich frei halten müsse. Es ging dabei nicht um die Bergsonsche Freiheit des Herzens, vor allem nicht um die Freiheit, die ich gegenwärtig in mir entdeckt habe und die kein Scherz ist, sondern um eine Art Karikatur der Hegelschen Freiheit: sich frei halten, um an sich und durch sich die konkrete Idee eines großen Mannes zu verwirklichen. In jedem Augenblick lief man Gefahr, an Hindernisse zu stoßen, in Fallen zu stolpern, aber es galt, unbarmherzig seinen Weg fortzusetzen. Es ist viel über diese Freiheit des großen Mannes gesprochen worden – frei-für-sein-Schicksal –, die natürlich für alle, denen er auf seinem Wege begegnet, das Antlitz der Fatalität annimmt. Ich erinnere mich an ein ziemlich dummes Stück, *Moloch*[11], das dieses Thema darlegt. Kurz, mein Kopf war voll davon, und wie es in diesem Alter normal ist, dachte ich vor allem daran, diese Freiheit gegen die Frauen zu behaupten. Das war um so komischer, als sie weit entfernt waren, mir nachzulaufen, sondern vielmehr ich es war, der ihnen nachlief. So hielt ich es bei den wenigen Abenteuern, die mir damals zustoßen konnten, für meine Pflicht, nachdem ich mir unsägliche Mühe gegeben hatte, eine junge Person zu umgarnen, ihr mit wilder Scham zu erklären, daß sie sich hüten solle, sich an meiner Freiheit zu vergreifen. Aber nach kurzer Zeit machte ich ihr, da ich gutmütig war, diese kostbare Freiheit zum Geschenk; ich sagte ihr: das ist das schönste Geschenk, das ich Ihnen machen kann. Nichts hatte sich in unseren Beziehungen verändert, aber wenn die Person noch ein wenig naiv war, war sie von Dankbarkeit durchdrungen – und wenn sie schlau war, tat sie, als sei sie es. Zu meinem Glück übrigens traten unabhängig von meinem Willen

11 Wahrscheinlich handelt es sich um das unvollendete Drama von Friedrich Hebbel.

rechtzeitig Umstände ein, die mir zwar ein bißchen zusetzten, mich aber dieser geliebten Freiheit wiedergaben, die sogleich einer anderen jungen Person zu schenken ich mich beeilte. Einmal fiel ich bei diesem Spiel herein. Castor akzeptierte diese Freiheit und behielt sie. Das war 1929. Ich war töricht genug, mich darüber zu grämen: statt meine außerordentliche Chance zu begreifen, versank ich in eine gewisse Melancholie. Zur gleichen Zeit verließ ich die École Normale und jenes amorphe gewalttätige Milieu der Kameraderie und lebte allein. Dann kam mein Militärdienst, der mich zu großer Bescheidenheit veranlaßte – die ich später übrigens freudig aufgab. Aber diese Bescheidenheit reinigte mich vollends von den letzten Schlacken von Übermenschentum, die ich noch bewahrte. Außerdem wurde ich Lehrer. Ich sagte oben bereits, daß das ein schwerer Schlag war. Weil ich plötzlich ein einziger Sokrates wurde. Bisher bereitete ich mich aufs Leben vor: jeder Augenblick, jedes Ereignis streifte mich nur, ohne mich altern zu lassen, immer ging es nur um Proben vor der Aufführung. Und nun auf einmal spielte ich das Stück, alles, was ich von nun an tat, tat ich *mit meinem Leben*, ich konnte meine Streiche nicht zurücknehmen, alles schrieb sich in diese enge und kurze Existenz ein. Jedes Ereignis kam von außen in mein Leben, und plötzlich wurde es mein Leben, mein Leben bestand daraus. Ich war wie jener Chinese, von dem Malraux in *Les conquérants** spricht, ich entdeckte spät, daß das Leben einmalig ist. Ich erinnere mich übrigens, daß ich, als ich diesen Satz in *Les conquérants* las, davon beeindruckt war wie von einem reizenden intellektuellen Spiel, aber seine Wahrheit nicht spürte (das war 1930). Diese Wahrheit habe ich erst in den folgenden Jahren wirklich gespürt, 31, 32, 33. Dunkel spürte ich, daß man sein Leben nicht überblicken kann, solange man es lebt, es fällt hin-

* Deutsch: *Die Eroberer.*

terrücks über einen her, und man steckt mitten drin. Und doch, wenn man sich umdreht, stellt man fest, daß man verantwortlich ist für das, was man gelebt hat, und daß es unwiderruflich ist. Ich spürte sehr stark, daß ich auf einem Weg war, der immer schmaler wurde, ich spürte, daß ich bei jedem Schritt eine meiner Möglichkeiten verlor, so wie man seine Haare verliert. Übrigens fing ich tatsächlich an, Haare zu verlieren – seither hat es aufgehört oder sich in langsamerem Rhythmus fortgesetzt. Als ich es merkte – oder vielmehr als Castor es in dem Kaff Bozouls mit einem Aufschrei merkte –, war es für mich ein symbolisches Desaster. Die Vorstellung des Todes ließ mich beinahe völlig kalt. Das Alter dagegen in seiner Unwiderruflichkeit und Tragik machte mir damals zu schaffen. Und lange Zeit habe ich vor Spiegeln meinen Kopf geknetet, das Kahlwerden wurde für mich zum greifbaren Zeichen des Alterns. Kurz, ich ertrug den Übergang zum Mannesalter höchst schlecht. Mit zweiunddreißig Jahren fühlte ich mich alt wie die Welt. Wie fern war jenes Leben eines großen Mannes, das ich mir verheißen hatte. Zu allem Überfluß war ich nicht sehr zufrieden mit dem, was ich schrieb, und außerdem wäre ich gern gedruckt worden. Heute ermesse ich meine ganze Enttäuschung, wenn ich mich daran erinnere, daß ich mit zweiundzwanzig Jahren folgenden Satz von Töpffer in mein Heft geschrieben hatte, der mir Herzklopfen bereitete: «Wer mit achtundzwanzig Jahren nicht berühmt ist, muß für immer auf den Ruhm verzichten.» Ein völlig absurder Satz natürlich, aber er stürzte mich in Seelennöte. Und mit achtundzwanzig war ich immer noch unbekannt, ich hatte nichts Gutes geschrieben und mußte mich tüchtig anstrengen, wenn ich je irgend etwas schreiben wollte, was sich lohnt, gelesen zu werden. Ich habe ein Jahr Ferien in Berlin gemacht, dort fand ich die Verantwortungslosigkeit der Jugend wieder, und dann wurde ich nach meiner Rückkehr wieder von Le Havre vereinnahmt, von meinem Lehrerdasein, vielleicht auf noch bitterere

Weise. Ich erinnere mich, daß Castor und ich im November dieses neuen Jahres in Le Havre in einem Café namens *Les Mouettes* gegenüber dem Meer darüber klagten, daß uns nichts Neues zustoßen konnte. Unsere Freundschaften standen fest: Guille, Madame Morel, Poupette, Gégé; wir hatten unsere exakten Gewissensprüfungen als Intellektuelle satt, dieses tugendhafte und geordnete Leben, das wir führten, das, was wir damals das «Konstruierte» nannten. Denn wir hatten unsere Beziehungen auf der Grundlage totaler Aufrichtigkeit «konstruiert», einer vollständigen gegenseitigen Hingabe, und wir opferten unsere Stimmungen und alles, was noch an Wirrnis in uns sein mochte, dieser permanenten und *gesteuerten* Liebe, die wir konstruiert hatten. Im Grunde sehnten wir uns nach einem Leben in Unordnung, einer wirren und im Augenblick gebieterischen Zwanglosigkeit, nach einer Art Dunkelheit, die gegen unseren klaren Rationalismus abstach, einer Art, in uns selbst versunken zu sein und zu fühlen, ohne zu wissen, daß wir fühlten. Jenseits unseres kleinbürgerlichen Nationalismus ahnten wir vage auch Existentielles und Authentisches. Wir brauchten Maßloses, da wir zu lange maßvoll gewesen waren. Das alles endete mit jener komischen Schwermut, die gegen März jenes Jahres in Wahnsinn umschlug – und schließlich mit meiner Begegnung mit O. endete, die genau alles war, wonach wir uns sehnten, und die es uns deutlich sehen ließ. Das Leben war also einmalig, und was man mir bot, war diese breiige und verfehlte Existenz – so fern, so fern von dem berühmten «Leben eines großen Mannes», das ich erträumt hatte. Nun begann eine geduldige Termitenarbeit, durch die ich mich davon zu überzeugen suchte, daß *jedes* Leben von vornherein verloren war. Das fiel mir um so leichter, als ich es schon immer *gesagt* hatte (jedoch ohne daran zu glauben). Es fehlte natürlich nicht an Argumenten. Und notfalls hätte ich welche erfunden: es wäre zu schrecklich gewesen, mir vorzustellen, daß dieses Leben eines berühmten Mannes *möglich* war, daß es von anderen Menschen, zu anderen Zeiten, an anderen Orten gelebt worden war und daß *ich* es nicht leben würde. Jetzt wurde für mich der Schriftsteller nach seinen Werken beurteilt – objektiv –, und sein Leben unterschied sich nicht von den gewöhnlichsten Leben. Racine war ein Kleinbürger aus der Zeit Ludwigs XIV. Aber dieser Kleinbürger hatte *Phèdre** geschrieben. Man konnte von den Werken nicht zum Leben zurückgehen, sie entglitten dem Leben, rollten aus ihm heraus und blieben für immer draußen; sie gehörten dem, der sie geschaffen hatte, ebensowenig wie ihren Lesern. Vielleicht noch weniger. Von jetzt an klammerte ich mich mit einer Art Verbissenheit ans Schreiben. Das einzige Ziel einer absurden Existenz bestand darin, endlos Kunstwerke zu schaffen, die ihr sofort entglitten: das war ihre einzige Rechtfertigung; eine im übrigen unvollkommene Rechtfertigung, der es nicht gelang, jene langen, schleimigen Auswürfe an Zeit zu retten, die es einen nach dem anderen zu schlucken galt. Es war wirklich eine Moral des Heils durch die Kunst. Um des Lebens selbst willen mußte es auf Teufel komm raus gelebt werden, irgendwie. Ich lebte es so sehr «irgendwie», daß ich verkrustete; ich nahm Gewohnheiten eines Junggesellen an.

Auf dem Tiefpunkt war ich zur Zeit meines Wahnsinns und meiner Leidenschaft für O.: zwei Jahre lang. Von März 1935 bis März 1937. Dennoch nützten mir diese Mißgeschicke. Der Wahnsinn verschob die Grenzen des Wahrscheinlichen: von diesem Moment an habe ich meinen bürgerlichen Optimismus aufgegeben und begriffen, daß mir *alles* zustoßen konnte, so gut wie einem anderen. Ich betrat eine Welt, die schwärzer war, aber weniger fade. Und meine Leidenschaft für O. brannte meine alltäglichen Unreinheiten aus wie eine Bunsenflamme. Ich wurde mager wie ein Hahnrei und toll; ade, meine Behaglichkeiten.

* Deutsch: *Phädra*.

Und dann erlebten wir, Castor und ich, das Schwindelgefühl jenes nackten und augenblicklichen Bewußtseins, das nur zu fühlen schien, heftig und rein. Ich habe es so hoch gestellt, daß ich mich zum erstenmal in meinem Leben vor jemand demütig und entwaffnet fühlte und lernen wollte. Das alles hat mir geholfen. Zur selben Zeit und gerade wegen dieser Leidenschaft begann ich am Heil durch die Kunst zu zweifeln. Die Kunst erschien recht müßig angesichts dieser grausamen, heftigen und nackten Reinheit. Ein Gespräch, bei dem Castor mir wieder einmal meine gemeine Haltung vor Augen führte, brachte mich endgültig von dieser Moral ab.

Und genau zu jener Zeit, als ich auf dem Tiefpunkt war – so elend, daß ich mehrmals dem Tod gleichgültig ins Auge sah –, mich alt fühlte, heruntergekommen, erledigt, auf Grund eines Mißverständnisses davon überzeugt, daß *La nausée* von Gallimard abgelehnt worden war –, da begann mir alles zuzulächeln: mein Buch wurde angenommen. *Le mur* erschien im Juli 1937 in der *Nouvelle Revue française*, ich lernte T. kennen, ich wurde als Lehrer nach Paris berufen. Mit einemmal fühlte ich mich herrlich jung, ich war glücklich und fand mein Leben schön. Nicht, daß es etwas vom «Leben eines großen Mannes» hatte, aber es war *mein* Leben. Ich werde ein andermal darüber sprechen. Und diesmal gewann das Leben die Oberhand über die Kunst, aber langsam, zaghaft. Heute denke ich, daß man niemals sein Leben verliert, ich denke, daß nichts einem Leben gleichkommt. Dennoch habe ich alle meine Ideen behalten; ich weiß, daß ein Leben weich und breiig ist, nicht zu rechtfertigen und zufällig. Aber das ist unwichtig, ich weiß auch, daß mir alles zustoßen kann, aber es wird *mir* zustoßen; jedes Ereignis ist *mein* Ereignis. Ich will mich darüber nicht ausbreiten. Diese Teilung meines Lebens in drei Perioden ist nur ein Vorspiel. Ich wollte die Schwankungen meiner Moral in eine affektive Atmosphäre stellen. Alles, was ich soeben geschrieben habe, ist im Grunde nur die Beschreibung der *Anlässe*. Morgen werde ich über die Motive sprechen.

Samstag, 2. Dezember

Gestern wollte ich die affektive Atmosphäre beschreiben, in der sich das moralische Problem für mich stellte. Ich sehe, daß es in gewissem Sinn immer gelöst war. Allein durch die Tatsache, daß ich immer vorhatte, ein «Werk» zu schaffen, das heißt eine Reihe von Werken, die durch gemeinsame Themen miteinander verbunden sind und meine ganze Persönlichkeit widerspiegeln, lag meine ganze Zukunft immer vor mir. Was ich zu verschiedenen Zeiten über mein Leben auch gedacht haben mag, indem ich es in der Zukunft bald mit romanhaften Farben schmückte, bald in schwarzem Licht sah, so war ich doch von frühester Kindheit an mit einem *Leben* versehen. Und ich bin es weiterhin. Ein Leben, das heißt ein Stickrahmen, der erst einmal mit einer Menge vorgehefteter Hinweise gefüllt werden muß und den es dann auszusticken gilt. Ein Leben, das heißt ein Ganzes, das vor seinen Teilen existiert und sich durch seine Teile verwirklicht. Ein Augenblick erschien mir nicht als vage Einheit, die zu anderen Einheiten derselben Art hinzukommt, es war ein Augenblick, der sich von einem *Lebenshintergrund* ablöste. Dieses Leben war wie eine Rosette gestaltet, bei der das Ende an den Anfang anschließt: das reife Alter und das hohe Alter gaben der Kindheit und der Jugend einen Sinn. In gewissem Sinn betrachtete ich jeden gegenwärtigen Augenblick aus der Perspektive eines abgeschlossenen Lebens, genaugenommen müßte es heißen: aus der Perspektive einer Biographie, und ich meinte, dieser Biographie von jenem Augenblick Rechenschaft geben zu müssen, ich fühlte, daß man ihren vollständigen Sinn nur dann entschlüsseln konnte, wenn man sich in die Zukunft versetzte, und ich skizzierte mir immer eine vage Zukunft, die es mir erlaubte, meiner Gegenwart ihre ganze Bedeutung zu geben. Dieses ganze «Leben» war natürlich auf nicht thematische Weise vor mir entworfen, und es war der Gegenstand dessen, was Heidegger «vorontologisches Verstehen» nennt. Wenigstens meistens: denn es kam vor, daß ich Momente meiner künftigen Existenz *imaginierte*. Diese Art, von Kindheit an und ohne daß man hätte nachdenken können, in ein «großes Leben» verstrickt zu sein wie andere in den katholischen oder kommunistischen Glauben, hat mir immer die Ängste und Gewissensnöte erspart, in denen so viele meiner Kameraden sich gefielen. Ich war zuversichtlich, ich hatte den Glauben des Köhlers. Ich betone, daß dieses «Leben» nichts mit dem volkstümlichen und biologischen Begriff von Leben gemein hatte, in dem sich die Vorstellungen von Bewußtsein, *Erlebtem*, Schicksal seltsam vermischen. Mein Leben war ein Unternehmen. Aber ein von den Göttern begünstigtes Unternehmen. Ich lief lediglich Gefahr, mich aus Leichtsinn, aus Leidenschaft, aus Faulheit von ihm abzuwenden, hier oder da zu lange zu verweilen, in irgendeiner verhängnisvollen Wonne. Es wäre meine Schuld, wenn ich mein Leben verfehlte. Aber meine Beharrlichkeit dagegen, meine Sorge, mich frei zu halten, und mein Eifer gaben mir ein unangefochtenes Recht, es zu verwirklichen. Alles in allem ähnelte es einer Karriere: der brillante junge Mann betritt eine Bank, er hat mächtige Gönner, seine Karriere wird sich ganz von selbst ergeben. Man verlangt nur Fleiß von ihm – und daß er durch alle seine Handlungen seine Tüchtigkeit bezeuge. Das alles habe ich nie ernsthaft in Frage gestellt, und sogar in meinen düsteren Jahren geschah der Zusammenbruch meiner Jugend unterschwellig, die Fassade blieb intakt, jedes Leben war eine verlorene Partie, nichtsdestoweniger war ich der Mensch eines Lebens. Damals pflegte ich zu sagen: «Ich habe alles gehabt, was ich wollte, aber nie so, wie ich es wollte.» Und damit gab ich zu verstehen, daß mein Leben geglückt war, soweit ein Leben überhaupt glücken kann, aber daß ein geglücktes Leben wirklich nichts Großartiges ist. Und es stimmt ungefähr, daß ich alles gehabt habe, was meine naive Einbildung begehrte. Und es stimmt, daß ich jedesmal enttäuscht war. Weil ich gewollt hätte, daß jedes Ereignis mir wie in einer Biographie zustößt, das heißt so, wie wenn man das Ende der Geschichte bereits kennt. Diese Enttäuschung habe ich anläßlich des Abenteuers in *La nausée* ausgedrückt. Kurz, die Idee des Lebens hat mich immer heimgesucht. Nur, als ich in der École Normale war, hatte ich noch ein Gefühl von Freiheit und Verantwortungslosigkeit in bezug auf dieses Leben, meine Streiche zählten nicht, ich bereitete mich darauf vor. Während ich später hineinfiel. Man sieht, wie bestimmte erhabene Exzesse stets von mir ferngehalten wurden, die surrealistische Verzweiflung, die christliche Demut, der revolutionäre Glaube. Ich war vom Ideal des Lebens eines großen Mannes durchdrungen, das ich der Romantik entlehnte. Shelley, Byron, Wagner hatten ein solches Leben geführt, und ich nahm es mir zum Vorbild. Daher wollte ich hartnäkkig, ohne mir dessen bewußt zu sein, zwischen 1920 und 1960 ein Leben von 1830 verwirklichen. Das war mir natürlich verborgen, und ich entlehnte mein Material dem Jahrhundert: Marxismus, Pazifismus, Antifaschismus usw. Aber der Rahmen stammte aus der Zeit von *Antony*[12]. Auch kam mir nie in den Sinn, eine Moral der reinen Lust oder des Glücks auszuprobieren: das war nicht meine Bestimmung. Im Gegenteil, man sieht, wie in dieser Perspektive die Ideen des Fortschritts, des Übermenschen, der Rat, über sich hinauszuwachsen, einen ganz besonderen Wert erhielten. Ich entriß sie ihrer eigenen Moral und fügte sie in den Rahmen meines Lebens. Das Endziel war nicht, den Übermenschen zu schaffen oder die Moral zu befördern, sondern einfach, ein schönes Leben zu haben. Es waren Ratschläge, die sich speziell an mich richte-

[12] Drama von Alexandre Dumas d. Ä.

ten und nur für mich, für meine Karriere Gültigkeit hatten, genauso wie wenn der wohlwollende Gönner dem vielversprechenden jungen Mann sagt: statten Sie dem stellvertretenden Direktor einen Besuch ab, seien Sie rücksichtsvoll zu Herrn X, er ist ein wichtiger Kunde. Wenn ich mich jetzt frage, an welchem Merkmal ich ein schönes Leben erkannte, sehe ich, daß ein schönes Leben einfach das war, was dem Leser Tränen in die Augen treibt, wenn es von einem sensiblen Biographen erzählt wird. Ich war bis aufs Mark von etwas durchdrungen, was ich die biographische Illusion nenne, die in dem Glauben besteht, daß ein gelebtes Leben einem erzählten Leben gleichen kann. Hätte ich sonst von meinem Standpunkt aus Stendhals Leben «schön» finden können, mit seinen unglücklichen Lieben und seinem langen Ungemach in Civitavecchia? Doch wenn man es las, bei Arbelet oder Hazard, verlor man *La chartreuse de Parme** nicht aus den Augen, und *La chartreuse de Parme* rettete das Leben insgesamt.

Was ich soeben erklärte, habe ich mir nie gesagt – oder nur sehr schlecht. Aber ich spürte es. Dagegen hatte ich klare moralische Vorstellungen: ich wollte nicht nur ein großer Schriftsteller sein, nicht nur das schöne Leben eines großen Mannes haben. Ich wollte jemand «Anständiges» sein, wie ich um 1930 etwas schamhaft sagte. Diese moralischen Vorstellungen entsprangen gewiß einer anderen Quelle als meinem Wunsch, zu schreiben und groß zu sein. Aber sie fügten sich mühelos in meinen Traum von einem schönen Leben und verschmolzen mit ihm: ich würde dieses Leben noch mehr verdienen, wenn ich moralisch lebte; und die Biographie wäre noch reicher, noch ergreifender, wenn dieser Mensch, der alles erlebt und leidenschaftlich geliebt hatte, der schöne Werke hinterlassen hatte, obendrein ein «anständiger» Mensch gewesen wäre.

Doch lange Zeit blieben diese moralischen Neigungen,

* Deutsch: *Die Kartause von Parma.*

da sie mit meinem Wunsch nach *Leben* verschmolzen waren, ihm untergeordnet: nur um das schönste Leben *zu verwirklichen*, wäre ich moralisch, nicht um der Moral selbst willen. Natürlich verschwand diese Unterordnung der Moral, sobald ich das Problem der Moral an sich ins Auge faßte oder versuchte, moralisch zu handeln. Aber ansonsten blieb sie im Hintergrund, ohne daß ich mir darüber klar war. Erst später, nach dem Zerfall meiner Jugend, gewannen die moralischen Vorstellungen die Oberhand.

Wenn ich den zerstörerischen und anarchisierenden Individualismus meines 19. Lebensjahrs beiseite lasse, erkenne ich, daß mir unmittelbar danach an einer konstruktiven Moral lag. Ich bin immer konstruktiv gewesen, und *La nausée* und *Le mur* haben ein falsches Bild von mir vermittelt, weil ich zuerst zerstören mußte. Ich suchte also eine Moral und gleichzeitig eine Metaphysik, und ich muß sagen, daß sich die Moral – darin war ich Spinozist – in meinen Augen *niemals* von der Metaphysik unterschieden hat. Die Moral der Pflicht hat mich nie interessiert, zum einen aus Gründen, die ich am 5. November dargelegt habe: sie war für mich durch meinen Stiefvater verkörpert. Aber vor allem konnte man mir noch so oft sagen, daß der kategorische Imperativ Ausdruck der Autonomie meines Willens sei, ich glaubte kein Wort davon. Ich wollte immer, daß meine Freiheit jenseits der Moral stünde und nicht diesseits, ich wollte es, wie ich oben erwähnte, gerade in der Zeit, als ich ein verwöhntes Kind war. Und dann läuft die Moral der Pflicht darauf hinaus, die Moral von der Metaphysik zu trennen, und das hieß für mich sie ihres größten Reizes berauben. Heute sehe ich deutlich, daß die moralische Haltung in meinen Augen seit meinem zwanzigsten Lebensjahr das Privileg besaß, dem Menschen eine höhere metaphysische Würde zu verleihen. Genau das versahen wir, Nizan und ich, um 1925 mit dem spinozistischen Wort *Heil*. Solange ich in der École Normale war, hieß moralisch sein für mich sein Heil machen.

Der Ausdruck war unangemessen, aber die Sache ist geblieben. Sein Heil machen, nicht im christlichen, sondern im stoischen Sinn des Wortes: seine Natur einer totalen Veränderung unterziehen, die sie in einen Zustand existentiellen Mehrwerts übergehen ließe. Diesen Ausdruck «existentiell», den ich hier verwende, kannte ich damals noch nicht, auch nicht die Sache, aber ich ahnte ihn. Das heißt einfach, daß ich ihn brauchte. In der Philosophie einen Begriff brauchen heißt ihn vorausahnen. Auch bei Spinoza fand ich diese Idee der totalen Veränderung – und genaugenommen sogar bei Kant. Moralisch sein hieß also in der Ordnung des Seins eine höhere Würde erwerben, stärker existieren. Es hieß gleichzeitig sich isolieren. Der Weise wird von den übrigen Menschen nicht mehr verstanden, und er versteht sie nicht mehr. Und diese existentielle Veränderung ließ sich ein für allemal beim Weisen nieder und rührte sich nicht mehr vom Fleck: «Der Weise kann dreimal stürzen.» Ich sehe wohl, daß unsere Inkubationszeit im Übermenschentum uns, Nizan und mich, dazu geführt hatte: was heißt über sich hinauswachsen anderes als zu einer höheren Würde gelangen? Ich sehe auch, daß unsere Verachtung für die Menschen uns gebot, aus ihren Reihen auszuscheren, und so verloren wir mit einem Schlag unsere Menschlichkeit. Schließlich sehe ich, daß die Suche nach dem Heil die Suche nach einem Zugang zum Absoluten war. Diese Suche nach dem Absoluten war im übrigen eine Mode der Epoche. Die Zeitschriften *Esprit* und *Philosophie* (mit Friedmann und Morhange) und auf seine Weise der Surrealismus suchten es ebenfalls zu erringen. Aber bei uns entsprach es einer tiefen Neigung. Es störte mich, wenn ich in einem philosophischen Werk die üblichen Argumente des Relativismus gegen die absoluten Philosophien las. Ich war damals Realist, weil ich Gefallen daran fand, den Widerstand der Dinge zu spüren, aber insbesondere, um allem, was ich sah, seinen unbedingten Absolutheitscharakter wiederzugeben; ich konnte mich eines Landstrichs oder eines Himmels nur erfreuen, wenn ich dachte, daß er absolut so war, wie ich ihn sah. Das Wort Intuition und alle Ausdrücke, die die unmittelbare Kommunikation des Geistes mit den Dingen an sich bezeichnen, beglückten mich über die Maßen. Und diese erste Moral, die ich an Hand einiger Zeilen von *La possession du monde*[13] konstruierte, gebot, sich an der einfachen Wahrnehmung von etwas Beliebigem zu erfreuen. Und so wurde die Wahrnehmung, die sich zeremoniös und ehrerbietig vollzog, zu einem heiligen Akt, zur Kommunikation zweier absoluter Substanzen, des Dinges und meiner Seele. Ich habe gesagt, es kam vor, daß ich meinen Tisch anschaute und mir wiederholte: «Es ist ein Tisch, es ist ein Tisch», bis ein zaghafter Schauer entstand, den ich Freude taufte. Aus dieser Neigung, die wahrgenommenen Dinge als Absoluta wahrzunehmen, ist wohl auch eine Manie meines Stils entstanden, nämlich die «es gibt» [«*il y a*»] anzuhäufen. Guille mokierte sich über mich: «Von Jules Renard hieß es, er würde am Ende schreiben: das Huhn legt Eier. Aber du, du würdest schreiben: es gibt das Huhn, und es legt Eier.» Das stimmt: mit dem «es gibt» würde ich mit Vergnügen das Huhn vom Rest der Welt trennen, ich würde ein abgegrenztes und regloses kleines Absolutes aus ihm machen und ihm das Eierlegen als eine Eigenschaft, ein Attribut beilegen. Es gibt etwas Transitives in «das Huhn legt Eier», das mir überaus mißfällt, das die «Substanz» Huhn in eine Pluralität von Beziehungen und Akten auflöst. Kurz, ich suchte das Absolute, ich wollte ein Absolutes sein, und was ich die Moral nannte, war das, was wir «unser Heil machen» nannten. Die Moral lohnte sich also. Ich habe niemals geglaubt, daß die Moral sich nicht lohnte. Dieser Realismus war auch die Bejahung des Widerstands der Welt und ihrer Gefahren

[13] Essay – von Georges Duhamel (1919) [deutsch: *Der Besitz der Welt*].

gegen die zersetzende Philosophie des Idealismus, die Bejahung des Bösen gegen die optimistische Philosophie der Vereinigung. Aber er hatte, glaube ich, noch eine andere Quelle: er entsprang meiner Verzauberung angesichts der Welt und der Epoche, die ich entdeckte. Wie kann man gelten lassen, daß so viele Reize, so viele zu erobernde Vergnügungen und so viele schöne Gefahren nur Schatten sind, schlecht vereinigte «Vorstellungen». Es mußte doch etwas zu erobern geben, wir waren hungrig wie die Wölfe und träumten von brutalen Eroberungen, Vergewaltigungen. Die Welt war ein gelobtes Land, und unsere Eroberung sollte absolut sein. Im übrigen war der Idealismus die Wissenschaft, er war mein Stiefvater. Es gab in dieser realen Welt etwas Gieriges, Unmoralisches und Nacktes, was sich um Eltern und Lehrer nicht scherte. Wenn die Farben der Dinge kein Schein waren, dann besaßen sie allesamt Geheimnisse, die die Wissenschaftler nicht kannten. Um also die Welt zu erobern, war es nicht mehr nötig, den allgemeinen Trott mitzumachen, hinter den Labormenschen Schlange zu stehen, man konnte sie allein besitzen, man konnte allein über sie nachdenken, sie gab ihre Geheimnisse dem einzelnen Menschen preis, ich kam nicht zu spät. Ich betrachtete die Bäume und das Wasser und wiederholte mir ekstatisch: «Es gibt etwas zu tun. Es gibt viel zu tun.» Und jede meiner «Theorien» war ein Akt der Eroberung und Inbesitznahme. Mir schien, daß ich am Ende, wenn ich sie aneinanderreihte, mir ganz allein die Welt untertan gemacht hätte. Es war übrigens die Epoche eines heftigen literarischen Neorealismus. Wenn ich heute einige Werke der damaligen Zeit wiederlese, verblüfft mich dagegen ihre intellektuelle Trockenheit. Aber damals nahmen wir sie nicht so wahr. Sie sprachen zu uns von der ganzen Welt, von Konstantinopel, von New York und Athen, und ihre schillernden Vergleiche – die ich heute sehr preziös und konstruiert finde – blendeten uns und betäubten uns mit einem Tohuwabohu aus Lichtern und Tönen.

Es dauerte lange, bis ich begriff, daß man so wenig wie möglich vergleichen soll. Damals kam mir jeder Vergleich wie ein Besitz vor. Gide spottet in seinem Tagebuch über die Autoren, die um jeden Preis Bilder wollen: «Ein frisch rasierter Rasen. Warum ‹frisch rasiert›?» Nun, «frisch rasiert» ist eine magische Anrufung: man hat eine persönliche Art gefunden, um «mähen» zu sagen, man hat es *angesichts* der fraglichen Wiese erfunden, und diese verbale Erfindung kommt einer Aneignung gleich. Ich brachte überall Bilder an, mit zügelloser Trunkenheit. Letzte Woche fand ich diese Trunkenheit bei Mac Orlan wieder, als ich *Sous la lumière froide* * wiederlas: «Ein weißer und rosiger Norweger hielt sein kleines Glas in seinen geschlossenen Händen wie einen Vogel, den man wärmen will.» Was soll dieses Bild, großer Gott? Aber damals schlug ich mit Bildern auf die Dinge ein, mit barbarischer Freude. Und die Erfindung von Bildern war im Grunde eine moralische und heilige Zeremonie, es war die Aneignung jenes Absoluten, des Dinges, durch jenes andere Absolute, mich selbst.

Diese Suche nach dem Absoluten, ich sagte es, konnte mich zum Existentiellen führen. Aber eigentlich war schon die Idee des Existentiellen zu schwierig zu erfassen, als daß ich sie allein entdecken konnte. Und dann wurde ich aus einem anderen Grund davon abgebracht. Damals geisterte Existentielles fast überall in unserer kleinen Welt herum. Für viele Studenten hatte sich die erste Berührung mit der Philosophie in einer wahrhaft existentiellen und authentischen, im übrigen jedoch recht törichten Betroffenheit angesichts des Todes, der Zeit, der Existenz der anderen Bewußtseine niedergeschlagen. Auch Castor entging ihr nicht, gerade weil sie auf natürlichere Weise authentisch ist als ich. Im Alter von achtzehn Jahren setzte sie sich auf einen eisernen Stuhl im Luxembourg, mit dem

* Unter dem kalten Licht.

Rücken zur Mauer des Museums, und sie dachte: «Ich bin hier, die Zeit verrinnt, und dieser Augenblick wird nicht wiederkehren», was sie in eine schlafähnliche Benommenheit versetzte. Doch diese philosophische Armut ist in Wirklichkeit sehr authentische Philosophie, es ist der Moment, in dem die Frage den Fragenden verwandelt. Castor auf ihrem Stuhl war wirklich ein kleines metaphysisches Sein, sie hatte sich aus ganzem Herzen metaphysisiert, sie warf sich in die Zeit, sie lebte die Zeit, sie *war* die Zeit. Nur, beim Erwachen verrieten die Wörter, die hohlen und hochtrabenden Wörter diese seltsame Metamorphose: «Dieser Augenblick wird nicht wiederkehren.» Gerade die Armut dieser Sprache zwang diese Metaphysiker-Studenten dazu, eine andere zu entlehnen, die reicher war. Die von Baruzi[14] fanden sie nebelhaft und dunkel, die von Brunschvicg zersetzend; sie schickten sich darein, so gut sie konnten, sie versuchten, ihre Eindrücke in diese neuen Wörter fließen zu lassen, aber es gelang ihnen kaum. Das ergab eine gewisse philosophische Rhetorik, die Ekstasen verbarg, eine bestimmte Art, unlösbare Probleme, Wörter wiederzukäuen. Der Abstand zwischen diesen metaphysischen Stunden und dieser akademischen Sprache war zu groß. Was uns betrifft, Nizan, Aron und mich, so waren wir sehr ungerecht gegen diese armen Leute, die wirklich *Sinn* für die Philosophie hatten, denen es jedoch an Werkzeugen fehlte. Für uns waren sie die hassenswertesten Repräsentanten des feigen Denkens und des Verbalismus. Gegen sie hatten wir uns unter das Zeichen Descartes' gestellt, weil Descartes ein explosiver Denker ist. Nichts mißfiel uns so sehr wie dieses graue Denken, diese Transmutationen, Evolutionen und Metamorphosen, diese langsamen Schauer. Sätze wie «Werde, was du bist» ließen uns mit den Zähnen knirschen. Wir verbrachten unsere

[14] Jean Baruzi (1881–1950), Religionswissenschaftler am Collège de France.

Zeit im Gegenteil damit, die Begriffe zu isolieren, sie unkommunizierbar zu machen, jeden über sich geschlossen wie Descartes, der Seele und Körper so sehr voneinander trennte, daß seither niemand sie wieder zusammenfügen konnte. Bereitwillig hätten wir gesagt: «Man kann nur werden, was man noch nicht ist. Also kann man nicht werden, was man ist.» Da wir also vorgaben, uns an die strengen Definitionen zu halten, verwarfen wir die eleganten und weichen Gedanken, und wir hatten den Eindruck, in Schwertstreichen zu denken. Das nannten wir revolutionäres Denken. Und in der Tat legt Descartes, wenn er Abstufungen zwischen dem Denken und der Ausdehnung ablehnt, eine katastrophische und revolutionäre Geisteshaltung an den Tag, er scheidet und schneidet und überläßt es den anderen, wieder zusammenzunähen. Wir schieden und schnitten in seiner Nachfolge. Etwas aus dieser Zeit ist mir geblieben: zum Beispiel habe ich vor Lachen geprustet über jenen außergewöhnlichen Titel von Chardonne: *L'amour c'est beaucoup plus que l'amour**. Gewiß ist dieser Titel blödsinnig. Aber es waren vor allem meine kartesianischen Entrüstungen, die wiedererwachten, denn es stimmt, daß Liebe viel mehr ist als Liebe. Nur hätte man das anders ausdrücken müssen. So isolierte unsere Wahrnehmung die Dinge, um sie zu nebeneinandergesetzten Absoluta zu machen; unser Denken zerstückelte die Begriffe und machte sie unkommunizierbar, und wir gaben uns auf diese Weise den Anschein, barbarisch und stark zu denken, gierig und bis zur Neige wahrzunehmen. Denken, die Begriffe trennen, das hieß für uns als Moralisten und als Rächer handeln. Wir schufen neue Gesetze durch diese hartnäckigen Weigerungen, von den Begriffen wegzukommen, und wir wären am Ende Megariker geworden, wären wir nicht, zum Glück für uns, unserem eigenen Denken gegenüber weniger unnachgiebig gewesen als

* Liebe ist viel mehr als Liebe.

gegenüber dem der anderen. Jedenfalls orientierten wir uns auf einen neorealistischen Pluralismus hin, und um das Absolute in den Dingen zu suchen, kehrte ich dem existentiellen Absoluten in mir den Rücken. Dennoch spürte ich bei mir vage ein absolutes und freies Bewußtsein; als moralisch Handelnder betrachtete ich mich als einen Unbedingten. Eben diese Unnachgiebigkeit, wie im übrigen meine Theorie der Kontingenz, brachte mich zu einer Moral des Heils durch die Kunst, die ich am 8. November in diesem Heft zusammengefaßt habe. Aber man sieht, auf wie vielen Ebenen ich mich damals bewegte: offiziell war alles nur Kontingenz, und jedes Leben war verloren, nur außerhalb von sich war es möglich, schöne Werke zu schaffen. Unterschwellig jedoch war ich überzeugt, daß ich ein Leben haben würde, das meinen Werken entspräche, und ich suchte die Freundschaft, die Liebe, alle Leidenschaften, ich sammelte alle Erfahrungen. Und um dieses Leben zu verdienen, das ich erwartete – dem gegenüber ich mich noch nicht festgelegt hatte, mich noch frei fühlte –, hielt ich es nicht für ausreichend, daß ich schrieb, ich mußte auch moralisch sein. Diese Moral war für mich eine totale Veränderung meiner Existenz und ein Absolutes. Aber letztlich suchte ich das Absolute eher in den Dingen als in mir selbst, ich war Realist aus Moral. Gleichzeitig hatte ich mir, aus der protestantischen Strenge eines Rächers heraus, ein schneidendes und hartes Denken zugelegt, das mich von diesem Absoluten, das ich selbst war, entfernte und mich in eine schroffe Pedanterie verbannte, die sich an ihrer eigenen Härte ergötzte. Diese Härte vertrug sich gut mit den Gewalttätigkeiten, die ich an meinen Schulkameraden verübte. Das alles zog mich zum ungestümen Genuß einer grellen, bunten Welt, die in völligem Gegensatz zu derjenigen stand, die ich mir durch meine Theorie der Kontingenz gegeben hatte. Und es kam so weit, daß ich eine nietzscheanische Moral der Freude predigte, während sich sonst doch jede Freude, jede Härte in der kontingenten und ekelhaften Welt, die ich entdeckt hatte, als unmöglich erwiesen.

In dieser glücklichen Unordnung verflossen meine Jahre an der École Normale. Dann kamen die düsteren Jahre. Und die ästhetische Moral, die ich mir durch einen Pessimismus der Hingabe gegeben hatte, gewann nach und nach größere Bedeutung für mich. Es war nicht gut, daß der Mensch sich kennenlernte, sich zu sehr mit sich selbst befaßte, es galt nur, zu schreiben und zu schaffen. Gleichwohl verzichtete ich nicht auf das Absolute, doch durch eine ganz natürliche Verschiebung heftete es sich nun an die Werke des Menschen. Jetzt war der Mensch eine absurde Kreatur, ohne jeden Daseinsgrund, und die große Frage, die sich stellte, war die seiner *Rechtfertigung*. Ich fühlte mich selbst ganz nichtig und ungerechtfertigt. Diese Rechtfertigung konnte allein das Kunstwerk ihm geben, denn das Kunstwerk ist ein metaphysisches Absolutes. Damit war nun das Absolute wiederhergestellt, jedoch *außerhalb* des Menschen. Der Mensch taugt nichts. Um diese Zeit war meine theoretische Opposition gegen den Humanismus am stärksten. Ich sage theoretische, denn zur gleichen Zeit, wie ich schon erwähnte, suchte ich heimlich nach Kompromissen. Und wie man sieht, ging es zwar immer noch um eine Moral des *Heils*, aber diesmal konnte keinerlei Umwälzung im Herzen des Menschen ihn erretten. Das Heil kam ihm von außen. Ich habe gesagt, wie mürrisch ich diese These verfocht. Im Grunde kam ich nicht darüber hinweg, mein «Leben eines großen Mannes» verloren zu haben. Einige Leute waren mir ein Dorn im Auge: Benda, weil seine Intellektuellen ein wenig meinen Künstlern glichen; Élémir Bourges, weil auch er eine Theorie des Heils durch die Kunst verfochten hatte. Sogar Proust beunruhigte mich. Besonders verabscheute ich Tennyson, weil dieser englische Schriftsteller – von dem ich keine einzige Zeile gelesen habe – glaubwürdigen Berichten zufolge meinen Predigten gemäß gelebt hatte: er hatte geschrieben, und es ist ihm nie irgend etwas zugestoßen. Wütend sagte ich zu Castor: «Das Leben von Tennyson möchte ich nun doch nicht haben.» Dagegen beeindruckte mich das finstere und beschwerliche Leben von Cézanne durch seine Größe. Offensichtlich war es am besten geeignet, meine These zu veranschaulichen. Dennoch fand ich das ein bißchen hart. Wie Cézanne sein. Ja. Natürlich. Wenn man wollte. Aber ich konnte nicht umhin, auf das tragische und brillante Leben von Rimbaud oder Gauguin zu schielen.

Die Frage komplizierte sich zu jener Epoche, weil die Lektüre von Scheler mir begreiflich machte, daß es *Werte* gab. Im Grunde hatte ich bisher, ganz von der metaphysischen Doktrin des Heils in Anspruch genommen, das spezifische Problem der Moral nie so recht begriffen. Das «Sein-sollen» schien mir durch den kategorischen Imperativ repräsentiert, und da ich diesen zurückwies, schien mir, daß ich mit ihm auch das andere zurückwies. Aber als ich begriffen hatte, daß eigene Naturen existierten, die eine rechtmäßige Existenz besaßen und die man Werte nannte, als ich begriffen hatte, daß diese Werte, ob proklamiert oder nicht, alle meine Handlungen und Urteile regelten und daß ihre Natur gerade im «Sein-sollen» bestand, wurde das Problem ungemein kompliziert. Zur gleichen Zeit zwang mich Castor, die Theorie des Heils durch die Kunst aufzugeben. Schon seit langem hatte ich das kartesianische Denken mit funkelnden Schwertern abgelegt. Schon seit langem rechnete ich nicht mehr mit einem «Leben als berühmter Mann». Unser gemeinsamer Glaube an den Wert des Konstruierten war durch die Geschichte Z. erschüttert. Es blieb nichts anderes übrig, als alles von vorn anzufangen.

Sonntag, 3.

Heute früh sagt mir Mistler höchst verwundert: «Komisch, ich habe den Krieg immer für eine riesige Sauerei gehalten, ich tue es übrigens immer noch, trotzdem wird er mir Gelegenheit geben, riesige Fortschritte zu machen.»

Gides Tagebuch: vier Fünftel davon (zumindest soweit es hier veröffentlicht ist) hat er zwischen seinem 47. und 65. Lebensjahr geschrieben. Es ist ein Tagebuch des reifen Alters. Es erinnert mich an jenes Heft mit dem Blümcheneinband, das mir mein Großvater einmal zeigte. Mein Urgroßvater hielt darin fest: die wichtigsten Ereignisse seiner Familie (Geburten, Todesfälle, Hochzeiten usw.) – moralische und fromme Sprüche – Selbstermahnungen. Nennt man so etwas nicht ein Familienbuch? Dieses Heft schien mit Sinn für Pomp ausgewählt zu sein – und ich sehe, daß Gide große Sorgfalt darauf verwendet, die seinen auszuwählen. Und man spürte die magische Rolle des Schreibens: die Formeln und die Daten fixieren, gravieren, sie vor dem Vergessen bewahren, ihnen so etwas wie Pomp verleihen. Diese Art Heft stammt von den Täfelchen ab, die man bei den Protestanten an die Wand hängte, mit frommen Sprüchen verziert, so wie die Kunst der Mysterienspiele von den Kirchenfenstern herrührt. Alldem liegt die Idee des *Gravierens* zugrunde sowie ein mystisches und tiefes Gefühl, das bis zu den Ursprüngen der Schrift zurückzureichen scheint. Ich finde dieses Gefühl in Gides Tagebuch, abgeschwächt, zivilisiert, aber real. Und für mich steht dieses magische und religiöse Gefühl am Ursprung des Klassizismus: der Klassiker graviert eine Maxime in die Wand, er treibt sie in die Materie, pflanzt sich dann davor auf und meditiert. Der Klassizismus ist die Kunst der gelenkten Meditationen.

Gleichzeitig – und das geht in die umgekehrte Richtung, aber der Widerspruch liegt bei Gide selbst – ist das Tagebuch bei ihm eine Übung im spontanen Schreiben. Lernen, in einem Wurf zu schreiben. Diese Neugierde auf ihn selbst, dieser Wunsch, sich auseinandergenommen zu sehen, wird ihn später zu seinen «Diktaten» führen. Er will dann nicht einmal mehr nach dem Fluß der Feder schreiben, die Feder soll nicht mehr zwischen ihm und dem Papier stehen. «Stendhals großes Geheimnis ...: *sofort* zu schreiben. Man könnte sagen, sein Denken nimmt sich nicht einmal die Zeit, sich Schuhe anzuziehen, ehe es davonläuft.» Dieser Weg zum entspannten und zweckfreien, aufgelösten Denken, dieser Wert von Wahrem, der dem verliehen wird, was unbekleidet ist, könnte zum automatischen Schreiben führen – und hat andere Schriftsteller dazu geführt. Aber dazu müßte man sich verlieren, und Gide verliert sich nie. Er zeigt nur an. Er will das Denken an der äußersten Grenze fixieren, wo es sich bildet, aber nicht darüber hinaus. Er hat etwas gegen die Wörter – nicht gegen das Denken. Natürlich gibt es, am entgegengesetzten Pol dieser Sorge, das ständige Anliegen, zu *arbeiten*, unbeirrt und hart zu schreiben. Folgendes schreibt er am 27. Juli 14 über ein Manuskript von J.-E. Blanche: «Heute morgen habe ich drei Seiten (dieses Manuskripts) neugeschrieben – ohne viel anderes daran zu tun, als die Anordnung der Wörter und Sätze zu ändern, die aufs Geratewohl verteilt waren. Die außergewöhnlichen Schwächen seines Stils klären mich über die seiner Malerei auf: nie erfaßt er seinen Gegenstand; seine Haupteigenschaft ist *Ungeduld*; er gibt sich leicht zufrieden. Sobald er beim Abschreiben vier Verbesserungen auf einer Seite angebracht hat, meint er schon, er habe viel gearbeitet.» Aber ist die Ungeduld nicht auch die Haupteigenschaft von Stendhal und jenes Denkens, das davonläuft, ohne sich Schuhe anzuziehen? Weshalb hier rügen, was man dort billigt? Wegen der Resultate? Aber nun taucht ein neues Element auf: die Begabung oder die vorherige Übung, die hier nichts zu suchen hat.

Im Grunde ist dieses Tagebuch das Bild des Gideschen Schwankens zwischen zwei Aspekten seines persönlichen Lebens: Spannung und Entspannung. Der Willkürakt [*l'acte gratuit*], die Gidesche Sinnlichkeit, seine berühmte Neugierde, die so großen Einfluß auf unsere Literatur hatte, schließlich sein Wunsch, sich zu verlieren, um sich besser wiederzufinden, sind Aspekte der *Entspannung*. Die Welt wird ihn lehren, was er ist. Ebenso wird ihn der Satz, den er eilig, *im Augenblick*, hingeschrieben hat, lehren, was er dachte. Es geht also darum, sich ins Universum zu werfen, damit das Universum einem sein Bild zurückwirft. Das Individuum über den Pantheismus erreichen. Dieses unerwartete, offenbarte Bild ist auch der berühmte *Anteil des Teufels*. Im Grunde sucht Gide sich in den Augenblicken zu überraschen, in denen er nicht weiß, daß er sich beobachtet. Aber ist es wirklich sicher, daß diese Art, sich zu verlieren, uns ermöglicht, uns wiederzufinden? Manchmal zweifelt Gide daran. Dann nennt er sie (19. Januar 1912): «Entpersönlichung aus freien Stücken.» Unter demselben Datum schreibt er: «Fortwährendes *Vagabundieren* der Begierde – eine der Hauptursachen des Verfalls der Persönlichkeit.» Und die Befehle, die er sich an diesem Tag gibt, unterrichten uns über seine vagabundierenden Gepflogenheiten: «Nie mehr ohne bestimmtes Ziel ausgehen; sich daran halten. Vorwärts gehen, ohne den Blick zu wenden. In der Eisenbahn ein beliebiges Abteil wählen.» Man sieht, auf welch endlosen Merkwürdigkeiten jene Verfügbarkeit gründet, die er in *Les Nourritures terrestres** preist. Aber es gilt, sich *wieder zu fangen*; die zusammengesetzte Persönlichkeit wieder zu übernehmen: «Gefahr, sein Reich grenzenlos zu wollen. Als Napoleon Rußland erobern wollte, mußte er Frankreich aufs Spiel setzen. Notwendigkeit, die Grenze mit dem Zentrum zu verbinden. Es ist Zeit, heimzukehren.» Er verwendet auch den Ausdruck «sich wieder fangen» [*se ressaisir*]. Dieses Tagebuch ist im wesentlichen ein Werkzeug des *Sich-wieder-Fangens*. Folglich eher das Zeugnis und Instrument

* Deutsch: *Uns nährt die Erde*.

der *Spannung* als der Entspannung. Daher kommt es selten vor, daß Gide notiert, welche Theaterstücke er gesehen, welche Gespräche er geführt hat, oder daß er die Leute beschreibt, die er getroffen hat. Das alles ist Entspannung. Manchmal überläßt er sich ihr, aber wie mit Bedauern. Außerdem sieht es so aus, als benutze er für diese Art von Notizen häufig andere Hefte, die er in seinem Tagebuch nicht veröffentlicht hat: «Dummerweise habe ich in Cuverville ... ein kleines Heft liegenlassen, einen Bruder von diesem hier, nur vier Tage alt, in das ich gestern abend oder sogar heute morgen noch einige ziemlich düstere Reflexionen über X. hineingeschrieben habe.» (25. Juli 14)

Das Tagebuch dagegen, das vor allem ein Werkzeug des Sich-Fangens ist, ist angefüllt mit Ermahnungen, einfachen kleinen Ratschlägen, die Gide sich selber erteilt:

«Um sparsamer damit umzugehen, werde ich minuziös notieren, wie ich meine Zeit verbringe.

Halb acht Uhr: Bad, Lektüre des Artikels von Souday über A. C.

Halb neun bis neun Uhr: Frühstück usw.

1914, 11. Juni: ‹Mir jeden Morgen wiederholen, daß das Wichtigste noch zu sagen bleibt und daß es hohe Zeit ist›» usw.

Darin ähnelt das Tagebuch auf ärgerlichste Weise am meisten den moralischen Werken des Pastors Wagner. Man findet in ihm kindliche Maximen wie: «Die kleinen Siege nicht verachten; sobald es sich um den Willen handelt, ist das *Viel* nichts als das geduldige Addieren des *Wenig*.» Na ja doch, denkt man. Was muß er das hinschreiben, jeder weiß es. Weil er es nicht hinschreibt, um uns zu belehren, nicht einmal um sich zu belehren, sondern um es sich *noch mal zu sagen*, um es zu *gravieren*. Es ist der protestantische Spruch, der über dem Bett hängt und Rügen erteilt. Es ist die den devoten Geistern vertraute fromme kleine List.

Kurzum, Schwanken bei Gide zwischen zwei Konzeptionen des Wahren: das Wahre ist, was ich bin (was Alain feiges Denken der Psychologen nennt) – das Wahre ist, was ich sein will.

Und das Tagebuch selbst wird zur Pflicht. Gide ermahnt sich, es zu führen. Und wenn es ihm nicht gelingt, hat er gesündigt. Wenn er uns auffordert, es zu lesen, lädt er uns also ein, ihm bei der schwierigen Erfüllung seiner Pflicht zuzuschauen. Wir treten mitten in die Moral, sobald wir das Buch aufschlagen.

Weitere Aufgabe des Tagebuchs: es Gide zu ermöglichen, irgend etwas zu schreiben, wenn er sich nicht zum Arbeiten aufgelegt fühlt, um nicht aus der Übung zu kommen, um den Schwung und die erworbene Geschwindigkeit zu bewahren. Daher Reflexionen wie: «Ziemlich gute Arbeit. Daher das Schweigen in diesem Heft.» (18. Januar 1917)

Ich erkläre so die Enttäuschung derer (zu denen auch ich zuerst gehörte), die unter dem Einfluß der Tagebücher von Stendhal, Renard, der Goncourts usw. das von Gide aufschlugen in der Hoffnung, Einzelheiten über sein Leben, seinen Charakter oder seine Umgebung zu erfahren. Meine Enttäuschung datiert von Berlin, als ich die Fragmente des Tagebuchs in den Gesammelten Werken las. Damals hielt ich das Werk für äußerst langweilig. Aber ich irrte mich: alles ist darin vorhanden. Nur ist alles verhüllt. Gides Anliegen besteht nicht darin, zu erkennen, sondern zu reformieren. Und so muß man, wenn man erkennen will, um seinerseits urteilen zu können, dem natürlichen Hang widerstehen, sich zum Komplizen des Autors zu machen. Man muß trockenen Auges lesen, draußen bleiben, die Prinzipien der Reform selbst in Frage stellen. Gide hat sich ständig selbst beobachtet, und er bewegt sich immer auf der reflexiven Ebene. Zuweilen kommt es sogar zu einer Aufspaltung der Reflexion. Aber er ist nie Psychologe, sein Ziel ist nie, schlicht und einfach festzustellen. Das ursprüngliche Anliegen ist moralisch.

Man darf die Sätze in Gides Tagebuch niemals lesen, als seien es bloße Feststellungen, auch wenn sie im Indikativ stehen: es sind Gelübde, Gebete, Gebote, Hymnen, Klagen, Rügen. Als Beweis genügt mir ein sehr kurioses Amen am Schluß einer Passage, die man für reine Information halten könnte: «Ich behaupte, verhindern zu können, daß man jemals von jemandem sage, er mache mich nach oder er gleiche mir ... Ich will keine *Manier* haben ... Amen.» Das Amen ist natürlich ironisch gemeint. Aber es verrät durch seinen Spott das innere Beben, die Inbrunst, mit der Gide diese Zeilen schrieb. Das *Ich will* wird nicht konstatiert (wie wenn ich Keller frage: «Wohin gehst du?» und er mir antwortet: «Ich will mich rasieren»), sondern es ist gewollt, es ist der Wille selbst. Er sagt es übrigens auch: «Sobald die Empfindung nachläßt, müßte die Feder stoppen.» Was außerhalb der Tagebücher kaum möglich ist – und was mich ein wenig schockiert, mich, der ich in diesem Tagebuch hier sofort in meinem Schamgefühl verletzt bin, wenn ich von dem, was ich schreibe, keinen ehrbaren Abstand halte.

Die Rolle der *Übung* bei Gide in der griechischen Bedeutung von ασκησις: das Tagebuch, geistige Übung; Lektüre des Englischen, literarische Übung; Denkübung, Klavierübungen (und Etüden). In Cuverville oft Übungstage: Klavier, Englisch, Tagebuch. Bedürfnis, die Zügel nicht locker zu lassen (etwa so, wie man die jungen Mädchen Stickereien machen ließ). Auch ständiger Wunsch nach Gewinn. Die Übung ersetzt bei ihm den Beruf.

Kaum habe ich diese Zeilen geschrieben, stoße ich auf eine Passage: «Ich habe mich die letzten Tage damit beschäftigt, meine *Souvenirs de la cour d'assises** ins Reine zu bringen. Das ist, glaube ich, eine sehr gute Übung ...»

Ein Tagebuch, das noch merkwürdiger und charakteri-

* Deutsch: *Aus dem Schwurgericht.*

stischer ist durch das, was es wegläßt, als durch das, was es zeigt. Alle Beziehungen zu Em. werden verschwiegen. Gewiß hat Gide einen guten Teil davon gestrichen, als er sein Tagebuch herausgab. Aber man weiß auch, daß er zwischendurch Teile davon auf Bitten von Em. zerrissen hat. Und vor allem kann man an verschiedenen Stellen lesen, daß er es *sich von einem Tag auf den anderen verbietet*, von Emmanuelle zu sprechen. Warum, da er 1939 doch zugibt, auf diese Weise nur ein «verstümmeltes Ich» preiszugeben? Aus Pietät, schätze ich. Es gibt somit Hierarchien des Heiligen in seiner Seele. Das Logbuch ist heilig, aber Emmanuelle noch heiliger. Man darf nicht daran rühren. Andererseits jedoch – mit Ausnahme einiger Anspielungen auf seine Leidenschaft für M. im Jahre 1914 – zeigt das Tagebuch sein sexuelles Leben fast nur unter dem Aspekt des Lasters und der Gewissensbisse, die es weckt. Es wird hier viel von der einsamen Sünde geredet, und zwar deshalb, das sehe ich deutlich, weil diese Sünde so ist wie die Faulheit, der Leichtsinn, der mangelnde Pflichteifer, wie alle jene Fehler, für die man sich selbst schelten kann. In diesem Tagebuch geht es im wesentlichen um Beziehungen zu sich; es gibt einen Bereich, den Gide niemals erörtert: den der *konstruierten* Beziehungen zu anderen. Ohne allen Zweifel hätte er Gelegenheit dazu gehabt, wenn er von Emmanuelle gesprochen hätte. Aber gerade davon spricht er nicht. Seine Liebesnächte entlocken ihm ein paar Freudenschreie, aber er verbirgt sie – obwohl er sie, wie es scheint, gern erzählt hätte. Alles schließlich, was mit den Menschen, der Welt, der Gesellschaft zu tun hat (ob es sich nun um Oscar Wilde, das Schwurgericht oder gewisse seltsame Begegnungen handelt), gießt er woandershin, wahrscheinlich weil es literarisches Material ist und als solches unwürdig, seinen Platz im Familienbuch zu erhalten. Manchmal jedoch vergißt er sich, skizziert ein Porträt, erzählt eine Anekdote. Aber nur *anläßlich* einer Rüge, die er sich erteilt, weil er zuviel Zeit in Gesellschaft vergeudet, oder um einen trübseligen Bericht über seinen Tagesablauf zu beleben. Es handelt sich also um ein sehr kontrolliertes Tagebuch ohne Zwanglosigkeit. Hat er sich der Maßlosigkeit hingegeben, dann zerreißt er es. Das erinnert mich an Dabit, der sich in seinem Tagebuch streng tadelt, weil er versucht gewesen war, es zu zerreißen. Aber bei Gide, der sich zwar auch manchmal tadelt, ist es eine Gewohnheit. Am 15. Juni 1916 schreibt er: «Ich habe an die zwanzig Seiten dieses Heftes zerrissen... Die Seiten, die ich zerrissen habe, hätten von einem Verrückten geschrieben sein können.» Aber genau diesen verrückten Gide würden wir gerne sehen. Doch sogar wenn er ein schlechtes Gewissen hat, wenn er sich völlig preisgibt, ist er noch klassisch: wenn er nicht schreibt, wählt er aus.

Und dann mitten im Heft hebt sich von diesem Raster das genialste, das zivilisierteste Ergebnis dieser ganzen Gewissensprüfung ab: der Teufel. Dem Teufel sollten diese Hefte gewidmet sein, er hätte es verdient.

Ich gehe mit Mistler hinaus und esse mit ihm im *Lion d'Or*. Er erklärt mir, daß er sich meinetwegen völlig verändert habe; im September sei er verzweifelt eingerückt, und jetzt sei er fast heiter, er habe begriffen, daß dieser Krieg ein Ereignis *seines* Lebens ist. Er ist verschüchtert und stammelt mir Dank. Auch ich bin verschüchtert und trinke Milch. Und dann freue ich mich, weil das wie eine experimentelle Verifizierung meiner neuen moralischen Ideen ist. Aber gleichzeitig immer noch der komische Eindruck, daß das nicht mir gilt, daß ich Theater spiele und daß ich im Grunde ein elender Hanswurst bin, der die Welt hinters Licht führt.

Eine ausgezeichnete Stelle in Gides *Feuillets* von 1913/14: «Wer Protest erhebt, wird später aus dem Verzichtenkönnen die Weisheit seines Lebens machen.

Auch das kann eine selbstgefällige Moral sein.»

Der Ausdruck «selbstgefällige Moral» erscheint mir

reich und tief. Er paßt recht gut zu meinen derzeitigen Beschäftigungen:

die Resignation kann eine selbstgefällige Moral sein (traurige Heiterkeit, leuchtende und besänftigte Schwermut usw.)

auch der Stoizismus. Die Erfahrung habe ich in diesen drei Monaten gemacht.

Der Naturalismus. Bei Gide gibt es einen gewissen Naturalismus, ein gewisses Vertrauen in die Tugenden der nackten Natur (man selbst sein, ohne zu paktieren, sich an die Welt anpassen wie der Organismus an seine Umwelt), das ihn häufig plagt, und er fragt sich, ob nicht der Teufel ihm das eingegeben hat.

Die Moral der Pflicht. Alles, was jene schändliche Formel Kantscher Prägung birgt: ich habe nur das Recht, meine Pflicht zu tun …

Schließlich sehe ich kaum etwas anderes als eine Moral der Authentizität, um dem Vorwurf der Selbstgefälligkeit zu entgehen. (Der Authentizität und nicht der Reinheit.)

Mauriac (*Le Figaro* vom 2. Dezember): «Die ewige Frage, die die Franzosen schon immer gespalten hat, ob es sich nun um einen inneren Streit wie die Dreyfus-Affäre handelt oder um die spanische Tragödie oder um den Krieg mit Deutschland, berührt die Beziehungen zwischen Politik und Moral.»

Ich glaube, daß ich jetzt verstehe und *spüre*, was die wahre Moral ist. Ich sehe, wie Metaphysik und Werte, Humanismus und Verachtung, unsere absolute Freiheit und unsere Kondition in einem einmaligen und vom Tod begrenzten Leben, unsere Inkonsistenz als Wesen ohne Gott, das nicht sein eigener Urheber ist, und unsere Würde, unsere autarke Unabhängigkeit als Individuum und unsere Geschichtlichkeit sich miteinander verbinden. Ich werde es morgen oder ein andermal erläutern, ich will noch darüber nachdenken. Aber diesmal wird es wenigstens eine Moral sein, die ich gespürt und angewandt hätte, bevor ich sie dachte.

Ich habe mich eine Weile gehen lassen, aber in den letzten Tagen habe ich die Spannung der ersten Kriegstage wiedergefunden.

Montag, 4. Dezember
Morgen brechen wir nach Morsbronn auf. Heute früh große Nervosität um mich herum, während ich arbeite. Die Kumpane und die 3 vom SRA * machen sich an ihren Paketen zu schaffen. Zank und Geschimpfe.

Nicht *akzeptieren*, was einem zustößt. Es ist zuviel und nicht genug. Es *auf sich nehmen* (wenn man begriffen hat, daß einem Menschen alles nur durch ihn selbst zustoßen kann), das heißt es genauso auf seine Rechnung nehmen, *als ob* man es sich verordnet hätte, und es, diese Verantwortung akzeptierend, zur Gelegenheit für neue Fortschritte machen, *als ob* man es sich genau deswegen gegeben hätte.

Dieses «als ob» ist nicht Lüge. Es entspricht der unerträglichen menschlichen Kondition, die zugleich Ursache von sich und ohne Grundlage ist, so daß sie nicht Richter ist über das, was ihr zustößt, sondern alles, was ihr zustößt, ihr nur *durch sie selbst* in eigener Verantwortung zustoßen kann.

Von folgenden zwei Ideen ausgehen:

1. Der Mensch ist eine Fülle, die der Mensch nicht verlassen kann.

2. Man muß jede Hoffnung verlieren. Die Moral beginnt dort, wo die Hoffnung aufhört (künftiges Leben, menschliche Vervollkommnungsfähigkeit usw.).

* Service de Recherches de l'Aéronautique.

Man ist total verantwortlich für sein Leben.

Die Welt ist meinem Leben in seiner Totalität in jedem Augenblick gegenwärtig.

Man hat nie eine Entschuldigung, weil das Ereignis einen nur dann berühren kann, wenn es von den eigenen Möglichkeiten angenommen worden ist.

Keller sammelt die Abfälle der andern auf, hauptsächlich der Offiziere – eine Nummer von *Conferencia*, ein Exemplar der *Revue des Deux Mondes*, einen alten Roman, den Hang weggeworfen hat, weil eine Flasche Hustensaft über ihn ausgelaufen war und er stank –, alles steckt er, ohne hinzusehen, in seinen Sack und sagt entweder: «Das ist für meine Frau» oder: «Das ist für den Kleinen, ich bring es ihm mit, wenn ich Urlaub habe». Was ihn hier reizt, ist der Gegenstand, den man noch «benutzen» kann, er streicht um die Müllkästen, Brotkörbe usw. und findet immer etwas zum Herausfischen.

Niemand schuldet einem etwas – und vor allem hat man keinerlei Recht auf das Schicksal. Alles ist immer gegeben, weil man in bezug auf die Welt immer zuviel ist.

Metaphysischer Wert desjenigen, der sein Leben auf sich nimmt, oder Authentizität. Das ist das einzige Absolute.

Wir brechen morgen um 5 Uhr nach Morsbronn auf. Im Frontabschnitt. Die Offiziere scheinen die Aussicht auf diese neuen Verantwortungen schlecht zu verkraften.

Wenn Pieter einige Augenblicke mit einem Offizier spricht, sagt er immer, «ich hab geplaudert», um den Eindruck der Vertraulichkeit eines Gesprächs unter Männern zu erwecken.

Dienstag, 5. Dezember

4 Uhr morgens. Die Kumpane packen ihre Sachen zusammen, und ich notiere unterdessen die wichtigsten Passagen aus einem Artikel von X. in der *Revue des Deux Mondes* vom 15. August 1939: «Der Krieg-Frieden.»

«Beim gegenwärtigen Stand der Militärtechnik braucht man etwa hundert Panzer und über hundert Tonnen Granaten, um auf sichere Weise den Widerstand zu brechen, den ein einziges gut verschanztes und durch Stacheldraht geschütztes Bataillon auf einem einzigen Kilometer leistet... An beschränkten Grenzen wie in Europa, die für ein Massenaufgebot an Truppen zu schmal und für eine Verteidigung der permanenten Befestigung angelegt sind, besteht nur wenig Hoffnung, die Vorkehrungen des Gegners zu vereiteln ... Die Entscheidung läßt sich erst nach dem Erfolg vieler Offensiven herbeiführen, also zum Preis einer gigantischen Anstrengung, die eine große zahlenmäßige wie industrielle Überlegenheit voraussetzt. Andernfalls könnte der Konflikt allein durch die moralische und materielle Abnutzung einer der beiden kriegführenden Parteien gelöst werden. In beiden Fällen würde der Kampf die Form eines Kampfs auf Leben und Tod annehmen, der ein solches Ausmaß an Verlusten und Trümmern mit sich brächte, daß auch die günstigsten Friedensbedingungen sie nicht wettmachen könnten.

Die klassische Konzeption des Kriegs führt also zu einer Form von Konflikten, die den Möglichkeiten und Notwendigkeiten des heutigen Europas nicht mehr entspricht. Denn Europa hat sich immer noch nicht von den diversen Umwälzungen erholt, die der Erste Weltkrieg verursachte. Es braucht Frieden, um wieder zu Kräften zu kommen und seine Wirtschaft gemäß den modernen Produktionsmitteln neu zu organisieren ... Andererseits steht die öffentliche Meinung der meisten europäischen Nationen der Idee des Kriegs ablehnend gegenüber ... *Diese Überzeugung ist ein für unsere Zeit besonderes, entscheidendes Faktum.*

Wie also sind heute die Konflikte zwischen Nationen zu lösen? ... Neue Methoden drängen sich auf ... Das Problem bleibt: es besteht darin, einen Staat zu zwingen, die Schuldscheine zu unterschreiben, die man ihm vorlegt, mit einem Wort, zu kapitulieren. Der Krieg mag andere Formen annehmen, doch sein wesentliches Ziel bleibt bestehen.

Unfähig, den Gegner mit einem Schlag zu unterwerfen, wird der neue Krieg darauf abzielen, ihn davon zu überzeugen, daß die Kapitulation besser für ihn ist als die Fortsetzung des Kampfs. Auf eine radikale Aktion folgt eine *Überzeugungsaktion* durch Stärke. Nur ... die Politik verfügte einst nur über einen sehr geringen Spielraum an Druckmitteln ..., der kleinste Manöverirrtum, der geringste Exzeß konnten den Krieg auslösen. Politik bestand also nur in einem differenzierten Spiel von Kombinationen und Kompromissen. Heute ist die Situation völlig anders: das stets gegenwärtige Gespenst des totalen Kriegs, die Furcht, die er einflößt, führen dazu, ihn als Verzweiflungslösung zu betrachten, zu der man nur im äußersten Notfall greift. Die Ohnmacht der militärischen Aktion hat den Nationen eine dicke Haut gegeben (Anschluß, Sudetenland, Intervention in Spanien, russisch-japanische Schlacht von Kuang-Tschu-Feng), es ließen sich noch viele Beispiele für die Geduld anführen, die die Nationen gemessen an ihrer früheren Nervosität beweisen.

So berechtigt dieser Abscheu vor dem totalen Krieg auf einem überraschenden Umweg zu einer Anwendung von Gewalt, die den Rahmen der diplomatischen Traditionen bei weitem übersteigt ... Es herrscht nicht mehr Frieden und noch nicht Krieg, so wie wir ihn ins Auge fassen, sondern ein Zwischenzustand, den wir Krieg-Frieden nennen können.

Der Krieg-Frieden beruht auf der Idee, die Furcht vor dem Katastrophen-Krieg auszunutzen, um stärkeren Druck als früher auszuüben, dabei jedoch zu vermeiden, daß allzu große Spannungen entstehen, die den Feind zum totalen Krieg veranlassen könnten.

Das erste Element jeder Kombination wird also darin bestehen, den kritischen Punkt abzuschätzen, über den hinaus der Gegner den totalen Krieg der Kapitulation vorziehen würde.

Charakteristisches Vorgehen: der *politische Krieg*, das heißt der Eingriff in die Innenpolitik des gegnerischen Landes. Man greift direkt die Nervenzentren an, von denen die Kapitulation abhängt. (Ludendorff, *totaler Krieg:* der seelische Zusammenhalt der Nation ist ein wesentlicher Faktor für den Sieg.)

3 Lösungen:

Der Aufstand gelingt. Das Ziel ist erreicht. Die neue Regierung akzeptiert spontan die gestellten Bedingungen.

Der Aufstand gelingt nur zum Teil (Spanien, Palästina): Bürgerkrieg und Intervention.

Der Aufstand scheitert völlig. Im Fall einer günstigen internationalen Konstellation direkte Intervention (Sudetenland). Sonst wäscht man seine Hände in Unschuld (Ermordung von Dollfuß).

Ökonomischer Krieg:

Er hat denselben hinterhältigen Charakter, aber seine Anwendung hat im Krieg-Frieden zu keinen entscheidenden Ergebnissen geführt. Weil der totale Krieg eine totale Umorganisation der gesamten Wirtschaft erfordert, um den riesigen Bedarf, den er weckt, decken zu können. Daher ist es unerläßlich, den zivilen Konsum auf ein Minimum zu beschränken und die Defizite durch Importe auszugleichen. Somit kann die Anstrengung letztlich nur dann mit der wünschenswerten Intensität durchgehalten werden, wenn die Nation ausreichende finanzielle Mittel oder Kredite besitzt oder wenn sie über freie Kommunikationswege verfügt. Diese Erwägungen haben die Theoretiker der Nachkriegszeit veranlaßt, den ökonomischen Ressourcen eines Landes bei der Einschätzung seines ‹Kriegspotentials› großen Wert beizumessen … Diese Idee stand am Ursprung der Organisation der Sanktionen unter der Ägide des Völkerbundes. *Ihre Anwendung gegenüber Italien hat zu einem völligen Fehlschlag geführt: wirtschaftliche Sanktionen können nur gegenüber einer Nation entscheidende Wirkung haben, die sich auf einen Konflikt einläßt, der den Charakter des totalen Krieges hat.* Das war jedoch nicht der Fall: die Eroberung Äthiopiens … war lediglich ein begrenzter Krieg … Italien hat nie eine Kriegswirtschaft zu organisieren brauchen. Die Sanktionen sind mitten in der Friedenswirtschaft ausgelöst worden.

Neben der Blockade – verschiedene Formen des ökonomischen Kampfes (dumping usw.).

Ständiger Einsatz der *militärischen Kräfte*:

α) in Form der Drohung,

β) ergänzende Intervention bei einem inneren Konflikt,

γ) direkte militärische Aktionen. Sehr häufig, aber sehr begrenzt, in Form bloßer Handstreiche, die meist überraschend erfolgen.»

Ankunft in Morsbronn um 7 Uhr. Ich werde sofort zur Telefonzentrale beordert, in einen großen Raum: ständiges Kommen und Gehen unserer Offiziere und der Offiziere, die wir ablösen. Diese bieten uns Zug um Zug unser eigenes *Bild*: die Division ist genauso zusammengesetzt wie unsere: jener Leutnant ist das Ebenbild des Leutnants Pentato; jener Oberst das Ebenbild unseres Obersts, sogar unsere eigenen Ebenbilder, die Wetterbeobachter, sind da, ein dicker Fatty mit rotem Gesicht und Brille und einem Anflug von Affektiertheit auf seinem Fleisch eines Lebemanns, ein anderer, mager und bleich, mit einem Backenbart. Wir betrachten diese Bilder unser selbst mit Neugier und Feindseligkeit. Vages Gefühl der Solidarität mit *unseren* Offizieren gegen *ihre* Offiziere. Sie sehen übrigens sehr unsympathisch aus. Einer von ihnen, ein Leutnant und Schönschwätzer, kommt gerade aus Paris zurück und sagt zu seinem Oberst: «Immer auf dem Posten, Herr Oberst!» – «Und was sagen sie in Paris?» – «Sie sagen, es ödet sie an, daß sie nicht angreifen, weil der Krieg dann länger dauert: sie finden, daß es nicht komisch ist, Paris bei Nacht, mit all den gelöschten Lichtern, und sie hätten gern, daß wir uns schneller den Schädel einschlagen, damit das aufhört.» – «Also», sagt ein Hauptmann, «genau dasselbe, was wir meinen.» Leichtes Gefühl der Wichtigkeit, weil man mir diesen furchterregenden und tönenden Apparat mit etwa zwanzig Stöpseln anvertraut hat. Aber im Grund sehr grantig, weil man täglich etwa 200 Verbindungen herstellt und ich keine Zeit zum Arbeiten mehr haben werde. Besorgnis: wird man mich auf diesem Posten lassen? Ich überrede Paul, zu protestieren: ich bin Wetterbeobachter und kein Telefonist. Ich schreibe das hier während einer kurzen Pause auf einem Stuhl, um mich herum ständiges Hin und Her.

Dieser Krieg-Frieden, über den X. so gescheit redet, erlaubt es, die Fortsetzung zu verstehen, das, was wir erleben: den Krieg-Frieden. Der Übergang vom einen zum anderen geschieht unmerklich. Und zwar aus zwei Gründen: 1. Deutschland *wollte* den Krieg nicht. Es war vor allem an jener Form von internationalen Beziehungen interessiert, dem Krieg-Frieden, die ihm besonders günstig waren. Es hat in Polen eine heikle Partie gespielt und nicht verstanden, den «kritischen Punkt» zu bestimmen. In seinen Augen wird die Partie immer auf der Ebene des «Krieg-Friedens» gespielt; es lehnt den totalen Krieg ab, weil es ihn nicht führen kann. 2. Aber den demokratischen Mächten geht es im wesentlichen darum, Sanktionen anzuwenden. Im Grunde halten sie sich an die Genfer Konvention und an die friedliche Technik der Sanktionen, wie zur Zeit des Abessinienkriegs. Hier wie dort geht es darum, eine Aggression zu bestrafen. Nur wissen sie, durch die äthiopische Erfahrung gewitzt, daß man, um wirtschaftliche Sanktionen gegen eine Nation mit Erfolg anwenden zu können, diese Nation zuvor gezwungen haben muß, sich auf den totalen Krieg einzulassen. So haben die französischen Armeen an der deutschen Grenze kein anderes Ziel, als Deutschland zu einer Kriegswirtschaft zu zwingen, um so die Blockade wirksam zu machen. So daß der totale Krieg das Gespenst bleibt, mit dem die kriegführenden Parteien drohen wie zur Zeit des Krieg-Friedens. Was tut Hitler denn anderes, wenn er uns mit einer Landung in England, mit einem Fliegerangriff auf London usw. droht, als das Phantom des totalen Krieges zu beschwören? Und die Flüchtlinge, die Leute aus der Provinz, die sich allmählich an diese Art Krieg gewöhnen, fürchten den wirklichen Krieg, als lebten sie im Frieden. Was die Verfahren betrifft, so sind es die gleichen: die militärische Kraft bleibt eine Ergänzung: der ökonomische Krieg geht mit einem politischen Krieg einher, jeder der Kriegführenden rechnet mit einem Aufstand beim Gegner, der ihm den Gebrauch der Waffengewalt ersparen soll. Bleibt noch die Möglichkeit, die Entscheidung auf fernen Schlachtfeldern zu suchen, in Ländern, die nicht durch Befestigungen verteidigt sind und wo Expeditionskorps aufeinandertreffen. Wenn beispielsweise Rumänien von einer deutschen Armee überfallen wird und wir Verstärkung hinschicken. In diesem Fall wird der Krieg wieder den Aspekt der alten Konflikte annehmen (der vor 1914), oder, wie J. Romains sagt, der *Besiegte* entscheidet, daß er besiegt ist – wie zum Beispiel Rußland nach Tsushima entschied, daß Japan es geschlagen hatte. Dieser Krieg ist also: Genfer und wirtschaftliche Sanktionen auf der einen Seite und Krieg-Frieden auf der anderen. Das gemeinsame Anliegen der Kriegführenden ist, es nicht zum totalen Krieg kommen zu lassen. Und wenn er eine *«drôle de guerre»* zu sein scheint, so deshalb, weil es ein Krieg ist, bei dem es den Gegnern in erster Linie darauf ankommt, keinen Krieg zu führen.

Mittwoch, 6. Dezember
Ich bin mit dem Telefon einigermaßen zu Rande gekommen. Am Ende kam mir das fast magisch vor, alle diese kleinen Klappen, die beim Herunterfallen klingelten, alle diese Stöpsel, die man in die Löcher steckte und die Stimmen ausspuckten, und vor allem die langen Gespräche, deren stummer Zeuge ich war. Das belustigte mich, ich hatte ein merkwürdiges Gefühl von Macht, als sei ich ein Zauberkünstler, der an seine Kunststücke glaubt. Nur der Ofen qualmte und bereitete mir heftige Kopfschmerzen. In den wenigen Ruhepausen las ich die *Éducation sentimentale* von Flaubert. Wie unbeholfen und unsympathisch das ist. Wie töricht dieses ständige Hin und Her zwischen stilisierten Dialogen, Beschreibungen und Realismus. Eine jämmerliche Geschichte, in Marmor gehauen. Man sieht Zola durch einen parnassischen und plumpen Stil hervorlugen. Bis jetzt ist es übrigens völlig stupide: ohne einen Eindruck, ohne eine Idee, ohne einen Charakter, sogar ohne jene historischen Betrachtungen, zu denen Balzac fähig ist. Seine Beschreibungen schildern nicht. Der Satz ist schwerfällig und umständlich, wenn er die Dinge fassen, beispielsweise die Maschinen beschreiben will: *Le tapage s'absorbait dans le bruissement de la vapeur qui, s'échappant par des plaques de tôle, enveloppait tout d'une nuée blanchâtre, tandis que la cloche à l'avant tintait sans discontinuer.* [Der Lärm absorbierte sich im Zischen des Dampfes, der, durch die Blechbeschläge entweichend, alles in einen weißlichen Nebel hüllte, während die Glocke vorn am Bug unablässig tönte.] Dieser Lärm, der *«sich absorbiert»* – und wie kann Dampf *durch Blechbeschläge* entweichen? *Le pont tremblait* sous *une petite vibration intérieure.* [Das Deck zitterte *unter* einer leichten inneren Erschütterung.] Unter? Er meint, daß eine leichte Erschütterung an den Seiten des Schiffs hochstieg und sich auf das Deck übertrug. Plattheit der Verben (in Ermangelung eines präzisen Terminus benutzt Flau-

bert im allgemeinen animistische Metaphern: die Ufer gleiten vorüber, die Gepäckstücke türmen sich, der Lärm absorbiert sich). Häufig verwendet er ein höchst unglückliches Passiv: *Un châle* était placé *sur son dos.* [Ein Schal *war* auf ihren Rücken *gelegt.*] Ärgerlicher Gebrauch des Imperfekts (der auf die Goncourts hindeutet), um ein Genrebild zu malen und das, was an der *Handlung* unfein ist, in einer Art poetischer Wiederholung zu ertränken, die einem Ausweichen ins Wunderbare gleichkommt. *Mademoiselle Marthe courut vers lui et, cramponnée à son cou, elle tirait ses moustaches.* [Mademoiselle Marthe lief zu ihm hin, und, um seinen Hals geklammert, zupfte sie ihn am Schnurrbart.] Ich möchte das den vergilschen Imperfekt nennen: *ibant obscuri sub sola nocte.* Das typischste Beispiel (ich glaube, die vergilsche Reminiszenz ist hier frappierend – Nisos und Euryalos): *Frédéric lui jeta la moitié de son manteau sur les épaules. Ils s'en enveloppèrent tous deux; et, se tenant par la taille, ils marchaient dessous côte à côte.* [Frédéric warf ihm die Hälfte seines Mantels um die Schultern. Sie hüllten sich beide darin ein, und einander um die Taille fassend, gingen sie Seite an Seite.] Man wird bemerken, daß dem Imperfekt jedesmal ein Partizip als Apposition des Subjekts vorausgeht. Stilistischer Tick: es soll marmorn wirken.

Beispiel für die Nachlässigkeit bei den Verben: *Une énergie impitoyable reposait dans ses yeux glauques.* [Eine unerbittliche Energie ruhte in seinen meergrünen Augen.] Nicht durch Zufall ist Flaubert gewählt in seinen Substantiven und nachlässig in seinen Verben: dieser Parnassien pflegt das *Schauspiel* und vernachlässigt das *Ereignis.* Das Ereignis bleibt für ihn skandalös: ich hasse die Bewegung, die die Zeilen durcheinanderbringt. Doch seine Sätze sind Kolosse auf tönernen Füßen: sie zerbröckeln in Wörter, weil die Gelenke nicht halten. Flauberts Bedeutung: sein Stil ist ein Übergangsstil. Die industrielle Zivilisation Louis-Philippes und die sozialen Bewegungen von 48 brachten die Geister dazu, über die *Dinge* zu sprechen (Maschinen, Werkzeuge usw.), und der Stil, den Flaubert vorfand, hatte sich langsam zur Beschreibung von Sitten und Menschen herausgebildet. Flaubert versucht zu *übersetzen*. Es geht darum, von den Gegenständen zu sprechen und dabei die *Haltung* des Stils zu wahren. Und die Unzulänglichkeiten Flauberts werden später die Brüder Goncourt zu ihren Wortfindungen veranlassen. Alles in allem, Flaubert, ein Feind des louis-philippeschen Bürgers, ist selbst ein Bürger, seine Kunst ein Produkt der Industrie von 48. Es ist das industrielle Bürgertum, das neugierig ist auf sich selbst, auf seine Kultur, seine Berufe, auf die Menschen und die Dinge, die es beherrscht, die es jedoch über gewisse kulturelle Ticks, über eine klassische Form kennenlernen möchte. Die spätere Lockerung wird auch eine Vulgarisierung sein, eine Preisgabe bestimmter Ansprüche. Man bedenke, daß die Korrekturen, die Maxime Du Camp, auf Flauberts Bitten, vorschlägt, allesamt konservativ sind, das heißt darauf abzielen, die Reinheit der Form zu wahren. Flaubert ist dafür überaus empfänglich.

Der schlimmste Fehler der *Éducation sentimentale* ist, daß dieses Buch vom Telefonisten einer Zentrale gelesen werden kann, der einen Satz liest, innehält, zu ihm zurückkehrt usw. Es gibt keinen Strom, der dadurch unterbrochen werden könnte. Im Gegenteil, ich stelle mir vor, daß die ununterbrochene Lektüre unerträglich öde sein muß. Jeder Satz sondert sich ab, und man hat Mühe, sich von ihm loszureißen und zum nächsten Satz überzugehen.

Ich notiere hier ein paar Beispiele für die Schwäche des Verbs bei Flaubert:

Il était toujours irrité, et dans cette exaltation à la fois factice et naturelle qui constitue *les comédiens*. [Er war immer irritiert und in jener gleichzeitig künstlichen und natürlichen Exaltiertheit, die den Komödianten *bildet*.]

Son chapeau à bords retroussés le faisait reconnaître *de loin, dans les foules*. [Sein Hut mit dem aufgekrempten

Rand *ließ* ihn schon von weitem im Straßengewühl *erkennen.*]

Il enfonçait son âme dans la blancheur de cette chair féminine. [Er versenkte seine Seele in die Weiße dieses Frauenfleisches.]

Les maisons se succédaient (man ahnt es) *avec leurs façades grises, leurs fenêtres closes.* [Die Häuser *folgten einander* mit ihren grauen Fassaden, ihren geschlossenen Fenstern.]

Il éprouva comme une pénétration à tous les atomes de sa peau. (!!!) [Er spürte so etwas wie ein Eindringen in alle Atome seiner Haut.]

Des édifices que l'on n'apercevait pas faisaient des redoublements d'obscurité. [Gebäude, die man nicht sah, bewirkten Verdopplungen an Dunkelheit.]

Bei vielen jungen Schriftstellern gibt es eine Banalität des Adjektivs, die es erlaubt, die Qualifizierung vorauszusehen, sobald das Substantiv gegeben ist. Das Tal «lächelt» immer, beispielsweise. Bei Flaubert zieht die angeborene Schwäche des Verbs seine Banalität nach sich, und das ist noch mißlicher, weil das Substantiv die Bedeutung der Handlung meist schon in sich schließt, so daß sich das Verb an das Subjekt hängt wie ein normannischer Klotz. Beispiel: *Un vent léger* soufflait. [Ein leichter Wind *wehte.*] Na, was kann der Wind schon anderes tun als wehen? Besser wäre es, dann zu schreiben: «Leichter Wind», wie Loti. Weil mir davor ein bißchen graust, würde ich eher schreiben: «es gab einen leichten Wind», weil das «es gibt», vage und unbestimmt, der Fortsetzung nicht vorgreift und der Satz stark endet. Weiteres Beispiel bei Flaubert: *Un air humide l'enveloppa.* [Eine feuchte Luft hüllte ihn ein.] Noch so ein voluminöses und nutzloses Anhängsel. Flauberts Satz endet immer schwach. Und wie viele normannische Listen, die stören. Zum Beispiel: *Il se reconnut aux bords des quais.* [Er erkannte sich am Ufer der Quais wieder.] Um das Verb *être* [sein] zu vermeiden.

Weiter oben erwartet ein Zweispanner Frédéric Moreau am Bahnhof: *...les deux chevaux n'appartenaient pas à sa mère.* [Die beiden Pferde gehörten nicht seiner Mutter.] Soll heißen, daß nur eines der beiden Pferde ihr gehörte, aber Flaubert hat sich geweigert, einen so schweren Satz hinzuschreiben. Folglich hat er eine noch schwerere gedankliche Inkorrektheit begangen. Denn «die beiden Pferde gehörten nicht seiner Mutter» heißt, daß keines von beiden ihr gehörte.

Typisches Beispiel für das schwache Enden der Sätze Flauberts, wegen der Kraftlosigkeit des Verbs:

Une faculté extraordinaire, dont il ne savait pas l'objet, lui était venue. [Eine außergewöhnliche Fähigkeit, deren Gegenstand er nicht kannte, war ihm gekommen.]

Son visage s'offrait à lui dans une glace. [Sein Gesicht bot sich ihm in einem Spiegel dar.]

Die geheime Erschlaffung dieses Marmors: die Konjunktionen: *où, en, par* [wo, in, durch], im vagen Sinn einer Verbindung benutzt (ein Fehler, den er allen Naturalisten und Realisten weitergeben sollte).

Beispiel: *Il fut saisi par un de ces frissons de l'âme* où *il vous semble qu'on est transporté dans un monde supérieur.* [Er wurde von einem jener Schauer der Seele ergriffen, *wo* einem zumute ist, als sei man in eine höhere Welt entrückt.]

Les réverbères brillaient en deux lignes droites. [Die Straßenlaternen leuchteten in zwei geraden Reihen.]

Und die als Apposition verwendeten Partizipien, die unterschiedslos «weil, obwohl, in Anbetracht dessen» bedeuten, usw.

Sénécal, interrogé, déclara ... usw. [Sénécal, nach seiner Meinung gefragt, erklärte ...]

Pellerin, croyant avoir trouvé un argument ... [Pellerin, ein Argument gefunden zu haben glaubend ...]

Im Grunde ersetzen die meisten dieser Appositionen ein *Verb*, infolgedessen eine Handlung. Immer die gleiche Schwäche:

On interrogea Sénécal et il déclara que ... [Man fragte Sénécal nach seiner Meinung, und er erklärte, daß ...]

Pellerin crut trouver un argument et ... [Pellerin glaubte, ein Argument zu finden, und ...]

Éduc. sentim., Kap. 5: *L'entretien fut pénible ... il ne trouvait pas de joint pour y introduire ses sentiments.* [Die Unterhaltung war mühsam ..., er fand keinen Anknüpfungspunkt, um seine Gefühle einzuführen.] Ein Anknüpfungspunkt ist dazu da, an etwas anzuknüpfen, und nicht, etwas einzuführen.

Ziemlich tiefgreifende Veränderung, seit ich in Morsbronn bin. Zunächst ähnelt das Hotel, in dem wir untergebracht sind, weit mehr einem klassischen Hauptquartier in Kriegszeiten als unsere friedliche Schule in Brumath. Alle Dienststellen sind hier versammelt. Die Soldaten und die Offiziere schlafen im Hotel, der Oberst nimmt sein Frühstück in einem der Speisesäle ein – und dort essen die Offiziere an einem mit einem Wachstuch bedeckten runden Tisch zu Mittag, auf dem den ganzen Tag über ihre Gedecke stehen, mit Serviettenringen, in die sie ihr Monogramm graviert haben. Das Hotel, einsam am Straßenrand gelegen – es ist etwa fünfhundert Meter von Morsbronn entfernt –, bietet übereinandergeschichtet alle Merkmale des Friedens und des Krieges. Von außen ist es *noch* ein Hotel – zweiter Klasse (es scheint sich vor allem um kleine Leute zu handeln: Sozialversicherung, Krankenkasse usw., die sich in Morsbronn behandeln lassen). Doch sobald man es betritt, überfällt einen ein Geruch von Verwahrlosung und langsamer Fäulnis, wie er für evakuierte Häuser typisch ist. Die Zimmer riechen nach Schimmel. Sie sind zum Bersten voll von Militärkram, Gepäckstükken, Mänteln, Brotbeuteln usw. Und dennoch schwebt ein Dunst ziviler Armseligkeit darüber. Unter den groben roten Überdecken sind die Matratzen dick und die Federkerne des Bettgestells vorzüglich, wie es sich für Rheumatiker gehört. Die zerrissenen und schmutzigen Blümchentapeten sind ziviler, individueller als die mit Ölfarbe gestrichenen Wände der Schule, in die sich der militärische Sozialismus ohne weiteres einfügen konnte; die Zimmer erinnern – im übrigen auf verlogene Weise – an die armseligen und verrufenen Hotelzimmer für Pariser Arbeiter. Der Raum der Schreiber, wo das Telefon steht, ist wirklich ein ganz besonderer und individueller Gegenstand geworden, wo diese verschiedenen Bedeutungsschichten miteinander verschmelzen. Es ist ein rechteckiger und sehr schmutziger Raum, der auf die Hauptstraße geht und diese aus ziemlicher Höhe durch eine lange Fensternische beherrscht. Die Holzdecke mit den hervortretenden Balken senkt sich in rascher Neigung vom hinteren Teil zur Fensternische. Sie ist weiß gestrichen, aber der Schmutz läßt sie ins Grau umschlagen. Abends verdunkelt man die Scheibe mit Decken und Teppichen, die einen orientalischen Eindruck machen: Zelt, Tierhaut, Lager – und vage, sehr vage die Vorstellung von tatarischem Luxus wecken. An die Wand hat man eine Anrichte, einen Spiegelschrank aus Eiche sowie eine kleine niedrige Kommode mit Marmorplatte geschoben. Ein sehr dunkles Stilleben und Werbeplakate: Suze, Mandarin, Lithia, Pernod fils, Dubonnet, Mineralwasser Carola, Dolfi. In einem goldenen Rahmen auf weißem Papier: *Lanson père et fils. Reims* hinter Glas. Doch darunter hängt eine schwarze Schiefertafel an einem Nagel: «Wachdienst: Mistler – Ordonnanz: Hantzinger.» Die Worte sind mit Kreide geschrieben. In der Mitte des Raums ein Kachelofen aus Nürnberg. An der Fensternische sieben rechteckige Tische mit Schreibmaschinen, Karteikästen, Aktendeckeln: der Stab. Aber neben dem letzten Tisch steht noch ein kleiner runder Tisch mit einem weiß-roten Tischtuch. Und auf diesem Tischtuch ein großes Stielglas mit künstlichen Blumen der Art Iris, das für sich ganz allein ein Restaurant darstellt.

Ein Restaurant für Stammgäste mit gutbürgerlicher Küche. An der Wand neben der Tür Kleiderständer. An den Haken hängen Gasmasken, khakifarbene Mäntel. Die fünf mit Zeitungen verhängten Lampen breiten über das Ganze ein gedämpftes und trauliches Licht. Ich vergaß zwei seltsame Gegenstände, beide mechanisch, die sich jedoch zu den mechanischen Gegenständen verhalten wie Picassos Harlekine zu Menschen: die Telefondrähte, die jämmerlich von der Decke hängen wie verfilzte und dreckstarrende Haare, und – in der Mitte der Decke, surrealistisch zu dieser Jahreszeit und bei den Schwierigkeiten, die wir haben, uns zu wärmen – ein Ventilator, der sich unbarmherzig in Gang setzt, wenn man das Licht ein- oder ausschaltet. Die Nähe des Speisesaals der Offiziere gibt diesem Raum eine alimentäre Annehmlichkeit.

«Da hat er mir gesaaagt ...» Und Pieter wiederholt mit gewichtiger Miene die «Dikta» von irgendwem. Ich hatte immer nur die Gewichtigkeit bemerkt, aber heute, als er sich vertraulich zu mir beugte, um mir zu sagen: «Weißt du, ich habe Dubois getroffen. Wir haben geplaudert, und da hat er mir gesaaagt», kam mir eine Erleuchtung. Er vollzieht einen gesellschaftlichen Ritus. Er nimmt die «Dikta» und liebt sie, weil sie einen menschlichen Geruch haben. Ob sie sich nun auf die Klagen der Tabakverkäuferin beziehen oder auf die Art, wie man im Elsaß die Wurst zubereitet, es sind menschliche Dikta, und er erfüllt seine Funktion als Mensch, wenn er sie kolportiert. Somit gibt es zwei menschliche Kommunionen: diejenige, die während des «Diktums» stattfindet, und die, die beim Kolportieren des «Diktums» stattfindet. Er sagt: «Dubois hat mir gesaaagt ...», und seine Stimme wird warm, er klappert mit seinen schweren Augenlidern, er ist glücklich.

Heute morgen hat er mich geärgert, weil er unbedingt wollte, daß alle Soldaten, die er traf, zum 109. gehörten, weil er einen Kumpel hat, der zum 109. gehört. Und im Restaurant deutete er auf einen Soldaten, der ein Jagdhorn auf seinen Spiegeln trug, und sagte ganz aufgeregt: «Schau doch, der ist 109, ich sag dir, der ist 109.» Er will immer *wiedererkennen*: die Leute und die Dinge. Und wenn es nicht geht, findet er zumindest eine indirekte Beziehung zwischen ihnen und sich. Das ist seine Art, der Welt zuzulächeln, sich den Ereignissen freundlich zu öffnen, seinen Optimismus kundzutun.

Heute ist er krank, unser Engel, seine Flügel sind zerknittert, er hat Schwindelanfälle. Er zieht sein Kinn in seinen Mantelkragen und sieht ganz verwundert und ganz unschuldig aus. Er glaubte nicht an das Böse und daß man so leiden konnte. Übrigens leidet er gar nicht. «Mein Vater war wie ich, zum Schluß, mein armer Vater. Er plauderte mit mir, und dann drehte er sich dreißig Sekunden lang weg, er sagte nichts oder einfach: Oh, mein Herz, mein Herz! Und dann setzte er das Gespräch fort, als wäre nichts gewesen.» – «Was hatte er denn?» – «Angina pectoris.» Und angesichts meiner Miene: «Oh, ich bin sicher, daß er viel mehr litt als ich. Aber ...» – «Aber leidest du denn nicht?» – «Nein. Mir ist schwindlig.»

Überall, in den Schulen, in den Postämtern und Rathäusern, wo es Toiletten für Frauen und Toiletten für Männer gibt, eignen sich die Offiziere die Frauentoilette an, man schreibt «Offiziere» drüber. Das gibt ihnen einen Hauch von jungen Damen, der ihrer Uniform, ihrer eingezwängten Taille sehr gut steht. Ich will gern einräumen, daß die Offiziere das weibliche Element der Armee sind. Und daß wir, die Drohnen, mit unseren Quadratlatschen und unserer steifen Miene die Männchen sind. Aber Pieter geht immer andächtig aufs Offiziersklo, so viel Zartheit ist in seinem Herzen und seinem dicken Arsch.

Die Feldküche hatte sich zweihundert Meter von unserem Hotel installiert, aber Oberst Deligne hat verlangt, daß sie verlegt wird, weil es ihm dem Appetit verschlug, wenn er die Männer mit ihren Blechnäpfen vorbeigehen sah.

Folgendes habe ich in Brumath nicht notiert. In der *Écrevisse* gab es einen Soldaten, einen kleinen Burschen, der wie ein armer Schlucker aussah, mit einem bleichen, von breiten Ohren eingerahmten Gesicht, der eigensinnig und hoffnungslos sagte: «Als mein Vater 1916 heimgekommen ist, hat man mich in seine Arme geschubst und gesagt: Das ist dein Papa, und ich dachte: Was ist denn das für ein Herr? Jetzt bin ich dran, meinem Sohn wird's genauso gehen wie mir, er wird mich nicht wiedererkennen. Ihm wird's genauso gehen, ihm wird's genauso gehen.»

Ich habe etwas vergessen bezüglich der Dikta und Pieter. Was ihn bezaubert und mit verzückter und gleichsam mystischer Wichtigkeit erfüllt, ist gerade die Tatsache, daß *man* es sagt. Was Pieter überall und immer liebt, ist der Mensch in der Form des *Man*. *Man* liebt, *man* redet, *man* stirbt. Indem er weiterträgt, was *man* sagt, zelebriert er die Messe seiner Unauthentizität. Pieter oder der Engel der Unauthentizität.

Donnerstag, 7.

Ich muß anfangen, meine Gedanken über die Moral zu ordnen.

Die erste Frage: die Moral ist das System der Zwecke; zu welchem Zweck also muß die menschliche-Realität handeln? Die einzige Antwort: zu ihrem eigenen Zweck. Kein anderes Ziel kann sich ihr bieten. Stellen wir zunächst fest, daß ein Zweck nur von einem Sein gesetzt werden kann, das seine eigenen Möglichkeiten ist, das heißt, das sich zu diesen Möglichkeiten hin in die Zukunft entwirft. Denn ein Zweck kann dem, der ihn als Zweck setzt, weder ganz transzendent noch ganz immanent sein. Transzendent wäre er nicht *sein* Mögliches. Immanent wäre er erträumt, aber nicht gewollt (siehe in diesem Heft Donnerstag, 23. Nov.). Die Verbindung des Agens zum Zweck setzt also ein bestimmtes Band vom Modus des «In-der-

Welt-seins» voraus, das heißt eine menschliche Existenz. Das moralische Problem ist spezifisch menschlich. Es setzt einen begrenzten Willen voraus – es hat keinen Sinn außerhalb ihrer, beim Tier oder im göttlichen Geist. Aber außerdem hat der Zweck einen ganz besonderen existentiellen Modus: er kann kein gegebenes Existierendes sein, sonst würde er sofort aufhören, Zweck zu sein. Aber er kann auch keine reine Virtualität im Sinne einer bloßen transzendenten Möglichkeit sein: dann würde er seine Anziehungskraft verlieren. Er hat eine vollständige und zukünftige Existenz, die aus der Zukunft wieder über die menschliche-Realität kommt und von ihr fordert, in einer Gegenwart verwirklicht zu werden. Aus diesem Grunde kann eine ewige und transzendente Existenz wie Gott oder der göttliche Wille für den menschlichen Willen nicht Zweck sein. Im Gegenteil, die menschliche-Realität kann und muß für sich selbst Zweck sein, weil sie immer *auf der Seite* der Zukunft steht, sie ist ihr eigener Aufschub.

Doch im übrigen ist die menschliche-Realität überall durch sie selbst begrenzt, und welches Ziel sie sich auch steckt, dieses Ziel ist immer sie selbst. Man erfaßt die Welt nur über eine Technik, eine Kultur, eine Kondition; und ihrerseits bietet sich die so wahrgenommene Welt als menschliche dar und verweist auf die menschliche Natur. Jene giftigen Blumen, die Saint-Exupéry von seinem Flugzeug aus sieht, von den Winden aufs Meer gemalt, erfaßt er auf Grund seines Pilotenberufs als giftig. Aber ihre Giftigkeit wirft ihm wiederum den Entwurf einer menschlichen-Realität zurück, denn nur für den Menschen sind sie giftig. In *La nausée* hatte ich geschrieben: «Die Existenz ist eine Fülle, die der Mensch nicht verlassen kann.» Ich widerrufe das nicht. Aber es muß hinzugefügt werden, daß diese Fülle menschlich ist. Das Menschliche ist eine existentielle Fülle, die die menschliche-Realität unabsehbar am Horizont wiederfindet. Der Mensch findet überall seinen Entwurf wieder, er findet *nur* seinen Entwurf wieder. In dieser Hinsicht läßt sich für eine Moral ohne Gott nichts Stärkeres sagen, als daß jede Moral menschlich ist, sogar die theologische Moral, jede Moral ist zum Zweck der menschlichen-Realität da, sogar die Moral Christi. Aber das bedeutet, daß die Moral *weder* ein gesellschaftlicher Utilitarismus sein muß *noch* ein Individualismus, in dem das Individuum sich selbst zum Zweck nimmt, *noch* ein sich ausdehnender Humanismus, in dem Sinne, in dem *die* Menschen, einzelne Menschheitspartikel, ein Zweck für den Menschen wären. Es bedeutet lediglich, daß die menschliche-Realität von einem existentiellen Typus der Art ist, daß ihre Existenz sie in Form eines durch ihre Freiheit zu verwirklichenden Werts konstituiert. Das bringt Heidegger zum Ausdruck, wenn er sagt, daß der Mensch «ein Wesen der Ferne» ist. Aber wohlgemerkt: dieses Wert-sein, das uns als Wert unserer Horizonte konstituiert, ist weder du noch ich, noch die Menschen, noch eine (im Sinn eines aristotelischen Eudämonismus) *gemachte* menschliche Wesenheit, es ist der stets wechselnde Aufschub der menschlichen-Realität selbst (gleichzeitig und in aller Undifferenziertheit ich und du und alle). Die menschliche-Realität existiert zum Zweck von sich. Und dieses *Sich* mit seinem eigenen Existenzmodus (als das, was es in der Zukunft erwartet, um durch seine Freiheit verwirklicht zu werden) ist der *Wert*. Es existiert kein anderer Wert als die menschliche-Realität für die menschliche-Realität. Und die Welt ist das, was die menschliche-Realität von ihrem Zweck trennt. Ohne Welt keinen Wert. Die Moral ist etwas spezifisch Menschliches, für die Engel oder für Gott hätte sie keinen Sinn. Man muß durch eine Welt von sich selbst getrennt sein, man muß wollen, man muß begrenzt sein, damit das moralische Problem existiert. Kant sprach von der Taube, die höher und besser zu fliegen meint, wenn man die Luft wegnimmt, die sie trägt. Er bezieht das Bild auf den Gebrauch der Kategorien. Zu diesem Punkt wäre einiges zu sagen. Aber das Bild gewinnt seine ganze Kraft, wenn man es auf die Moralität bezieht: der Mensch glaubt, er wäre moralischer, wenn er seiner menschlichen Kondition ledig wäre, wenn er Gott wäre, wenn er Engel wäre. Er macht sich nicht klar, daß mit seiner Menschlichkeit auch die Moralität und ihre Probleme verschwinden würden.

Aber wenn die menschliche-Realität zum Zweck von sich ist, wenn die Moral das Gesetz ist, das *über* die Welt das Verhältnis der menschlichen-Realität zu sich regelt, so folgt daraus zunächst, daß die menschliche-Realität über ihre Moralität nur sich selbst Rechenschaft schuldet. Dostojewski schrieb: «Wenn Gott nicht existiert, ist alles erlaubt.» Das ist der große Irrtum der Transzendenz. Ob Gott existiert oder nicht, die Moral ist eine Angelegenheit «unter Menschen», und Gott hat seine Nase da nicht hineinzustecken. Die Existenz der Moral, weit davon entfernt, Gott zu beweisen, hält ihn im Gegenteil fern, denn sie ist eine personale Struktur der menschlichen-Realität. Zweitens folgt daraus, daß es, um die Vorschriften dieser Moral zu bestimmen, keine andere Methode gibt, als die Natur der menschlichen-Realität zu bestimmen. Wir müssen hier aufpassen, daß wir nicht in den Irrtum verfallen, den Wert vom Faktum herzuleiten. Denn die menschliche-Realität ist kein Faktum.

Das Merkmal der menschlichen-Realität aus der Sicht, die uns beschäftigt, ist, daß sie sich selbst motiviert, ohne ihre eigene Begründung zu sein. Was wir ihre Freiheit nennen, ist, daß sie nie etwas ist, ohne daß sie sich motiviert, es zu sein. Nichts kann ihr je *von außen* zustoßen. Das liegt daran, daß die menschliche-Realität zuerst Bewußtsein ist, das heißt, daß sie nichts ist, wenn sie nicht Seinsbewußtsein ist. Sie motiviert ihre eigene Reaktion auf das Ereignis von außen, und das Ereignis in ihr ist diese Reaktion. Sie *entdeckt* im übrigen die Welt nur anläßlich ihrer eigenen Reaktionen. Sie ist also in dem Sinne frei, daß ihre Reaktionen sowie die Art, wie die Welt ihr erscheint, ihr voll und ganz zuzuschreiben sind. Aber die totale Freiheit kann nur für ein Sein existieren, das seine eigene Begründung ist, das heißt verantwortlich für seine Faktizität. Die Faktizität ist nichts anderes als das Faktum, daß es in der Welt in jedem Augenblick eine menschliche-Realität gibt. Das ist ein *Faktum*. Es leitet sich als solches von nichts her, es läßt sich auf nichts zurückführen. Und die Welt der Werte, die Notwendigkeit und die Freiheit, alles hängt an diesem ursprünglichen und absurden Faktum. Prüft man ein Bewußtsein, welches es auch sei, so findet man nichts darin, was ihm nicht zuzuschreiben wäre. Aber das Faktum, daß es ein Bewußtsein *gibt*, das seine eigene Struktur motiviert, ist unreduzierbar und absurd. Jedes Bewußtsein trägt in sich das Bewußtsein, für sich verantwortlich zu sein, sowie das Bewußtsein, nicht Ursache von seinem eigenen Sein zu sein. Diese Faktizität ist kein «Außen», aber ebensowenig ein «Innen». Sie ist nicht die Passivität eines erschaffenen und erhaltenen Gegenstands, aber auch nicht die totale Unabhängigkeit des *ens causa sui*. Wenn man die Dinge jedoch genauer betrachtet, sieht man deutlich, daß diese Faktizität nicht bedeutet, daß das Bewußtsein in ctwas anderem gründet als in sich, zum Beispiel in Gott – denn jede transzendente Begründung des Bewußtseins würde das Bewußtsein mit eigenen Händen töten, sobald sie es gebiert. Es ist einfach so, daß das Bewußtsein *ohne* Begründung existiert. Es ist eine Art dem Bewußtsein eigentümliches Nichts, das wir Willkürlichkeit [*gratuité*] nennen wollen. Diese unfühlbare Willkürlichkeit ist da, im ganzen Bewußtsein ausgebreitet, nirgends und überall. Diese Willkürlichkeit ließe sich mit einem Sturz in die Welt vergleichen und die Motivationen des Bewußtseins mit einer Art Beschleunigung, die sich selbst zu geben dem fallenden Stein freistünde. Anders gesagt, die Fallgeschwindigkeit hängt vom Bewußtsein ab, nicht der Fall selbst. Auf der Ebene der Willkürlichkeit ergibt sich für das Bewußtsein die Möglichkeit des Todes. Und deshalb ist das weder eine *seiner* Möglichkeiten noch seine eigenste Möglichkeit, wie Heidegger behauptet. Aber es ist auch nicht eine ihm äußerliche Möglichkeit. Die Sterblichkeit des Bewußtseins ist eins mit seiner Faktizität. Und das Bewußtsein, das seinen Tod nicht *konzipieren* kann, da es noch als Bewußtsein konzipiert, schließt ihn infolgedessen existentiell in sich ein auf der Ebene des Nichts, das es ganz und gar durchdringt. Es gibt kein «Sein zum Tode» im Heideggerschen Sinn, sondern jedes Bewußtsein ist vom Nichts und vom Tod durchdrungen, ohne sich diesem Nichts zuwenden und es anschauen zu können.

Die dem Bewußtsein eigentümliche Struktur besteht darin, sich nach vorn in die Welt zu werfen, um dieser Willkürlichkeit zu entrinnen. Aber es wirft sich zum Zweck seiner selbst hinein, um in der Zukunft seine eigene Begründung zu sein. Zu sagen, die menschliche-Realität existiere zum Zweck ihrer selbst, heißt letztlich, daß das Bewußtsein sich in die Zukunft wirft, um dort seine eigene Begründung zu sein. Das heißt, es entwirft über die Welt hinaus, am Horizont, eine bestimmte Zukunft seiner selbst, in der Illusion, daß es, wenn es diese Zukunft sein wird, sie als seine eigene Begründung sein wird. Diese Illusion ist transzendental und rührt daher, daß das Bewußtsein als freie Begründung seiner Möglichkeiten Begründung seines zukünftigen Seins ist, ohne Begründung seines gegenwärtigen Seins sein zu können. Denn dieses *zukünftige* Sein ist ja, wie wir sahen, ohne gegenüber dem Bewußtsein die Transzendenz zu haben, die eine reale Möglichkeit gegenüber einem Ding hat, gleichwohl von einer noematischen Transzendenz affiziert. Als zukünftiges Sein des Bewußtseins ist es daher nicht mehr *vom* Bewußtsein. Und infolgedessen ist es völlig relativ zu ihm. Das ist es, was man den Willen nennt. Und meine Beschreibung schließt hier an diejenige an, die ich am Donnerstag, dem 23., und Freitag, dem

24., gab. Was dem Bewußtsein hier entgeht, ist der Umstand, daß es, wenn diese Zukunft Gegenwart werden wird, und sei es genauso, wie es sein *sollte*, Bewußtsein sein und folglich seine Motivation aus sich schöpfen wird, auch wenn es von Willkürlichkeit und Nichts durchdrungen ist.

Somit ist der erste Wert und der erste Gegenstand des Willens: seine eigene Begründung zu sein. Das ist nicht als vergeblicher psychologischer Wunsch zu verstehen, sondern als die transzendentale Struktur der menschlichen-Realität. Es gibt Sündenfall und Streben nach Erlösung, und dieser Fall zusammen mit diesem Streben konstituiert die menschliche-Realität. Die menschliche-Realität ist moralisch, weil sie ihre eigene Begründung sein will. Und der Mensch ist «ein Wesen der Ferne», weil er nur als Mögliches seine Begründung sein kann. Der Mensch ist ein Sein, das vor sich in die Zukunft flieht. In allen seinen Unternehmungen sucht er nicht, sich zu erhalten, wie oft gesagt wurde, auch nicht, zu wachsen, sondern sich zu begründen. Und am Ende jeder dieser Unternehmungen findet er sich als das wieder, was er war: willkürlich bis ins Mark. Daher die berühmten Enttäuschungen nach der Anstrengung, nach dem Sieg, nach der Liebe. Daher die Anstrengung des Schöpfers, daher, als niedrigste Äußerung dieses Begehrens, das Gefühl für Eigentum (in den beiden letzten Fällen besteht Übertragung auf die Gegenstände: der *erschaffene* Gegenstand repräsentiert symbolisch die auf sich begründete menschliche-Realität. Der *besessene* Gegenstand repräsentiert symbolisch die menschliche-Realität im Besitz von sich. Die Liebe ist die Anstrengung der menschlichen-Realität, Begründung von sich bei Anderen zu sein). Daher der tiefe Ursprung des Gefühls, *Rechte* zu haben: das Recht besteht darin, die Faktizität der menschlichen-Realität dieses Begehrens zu überdecken, indem wir uns wählen als Existierendes-das-existiert-weil-es-das-Recht-hat-zu-existieren. Aber dieses Erfassen von sich selbst als rechtmäßig Existierendes kann nur anläßlich besonderer Gegenstände geschehen, auf die wir Rechte zu haben behaupten.

Somit ist die Quelle jedes Werts sowie der höchste Wert die Substantialität oder Natur des Seins, das seine eigene Begründung ist. Diese Substantialität ist Teil der menschlichen Natur, aber nur als Entwurf, als konstituierender Wert. Und die menschliche-Realität unterscheidet sich vom reinen Bewußtsein darin, daß es einen Wert vor sich hin entwirft: sie ist das Bewußtsein, das sich selbst zu diesem Ziel motiviert.

Das *Leben* ist der transzendente und psychische Gegenstand, den die menschliche-Realität auf der Suche nach ihrer eigenen Begründung konstruiert.

Indes ist diese Suche nach dem Absoluten auch ein Fliehen vor sich. Die Substantialität für die Zukunft begründen heißt die gegenwärtig gegebene Willkürlichkeit fliehen. Die menschliche-Realität verliert sich bei dem Versuch, sich zu begründen. Das *Leben*, das sie ausscheidet, ist nur scheinbar eine Totalität, es wird hinterrücks vom Tod angenagt, das *Recht* ist eine schändliche Lüge, die Liebe negiert sich durch die *Eifersucht* oder Erfassung der Unmöglichkeit, für Andere die Begründung der menschlichen-Realität zu sein. Die menschliche-Realität bleibt Gefangene ihrer nicht zu rechtfertigenden Faktizität, mit sich selbst am Horizont ihrer Suche, überall.

Dann geschieht es, daß sie die Erschöpfung kennenlernt und sich von der Qual der Freiheit befreit, indem sie sich mit ihrer Faktizität entschuldigt, das heißt versucht, sich die Tatsache, daß sie für immer dazu verurteilt ist, ihre eigene Motivation zu sein, durch die Tatsache zu verschleiern, daß sie nicht ihre eigene Begründung ist. Sie gibt sich auf, sie wird Ding, sie verzichtet auf ihre Möglichkeiten, es sind nicht mehr ihre *eigenen* Möglichkeiten, sie erfaßt sie als äußere Möglichkeiten analog denen der Dinge. Zum Beispiel konnte der Krieg im letzten Jahr jedermann als eine äußere Möglichkeit erscheinen, eine mechanische Entfesselung, die jeder einzelnen menschlichen-Realität entging, so wie der rollenden Billardkugel die Falte im Tuch entgeht, die sie aufhalten wird. Diesen Zustand wollen wir die hin und her getriebene menschliche-Realität nennen, denn sie verwirklicht sich selbst als zwischen den Möglichkeiten hin und her getrieben wie eine Planke in den Wellen.

Doch dieser Zustand selbst ist unauthentisch. Denn die menschliche-Realität verschleiert sich hier aus Erschöpfung die Tatsache, daß sie dazu verurteilt ist, sich selbst zu motivieren. Und sie motiviert sich selbst, sie zu verschleiern. Sie dankt ab, sie macht sich zum Ding, aber sie realisiert selbst diese Abdankung. Und auch diese Abdankung ist nur eine Episode bei der Suche nach der Substantialität. Sie dankt ab, um dem Zwang der Werte zu entgehen, um die Substantialität durch irgendein anderes Mittel zu realisieren usw. usw. Sie wird es zum Beispiel ablehnen, ein Ereignis auf sich zu nehmen, unter dem Vorwand, sie habe dessen Prinzip abgelehnt. In dieser Hinsicht ist der Typus des hin und her getriebenen Bewußtseins Paul, der mir neulich sagte: «Ich und Soldat? Ich halte mich für einen als Soldaten verkleideten Zivilisten.» Das wäre ausgezeichnet, wenn er sich nicht trotzdem durch seine Willensäußerungen, seine Wahrnehmungen, seine Emotionen zum Soldaten *machte*. Das heißt, er übernimmt die Befehle seiner Vorgesetzten für sich, um sie selbst auszuführen, Komplize also bis in seine Arme, die das Gewehr tragen, in seine Beine, die marschieren, Soldat in seinen Wahrnehmungen, seinen Emotionen und seinen Willensäußerungen. Er versteift sich also darauf, das zu *fliehen*, wozu er *sich macht*, was ihn in einen Zustand elender und verscheuchter Angst versetzt.

Und dieser elende Zustand *kann* ein Motiv dafür sein, daß das Bewußtsein zur richtigen Sicht seiner selbst zurückkehrt und aufhört, vor sich zu fliehen. Es geht für es nicht darum, einen anderen Wert als die Substantialität zu suchen, sonst würde es aufhören, *menschliches* Bewußtsein zu sein. Der Wert, der ihm seine neue Haltung zuweisen wird, bleibt der höchste Wert: seine eigene Begründung zu sein. Es wird ebensowenig aufhören, diesen Wert zu behaupten und zu wollen, wie das kognitive Bewußtsein, nach der ἐποχή von Husserl, aufhört, die Welt zu setzen. Beim ersten Sprung zur Substantialität muß die menschliche-Realität das Wert-Motiv schöpfen, das es ihr erlaubt, sich anzunehmen. Denn das hin und her getriebene Bewußtsein kann ja, in aller Freiheit, in seiner vollen Authentizität seine Anstrengung realisieren wollen, sich zu begründen. Und das nicht, weil die Authentizität ursprünglich Wert und der Inauthentizität überlegen wäre, sondern eher so, wie man eine unbeholfene und unwirksame Anstrengung korrigiert, indem man sie von allen nutzlosen und parasitären Gesten reinigt. Somit ist die Authentizität zwar ein Wert, aber nicht der primäre, sie bietet sich als ein Mittel dar, zur Substantialität zu gelangen. Sie beseitigt, was in der Suche *Flucht* ist. Aber natürlich ist dieser Authentizitätswert nur *vorgeschlagen*. Allein das Bewußtsein kann sich motivieren, die Konversion zu vollziehen.

Was ist das für eine Konversion? Die Suche nach einer Begründung verlangt, daß man *auf sich nimmt*, was man begründet. Wenn der begründende Akt dem Existierenden, das man begründet, vorhergeht wie im Fall der Schöpfung, dann ist das Aufsichnehmen *a priori* im Akt des Begründens enthalten. Handelt es sich jedoch, wie im Fall, der uns hier beschäftigt, um eine Anstrengung, zu begründen, was faktisch bereits existiert, dann muß das Aufsichnehmen der Begründung vorausgehen als eine Intuition, die offenbart, *was* man begründet. Auf sich nehmen bedeutet in keiner Weise akzeptieren, auch wenn in manchen Fällen beides zusammengeht. Wenn ich etwas auf mich nehme, dann tue ich es, *um* von dem, was ich auf mich nehme, einen bestimmten Gebrauch zu machen. Hier nehme ich etwas auf mich, *um* etwas zu begründen. Außerdem bedeutet auf sich nehmen die Verantwortung übernehmen. Damit ist diese aufsichnehmende Konversion, die sich als ein Wert für das Bewußtsein darbietet, also nichts anderes als eine Intuition des Wollens, das darin besteht, die menschliche-Realität zu übernehmen. Und durch diese Übernahme wird die menschliche-Realität in einem Akt nicht thematischen Verstehens sich selbst enthüllt. Sie wird enthüllt, nicht insofern man sie begrifflich erkennen würde, sondern insofern sie *gewollt* ist.

Aber wenn sich die Übernahme als ein Authentizitätswert darbietet, dann deshalb, weil er schon vorher existiert. Der Wert schreibt also der menschlichen Freiheit nur das zu tun vor, was sie tut. Das Bewußtsein motiviert sich selbst, es ist frei, außer daß es nicht die Freiheit erwerben kann, nicht mehr frei zu sein. Wir haben gesehen, daß es auf seine Möglichkeiten nur verzichtet, indem es andere erwirbt. Es kann *sich aus freien Stücken* den Dingen ähnlich *machen*, aber es kann nicht Ding *sein*. Zu allem, was es ist, macht es sich. Alles, was ihm zustößt, muß ihm durch es selbst zustoßen, das ist das Gesetz seiner Freiheit. Daher ist die erste Übernahme, die die menschliche-Realität leisten kann und muß, wenn sie sich zu sich selbst zurückwendet, das Aufsichnehmen ihrer Freiheit. Was sich durch die Formel ausdrücken läßt: *man hat nie eine Entschuldigung*. Man erinnert sich ja, daß das hin und her getriebene Bewußtsein ein Bewußtsein war, das sich mit seiner Faktizität *entschuldigte*. Aber man muß wissen, daß die Faktizität hier nichts zu suchen hat. Gewiß ist es die Faktizität, die bewirkt, daß ich in den Krieg geworfen bin. Aber was der Krieg für mich sein wird, welches Gesicht er mir enthüllen wird, was ich selbst im Krieg und für den Krieg sein werde, das alles werde ich aus freien Stücken sein, und ich bin verantwortlich dafür. Es ist das etwas Unerträgliches, über das man sich jedoch nicht beklagen kann, denn es ist auch unfaßbar, es ist jene Verpflichtung, mir *aufzuladen*, was mir zustößt. Das hat zweifellos den religiösen Begriff der *Prüfung* hervorgebracht, die der Himmel mir schickt. Aber indem ich die Entschuldigung ablehne und meine Freiheit auf mich nehme, eigne ich sie mir an. Natürlich geht es nicht nur darum, *anzuerkennen*, daß man keine Entschuldigung hat, sondern auch darum, keine haben zu *wollen*. Alle meine Feigheiten, alle meine Torheiten, alle meine Lügen schreibe ich auf mein Konto. Es geht nicht darum, wie der Heilige zu sagen: «Es ist zuviel, o Herr, es ist zuviel.» Nichts ist jemals zuviel. Denn in dem Augenblick, wo ich aufgebe, wo der Körper «mich beherrscht», wo ich unter physischen Qualen gestehe, was ich geheimhalten wollte, bestimme ich mich durch mich selbst, durch das freie Bewußtsein meiner Qual zum Geständnis. Jules Romains sagt, daß in den früheren Kriegen der Besiegte selber entschied, daß er besiegt war (denn es waren keine totalitären Kriege, und er verfügte noch über Reserven an Männern, Waffen, Reichtümern). Nun, auf dieselbe Weise fällt mir die schreckliche Verantwortung zu, mich für besiegt zu erklären, und wo immer ich stehenbleibe, bin ich es, der beschlossen hat, daß ich nicht weiter gehen konnte, und also hätte ich noch ein bißchen weiter gehen können. Wenn ich aber anerkenne, daß ich keine Entschuldigung habe und nie eine haben will, dann wird meine Freiheit *meine*, ich nehme für immer diese schreckliche Verantwortung an.

Das Annehmen meiner Freiheit muß natürlich mit dem meiner Faktizität einhergehen. Das heißt, ich muß sie wollen. Und zwar sie wollen, *um sie zu begründen*. Aber wir werden sehen, was daraus wird. Was heißt seine Faktizität wollen? Es heißt zunächst anerkennen, daß man ebensowenig Rechte hat wie Entschuldigungen. Ich erkenne an, daß ich kein Recht darauf habe, daß mir anderes zustößt, als was mir zustößt. Und auch hier will ich nur, was ist. Alles, was mir zustößt, hat einen doppelten Charakter: einerseits ist es mir *gegeben*, auf Grund meiner Faktizität und meiner Willkürlichkeit – und was es auch sei, es ist noch zuviel, gemessen an dem, was mir geschuldet ist, da meine Existenz selbst *gegeben* ist –, und andererseits bin ich dafür verantwortlich, weil ich mich selbst motiviere, es zu entdecken, wie ich oben gezeigt habe. Folglich habe ich keinerlei *Recht* darauf, daß mir das nicht zustößt. Zum Beispiel, der Krieg,[15]

[15] Heft IV fehlt.

Heft V

Dezember 1939
Morsbronn

«… und man hat sich ein bißchen am Kopf gekratzt. Es geht ausschließlich um schlafen und essen und nicht frieren. Das ist alles. Man kann kaum an etwas andres denken … Alles, was ich mir an Hand von Erzählungen und Büchern vorgestellt habe, bleibt hinter der Wirklichkeit zurück. Wir sind wirklich wie Tiere. Es ist unglaublich.

Ich versuche, mein Tagebuch zu führen, so gut es geht, aber es ist nicht einfach. Aber ich werde es nachträglich tun, jedenfalls vergesse ich nichts von dem, was ich zur Zeit sehe und tue.

Wenn ich bedenke, daß in diesem Moment Leute in Cafés, in Restaurants sitzen und in Zivil und sauber, Leute, die sich in ein Bett legen werden, dann muß ich lachen, und ich bin überhaupt nicht neidisch, ich kann mir nicht vorstellen, daß *mir* das passiert, und wenn man mir vorschlagen würde, mich an ihre Stelle zaubern zu lassen, würde ich zwar akzeptieren, aber mit einem skeptischen Achselzucken und ohne Begeisterung. Noch nie war ich in einer ähnlichen Situation.»[1]

Sonntag, 17.

Seit vierzehn Tagen hat Pieter trockene Lippen, Folge, so meint er, eines leichten Fiebers. Er leckt sie sich den ganzen Tag, um sie ein bißchen anzufeuchten. Zumindest anfangs tat er es deswegen. Aber allmählich hat sich die Gewohnheit festgesetzt, und es ist bei Pieter zum richtigen Laster geworden. Jetzt leckt er sich die Lippen, um sich zu berühren, wie die Knaben, die durch ihre Hosentaschen hindurch an sich rumfummeln, er genehmigt sich diesen zärtlichen Kontakt der Schleimhaut wie eine Süßig-

[1] Sartre zitiert hier den Brief eines ebenfalls eingezogenen Freundes.

keit. Während er einem zuhört oder sogar mit einem spricht, setzt er eine verstohlene und sinnliche Miene auf, er schiebt seine Oberlippe zu einer Rinne vor, er zieht die Unterlippe in seinen Mund, wie ein Verführer ein kleines Mädchen zu sich zieht, er saugt sie ein, schlürft sie, und seinem Ruf gehorchend schwillt sie an und dringt in seinen Mund, riesig und strotzend – und dort, Gott weiß, was er alles mit ihr treibt, Zungenküsse und durchschauernde Zärtlichkeiten, er beißt sie auch ein bißchen. Aber sein Hauptvergnügen, glaube ich, ist die allerprimitivste Wollust, die der nackten, erblühten Schleimhaut, die auf eine andere Schleimhaut gelegt ist wie eine trockene Feige auf eine andere Feige – und die Lust geht von einer Schleimhaut auf die andere über wie dickes Öl, durch Osmose. Doch damit der Genuß vollständig ist, muß er mit Geräusch verbunden sein. Pieter ist immer von einer Menge leiser Geräusche umgeben, sie sind trocken oder weich, melodiös und klagend oder ein wenig rauh, gleichsam der ewige, himmlische Gesang seiner Selbstvergessenheit. Während er seine Lippen masturbiert, stößt er tausend klebrige Schnalzlaute aus, sie erinnern an das gierige Saugen, das Schlabbern, das «Miam-miam» eines Säuglings, an das Keuchen des Männchens am Werk und des zustimmenden Röchelns des befriedigten Weibchens, und dann schnellt die Lippe wieder heraus, obszön und schlaff, glänzend vor Speichel, sie hängt ein wenig herab, enorm und weibisch, erschöpft vor Glück. Wenn ich ihn dabei sehe, wenn ich auf seinem Gesicht diese verstohlene und schelmische Miene eines verdorbenen Kindes und alten Trottels sehe, erschrecke ich fast vor der organischen und infantilen Tiefe seines Narzißmus. Bei diesem kleinen Spiel hat er sich übrigens am Rand der Unterlippe eine dicke fahle Pustel zugezogen, die glänzt, und er ist heute morgen ganz unglücklich. Er leckt sich noch ein bißchen, weil er absolut unfähig ist, seine Naschhaftigkeit zu zügeln – aber behutsam, lustlos.

Pieter hat einen Kameraden eingeladen, einen Handlungsreisenden, der zufällig drei Kilometer von hier einquartiert ist. Er ist Jäger, und es scheint da drüben nicht eben lustig zuzugehen. Pieter verläßt uns einen Augenblick, und der Typ sagt mir mit einer Überzeugung, die seine Stimme um drei Töne sinken läßt: «Ah, sein Vater! der war eine Leuchte, dieser Mann! So gescheit!» Er fixiert mich mit einem lästigen Blick, der verlangt, daß ich heftig zustimme, und ich würde es gewiß tun, wenn ich Pieters Vater gekannt hätte. Aber was tun? Ich sage: «Ja, ja. Er hat mir gesagt ...» und lege in meine Stimme so viel Respekt für Pieters Meinung, wie ich nur kann. Aber es ist offenbar unzureichend. Der andere fährt fort: «Du konntest ihm jede Frage stellen. Er hatte so eine Art, die ich bei keinem andern gesehen habe. Ich kann sagen, er ist einer von den Männern und sogar, ja ... der einzige, den ich getroffen habe. Und außerdem ein Herkules. Du siehst den Tisch da, na, der hätte draufgeschlagen, und er wäre glatt zusammengebrochen. Und wenn er mit der Faust gegen eine Wand schlug, ich hab's gesehen, sag ich dir, ich war noch ganz klein: die Wand ist eingestürzt!»

Ich stelle mir gern diesen legendären Vater vor, über seinen Sohn, diesen naschhaften dicken Engel. Er war Pole, unter dem russischen Regime, und um 1898 Soldat in einer Sotnie. Ein Leutnant hat ihn geohrfeigt, einen Monat vor der Entlassung, und Pieters Vater hat ihn so tüchtig verprügelt, daß er auf der Strecke blieb. Er kam vor das Kriegsgericht, aber der Militärarzt, der Pieter (dem Vater) zugetan war, sagte ihm: «Ich kann dir bloß sagen, armer Irrer, wenn ich zufällig feststellen könnte, daß du ein geplatztes Trommelfell hast, dann könnte ich sagen, daß die Ohrfeige dir das Ohr demoliert hat und daß du in einem Anfall von Wut gehandelt hast.» Pieters Vater geht auf die Stube, nimmt Salmiakgeist und schüttet ihn in sein Ohr. Woraufhin die Militärbehörde es vorzog, die Sache niederzuschlagen, und der Soldat Pieter wurde mit Pensionsanspruch entlassen. Er ließ sich im Jahre 1900 in Paris nieder, dort wurde 1902 mein Pieter geboren. Die Pieters wohnten in der Rue des Rosiers, und das Kind ging an der Place des Vosges zur Schule; seine Kameraden waren hartgesottene Burschen, die davon träumten, später in der Rue de Lappe tanzen zu gehen und über sehr gefügige Mädchen zu herrschen. «Ah, die Rue de Lappe», sagt Pieter gern, «die ist nicht mehr, was sie mal war. Damals waren das echte Gauner.» Und oft stand er für zwei Sous Schmiere auf der Place des Vosges, während die Bosse der Bastille in der Anlage Pharo spielten, eine Decke über den Knien. Der Krieg brachte diese großen Helden nach und nach zum Verschwinden, und Pieters Kumpane setzten sich tolle Mützen auf und begannen, Erwachsene zu spielen; die Älteren hatten schon eine Frau oder zwei, die für sie arbeiteten. Pieter folgte ihnen in die Bordelle, wo sie versuchten, das große Wort zu führen. Hin und wieder kam es zu Schlägereien. Das alles hat für mich, besonders zu Anfang, diesen dicken Körper mit einer Poesie geschmückt, die er kaum verdiente. Zuerst Polen und das ähnliche Schicksal des Juden V. und des Juden Pieterkowski. Ähnlich, aber auf verschiedenen Ebenen. V. gibt Wien und sein Medizinstudium auf, als er von einem mit Diamanten handelnden Vetter nach Paris geholt wird, und übernimmt nach dessen Tod mit seinen Brüdern die Leitung eines einträglichen Juwelenhandels. Pieterkowski läßt sich in der Rue des Rosiers nieder und stellt mühsam ein Geschäft auf die Beine, dann zieht er um und läßt sich in der Rue du Faubourg-du-Temple nieder. Hier gibt es irgendwie ein jüdisch-polnisches Schicksal, das ich schon bei L. gespürt habe und das mich bei Pieter ein bißchen rührt. Anfangs, als man glaubte, der Krieg sei ernst, sagte Pieter, vorsichtig wie immer: «Ich heiße Pieterkowski, aber ich lasse mich lieber Pieter nennen, weil die Deutschen, wenn sie mich gefangennehmen und sehen, daß ich einen polnischen Namen trage, mich sofort umbringen würden.» Und dann spüre ich bei ihm die ganz besondere Poesie eines Pariser Viertels, das ich ebensosehr liebe wie die schönsten. Wie oft bin ich mit Castor, mit T., mit O., mit L., mit dem kleinen Bost durch die Rue des Francs-Bourgeois, die Rue Vieille-du-Temple, die Rue de Rivoli gestreift, hinter dem Lycée Charlemagne, durch die Rue des Rosiers. Ich habe dort tausend Erinnerungen, an ein kleines dunkles Café in der Rue des Rosiers, gegenüber einem Trödler unter freiem Himmel, wo ich mit T. Rum trank, an einen schwülen Sommernachmittag, an dem ich bei meiner Rückkehr aus Laon mit O. in den engen, dunklen Straßen spazierenging und meine Gefühle für sie noch nicht tot waren. Auch an einen 14. Juli und irgendeinen tödlich langweiligen Abend mit F., an dem ich in der Nacht, nicht weit von der Rue des Rosiers, eine zauberhafte überdachte Passage entdeckte, vollgestopft mit Obst- und Gemüsekarren. Das alles umgab Pieter mit einem Nimbus – wie ungerecht war das doch! –, zumal er in meinen Augen die Glorie besaß, daß er in diesem Viertel *gewohnt* hatte, in dem ich immer nur Tourist gewesen bin, daß er dort gewohnt hatte als Jude unter Juden, Gauner unter all den kleinen Gaunern, die abends um das *Dupont de la Bastille* herumstreichen. Und dann noch etwas Tieferes, Verborgeneres: seine Jugend ist mit jenem poetischen und geheimnisvollen Paris des Krieges von 14 verbunden, mit jenem gedämpften Paris, wo sich die Vorkriegszeit, unter dem Druck der Greuel, der Trauerfälle und der Verbote, unmerklich in die Nachkriegszeit verwandelte, so wie erkaltetes und mit einem Kolben komprimiertes Gas unmerklich in den flüssigen Zustand übergeht. Ich gestehe hier, da ich von verflüssigtem Gas spreche, daß ich diesen Vergleich nicht zum erstenmal heranziehe. In der Sekunda war ich entzückt gewesen, als ich von einem bestimmten Zustand dieser Gase hörte – unsichtbar, hinter den festen Wänden des Kolbenkörpers verborgen –, der weder der feste noch der flüssige Zustand war, sondern ein Mittelding zwischen beiden.

Das kam mir geheimnisvoll und pervers vor, es schärfte meinen Geist wie ein Paradox und ist für mich gleichsam ein intellektuelles Schema der Zweideutigkeit geblieben – das man neben den «Tod der Sonne» und das «schmutzige Porzellan» stellen muß. So erschien mir diese Zweideutigkeit, die einem Systematiker ein Ärgernis gewesen wäre (und dabei bin ich doch ein Systematiker), jene Zweideutigkeit, die Kierkegaard gegen Hegel zu Hilfe ruft, zum erstenmal an Hand eines physikalischen Experiments, oder zumindest festigte dieses physikalische Experiment *gegen die Physik* jene Vorstellung zweideutiger Zustände. Jedenfalls, um die Parenthese zu schließen, hat dieses Paris des vergangenen Krieges erst kürzlich begonnen, mir poetisch vorzukommen, nämlich als es anfing, zwischen zwei toten Perioden, 1900 bis 1914 und 1918 bis 1939, mit seinem dunklen Licht zu leuchten, und als ich gelernt habe, ein wenig nach hinten zu träumen, um einen Augenblick dem Druck von vorn zu entrinnen. Es ist mir in seiner Zweideutigkeit erschienen, ein dunkles, mattes kleines Juwel, und Pieter, ich muß es gestehen, hat viel dazu beigetragen, mir seinen Zauber zu offenbaren, seine Erzählungen schilderten es mir als eine große nächtliche Stadt, die den schrecklichen Kindern überlassen ist. Zum Beispiel hatte ich zwar schon von jenen Kriegerwitwen gehört, die im Trauerkleid auf den Strich gingen, aber das war für mich ein winziges historisches und literarisches Faktum geblieben, ein Stück Sittengeschichte. Aber Pieter hat mit einer dieser Frauen seine Unschuld verloren. Er hatte gerade ein Paket bei einem Kunden abgegeben. Er wartete auf den Omnibus, irgendwo in der Nähe von Clichy, und auch diese Frau wartete auf ihn. Sie sind zusammen eine lange Avenue in Montmartre hochgegangen, eine düstere und traurige Avenue, und sie hielt ihm blöde und neckische Reden. Sie hat sich ihm hingegeben, in einem Hotelzimmer, sie hat hundert Sous akzeptiert, aber sie wollte ihn bei sich behalten, sie sagte zu ihm: «Bleib, bleib.» Er war es, der gehen wollte. Er hat nie erfahren, ob es ihr vor allem auf Zärtlichkeit und Vergnügen ankam, mit einem kleinen zusätzlichen Verdienst, oder ob sie eine Professionelle der traurigen Erotik war. Und jetzt profitiert er davon, von diesen Erinnerungen, dieser Atmosphäre. Ich habe ein altes Foto von ihm gesehen – er war zwanzig Jahre alt –, das ihn auf einem Boot sitzend zeigt, am Ufer des Meeres, mager und hübsch mit schönen samtenen Augen unter schweren Lidern mit weiblichen Wimpern. Er schildert sich gern als Raufbold und Draufgänger. 1920, als er zwanzig war, ist er zu Geld gekommen, auch das ist klassisch, typisch «Nachkriegszeit» – er sagt: «Ich bin zu früh reich gewesen.» Ein Auto, Frauen, ein prächtiger Tripper, der sich ab und zu noch in gute Erinnerung bringt. Ich glaube zwar, daß er seine früheren Abenteuer ein wenig übertreibt. Aber trotzdem, wie ist er *das* geworden? *Das*, diese naschhafte und hausbackene Sanftmut, diese masturbierte Sinnlichkeit, diese radikalsozialistische Unauthentizität?

Ich habe in Heft 3 gesagt, daß ich mich einmal beim *Tun einer Handlung* beschreiben würde. Ich sehe noch nicht, daß das reif ist. Obwohl ich schon ein paar Kleinigkeiten wahrnehme: zum Beispiel die Gegenstände, die in meinen Händen zu Zauberlehrlingsbesen werden und Launen entwickeln mit einer Kraft, die mich bestürzt und alle meine Pläne vereitelt. Die Gegenstände sind für mich weder Maschinen noch Lebewesen. Es sind gestörte Mechanismen, die in ihren Verhaltensweisen etwas von einem bösen Geist bewahren, aber diesen bösen Zauberwillen durch eine geheuchelte Leichenstarre verschleiern. Ich mißtraue ihnen ungemein. Immer steckt in ihnen, sobald ich sie berühre, etwas Spöttisches, sie haben die Angewohnheit, auseinanderzufallen, wenn ich sie als Ganzes packen will: doch sobald ich mit dem Detail vorliebnehme, setzt sich das Ganze wieder zusammen, ohne daß ich es merke, und die geringste Veränderung, die ich am Einzelteil vornehme, breitet sich auf unvorhersehbare Weise auf das Ganze aus. Aber lassen wir das. Was ich heute zeigen möchte und was von der Handlung nicht so weit entfernt ist, betrifft die Art und Weise, wie ich einer einmal getroffenen Entscheidung treu bin. Zum Beispiel kann ich im großen und ganzen sagen, daß ich gestern und heute meinem Vorsatz treu geblieben bin, nur eine Mahlzeit am Tag einzunehmen und weder zu trinken noch Brot zu essen. Aber von nahem besehen, zerfällt dieser Sieg in einzelne kleine Niederlagen, so wie die Schlachten, von nahem besehen, immer Niederlagen für den Sieger sind. Zuerst, als der Entschluß gefaßt war, hatte ich ein Gefühl der Reue, ich habe einen Nachsatz angehängt: allerdings werde ich trotzdem Brot zum Frühstück essen. Nicht so sehr, weil ich meinte, das sei ohne Bedeutung, sondern weil ich nach raschem Inspizieren meiner Möglichkeiten eingesehen habe, daß ich es nicht würde lassen können. Wenn man einen Entschluß fassen will, hält man Umschau und prüft seine Möglichkeiten. Manche sind hart wie Felsen, man muß sie umgehen, und andere bilden weiche, wabbelige Massen, auf sie muß man seine Anstrengung richten, diese muß man überrennen. Mein morgendliches Frühstück ist ein Felsen. Es ist mir völlig einerlei, ein Mittagessen zu überspringen oder sogar beide Mahlzeiten, mich von Brot zu ernähren oder im Gegenteil von Salat ohne Brot oder ein oder zwei Tage zu fasten. Ich kann auch ein oder zwei Nächte ohne Schlaf auskommen. Zur Zeit meiner Leidenschaft für O. blieb ich oft vierzig Stunden auf den Beinen. Aber ich habe die größte Mühe, auf das Frühstück zu verzichten. Ich weiß nicht recht, warum, es ist eine Zeit, wo ich larvenhaft und unwillig bin, ich möchte mit mir allein sein, aber ich brauche einen Vorwand, der Vorwand ist die Schale Kaffee und die Brotschnitte. Wenn man sie mir gibt, bin ich selig, ich fühle mich poetisch und duftend. In diesem Moment mag ich keine Gesellschaft. Sogar Castor kann ich schwer ertragen. Es ist vorgekommen, daß ich, wenn sie im *Rallye* auf mich wartete, ins *Café des Trois Mousquetaires* ging und rasch einen Kaffee und Croissants verschlang, um noch einen Augenblick von mir selbst und den nächtlichen Träumen umhüllt zu sein. In diesen Momenten ist mein Denken lebhaft und freundlich, ich erzähle mir Geschichten, ich komme auf Ideen. Ein Tag, der mit einem Frühstück begonnen hat, ist ein Glückstag. Und wenn es in den letzten Jahren vorkam, daß ich gegen elf Uhr aufstand, weil ich erst um vier Uhr morgens ins Bett gegangen war, zog ich es vor, im *Dôme* zwei schwarze Kaffee und Croissants zu mir zu nehmen, statt noch eine Stunde zu warten und Fleisch zu essen. Das war eine Art, glaube ich, den Vormittag auszudehnen. Sogar an solchen Tagen wollte ich meinen Vormittag gehabt haben. Ich habe Paul gequält, der ein Langschläfer ist, in Brumath, indem ich jeden Abend den Wecker auf 6 Uhr stellte, während wir erst um sieben hätten aufzustehen brauchen, nur um des Vergnügens willen, mit dem Fahrrad durch die Kälte zu fahren und in der *Taverne de la Rose* zwei pausbäckige Brötchen zu essen und ein Glas Zichorienbrühe zu trinken, das war ein zauberhafter Moment. Gegen Ende störte ihn Mistler, der kam, um mit mir über Heidegger zu sprechen. Und so sank mir der Mut, als ich begriff, daß diesem Frühstück etwas fehlen würde. Denn es muß aus Kaffee und Brot (oder Croissants) bestehen. Vergeblich hat T. wohl hundertmal darauf bestanden, daß ich Tee und Obst nehme. Ich habe es vorgezogen, am Morgen vor ihr hinunter ins *Café de la Poste* am Boulevard Rochechouart zu gehen und mich heimlich mit Croissants vollzustopfen.

(Ich erzähle das alles etwas selbstgefällig, ich fühle mich ein bißchen lächerlich und ein bißchen sympathisch; ich treibe meinen Spaß mit mir.) Kurz, erste kleine Niederlage. Ich notiere, daß sogar die drakonische Strenge meiner Vorsätze eine weitere war. Alle vier oder fünf Monate betrachte ich meinen Bauch in einem Spiegel und bin untröstlich. Und dann beschließe ich, eine strenge und sogar schwer erträgliche Diät einzuhalten. Der Widerwille, dick zu werden, ist mir erst spät gekommen: als ich aus Deutschland zurückkehrte, war ich ein kleiner Buddha, Guille packte meinen Bauch mit beiden Händen durch meinen Pullover hindurch, um Madame Morel zu zeigen, wie reichlich ich damit gesegnet sei, und ich lachte vor Behagen, es verdroß mich nicht sonderlich, fett zu sein. Aber als ich O. kennenlernte, flößten mir dicke Leute Abscheu ein, und ich hatte furchtbare Angst, ein glatzköpfiger kleiner Dickwanst zu werden. Tatsächlich könnte ich leicht dazu neigen, wenn ich nicht auf mich achten würde. Aber das ist es ja gerade, ich kann nicht auf mich achten. Diese Dame und Castor haben mich oft angefleht, eine leichte, aber kontinuierliche Diät einzuhalten. Aber ich bin absolut außerstande, mich zu kontrollieren, ohne schwach zu werden – und außerdem habe ich es eilig, die Ergebnisse meiner Diät zu sehen. Ich wähle also immer das Extrem und quäle mich lieber ein bißchen, weil mir scheint, daß ich die Fortschritte meiner Abmagerung an den Protesten meines Magens *spüre*. Und dann natürlich, wenn ich die Schraube ein wenig hart anziehe, habe ich den Eindruck, Herr meiner selbst, also frei zu sein. Madame Morel hat mir einmal gesagt: «Sie zwingen sich sehr gern zu etwas, was Sie nicht mögen.» Ja, aber mit Unterbrechungen. Einen Monat Zwang (und ich betrachte mich jeden Tag im Spiegel, um die Fortschritte zu sehen – und ich wiege mich jeden Tag auf den automatischen Waagen, die die Apotheker vor ihre Tür stellen), und wenn dann das Resultat erzielt ist – oder ich es für erzielt halte –, fange ich wieder an, nach meinem Geschmack zu leben, ich beobachte mich nicht mehr, ich werde fett, bis zu dem Tag, da ich sorgenvoll von neuem beginne, meinen Bauch zu betrachten und über die Maßnahmen nachzudenken, die ich ergreifen muß, um ihn loszuwerden. Es liegt also Schwäche in dem Vorsatz selbst, in seiner Brutalität, seinem Exzeß. Ich merke auch, daß ich ihn hier notiert habe, weil ich ihn nicht ausposaunen konnte, wie ich es gewöhnlich tue, nicht aus Prahlerei, sondern um die Brücken abzubrechen und mich stärker zu engagieren. Im übrigen gibt es hinter mir noch ein imaginatives Schema, das dafür sorgt, daß ich diese Vorsätze bis zum Ende durchhalte: ein heiliger Schrecken vor allen Leuten, die einmal im Vierteljahr beschließen, nicht mehr zu rauchen, ein oder zwei Tage durchhalten, und um welchen Preis!, und dann aufgeben und wieder anfangen. Sinclair Lewis hat in *Babbitt* einige davon beschrieben, und Babbitt ist für mich zum Musterbeispiel dieser Feiglinge geworden. Ich möchte hier nur zeigen, daß ich mich in meiner Art, durchzuhalten, nicht merklich von ihrer Art, aufzugeben, unterscheide.

Also bin ich allein ins Bahnhofsrestaurant essen gegangen, und da mein Vorsatz, noch frisch, an der Oberfläche blieb, bewahrte ich eine Art von tiefer und glücklicher, unformulierter Überzeugung, daß ich ein zwangloses, gutes Mahl zu mir nehmen, nach Herzenslust trinken und essen würde. Dort angekommen, habe ich mich an meinen Vorsatz vom Vormittag erinnert, und ich hielt ihn für eine objektive Unmöglichkeit. Ich habe mir gesagt: «Ach, ich hatte ganz vergessen, daß ich nichts trinken und kein Brot essen darf», in der Geistesverfassung, in der man sich befinden kann, wenn man sich sagt: «Ach, ich hatte ganz vergessen, daß der Sowieso (den man besuchen wollte) Montag vormittags nie zu Hause ist.» Und sofort und ganz selbstverständlich, gerade weil ich, in meiner Aufrichtigkeit, diesen Beschluß für eine *objektive* Unmöglichkeit hielt, habe ich nach Mitteln gesucht, ihn zu umgehen – so wie man, nachdem man sich erinnert hat, daß der Sowieso Montag vormittags nicht zu Hause ist, nach Mitteln sucht, ihn zu treffen: in seinem Büro, bei seinen Eltern usw. usw. Diese Überlegung hat nur einen Moment gedauert; gleich danach hat sie mir enthüllt, was wirklich das gefährlichste und erschreckendste war: das totale Fehlen an *Objektivität* in diesem Vorsatz, seine Immanenz und meine absolute Freiheit ihm gegenüber. Wenn Kierkegaard recht hat, die Angst als «die Möglichkeit der Freiheit» zu bezeichnen, dann habe ich nicht ohne ein wenig Angst gestern morgen ein weiteres Mal entdeckt, daß ich völlig frei war, das Stück Brot zu brechen, das die Kellnerin neben mich gelegt hatte, frei auch, die Stücke zu meinem Mund zu führen. Nichts auf der Welt konnte mich daran *hindern*, nicht einmal ich selbst. Denn sich enthalten heißt nicht sich hindern ... Sich enthalten heißt nur «aufschieben», in der Schwebe bleiben, aufmerksam andere Möglichkeiten ins Auge fassen. In der Idee von«sich hindern» steckt das Bild eines kräftigen Arms, der meinen Arm zurückhält. Aber ich verfüge über keinen hemmenden Arm, ich kann nicht in mir selbst Barrieren gegen mich und meine Möglichkeiten errichten – das hieße meiner Freiheit abschwören, und das kann ich nicht. Mir bleibt nur die Möglichkeit einer inneren Verringerung meiner Freiheit, die von innen zerfressen wird, bis sie einstürzt und sich aus freien Stücken, etwas weiter entfernt, neu bildet für irgendeine andere Möglichkeit. So daß mein Festhalten an den gefaßten Vorsätzen nichts von einem Zurückpfiff hatte, nicht den Adel eines *Nein* besaß. Es war vielmehr eine hinterhältige Art, meinem Wunsch, Brot zu essen, eine gewisse Schlappheit zu geben, eine Art, mir recht lahm zu sagen: «Ach, lohnt es sich denn, Brot zu essen? Habe ich wirklich Lust drauf? Wird es mir so viel Vergnügen machen, daß ich nicht bereue, meinen Eid gebrochen zu haben?» So daß der berühmte «Zurückpfiff» ganz kraftlos ist, einfach eine Art und Weise, das Zaudern zu verewigen, bis die Welt sich ändert, den Gegenstand der Wünsche beseitigt und einen dadurch aus der Klemme zieht, daß sie einem von sich aus eine Möglichkeit nimmt. So bin ich denn im Begriff zu essen, schlaffer als gewöhnlich, mit dem unangenehmen Gefühl, in einer «schwachen Gestalt» im Sinne Köhlers zu sein, zu einem offenen und unausgeglichenen Ganzen zu gehören, während das Restaurant an den anderen Tagen zur Mittagszeit ein volles Ganzes war, rund und hart, in sich geschlossen, in dem ich meinen Platz hatte. Blieb der *Wein*. Mir half, daß er in diesem Restaurant nicht besonders gut ist, er hat eine rosa und trübe Farbe, die mich nicht reizt, und außerdem eine süße Säure, die eher an Apfel als an Traube erinnert. Aber da trifft nun die Sorte von Ereignis ein, mit der man immer rechnen muß, an die man nie denkt und die die Eigenschaft besitzt, einen zur Sünde zu verleiten, indem sie auf der Stelle eine Entschuldigung liefert: «Ich konnte nicht anders.» Die Kellnerin lächelte mir zu und ging, ohne daß ich etwas bestellt hätte, zum Faß, füllte einen Krug und stellte ihn auf meinen Tisch, als wollte sie sagen: «Sie sehen, ich kenne Ihren Geschmack.» Sie schien sich zu freuen, über die Vorlieben ihrer Kunden im Bilde zu sein, und ich brachte nicht den Mut auf, sie eines Besseren zu belehren. Da sitze ich nun mit diesem vollen Krug auf dem Tisch und einem leeren Glas neben meinem Teller. Aber damit nicht genug: denn wenn ich den Krug unangetastet lasse, wird sie sich am Ende der Mahlzeit darüber wundern und sagen: «Es hat also nicht geschmeckt» usw. Was tun? Trinken mit dem Gedanken: «Ich werde morgen mit meiner Diät anfangen, heute ist es unmöglich, und Unmögliches kann man von niemandem verlangen», trinken aus Achtung vor den anderen? Kurz, ich war fast dazu entschlossen, und ich habe gewissermaßen nachgegeben. Weil ich meinen Entschluß gefaßt hatte, als ob es auf der Welt nichts anderes gegeben hätte als eine Flasche, ein Glas und mich. Mein Entschluß betraf nur diese materiellen Gegenstände in einer toten Welt: «Von mir aus würde ich nie eine Flasche Wein bestellen.» Aber ich hatte den Fall nicht vorausgesehen, daß man mir eine Flasche bringen würde, ohne daß ich sie bestelle. Da ich diese Eventualität nicht bedacht hatte, hatte ich keine Vorkehrungen für den Fall getroffen, daß sie eintreten würde. Ich befand mich auf Neuland, und meine Selbstverpflichtung galt nicht mehr. Ich dachte sogar dunkel, daß ich mich durch diesen drakonischen Entschluß schon genug ärgerte und nicht obendrein noch eine Kellnerin zu vergrämen brauchte, das war in meinem Vertrag nicht vorgesehen. Was einen hier zu Fall bringt, ist die Tatsache, daß man seinen Entschluß im Hinblick auf eine sehr vereinfachte Situation getroffen hat und diese Situation nicht *wiedererkennt* in dem realen Ereignis, das dann eintritt und das immer komplexer ist. Was einen rettet, ist die Schlappheit. Ich habe die Entscheidung auf später verschoben, es gab ein Loch in meiner Aufmerksamkeit, und ich fand mich bei der Lektüre von Mérimées *Colomba* wieder, hundert Meilen von der Flasche und der Kellnerin entfernt. Und als sich dann erneut die Frage stellte, fand ich einen Ausweg: ich würde ein bißchen Wein in das Glas gießen. So würde die Kellnerin, wenn sie den halbleeren Krug sähe, einfach denken, ich hätte keinen großen Durst gehabt, und nicht merken, daß der Inhalt des Glases genau dem entsprach, was in der Flasche fehlte. Und um die Täuschung perfekt zu machen, würde ich daran nippen. Da bin ich also dabei, den Wein in das Glas zu gießen, ein zweideutiger Akt, der zwar auf der einen Seite der Situation durchaus angemessen war, mich auf der anderen jedoch schlicht und einfach in die Situation des fröhlichen Trinkers brachte, der sein Glas bis zum Rand vollgießt. Und gewiß bot mir dieser durch besondere Umstände gerechtfertigte Akt eine symbolische Befriedigung, er mimte, was zu tun mir verboten war. Wiederum Schwäche. Schwäche auch die Erlaubnis, die ich mir sofort gebe, einen Schluck zu trinken, überzeugt, daß er nicht zählt, weil er nicht vom Durst diktiert ist, weil er «der guten Sache» dient und ich nicht anders kann. Ich trinke ihn also, diesen Schluck, aber knausrig, denn trotz allem packt mich die Angst, daß ich mich zu weit hinreißen lasse. Sofort sinkt mir der Mut, und ich halte ein. Doch gleichzeitig, «wo ich ihn schon mal trinke», habe ich versucht, ihn soweit irgend möglich zu genießen, ich habe meine Aufmerksamkeit auf die Blume des Weins gerichtet, auf die Frische des Schlucks Flüssigkeit, ein heimliches, hinterhältiges Vergnügen, dem des Arztes ähnlich, der das Abhorchen einer schönen Patientin dazu «nutzt», seine ganze Sinnlichkeit in die Fingerspitzen fließen zu lassen, und sich ihrer mit den Fingern erfreut, ohne seine beruflichen Untersuchungen abzubrechen. Wieder Schwäche. Und Schwäche auch das brüske Innehalten, diese abrupte Art, das Glas hinzustellen, aus *Angst*, mein Wort zu brechen. Kurz, ich habe mit dem Teufel kokettiert, ohne den Mut zu haben, ganz zu versumpfen. Das erinnert mich an eine Passage aus Gides Tagebuch (1917): «Dennoch überließ ich mich heute nacht nicht völlig der Lust, aber da ich nicht einmal heute morgen den Widerwillen nutzte, der ihr folgte, befürchte ich, daß dieser Schein von Widerstand weit ärger ist. Man tut immer unrecht, mit dem Teufel ein Gespräch anzufangen, denn wie man es auch anstellt, er will immer das letzte Wort haben.»

Heute morgen dieselbe Konstellation: Pieter hatte einen Gast (den ich oben erwähnte); er hatte eine gute Flasche kommen lassen, er bestand darauf, daß ich mittrinke, es wäre unhöflich gewesen, völlig abzulehnen, also habe ich einen winzigen Tropfen getrunken. Warum das alles im Detail notieren? Weil es von außen betrachtet trotz allem eine *geglückte* Handlung ist. Von außen sieht man jemanden der beschlossen hat, nicht zu trinken, und der in der Tat in jedem der genannten Fälle nur eine praktisch belanglose Menge trinkt – beispielsweise ein Zehntel Glas statt wie gewohnt zwei volle Gläser. Er hatte gesagt, daß er kein Brot essen werde, und er hat keines gegessen. Ein Sieg also, aber ein Pyrrhussieg. Ich werde noch fünf oder sechs von dieser Sorte davontragen, und dann werde ich mich daran gewöhnen zu essen, ohne zu trinken, und auf diese

Weise werde ich *tatsächlich* Wort gehalten haben. Aber wenn alle diese Schlappheiten verschwinden werden, wird auch das Bewußtsein schwinden, die Handlung wird automatisch sein. Daher habe ich, wenn man mich lobt, immer den Eindruck, daß man jemand anderen meint. Es gibt keine Handlung ohne geheime Schwäche. Die anderen sehen nur den Stil, ich aber sehe nur die Schwäche. Kurz, ich werde mein Wort halten – und immer besser –, bis zu meinem Urlaub. Das nennt man Willenskraft haben. Wir können ein Lied davon singen.

Montag, 18.

Die Menschen, sagt man – sagte Maheu in seinem letzten Brief –, *verdienen* den Frieden nicht. Das ist wahr. Wahr ganz einfach in dem Sinne, daß sie den Krieg *machen*. Keiner der Männer, die zur Zeit eingezogen sind (ich schließe mich natürlich nicht aus), verdient den Frieden, denn wenn er ihn wirklich verdiente, wäre er nicht hier. – Aber er kann gezwungen, genötigt worden sein ... Ta ta ta: er war frei. Ich sehe wohl, daß er in dem Glauben ausgezogen ist, daß er nicht anders konnte. Aber dieser Glaube war entscheidend. Und warum hat er so entschieden? Hier stoßen wir wieder auf die Anlässe und die Komplizenschaft. Aus Trägheit, Schlappheit, Ehrfurcht vor den Mächtigen, Angst vor einer Verurteilung – weil er die Chancen überschlagen und sich ausgerechnet hat, daß er weniger riskiert, wenn er gehorcht, als wenn er Widerstand leistet –, aus Geschmack an der Katastrophe – weil sein Leben ihn nicht genug *zurückhielt* (in diesem Sinne heißt sein Leben *glücklich führen*, soweit es die Natur der Sache erlaubt, für den Frieden arbeiten. Ich habe welche gesehen, die, weil ihre Ehe gescheitert war, im Oktober 38 erklärten, sie sähen dem Krieg gleichgültig entgegen; sie schienen nicht zu begreifen, daß ihre Situation als *historische Menschen* dieser Gleichgültigkeit Gewicht und Konsequenz verlieh und dem Krieg Vorschub leistete – nicht genug, um ihn ausbrechen zu lassen; genug, um sie zu Komplizen zu machen) – weil er eine große Katastrophe brauchte, um seinen Beruf als Mensch zu erfüllen – aus Wichtigtuerei, Dummheit, Naivität, Konformismus – aus Entsetzen, frei zu denken – weil er ein Kampfhahn war. Das ist der Grund, warum es im Krieg keine unschuldigen Opfer gibt. Und sollten sie es anfangs auch gewesen sein, so würden sie doch den Krieg auf ihre Rechnung nehmen, durch tausenderlei Arten, sich im Alltag ihres Soldatenlebens zu seinem Komplizen zu machen. So daß der Mythos der Erlösung hier seine ganze moralische Kraft gewinnt: die Natur der Geschichtlichkeit ist so beschaffen, daß man erst dann aufhört, Komplize zu sein, wenn man Märtyrer wird. Den Krieg verdienen nur jene Menschen nicht, die bereit sind, die Märtyrer des Friedens zu sein. Sie allein sind unschuldig, denn die Kraft ihrer Verweigerung ist groß genug, daß sie Unglück und Tod ertragen. Es stimmt also, daß sie, indem sie die Folgen ihrer Weigerung annehmen, unschuldig für andere leiden; sie zahlen für die Schuld der anderen. Es gibt demnach keine andere Art, seine Geschichtlichkeit auf sich zu nehmen, als zum Märtyrer und Erlöser zu werden. Das hat mich mit Bewunderung für jenen Koestler erfüllt, den ausländischen Journalisten, der als Zuschauer dem Fall Malagas beiwohnt. Seine Freunde verfrachten ihn in ein Auto, und sie fahren mitten in der allgemeinen Panik nach Alicante. Aber bei der ersten Verkehrsstockung springt er ab, er bleibt allein in Malaga zurück. Er sagt es nicht, aber man spürt, daß er zahlen will. Zahlen für die Generäle, die Verrat begangen haben, für die flüchtenden Soldaten, für die feigen demokratischen Regierungen, die nicht einzugreifen wagten. Zahlen, weil er sich für die menschliche-Realität verantwortlich fühlt und seine Geschichtlichkeit auf sich nehmen will. Komplize oder Märtyrer, das ist die Alternative. Und die eigene Entscheidung macht die Geschichte. Hätte ich den Krieg verweigert, dann hätte ich für die anderen bezahlt. Indem ich ihn akzeptiere, zahle ich auch, aber für mich allein.

Wir werden uns nicht mehr um das Telefon zu kümmern brauchen. Man schickt uns jemanden vom Pionierkorps zur Ablösung.

Ich möchte hier als Übung und als Beispiel und um den vorstehenden und folgenden Seiten ihre eigene Tonart zu geben, die Hauptmerkmale dessen notieren, was Lewin meinen «hodologischen Raum» nennen würde, das heißt die Gestalt der Welt, so wie sie mir von diesem Hotel Bellevue aus erscheint, die Wege, die sie durchziehen, ihre Löcher, ihre Fallen, ihre Perspektiven. Zunächst ist es eine Welt, die ich mir *angeeignet* habe. In den ersten Tagen war sie kalt und inert, nun ist sie *mein*; dieses Land, diese Kälte, dieser besondere Standpunkt, von dem aus ich Frankreich, Deutschland, Europa sich rings um mich ausbreiten sehe, das alles gehört mir. Querencia. Ich befinde mich auf einem Kamm der Welt, auf dem Dach der Welt (= auf einem Hügel). Die Welt ist Ebene, beherrscht von diesem Kamm (die Alpen, die Pyrenäen sind *unten*, beherrscht von dem Dach. Hier offensichtlich Synthese der realen Höhe dieser niedrigen Erhebung und der Tatsache, daß sie auf einer Landkarte oberhalb des Massivs der Alpen und der Pyrenäen liegen würde). Gewiß stellt diese Erhebung, die sich als ein Dach der Welt präsentiert, symbolisch meinen Willen dar, *den Krieg zu beherrschen*. So befinde ich mich also hoch oben auf einem schönen Zuckerhut von beherrschender Gelassenheit. Höher als alle anderen, denn auf diesem Dach der Welt steht ein Haus, und ich wohne im ersten Stock dieses Hauses. Materialisierung meiner Verachtung für die Schreiber: ich blicke auf sie herab. Eisiger und grauer Wirbelwind rings um das Haus: das Haus ist bald ein Schiff auf dem Kamm einer Welle, bald ein Leuchtturm. Abends, wenn ich allein in dem warmen Zimmer bin, in dem wir uns gewöhnlich aufhalten, ist es ein Leuchtturm, ich *weiß*, daß ich in einem runden Turm bin. Der Wind und die Kälte kapseln mich ab. Für mich hat Kälte immer den affektiven Klang von «Reinheit» und «Einsamkeit» gehabt. Deutschland hat sich entfernt – ich weiß nicht, warum. In Brumath spürte ich es dicht bei uns, warm und giftig. Hier – obwohl ich es bei schönem Wetter *sehen* kann (die grauen Hügel im Nordosten) – hat es nur eine abstrakte Nähe. Vielmehr bin ich an einem Ende der Welt, hinter mir liegen die heißen und lärmenden Städte, die Menschen und die *Felder*. Gewiß drängt mich eine Verlagerung der Richtung Etappe-Front von hinten zu den vordersten Linien. Und diese Verlagerung zeigt sich mir in jenem poetischen Schema, das, wie ich meine, auf alle kindlichen Phantasien wirkt: Leuchtturm am Ende der Welt, *finis terrae* usw. *Avantgarde*-Stellung, auch hier sieht man das Symbol. Daher eine leichte Verschiebung der Richtungen: die Straße, die vor dem Hotel vorbeiführt und aus Morsbronn kommt, scheint mir die von hinten nach vorn zu sein, da Morsbronn der letzte Vorposten der Welt ist (= es gibt dort noch Zivilisten). Also führt sie nach vorn, nach Deutschland und zur Linie der Front. In Wirklichkeit geht sie nach *Norden*, und die Front befindet sich eher zu meiner Rechten, wenn ich diesen Weg einschlage. Aber da der Norden außerdem für mich Reinheit, Isolierung, Stillstand des Lebens, *finis terrae* bedeutet, folgt daraus, daß ich einmal meine, die Straße gehe nach *Osten*, ein andermal, sie gehe nach Norden, aber dann liegt Deutschland am Ende. Deutschland, ich sagte es schon, als dunkles Meer und nicht als Gefahr.

Diesen letzten Vorposten der Etappe, Morsbronn, spüre ich in der Ferne, hinter mir, wie einen drohenden und giftigen (tropischen), aber grauen Dunst: zum einen, weil Pieter manchmal dort gewesen ist und mir gesagt hat: «Das ist Schmu.» Zum anderen, weil man da hinten «als

Soldat behandelt wird». Da hinten sind die Büros, wo man über mich verfügt, das Lazarett, wo man mich wegen eines Ja oder eines Nein nackt ausziehen lassen kann, wo man mich demnächst spritzen wird (die Spritze ist eine Gefahr, nicht an sich, da sie Anrecht auf 48 Stunden Ruhe verschafft, sondern weil sie dreimal im Abstand von jeweils acht Tagen verabreicht wird und man in der Zwischenzeit nicht in Urlaub fahren kann). Dennoch gibt es dort, im Herzen dieser giftigen Blume, warmes und ziviles Blut: ich stelle mir Salons mit Klavieren vor – weil Hantziger gesagt hat, er werde den Bürgermeister bitten, ihm Notenbücher zu leihen. Zwischen dem Dorf und dem Hotel *Bellevue* gibt es isolierte Vorposten: das Hotel, in dem die Poststelle untergebracht ist, und das Gehöft, das die Feldküche beherbergt. Wenn ich Paul zum Suppeholen begleite, wenn ich bei der Poststelle ein Päckchen abhole, bin ich *verkehrt*, ich gehe gegen den Strich, ich kehre meiner natürlichen Richtung, dem Norden, den Rücken, ich fühle so etwas wie einen empörten Luftwiderstand. Im Hotel selbst zwei Löcher im ersten Stock: ein Loch aus Licht und Wärme, das *home*, der den Wetterbeobachtern vorbehaltene Raum (Kabine des Kapitäns) – ein schwarzes Loch, in dem der Wind sich fängt und pfeift, ein eisiges Loch (weil Pieter den ganzen Tag das Fenster offenläßt): mein Zimmer. Es stößt ab: man taucht hinein wie in kaltes Wasser, wild entschlossen, die Zähne zusammenbeißend. Poetisch, weil es eine Art Schlitz auf das Land bildet: die Heide dringt durchs Fenster. Draußen die Kälte – eine Substanz, wie beim Wintersport –, eine metallische und reine Substanz, die man *berühren* kann, schon frühmorgens, wenn man hinausgeht, wie eine schöne glatte Stahlwand. Der Himmel – meine Dimension in der Höhe (wegen der kleinen Ballons, die ich hinaufschicke). Regloses Grau mit Luftströmen, deren Kurve man zeichnen kann. Der Himmel, der in *«Schichten»* zerfällt. Sowohl mein Aufgabenbereich, Gegenstand meines technischen Wissens, als auch das, was mich beherrscht. Eine Verlängerung meiner selbst nach oben und gleichzeitig ein Aufenthalt außer Reichweite. Ich weiß, daß er sogar an sonnigen Tagen, so wie die Milch, seine geheime eisige Schwärze hat. Weil man uns jeden Tag seine Temperatur in der Höhe durchtelefoniert. Zum Beispiel: – 50 in 8000.

So sieht das Schema meiner jetzigen Situation aus: symbolische Richtungen, Orientierungen, die meine Sorgen widerspiegeln, meine Beschäftigungen, meinen Beruf. Ich bedauere, daß ich diese Arbeit nicht für Brumath und Marmoutier getan habe; man hat Interesse daran, diese affektiven Stätten zu fixieren und vielleicht zu vergleichen. Diese Topographie zeigt recht deutlich, wie der Geist sich der Stätten bemächtigt und sie herrichtet. Wenn ich heute genau bestimmen will, auf welcher Existenzebene diese Geographie liegt, würde ich sagen, sie befinde sich auf der niedrigsten, der vorthematischen Ebene. Es ist der Fuß der Klippen. Wenn ich sie thematisiere, mache ich sie zum Delirium eines Verrückten, aber sie wird eben nie thematisiert. Sie liegt in der Geste, die ich mache, in meiner Abneigung, den Osten dort hinzusetzen, wo er sich befindet, usw. In Brumath konnte Paul, trotz wiederholten Versuchen, den Norden nie an die richtige Stelle bringen. Er klagte darüber, er sagte: «Wie ich es auch anstelle, ich lege ihn immer in den Osten.» Zugrunde lag diesem Irrtum, darauf würde ich schwören, ein Widerstand der affektiven Topographie.

Kierkegaard (*Der Begriff Angst*): «Das Verhältnis der Angst zu ihrem Gegenstand, zu etwas, was nichts ist (der Sprachgebrauch sagt denn auch prägnant: sich ängstigen um nichts) …»

Der Einfluß auf Heidegger ist unverkennbar: der Rekurs auf den prägnanten Satz «Wir ängstigen uns um nichts» steht fast wörtlich in *Sein und Zeit*. Aber für Heidegger ist die Angst Angst-vor-dem-Nichts [*Néant*], das nicht das Nichts [*Rien*] ist, sondern, wie Wahl sagt, «ein kosmisches Faktum, von dem Existenz sich abhebt». Dagegen geht es Kierkegaard um «eine psychologische Angst und um ein Nichts, das sich im Geist befindet». Dieses Nichts ist im Grunde die Möglichkeit. Möglichkeit, die noch nichts ist, da der Mensch im Stande der Unschuld noch nicht weiß, *wozu* sie Möglichkeit ist. Aber sie ist da, als Ankündigung der Freiheit: «Was an Adams Unschuld vorübergestreift ist als das Nichts der Angst, das ist nun in ihn selbst hineingetreten und ist hier wiederum ein Nichts, die ängstigende Möglichkeit zu *können*. Was ist es, das er kann, davon hat er keine Vorstellung ... Bloß die Möglichkeit zu können ist vorhanden als eine höhere Form von Unwissenheit, als ein höherer Ausdruck von Angst...»

Angst vor dem Nichts, mit Heidegger? Angst vor der Freiheit, mit Kierkegaard? Meiner Meinung nach ist das ein und dasselbe, denn die Freiheit ist das Erscheinen des Nichts in der Welt. Vor der Freiheit ist die Welt eine Fülle, die ist, was sie ist, ein dicker Brei. Nach der Freiheit gibt es unterschiedliche *Dinge*, weil die Freiheit die Negation hineingetragen hat. Und die Negation kann nur deshalb von der Freiheit in die Welt hineingetragen werden, weil die Freiheit ganz und gar vom Nichts durchdrungen ist. Die Freiheit ist ihr eigenes Nichts. Die Faktizität des Menschen besteht darin, der zu sein, der seine Faktizität nichtet. Dank der Freiheit können wir *imaginieren*, das heißt die Gegenstände der Welt sowohl nichten wie thematisieren. Dank der Freiheit können wir in jedem Augenblick von unserem Wesen abrücken, das dann seine Kraft verliert und im Nichts schwebt, unwirksam; die Freiheit bewirkt eine Unterbrechung, sie ist Abbruch des Kontakts. Sie ist Begründung der Transzendenz, weil sie über das hinaus, was ist, das entwerfen kann, *was noch nicht ist*. Schließlich negiert sie sich selbst, weil die künftige Freiheit Negation der gegenwärtigen Freiheit ist. Ich kann mich nicht engagieren, weil die Zukunft der Freiheit Nichts ist. Die Freiheit erschafft die Zukunft der Welt, indem sie ihre eigene nichtet. Und ich kann mich wiederum nicht engagieren, weil meine Vergangenheit gewordene Gegenwart durch meine kommende freie Gegenwart genichtet und aus dem Spiel gezogen ist. Ich werde ein andermal erklären, daß diese Merkmale der Freiheit keine anderen sind als die des Bewußtseins. Aber wenn nun durch den Menschen das Nichts in die Welt kommt, dann ist die Angst vor dem Nichts nichts anderes als die Angst vor der Freiheit oder, wenn man lieber will, die Angst der Freiheit vor sich selbst. Wenn ich beispielsweise gestern eine leise Angst vor dem Wein empfunden habe, den ich trinken *konnte*, aber nicht trinken *durfte*, so deshalb, weil das «ich darf nicht» bereits Vergangenheit war, es war weggerückt, ausgeschaltet, wie das Wesen, und *nichts* [*rien*] konnte mich daran hindern zu trinken. Genau vor diesem *nichts*-da ängstigte ich mich, vor diesem Nichts [*néant*] der Mittel des Einflusses meiner Vergangenheit auf meine Gegenwart. *Nichts* zu machen. Und das berühmte: «Ich habe Angst vor mir» ist ja gerade eine Angst vor *nichts*, weil *nichts* mir erlaubt, vorauszusehen, was ich tun werde, und weil, selbst wenn ich es voraussehen könnte, *nichts* mich daran hindern kann. So ist die Angst wirklich die Erfahrung des Nichts [*Néant*], und dennoch ist sie kein psychologisches Phänomen. Sie ist eine existentielle Struktur der menschlichen-Realität, was nichts anderes ist als die Freiheit, die sich ihrer selbst als ihres eigenen Nichts bewußt wird. Die Ängste vor dem Nichts [*Néant*] der Welt, vor den Ursprüngen des Existierenden sind abgeleitet und sekundär. Es sind Probleme, die im Licht der Freiheit erscheinen. Die Welt an sich *ist* und kann nicht nicht sein. Ihr *faktischer* Charakter erlaubt es nicht, sie zu deduzieren oder ihr ein *Vorher* zu unterstellen. Ein Problem des Ursprungs der Welt gibt es nur durch das Einwirken der Freiheit auf die Dinge. So ist das existentielle Erfassen unserer Faktizität der Ekel, und das existentielle Erfassen unserer Freiheit ist die Angst.

Dienstag, 19.
«Die Angst vor der Sünde bringt die Sünde hervor. Läßt man die böse Lust, die Konkupiszenz usf. dem Individuum angeboren sein, so erhält man nicht die Zweideutigkeit, in welcher das Individuum beides wird, schuldig wie unschuldig. In der Ohnmacht der Angst aber sinkt das Individuum zusammen, aber eben darum ist es beides, schuldig wie unschuldig» (Kierkegaard).

Die Angst vor einem Möglichen, das man nicht verwirklichen will, ist faktisch die Angst vor dem Nichts [*Néant*], das einen von diesem Möglichen trennt, vor dem Faktum, daß man durch *Nichts* [*Rien*] daran gehindert wird, es zu verwirklichen. Sie zielt also darauf ab, dieses Nichts zu beseitigen, indem sie das Mögliche verwirklicht. Sobald sie dieses Mögliche, statt es abzulehnen, zu ihrem eigenen Möglichen macht, besteht volle Zustimmung der Freiheit zu der Möglichkeit, Entwurf und Skizze der Handlung. In diesem Augenblick verschwindet das Nichts, es besteht Fülle. So bringt die Verfehlung vorübergehend die Angst zum Verschwinden, indem sie das Nichts durch die volle Faktizität ersetzt. Man muß auch bedenken, daß, wenn *nichts* uns daran hindert, die inkriminierte Handlung zu *tun*, uns auch *nichts* dazu zwingt. Und dieses andere *Nichts* ist ebenfalls in der Angst gegeben. Es ist das positive Nichts in der Freiheit, von ihm leitet sich die Verantwortung her. Dieses Nichts wird in der Tatsache erfaßt, daß die Anlässe, die geneigt machen könnten, ein Mögliches zu realisieren, von diesem Möglichen immer durch einen Hiatus von nichts [*néant*] getrennt sind. Anlässe, menschliches Wesen, Affektivität, Vergangenheit werden im Schoß der Freiheit festgehalten, sie sind in der Schwebe, und gleichzeitig umreißt die Freiheit in der Zukunft das zu realisierende Mögliche. Aber es besteht niemals *Kontakt* zwischen den so festgehaltenen Anlässen und dem so umrissenen Möglichen. Die Anlässe machen stets nur geneigt.

So fehlt im Innern des Bewußtseins ein Glied, und das Fehlen dieses Gliedes beraubt uns jeder Entschuldigung. Aber verstehen wir recht, daß dieses Nichts [*Néant*] nicht ein schlechthin gegebenes Loch ist. Wäre dem so, dann wäre dieses Nichts ein Gegebenes –, was uns zum Sein und zur Faktizität zurückführen würde. Ein Nichts, das ein Sein wäre, das hat keinerlei Sinn. In Wirklichkeit ist dieses Nichts ein Nichts, das wir sind. Für das Bewußtsein ist die Existenz Nichtung von sich. Der Ursprung der Verantwortung ist dieses erste Faktum, daß wir uns als eine Lücke zwischen den Anlässen und der Handlung realisieren. Genau dafür sind wir vor allem verantwortlich: verantwortlich dafür, daß die Handlung nicht auf natürliche Weise den Anlässen entspringt. Aber das Mögliche selbst kann nur eine bestimmte Konkretion des Nichts sein, da seine Existenz als *mein* Mögliches nicht darin besteht, als eine Realität vorgesehen zu sein, die *sein wird* – sondern darin, als eine Realität aufrechterhalten zu werden, die *sein könnte*. Es gibt also in der Dringlichkeit des Möglichen eine bestimmte Nichtheit [*néantité*]. Man sieht auch, daß das Mögliche dem Sein nicht vorausgehen kann. Ganz im Gegenteil, die ursprünglichen Möglichkeiten sind meine eigenen Möglichkeiten und entspringen meiner «Faktizität-als-Sein-das-sein-eigenes-Nichts-ist». Die Möglichkeiten der Welt, durch äußere Beziehungen mit den Dingen verbunden, wie wenn ich zum Beispiel sage, «es ist möglich, daß das Feuer ausgeht – daß der Wind sich legt – daß die Flasche zerbricht», sind ganz offensichtlich abgeleitete Möglichkeiten, Spiegelungen meiner eigenen Möglichkeiten auf den Dingen. Wir finden also hier die Dreiheit wieder: Nichts – Mögliches – Sein, aber in einer neuen Reihenfolge. Das Sein hat Vorrang, und das Mögliche erscheint erst am Horizont eines Nichts. Freilich muß dieses Nichts Nichts eines Seins sein, das sein eigenes Nichts ist.

Man sieht, daß die Verfehlung ein Versuch ist, das Nichts mit Sein zu füllen. Die Verfehlung ist immer Ungeduld vor der Angst, Flucht des Nichts ins Reale.

Das Bewußtsein ist Erleichterung von Sein. Das Für-sich-sein ist ein Zerfallen des An-sich-seins. Das vom Nichts durchdrungene An-sich-sein wird zum Für-sich-sein.

Man erkennt den Ursprung der dritten Hauptkategorie der Modalität: die Notwendigkeit. Es besteht Vorrang des Möglichen vor dem Notwendigen, wie Kant deutlich erkannt hat, der das Notwendige definiert als: Existenz, die durch die Möglichkeit selbst gegeben ist. Eben das, was wir den eigentlichen Gegenstand der Freiheit nennen werden. Die Freiheit ist wiederum Nichts [*Néant*], weil sie darauf abzielt, sich selbst zu beseitigen, indem sie das Nichts, das sie enthält, nichtet. Das Ideal der Freiheit ist also ein Mögliches, das sich verwirklicht, ohne der Verantwortung zu bedürfen, ein Mögliches, das sofort eine *Entschuldigung* ist. Der heimliche Traum jeder Freiheit ist die Beseitigung des Hiatus zwischen den Anlässen und der Handlung. Beseitigen wir durch das Denken den Hiatus, so sind wir deshalb noch nicht zur reinen Existenz gelangt, da wir den zeitlichen Abstand zwischen Anlässen und Möglichkeiten bewahren. Aber nun verwirklichen sich die Möglichkeiten von ihrer eigenen Konzeption her. Von diesem Augenblick an «ist das nicht meine Schuld». Jede Entschuldigung beruft sich also auf die Notwendigkeit. Aber die Notwendigkeit bleibt natürlich auf dem Boden der Werte und begibt sich niemals auf den Boden der Existenzen hinab. In dieser Hinsicht sieht man, was das Ideal aller Möglichkeiten ist: eine menschliche-Realität, die ihre eigene Notwendigkeit ist, das heißt, der es genügt, ihr eigenes Mögliches zu sein, um ihre eigene Existenz zu werden; eine menschliche-Realität, in der die Leere des «Für-sich» ausgefüllt ist und die ihre eigene Begründung ist. Die Notwendigkeit ist also eine Kategorie des Handelns, eine *moralische* Kategorie, und nur durch das Einwirken der Freiheit auf die Dinge kann sie als eine Struktur des Realen erscheinen. Der erste Sinn der auf die Dinge bezogenen Notwendigkeit ist immer der einer *Entschuldigung*. «Was ich *notwendig* brauche» («Ich nehme mit, was ich notwendig brauche», «Unterscheiden wir das Überflüssige vom Notwendigen», «Seine Ausgaben auf das unbedingt Notwendige beschränken»), ist das, dessen Fehlen eine zeitweilige oder ständige Entschuldigung für mich wäre. Der Mangel an Notwendigem zum Beispiel kann bei einem «Notleidenden» eine *Entschuldigung* für den Diebstahl sein, den er begangen hat. Daher sind alle Wissenschaften des Notwendigen normative Wissenschaften, weil sie alle Fälle untersuchen, in denen das Bewußtsein abtreten kann. Und natürlich bleiben solche Fälle strikt ideal.

Wenn man dauernd mit denselben Leuten in der Defensive lebt, wird man am Ende gegen seinen Willen von dem Stil und dem Sinn jeder ihrer Gesten angefüllt, unmöglich, dem zu entgehen. Die Art, wie Pieter einen Stuhl holt, ist Pieter eigentümlich, und ich erkenne in ihr den ganzen Pieter. Mit Riesenschritten schleicht er sich an den Stuhl heran, etwas vorgebeugt, unheimlich leise und verschmitzt, er will, daß jeder merkt, wie leise er ist, wie Kinder es machen, und gleichzeitig ganz verwundert, etwas zu tun, was Zeit in Anspruch nimmt und trotzdem nicht ausdrücklich dem Gesellschaftlichen dient. Aber er pariert diese Verwunderung, dieses Unbehagen, das ihn befällt, als ob die Luft um ihn dünner würde, indem er sich das, was er tut, unter gesellschaftlichem Gesichtspunkt vorstellt. Man spürt, daß er sich zum Tribunal macht und sich mit Glückwünschen für die schöne und diskrete Art, mit der er den Stuhl geholt hat, freispricht. Aber es bleibt ihm etwas Spitzbübisches und Maliziöses, als würde er uns einen Streich spielen, immerhin weiß er, daß er Krach macht. Kurz, er kann nicht umhin, *für uns* einen Stuhl zu holen, obwohl wir in unsere Lektüre oder unsere Schreibarbeit vertieft sind. Er spielt die Komödie, einen Stuhl zu holen, in eben dem Augenblick, da er ihn holt. Eine gesittete und rechtschaffene Komödie im übrigen: «Ich hole einen Stuhl. Es ist mein gutes Recht, einen Stuhl zu holen. Jeder wird gutheißen, daß ich einen Stuhl hole» usw. Dennoch liegt Zärtlichkeit in der Art, wie er sich an den Stuhl heranschleicht, er wirkt wie die naschhafte Alte, die «sich was Gutes kocht». Er gibt sich ein zärtliches Stelldichein in der Zukunft; wie wird er sich bald lieben auf diesem Stuhl! Und mit sich und den anderen zufrieden, mit uns kommunizierend bei der kleinen Überraschung, die er sich bereiten wird, packt er den Stuhl mit gutmütiger Miene und trottet mit ihm zum Ofen, vor den er sich dann setzt.

Genau *das* möchte ich gern bei mir erfassen und beschreiben können: den Stil meiner Handlungen, wie sie jemandem vorkommen, der gereizte Nerven hat und den ich seit drei Monaten ärgere. Ich fürchte, daß es unmöglich ist, ich werde es trotzdem versuchen.

Meine Kumpane werden den Gehilfen von K. in *Das Schloß* immer ähnlicher. Ich habe ihnen zu oft die Leviten gelesen – was sie vorderhand duckmäuserisch akzeptieren, ohne ein Wort zu sagen. Jetzt belauern sie mich, um mich bei einem Fehler zu ertappen, und zwingen mich, mich zusammenzunehmen. Pieter nennt mich einen «Kriegsprofitler», weil ich vom Krieg profitiere, um zu schreiben; er hat mich im Verdacht, daß ich an ihnen Argumente ausprobiere, moralische Grundsätze und Experimente, die mir als Vorlage dienen. Paul, der zum Gegenangriff übergeht, wirft mir meine Unaufrichtigkeit vor – weil ich angefangen habe, ihm die seine vorzuwerfen. Beide werden sauer, wenn ich sie rüge, und tun so, als glaubten sie, aus mir spreche schiere Aggressivität. Gleichzeitig überwachen sie mich. Beim ersten Fehler, welch ein Triumph. Gestern zum Beispiel war ich mit Pieter essen gewesen, und als er sich wunderte, daß ich Brot und Wein ablehnte, erklärte ich ihm meine Diät. Nun ergab es sich aber, daß das Menü aus Kalbskotelett und Rosenkohl bestand. Die Koteletts waren reichlich dünn, und Rosenkohl mag ich nicht. So daß ich kaum etwas gegessen habe. Ich spürte übrigens, als ich die paar Happen kaute, die mir aufstießen, daß ich Entschuldigungen und Rechte sammelte – nur um sie am Abend verwenden zu können, wenn ich Lust dazu hätte; ich befand mich in der Situation des Heiligen, der sagt: «Es ist zuviel, o Herr, es ist zuviel!», wobei ich vage einige Gedanken wälzte wie: «Ja, ich habe beschlossen, abends zu fasten, aber nur unter der Voraussetzung, daß ich mittags eine anständige Mahlzeit zu mir nehme. Ich esse ja schon kein Brot ...» usw. usw. Die Klagen mochten ja noch angehen, wenn sie das Ergebnis einer aufrichtigen Entrüstung gewesen wären; aber sie waren beflissen und vorsorglich, sie sahen weit voraus. Es gäbe viel zu sagen über die geduldige Kunst, sich Entschuldigungen zu basteln, das heißt, sich etwas zurechtzuzimmern, was so konstruiert ist, daß es *notwendig* dem Druck der Umstände nachgeben muß. So wird man jene dünne Schicht an Nichts, die die Anlässe von der Handlung trennt, so stark wie möglich komprimieren. Aber man vergißt immer, daß es die Freiheit ist, die urteilt, daß die Beziehung der Anlässe zur Handlung notwendig ist, man verschiebt das Nichts, beseitigt es jedoch nicht: man bleibt ohne Entschuldigung. Da es sich um eine faule, innere Hexenküche handelte, war ich so taktvoll, Pieter nichts davon zu sagen, und ich hütete mich sogar, ihm mitzuteilen, daß ich fast nichts gegessen hatte, was die reine Wahrheit war. Gegen fünf Uhr abends fing ich an, Hunger zu haben. Eine knappe Stunde rutschte ich auf meinem Stuhl herum, dann stand ich auf, nahm ein Stück Brot und spießte es mit dem Messer auf: der Hunger hatte die seit Mittag sorgsam gespeicherten Klagen und Rechte geweckt und ihnen neues Leben eingehaucht. Dabei sind mir Entschuldigungen zuwider, und ich habe meinen Stolz immer darein gesetzt, keine zu haben: oder ich sage, wenn man mich ertappt, daß ich keine Entschuldigung habe – oder wenn die Entschuldigung parat ist wie gestern, drehe ich sie um, ich raube ihr den Sinn einer Entschuldigung und stelle mich in meinen Augen als einen hin, der sich nach Akteneinsicht frei entscheidet. Die Entschuldigung wird dann einfach ein sachliches Argument, das ich unparteiisch prüfe, in der einzigen Sorge, mich für das Beste zu entscheiden. Ich erklärte also in sachlichem Ton, den Kumpanen zugewandt: «Ich habe heute mittag sehr wenig gegessen, deshalb beschließe ich, heute abend eine kleine Ausnahme bei meiner Diät zu machen.» Ich sagte das völlig arglos, mehr für mich als für sie, da ich viel zu sehr von meinen inneren kleinen Schweinereien in Anspruch genommen war, um auf ihr Urteil zu achten. Daher war ich von dem Resultat wie vor den Kopf geschlagen: es gab ein fürchterliches Spektakel, sie bogen sich vor Lachen, prusteten los, stampften mit den Füßen, schnitten Grimassen und blinzelten mir zu. Pieter wollte etwas sagen, aber er konnte es nicht, weil er zu sehr lachte. Schließlich brachte er doch ein paar Worte heraus, die besagten, daß ich bloß Theater spiele und meinen Appetit ebensowenig zügeln könne wie andere. Ich hielt noch immer das mit dem Messer aufgespießte Brot, ich antwortete würdevoll, aber kleinlaut, daß ich wirklich sehr wenig zu Mittag gegessen hätte. Woraufhin Paul – der nicht im Restaurant gewesen war – Pieter fragte: «Stimmt das? Er hat nicht viel gegessen?», im strengen Ton eines Richters, der sich informiert. Und Pieter: «Ach was! Er hat ganz normal gegessen.» Ich kochte vor Wut, aber was tun? Ich entschloß mich, darüber zu lachen, und sagte: «Ihr habt recht, ihr zeigt mir, was ich tun muß. Wie gut, daß ich euch habe!» Woraufhin ich das Brot zurücklegte, das Messer in meine Tasche steckte und mich wieder an die Arbeit machte. Ich rechnete damit, daß ihr Gelächter anhalten würde – ich selbst hätte in solchem Fall den Gegner bestimmt nicht losgelassen, ich wäre «am Mann» geblieben. Aber sie waren durch meine Zustimmung konsterniert, gaben keinen Laut mehr von sich und boten mir sogar, nachdem sie die Suppe geholt hatten, Bohnen an und baten mich, welche zu essen. Ich glaube, sie hatten Angst, ich könnte aus Eitelkeit verhungern. Ich lehnte natürlich alles ab, tief gekränkt und mit knurrendem Magen. Aber heute, zumindest was das Mittagessen betrifft, geht alles glatt, es kommt mir ganz *natürlich* vor, zum Essen nichts zu trinken und kein Brot zu essen. Und schon ist es fast *natürlich*, nicht zu Abend zu essen, das heißt, daß meine Tagzeit, die gestern noch von zwei Balken unterbrochen war, dem Mittagessen und dem Abendessen, heute in freiem Faltenwurf endet; der Nachmittag flattert weich und glatt unter dem Mittagessen wie eine Flagge auf Halbmast unter ihrem Schaft, ich erwarte nichts, was ihn verderben könnte.

So zwingen mich die Kumpane, frei zu sein.

Castor schreibt mir (unter Samstag, dem 16.): «Ich habe den Eindruck, daß Sie seit Morsbronn weit mehr von der Welt abgeschnitten sind als vorher, weit mehr in der Einsamkeit eingeschlossen … Sie kommen mir vor Einsamkeit ganz wattiert vor, ganz eingesperrt mit dem Telefon, dem heißen Ofen und Ihren moralischen Gedanken.»

Stimmt das? Ich weiß es nicht. Mir scheint, daß ich mich an den Krieg und an Brumath bereits gewöhnte, als Castor Anfang November herkam und ihr Kommen wie eine Zeitbombe gewirkt hat, meine Ruhe einige Tage nach ihrer Abreise ausrenkte und mich schließlich zu den Gefühlszuckungen vom November führte. Und ich denke, daß ich mich nach der Krise, wie immer in solchen Fällen, sogleich wieder zugeknöpft habe, und als Reaktion darauf habe ich begonnen, mich nur noch um meine kleinen Angelegenheiten zu kümmern. Im Grunde bin ich sehr ruhig und zufrieden im Augenblick. Jedenfalls verstehe ich diesen November nicht ganz, es hat da einen seltsamen Seegang gegeben.

Heute morgen, als ich in dieses Heft schrieb, daß ich versuchen wollte, den Stil meiner Gesten einzufangen, habe ich wie ein Maniker der Analyse auf mich gewirkt, in der Art Amiels. Dabei habe ich mehr als fünfzehn Jahre hinter mich gebracht, ohne mir beim Leben zuzuschauen. Ich interessierte mich überhaupt nicht für mich. Ich war neugierig auf die Ideen und auf die Welt und auf das Herz der anderen. Die Psychologie der Introspektion schien mir mit Proust ihr Bestes gegeben zu haben, ich hatte mich zwischen meinem 17. und meinem 20. Lebensjahr voll Trunkenheit darin versucht, doch hatte ich den Eindruck, daß man in dieser Übung sehr rasch Meister wird und daß die Ergebnisse zudem recht eintönig sind. Und dann brachte mich der Hochmut davon ab, mir schien, daß man die kleinen Gemeinheiten nur vergrößerte, ihnen Kraft verlieh, wenn man seine Nase hineinsteckte. Erst der Krieg und mehrere neue Disziplinen (Phänomenologie, Psychoanalyse, Soziologie) sowie *L'âge d'homme** von Leiris brachten mich dazu, ein lebensgroßes Porträt von mir zu zeichnen. Und kaum habe ich mich auf dieses Unternehmen eingelassen, verbeiße ich mich schon, aus Hang zur Systematik, Neigung zur Totalität gebe ich mich ihm ganz hin, wie besessen. Ich will ein möglichst vollständiges Porträt zeichnen, so wie ich, als ich klein war, die ganze Serie von *Buffalo Bill* und *Nick Carter* haben

* Deutsch: *Mannesalter*.

wollte und wie ich, etwas später, alles über Stendhal wissen wollte usw. Bestimmt gibt es bei mir einen Mangel an Maß: Gleichgültigkeit oder manische Verbissenheit, entweder – oder. Aber ich denke nicht, daß es von Vorteil ist, sich sein Leben lang zu entblößen. Weit gefehlt. Ich verabscheute Tagebücher, und ich dachte, daß der Mensch nicht geschaffen ist, sich selbst zu betrachten, daß er seinen Blick immer nach vorn richten muß. Ich habe mich nicht verändert. Mir scheint nur, daß man unter besonderen Umständen und wenn man im Begriff ist, sein Leben zu ändern wie die Schlange, die sich häutet, diese tote Haut betrachten kann, dieses spröde Bild der Schlange, das man hinter sich läßt, um Bilanz zu ziehen. Nach dem Krieg werde ich dieses Heft nicht weiterführen, oder wenn ich es weiterführe, werde ich darin nicht mehr von mir sprechen. Ich will nicht bis ans Ende meiner Tage von mir selbst heimgesucht werden.

Gelesen – seit der letzten Aufzählung meiner Lektüre:
Mac Orlan: *Sous la lumière froide* [Unter dem kalten Licht]
Paul Morand: *Ouvert la nuit* [zusammen mit *Fermé la nuit* deutsch:*Nachtbetrieb*]
Marivaux: Ausgewählte Theaterstücke
Mérimée: *Mosaïque*
Mérimée: *Colomba*
Flaubert: *L'éducation sentimentale* [deutsch: *Erziehung der Gefühle* oder *Erziehung des Herzens*]
Mac Orlan: *La cavalière Elsa* [deutsch: *Die Reiterin Elsa*]
Kierkegaard: *Le concept d'angoisse* [deutsch: *Der Begriff Angst*]
Dorgelès: *Les croix de bois* [deutsch: *Die hölzernen Kreuze*]

Heute erhalten:
Lucien Jacques: *Carnets de moleskine* [Moleskinhefte]

Maurois: *Les origines de la guerre 1939* [Die Ursprünge des Krieges 1939]
Mac Orlan: *Le quai des brumes* [Kai im Nebel]
Mac Orlan: *Maître Léonard*[2]
Lesage: *Le diable boiteux* [deutsch: *Der hinkende Teufel*]
Larbaud: *A. O. Barnabooth* [deutsch: ebs.]

Mittwoch, 20.
Schönes Vorwort von Giono zu den *Carnets de moleskine*. «Wenn man nicht genug Mut hat, Pazifist zu sein, ist man Krieger. Der Pazifist ist immer allein.»

«Der Krieger ist sicher, mit der größten Zahl übereinzustimmen. Wenn es eine Sache der Mehrheit ist, kann er ganz ruhig sein, er gehört dazu ... Wenn er Größe braucht, wie alle Welt, dann findet man für ihn gewöhnlich eine Größe ‹nach seiner Statur›. Alles ist schon für ihn vorbereitet. Wenn ein Mensch davor zittert, daß er eines Tages gezwungen sein könnte, über den Menschen hinauszuwachsen, so zittere er nicht mehr und werde Krieger, oder, noch einfacher, lasse er alles mit sich machen, gebe sich auf, und man wird ihn offiziell zu den Kriegern stekken ... Das ganze Spiel des Krieges wird mit der Schwäche des Kriegers gespielt ... Der einfache Soldat: weder gut noch schlecht, darin verstrickt, weil er nicht dagegen ist. Er wird hier ohne Umstände das Los der Krieger erleiden, bis zu dem Tag, wo er, wie der Held von Faulkner, entdekken wird, daß ‹jeder aus Versehen blind in den Heroismus fallen kann, so wie man in einen weit offenen Gully mitten auf dem Bürgersteig stolpert ...›. Es ist absurd zu behaupten, eine Armee, die aus Millionen Menschen besteht, sei die Personifizierung des Muts: es ist die Folge der Bequemlichkeit.»

Die Hefte selbst sind matt und grau, sie sagen nichts

[2] Sartre irrt sich: der genaue Titel lautet: *Le nègre Léonard et maître Jean Mullin.*

Neues. Retrospektiver Aspekt des Krieges von 1914 in allen diesen Büchern. Er erscheint mir nicht mehr, wie noch im letzten Jahr, als das Bild *des* Krieges, sondern als ein bestimmter Krieg, eine bestimmte ungeordnete Schlächterei, die stattgefunden hat, weil die Generäle die Technik dessen, was Romains die «Menschenmillion» nennt, noch nicht erfunden hatten.

Ville, Oberleutnant der Artillerie, schreibt an Castor: «Die Lage ist so stagnierend, daß manche von Zeit zu Zeit wünschen, es möge sich ändern. Doch wenn sie plötzlich überlegen, daß wir, wenn es sich ändert, Schläge einstecken werden, nehmen sie ihre unbedachten Worte zurück und sprechen sich für den Status quo aus. Worauf ein anderer entgegnet, daß der Status quo uns dazu verurteile, bis zum Greisenalter hierzubleiben. Dann spricht man von etwas anderem. Das Problem ist sehr schwierig; unterdessen vergehen die Tage, leider.

Ich weiß nicht so recht, was in der Etappe vor sich geht; die Zeitungen sind so dumm, daß niemand sie liest, obwohl wir sie aus Gewohnheit kaufen. Was wir im Augenblick denken, läßt sich in einem Wort zusammenfassen: nichts. Wir warten auf den Frühling, graben, verkriechen uns unter Schichten von Rundholz. Vielleicht hätten wir ja ein paar persönliche Ideen, wenn wir manchmal allein sein könnten. Aber der Soldat ist niemals allein; oder wenn er es ist, hat er nasse Füße, und das lähmt den Verstand.»

Barnabooth verkauft all sein Hab und Gut: «seine Schlösser, seine Jacht, seine Automobile, seine großen Güter …», und er nennt das «seinen Reichtum entmaterialisieren». Die Geste ist inspiriert von der Ménalques, von der Michels in *L'immoraliste**. Eine Gidesche Geste.

* Deutsch: *Der Immoralist*.

Das Wort «entmaterialisieren» macht mich nachdenklich. Denn im Grunde geht es ja darum, sich von den *Gütern* als dem konkreten Aspekt des Reichtums zu lösen und nur seinen *abstrakten* Aspekt zu bewahren: das Geld. Hier übrigens in Form von Aktienpaketen und Schecks. Und das ist im Grunde der Rat, den Gide gibt und den Barnabooth befolgt. Seinen realen Besitz eintauschen gegen den symbolischen Besitz, den Reichtum in Form von Immobilien gegen den Reichtum in Form von Zeichen. Es ist kein Zufall, daß Gide die Verfügbarkeit predigt. Im Grunde ist das Gidesche Verfügbare der Mensch, der die Verfügbarkeit über seine Kapitalien besitzt. Und ich sah deutlich, daß Gides Moral einer der Mythen ist, die den Übergang vom bürgerlichen Grundeigentum – konkreter Besitz *des* Hauses, der Felder, *des* Bodens, intimer Luxus – zum abstrakten Eigentum des Kapitalismus kennzeichnen. Der verlorene Sohn, das ist der Sohn des reichen Getreidehändlers, der Bankier wird. Sein Vater hatte Kornsäcke, er hat Aktienpakete. Besitz von *nichts*, aber dieses Nichts ist eine Hypothek auf alles. Suche Gott, Nathanael, nicht anderswo als überall: wirf den materiellen Besitz von dir, der den Horizont versperrt und Gott zu einem tiefen Zurückgezogensein macht, tausche ihn gegen den symbolischen Besitz, der es dir erlauben wird, Eisenbahnen und Schiffe zu nehmen und Gott überall zu suchen. Und du wirst ihn überall finden, sofern du nur deine Unterschrift auf das kleine Stück Papier in deinem Scheckbuch setzt. Ich übertreibe nicht: genau das ist es, was der Gidesche Barnabooth «glühende Gottsuche» nennt. Und Gide selbst, bald Reisender, bald Oberhaupt der patriarchalischen Gemeinde von Cuverville, ist eine große Gestalt des Übergangs zwischen dem Besitzbürgertum des 19. und dem Kapitalismus des 20. Jahrhunderts. Außerdem muß man bedenken, daß die, gänzlich Gidesche, Exotik des 20. Jahrhunderts ihrer Bedeutung nach Kapitalismus ist. Sie hat nicht einmal mehr den wahren Sinn von *Ex*-otik (also: sich vom Haus entfernen). Die alte Exotik verstand sich in bezug auf feste Koordinaten: das *Gut*, das man in der Heimat besitzt:

Glücklich, wer wie Odysseus, nach einer langen Reise …

Die zeitgenössische Exotik beginnt mit der Behauptung der Äquivalenz aller Koordinaten. Was heißt, daß man überall ein Pfund Sterling «wechseln» kann. Es gibt keinen privilegierten Standpunkt, die Welt zu sehen. Das heißt, man kann das Pfund Sterling als abstrakte Kaufkraft betrachten, die sich nach Belieben in Mark, Francs, Öre, Pengös usw. zerlegen läßt. Die klassische Exotik, das ist der Seidenfabrikant aus Lyon, der seinen jungen Sohn nach China schickt, um ihn für die Geschäfte auszubilden. Der junge Mann wird mitten in seinem chinesischen Leben Lyoner bleiben; er ist in China, um besser Lyoner zu sein, um später sein Lyoner Vermögen besser ausnutzen zu können. Die kapitalistische Exotik hat keinerlei Haltepunkt: der Reisende ist in der Welt verloren. Er ist überall zu Hause und nirgends. Daher der neue Aspekt der literarischen Exotik: alles, was man sieht, auf gemeinsame Strukturen zurückführen – statt wie früher den Fremdling dem Haus *entgegensetzen*. Im bunten Aspekt der lokalen Sitten den allgemeinen und überall gleichen Zwang des Kapitalismus zeigen. Den morschen, moribunden Aspekt der Sitten betonen, ihm poetische Effekte abgewinnen (während die alte Exotik poetische Effekte aus der spontanen Üppigkeit der lokalen Sitten gewann). Zum Beispiel schreiben wie Larbaud in *Barnabooth*, daß Florenz «eine merkwürdige amerikanische Stadt, im Stil der italienischen Renaissance» ist. In diesem Sinne erschien mir eine Mohammedanerin mit ihren Schleiern rittlings auf einem Fahrrad, die ich einmal zwischen Agadir und Marrakesch traf, als der Inbegriff der zeitgenössischen Exotik.

Die Affäre der *Graf von Spee*. Vorsicht und List auf seiten der Alliierten. Man verkündet der ganzen Welt, daß die *Renown* und die *Ark Royal* das deutsche Schiff bei seinem Auslaufen aus dem Hafen erwarten. Es bekommt Angst und sinkt. Die *Renown* und die *Ark Royal* waren 1000 Meilen von dort entfernt. Vergleichbar mit unserem geheimen Rückzug Anfang Oktober: die Deutschen, vom Widerstand einiger Vorposten getäuscht, rücken ins Leere vor und geraten in ein Sperrfeuer. Zu vergleichen mit den Prinzipien von 14, dem Heldentum, dem fairen Krieg. Diesmal beabsichtigen wir, einen Krieg der Schwindler, der Falschspieler zu führen. Einen Krieg gegen die militärische Ehre. Die Deutschen machen es übrigens genauso: Selbstmord der *Graf von Spee*. Hitler hat zu Rauschning[3] gesagt: «Ich kann mit Rittern nichts anfangen.» Die französischen Zeitungen, die keine fürchten, haben die Kühnheit, es ihm vorzuwerfen und die Preisgabe der *Graf von Spee* zu tadeln. Aber nur, weil es gilt, die Legende der militärischen Ehre noch einige Zeit in der Etappe aufrechtzuerhalten. In Wirklichkeit wird der Krieg gegen sie geführt, so wie man ihn gegen den Krieg von 14 führt. Er wird für immer ruiniert daraus hervorgehen. Glücklicherweise. Gewiß hat es schon immer Kriegslisten gegeben. Aber dieser Krieg hier will nur mit Listen arbeiten. Noch zwei oder drei Jahre dieses Kalibers, und der Begriff der Tapferkeit wird sich mit dem Frieden, der Begriff der Feigheit mit dem Krieg verbinden. Übrigens scheint man ihn im Ausland genau unter diesem Aspekt der Langeweile ohne Größe zu sehen. Mein Schüler Christensen schreibt mir aus Norwegen: «Es gibt eine Mannerheimlinie, die Helsinki verteidigt. Diese Region erinnert an den Stellungskrieg, wie Sie ihn kennen. Und dort stirbt man vor Lange-

3 Rauschning, persönlicher Freund Hitlers, wandte sich später gegen den Nazismus. Er ist der Verfasser insbesondere von *Gespräche mit Hitler* und *Die Revolution des Nihilismus*.

weile, zumindest im übertragenen Sinn. Trotzdem hoffe ich, daß das Verfassen einiger Bücher Sie ein wenig beschäftigt.»

Donnerstag, 21.
Bezaubert von *Barnabooth*. Es ist edel und anmutig. Stark von Gide beeinflußt, dessen Themen das Buch bis ins Mark durchdringen. Das Wort «Inbrunst» [*ferveur*] wird sogar ausgesprochen. Und die Kritik der Barrès-Anhänger im Namen des Lebens: sich weigern, in die Uffizien zu gehen, und genüßlich in einem Tingeltangel versumpfen. Wir alle sind zu *dieser* Art des Reisens geschult worden. Wir alle haben genauso gewissenhaft den Barrio Chino von Barcelona, das Hafenviertel von Hamburg oder einfach die Arbeitersiedlungen von Trastevere besichtigt, wie sich die Deutschen zwanzig Jahre früher mit dem Baedeker in der Hand die Kupferstichsammlungen ansahen. Auch wir hatten unsere Baedeker, aber sie fielen nicht auf. Und auch jener kurze Abend, den ich in einem Bordell in Neapel verbrachte, in das Matrosen mich geführt hatten, war noch großer Tourismus. Kurz, ich habe in den Büchern und dem Klima der Zeit jene Neigung gefunden, die Gegenstände zu demokratisieren, eine Neigung, die vor fünfunddreißig Jahren heftige Gefechte mit der Feder und große Skandale auslöste – und die wie eine Fortsetzung des romantischen Kampfs um die Demokratisierung der Wörter anmutet. Um 1910 wurde die gleiche Arbeit gegen Gobelins und Gemälde, seltene Bauwerke unternommen wie 1830 gegen die alten Wörter des Repertoires. Auch Gide hätte ein Glasfenster von Chartres, ein Porträt von Chardin als etwas Altmodisches behandeln können. Aber als *wir* kamen, war das Gefecht vorbei. Man hatte für uns das Recht erstritten, auf den Docks von London zu flanieren, statt in die National Gallery zu gehen, das Recht, sich im Boushbir von Casablanca Bauchtänze anzusehen, das Recht, ganze Tage in den armseligen Knei-

pen rings um den Berliner Alexanderplatz zu verbringen. Wir reisten so ganz zwanglos, «überall Gott suchend», ohne uns darüber klar zu sein. Der Adel, der die Menschen verlassen hatte, um sich in die Wörter zu flüchten, dann die Wörter verlassen hatte, um sich in die Dinge zu flüchten, war, überall gehetzt, aus dieser Welt verschwunden. Kapitalistische Demokratie. Das alles finde ich bei Barnabooth wieder. Und das alles ist reiner Gide. Dennoch sehe ich auch, wie sich bei ihm eine Idee bildet, die bei Gide nirgends vorkommt und die wir alle tief erlebt haben: die Idee, daß die Dinge einen *Sinn* haben. Und daß man ihn lesen können muß. Diese Idee stammt von Barrès. Nur war sie bei Barrès sehr verständlich und sogar rational, da sie auf die Behauptung hinauslief, daß die Gegenstände der Kulturwissenschaft*, die Produktionen des Menschen, bedeutungsschwer sind und daß diese Bedeutung sich dem Künstler enthüllen kann. Gewiß überschritt diese Bedeutung immer das, was der Urheber bewußt *hineingelegt* hatte, aber sie gründete nichtsdestoweniger auf den bewußten Absichten des Schöpfers. Es gab eine Bedeutung von Aigues-Mortes als Aigues-Mortes, es ist die von den Menschen übernommene Natur, eine Bedeutung Lothringens, weil Lothringen ein bearbeitetes Land ist, eine Bedeutung von Toledo, weil Toledo das Produkt des wilden und ausdauernden Eifers des toledanischen Adels war. Ein Armenviertel als Produkt der Zufälle und des Elends hatte keine Bedeutung. Da Gide ganz damit beschäftigt war, der Literatur neue Landstriche zu erschließen, und auch zu sehr mit den sinnlichen Genüssen beschäftigt, hat er diese Seite der Frage vernachlässigt. Vergeblich suche ich in seinem Werk nach einer Anstrengung, diesen flüchtigen und losgelösten Sinn zu fassen, der sich verstohlen auf einem Dach, in einer Lache niederläßt. Aber der Generation der Gideaner ist die Synthese gelun-

* Deutsch im Original.

gen. Die Arbeit, die Barrès gewissenhaft an einigen aristokratischen Produkten leistete, wird sie an jedem Beliebigen leisten. Für Barrès hat nur Toledo sein «Geheimnis». Für den Reisenden von 1925 gibt es nichts auf der Welt, was kein Geheimnis hat. Barnabooth sucht die italienische «Luft»; Duhamel kommt eines Abends in Köln an und spricht zu Aron vom «Geruch» Kölns. Lacretelle sucht die *Schlüssel* von Madrid. Um diese Geheimnisse zu lüften, sind alle Mittel recht: die vulgärsten Gegenstände und die edelsten Gegenstände sind einander gleichwertig. Barnabooth versucht zum Beispiel den Sinn Italiens in dem zu finden, «was die großen Dichter singen ..., in den leitenden Prinzipien des Risorgimento ...» Aber er fügt hinzu: «Das ist weniger wichtig als das trostlose Rosa, mit dem die Docks in Neapel gestrichen sind.» Ich erkenne mich in Barnabooth wieder: auch ich habe geglaubt, als ich die grellen und glasierten kleinen Kuchen der Konditorei Caflish aß, durch den Mund jenen italienischen Geruch zu spüren, den das «trostlose Rosa» der neapolitanischen Häuser oder die triste und dürre Üppigkeit der Gärten im oberen Genua mir durch die Augen zu spüren gaben. Auch für mich war das italienische Geheimnis in jedem italienischen Ding enthalten, und die Zahnpasta aus Bologna hatte eine geheime Affinität zur Prosa von d'Annunzio und zum Faschismus. An Barnabooth bezaubert mich, daß diese «hermeneutische» Neigung noch stammelt. Er schreibt entschuldigend: «... Das Italien, für das ich eine endgültige Formel finden möchte (statt dieser tastenden Versuche) ... Ich habe Wörter angehäuft, ohne jene italienische *Luft* wiedergeben zu können, die ich doch so deutlich fühle.» Seither hat man Besseres gemacht – aber nichts so Anmutiges. Wenn man diese Seiten liest, kommt es einem vor, als neige man sich über eine naive literarische Vorahnung, so wie wenn man in den Briefen der Madame de Sévigné einige Naturbeschreibungen entdeckt. Larbaud selbst hatte Besseres gemacht – aber nicht so gut. Ich dagegen habe die Raserei des Geheimnisses – gegen Barrès – in *La nausée* so weit getrieben, daß ich sogar das geheime Lächeln der absolut ohne die Menschen gesehenen Dinge einfangen wollte. Roquentin stand vor dem öffentlichen Park, wie ich selbst vor einer neapolitanischen Gasse stand: die Dinge gaben ihm Zeichen, es galt, sie zu entziffern. Und als ich beschlossen habe, Novellen zu schreiben, war mein Ziel ein ganz anderes, als ich es dann erreicht habe: es war mir aufgefallen, daß die reinen Wörter den Sinn der Straßen, der Landschaften hervorspringen lassen – wie Barnabooth bemerkt hat. Ich hatte begriffen, daß es galt, den Sinn zu präsentieren, der den Dingen noch anhaftet, denn er löst sich niemals vollständig von ihnen, und, um ihn vorzuführen, rasch einige der Gegenstände zu zeigen, die ihn bergen, und ihre Äquivalenz deutlich zu machen, so daß diese festen Körper im Geist des Lesers einander abstoßen und aufheben, so wie ein Nagel den andern vertreibt, und daß schließlich am Horizont dieses bunten Chaos nichts anderes mehr bleibt als ein diskreter und hartnäckiger, sehr präziser Sinn, der den Wörtern jedoch auf immer entgeht. Und um den logischen Verbindungen zu entgehen, wie auch dem Fehler einer Aufzählung ohne Zusammenhang, war es das beste, so glaubte ich, diese heterokliten Dinge durch eine sehr kurze Handlung zu verbinden. Kurz, ich hätte Novellen in der Art von K. Mansfield verfaßt. Ich schrieb zwei: eine über Norwegen, *Le soleil de minuit**, die ich dann auf einer Wanderung in den Causses, bei der ich meine Jacke über dem Arm trug, verloren habe; die andere, die völlig mißlungen war, über Neapel: *Dépaysement***. Und zum Schluß führte mich die der Gattung «Novelle» eigene Lo-

* Die Mitternachtssonne.

** In der Fremde.

gik dazu, *Le mur* und *La chambre** zu schreiben, die mit meinen ursprünglichen Absichten nichts mehr zu tun hatten. Kurz, ich habe den Hang zum Geheimnis so weit getrieben, daß ich das Geheimnis der Dinge völlig entmenschlichte. Aber ich meine, daß die große Mehrzahl der Geheimnisse menschlich ist. Und ich sehe das Ende der «tastenden Versuche» von Barnabooth in den heideggerschen Seiten von *Terre des hommes*, die ich in meinem dritten Heft zitierte, wo Saint-Exupéry ungefähr sagt: «Ein Gegenstand hat nur dann Sinn, wenn man ihn auf eine Zivilisation, eine Kultur, einen Beruf beziehen kann.» Da sind wir nun wieder beim In-der-Welt-sein. Und die Welt wird wieder zu jenem Komplex von Bedeutungen, «durch den die menschliche-Realität sich als das kundtut, was sie ist». Mir scheint also, daß eine neue Seite in der literarischen Geschichte des «Naturgefühls» aufgeschlagen worden ist. Barrès oder die Geheimnisse, Gide oder die Demokratisierung der Dinge. Larbaud und die ganze Nachkriegszeit oder die Demokratisierung der Geheimnisse. Und schließlich jener umfassendere Humanismus von 39: die Rückkehr zur Aktion und der *Beruf* als das beste Organ, die Geheimnisse zu erfassen. Ich sage bereitwillig, daß die Epoche Larbaud, in der es eine künstlerische Intuition der Geheimnisse zu geben schien, die jedem Menschen guten Willens zugänglich ist, Teil hat an der kapitalistischen Abstraktion, von der ich gestern sprach. Hier ist der Mensch, der die Geheimnisse einfängt, eine abstrakte Antenne, es ist der berühmte «abstrakte Mensch» der Demokratien. Während ich bei Saint-Exupéry, der behauptet, das Geheimnis liege in der Geste des Arbeiters, irgendeine geheime Revolte gegen den Kapitalismus spüre, einen Wunsch, den konkreten Menschen wiederzufinden, ihn durch irgendein neues Mittel wieder an die Scholle zu

* Deutsch: *Die Wand* und *Das Zimmer* in: *Die Kindheit eines Chefs*, Rowohlt Verlag, Reinbek.

binden, da das bürgerliche Haus eingestürzt ist. Diesmal wird es der Beruf sein. Zweifeln wir nicht daran, es gibt da eine vage Sehnsucht nach den Faschismen. Und ich selbst räume ein, daß es in meinem gegenwärtigen Denken einen Hauch von Faschismus gibt (die Geschichtlichkeit, das In-der-Welt-sein, alles, was den Menschen an seine Zeit fesselt, alles, was ihn Wurzeln in seiner Erde, in seiner Situation schlagen läßt). Aber ich hasse den Faschismus und benutze ihn hier nur als die Prise Salz, die man an den Kuchen tut, damit er süßer wirkt.

Dieser Gegensatz zwischen dem Arbeiter und dem abstrakten Touristen ist bei Saint-Exupéry so stark, daß für ihn der Reisende (das heißt Barnabooth) die weißen Blumen des Meeres *sehen* kann, aber nur der Pilot *fühlt* ihre Giftigkeit. Und gewiß findet der gebildete Mensch bei Saint-Exupéry ohne Überraschung jene abrupten Übergänge von der Sahara nach Feuerland, von Paris zu den Anden wieder, an die die zeitgenössischen Schriftsteller uns gewöhnt haben. Nur, wenn er nicht aufpaßt, wird ihm der wesentliche Unterschied entgehen: für Barnabooth sind Norwegen, Frankreich, Italien aneinandergereihte Länder und Kulturen, die auf Grund ihrer eigenen Trägheit die Tendenz haben, sich zu trennen. Es ist ein Nebeneinander. Doch für Saint-Exupéry, den Flieger, gibt es zuerst die Einheit *seiner* Welt. Er ist-in-der-Welt durch den ursprünglichen Akt des *Fliegens*. Und vor diesem Welthintergrund erscheinen Städte und Länder als *Bestimmungsorte*. In diesem Sinne bedeutet das den Tod des Exotismus: jene Städte mit den magischen Namen Buenos Aires, Karthago, Marrakesch liegen neben ihm, damit er *sich ihrer bedienen* kann, so wie Nägel und Hobel auf der Werkbank liegen. Tanger ist zuerst ein Anhaltspunkt, ein Orientierungsmittel, eine Funkstation; sodann ist es eine Weisung, eine Aufgabe, die mit Hilfe des Berufs angepackt wird. Schließlich, je näher man kommt, öffnet sich die Blume, und da liegt nun die gelbe, trockene Stadt mit ihren armen und stolzen Spaniern und ihren schönen Kabylen. Aber das, diese Sanftheit, ist sie erst *an letzter Stelle*. Saint-Exupéry ist der Anti-Barnabooth.

Die Dinge sind also menschlich, wir können nichts daran ändern. Sie künden dem Menschen vom Menschen. Aber darunter darf man nicht verstehen, daß ihr menschlicher Sinn sich im Lauf der Generationen, im Lauf des individuellen Lebens in sukzessiven Schichten auf ihnen abgelagert hat. Es genügt zu existieren, sich einmal in die Welt zu werfen, durch eine Öffnung aus Nichts, und unsere menschliche-Realität an den Horizont des Existierenden zu werfen als ein zu begründendes Ideal, damit jedes Ding uns diese menschliche-Realität zurückwirft, von ihr kündet, sie jedoch mit ihrem eigenen Index bricht. So erfahren wir uns an den Dingen. Aber der menschliche Sinn, den sie uns zurückwerfen, ist ganz beschwert und angereichert mit ihrer eigenen Substanz, und daher beschränkt sich das, was wir an den Dingen ablesen, nicht darauf, uns uns selbst zu offenbaren, es *erschafft* uns. Man darf zum Beispiel nicht glauben, wir hätten zuerst die psychologische Natur konstituiert: hinterhältige und beunruhigende Schlaffheit, Niedrigkeit, die durch eigennützige Schmeichelei und Neigung zur Selbstdemütigung leimt, usw., und dann *hinterher* die *Viskosität* als physikalisches Bild dieses Charakterzuges. Das hieße, daß das Bild immer Metapher wäre, Erfassen abstrakter Beziehungen, daß die Moral der Fabel vor der Fabel konzipiert worden sei. In Wirklichkeit ragt auf Grund der Tatsache, daß ich mich in die Welt werfe, jeder Gegenstand mit einem menschlichen Blick vor mir auf, noch bevor ich mich seiner zu bedienen und diesen Blick zu verstehen weiß. Die Viskosität beunruhigt und plagt mich, noch bevor ich wissen kann, daß bei den Menschen eine kriecherische und schlaffe Niedrigkeit existiert. Es gibt hier keine Einfühlung*, keine *nachträgliche* Beseelung der Natur, ganz im Gegenteil, vor jedem psychologischen Gefühl, vor jeder empirischen Einfühlung zeigt sich die Viskosität als existentielle Kategorie, ihr dickes, klebriges Pech wird uns zu den anderen hinlenken, insofern es sich vom Hintergrund der menschlichen Welt abhebt. Menschlich ist die Viskosität, insofern sie die formale und pragmatische Kategorie eines Widerstands gegen den Menschen annimmt, einer Distanz zwischen Mensch und Mensch, eines Mittels der menschlichen-Realität, zu sich zu gelangen. Aber ihre eigene Natur tut ein übriges und wirft eine «menschliche-Viskosität» zurück. Das ist es, was den Ekel erklärt. Der Ekel ist immer Ekel des Menschen vor dem Menschen. Das Kind, das aus Versehen seine Hand in klebriges Pech taucht und sie vor Ekel weinend herauszieht, hat eine menschliche Erfahrung gemacht. Nicht, daß es die Niedrigkeit des Menschen *mittels* der Viskosität vorausahnte, es hat nur ein *Ding* erfahren. Aber dieses Ding ist in seiner Tiefenstruktur menschlich; es hat eine undifferenzierte Tiefe, in der tausend unbestimmte menschliche Möglichkeiten sich mischen, tausend dem weinenden Kind eigene Möglichkeiten. Die Viskosität ist *heimgesucht*. Von hier wird den Sturz in den Fetischismus, dann in den Animismus einfach sein, aber die Natur ist weder fetischistisch noch animistisch. Die Dinge sind Hexen, aber nur weil sie unerschöpflich menschlich sind, sie bergen menschlichen Sinn, den wir ahnen, ohne ihn zu verstehen. Es gibt keine in der Viskosität verborgene Niedrigkeit, sondern nur menschliche-Viskosität, Viskosität-für-den-Menschen, Mutter aller Niedrigkeiten. Eine viskose menschliche-Realität ist am Horizont dieser Viskosität, und diese menschliche-Realität, die wir nicht einmal begreifen, sind wir selbst. Wir selbst: mögliches Geleimt-Werden unser selbst in der

* Deutsch im Original.

Viskosität. Mögliche Viskosifizierung unser selbst – die wir angstvoll ahnen, ohne überhaupt verstehen zu können, was sie ist. Daher bestünde Anlaß, das Inventar jener realen Kategorien aufzustellen, durch die der Mensch langsam zu sich selbst kommt: Viskosität, Elastizität, Brüchigkeit usw. usw. In dieser Hinsicht kann ich sagen, daß ich etwas, was ich seit langem ahnte, jetzt deutlicher sehe: die Präsexualität. Die Freudianer haben erkannt, daß die unschuldige Handlung des Kindes, das Löcher bohrt, gar nicht so unschuldig ist. Ebensowenig, wie wenn sie ihren Finger in das Loch einer Tür oder einer Mauer stekken. Sie haben sie mit jener fäkalen Lust verglichen, die die Kinder empfinden, wenn sie Einläufe bekommen oder machen. Und sie hatten nicht unrecht. Aber der Kern der Frage bleibt: muß man alle diese Erfahrungen einzig auf die Erfahrung der analen Lust zurückführen? Ich finde, daß das eine mysteriöse Vergöttlichung des Triebes voraussetzt, denn das Kind, das seine Fäzes zurückhält, um die Lust der Entleerung zu genießen, kann nicht erraten, daß es einen After hat, auch nicht, daß dieser After Ähnlichkeit mit den Löchern besitzt, in die es sofort seine Finger zu stecken versucht. Anders gesagt, Freud wird die Ansicht vertreten, daß für das Kind alle Löcher symbolisch After sind und es auf Grund dieser Verwandtschaft anziehen – ich dagegen frage mich eher, ob der After beim Kind nicht deshalb Lustobjekt ist, weil er ein Loch ist. Und gewiß ist das Arschloch das lebendigste aller Löcher, ein lyrisches Loch, das sich runzelt wie eine Stirn, das sich zusammenzieht wie ein verwundetes Tier, das endlich offensteht, besiegt und bereit, seine Geheimnisse preiszugeben; es ist das zarteste, verborgenste aller Löcher und was sonst noch alles, ich hindere die Freudianer nicht, Hymnen auf den After zu komponieren, aber das ändert nichts daran, daß der Kult des Lochs dem des Afters vorausgeht und sich auf eine größere Zahl von Gegenständen bezieht. Und ich räume durchaus ein, daß er sich nach und nach mit Sexualität belädt, aber ich meine, daß er zuerst präsexuell ist, das heißt, daß er die Sexualität im undifferenzierten Zustand enthält und über sie hinausgeht. Ich denke, daß die Lust des Kindes, Einläufe zu machen (viele spielen Doktor, um diese Lust zu haben. Bei mir selbst ist das eine der ältesten Erinnerungen: meine Großmutter, die die Arme zum Himmel hebt, weil sie mich in einem Hotelzimmer in Seeligsberg dabei ertappt, wie ich einer gleichaltrigen kleinen Schweizerin einen Einlauf mache), präsexuell ist: es ist die Lust, in ein Loch einzudringen. Und die Situation «Eindringen in ein Loch» ist selbst präsexuell. Darunter verstehen wir, daß sie weder psychologisch noch historisch ist, sie setzt keine im Verlauf der menschlichen Erfahrung verwirklichte Verbindung zwischen den Körperöffnungen und unseren Begierden voraus. Doch sobald ein Mensch in der Welt auftaucht, werden Löcher, Ritzen, alle Höhlungen, die ihn umgeben, menschlich. Die Welt ist ein Reich von Löchern. Ich sehe ja, daß das Loch an Ablehnung, Negation und an das Nichts gebunden ist. Das Loch ist in erster Linie, was *nicht ist.* Diese nichtende Funktion des Lochs wird durch vulgäre Ausdrücke offenbart, wie man sie hierzulande hört: «Arschloch ohne Backen», was bedeutet: nichts. Einen Gegner Arschloch ohne Backen nennen heißt ihn vernichten, ihn zu einem Nichts an Torheit, einer Null erklären. Denn natürlich bilden in der volkstümlichen Bilderwelt die Arschbacken die Ränder des Afters. Ich weise auch daraufhin, daß die Geister von der Idee des *Bodens* des Lochs gepeinigt werden. Man spricht von einem «Abgrund an Dummheit» und von bodenloser Dummheit. Es gibt hier ein verführerische Zweideutigkeit, eine Art Kitzel des Endlichen und des Unendlichen: in jedem Loch will man den Boden finden – da es Ränder hat –, aber andererseits ist das Nichts ein Unendliches, da es nur durch sich selbst begrenzt sein kann. Es gibt demnach eine Anziehungskraft des Nichts, eine zweideutige *Anziehungskraft.* Daher das *Versteck*spiel. Ein Versteck betreten heißt ursprünglich sich in einem Loch vergraben, sich vernichten, indem man sich mit der Leere identifiziert, die das Loch bildet. Sich schützen, wird man sagen. Zweifellos, aber sich schützen, indem man sich vernichtet, sich ins Unsichtbare verkriecht. Das Nichts des Lochs ist somit Nichts des Menschen, es ist sowohl Tod wie Freiheit, Negation des Gesellschaftlichen. Ich sah einmal eine freudianische Mutter mit gerührtem Blick ihre unter dem Tisch krabbelnde kleine Tochter betrachten. Sie war davon überzeugt, daß diese Vorliebe des Kindes für dunkle Verstecke der Wunsch war, zum pränatalen Zustand zurückzukehren; sie fühlte sich geschmeichelt, als würde das Kind an ihre Tür klopfen und die Traulichkeit ihres Schoßes betreten wollen. Ich vermute, sie war schon bereit, die Beine zu spreizen. Aber das ist Firlefanz. Das Schwindelgefühl beim Anblick des Lochs rührt daher, daß es die Vernichtung in Aussicht stellt, es entreißt der Faktizität. Und dieses Nichts zieht in das hinein, was man *Schwindel* nennt. Der Abgrund ist Loch, er stellt das *Verschlungenwerden* in Aussicht. Und das Verschlungenwerden zieht immer an als Nichtung, die ihre eigene Begründung wäre. Natürlich ist das Hingezogensein zum Loch von Abscheu und Angst begleitet. Aber das Nichts des Lochs hat eine Farbe: es ist ein *schwarzes* Nichts, was hier eine andere Natur, eine andere Grundkategorie ins Spiel bringt: die Nacht. Die Natur des Lochs ist nächtlich. Das verleiht ihm seinen zweifelhaften, geheimnisvollen und heiligen Charakter. Und gerade weil es nächtlich ist, verbirgt es. Die Löcher des Tages sind Schlitze aus Nacht. Auf dem Grund der Nacht liegt *etwas*. Das Loch ist heilig, weil es verbirgt. Außerdem ist es Gelegenheit für eine Berührung mit dem, was man nicht sieht. Die besondere Situation des Menschen, der in einem Loch wühlt, ist die, daß seine Hände Feinden begegnen, die seine Augen nicht sehen können. Seine Augen sind noch im Reich des Lichts, aber ein blinder Teil von ihm ist schon in die Hölle hinabgestiegen. Ich habe bereits betont, daß das Loch häufig Widerstand ist. Man muß Druck ausüben, um sich hineinzwängen zu können. Dadurch ist es schon weiblich. Es ist Widerstand des Nichts, das heißt Scham. Offensichtlich zieht es deshalb die Sexualität an (Wille zur Macht, Vergewaltigung usw.). Aber gleichzeitig finden wir im Akt des Eindringens in ein Loch, der Vergewaltigung, Einbruch, Negation ist, den Akt des Arbeiters, das Loch zu *stopfen*. Das Kind, das den Finger in ein Loch im Boden steckt, empfindet die Freude des *Ausfüllens*. In gewissem Sinn verlangen alle Löcher dunkel, daß man sie fülle, sie sind Appelle: füllen = Sieg des Vollen über das Leere, der Existenz über das Nichts. Es handelt sich hier um einen handwerklichen Akt. Der Ausdruck «die Löcher stopfen» oder «Lückenbüßer» weist deutlich auf das menschliche Streben hin, Fülle herzustellen – im Gegensatz zum Taumel der Vernichtung, der schwarze Magie ist. Ein Loch stopfen heißt die Leere in Fülle verwandeln und damit auf magische Weise Materie schaffen, die alle Eigenschaften der löcherigen Substanz besitzt. Wenn ich ein Loch in einer Backsteinmauer mit Erde zustopfe, mache ich Backstein aus Erde. Daher die Tendenz, die Löcher mit der eigenen Substanz zu füllen, was zur Identifizierung mit der löcherigen Substanz und schließlich zur Metamorphose führt. Das Kind, das seinen Finger in ein Loch im Boden steckt, ist eins mit dem Boden, den es verstopft, es verwandelt sich durch den Finger in Erde. Auf dem Grund dieser Zaubereien finde ich die handwerkliche Idee des *Ineinanderfügens* wieder, den ursprünglichen Aspekt der Notwendigkeit. Zwei Körper, die sich ineinanderfügen, sind füreinander geschaffen. Das Ineinanderfügen zieht auf magische Weise die Verschmelzung nach sich. Man sieht, daß die präsexuelle Natur des Lochs sehr gut geeignet ist, fast die ganze Sexualität zu polarisieren, sobald das Kind denken kann, daß es selbst das Loch ist, in das man eindringt, oder im Gegenteil, daß es mit seinem eigenen Fleisch in ein Loch eindringen und es verstopfen kann, ein Loch, das versteckt in einem lebendigen Körper lebt. Aber man sieht auch, daß nicht die Sexualität den Löchern ihre Anziehungskraft für das Kind verleiht, sondern daß im Gegenteil die kategoriale Natur des Lochs die grundlegende Bedeutungsschicht für die verschiedenen Arten von sexuellen Löchern bildet: Vagina, After, Mund usw. Das heißt zwar nicht, daß das Loch an sich kein Sexualobjekt ist, aber man muß beachten: 1. daß diese Sexualität undifferenziert ist, aufgelöst in der Gesamtheit der menschlichen Neigungen und der menschlichen Haltung gegenüber dem Loch; 2. daß sie sich nicht durch Ableitung und auf Grund seiner Analogie mit dem After an das Loch wendet, sondern direkt als konstitutiv für ihre Struktur selbst. Das Loch, weibliches und nächtliches Organ der Natur, Luke ins Nichts, Symbol schamhafter und vergewaltigter Verweigerungen, Schattenmund, der verschlingt und assimiliert, wirft dem Menschen das menschliche Bild seiner eigenen Möglichkeiten zurück wie die Viskosität, wie die Brüchigkeit. Es kann eine menschliche Lust geben, und es gibt sie, ein Loch zu stopfen – die nicht eigentlich sexuell ist, so wie es eine menschliche Lust gibt, an einer brüchigen Substanz zu kratzen und Teile aus ihr herauszulösen. Die Freudianer haben sich zu den sexuellen Poeten des Lochs gemacht, aber sie haben die Natur seiner Anziehungskraft nicht erklärt. Dazu muß man den Schatten des Menschen auf den Spalten und Kratern der Natur projiziert sehen. Castor erzählte mir, daß sie entsetzliche Ängste ausgestanden habe, als sie ein Buch ich glaube mit dem Titel *Le coureur de la jungle* las. Unter anderen furchtbaren Geschichten enthielt es auch eine Erzählung, die, sofern man ein wenig darüber nachdenkt, alle Eigenschaften des Lochs vortrefflich ins Licht setzt: zwei Gefangene entdecken den Eingang eines schmalen und dunklen unterirdischen Ganges und fliehen, indem sie auf allen vieren hineinkriechen.

Der Gang wird immer enger, und schließlich sieht sich der eine von beiden, der vorauskriecht, ein fröhlicher und sympathischer dicker Bursche, zwischen den Wänden eingeklemmt und kann nicht mehr vor und nicht mehr zurück. Unterdessen taucht eine Boa constrictor auf und verschlingt ihn buchstäblich, trotz seiner verzweifelten Schreie. Der andere, der die Geschichte erzählt, muß dem Verschlungenwerden des Unglücklichen ohnmächtig zusehen. Der ganze Schrecken der Geschichte, der Castor oft am Einschlafen hinderte, rührt offensichtlich daher, daß sie in einem Loch spielt. Gewiß ist es nie angenehm, von einer Boa verschlungen zu werden, aber wenn das Ganze bei Tageslicht geschieht, gehört es zu jener Art Greuel, von denen es in Kinderbüchern nur so wimmelt und die die Kinder kaltblütig lesen und dabei ein Marmeladebrot essen. Hier jedoch weckt die kleine Geschichte die schreckensvolle und lüsterne Angst vor dem Loch. Wozu hier sexuelle Geschichten suchen? Die Episode spricht für sich selbst. Ist es nicht gerade das Wesen des *Lochs*, dieser dunklen Öffnung, die man vergewaltigt und die zuerst nachgibt und die Nichts und Nacht ist und die sich dann langsam schließt wie ein Mund, wie ein Ringmuskel und in ihrer Tiefe etwas enthält, birgt – was? ein *anderes* Loch, mit einer verzehrenden und vernichtenden Macht begabt, eine Boa. Und ich weiß nicht, ob es tief unten in Castors Schrecken nicht eine dunkle Lust gab, weil dieses Verschlingen, dieser von den Mächten der Finsternis mit Haut und Haar gefressene Mann, für Geist und Herz etwas Befriedigendes hat.

Natürlich kann man das, was ich für das Loch zu tun versucht habe, für zehn, zwanzig andere präsexuelle Objekte tun, für den Finger, die Wölbung, die Stellungen (Stellungen der Dinge zueinander, nebeneinander, übereinander – Stellung der Ringkämpfer, der Krieger, der Spieler und schließlich wechselseitige Stellungen des Mannes und der Frau beim Liebesspiel). Ich wollte lediglich den menschlichen Ursprung des Sinns der Dinge hervorheben, worunter ich nicht verstehe, daß der Mensch dem Sinn der Dinge vorausgeht, sondern daß die Welt menschlich ist und daß der Mensch in einer menschlichen Welt erscheint. Denn die Viskosität ist ja nicht zuerst Viskosität und *sodann* menschliche-Viskosität, ebensowenig wie das Loch zuerst Loch ist und *sodann* nächtliches Nichts, verschlingende Kraft usw. In ein und derselben Bewegung konstituieren sie sich als natürliche Gegenstände und als menschliche Gegenstände, denn ohne den Menschen und seine nichtende Kraft gäbe es weder Viskositäten noch Löcher, es gäbe nur eine Entfaltung undifferenzierter Fülle. Indem der Mensch sein Nichts in diese Fülle entwirft, macht er, durch die Negation, daß es Löcher gibt und daß diese Löcher Löcher-für-den-Menschen sind.

Heute abend besucht uns Klein, der Chauffeur vom Oberst. Er hat unsere lauten Stimmen gehört (ich erklärte Pieter gerade, daß er ein weibliches Temperament habe, und er wurde böse), und das lockte ihn an: Licht, Wärme. Man hat ihm ein Stück Kuchen angeboten, und er hat Geschichten erzählt. Er ist der erste, dem ich begegne, der wirklich *gesehen* hat, in welchem Zustand sich die evakuierten Dörfer befinden. Neulich haben sie in einem Grenzdorf haltgemacht, und während der Oberst zu den Batterien ging, hat er einen Unteroffizier gebeten, ihm eines der Häuser zu öffnen und ihm den Zustand des Mobiliars zu zeigen. Ein erhebender Anblick: zerbrochene Schrankspiegel, mit Bajonetten zerhauene Möbel, geplünderte Wäsche – die Wäsche, die man nicht mitnehmen konnte, ist zerrissen. Die Dachziegel sind zerbrochen, das Silber verschwunden. In den Kellern haben die Kerle gesoffen, was sie konnten, und als sie nicht mehr konnten, sind sie abgezogen und haben die Zapfhähne der Fässer offengelassen. Der Keller ist mit Wein überschwemmt.

Eine Nähmaschine ist mittendurch gehackt. Mit der Axt? «Dabei war es Gußeisen», sagt Klein melancholisch. Vor kurzem sind Evakuierte mit einer Genehmigung für 24 Stunden in das Dorf und die benachbarten Dörfer zurückgekehrt, um Wäsche zu holen. Als sie aus ihren Häusern kamen, weinten die meisten vor Verzweiflung; sie hatten nichts mehr vorgefunden. Sie haben sich beim Kommandanten beschwert. Aber was tun? Die Verantwortlichen gehören nicht zu unserer Division, wahrscheinlich auch nicht zu der Division, die vor uns hier war. Das reicht in die ersten Zeiten des Krieges zurück. Wie Pieter richtig sagte, war es die Zeit, als man glaubte, der Krieg wäre eine Katastrophe. Die Soldaten beeilten sich zu plündern, weil sie glaubten, daß nach einem Artilleriebeschuß zusammen mit den geplünderten Häusern auch jede Spur einer Plünderung ausgelöscht sein würde. Aber dann ist der Krieg zu einem langen Verdruß, einer langen Warterei geworden, und die geplünderten Häuser bleiben stehen, skandalös und indiskret. «Unmöglich», sagte der Unteroffizier, «unmöglich, daß man sie ihnen so zurückgibt, das gibt Ärger. Man müßte ihnen sagen, daß die Boches alles geplündert haben. Aber dazu müßten die Boches angreifen ...» Anscheinend fingen die Offiziere damit an. In Herrlisheim sind Waggons, die angeblich schadhafte Munition enthielten, entsiegelt worden: sie waren voller Wäsche, Nähmaschinen, Silber. Keiner weiß, ob die Zivilisten, die warme Sachen holen kommen, nicht ebenfalls plündern. Sie haben einen Passierschein, das ist alles. Man weiß auch nicht, ob sie in ihr eigenes Haus gehen oder vielleicht in das des reichen Nachbarn. Nur der Bürgermeister könnte es sagen, aber der Bürgermeister ist nicht da, er ist im Limousin. Man spricht über Strasbourg. Er sagt, daß die Polizei dort gut organisiert und streng ist. Ein alter Kauz, den er kannte, ein Schirmhändler, wollte sich nicht evakuieren lassen, er hat sich in seinem Haus versteckt und die anderen weggehen lassen, dann hat er allein gelebt und sich von

Konserven ernährt. Schließlich ist er kühner geworden und hat abends die Lampen angezündet. Eines Nachts haben die Streifenpolizisten Licht gesehen. Sie haben gerufen und geschrien, der Alte hat nicht geantwortet. Sie haben dreimal gerufen, und der Alte schwieg immer noch, wahrscheinlich aus Angst, daß man ihn mit Gewalt evakuiert. Beim dritten Mal haben sie durchs Fenster geschossen, und die erste Salve hat ihn auf der Stelle getötet.

Freitag, 22.
Ich bin nach Pfaffenhofen «gepilgert», der Wiege meiner Familie mütterlicherseits, wenn ich mich recht erinnere. Jedenfalls verbrachte ich dort im Sommer 1913 meine Ferien bei meiner Tante Caroline Biedermann, die ein Wäschegeschäft besaß, das reichste der Stadt (à propos: wie fand sich mein Großvater, der in bezug auf den geistigen Adel doch so pingelig war, mit der Mesalliance seiner Schwester ab?). Ich erinnere mich dunkel, daß ich bei dieser Gelegenheit das silbrige Schillern eines deutschen Regiments gesehen hatte, das nach der schrillen Musik der Querpfeife vor unseren Fenstern vorbeimarschierte. Aus Pfaffenhofen stammt meine erste «literarische» Erinnerung. Ich schrieb einen Abenteuerroman, *Pour un papillon**, an einem Sekretär, mit dem Rücken zum Fenster sitzend. Das Papier, das ich benutzte, war liniert: es war eher ein Liniensystem als einfache Linien: alle zwei Zentimeter waren zwei parallele Linien gezogen, einen Viertel Zentimeter auseinander und dazu bestimmt, meine Schülerhandschrift von oben und von unten zu umschließen, das gab mir ein unangenehmes Gefühl von Geiz. Ich kaufte diese dünnen deutschen Hefte bei Rosenfeld, einem armen Papierwarenhändler, dessen Laden genau gegenüber dem riesigen Geschäft der Biedermann mich auch mit Federn und Bonbons versorgte. Die Bonbons waren in mir eine

* Für einen Schmetterling.

seltsame Verbindung mit diesen Federn und Heften eingegangen, und ich aß sie mit dem Gefühl, Papier zu kauen. Für mein Herz waren es fleißige Bonbons, etwas langweilig und um so anziehender, Arbeitsbonbons. Ständig trieb ich mich in dem Papierwarengeschäft herum, und meine Tante Caroline, die ein altes Ekel war, machte unfreundliche Bemerkungen: «Belästige Herrn Rosenfeld nicht wegen Einkäufen von ein paar Pfennigen.» Doch soweit ich mich erinnere, war Herr Rosenfeld, kahl und wohlwollend, mit Brille, kein Mann, der ein paar Pfennige mißachtete. Nach dem Krieg kam ich mit meinem Großvater noch mal nach Pfaffenhofen, wahrscheinlich 1920 oder 1921. Tante Caroline war immer noch so widerwärtig. Ich erinnere mich auch an den Garten, wo ich mit ihrem Großneffen Theo spielte, und an ihre Schwiegertochter, mit der ich vierhändig Klavier spielte, und an ihre Tochter Anna, die einen Buckel hatte und mich «Pipele» und «Ripele» sagen ließ, um sich über meinen französischen Akzent zu amüsieren. Auch an eine Spazierfahrt zum Schloß Lichtenberg in einer Kutsche. Auf dem Heimweg hatten wir in einer Gartenwirtschaft zu Abend gegessen; Kusine Mathilde und Kusine Anna hatten tüchtig gefuttert auf elsässische Art, und die Dämpfe der Mahlzeit hatten ihre Gesichter stark gerötet. Das hatte mich beeindruckt, vielmehr hatte ich gewollt, daß es mich beeindruckt: ich war in dem Alter, in dem man gern auf Alain-Fournier macht, in dem man sich raffiniert fühlt, weil man von den Frauen eine anmutige Irrealität verlangt, was es erlaubt, wenn man hübsch und schon begehrt ist, sich ihnen gegenüber äußerst tyrannisch und launenhaft zu benehmen, um sie für ihre schreckliche Sünde, aus Fleisch und Blut zu sein, teuer zahlen zu lassen, und, wenn man häßlich ist, mit verächtlicher Bitterkeit Laforgue zu lesen. Ich hatte ein bißchen von dieser Köstlichkeit probiert, aber nur wenig. Es war eine mögliche Richtung. Fast sofort schlugen Nizan und ich den anderen Weg ein, den Kult des Körpers. Ich erinnere mich, daß wir uns – auch aus Attitüde – im *Cluny* belustigten, als wir eine stämmige Blondine herzhaft in ein Sandwich mit kaltem Fleisch beißen sahen. Wir hätten durchaus wie Larbaud schreiben können: «Ich finde, daß es nicht viele Dinge gibt, die angenehmer anzuschauen sind als eine hübsche Frau in halblangem Kleid, die mit Appetit schön blutiges Fleisch ißt.» Und vielleicht stand am Ursprung vieler Gespräche, die wir über dieses Thema führten, dieser kleine Text von Larbaud. Aber vor allem stimmte es mit unserem Kartesianismus überein: ein Körper ist ein Körper, man liebt den Körper einer Frau, man muß ihn ganz akzeptieren, es gibt keine «Schwächen» des Körpers usw. Das Ganze mit einer Prise Heidentum gewürzt, versteht sich: es war die Epoche, wo wir die «Hymnen an den Körper» von Montherlant lasen. Natürlich waren wir unschlüssig genug, um von Zeit zu Zeit in die seraphische Köstlichkeit zurückzufallen, und in solchen Fällen beschwor ich gern die Erinnerung an jene beiden Frauen herauf, deren Wangen glühten. Sie diente mir als Goldgarantie für meine Verdikte. Denn in jener Zeit, da ich schneller konstruierte, als ich begründen konnte, war meine größte Sorge, mir in jedem Fall eine Erinnerungsgarantie zu sichern. Ein paar Jahre später brachte ich Madame Morel sehr zum Lachen, als ich ihr in jenem entschiedenen Ton erklärte, den ich damals an mir hatte und den Guille den «Friedrich-Ton»[4] nannte: «Ich verabscheue Frauen, die beim Essen rot werden.» Das waren die einzigen Erinnerungen, die mir von Pfaffenhofen blieben. Dennoch habe ich mich verpflichtet gefühlt, dorthin zu pilgern. Warum? Letzten Endes hoffte ich ein wenig, daß sich durch diesen plötzlichen Kontakt mit einer Stadt, in der ich einmal gelebt hatte, auf einmal ein ganzer Schwarm

4 In seiner Jugend hatte Sartre einen Roman geschrieben, der von den Beziehungen zwischen Friedrich Nietzsche und Wagner inspiriert war.

von Erinnerungen kristallisieren würde. Und dann kam sie mir poetisch vor, diese auf dem Grund meines Gedächtnisses verschüttete kleine Stadt, wie die Stadt Ys auf dem Grund des Meeres (ich glaube, es gibt darüber eine große Sache bei Renan). Es drehte sich darum, Wasserstoff bei der Kompanie der Luftschiffer zu holen, und ich habe Paul gebeten, mich hinschicken zu lassen. Heute morgen, bevor ich aufbrach, bereute ich fast meine Entscheidung, einfach weil ich mich immer ein bißchen zwingen muß, mich in Bewegung zu setzen. Außerdem mußte man Gewehr und Helm mitnehmen, und das paßte mir nicht, es sind nicht gerade die klassischen Requisiten des Pilgers, und außerdem, ich muß es gestehen, war ich wütend, daß ich auf die poetische Stunde meines Frühstücks verzichten sollte. Wir sind auf einem Lastwagen losgefahren, der dicke Grener und ich. Ich saß neben dem Chauffeur, einem vierzigjährigen schnurrbärtigen Elsässer, und Grener saß hinten. Es war «ideales Wetter», wie mir bei der Abfahrt Courcy, dieser Joseph Prudhomme, in genau dem Tonfall gesagt hatte, der nötig ist, um die Sätze, die man sagt, zu entschärfen, eine Art biedere und matte Vornehmheit, eine lässige Beflissenheit, die den Satz mit unsichtbaren Anführungszeichen zieren und zu verstehen geben, daß es darum geht, zu sagen, was gesagt werden muß, aber keineswegs darum, es zu denken, vor allem nicht, es zu denken – sei es nun über das Wetter oder die Musik von Beethoven. Bei Courcy ist das Wort das beste Heilmittel gegen das Denken. Der Boden war steinhart, rissig und gelb, vom Frost gebleicht. Eine zauberhafte fahle Sonne beschien erwachende Dörfer, Eberbach, Schweighausen, Niedermodern. Auf den Feldern standen schwerfällige, vor Artilleriewagen gespannte Percheronpferde, aber das Land übernahm sie und machte sie zu Ackergäulen und die Soldaten zu Bauern. Trockene, schneidende Winterlandschaft. Es war minus 9 Grad. Ich habe nichts wiedererkannt. In einem Café traf ich einen Meteorologen, der am Abend auf Urlaub fuhr und darauf bestand, eine Runde Schnaps auszugeben. Woraufhin ich ebenfalls eine ausgegeben habe, dann Grener, dann der Chauffeur. Von dort aus bin ich zur Bank gegangen, wo hinter einem Schalter die Meteorologiekompanie des Armeekorps ihren Sitz hat. Man hat Rum getrunken. Ein bißchen angesäuselt bin ich rausgegangen und durch diese große, reiche und etwas traurige Ortschaft geirrt, die mir nichts sagte. Die ganze Vergangenheit ist gut verschüttet, nichts kann sie wieder hervorholen. Ich habe Frottiertücher für Hauptmann Orcel gekauft, Briefpapier für Leutnant Ulrich. An einer Straßenecke fand ich mich vor einem großen ockerfarbenen, sehr häßlichen Gebäude mit Schieferdächern, Erkern und Giebeln: es war das Kaufhaus Biedermann. Auch hier blieb mein Gedächtnis stumm. Ich bin gegenüber bei Rosenfeld eingetreten, wie früher, und habe Papier gekauft, wie früher. Der Laden hat sich modernisiert, er macht wenig her, er hat die strenge Nüchternheit eines protestantischen Geschäfts, scheint jedoch voll niedlicher Schreibwaren zu sein, schönen Registern, Ringbüchern, Füllfederhaltern usw. Keine Bonbons mehr. Danach habe ich mich ein bißchen vor dem Kaufhaus Biedermann herumgedrückt. Caroline ist tot, Mathilde auch. Anna ist wahrscheinlich evakuiert (sie wohnte in Strasbourg). Theo ist wohl eingezogen. Nur der alte Georges[5] muß noch da sein; in der Familie tippte man sich gewöhnlich an die Stirn, wenn man von ihm sprach. Ich hatte bestimmt keine Lust hineinzugehen, aber ich habe Formen gesehen, eine weibliche Gestalt, die plötzlich aufgetaucht ist und sich an die Scheibe gedrückt hat; ich weiß nicht, warum, aber das erschien mir herzzerreißend – eine Sekunde lang. Wahrscheinlich die symbolische Lust, ein Interieur zu betreten, wieder Zivilisten zu sehen, die zivilen Beschäftigungen nachgingen, in das dunkle und sanfte Herz des Friedens

5 Sartres Onkel mütterlicherseits.

einzudringen, mit einer Frau zu sprechen. Kurz, ich hatte Lust abzuhauen. Ich bin in das Café zurückgegangen, wo Grener auf mich wartete. Die Meteorologen hatten mir einen Packen Zeitungen gegeben, darunter die *Lumière* vom 15. Dezember, in der Émile Bouvier über mich schreibt: «Ich bezweifle, daß Herr Sartre ein großer Romancier wird, denn er scheint den Kunstgriff zu verabscheuen; und im Kunstgriff steckt ‹Kunst›. Es steht zu befürchten, daß er, da er seine Mission zu ernst nimmt und merkt, daß die Ausdrucksmittel, über die er verfügt, notwendig gezinkt sein müssen, die Literatur aufgibt und sich der Philosophie, dem Mystizismus oder der sozialen Predigt zuwendet.»

Ich war baff: niemals hätte ich geglaubt, daß man mich auf diese Weise zum Mystizismus abschieben würde. Und was die soziale Predigt angeht, so mag Herr Bouvier beruhigt sein. Und welch merkwürdige Vorstellung hat er von mir, wenn er meint, ich verabscheue den Kunstgriff. Mein Gott, ich weiß sehr gut, daß man in einem Roman lügen muß, um wahrhaftig zu sein. Ich liebe doch diese Kunstgriffe, ich bin Lügner aus Neigung, sonst würde ich nicht schreiben. Das hat mich etwas verdrossen, zumal es durch einen jener Zufälle, die in meinem Leben so häufig sind, am Tag nach einem Brief von L. kam, die mir schrieb, daß Lévy mich mehr «als Philosophen denn als Romancier» schätzt, weil es mir an Phantasie fehle. Weiter unten wirft mir derselbe Herr Bouvier vor, ich vergäße, daß der Roman «Unterhaltung» ist. Das sagt *er*. Daß der Gegenstand des Romans etwas Irreales ist, einverstanden. Aber es bedarf schon eines recht groben Utilitarismus, um daraus zu schließen, daß der Roman selbst Unterhaltung ist. Derselbe erklärt im Kapitel «Lob», daß sich in meinen Büchern «eine schöne Lebensdichte mit gelassener Schamlosigkeit ausbreitet». Ein Satz, der mich gestört hat, mehr als das übrige: wenn man von «Lebensdichte» spricht, denke ich an Rabelais, an *Tripes d'or* von Crommelynck, was weiß ich. Aber «Leben» bei mir, der ich ein Griesgram, ein Sauertopf bin? Und meine Schamlosigkeit hat überhaupt nichts Gelassenes. Außerdem ist es nicht mal Schamlosigkeit. – Daraufhin gibt Grener einen aus, ich gebe einen aus, der Chauffeur gibt einen aus, und wir fahren leicht angeheitert zurück. Das Land ist rötlicher, die Sonne gelber. Es ist Mittag. Ich verstehe nicht, warum der Mittag im Ruf steht, gerecht zu sein, bloß weil er den Dingen keinen Schatten gibt. Die wahre Gerechtigkeit, die bittere Gerechtigkeit des Geistes ist die des frühen Morgens. Als ich leicht verschmutzt in Morsbronn eintraf, etwas erstaunt, einen Nachmittag verbringen zu müssen, bereute ich meine fröhliche Gerechtigkeit vom Morgen bitter; der Chauffeur hat mir gesagt: «Ich mach mir gern Freunde; so bin ich halt. Darf ich kommen und den Weihnachtsabend mit euch verbringen?» – «Natürlich.» Aber ich zähle auf Paul und Keller für seine Unterhaltung. Ja, es stimmt: in zwei Tagen ist Weihnachten. Den meisten hier liegt sehr viel daran, für sie ist es die Zeit des Vermissens. Weihnachten ist einer der Augenblicke im Jahr, wo die Familie am muffigsten riecht, und eben diesen Geruch vermissen sie. Die Militärbehörde, der ihre Moral am Herzen liegt, bereitet ihnen an diesem Tag eine kleine Überraschung. Es wird für uns einen Weihnachtsbaum im Bahnhofsrestaurant geben. Vielleicht gehe ich hin. Ich will dieses Soldatenweihnachten sehen. Aber als Tourist. Man müßte davon gepackt sein. Übrigens hat mich Paul beauftragt, ihm eine gute Flasche Wein aus Pfaffenhofen mitzubringen, weil er morgen Geburtstag hat. Wir feiern ihn also, bestimmt wird es Kuchen geben. Ich werde mich revanchieren müssen: wir feiern den meinen am 21. Juni. Ich finde das lächerlich und ein bißchen rührend.

Brief von Paulhan. Aragon «ist immer noch Major in einem Regiment von ‹Arbeitern› (einige Selbstmorde). Meint, daß die UdSSR, während wir ‹so tun, als ob›, Hitler täglich mehr unter Druck setzt.»

Samstag, 23.
–10 Grad heute morgen. Eine antiseptische und bezaubernde Kälte, eine Kälte in der Art von lokalen Narkosen, tiefgefrorenem Fleisch, verflüssigtem Gas. Man spürt ihre Dichte, wenn man auf der froststaubigen Straße geht. Die Gegenstände sind kleiner und deutlicher, scheinen jedoch durch ein strahlenbrechendes Medium von mir getrennt zu sein, und wenn ich die vereiste Straße hinuntergehe, um im Bahnhofsrestaurant zu frühstücken, habe ich den Eindruck, in eine Glasscheibe einzudringen. Jetzt sind morgens die Cafés den Militärs untersagt, und ich esse – eine große Gunst – in der Küche des Restaurants an einem schmutzigen Wachstuch bei Wasserrauschen und einem faden Fleischgeruch (es ist da, das Fleisch, hinter meinem Rücken, ein Haufen hellrosa Fetzen mit bläulichen Knochen wie Augen), und auf einer Stange, die auf der Kante des Spülbeckens und einem Fenstersims liegt, wimmeln dicke schwärzliche Würste wie Würmer. Und ich führe mein morgendliches Gespräch mit den Gästen des Lokals: mit dem Koch des Offizierskasinos, dem Militärmetzger, der auf seinen Lieferwagen wartet, um am Carrefour des Tsiganes das Fleisch abzuholen, dem behelmten Jäger mit dem langen Pferdegesicht, der die heimkehrenden Urlauber direkt am Bus einsammelt. Immer dieselben Sätze – die aber immer aus dem Herzen kommen, was sie etwas belebt und ihnen einen Rest Frische verleiht. «Das beißt heut früh.» – «Minus neun!» – «Daheim ging's einem besser.» – «Wo bleibt mein Lieferwagen: was treibt bloß der Kerl.» – «Oh, die Kühler heutzutage ...» – «Tja, der Große von der Hippokompanie, der Chauffeur, für den hat man gestern einen Wagen holen müssen, um seinen abzuschleppen. Sie haben ihn fünfhundert Meter gezogen, trotzdem ist er nicht angesprungen.» Sie schauen auf meine Bücher: «Immer noch am Lesen?» Und ich entschuldige mich beschämt: «Sonst gibt's ja nichts zu tun.» Und sie entschuldigen mich nachsichtig, ermuntern mich sogar mit gutmü-

tiger Überlegenheit: «Hast recht. Solang du's kannst ...» Von Zeit zu Zeit schleicht grinsend der Depp des Restaurants vorbei, ein großer magerer Kerl mit buschigem Gesicht. Neulich bin ich zu der Örtlichkeit gegangen, die sie hier nach deutscher Mode «Pissoir» nennen. Eine der Klotüren stand offen: eine der Kellnerinnen erleichterte sich gerade, bequem sitzend, alle ihre Röcke um sie herum. Der Depp saß draußen auf einer Trittleiter und unterhielt sich mit ihr, während er Kartoffeln schälte. Als sie mich sah, hat sie «Entschuldigung» gesagt und die Tür zugeschlagen.

Zweiter Brief von Bost: «Es erstaunt mich – das war mir schon vor ein paar Tagen aufgefallen, aber hier denkt man nicht oft –, wie natürlich mir das Leben vorkommt, das ich führe. Am ersten Tag fühlt man ein leichtes Erstaunen ... aber das vergeht gleich – und es kommt nur selten wieder. Komisch, daß es mich heute abend erwischt hat, als ich Ihren Brief zu Ende gelesen hatte. Ich habe ihn in den Umschlag zurückgesteckt und stupide gekichert, und das Stupide ist mir aufgefallen. Mich verblüfft in diesem Moment einfach, wie normal mir mein Leben vorkommt. Man wundert sich nicht mehr über den Dreck, man friert nicht mehr allzusehr, man hält es für ganz natürlich, auf Stroh zu schlafen, und die Vorstellung, sich zu waschen, erscheint anormal. Der Zustand, der im zivilen Leben der ‹Ernsthaftigkeit› entspricht, ist hier Niedergeschlagenheit. Das reicht nicht weiter als bis zu einem ‹Nicht zu glauben!›, und man fühlt sich weder wirklich trübsinnig noch bedrückt, man fühlt sich allein und abscheulich. Ich sage abscheulich, ich weiß nicht, warum, weil man natürlich kein moralisches Urteil fällt, aber mir kommt es so vor, daß man genau das fühlt. In der übrigen Zeit grölt man, redet Schwachsinn, raucht und flucht. Ich habe Angst, aufs Tragische zu verfallen, und das will ich keineswegs. Es ist überhaupt nicht tragisch, es ist mies, aber vor allem kommt man nie dazu, sich wirklich zu entrüsten. Ich sage Ihnen, daß man sich abscheulich *fühlt*, aber das stimmt nicht. Man fühlt nicht wirklich, man hat Kenntnisse, und es berührt einen nicht. Im Moment bin ich nicht traurig, ich bin *nie* traurig und *nie* müde. Wenn ich schreibe, daß ich müde bin, dann ist das falsch, ich bin einfach leer und abgestumpft: so was kommt häufig vor, aber man ist nicht abgestumpft vor Müdigkeit – man ist einfach abgestumpft. Ich glaube, meine Rettung ist, daß es mich interessiert, was ich im Augenblick sehe, ich bin sogar sicher, man fühlt sich ein bißchen aufgeblasen vor Wichtigkeit. Ich weiß nicht, ob ich Ihnen gesagt habe, wie zum Beispiel Lavice und Vala waren. Sie platzen vor Stolz – aber nicht auf schweinische Weise: etwa weil sie sich interessant und als künftige alte Frontkämpfer vorkämen. Es ist ein naiver Stolz, wenn sie sehen, daß sie, die nie aus ihrem Loch herausgekommen sind, aktiv und aus der Nähe an einem Weltereignis teilnehmen. Das freut sie und läßt sie alles ernst und gewissenhaft ertragen. Bei mir ist es im Grunde genauso, und ich muß darüber lachen, weil es mir klargeworden ist, als ich sie sah. Denn im Augenblick habe ich den Eindruck, daß ich etwas Gewaltiges und Denkwürdiges sehe. Der Chemiker-Bruder hatte mir geschrieben, daß er nur ungern in die Heimat zurückkehre, weil er das Gefühl habe, so etwas wie das Kap Raz im Sturm zu versäumen, und ich hatte mich grausam über ihn lustig gemacht, aber er hatte gar nicht so unrecht. Ich werde es mir merken. Da ist schon was dran.

Wissen Sie, daß ich oft guter Laune bin? Seit ich im Wald bin, ist das das Beherrschende, außer morgens und wenn man uns piesackt, aber man piesackt uns wenig. Es ist eine blödsinnige gute Laune, aber das macht nichts ...

Natürlich passiert nichts. Man steht gegen acht Uhr auf, man arbeitet ein bißchen an Blockhäusern und Hütteneinrichtungen, man holt die Suppe (abends mitten in der Dunkelheit, ein komischer Frondienst). Heute nachmittag sind wir duschen gegangen, wir mußten 4 Kilometer in tiefem Schlamm zurücklegen, ein tolles Schauspiel, ich schwör's Ihnen. Haben Sie die *Aufzeichnungen aus einem Totenhaus* gelesen? Alles, was er da über die Mentalität der Zuchthäusler sagt, trifft auch für die der Soldaten zu. Alles, was er über das Verhältnis der Männer untereinander sagt, über das Verhältnis zu ihrer Arbeit, ihrem Geld, ihrem Tabak, die Art, wie sie sich mit ihrer unbequemen Lage abfinden, läßt sich auch auf uns anwenden, ohne daß man ein Komma dran ändern müßte, obwohl es sich um Russen handelt. Es verblüfft mich sogar, daß es so ähnlich ist. Ich denke, daß es von dem Moment an, wo man Leute zusammenpfercht, immer dasselbe ist. Haargenau dasselbe. Alles ist Theater und Attitüde und Betäubung.»

Alles, was er sagt, stimmt. Erstens stimmt es, daß der Krieg, wie Giono sagt, auf die Schwäche des Kriegers setzt, daß heißt auf eine gewisse Trägheit der Herzen und eine gewisse Neigung, alles auf das *Natürliche* zurückzuführen. Vierzehn Tage Leben im Krieg verändern die Koordinaten der Welt. Barnabooth schreibt anläßlich eines Besuchs im Gefängnis von Florenz: «Durch das vergitterte Fenster in der Zellentür habe ich hundertmal denselben Pierrot in gelb und grün gestreifter Kleidung gesehen, der sich mit den Ellbogen auf dasselbe Tischchen stützt unter einem Rechteck aus hellblauem Tageslicht. Die Strafe schien mir nutzlos und noch nutzloser die Tat, die bestraft wurde. Das Leben hatte hier diese Form angenommen, das war alles.» Das ist das Beherrschende bei diesen Gefangenen, die wir sind, Pierrots in Khaki oder Marineblau: das Leben hat diese Form angenommen, das ist alles. Und auf der Ebene dieses Lebens sucht man sich dann genauso gierig wie früher nette kleine Vergnügen und Attitüden. Wie Bost habe ich seit Beginn des Krieges nur Attitüden um mich herum gesehen. Attitüden und Betäubung, wie er so schön sagt, und dann wühlt von unten her die kleine gefräßige Pflanze gierig in der harten Erde und setzt sich fest. Da wird sie leben. Und zweitens stimmt es, daß auf einer bestimmten Ebene, wie Koestler ungefähr sagt, die Traurigkeit sich zusammenrollt und nachläßt. Die Traurigkeit ist zu keinem unendlichen Wachstum fähig: wie die Welt Einsteins ist sie unbegrenzt: sobald ein bestimmter Grad überschritten ist, tritt man nicht aus ihr heraus, sondern fällt in die geringere Traurigkeit zurück, die Welt der Traurigkeit ist unbegrenzt und endlich. Und dann stimmt es völlig, daß der Krieg Rechtfertigungen liefert. Wir alle sind gerechtfertigt, hier zu sein, nichts zu tun, uns zu langweilen, uns tausend kleine feige Genehmigungen zu erteilen. Wir sind alle zutiefst von dem Gefühl durchdrungen, wie er sagt, an einem Weltereignis teilzunehmen. Zwar haben wir schon immer an Weltereignissen teilgenommen, es ist kein Augenblick vergangen, in dem wir nicht historisch waren, aber der Krieg macht jedem seine Geschichtlichkeit spürbar. Dann landet man bei stupiden kleinen Frondiensten, von der Dummheit eines Feldwebels auferlegt, bei «Ernst und Gewissenhaftigkeit», wie sie historischen Kreaturen zukommen. Täuschungsmanöver: *während des Friedens* hätten wir diese Gewissenhaftigkeit und diesen Ernst aufbringen sollen; vielleicht hätten wir den Krieg vermieden. Aber der Friede wird wiederkommen und jedem von uns erlauben, sich «anachronistisch» zu fühlen; jeder Frieden war bisher nur Verzettelung.

Wie Giono in seinem Vorwort so richtig erklärt, neigt der Mensch sowohl zur Größe wie zur Bequemlichkeit, und der Krieg bringt Größe durch Bequemlichkeit.

Keller kommt aus dem Urlaub zurück. Man hört seinen schweren und langsamen Schritt auf der Treppe, er tritt ein, unveränderlich und ruhig, mit zufriedener Miene. Der Urlaub ist an ihm abgeglitten, ohne Spuren zu hinterlassen. Freudig erregt, ihn zu sehen, weil er aus Paris kommt, aber auch verärgert, weil Paris hinter ihm verstellt ist, verstopft durch seine dicke undurchsichtige Masse. Er ist dort gewesen, er hat *gesehen*, er hat alles gesehen, wie ich hätte sehen können, er war in unmittelbarer Berührung mit der Pariser Luft, mit den Straßen, dem Licht. Diese Berührung war total gewesen; trotz all meiner Gierigkeit hätte ich nicht in mehr Dingen *mittendrin-sein* können als er. Ganz Paris ist ihm geschenkt worden, nur hat er anders gewählt als ich, und das reicht aus, daß diese ganze ungeheure Erfahrung, die sein «In-sein» in Paris war, hinter ihm bleibt, unbrauchbar, verloren. Und dennoch ist sie gewesen.

Er sagt, daß die Urlauber, die aus Paris zurückkehren, aus Leibeskräften gegen «die jungen Drückeberger in den Fabriken» wettern. Sein ganzes Abteil war ein einziger Schrei der Empörung. «Am lautesten schimpfte einer, der im letzten Krieg zwei Finger der linken Hand verloren und zwei Kugeln in die Lunge gekriegt hat. Er hat sie noch: 65 % Invalide. Trotzdem haben sie ihn genommen. Er rauchte, ich schwör's dir. Er sagte: ‹Ich hab verstanden, morgen melde ich mich krank.› Dagegen hat ein Angestellter der Metro, ein ehemaliger Boxer, der sich bei einem Kampf in London einen Finger der rechten Hand gebrochen hat und den man ausmustern wollte, die Ausmusterung abgelehnt, ‹weil ich dann meine Stelle verliere›.»

In Port d'Atelier machte ein besoffener Urlauber Radau bei der Abfahrt. Ein ganz junger Leutnant nähert sich: «Stellen Sie sich mit den andern in die Reihe.» Der andere: «Hören Sie mal, als ich da oben war, da ließ man mich nicht in die Reihe treten.» Sie verhandeln, und der Leutnant, der spürt, daß er den Boden unter den Füßen verliert: «Gehorchen Sie, sonst rufe ich die Wache und lasse Ihnen den Urlaub streichen.» Alle Urlauber scharen sich nun um ihren Kameraden und schreien dem Leutnant zu: «Soll sie doch kommen, die Wache, die haben wir schnell auf die Gleise geschmissen.» Woraufhin sich der Leutnant aus dem Staub macht.

Davon abgesehen sind es Geschichten über die Lebenshaltungskosten, die Verteuerung von Öl und Kaffee. Er leiert alles mit ruhiger und gleichgültiger Stimme herunter, mit langen und unvorhersehbaren Pausen zwischen den Sätzen.

Gestern lief in Port d'Atelier das Gerücht um, daß ein Zug mit Urlaubern in Chaumont entgleist sei. Diese Entrüstung der Urlauber über die Drückeberger in der Etappe widert mich an. Es ist immer dasselbe: ihre Entrüstung kann oder will sich nicht dort Luft machen, wo es nötig wäre. Also hält sie sich an ihresgleichen schadlos. Sie wollen die skandalöse Schande des Krieges nur in den kleinen Privilegien von «Leuten wie sie» sehen. Dabei leiden sie unter dem Krieg, sie langweilen sich, sie haben – und das ist die Grundlage ihrer Wut – den Katzenjammer, weil sie zu ihm zurückkehren. Aber statt sich zu freuen, daß einige das Glück oder die Schlauheit hatten, ihm zu entwischen, möchten sie sie in die Patsche ziehen und sie mit ihnen drin ersäufen. Da sie den Krieg für andere wünschen, sind sie also durchaus würdig, ihn zu führen, sie *verdienen* ihn. Je weiter ich komme, desto mehr sehe ich, daß die Menschen den Krieg verdienen und ihn desto mehr verdienen, je länger sie ihn führen. Es ist wie Adams Sünde, die nach Kierkegaard jedes Individuum freiwillig auf sich nimmt. Die Kriegserklärung, die das Vergehen einiger Menschen war, nehmen wir alle auf uns, mit unserer Freiheit. Diesen Krieg haben wir alle irgendwann einmal erklärt. Aber statt ihn zu sühnen, statt zu sagen, das ist *mein* Krieg, und zu versuchen, ihn zu leben, flüchten sie sich alle vor ihm in Attitüden, sie weisen ihn unaufrichtig von sich, genauso wie man ein Vergehen von sich weist, das man gerade begangen hat. Sie bedecken ihn mit einem Schleier aus *Natürlichkeit* und *Normalität*. Und alle diese Schweinehunde werden im Frieden einer nach dem andern vom Glorienschein des unschuldigen Opfers und von den Lorbeeren des alten Frontkämpfers profitieren.

Alles in allem habe ich bisher folgende diverse Gestalten im Krieg getroffen: «die Zurückgebliebenen und Verirrten», wie Lanson in seinem Handbuch sagt, jene, die geschützt und im Warmen den Traum des Kriegs von 14–18 noch einmal träumen – jene, denen man nichts vormachen kann, am entgegengesetzten Ende, davon überzeugt, daß dieser Krieg ein übler Streich ist, den die Regierungen ihren Untertanen spielen, und die fast an ein geheimes Einvernehmen zwischen Hitler, Stalin, Daladier und Chamberlain glauben – das Gros der Unzufriedenen, von denen die meisten mit einer Attitüde losgezogen sind, die sie nicht durchhalten konnten, und die sich zu *Kleinhändlern* der Unzufriedenheit gemacht haben, weil sie in bezug auf die allgemeinen Prinzipien einer Revolte unschlüssig bleiben, und so taumeln sie von einer Beschwerde zur andern, sie flüchten sich in die Beschwerde – die Beamten, die nach einer Zeit der Verwirrung ungestört ihre kleinen zivilen Gewohnheiten wieder angenommen haben, sprechen von ihrem künftigen Urlaub genauso wie von ihren bezahlten Ferien, klammern sich an ihren Papierkram, an kleine Gewohnheiten – Courcy, der abends auf der Hotelveranda seine Pfeife raucht und mit einem Lächeln verzückter Eitelkeit sagt, wobei er den Satz in Anführungszeichen setzt: «Alles in allem haben wir unseren ‹*living-room*›» – die Angsterfüllten, jene …[6]

6 Die folgenden fünf Hefte fehlen.

Heft XI

Februar 1940
Morsbronn – Paris – Bouxwiller

[Paul][1] meinte, der Beruf würde uns vereinen, er gehört zu jenen Lehrern, jenen Beamten, die sich von ihren Kollegen sofort angezogen fühlen. Wir hätten uns zusammenschließen, berufliche Fragen erörtern, mitten im Krieg die Unvergänglichkeit des Geistes behaupten können. Ich aber werfe ihm gerade vor, daß er Lehrer ist, ich mag nicht, daß man mich mitten im Krieg gezwungen hat, zu jeder Tageszeit eine Karikatur meiner selbst zu sehen. Ich *fühle* mich nicht auf seine Art als Lehrer, und jedesmal, wenn er versuchte, mich an sich zu ziehen, stellte ich mir jene Welt vor, die er zu seiner Weide macht, Kollegen, Frauen von Kollegen, Gewerkschaften, Teegesellschaften und [die Gespräche] mit den Damen, die [akade]mische Hingabe an die Natur, die sozialistische Geistigkeit, die Angst und der Haß gegenüber dem Gymnasialdirektor. Ich wies ihn mit allen Kräften von mir. Er jedoch erklärte sich meine Widerstände auf seine Weise: er ist der Sohn einer Volksschullehrerin, Ehemann einer Volksschullehrerin, *Professeur licencié*. Man kennt die schäbige elitäre Überlegenheit, die die *Agregés* gegenüber den *Licenciés* zur Schau tragen. Die meisten *Licenciés* sind nicht viel besser; in ihrem Haß, ihrer Eifersucht, ihren Forderungen steckt gegen ihren Willen eine Anerkennung dieser Überlegenheit, sie haben sich nie zur Verachtung aufgeschwungen. Paul hat [die Zurückhaltung], die ich zeigte, einem Unterschied [der Situation] innerhalb des Lehrbetriebs zugeschrieben. Eines Tages, als Pieter von dem astronomischen Unterschied sprach, der zwischen Hauptmann Or-

1 Einige Seiten dieses Heftes sind durch Feuchtigkeit beschädigt. Unleserliche Wörter wurden nach unseren Vermutungen wiederhergestellt und in eckige Klammern gesetzt.

cel, einem reichen Industriellen, und Leutnant Munot, einem kleinen Ingenieur, bestand, hat Paul in ironischem und resigniertem Ton gesagt: «Also der Unterschied wie zwischen mir und Sartre.» Und erst neulich wieder, als ich jemandem, ich weiß nicht mehr, wem, vorwarf, daß er ein Idiot sei, hat er sich katzenfreundlich eingemischt: «Glaubst du nicht, Sartre, daß dich dein ausschließlicher Umgang mit *Normaliens** zu anspruchsvoll gemacht hat?» Worauf ich erwiderte, daß ich fast überhaupt keinen Umgang mit *Normaliens* hätte, aber das zeigt recht deutlich, wie er [meine Situation] sieht: die gleiche wie die seine, aber in einer Superuniversität, kollegiale Beziehungen zur «Creme», Paris statt Provinz usw. Kurzum, seiner Meinung nach habe ich ihn mit Verachtung gestraft. Und so sieht die reale Struktur unserer Beziehungen innerhalb der Gruppe aus: ein gereizter Widerwille meinerseits gegen den Akademiker, den er so gründlich repräsentiert, und seinerseits eine resignierte und mißtrauische Würde, die wohl nicht bis zum Neid geht, aber bestimmt verletzt ist. Ich bin «zu stolz», ich poche zu sehr auf die «Elite», zu der ich gehöre, und dieser übertriebene Stolz führt dazu, daß ich auf meinen Beruf [beschränkt] bin. Andererseits jedoch, wenn er in seiner Umgebung ein amüsantes kleines physikalisches Phänomen feststellt, kann er nicht umhin, sich an mich zu wenden und es mir mitzuteilen, Pieter und Keller geflissentlich übergehend, um einige Sekunden lang jene intellektuelle Gemeinschaft zu verwirklichen, die er ohne Zweifel mit dem Geographielehrer der Quarta hatte und die es ihm erlaubte, die Rechte der Intelligenz zu verspüren. Er hat Pech, ich verstehe nichts von Physik, und es interessiert mich nicht. Er merkt es, und das bestärkt ihn in der Meinung, daß ich es aus Geringschätzung tue.

Aber die wesentliche Struktur meines Verhältnisses zu Paul, diejenige, die den Angelpunkt [unserer Beziehung]

* Absolventen der École Normale Supérieure.

bildet, ist eine andere. Paul verkörpert die Autorität. In gewissem Sinn schämt er sich, Vorgesetzter zu sein, doch andererseits versucht er, seine Autorität auf tausend hinterhältige Arten auszuüben, nicht aus Lust am Kommandieren, sondern aus Angst vor der Verantwortung, die ihm zufällt. Aber ich leiste Widerstand, weil es mir ein Greuel ist, herumkommandiert zu werden; man braucht mir nur einen Befehl zu erteilen, und schon sträube ich mich, und dieser Unabhängigkeitsdrang führt dazu, daß ich dem in Pauls Liebenswürdigkeiten versteckten oder verpackten Befehl auf die Spur komme. Desto unwilliger, je verpackter er ist. Natürlich weigere ich mich, ihn zu befolgen. Aber meine Weigerung ärgert Paul nicht nur [wegen seiner] Angst vor Verantwortung. Er hält ihr immer entgegen, daß er in aller Freiheit bedauere, Vorgesetzter zu sein, und daß er folglich mein Komplize sein müsse, wenn ich ihm Widerstand leiste. In seiner Moral angegriffen, leistet Paul durch Unaufrichtigkeit Widerstand. Und das ist unsere wesentliche Beziehung, sie verläuft quer durch unsere organische Gruppe. Er ist ein Vorgesetzter, der sich schämt, es zu sein, und trotzdem will, daß ich ihm gehorche, und ich bin der aufsässige Soldat, der ihm nicht gehorchen will und sich auf den Sozialismus in ihm gegen den Vorgesetzten beruft. Um dieses rigide und chronische Verhältnis (er wird nicht nachgeben, ich werde nicht nachgeben) ordnet sich die ganze Gruppe. Ich habe tatsächlich gedacht, da er Demokrat ist, ihm dadurch Widerstand zu leisten, daß ich an die Mehrheit [appelliere]. Und ich [schaffe] gegen ihn eine Mehrheit: Pieter, der von Natur aus friedfertig ist und ein bißchen auf Paul schimpft, aber so wie eine Frau auf ihren Mann, darauf bedacht, nicht «zu weit zu gehen», läßt sich trotzdem durch Überrumpelung zur Mehrheit herüberziehen. Man muß seiner Zustimmung etwas Gewalt antun, ihn mit aufgerissenen Augen anschauen und sein gehauchtes Ja an die große Glocke hängen, bevor er Zeit hat, es zurückzunehmen. Keller brummt ein undeutliches Ja, aus Spaß, dem Gefreiten einen Streich zu spielen. So hält eine bei jeder Gelegenheit flugs neugruppierte Opposition Pauls [weihevolle Autorität in Schach], und jedesmal ist er ratlos, weil er gegen das Prinzip der Mehrheit nichts einwenden kann. Er täuscht sich nicht darüber und nennt mich «die Opposition».

Dennoch bemüht er sich heimlich um ein genau umgekehrtes Kräfteverhältnis, das übrigens nicht mehr die Bedeutung einer Mehrheit hat, sondern darauf abzielt, mich gegenüber der öffentlichen Meinung zu isolieren. Da ich mich, ohne daß jemand mich darum gebeten hätte, zu ihrem Gewissen aufgeworfen habe, sagte ich, daß sie versuchten, mich in die Klemme zu bringen, mich bei den Fehlern zu ertappen, die ich ihnen vorwerfe. Sie belauern mich [ständig]; Pieter führt den [Reigen] und kläfft mich recht unschuldig an. Aber Paul paßt den richtigen Moment ab und schlägt sich plötzlich auf seine Seite, mit einer kleinen Tatsache oder einem Argument, wenn er spürt, daß ein Beitrag nötig ist. Keller bleibt entschlossen neutral oder geht weg. Nichtsdestoweniger sind die beiden anderen gegen mich. Umgekehrt ergibt sich niemals die Struktur Paul, Keller und ich gegen Pieter. So hat unsere Gruppe große Ähnlichkeit mit einer beweglichen Scheibe, die sich bald nach rechts, bald nach links neigt, mit Kugeln darauf, die auf die eine oder die andere Seite rollen, je nach dem Gefälle, [das ihr die Bewegung verleiht], die [durch die] innere Spannung aufrechterhalten wird, die von uns zu Paul oder von ihnen zu mir verläuft. Was die wesentliche Rolle von Pieter definiert, «die Ebene, der Sumpf», der die Struktur völlig umkehrt, je nachdem, ob er sich auf meine Seite schlägt oder zu Paul überläuft.

Aber es gibt noch andere Beziehungen: insbesondere die Beziehung von Pieter zu mir. Irgend etwas vereint uns und schafft zwischen uns die Verbindung, die, Paul zufolge, zwischen Paul und mir hätte existieren sollen: unsere gemeinsame Neugier für das *Draußen*. Wir sind gewissermaßen die Fühler, die unsere Gruppe in die Welt streckt, in die Restaurants, die Cafés, zu den anderen. Außerdem [gibt es trotz allem] Paris, das uns gemeinsam ist, [und] dann, zu meiner Schande muß ich es gestehen, das Geld. Nicht, daß Paul nicht genausoviel hätte wie ich, aber ein ängstlicher Hang zur Sparsamkeit hält ihn zurück, obgleich er für die Zeit nach dem Krieg mit einem Bankrott rechnet. Daher verkörpern wir die ein wenig verrückte *jeunesse dorée*, die das Geld ausgibt. Wir bringen viel Wind von draußen mit, wenn wir in die Gruppe zurückkehren. Diese Verbindung durch Geldausgeben und Ausflüge schafft jeden Tag eine andere, parallele Verbindung: Die Verbindung Keller-Paul, diejenigen, die zu Hause bleiben, die Hüter des Herdes. Oder auch diejenigen, die [in der Feldküche] essen, neben [denen], die ins Restaurant gehen. Oder auch die starken Esser (denn sie essen wahllos alles und sehr viel) gegenüber den Feinschmeckern. Allerdings fehlt es der Gruppe Paul-Keller an Zusammenhalt: Paul ist in keiner Weise neidisch auf uns, gelegentlich begleitet er uns sogar. Keller, geizig und wenig begütert, beneidet und haßt uns jedesmal, wenn wir ausgehen. So daß er unser Tandem zusammenschweißt, indem er uns gegen unseren Willen ein Schuldbewußtsein unserer Klasse einflößt. Wir spüren, daß wir gegen ihn zusammen ins Restaurant gehen. Keller verkörpert im übrigen das Proletariat in unserer Gruppe und Pieter den Kapitalisten. Im Grunde betrachtet uns Keller [mittellos], durch seine Masse, seine Trägheit ganz tief nach unten gezogen, aus der Froschperspektive, stumm, mißtrauisch und neidisch. Er fühlt sich niemandem von uns verbunden. Jeden Abend zahlt einer von uns die Runde, spendiert Kuchen, Obst, irgend etwas. Keller nimmt alles an und fühlt sich in keiner Weise verpflichtet, sich zu revanchieren, wie er es trotz seinem Geiz in seinem Milieu sicherlich wäre. Es ist eine Art individueller Wiederaneignung. Uns, besonders Pieter und mir gegenüber *spürt er seine Klasse*. Paul gegenüber verhält er sich, ich sagte es vorhin, wie ein Arbeiter gegenüber einem Vorarbeiter. Er [errichtet innerhalb] des Organismus eine weitere Struktur: die Klassenstruktur. Was eine Art Wechselseitigkeit in den Beziehungen zwischen ihm und mir herbeiführt, denn ich habe ein schlechtes Gewissen, er imponiert mir durch seine Brutalität, und ich behandle ihn mit einer Art Hochachtung, die er im Rahmen seiner Möglichkeiten erwidert. Wir haben Angst voreinander. Er steht zwar nicht außerhalb der Gruppe, aber die Beziehungen, die man außerhalb des versteckten Klassenverhältnisses zu ihm haben kann, sind unstrukturiert. Es ist eine Art amorpher Immanenz: er schwimmt in der Gruppe und läßt sich durch Härtung von ihr durchdringen.

Desgleichen bilden die Beziehungen zwischen Paul und Pieter eine schwache Form. Außer wenn sie [es darauf anlegen], mich in die Klemme zu bringen. Im übrigen ist der Beistand, den sie einander in solchen Momenten leisten, nicht ohne Hintergedanken, denn jeder fühlt sich mehr mit mir solidarisch als mit seinem Verbündeten, jeder meint, daß er auf seine Weise und auf seinem Gebiet gegen mich recht hat, und es fällt mir im allgemeinen nicht schwer, sie zu entzweien, ihre Angriffe zu spalten. Pieter hält Paul gern für einen unbedarften kleinen Jungen, einen Grünschnabel; er sagt gern zu ihm: «Wenn du mal nach Paris kommst, werden *wir* (das heißt Sartre und ich) dich mit Frauen bekannt machen.» Auch für einen Provinzler. Sobald er ihm eine Kleinlichkeit vorzuwerfen hat [, sagt er]: «Na ja, das Provinzleben!» Paul wirft Pieter eine Art taktlosen Übermut vor, sie bilden nie ein Paar. Wenn es daher darum ging, unserer Gruppe eine praktische Struktur zu geben, hat sie sich ganz natürlich in zwei Zweiergruppen gespalten: Pieter und ich – Paul und Keller. Jede Gruppe übernimmt abwechselnd die Meßarbeiten, während die andere sich um die Hausarbeit kümmert. Diese technische Struktur, die sich spät herausgebildet hat, ist von erheblicher Bedeutung; sie hat unsere Gruppe wirklich aufgeteilt und die anderen Strukturen abgeschwächt. Zum Beispiel ist der Kampf zwischen Paul und mir weniger rauh, weil wir ihn vom Ballast [der Verantwortung] für unsere Messungen stark befreit haben. Dagegen hat sich das Band Paul-Keller, Vorarbeiter-Arbeiter, gefestigt. Natürlich lösen sich alle diese Strukturen auf und werden durch eine vorläufige Homogeneität ersetzt, wenn wir gegen die Außenwelt für unsere gemeinsamen Interessen kämpfen.

Ein letzter Pinselstrich zur Vervollständigung des Hotels, in dem wir leben. Seit gestern haben die Funker, die im Zimmer neben uns wohnen, die Krätze. Zwei von ihnen hat es ernsthaft erwischt, der dritte steht unter Beobachtung. Vor zwei Wochen hatten sie drei andere Funker abgelöst, und von denen hat anscheinend auch einer die [Krätze. Der Arzt] hat sie gefragt: «Wo wohnt ihr?» – «Im Hotel Bellevue.» – «Ach so, jetzt verstehe ich: dort wurden in Friedenszeiten die Krätzekranken behandelt.» Die Kunden des Hotels waren Rheumatiker und Hautkranke. Ich gestehe, daß ich seit einiger Zeit ein nervöses Jucken an den Händen, im Gesicht und auf dem Kopf spüre.

In Romains' letzten beiden Bänden, die seit der Kriegserklärung erschienen sind*, spekulieren Jallez und Jerphanion ausgiebig über den Tod Gottes. Jerphanion prophezeit Düsteres für das Jahr 1937 (Romains war so zartfühlend, nicht 1939 hinzuschreiben). Er vergleicht den Krieg von 14 mit einem jener schweren Gewitter, die einen ganzen Sommer verderben. Die Dada-Bewegung erscheint Jallez sehr symptomatisch. Romains sieht Europa

* *Vorge contre Quinette* (Vorge gegen Quinette) und *La douceur de la vie* (Die Süße des Lebens).

«den Kräften des inneren Zerfalls preisgegeben». Zweifellos hätte sein Buch, das im Jahr 1919 spielt, ganz anders geklungen, wenn der Krieg nicht ausgebrochen wäre. Und ebenso zeigt uns Drieu in *Gilles** zwischen den Jahren 17 und 37 ein sterbendes Europa: «Der Krieg hat Frankreich getötet, es wird sich nicht mehr davon erholen.» Es wird Mode werden, im Licht der gegenwärtigen Ereignisse nach den Anzeichen des Zerfalls im Frankreich zwischen 1920 und 1935 zu suchen. Man wird darin eine düstere Periode der Erschöpfung, der Entwurzelung sehen, von einigen kurzen [fiebrigen] Ruhepausen [unterbrochen], eine Zeit der Demoralisierung und Zerstörung. Ganz besonders hervorheben wird man den Surrealismus wegen seiner Negierungen, man wird uns eine zerrüttete, verrückt gewordene, aus dem Gleichgewicht geratene Epoche zeichnen. Das darf man nicht zulassen. Es stimmt nicht. Sicherlich hat der Krieg 14–18 zum Krieg von 40 geführt. Und zwar aus einer Menge von Gründen, von denen die meisten bekannt sind, die anderen werden die Historiker aufdecken. Sicherlich hat es Wirren gegeben, Erschütterungen und Krämpfe, Störungen des Gleichgewichts. Aber nicht *nur* das. Zumindest in Frankreich konnte man die «Süße des Lebens» kennenlernen – ich habe sie kennengelernt. Das Glück war möglich, die [Ruhe ebenfalls]. Zwischen 25 und 33 bin ich oft glücklich gewesen, ich habe um mich herum eine Menge glücklicher Leute kennengelernt, und es war kein frenetisches, ungesundes Glück. Sie waren wirklich und gelassen glücklich. Vielleicht gab es Dinge, die schwieriger waren als früher, härtere Augenblicke. Aber das störte nicht wirklich. Und vielliecht waren ja ein Drieu, ein Montherlant durch den Krieg angeschlagen, aber ich erwidere, daß *meine* Generation, die die Ablösung übernahm, als dieser Krieg gekommen ist, völlig ausgeglichen war. Ich suche unter den Leu-

* Deutsch: *Die Unzulänglichen.*

ten, die ich kennengelernt habe, nach solchen, die den Halt verloren hatten, und gewiß finde ich welche, aber nur wenige, und ihre Charakterschwäche läßt vermuten, daß sie ihn zu jeder Zeit verloren hätten. Doch hat es vor dem Krieg viele junge Leute gegeben, die *gefestigter* waren als wir? Gefestigter als Nizan, als Guille, als Aron, als Castor? Wir wollten weder zerstören noch uns in erregende und wahnwitzige Ekstasen stürzen. Wir wollten brav und geduldig die Welt verstehen, sie entdecken und uns in ihr unseren Platz schaffen. Wir wollten Wissen und Weisheit erwerben. Vielleicht war der Platz, den wir in der Welt einnehmen wollten, nicht sehr bescheiden, vielleicht hatten wir es ein bißchen eiliger, ihn zu erobern, als unsere Vorgänger. Aber es gab da nichts sonderlich Übertriebenes. Diejenigen von uns, die die Welt verändern wollten und zum Beispiel Kommunisten wurden, wurden es auf vernünftige Weise, nachdem sie das Für und Wider abgewogen hatten. Und woran ich mich am besten erinnere, was ich immer vermissen werde, ist das einzigartige Klima der intellektuellen Stärke und Fröhlichkeit, das uns umgab. Man hat gesagt, daß wir zu intelligent waren. Warum «zu»? Niemals bin ich bei einem von denen, deren nähere oder ferne Bekanntschaft ich machte, auf das Bild jener Zyniker und mit ihren Lastern angebenden Typen gestoßen, das die damalige – schlechte – Literatur zu popularisieren sich bemühte. Wir genossen zwar eine ziemlich große sexuelle Freiheit, aber wir bemühten uns, über die kleinen Gefühlsangelegenheiten unseres Lebens redlich nachzudenken. Wir waren härter als unsere Vorgänger, als ein Alain-Fournier, ein Rivière; zum Teil aus Angabe und zum Teil auch deshalb, weil es immerhin den Krieg gegeben hatte und wir das Leben nicht als Lustpartie betrachteten. Aber man soll uns nicht einerseits dieses Bemühen um Härte vorwerfen, die eine reale Selbstdisziplin und einen gesunden Zynismus mit sich brachte – und andererseits irgendwelche Schwächeanfälle, die wir nie gehabt haben... Man wird mir Beispiele entgegenhalten, die den halben Beichten in diesem Heft entnommen sind, meine Krise kindischen Hochmuts mit Nizan, meine politische Gleichgültigkeit usw. Darauf antworte ich, daß die Selbstbeherrschung und die «moralische Gesundheit», wie sie sagen, nichts mit der Bescheidenheit des Veilchens und staatsbürgerlicher Gesinnung zu tun haben. Ich weiß, daß ich vollkommen Herr meiner selbst bin, ohne geistige Verwirrungen, und daß ich harte Schläge einstecken kann. Ich weiß auch, daß mir die Moral am Herzen liegt. Ich habe versucht, so manche alten Ideologien zu zerstören, aber immer mit einem konstruktiven Ziel. Es mag mir an «Wurzeln» gefehlt haben, aber nie an Ausgeglichenheit. Warum meine ich, das alles [aufschreiben] zu müssen? Weil ich sehe, daß unsere Epoche im Begriff ist, eine Vorstellung von sich zu konstruieren, um den Historikern den Boden unter den Füßen wegzuziehen. Sie will wenigstens den Ruhm davontragen, ein Urteil über sich gefällt zu haben, und sie will ihnen eine fertige Arbeit hinterlassen. Und gegen diese Schwarzmalerei protestiere ich. Ich habe Angst, daß sie überlebt. Ich sehe mit Sorge, daß man sich bereits bemüht, das herrliche Überschäumen von Ideen und Werken in der Zeit zwischen 1918 und 1928 als Zeichen von Verwesung und die wirkliche Freiheit, die die Menschen damals genossen, als anarchische Zügellosigkeit zu betrachten. Alle diese primitiven Ansichten sind falscher Schmuck. Bei Drieu mag das noch angehen, er ist ein Schwachkopf, aber es gibt noch zu viele andere, die Bilanz ziehen wollen. Ich finde, daß man warten soll. Die Epoche ist tot, das steht fest, aber sie ist noch ganz warm. Man möge doch so taktvoll sein und warten, bis sich ihre Leiche ein wenig abgekühlt hat.

Das Problem der Negation ist immer verschleiert worden als ein Problem des Seins, weil das «Nicht-sein» das Urteil eines Geistes zu sein schien, der sich zwei Gegenstände vor Augen führen ließ, um deren Andersheit zu behaupten. Wenn ich beispielsweise sage, das Papier *ist nicht* porös, dann schreibe [ich] diese Verneinung nicht dem Papier zu, das von sich aus keinen Bezug zum Porösen hat, sondern meinem Geist. Man verstehe jedoch recht: die Negation ist kein Seinsmodus meines Geistes, der verneinend einen *vollen Akt* des Urteilens vollzieht – und der für die meisten Philosophen reiner Akt ist, Existenzfülle, zur gleichen Zeit, da er verneint. So wird die Negation ein λεκτον, ein *Nichts* [*rien*]. Sie ist *weder* der Geist noch *im* Geist, *noch* im Papier, *noch* im Porösen, *noch* ein existierendes Verhältnis nach Art einer abstoßenden Kraft zwischen dem Papier und dem Porösen. Letztlich ist sie nur eine Kategorie, die es dem Geist erlaubt, auf Distanz eine Synthese des Porösen und des Papiers herzustellen, ohne deren Natur im geringsten anzutasten, ohne ihre wechselseitige Stellung zu verändern, ohne sie einander anzunähern oder voneinander zu entfernen. Somit ging das Bemühen der Philosophie dahin, die Negation immer dünner zu machen, bis sie nur noch ein dünner Film zwischen dem Geist und den Dingen war, ein Nichts. Und gewiß muß man zugeben, daß die Negationen, die ich in der Welt ausmache, keine ursprünglichen und substantiellen Beziehungen zwischen den Dingen sind. Es bedarf der Mitwirkung meines Bewußtseins, um die Negation der Zugehörigkeit des Porösen zum Papier entstehen zu lassen. Es liegt nicht *im Sein* des Papiers, nicht porös zu sein. Aber das Problem wird ein ganz anderes, wenn wir zum Beispiel vom Bewußtsein sagen, daß es *nicht* ausgedehnt *ist*. Ohne Zweifel werden wir, wenn wir uns darauf beschränken, dieses Urteil über das Bewußtsein anderer zu fällen, indem wir es als eine durch Erfahrungen erwiesene Gegebenheit betrachten, dazu neigen, es in die Kategorie der oben genannten Urteile einzuordnen und zu sagen, daß wir die Ausdehnung des Bewußtseins so verneinen wie die Porösität des Papiers. Nur, wenn es um das Bewußtsein geht, das wir *sind*, verhält es sich ganz anders, denn es *ist* selbst sein eigenes Nichts [néant] an Ausdehnung. Das heißt, es gibt hier keinen dritten Menschen, der feststellt, daß zwei inerte Substanzen, das Bewußtsein und die Ausdehnung, keine Zugehörigkeitsbeziehung haben. Aber es ist im Sein des Bewußtseins, nicht Ausdehnung zu sein. Das heißt, daß das *Nicht* ein existentielles Merkmal ist. Man wird das sofort verstehen, wenn man folgende beiden Urteile vergleicht: «die Ausdehnung ist nicht Bewußtsein» und «das Bewußtsein ist nicht ausgedehnt». Im ersten Fall handelt es sich ganz offenkundig um eine nachträglich von einem kontemplativen Bewußtsein hergestellte Beziehung, denn es liegt nicht in der Natur der Ausdehnung, Bewußtsein zu sein oder nicht Bewußtsein zu sein, sondern nur, ausgedehnt zu sein. Im zweiten Fall dagegen werden alle Spiritualisten darin übereinstimmen, daß es ein Merkmal des Bewußtseins ist, nicht ausgedehnt zu sein. Man hat die Frage umgehen wollen, weil es widersprüchlich erschien, in einem wie immer gearteten Sein negative Eigenschaften zuzulassen, indem man positive Begriffe schuf, die dieser Eigenschaft Rechnung tragen sollten. Zum Beispiel Begriffe wie unausgedehnt, Immaterialität. Aber schon eine Prüfung des Worts reicht aus, um zu zeigen, daß unausgedehnt ein bloßes Wort ist, das eine verschämte Negation birgt. Unausgedehnt sein bedeutet für das Bewußtsein keine positive Eigenschaft, es ist allenfalls eine verkrampfte Art, die Tatsache zu bezeichnen, daß das Bewußtsein *nicht* ausgedehnt *ist*. Es gehört also zur inneren Struktur des Bewußtseins, *nicht* ausgedehnt *zu sein*. Dieses Nicht-sein wird weder festgestellt noch bewertet, sondern, wie wir neulich sagten, es *wird von Sein besetzt* [*est été*].

Gleichwohl hatten mich meine Überlegungen bisher vor allem dazu geführt, den Fall zu erwägen, in dem das Bewußtsein nicht ist, was es ist, das heißt, in dem die Negation in der Homogenität ein und derselben Existenz aufbricht und das Negierte von sich aus auf das verweist, von dem es negiert wird, da es ein und dasselbe Sein ist. Hier aber kompliziert sich das Problem in Gestalt des einfachen Prinzips der Widerspruchslosigkeit, denn das Bewußtsein ist nicht, was es nicht ist. Denn wenn man diese scheinbare Binsenwahrheit untersucht, sieht man, daß eine der Negationen die andere zerstört. Denn wenn das Bewußtsein *nicht* Ausdehnung *ist*, was nach der klassischen Theorie die totale Abwesenheit jeder Beziehung zwischen Bewußtsein und Ausdehnung voraussetzen würde, und da es außerdem keinen dritten Menschen gibt, der zwischen Bewußtsein und Ausdehnung die ganz äußerliche Negativitätsbeziehung herstellt, sieht man nicht, wie dieses Bewußtsein durch es selbst genügend Beziehungen zur Ausdehnung in sich enthalten könnte, um sich eben von sich aus zur Negation der Ausdehnung zu machen. Das ist jedoch der Fall, und unsere vorstehenden Bemerkungen sollen uns über einen Punkt aufklären: jede Negation setzt einen bestimmten Modus synthetischer Einheit der Realitäten voraus, die sie verneint. Wenn die Negation ein «λεκτον» ist wie im Fall des Urteils «das Papier ist nicht porös», dann ist die unitarische Synthese ebenfalls ein «λεκτον», eine rein kategoriale Annäherung, die die Gegenstände völlig unberührt läßt. Wenn die Negation mindestens eines der beiden Seine *von Sein besetzt ist*, dann erscheint sie auf dem Hintergrund einer realen synthetischen Einheit dieser beiden Seine. Mit einem Wort, damit das Bewußtsein wirklich aus sich selbst und von Natur aus, ohne den kontemplativen Eingriff eines dritten Menschen, *nicht die Ausdehnung sein* kann, muß es in seinem tiefsten Sein eine unitarische Beziehung zu dieser Ausdehnung bergen, die es nicht ist. Aber diese primäre Beziehung läßt sich nicht durch Termini der Abstoßung, Produktion, Projektion usw. ausdrücken, die alle eine konstituierte Welt und das Problem des Seins als geklärt voraussetzen. Es handelt sich ganz offensichtlich um eine ursprüngliche Seinsbeziehung zwischen zwei Seinen. Die

Verbindung muß so eng wie möglich sein, damit genau *das* es ist, was das Bewußtsein nicht ist, die Ausdehnung muß dem Bewußtsein allenthalben gegenwärtig sein und es sogar in seiner ganzen Breite durchqueren, damit das Bewußtsein endlich der Ausdehnung, die es allenthalben zu leimen droht, nur dann entgehen kann, wenn es *nicht ist*. Nicht nur, wenn es *nicht* die Ausdehnung *ist*, sondern wenn es *nichts ist*. Die Einheit von Bewußtsein und Ausdehnung ist so geartet, daß das Bewußtsein nur in dem Maße die Ausdehnung *nicht ist*, wie es *nicht es selbst ist*, wie es nichts ist. Nichts Positives wiegt das Nicht-ausgedehnt-sein auf. Eben weil das Bewußtsein sein eigenes Nichts [*Néant*] ist, ist es nicht ausgedehnt. Diese Seinsbeziehung der Ausdehnung zum Bewußtsein wollen wir Durchdringung [*investissement*] nennen. Aber gerade weil das Bewußtsein sich definiert als seiend, was es nicht ist, und als nicht seiend, was es ist, kann es nicht einfach nur *sein*, was nicht die Ausdehnung ist. Sein Modus, zu sein, was nicht die Ausdehnung ist, ist ganz und gar vom Nichts [*Néant*] durchdrungen, es *ist*, was nicht die Ausdehnung ist nach dem nichtenden Modus der Spiegelung und des Gespiegelten, das heißt, daß die Formel «das Bewußtsein ist nicht ausgedehnt» korrigiert werden muß zu «das Bewußtsein ist nicht *die* Ausdehnung», was bedeutet, 1. daß diese Negation die Durchdringung des Bewußtseins durch die Ausdehnung impliziert und 2. daß diese Durchdringung nur insofern für das Bewußtsein sein kann, als das Bewußtsein Bewußtsein von sich selbst als unausgedehnt ist, das heißt als von der Ausdehnung durchdrungen, die nicht zu sein es sich bewußt ist. Mit anderen Worten, wenn das Bewußtsein wäre, was es ist, das heißt nach dem Modus des An-sich existierte, wäre es ausgedehnt. Aber in eben dem Maße, wie es sich selbst entgeht, indem es nicht ist, was es ist, ist es nicht die Ausdehnung, sondern Bewußtsein *von* der Ausdehnung. Somit ist das Bewußtsein Nichtung der Ausdehnung, und diese Nichtung kann nur in Form von Bewußtsein *von* der Ausdehnung geschehen. Die Ausdehnung ist hier natürlich nur ein Beispiel. Ganz allgemein gibt es keine andere mögliche Vernichtung eines an sich Existierenden als durch das Erscheinen eines Bewußtseins *von* diesem Existierenden.

Donnerstag, 1. Februar
Das Erscheinen des Nichts kann nur auf dem Hintergrund eines Seins erfolgen, das es *nicht ist*. Die *Abwesenheit*, die ein Bewußtsein ist, kann Abwesenheit nur *vor einer Anwesenheit* sein. Das Unausgedehnte erscheint auf dem Hintergrund der Ausdehnung und als Negation dieser Ausdehnung für sich. Ganz allgemein kann das *Für-sich* nur in Verbindung mit der Totalität des An-sich auftauchen, das es umschließt. Das Für-sich hält vor sich und um sich das An-sich fest als das, was es nicht ist. Es bedarf des Seins, um nicht zu sein. Das Für-sich nichtet sich in bezug auf die Totalität des An-sich. Diese erste Verbindung des Für-sich zur Totalität des An-sich als zu dem, was es nicht ist, nennen wir das In-der-Welt-sein. In-der-Welt-sein heißt sich zur Abwesenheit *von der* Welt machen. Die Einheit von Bewußtsein und Welt existiert vor dem Bewußtsein und der Welt. Bewußtsein sein heißt sich in Anwesenheit der Welt zu Nicht-Welt machen, heißt sich genau und konkret zu dem machen, was nicht *diese Welt hier* ist. Im übrigen darf man diese Negation nicht als eine Flucht aus der Welt auffassen. Die nichtende Bewegung des Für-sich ist kein Rückzug. Wäre die Nichtung von Rückzug begleitet, dann wäre sie *Nichtung von nichts* [*rien*] und würde ins An-sich zurückfallen. Vielleicht muß man so den Tod verstehen. Die Nichtung dagegen impliziert ein unmittelbares und distanzloses Haften der Welt am Für-sich. Diese Anwesenheit der Welt beim Bewußtsein – das durch *nichts* von der Welt getrennt ist, außer daß es selbst ein Nichts ist –, ist die Transzendenz. Das An-sich durchdringt das Bewußtsein, um von ihm im Nichts [*Néant*] überschritten

zu werden. Aber nicht, wie Heidegger glaubt, im Nichts, das die Welt in sich festhält: im Nichts, das das Bewußtsein selbst *ist*. Das Bewußtsein überschreitet in seinem Für-sich die Welt auf es selbst hin. Es ist in genau dem Maße vom An-sich durchdrungen, wie es vom Nichts durchdrungen ist.

Nehmen wir ein einfaches Beispiel: wir sagen beispielsweise, daß die Wahrnehmung *dieses* Baums vor allem ein existentielles Phänomen ist: den Baum wahrnehmen heißt für das Bewußtsein, den Baum auf sein eigenes Nichts an Baum hin überschreiten. Natürlich darf man in dem Wort *Überschreitung* nicht irgendeinen Hinweis auf eine *Handlung* sehen. Es ist lediglich ein Existenzmodus. Das Bewußtsein existiert für sich jenseits dieses Baums als das, was *nicht* dieser Baum *ist*; das nichtende Band der Spiegelung und des Gespiegelten bewirkt, daß es für es selbst nur sein kann, indem es sich spiegelt als Nichts [*néant*] der Welt, *in der* es diesen Baum gibt. Was bedeutet, daß es nichtthetisches Bewußtsein von sich selbst als thetisches Bewußtsein *von* diesem Baum ist; der Baum ist das transzendente Thema seiner Nichtung. So ist zum Beispiel die intuitive Erkenntnis Einbruch des Nichts [*rien*] in die Immanenz, die in der Transzendenz des Für-sich die Immanenz des An-sich verwandelt. So läßt das reine Ereignis, das bewirkt, daß das Sein sein eigenes Nichts [*néant*] ist, die Welt erscheinen als Totalität des vom sich nichtenden Sein überschrittenen An-sich. In der Welt sein und vom Nichts durchdrungen sein ist ein und dasselbe.

Ich möchte an einer genauen Analyse die unreduzierbare Notwendigkeit zeigen, in der wir uns befinden, auf diese Idee des *Nichts* [*Néant*] zurückzugreifen, und ich werde die Idee der *Berührung* als Beispiel nehmen. Ich will zeigen, daß die scheinbar so einfache Idee: der Tisch ist mit der Wand in Berührung, notwendig auf das In-der-Welt-sein und auf das Nichts verweist.

Wenn ich nämlich den Sinn dieses Begriffs *vollständig* erfassen will, stelle ich fest, daß ich zwischen zwei antinomischen Ideen hin und her getrieben bin: der Idee der immanenten Fülle des An-sich und der Idee des absoluten Rückzugs ins Nichts. Denn wenn ich vom Tisch sage, er *berühre* die Wand, kann ich darunter nicht verstehen wollen, daß er *neben* der Wand steht, wenn auch so dicht wie nur möglich oder nur durch eine unendlich kleine Distanz von ihr getrennt. Unter *Berührung* verstehe ich eine innere Seinsbeziehung zwischen den beiden Gegenständen. Aber diese Seinsbeziehung führt natürlich zum An-sich, das heißt zur Immanenz. Nun zielt aber dieser glitschige Begriff der Berührung darauf ab, unterwegs stehenzubleiben. Ich will die totale Trennung der beiden Individualitäten aufrechterhalten. Berührung heißt ja nicht Verschmelzung. Da bin ich also auf die Idee einer Distanz zurückverwiesen, die, so gering sie auch sein mag, die beiden Gegenstände wenigstens voneinander trennt. Aber in diesem Augenblick schwindet die Idee der Berührung. Wenn ich nämlich zu erfassen versuche, was sie fordert, sehe ich, daß die beiden Individualitäten, damit es zur Berührung zwischen ihnen kommen kann, wenigstens an einem Punkt ihrer Oberfläche keine Distanz haben dürfen und dennoch getrennt sein müssen. Aber *wodurch* getrennt? Durch *nichts*. Aber dieses Nichts ist hier unerläßlich. In der Geometrie zum Beispiel haben zwei Kurven (beispielsweise Tangente und Kreis), die einander berühren, gemeinsame Punkte. Es könnte demnach so aussehen, als bildeten sie nur noch eine einzige Kurve. Dennoch halten wir zu Recht an ihrer Unabhängigkeit fest. Selbst an dem Ort, an dem sie einander berühren, sind sie getrennt. Gleichwohl gibt es hier nicht *zwei* Reihen von Punkten, sondern nur eine einzige. Die Trennung findet also im Innern jedes einzelnen Punktes statt. Diese Trennung ist weder Fraktionierung, denn der Punkt ist unteilbar, noch Verdopplung. Und dennoch existiert sie. Jemand wie

Köhler würde wohl sagen, daß jede Gestalt, die «gerade» Form wie die in sich geschlossene «Kreis»-Form, alle Punkte, aus der sie besteht, an sich zieht. Und das ist richtig. In diesem Sinne ist es die Individualität der prägnanten Form, die die Berührung davor bewahrt, in Verschmelzung zu enden. Aber eben das ist nur möglich, wenn eine diskrete Negation die Formen dort zerteilt, wo es geboten ist. Die Berührungspunkte müssen von der Gesamtheit der Punkte, die die andere Form bilden, eben durch *nichts* [*rien*] getrennt sein. Sie müssen in gewisser Weise vom Nichts [*Néant*] *durchdrungen* sein. Genauso wie ein Bewußtsein.

Aber diese Bedingungen hätten an sich selbst keinen Sinn, wenn sie nicht eben von einem Bewußtsein gesetzt wären. Von sich selbst würden sie zur absoluten Trennung oder zur Verschmelzung führen, wenn es keine Bewußtseine gäbe. Damit generell Berührungen in der Welt gegeben sind, müssen Bewußtseine als von der Welt durchdrungen gegeben sein. Weil der Begriff des Sich-Berührens, wie Heidegger richtig gesehen hat, nur durch Spiegelung den Dingen angehört. In der Tat berührt ein Stuhl nicht die Wand, falls er nicht in die Einheit einer von der menschlichen-Realität transzendierten Welt getragen wird. Ursprünglich ist es die menschliche-Realität, die die Gegenstände *berührt*, sie *ergreift*, sie *zurückstößt* usw. Die Berührung ist ihrer Natur nach Berührung der ergreifenden Hand mit dem ergriffenen Gegenstand. Nur bleibt sogar auf diese Weise der Begriff dunkel, wenn man die Hand als einen materiellen Gegenstand inmitten anderer Gegenstände betrachtet. Die Hand selbst kann nicht das Nichts erzeugen, das sie vom Messer, das sie ergreift, trennt. Sie selbst sowie das Messer müssen als sekundäre Strukturen Teil einer *primären Totalität der Berührung* sein. Diese Totalität kann nur die Transzendenzbeziehung des Bewußtseins zur Welt sein. Das Bewußtsein ist *in Berührung* mit der Welt. Auf dieser Ebene betrachtet, wird der Begriff Berührung klar. In bezug auf das Bewußtsein ist ja die Welt ohne Distanz gegeben, da das Bewußtsein Negation der Distanz ist. Sie ist sogar noch dringlicher als eine Anwesenheit ohne Distanz, da sie das Bewußtsein durchdringt und *sich* durch es hindurch berührt. Gleichzeitig jedoch entgeht ihr das Bewußtsein, insofern es vom Nichts [*Néant*] durchdrungen ist, insofern es nichts [*rien*] ist. Obwohl das Bewußtsein mit der Welt, insofern es *ist*, verschmolzen ist, entgeht es ihr und trennt sich von ihr, insofern es *nicht ist*. So ist das Verhältnis der Welt zum Bewußtsein ein Berührungsverhältnis. Die Welt existiert für das Bewußtsein, insofern sie auf konkrete und besondere Weise ist, was es nicht ist. Es berührt sie in dem Sinn, daß seine partielle Nichtung nur eine Exteriorität ohne Distanz zwischen ihm und ihr herzustellen vermag. Die Welt ist weder subjektiv noch objektiv: sie ist das An-sich, das das Bewußtsein durchdringt und in Berührung mit ihm ist, so wie es sie in seinem Nichts überschreitet.

Ein ausgezeichneter Ausdruck von Julien Green in *Le Figaro* zur Bezeichnung der Woche, die dem Krieg vorausging: «eine Katastrophe *in Zeitlupe*».

Wie Frauen ihnen die Moral heben: Bruchstück eines Briefs einer verliebten christlichen Verlobten, auf dem Klo gefunden:

«Wenn Sie mir sagen, daß Sie sich nun schon seit drei Tagen nicht gewaschen haben, so ist das unwichtig, eine Kleinigkeit, Sie werden bestimmt viel hübscher aussehen, wenn Sie sich gereinigt haben werden; ich selbst habe heute morgen meinen Herd gründlich gereinigt, ich war dreckig, ein richtiger Schornsteinfeger, ich hätte Ihnen angst gemacht, wenn Sie mich so überrascht hätten.»

Im übrigen ist sie etwas besorgt, denn weiter unten bittet sie Gott, ihrem Verlobten «eine gute Moral zu erhalten». Der auf diese Weise Gott befohlene Verlobte hat nicht gezögert, sich mit diesem Liebesbrief den Arsch abzuwischen.

Wenn ich verstehen will, welchen Anteil die Freiheit und das Schicksal an dem hat, was man «einem Einfluß unterliegen» nennt, kann ich über den Einfluß nachdenken, den Heidegger auf mich ausgeübt hat. Dieser Einfluß ist mir in letzter Zeit manchmal schicksalhaft vorgekommen, da er mich die Authentizität und die Geschichtlichkeit genau in dem Augenblick gelehrt hat, als der Krieg mir diese Begriffe unerläßlich zu machen drohte. Wenn ich mir vorzustellen versuche, was ich ohne diese Werkzeuge mit meinem Denken angefangen hätte, bekomme ich nachträglich Angst. Wieviel Zeit habe ich gewonnen. Ich würde noch immer vor den großen geschlossenen Ideen auf der Stelle treten: Frankreich, die Geschichte, der Tod; mich vielleicht noch immer über den Krieg entrüsten, ihn mit all meinem Sein ablehnen. Aber wenn ich weiter nachdenke, sehe ich, daß in dieser Konstellation sehr viel weniger Zufall steckt, als es zunächst scheint. Gewiß, *wenn* Corbin seine Übersetzung von *Was ist Metaphysik?* nicht veröffentlicht hätte, hätte ich sie nicht gelesen. Und wenn ich sie nicht gelesen hätte, hätte ich an letztem Pfingsten nicht begonnen, *Sein und Zeit* zu lesen. Und sicherlich könnte es zunächst so aussehen, als habe das Erscheinen von *Was ist Metaphysik?* absolut nicht von mir abgehangen und sei für mich wirklich ein Zusammentreffen gewesen. Aber tatsächlich ist das nicht mein erstes Zusammentreffen mit Heidegger. Ich hatte, lange bevor ich nach Berlin ging, von ihm gehört[2]; man rechnete ihn gemeinhin zu den «Phänomenologen», und da ich in der Absicht fortging, die Phänomenologen zu studieren, war ich entschlossen, auch ihn zu studieren. Ich habe *Sein und Zeit* im Dezember in Ber-

2 Ich hatte im Jahre 1930 *Was ist Metaphysik?* in der Zeitschrift *Bifur* gelesen, ohne es zu verstehen. (Anm. d. Autors)

lin gekauft und mir vorgenommen, nach Pfingsten mit der Lektüre zu beginnen, da ich das erste Semester dem Studium Husserls zu widmen gedachte. Doch als ich gegen April mit Heidegger anfing, passierte es, daß ich von Husserl gesättigt war. Mein Irrtum hatte in dem Glauben bestanden, daß man nacheinander zwei so bedeutende Philosophen *lernen* kann, so wie man nacheinander die Außenhandelsbeziehungen zweier europäischer Länder lernt. Husserl hatte mich gepackt, ich sah alles durch die Perspektiven seiner Philosophie, die mir übrigens auf Grund seines anscheinenden Kartesianismus zugänglicher war. Ich war «Husserlianer» und sollte es lange bleiben. Gleichzeitig hatte mich die Anstrengung zu *verstehen*, das heißt meine persönlichen Vorurteile zu durchbrechen und die Ideen Husserls nach seinen eigenen Prinzipien und nicht nach meinen zu erfassen, für dieses Jahr philosophisch erschöpft. Ich habe mit Heidegger begonnen und 50 Seiten gelesen, aber sein schwieriges Vokabular stieß mich ab. Freilich war diese Schwierigkeit nicht unüberwindbar für mich, da ich ihn an letztem Pfingsten mühelos lesen konnte, obgleich meine Deutschkenntnisse in der Zwischenzeit kaum besser geworden waren. Ich füge hinzu, daß der Frühling für mich schon immer Anlaß zu einem totalen Nachlassen meiner Anstrengungen gewesen ist. Ich arbeite, wenn die Murmeltiere schlafen. Sobald sie erwachen, gehe ich spazieren, suche irgendein Abenteuer. Das Schicksal hatte es gut mit mir gemeint und mir in diesem Jahr eines beschert. Aber das Wesentliche war sicherlich mein Widerwille, mir diese barbarische und so wenig gelehrte Philosophie nach der genialen *akademischen* Synthese von Husserl einzuverleiben. Es schien, als sei mit Heidegger die Philosophie wieder in die Kindheit zurückgefallen, ich erkannte in ihr die traditionellen Probleme nicht mehr wieder, das Bewußtsein, die Erkenntnis, die Wahrheit und den Irrtum, die Wahrnehmung, den Körper, den Realismus und den Idealismus usw. Ich konnte zu

Heidegger erst kommen, nachdem ich Husserl ausgeschöpft hatte. Und für mich heißt einen Philosophen ausschöpfen in seinen Perspektiven nachdenken, mir persönliche Gedanken auf seine Kosten machen, bis ich in eine Sackgasse gerate. Ich brauchte vier Jahre, um Husserl auszuschöpfen. Ich schrieb ein ganzes Buch (außer den letzten Kapiteln) unter seiner Inspiration: *L'imaginaire**. Eigentlich gegen ihn, aber so, wie eben ein Schüler gegen seinen Meister schreiben kann. Ich schrieb auch einen Aufsatz gegen ihn: *l'Égo transcendantal***. Woraufhin ich, ermutigt, meine Ideen darzulegen versuchte und im Herbst 1937 ein dickes Buch begann, *La psyché****. Ich schrieb vierhundert Seiten in drei Monaten voller Begeisterung, und dann hörte ich aus Vernunftgründen auf: ich wollte meinen Novellenband beenden. Ich war von meinen Forschungen noch so durchdrungen, daß mir meine literarische Arbeit über zwei Monate lang höchst unverbindlich vorkam. Und dann häuften sich nach und nach die Schwierigkeiten, ohne daß ich es so recht merkte, ein immer tieferer Graben trennte mich von Husserl: seine Philosophie entwickelte sich im Grunde zum Idealismus, was ich nicht hinnehmen konnte, und vor allem hatte seine Philosophie, wie jeder Idealismus oder wie jede mit ihm sympathisierende Lehre, ihre *passive Materie*, ihre «Hyle», die von einer Form gestaltet wird (Kantsche Kategorien oder Intentionalität). Ich hatte vor, über diesen in der modernen Philosophie so wesentlichen Begriff der

* Deutsch: *Das Imaginäre*, Rowohlt Verlag, Reinbek 1971.

** Erschienen als *La transcendance de l'égo* in: *Recherches philosophiques* Nr. 6, 1936–1937. Deutsch: *Die Transzendenz des Ego* in: *Die Transzendenz des Ego*. Philosophische Essays 1931–1939, Rowohlt Verlag, Reinbek 1982.

*** Ein Fragment dieser aufgegebenen Schrift erschien bei Hermann, Paris 1939, unter dem Titel *Esquisse d'une théorie des émotions*. Deutsch: *Skizze einer Theorie der Emotionen*. Ebd.

Passivität zu schreiben. Je weiter ich mich inzwischen von *La psyché* entfernte, desto weniger war ich damit zufrieden. Zunächst wegen des Problems der «Hyle», dem ich ausgewichen war, sodann wegen zahlreicher Schwächen, für die ich selbst verantwortlich war. Ich suchte wieder nach einer *realistischen* Lösung. Insbesondere konnte ich, obwohl ich viele Ideen über die Erkenntnis des Anderen hatte, nur dann daran arbeiten, wenn ich mich fest vergewissert hatte, daß zwei verschiedene Bewußtseine wirklich *dieselbe* Welt wahrnehmen. Die Werke, die von Husserl erschienen waren, gaben mir keinerlei Antwort. Und seine Widerlegung des Solipsismus war wenig schlüssig und kümmerlich. Sicherlich wandte ich mich Heidegger zu, um aus dieser Husserlschen Sackgasse herauszukommen. Schon mehrfach hatte ich sein Buch aufgeschlagen, das ich aus Berlin mitgebracht hatte, aber es fehlte mir immer an Zeit und auch am festen Vorsatz, es zu beenden. Man sieht, daß ich Heidegger nicht früher studieren *konnte*, als ich es getan habe. Ihn lesen ging ja noch, mit der Neugier eines Dilettanten, aber nicht, zu ihm zu gelangen mit der Absicht, ihn zu verstehen. Zudem brachte mich die bedrohliche Lage im Frühjahr 1938 und dann im Herbst allmählich dahin, eine Philosophie zu suchen, die nicht nur Kontemplation war, sondern Weisheit, Heroismus, Heiligkeit, irgend etwas, was mir helfen konnte, durchzuhalten. Ich befand mich genau in der Lage der Athener nach dem Tod Alexanders, die sich von der aristotelischen Wissenschaft abkehrten, um sich die brutaleren, aber «totalitäreren» Lehren der Stoiker und der Epikuräer anzueignen, die sie *leben* lehrten. Und außerdem war *die Geschichte* überall um mich herum gegenwärtig. Zunächst philosophisch: Aron hatte gerade seine *Introduction à la philosophie de l'histoire** geschrieben, und ich las ihn. Sodann umgab und umschloß sie mich wie alle meine Zeitge-

* Einführung in die Philosophie der Geschichte.

nossen, sie ließ mich ihre Gegenwart spüren. Ich war noch schlecht gerüstet, sie zu verstehen und zu erfassen, aber ich wollte es unbedingt; ich bemühte mich darum mit den Mitteln, die mir zur Verfügung standen. Und da erschien das Buch von Corbin. Genau zur richtigen Zeit. Da ich von Husserl genügend Abstand hatte und mir eine «pathetische» Philosophie wünschte, war ich reif, Heidegger zu verstehen. Gut, wird man sagen. Immerhin hätte das Buch auch nicht erscheinen können. Zum einen kann ich nicht garantieren, daß ich nicht trotzdem begonnen hätte, *Sein und Zeit* zu lesen. Zum anderen und vor allem ist die Veröffentlichung von *Was ist Metaphysik?* ein *historisches* Ereignis, zu dem ich ja selbst beigetragen habe. Zu der Zeit nämlich, als ich nach Berlin ging, herrschte unter den Studenten eine Neugier gegenüber der Phänomenologie. Ich habe diese Mode genauso geteilt wie die Mode der Pariser für Wintersport. Das heißt, ich habe die Wörter aufgegriffen, die hier und da herumlagen, ich habe einige wenige französische Werke gelesen, die sich mit der Frage befaßten, ich habe über Begriffe sinniert, die ich schlecht kannte, und wollte mehr davon kennenlernen. Woraufhin ich nach Berlin gegangen bin. Viele Studenten waren in meiner Lage – und junge Lehrer. Bei meiner Rückkehr wußte ich ein bißchen mehr, und ich habe gelehrt, was ich wußte. Ich habe also das Publikum der Neurierigen vergrößert. Einer meiner ehemaligen Schüler, Chastaing, veröffentlichte sogar einen Aufsatz über das Heideggersche «Man». Ich will gewiß nicht behaupten, daß ich für diesen Aufsatz verantwortlich bin. Ich will nur zeigen, wie sehr ich mich als *aktives* und *verantwortliches* Mitglied in eine Gemeinschaft von Neugierigen und Suchenden eingefügt habe, die sich selbst zu einem Publikum machte. *Für uns* hat Corbin seine Übersetzung gemacht. Diese erste Neugier war nötig. Und das Fehlen dieser Neugier war schuld daran gewesen, daß man in Frankreich zwölf oder fünfzehn Jahre gewartet hatte. Sie erwachte nach und nach mit

Übersetzungen wie der aus *Bifur* (1930), den *Recherches philosophiques* (1933), um sich am Ende wirklich zu organisieren und Auskünfte zu *fordern*. Und mehr noch: diese Welle der Neugier, deren verantwortlicher Komplize ich war und die zunächst Bücher wie *Vers le concret** von Jean Wahl hervorbrachte, hatte ihre Quelle im Altern der französischen Philosophie und in dem Bedürfnis, das wir alle verspürten, sie zu verjüngen. Wenn also Corbin *Was ist Metaphysik?* übersetzt hat, so deshalb, weil ich mich (unter vielen anderen) aus freien Stücken als *Publikum* konstituiert habe, das auf diese Übersetzung wartete, und darin übernahm ich meine Situation, meine Generation und meine Epoche. Aber warum war die erste Übersetzung die von Heidegger und nicht die von Husserl, wird man fragen, da doch ein ernsthaftes Studium mit dem Meister Husserl beginnen sollte, um dann zu Heidegger zu kommen, dem abtrünnigen Schüler. Darauf kann ich antworten, denn ich habe gesehen, wie die Frage in der *Nouvelle Revue française* diskutiert wurde. Der Erfolg des Buchs von Corbin hat Groethuysen dazu angeregt, eine Übersetzung Husserls zu planen. Husserl ist nämlich nicht publikumswirksam. Das «Pathetische» bei Heidegger beeindruckt, obwohl der Mehrheit unverständlich, mit seinen hier und da eingestreuten Wörtern wie Tod, Schicksal, Nichts. Vor allem aber kam er *zur rechten Zeit*. Ich habe gesagt, daß ich ihn dunkel erwartete, ich wünschte, daß man mir Werkzeuge an die Hand gäbe, um die Geschichte und mein Schicksal zu verstehen. Aber wir waren eben viele, die diese Wünsche hatten. Und sie *zu diesem Zeitpunkt* hatten. Wir waren es, die diese Wahl diktierten.

Mit anderen Worten, meine Epoche, meine Situation und meine Freiheit haben über meine Begegnung mit Heidegger entschieden. Es gibt hier weder Zufall noch Deter-

* Hin zum Konkreten.

minismus, sondern historische Übereinstimmung. Dennoch könnte man meinen, daß die Frage: Doch weshalb hat es einen Heidegger gegeben? außerhalb des Zyklus bleibt. Und im Grunde entgeht sie dem auch in gewisser Hinsicht, insofern Heidegger das Erscheinen eines freien Bewußtseins in der Welt ist. Doch in einem ganz anderen Sinn erscheint sie mir nicht gar so «exzentrisch». Denn Heideggers Philosophie ist ein freies Aufsichnehmen ihrer Epoche. Und ihre Epoche war ja gerade die tragische Epoche des «Untergangs»* und der Verzweiflung für Deutschland. Es war die Nachkriegszeit, die Epoche, in der einer Menge Leuten, die es bisher für ganz *natürlich* gehalten hatten, Deutsche zu sein, Deutschland auf Grund des Elends und des Kriegs als eine kontingente Realität mit einem Schicksal erschien. Wie Rauschning an einer Stelle sagt, die ich schon einmal zitiert habe: «Hier offenbart sich ... der einmalige Charakter und die Einsamkeit dieser Nation, ihre Mission und ihre Verdammnis.» Und Heideggers Haltung ist offensichtlich eine freie Überschreitung dieses pathetischen Profils der Geschichte auf die Philosophie hin. Ich will nicht behaupten, daß die Umstände für uns in diesem Moment die gleichen sind. Aber es stimmt, daß es eine Beziehung historischer Übereinstimmung zwischen unserer Situation und der seinen gibt. Und die eine wie die andere sind die Folge des Krieges von 14, sie hängen miteinander zusammen. Und so kann ich dieses Aufsichnehmen seines Schicksals als Deutscher im elenden Deutschland der Nachkriegszeit wiederfinden, was mir hilft, mein Schicksal als Franzose im Frankreich von 40 auf mich zu nehmen.

Keller verläßt uns. Wahrscheinlich morgen oder übermorgen. In Anbetracht seines Alters ist er den Truppen im Innern zugeteilt worden.

* Deutsch im Original.

Ich habe zu zeigen versucht, inwiefern Begriffe wie die Berührung, die voll zu sein scheinen, in Wirklichkeit die Idee des Nichts [*Néant*] bergen. Aber umgekehrt muß man auch zeigen, wie andere, scheinbar rein negative Begriffe auf die Transzendenz des An-sich in bezug auf das Bewußtsein verweisen. Nimmt man zum Beispiel den Begriff der *Abwesenheit* in seiner geläufigsten Form – unsere lieben Abwesenden, ich war abwesend, jemand hat mich während meiner Abwesenheit besucht, die Abwesenden haben immer unrecht –, dann merkt man sogleich, daß die Abwesenheit nicht reine Negation ist, sie setzt die Einheit der Abwesenden im *Sein* voraus. Es gibt ein Sein der Abwesenheit. Tatsächlich darf man die Abwesenheit nicht mit der bloßen Entfernung verwechseln, in dem Sinne, in dem man sagt, daß zwei Dörfer 20 Kilometer voneinander entfernt sind. Die Entfernung gehört zu jenen negativen Synthesen, die das Bewußtsein zwischen den Dingen herstellt, ohne sie in ihrer Natur zu verändern, und von denen ich gestern sprach. Ohne das Bewußtsein würde die Distanz zwischen A und B nicht existieren; indem das Bewußtsein die Welt transzendiert, läßt es Distanzen in ihr auftauchen. Aber die Abwesenheit liegt in den Dingen selbst, es ist die besondere Eigenschaft eines Gegenstandes, abwesend zu sein. Vergeblich würde man versuchen, diese Eigenschaft auf eine bloße Sehweise des Geistes zurückzuführen, indem man zum Beispiel sagt, daß Pierre nicht von zu Hause *abwesend* ist, daß er einfach von seinem Haus entfernt *ist* und daß man all das Vermissen, das diese Entfernung bei seiner Frau und bei ihm selbst auslöst, mit dem gängigen Namen Abwesenheit belegt. Das hieße das Pferd beim Schwanz aufzäumen. In Wirklichkeit setzt all dieses Vermissen voraus, daß so etwas wie die Abwesenheit existiert, die ein bestimmter *Seinsmodus* ist, obgleich sie ansonsten reine Negativität ist. Die Abwesenheit ist eigentlich ein Seinsmodus des Für-andere. Nie ist ein Ding wirklich abwesend, außer in dem Maße, wie es einen Moment lang einem Andern assimiliert ist. Aber die Abwesenheit ist ein bestimmtes Verhältnis meines Seins zum Sein des Anderen. Es ist eine bestimmte Art von mir, ihm gegeben zu sein. Diese Art, ihm gegeben zu sein, setzt eine vorherige Einheit voraus, die Einheit der *Anwesenheit*. In der Anwesenheit *bin* ich in meiner aktuellen konkreten Realität, insofern ich für andere bin und umgekehrt, und gleichzeitig erfasse ich die Welt nicht nur als Welt, in der *ich* bin, sondern als Welt, die vom In-der-Welt-sein Anderer definiert ist. Aber die nackte Anwesenheit kann nicht die Begründung der Abwesenheit sein, sie würde nicht ausreichen, denn die *Anwesenheit* eines einfachen Passanten kann seine Abwesenheit nicht begründen, wenn er sich entfernt. Diese Anwesenheit darf nicht nur als Anwesenheit gegeben sein, sie muß auch den wesenhaften und konstituierenden Seinsmodus eines konkreten Für-andere konstituieren. Eine *Abwesenheit* Pierres kann es beispielsweise nur in bezug auf seine Frau geben, weil hier Pierres Existenz das Für-sich seiner Frau in seinem Sein verändert, und zwar seinem Wesen nach. Pierres Anwesenheit ist konstitutiv für das *Sein* seiner Frau als Für-sich und umgekehrt. Nur auf dem Hintergrund dieser vorherigen Seinseinheit kann die Abwesenheit zwischen Pierre und seiner Frau gegeben sein. Aber sie ist nicht reine Vernichtung. Selbst wenn sie es wäre, wäre sie Vernichtung *von* diesen Beziehungen. Aber in Wirklichkeit ist sie es nicht. Sie ist ein *neuer* Verbindungsmodus von Pierre und seiner Frau, der auf dem ursprünglichen Hintergrund von Anwesenheit erscheint. Diesen ursprünglichen Hintergrund von Anwesenheit *hebt sie auf* und negiert sie, aber er ist es, der sie möglich macht. Und sie selbst ist ein Typus spezieller Einheit zwischen Pierre und seiner Frau. Das heißt: wenn sie nicht thematisiert ist. Jede Thematisierung der Abwesenheit verweist uns auf ein anderes frei nichtendes Vermögen des Bewußtseins – das es nur insofern besitzt, als es selbst vom Nichts durchdrungen ist:

die Imagination. Aber die erlebte und nicht thematisierte Abwesenheit läßt sich nur als ein konkretes Verhältnis zwischen zwei Existierenden auf dem ursprünglichen Hintergrund einer Berührungseinheit begreifen. Pierres Frau ist Pierre unmittelbar als *nicht daseiend* gegeben. Damit hat die Abwesenheit, die eine Negation ist, zwei Seinsmerkmale: 1. Sie erscheint auf dem existentiellen Einheitshintergrund, den sie negiert, und behält als das Wesen seiner Negation diese positive Einheit zurück. Sie bezieht ihr *Sein* aus dieser positiven Einheit, sie *entlehnt* es ihr. Die Abwesenheit wird von Sein besetzt. 2. Sie stellt zwischen zwei Seinen eine synthetische Negationseinheit her, das heißt, sie nähert sie eben dadurch einander an, daß sie ihre Anwesenheit negiert. Pierre und seine Frau sind einander durch diese Negation gegeben; oder: diese Negation ist ein besonderer Modus der unitarischen Verbindung von Pierre und seiner Frau. Kurz, sobald Pierre und seine Frau ein Ganzes bilden, ist der einzige unitarische Negationsmodus, der dieses Ganze *nichten wird*, ohne es zu *zerstören* (Scheidung, Vergessen usw. sind Zerstörungen), die Abwesenheit. Das jedoch erklärt uns *einerseits* konkret die Natur der ursprünglichen Nichtung oder Erscheinung der Bewußtseine, die ja gerade eine Abwesenheit in bezug auf das Ganze des An-sich ist und die das ursprüngliche Immanenzverhältnis des An-sich *nichtet*, ohne es zu zerstören, ja sogar nur auf diesem ursprünglichen Immanenzhintergrund nichten kann – und es *verweist andererseits* für seine erste Erklärung auf die ursprüngliche Abwesenheit, die gerade die Abwesenheit des Bewußtseins in bezug auf die Welt ist, von der es durchdrungen ist. Ohne diese erste und metaphysische Abwesenheit könnten alle Abwesenheiten, die wir soeben beschrieben, nicht existieren, es gäbe nicht einmal Distanz. Der Ursprung aller Abwesenheiten ist die metaphysische Abwesenheit des Bewußtseins als Typus synthetischer und unitarischer Verbindung des Bewußtseins und der Welt.

Freitag, 2.
Die Division wird in drei oder vier Tagen abrücken. Sicher nach Bouxwiller, in Ruhestellung.

Gestern Nippert getroffen, der vom Urlaub zurück ist. Ich frage ihn: «Na, war's schön?» Und er voller Überzeugung – einer Überzeugung, die mich um so mehr überrascht, als er niedergeschlagen weggefahren war: «O ja! Es war ein schöner Urlaub!» Ich kann die Betonung nicht wiedergeben, mit der er diese letzten Worte aussprach. Es lag darin irgendwie eine erbauliche und apologetische Gewichtigkeit, der Ton eines «Naturfreunds»*, der ein Veilchen preist, etwas wie: «Sieh nur, mein Kind, Gott hat schöne und gute Dinge für den Menschen geschaffen.» Natürlich ist es der verheiratete Mann, der Hauspriester, der mit dieser Sicherheit spricht: er lehrt, daß es gut ist, sich im Schoß der Familie «aufzutanken». Und der Urlaub trifft sich mit der Familie in der Kategorie der *natürlichen* Dinge, die Gott zu seinem Ruhm erschaffen hat; seit Erschaffung der Welt hat es Familien und Urlaube gegeben. Aber gleichzeitig bricht hinter dem doktrinären Tonfall ein aufrichtiges und kindliches, fast charmantes Entzükken durch, das mich an das jenes arabischen Mädchens auf dem Deck der *Théophile Gautier* erinnerte: «Wir haben feine Sachen gegessen.» Er fügt hinzu: «Leider zu kurz!», und dann, um auch nicht einen Augenblick in Verdacht zu geraten, das Werk Gottes und des Oberkommandos zu kritisieren: «Wie alles Schöne.» Als wäre die Kürze des Urlaubs nicht einfach von den äußeren Umständen und den Ereignissen diktiert, sondern seine innerste und köstlichste Eigenschaft, ja die Quelle seiner Schönheit und jenes heimlichen Todes, der Barrès auf jungen Gesichtern so rührte.

Zunächst konnte ich darüber nur lachen, und dann ist

* Deutsch im Original.

mir klargeworden, daß auch ich auf meine Weise den Urlaub so auffaßte. Als etwas Gegebenes, nicht als ein Recht. Und dann als eine Schönheit. Ich sehe ihm entgegen mit der ihm eigenen Zeit von zehn Tagen, die mir nicht als willkürliche Beschränkung, sondern als persönliche Eigenschaft dieser Schönheit vorkommt, genau wie der Rhythmus und die Dauer einer Melodie. Die platte und amorphe Zeit des Alltags, die lebe ich hier, hier sammelt sie sich an; *da unten* werde ich, so scheint mir, eine andere Zeit kennenlernen, die Zeit der Musik und der Abenteuer, wo das Ende schon im Anfang gegenwärtig ist. Es ist, als würde ich mich selbst in eine unerbittliche kleine Novelle einführen, die zwar nicht sehr gut ausgeht, aber schön ist. Und ich bin ein bißchen unwillig, wenn ich daran denke, daß all dieses kostbare Material, das in sie einfließen wird, Castor, Paris, T., die Muße, früher alltäglich war. Ich erlebte das alles mit der lässigen und unbestimmten, ausgiebigen und breiigen Zeit voll kleiner tückischer Zusammenbrüche, die meine hiesige Zeit ist. Mir scheint, daß ich alle diese außergewöhnlichen Wohltaten nicht mit der ihnen gebührenden Achtung behandelte – daß die einzige Art, wie man sie behandeln mußte, die von seltenen und strahlenden Anwesenheiten unterbrochene Abwesenheit war. Als ob diese *Abwesenheit* in bezug auf alles, was der Mensch liebt, zum Menschsein gehörte. Ich möchte gern, daß diese zehn Tage in ihrem Stoff selbst eine bestimmte Qualität haben, die man gewöhnlich nur in Büchern findet, bei K. Mansfield, in *La chartreuse de Parme*, in den besten Novellen von Barrès, daß sie nicht von gieriger Raserei geprägt sind, sondern vielmehr von einer Art ferner und etwas grausamer Süße, auch einer Art Aristokratie, die ich noch nie im Leben gekannt hatte. Zwar habe ich durchaus Augenblicke des Glücks gehabt, aber das war Glück en gros, reichlich, dickflüssig wie schwerer Rotwein; es hatte keine «Qualität». Und das lag nicht etwa an der Natur meiner Chancen, die gut waren (ist es nicht eine gute Chance, das morgendliche Erwachen am Fuße der Stufen des Theaters von Epidauros, Castor an meiner Seite, oder eine eilige Rückkehr bei Einbruch der Dunkelheit in den Gassen von Fes, wenn die ersten Lichter angehen und man die dunklen kleinen Straßen rechts und links auf unserem Weg mit Ketten versperrt, oder ein Spaziergang um die Wallanlagen von Aigues-Mortes mit T.), sondern weil meine persönliche Natur, zusammen mit einer gewissen Blutarmut, einen gewissen zynischen Argwohn gegenüber dem Kostbaren enthält, die Furcht, betrogen zu werden, auf Alain-Fournier, auf Wunderbares zu machen – und dann gibt es immer Details, die schockieren und die doch *auch* zum Augenblick gehören, und dann spielt das trotz allem in einer recht alltäglichen Zeit: der Spaziergang durch die Straßen von Fes schiebt sich in das ärgerliche Warten auf eine Postanweisung, die nicht kommt, der von Aigues-Mortes zwischen zwei heftige Kräche mit T. Pieter warf mir vorhin vor, Geld zu vergeuden, nun, mir scheint, daß ich auch mein Leben vergeude. Nicht auf Grund einer Gier, so intensiv wie möglich zu leben, was ja gerade keine Vergeudung wäre, sondern auf Grund einer gewissen Lässigkeit, die Augenblicke in die Vergangenheit fließen zu lassen, weil ich sicher bin, daß keiner unersetzbar ist, und weil mir völlig die Lust fehlt, wie Faust zum Augenblick zu sagen «Verweile doch». Dieser Sinn für das Unersetzbare und Besondere, das sogar der arme Drieu besitzt oder zu besitzen behauptet (freilich war das Mode, als er debütierte), geht mir ab. Vielleicht hätte ich mich in manchen Fällen mehr bemühen sollen. Aber sogar dann scheint mir, daß das nicht zu machen ist, daß man nachhilft, daß es einem an Aufrichtigkeit fehlt. In Mykene, allein mit Castor, unter einem schönen Gewitterhimmel, mitten unter diesen merkwürdigen Gräbern und diesen Felsen, hätte ich um ein Haar einen kostbaren Augenblick erlebt. Aber man hätte an Agamemnon denken müssen, das war absolut unerläßlich. Es wäre zu lang, hier zu erklären, warum. Jedenfalls sträubte ich mich dagegen. Der verfallene Palast verlangte die Anwesenheit der Atriden, und ich wollte ihn nicht mit legendären Helden bevölkern. Er blieb verfallen, und ich verlor dort etwas. So ist es immer, und ich nenne das je nach Laune Blutarmut oder geistige Redlichkeit.

Das heißt, ich fürchte diese geistige Redlichkeit ein wenig für die nächste Zeit. Von ferne kommen mir diese zehn Tage überaus kostbar vor; mir scheint, als könnte ich endlich einmal ein edles Glück erleben. Aber ich habe ein wenig Angst, gerade innerhalb dieser zehn Tage den überquellenden und lymphatischen Schaum meiner hiesigen Zeit wiederzufinden, ich habe Angst, Anwandlungen lässiger Großzügigkeit zu kriegen, ich habe Angst, daß mein Geist zu redlich ist. Gewiß will ich sie *authentisch* erleben. Aber in dieser Authentizität selbst ist Raum für etwas Selteneres, Außergewöhnliches. Kurz, man gibt ihn mir, diesen Urlaub, aber ich muß ihn auch nehmen. Es ist ein Unternehmen. Ich habe schon oft über die Schwierigkeiten nachgedacht, die «da hinten» auf die Urlauber warten. Ich habe schon gedacht, daß ein Urlaub *schwierig* ist. Es ist zum Beispiel gar nicht so einfach, eine Frau «wiederzufinden». Für mich existieren derartige Schwierigkeiten nicht, aber es gibt andere, die ich gerade erwähnt habe. Ich werde hier notieren, ob mir mein Urlaub «gelungen» ist. Ich habe schon jetzt den Eindruck, daß Mistler und Nippert den ihren «gewonnen» haben, so erstaunlich das für den letzteren erscheinen mag – daß Courcy und der Feldwebel ihn verloren haben. Was Pieter betrifft, so hat er ihn hinter sich gebracht, ohne zu merken, daß es eine Partie zu spielen gab (außer was seine Geschäfte angeht), aber seine natürliche Zutraulichkeit, seine Liebenswürdigkeit und sein Glück wie auch sein dickes Fell haben verhindert, daß er verliert: unentschieden.

Plötzliche Unordnung in unserer Gruppe, es war Zeit, daß ich sie beschreibe, morgen wird sie nicht mehr existieren. Morgen fährt Keller nach Paris, und ich gehe auf Urlaub. In vier oder fünf Tagen kommt die Ablösung, die ganze Division begibt sich nach Bouxwiller. Paul und Pieter werden allein zusammensein, in einer neuen Stadt. Diese abrupten Gleichgewichtsstörungen, die plötzlich die Formen genau in dem Augenblick zersetzen, wo sie am organisiertesten zu sein scheinen, sind bezeichnend für die militärische Unstetigkeit.

Samstag, 3. Februar
Aufbruch in den Urlaub.

Sonntag, 4.
9 Uhr 30. Nachdem ich die Nacht im Zug verbracht habe, steige ich mit Keller, der bepackt ist wie ein Esel, in Aiguevilliers (Haute-Saône) aus, dem Sammelplatz. Komischer Ort, Holzbaracken, den berühmten Vilgrain-Baracken ähnlich, unterhalb des Bahndamms, in einem Wäldchen. Die Stadt und der Zivilbahnhof sind gute zwanzig Minuten Fußmarsch entfernt. Etwa dreißig Baracken, mit einem gewissen Sinn für Symmetrie angeordnet, deren Eingänge einander gegenüberliegen. Schnee scheint in der Haute-Saône nicht gefallen zu sein; der Boden ist schwarz und schlammig, ein einziger Morast, die Luft lau und saftig. Magere, ästige Bäume, zahlreich und unregelmäßig wie Unkraut. Man fühlt sich *zuerst* wie in einem Wald. Und dann plötzlich in diesem Wald eine Menschenansammlung mit stark menschlichem Geruch. Trotz den Uniformen hat diese Ansammlung nichts wirklich Militärisches an sich. Es liegt eine Art Muße auf den Gesichtern und eine leichte, verstörte Schwermut, die in keiner Weise der leeren Erwartung gleicht, die man auf ihnen liest, wenn die Soldaten in Reih und Glied stehen. Die Uniformen sind lax, die Mäntel offen, viele stützen sich auf dicke,

liebevoll geschnitzte Stöcke, andere halten einen Hund an der Leine, andere tragen Klapperdosen, aus denen kleine Schreie dringen. Mit diesen Stöcken und ihrer glockenförmigen Silhouette (Pakete, Helm, Feldflasche, Gasmaske machen sie dick um die Taille und bauchen sie nach unten zu aus) ähneln sie eher den entlassenen «Soldaten» von Andersen, die als halbe Räuber heimkehrten. Sie sehen aus, als hätten sie «einiges durchgemacht», manches Friedliche und auch etwas Schlimmes, was in Gegensatz steht zu der Schafsmiene, die sie im Dienst haben. Ein paar Besoffene – nicht viele. Weniger als gestern. Sie haben ihren Rausch im Nachtzug ausgeschlafen. Was aber dieser Versammlung, deren Mitglieder aus allen Richtungen kommen und in alle Richtungen gehen, ihren ganz besonderen Charakter verleiht, sind die Böen aus den Lautsprechern, die in allen Baracken und auf dem Dach der meisten angebracht sind. Hin und wieder ist es Musik. Selten – vorhin *Plaisir d'amour*. Meistens jedoch sind es Auskünfte, Ermahnungen, Ratschläge usw. Das Ganze erteilt nach den besten Grundsätzen der Radiosprecher. Die Stimme ist deutlich und gesetzt, man sucht nach der treffenden Formulierung, auch Slogans, Bonmots und Witze sind zugelassen. Die Art, wie wir behandelt werden, ist mehr zivil als militärisch. Eigentlich ein Mittelding zwischen der Anrede «Die Herren Reisenden...» der Eisenbahn und der Anrede «Soldaten!» des Hauptmanns oder im Tagesrapport. Man ruft uns zu: «Urlauber! Beachten Sie folgendes: nur für den grünen Zug, Antreten hinter der Durchgangsbaracke. Nur für den grünen Zug. Hallo, hallo, alle, die nicht zum grünen Zug gehören, bitte ich, ihre Quartiere aufzusuchen, damit sie den Verkehr nicht behindern. Es lohnt sich nicht, unnötig naß zu werden.» Auffallend ist, daß man sich an unsere *Vernunft* wendet. Zwar eine noch kindliche Vernunft, die man beeindrucken, durch Wiederholungen überzeugen muß. Aber immerhin eine Vernunft. Man *erklärt* uns das Warum der Anordnungen. Und dadurch wird die Anordnung lediglich ein Ratschlag. Schon der Titel *«Urlauber»* – übrigens der einzige, den man uns hier gibt – bezeichnet eine Wirklichkeit zwischen Zivilisten und Soldaten. Etwa wie «Reisende!» oder noch besser «Die Inhaber einer Karte für kinderreiche Familien» oder und vor allem: «Besitzer ermäßigter Fahrkarten für die Wochenendreise zu den Loire-Schlössern.» Diese völlig neue Synthese von ziviler Organisation (es ist wirklich sehr gut organisiert), Uniformen und Befehl mit versteckten Drohungen. Appellen an die Initiative des einzelnen (eine Initiative freilich, deren einzig mögliche Richtung streng festgelegt worden ist), dieses Bemühen um einen derben, modernen Massenkomfort (Möglichkeit, Telegramme aufzugeben, Vesper im Soldaten-Foyer, kostenlose Tasse Kaffee in der Kantine), das alles verleiht dem Ganzen den Charakter einer *faschistischen Festveranstaltung*; ich erkenne im Mikrofon einen Tonfall wieder, den ich schon einmal gehört habe, in Deutschland, bei den Feiern von Tempelhof usw. Ein Eindruck, der übrigens durch diese harte, stumme, gleichgültige und verschlossene Miene der meisten Leute angeknackst ist.

Es fällt nämlich auf, daß die Soldaten nicht aussehen, als würden sie sich freuen. Sie sind ruhig und sogar etwas düster. Ich bin wie sie. Dabei befinden sich unter ihnen welche, die vierzehn Tage darum gekämpft haben (ich gehöre dazu), heute fahren zu dürfen. Aber sie wirken nachdenklich, so als wäre es sowohl ein Unternehmen wie eine Prüfung. Sie scheinen etwas besorgt zu sein. Ich verstehe diese Beklommenheit sehr gut und teile sie. Außer den ganz Jungen möchten alle, daß «es *gut* geht», und sie sind sich nicht sicher, ob es so sein wird.

Trotzdem ein kurzer Freudenausbruch in unserer Baracke, als der Lautsprecher verkündet: «Urlauber für den blauen Zug. Antreten.» Die Leute schreien ein bißchen, und das erstirbt rasch. Keine weiteren Äußerungen: ein paar Pfiffe, als der Lautsprecher von der Polizei redet.

Der ganz besondere Aspekt dieser Ansammlung rührt

offensichtlich daher, daß sie von Zivilisten unter militärischer Kontrolle organisiert worden ist. Hinweisschilder, Dienstleistungen, Lautsprecher usw. sind, dessen bin ich sicher, das Werk der Eisenbahn. Und für die Eisenbahn sind wir «Urlauber». Das heißt zu einer Gratisfahrt in Sonderzügen Berechtigte.

Die Baracken: etwa dreißig Meter lang und acht Meter breit, Holzfußboden, Trennwände aus weißem Holz, drei Fenster aus Milchglas und acht Oberlichter an den beiden längsten Trennwänden. Vier Glühbirnen an der Decke, weiße Holzbänke mit Lehnen, dicht nebeneinander; zwischen diesen Bänken, vom einen Ende der Baracke zum andern, ein Gang, der zu den beiden einander gegenüberliegenden Türen führt.

Beispiel für den *Ton* des Lautsprechers: «Um neun Uhr ist die Kantine nur für die Urlauber des rosa Zugs in Betrieb. Wer sich in die Gruppe einschleichen sollte, ohne einen rosa Urlaubsschein zu haben ...» Pause. Man erwartet: ... bekommt vier Tage Bau. Aber nein, die Stimme fährt in väterlichem Ton fort: «... wird in der Kantine nicht zugelassen. Und die Kantine ist weit weg. Man braucht zwanzig Minuten hin und zwanzig Minuten zurück. Er hat also vierzig Minuten für nichts verloren.»

Gegen 10 Uhr 30 sendet der Lautsprecher *Ta main dans ma main* von Charles Trenet. Ich sehe mich mit Bost und Castor in einem Arbeiterviertel von Marseille wieder, in einer schönen Augustnacht, wo ich versuchte, mich an die Melodie dieses Chansons zu erinnern. Eine heftige plötzliche Rührung, die in keiner Beziehung steht zu meinem nachdenklichen Mißmut einen Augenblick vorher, macht mir die Augen feucht. Ich zerdrücke meine Tränen und tue so, als würde ich meine Brille putzen. Darin steckt bestimmt eine ziemlich abscheuliche Rührseligkeit. Und auch Sentimentalität nach einer ziemlich anstrengenden Nacht. Aber auch weil alle jene vergangenen Dinge, alle jene schönen Dinge, an die ich noch gestern wie an Tote dachte, mir für einen Moment auf wunderbare und trügerische Weise *zugänglich* erschienen sind. Man hat sie mir *zurückgegeben*. Ich schreibe das gemütlich in dem rosa Zug, der um 11 Uhr 16 abfährt. Es ist elf Uhr, ich höre noch unkenntliche Fetzen einer pathetischen Musik. Und von Zeit zu Zeit: «Nachzügler für den rosa Zug, beeilen Sie sich», was ein wenig klingt wie «Proletarier aller Länder, vereinigt euch».

16. Februar
Aus dem Urlaub zurück. Ich habe dieses Heft während meines Aufenthalts in Paris nicht angerührt, und ich habe gut daran getan. Alles, was mir dort zugestoßen ist, betraf es im Grunde nicht. Es ist ein Kriegstagebuch und hat nur als solches Sinn. Und außerdem wollte ich mich dem Leben hingeben, ohne nachzudenken. Oder besser gesagt, ohne meine Gedanken sofort einzugrenzen und festzuhalten, ohne zu wissen, daß ich dachte. Trotzdem werde ich hier notieren, was für das «Im-Krieg-sein» von Interesse sein kann, denn immerhin ist der Urlaub eine Episode des Kriegs. Als erstes kann ich sagen, daß ich überglücklich war. Alles war vorzüglich. Keine verlorene Stunde. Ich glaube nicht, daß man es besser machen kann. Ich habe Castor und T. gesehen, ich bin keinen Augenblick allein gewesen, aber die Einsamkeit hatte ich ja in Brumath und Morsbronn zur Genüge gekostet, um die Süße des Zuzweit-seins zu verdienen. Die Leute haben mich nicht enttäuscht, ganz im Gegenteil. Es gab sogar eine freudige Überraschung – die zu meinem Privatleben gehört. Doch nachdem ich die Vollkommenheit dieses Urlaubs hervorgehoben habe, muß ich bekennen, daß er in keiner Weise meinen Vorstellungen, insbesondere denen vom Freitag, dem 2., entsprochen hat. Er war nicht *kostbar*. Und das liegt in erster Linie an der Natur der Zeit, die, dort wie hier, Dutzendware war. Daran kann man nichts ändern. Es gibt nur eine Zeit, die Zeit der Existenz. Die Tatsache,

daß ich schon bei meiner Ankunft diese zehn Tage als Tage empfand, die ein Ende haben, zehn-Tage-sein mußten, änderte daran überhaupt nichts. Weil mir Paris, vor allem am Anfang, alltäglich vorkam. Ich spürte dort den Krieg nicht sehr. In den Straßen vielleicht, am Abend. Aber an den sorgfältig ausgewählten Orten, zu denen ich mit Castor ging, hatte der Krieg fast nichts gestört. Alle meine Gewohnheiten hatten mich wider Willen ereilt, und ich fühlte mich zu Hause. Die fünf Monate, die ich im Elsaß verbracht hatte, kamen mir wie ein Traum vor. Um die Mitte meines Urlaubs begann ich, die vielen Krüppel und Greise zu bemerken, und ich empfand Paris als eine blutleere Stadt, die eine Hämorrhagie ihrer Menschen beraubt hatte. Vor allem die Traurigkeit der Abende machte mir zu schaffen. Montmartre war tot und trostlos. Die Place Saint-Charles schien mir in der Fata Morgana der Nacht die düstere Größe einer vorstädtischen Landstraßenkreuzung zu haben. Wenn ich die Rue Pigalle hinunterging, sah ich hier und da, wie gläserne Ritzen, die fahlen Lichter der Tanzlokale durch die Vorhänge. Ich wußte bereits, daß der Jazz schlecht geworden war, und was T. sagte, informierte mich noch besser über seine Agonie: «Gehen wir nicht ins *Chantilly*, es ist zu kalt dort.» Im übrigen lag noch etwas Subtileres in der Luft, das Castor mir sehr deutlich zu spüren gab: es war eine Stadt mit Menschen ohne Zukunft. «Familienleben», sagte sie zu mir. In der Tat waren die Leute in Friedenszeiten dadurch so angenehm voneinander getrennt, daß jeder Mann und jede Frau eine Tür zu sein schien, die sich nach draußen öffnete, auf eine unbekannte Zukunft. Jeder wartete auf etwas, was ich nicht kannte und was zum Teil von ihnen abhing, und es war diese unbekannte Zukunft, die ihn von mir abschnitt, nicht die Omnibusplattform oder die Ecke des Bürgersteigs, die uns im Gegenteil in der Gegenwart vereinten. Das alles ist verschwunden: die meisten Leute, die ich gesehen habe, in den Cafés, auf den Straßen, in den Tanzlokalen, sehen ganz normal aus, reden nicht vom Krieg und amüsieren sich gelegentlich sogar. Trotzdem weiß ich, daß ihr Schicksal stillsteht wie das der Toten; sie warten nur noch auf das Ende des Krieges, das nicht von ihnen abhängt. Inzwischen beschäftigen sie sich, so gut sie können; sie lassen den Krieg über sich hinfließen und machen sich klein. Ja, Paris wirkte auf mich wie ein Familiengrab, und auch das trug nicht wenig dazu bei, meinem Urlaub das «Kostbare» zu nehmen. Diese Stadt, die ich so gerne hatte wiedersehen wollen, war entweder ganz alltäglich, ich hatte nicht einmal mehr genügend Abstand, um zu spüren, daß ich sie wiedergefunden hatte – oder aber ich entdeckte sie mit einemmal zu meinen Füßen, aber sie war arm und tot – von schauerlicher Armut. Und diese Armut war so groß, daß die beiden einzigen starken Eindrücke, die ich in Paris hatte, genau das Gegenteil von denen waren, die ich erwartet hatte: ich stellte mir vor, daß ich mich verloren fühlen würde in einer riesigen und wimmelnden fremden Stadt, wie es mir in Berlin, in London, in Neapel passiert ist. Aber das Gegenteil traf ein: an einem der letzten Abende war Castor in ein Café auf den Champs Elysées gegangen, ins *Rond-Point*, und ich wartete draußen auf sie, betört von dieser neuen, gedämpften Diskretion, die den Cafés abends den klandestinen Anstrich eines Bordells geben, betört von einem Himmel, der nicht aufhörte zu verglühen, und von einigen Edelsteinen an den Gaslaternen, die schimmerten, ohne zu leuchten, von einer blauen Nacht voller Geflüster, die an den Sommer erinnerte. Und mit einemmal überkam mich eine Art Freude bei dem Gedanken, daß ich mich lebendig in dieser herrlichen, toten Stadt befand, daß ich genau deshalb lebendig war, weil ich ihr nicht gehörte, weil mein Schicksal woanders auf dem Spiel stand und weil ich in dem Maße, wie ich den Krieg *machte*, immerhin sein Schmied war. In diesem Augenblick fühlte ich mich wie ein Reisender, der sich einer Stadt hingibt und den woanders etwas erwartet. Und zweifellos war das bitter, weil ich bald alle verlassen mußte, die ich am meisten liebte, und weil ich gerade an jenem Tag heftiger liebte denn je. Aber es war eine wirklich hochmütige Erleichterung, mitten in dieser Bitterkeit, nicht darin gefangen zu sein. Ich kann diesen Eindruck nur mit dem vergleichen, den Castor und ich angesichts der herrlichen, mit Toten bevölkerten griechischen oder marokkanischen Städte hatten. Zum Beispiel in Sparta, als wir die griechische Jugend im großen Café der Stadt ihren Aperitif trinken sahen, in den Suks von Fes. Wir waren so fasziniert, daß wir uns beinahe da hineinfallen ließen, und dennoch erleichtert, leicht, weil wir Leute von anderswo waren.

Ein andermal, mit T. beim Pferderennen, hatte ich einen ähnlichen, aber weniger reinen Eindruck. Ich liebte T. sehr, und sie schien mich zu lieben. Und es waren andere Paare da, sehr junge (die Burschen waren wohl nicht mobilisierbar), die sich ebenfalls sehr zu lieben schienen. Und ich fühlte, daß ich gegen meinen Willen dieser Liebe entglitt, weil ich wegfahren mußte. Sie taten nichts anderes, als zu lieben. Und ich liebte vielleicht mehr als sie, aber ich war allein, ich konnte mich dieser Liebe nur leihweise hingeben, denn ich mußte ja wegfahren. Abgesehen von diesen beiden kurzen Momenten lebte ich wie früher, beglückt gewiß, an jedem Augenblick interessiert, aber jenes Seltene, das ich erhoffte, zeigte sich nicht, ich bin entschieden nicht für seltene Gemütsbewegungen geschaffen.

Gelernt habe ich auch, und ich notiere es hier, ohne es auszuführen, daß es sich im Krieg viel leichter anständig und authentisch leben läßt als im Frieden.

17. Februar

Alles in allem war dieser Urlaub ein Ganzes, eine volle, runde Form, die ich von fern erblickte, und im Januar dachte ich, sie mir aneignen zu können. Aber auf diesen Gegenstand habe ich letztlich nur blind zielen können.

In dem Moment, da ich ihn fast zu halten wähnte, ist er mir entgangen. Von hier zu der Schlußfolgerung, daß er immer nur in meiner Phantasie existiert hat, ist es nur ein Schritt, den Proust zum Beispiel rasch getan hätte. Aber ich werde mich davor hüten. Castor hat mir nämlich etwas Neues beigebracht: in ihrem Roman[3] beklagt sich Elisabeth darüber, daß sie von Gegenständen umgeben ist, deren sie sich erfreuen möchte, die sie jedoch nicht «realisieren» kann. Es ist bedauerlich, daß sie diesen Gedanken Elisabeth in den Mund gelegt hat, einer unsympathischen und steifen Person, die dessen Tragweite verringert. Denn meistens fühlt Elisabeth nur *scheinbar*. Aber Castor sah weiter. Sie wollte sagen, daß wir von *Unrealisierbarem* umgeben sind. Es handelt sich um existierende Gegenstände, die wir von ferne denken und beschreiben, aber niemals *sehen* können. Dennoch sind sie da, in Reichweite; sie ziehen unseren Blick auf sich, wir wenden uns ihnen zu und finden nichts. Im allgemeinen sind es Gegenstände, die *uns* betreffen. Das von Elisabeth gewählte Beispiel ist ausgezeichnet: man kann die Beziehung von dem, was man gewesen ist, zu dem, was man ist, nicht wirklich leben. Zum Beispiel kommt es vor, daß ich sage: alles, was ich in meiner Jugend wollte, habe ich bekommen, aber nicht so, wie ich es wollte. Das *denke* ich, wenn ich das, was gewollt zu haben ich mich erinnere, mit dem vergleiche, was ich erhalten habe. Ich denke es, aber *sehe* es nicht. Es scheint immer, als könnten wir unsere Freude darüber, ein Unternehmen glücklich zu Ende gebracht zu haben, dadurch verdoppeln, daß wir diesen Erfolg von unseren vergangenen Hoffnungen und Befürchtungen her betrachten: ich wünschte es mir so sehr, und jetzt habe ich es. Aber in den meisten Fällen ist das unmöglich. Unsere großen Hoffnungen sind tot, und statt daß wir unseren Erfolg von ihnen her sehen könnten, sind sie es, die wir von unserem

3 *L'invitée* [deutsch: *Sie kam und blieb*].

Erfolg her betrachten. Und so kommt es, daß uns dieser höchst erregende Gegenstand, den wir sehr gut fassen können, wenn es sich um andere handelt, grundsätzlich entgeht. Und doch ist er *da*. Aron würde sagen, das sei eine Illusion, eine Art, mich auf den Gesichtspunkt Gottes zu berufen (das heißt des Wesens, für das das Unrealisierbare Realität ist). Nein, ich bin viel bescheidener. Diese Gegenstände existieren, weil man sie *in Wahrheit* denken kann. Mein Urlaub existiert, weil die Gesellschaft ihm eine reale Existenz verliehen hat, weil er die Bedeutung meines Aufenthalts in Paris ist und weil er trotzdem allen Augenblicken dieses Aufenthalts, auch den unbedeutendsten, eine besondere Nuance gibt. Und dennoch liegt er außerhalb meiner Reichweite. Ebenso kann die Beziehung meiner jugendlichen Ambitionen zu meinem reifen Alter beispielsweise für Castor existieren. Aber nicht für mich. Von der gleichen Art ist, würde ich sagen, jenes «Abenteuer», das mitten in den außergewöhnlichsten Konstellationen immer vor dem Abenteurer flieht und dennoch eine Wesenskategorie des menschlichen Handelns ist. In *La nausée* schien ich zu sagen, daß es nicht *existiert*. Aber das war falsch. Man sollte besser sagen, daß es etwas Unrealisierbares ist. Das Abenteuer ist ein Existierendes, das naturgemäß nur in der Vergangenheit erscheint, über die Erzählung, in die man es kleidet. Das Verwirrende an diesen unrealisierbaren Dingen ist, daß ich sie in allen Einzelheiten zu Ende denken und sie mit Hilfe von Wörtern von anderen realisieren lassen kann. Wenn ich zum Beispiel Interesse hätte, eine Novelle mit dem Titel «Der Urlaub» zu schreiben, dann könnte ich diesen Urlaub so beschreiben, wie er hätte sein sollen, mit seiner pathetischen und kostbaren Natur. Ich könnte dafür sorgen, daß der Leser ihn wie eine Melodie realisiert, die unerbittlich auf ihr Ende zuläuft. Aber das wäre Kunst. Die Kunst ist eines der Mittel, die wir besitzen, unser Unrealisierbares von anderen auf lebendige und «imaginäre» Weise realisieren zu lassen. Ich benutze diese Gelegenheit, um anzumerken, daß das Unrealisierbare keineswegs von derselben Art ist wie das Imaginäre. Es ist real, es ist überall, aber außer Reichweite. Andere können es nach dem realisierenden oder dem imaginären Modus fassen. Aber die Authentizität neigt dazu, meine ich, ihm rings um uns seinen Platz als Unrealisierbares zuzuweisen. Man darf es weder verleugnen noch vergeblich versuchen, es zu realisieren, sondern man muß es als Unrealisierbares auf sich nehmen. Diesen Fehler, den Castor und ich bei anderen oft unter dem Namen *Schein* entdeckt haben («Schein sein», «auf wunderbar machen»), besteht im wesentlichen in einer bestimmten Art von Unaufrichtigkeit, durch die wir etwas als realisiert ausgeben, was dem Prinzip nach unrealisierbar ist. T.'s Reinheit dagegen beruht auf einer prinzipiellen Blindheit gegenüber dem Unrealisierbaren. Sie wird nie auf den Gedanken verfallen, meinen Aufenthalt bei ihr als einen *Urlaub* zu denken. Es ist ganz einfach eine Anwesenheit zwischen zwei Abwesenheiten. Sie wird ihre vielen Geschichten im *Bal Nègre* nicht Abenteuer nennen. Bei jeder war sie vom Augenblick fasziniert. Aber trotz allem fehlen ihr diese Gegenstände, es fehlt ihrer Aktivität an Triebfedern. Weil man in jedem Fall bestimmen muß, was das Unrealisierbare ist und was sich realisieren läßt. Paris zum Beispiel ist ein reales Existierendes, das steht außer Zweifel. Aber ist es ein für mich realisierbares Existierendes? Ich kann denken, daß ich in Paris bin. Aber kann ich *sein-in* Paris? Darüber haben Castor und ich vor zwei Jahren sehr lange diskutiert anläßlich eines Aufsatzes von Caillois über den Mythos der Großstadt. Ich glaube, daß ich in diesem Fall gegen Castor recht hatte (wir stellten die Frage übrigens schlecht, eben weil uns der Begriff des Unrealisierbaren fehlte. Wir fragten uns, ob Paris existiert oder nur ein Mythos ist). Ich glaube, man kann sein-in Paris. Es versteht sich, daß ich «einen Gegenstand *realisieren*» nicht das bloße Faktum nenne, sich diesen Gegen-

Über die Philosophie

«Es gibt zwei Arten von Philosophie . . .

... eine künstliche und gelehrte, die nur wenigen vorbehalten ist; und eine natürliche, menschliche, welche alle gebrauchen können.»

Victor Cousin (1792–1867)

Zu den letzteren gehört die Überlegung, wie wir am besten die materielle Seite unseres Lebens planen.

stand mehr oder weniger lebhaft vorzustellen. Man realisiert einen Gegenstand, wenn uns die Anwesenheit dieses Gegenstandes als eine mehr oder minder wesenhafte Veränderung unseres Seins und durch diese Veränderung gegeben ist. Ein Abenteuer haben heißt nicht sich vorstellen, daß man ein Abenteuer hat, sondern im Abenteuer in-sein – was, wie ich in *La nausée* gezeigt habe, unmöglich ist. Das Unrealisierbare läßt sich immer vorstellen, aber es läßt sich nicht *genießen*, und eben das verleiht ihm seinen quälenden und zweideutigen Charakter. Ich denke, daß die Hälfte aller menschlichen Handlungen das Ziel hat, das Unrealisierbare zu realisieren. Ich denke, daß die meisten unserer subtilsten Enttäuschungen daher rühren, daß uns etwas Unrealisierbares in der Zukunft und nachträglich in der Vergangenheit als realisierbar erscheint und wir dann deutlich spüren, daß wir es nicht realisiert haben. Und gegenwärtig spüre ich genau, daß diese zehn Tage, die hinter mir liegen, so zusammengeschnurrt sind, daß ihr Ende ihren Anfang berührt, im Begriff sind, in meiner Erinnerung genau zu *dem* Urlaub zu werden, den ich haben wollte, als ich am 2. Februar von ihm träumte.

Ich will von meiner Rückkehr berichten. Vorgestern, am 15. Februar, habe ich gegen halb neun meine von einem zivilen Schneider ausgebesserte Uniform angezogen, ich besaß neue Wickelgamaschen, Skistiefel (diejenigen, die ich bisher getragen hatte, gehörten Castor), ich war sauberer, als ich seit Beginn des Krieges je gewesen bin. Ich bin um neun Uhr auf dem Bahnsteig im Gare de l'Est angekommen, und ich habe mühelos einen Platz gefunden. Viele Frauen begleiteten die Soldaten, sehr wenige Männer. Sie klammerten sich an ihre Arme und sahen sie mit einer Art Gier an. Aber die meisten Soldaten, sauber und rasiert, auch sie sauberer, als sie je waren, sahen sie nicht an, sie waren bereits abgefahren, sie sahen ins Vage oder sahen die anderen Soldaten an. Ich verallgemeinere nicht eilfertig, ich bin den ganzen Bahnsteig entlanggegangen, und überall sind mir diese komischen Gruppen aufgefallen, diese Bewegung, diese angeklammerte kleinere Gestalt, die versuchte, die Gruppe wieder zu schließen, sie zu einem Ganzen gegen die Außenwelt zu machen, und die größere, stumme, schwere und fast passive Gestalt, die sich langsam von der anderen löste und sich von vorn zeigte, wenn die andere im Profil war, diese zwei Blicke, von denen der eine festhalten und bewahren wollte und der andere, senkrecht zum ersten, auf der Flucht auf die Zukunft hin war. Von Zeit zu Zeit weinte eine Frau, ihr Mann merkte es und sagte unbeholfen: «Mußt nicht weinen», aber er blieb stehen, wußte nicht, was er noch sagen sollte, zutiefst davon überzeugt, daß sie allen Grund zum Weinen hatte. Eine Frau und ihr Mann haben zusammen zu schluchzen angefangen, aber das wurde von der Menge nicht sehr gut aufgenommen. Ein vorbeilaufender Soldat hat gerufen: «Achtung, Hochwasser», und die Leute haben gelacht. Komisches gesellschaftliches Ereignis im schmutzigen Grau und schlammigen Khaki, diese ganz und gar primitive Selektion zwischen Männern, die alle abgeholt wurden, und den nachlässig geschminkten, von der schlaflosen Nacht angeschlagenen, hastig angekleideten Frauen, die dableiben mußten. Es gab zwei Züge, die einander gegenüberstanden, meiner fuhr als zweiter ab. Um 9 Uhr 30 fuhr der andere ab, und ich sah ein Defilee von Frauen. Die Paare, von denen der männliche Teil meinen Zug nahm, waren etwas zurückgetreten und betrachteten das Defilee, ohne ein Wort zu sagen. Wahrscheinlich dachten die Frauen, die sich an die Arme ihrer Männer klammerten, daß sie eine Viertelstunde später genauso dastehen würden. Es war ein langsames und stummes Defilee mit einer Art zaghafter Anmut. Alle Frauen weinten, außer einer oder zweien, es war fast schon komisch: alte und junge, große und dicke, braune und blonde durcheinander, alle mit denselben Ringen um die geröteten Augen. Eine oder zwei fielen mir auf, besonders eine, eine große elegante Blondine mit Pelzmantel und welkem Gesicht, die nicht weinte, die mit langen Schritten ging, den Kopf zur Seite gewandt, und unseren Zug mit zutraulicher und verwirrter Miene ansah. Sie kam mir angeschlagener vor als die anderen. Auch ein kleines Mädchen, das genau die gleiche Haltung und Miene hatte wie die Frauen, die nach der Kommunion wieder an ihre Plätze gehen. Beim Anblick ihres verstohlenen inneren Lächelns und ihrer gesenkten Augen schien mir, daß sie ihre Erinnerungen in sich spürte wie eine Hostie. Dann schrie man «Einsteigen», und wir sind in unsere Waggons geklettert. In meinem Abteil stellten sich die Soldaten einer nach dem anderen an die Wagentür, und nachdem jeder die ihm entgegengestreckten Hände geschüttelt oder eine Frau an den Schultern zu sich emporgehoben hatte, trat er zurück und sagte höflich: «Der nächste.» Der Zug ist abgefahren. Die Männer waren wortkarg und trübsinnig. Im Gang lachte ein hübscher Blonder haßvoll. Jemand sagte zu ihm: «Mußt dich nicht aufregen, es nützt nichts», und er antwortete mit zischender Ironie: «Natürlich! Reine Gewohnheit. In zehn Jahren wird es mir nichts mehr ausmachen.» Ein Soldat sprach vom nächsten Urlaub, und ein anderer erwiderte mit finsterer Miene: «O ja! Reden wir vom nächsten Urlaub.» Und ein Schnurrbärtiger schloß, wie für sich allein: «Das wär's für vier Monate.» Einem bebrillten kleinen Juden fiel eine ganze Ausrüstung auf den Kopf. Jemand entschuldigte sich, und der kleine Jude sagte mit resignierter Heiterkeit: «Oh, jetzt oder später... Na ja, trotzdem so spät wie möglich.» Sie redeten noch eine Weile, undeutliche Worte, die sich an niemand richteten und keine Antwort enthielten. An diesen Worten glaubte ich zu verstehen, daß sie alle panische Angst vor einer Frühjahrsoffensive hatten; das war es, was ihrer Abfahrt diesen tragischen Aspekt verlieh. Nach einer Viertelstunde waren alle verstummt. Einige lasen, andere schliefen, wieder andere starrten vor sich hin. Ich habe den *Bismarck* von Ludwig gelesen. Dann und wann legte ich mein Buch weg und ging auf dem Gang rauchen. Ich war nicht traurig, aber sehr aufgewühlt, in einem Zustand, den man sehr genau als pathetisch bezeichnen könnte und in dem sich die Insekten befinden müssen, wenn sie dabei sind, sich umzuwandeln. Hin und wieder gelang es mir, meiner Lektüre Interesse abzugewinnen, und dann übertrug ich mein Pathos auf Bismarck, der mir beinahe Tränen in die Augen trieb.

Der Zug hielt. Es war 16 Uhr 30. Wir sind ausgestiegen in den Schnee, und wir haben sofort begriffen, was los war: ein Lautsprecher fing an, uns anzuschnauzen, sobald wir den Fuß auf den Bahnsteig gesetzt hatten. Wir waren keine «Urlauber» mehr, sondern «Männer», und es war keine Rede mehr davon, uns höflich zuzureden wie in Aiguevilliers, sondern man drohte uns mit den schlimmsten Strafen: «Es ist streng verboten ... Jeder Mann, der gegen ... verstößt, hat die strengsten Strafen zu erwarten.» Ich fühlte mich nicht betroffen, nur belustigt, ich war abgebrüht. «Ihre Art, uns zu begrüßen», sagte mein Nachbar. Baracken. Es ist Port l'Atelier. Ich habe Bier aus der Flasche getrunken, ich habe meine Baracke gewählt. Warum unter all diesen gleich aussehenden Baracken wählen? Letzter Rest von Zivilistengewohnheit. Ich bin in einen finsteren großen Saal mit Holzwänden eingetreten. Männer schliefen auf Bänken, andere saßen mit hängendem Kopf da, andere aßen. Ich habe T. geschrieben und Castor, und dann habe ich die *Gespräche mit Hitler* gelesen. Die Nacht ist gekommen, es begann kalt zu werden. Es gab drei zu einem Dreieck um den Ofen angeordnete Bänke im Halbdunkel. Ich habe mich hingesetzt. Wir waren etwa zwanzig Soldaten, Schenkel an Schenkel sitzend, mit starrem Blick. Mir fielen eine Menge Erinnerungen ein, und ich wußte, daß jeder meiner Nachbarn auf dieselbe Weise

Erinnerungen wachrief. Einer ist hereingekommen: «Das ist ja 'ne Welt ohne Weiber hier. Wo sind denn die Weiber?» Von Zeit zu Zeit informierte uns der Lautsprecher über die bevorstehende Abfahrt eines Zuges. Er kündigte uns verfrüht die Abfahrt des unseren an, und einen Moment lang herrschte Verwirrung. Um halb acht bin ich aus der Baracke gegangen: man kündigte die Vorführung eines Tonfilms an. Ich habe mit den anderen Schlange gestanden, und als ich dann an die Reihe kam, bin ich weggegangen. Ich wollte mich von dieser finsteren und starken Welt nicht ablenken, ich wollte mich nicht vom Imaginären faszinieren lassen. Ich bin in meine Baracke zurückgekehrt. Um neun Uhr zwanzig sind wir nachts im Schnee zu unserem Zug gerannt, völlig ungeordnet, über Stacheldrähte kletternd, über die Gleise springend, während die Feldwebel in der Ferne hinter uns herkläfften. Ich habe den Grund für diese Unordnung nicht recht verstanden. Mir wäre es recht gewesen, den angezeigten Wegen zu folgen. Hatte es Fehler bei unseren Vorgesetzten gegeben, Panik, ungeduldigen Heroismus? Diese Abfahrt ähnelte einer Flucht. Wir befanden uns zu viert in einem Abteil, das weder beleuchtet noch geheizt war, der Dampf war in den Rohren eingefroren. Wir machten uns Licht mit unseren Taschenlampen, um unser Gepäck in den Netzen zu verstauen. Ich habe zu schlafen versucht, aber es war sehr kalt, und wir wurden von einem faden Geruch nach Desinfektionsmitteln belästigt. Meine Nachbarn schnaubten und stöhnten: «Die Drecksäcke, die wollen wohl, daß wir verrecken. Herrgott, was für eine Kälte.» Schließlich sagte ich ihnen, wir könnten vielleicht versuchen, an der nächsten Station auszusteigen und an die Spitze des Zuges zu laufen, da hätten wir mehr Chance, geheizte Waggons zu finden. Aber sie stöhnten lieber. Ich bin trotzdem ausgestiegen, sobald der Zug hielt, und sie sind mir gefolgt, wir sind im Schnee den Zug entlanggerannt, zwei Burschen haben sich unterwegs verirrt und irgendwo reingezwängt.

Ich fand mich allein mit einem dicken Blonden in einem angenehm warmen Abteil, dann sind zwei Jäger zugestiegen, und ich bin eingeschlafen wie ein Sack. Wir sollten um 4 Uhr 37 ankommen, aber als ich gegen 6 Uhr aufwachte, fuhr der Zug immer noch. Einer der Jäger, blutjung mit angenehmem, gebräuntem Gesicht, hat uns mit sachlicher Miene erzählt, daß sein Hauptmann Rutengänger sei. Von seinem Büro aus prüfte er mit seinem Pendel, ob sich seine Maschinengewehrabteilungen genau an dem Platz befanden, den er ihnen zugewiesen hatte, und wenn sie nicht dort waren, telefonierte er, um Rechenschaft zu fordern. Der Mann sprach langsam und gewissenhaft. Als er fertig war, fügte er im selben Ton hinzu: «Er ist ein Schwachkopf.» Überall auf meiner Strecke habe ich denselben Haß auf die Offiziere angetroffen, einen gedämpften und tiefen Haß, der nichts mit dem Antimilitarismus gemein hat, sondern im Gegenteil ganz konkret und empirisch ist und immer einhergeht mit einem «Ich sag ja nicht, daß es keine anständigen gibt, aber ich hab noch keinen gesehen». Die beiden Jäger waren im Saarland gewesen. Sie sprachen mit weit aufgerissenen Augen über jene ersten Tage im September, an denen die Minen unter ihren Füßen explodierten. Sie hatten einen unvorsichtigen Leutnant in die Luft fliegen und mit zerfetzten Augen herunterfallen sehen; sie hatten einen großen Lastwagen explodieren sehen, der Fahrer war fast unverletzt an einem Baum hängengeblieben, mit seinen versengten Kleidern. Um sechs Uhr dreißig Ankunft in Dettwiller (meine Division ist aus Morsbronn nach Bouxwiller gezogen). Baracken. Neben mir wettert einer, und die anderen pflichten ihm bei: es geht immer noch um die Offiziere. Ein Hauptmann hat angeblich ein paar Männer zur Strafe mit der Nase zur Wand zwei Stunden lang strammstehen lassen. Diese Strafe erregt sie in einer Weise, die mir ziemlich unverständlich bleibt. Mir wäre das lieber als vier Tage Bau, aber es trifft sie in ihrer männlichen Würde: «Wir sind doch keine Kinder mehr, verdammt noch mal!» Ein anderer, ein Dicker, der friedfertig aussieht, sagt mit schläfriger Sitmme: «Geduld! Wir werden uns das nicht immer gefallen lassen, es dauert ja vielleicht nicht ewig.» Trotzdem erkennen sie übereinstimmend die Notwendigkeit des Krieges an. Einer sagt: «Am Anfang, da war der Krieg wegen einem Ideal, aber das wird mit Interessefragen enden, wie der andere.» Derselbe spricht wenig später davon, sich wegen seines Herzens ausmustern zu lassen: «Ich bin so nervös wegen dem Herz, daß ich, ob ihr mir glaubt oder nicht, wenn ich jemand treffe, den ich fünf Monate nicht mehr gesehen hab, daß ich dann minutenlang wie ein Schaf dastehe.» Gegen acht Uhr pfercht man uns in Busse, und um zwanzig vor neun bin ich in Bouxwiller.

Hang, der in Saumur auf Urlaub war, ist mit einer großen Wut auf die Zivilisten zurückgekehrt. Er erzählt mir von einem gewissen Deck, der ihm bei seiner Rückkehr aus dem Urlaub gesagt hat: «Wäre meine Frau nicht gewesen, dann hätte ich nach zwei Tagen beantragt, zurückkommen zu dürfen», und von einem anderen, der gesagt hatte: «Die Pariser hätten es verdient, wenn man sie zweimal in der Woche bombardieren würde.» Ich teile seine Meinung ganz und gar nicht: die Pariser kamen mir schlaff und traurig vor. Ich denke mir, daß die langsame und verhängnisvolle Verwandlung des Soldaten in einen Unverstandenen beginnt.

Sonntag, 18. Februar

Die beiden Jäger, die Pieter kennt, haben uns wieder besucht. Vor zwei Monaten beklagten sie sich über einen ziemlich törichten Hang zur Theatralik unter den Kameraden. Man warf ihnen vor, sie würden sich drücken, wenn sie sich nicht als Freiwillige für gefährliche Aufgaben meldeten. Heute sagen sie, daß die Moral der Truppe sehr schlecht sei. Das habe ich seit einiger Zeit überall feststellen können.

Das Penetrante bei den Relativisten ist ihre Anschuldigung, man würde immer heimlich bei Gott Zuflucht suchen. Zum Beispiel hält Aron jede Anstrengung, ein historisches Ereignis so zu erfassen, *wie es war* (und nicht so, wie es durch technische oder kulturelle Bedeutungsschichten, durch ihrerseits historische Vorurteile, durch die Postulate einer individuellen Philosophie erscheint), für eine Zuflucht zu Gott. Das Ereignis an sich ist das Ereignis, wie es Gott erscheinen würde. In diesem Sinn konnte er mir sagen, daß seine *Introduction à la philosophie de l'histoire* ein Plädoyer für den philosophischen und methodologischen Atheismus sei. Ich räume gern ein, daß das Argument einen technischen Wert hat (es stimmt, daß der Historiker *technisch* historisch ist) und einen psychologischen (es stimmt, daß die Suche nach dem Faktum, *so wie es war*, psychologisch beim Suchenden meistens einer Hingabe an Gott gleichkommt). Aber die geheime Schwäche dieser idealistischen Penetranz besteht darin, daß sie ein riesiges Postulat in sich trägt, das sie zu einem Zirkelschluß macht. Dieses Postulat ist der Idealismus selbst. Zu sagen, daß jede Suche nach dem An-sich eine Zuflucht zu Gott sei, heißt ganz einfach behaupten: *esse est percipi*; heißt das Sein in Erkenntnis, das An-sich in Sein-für auflösen. Man hat die Frage durch eine recht geschickte List verfälscht. Wenn ich frage, was ein Faktum absolut ist, antwortet man mir, daß ein Faktum nur «für» ein absolutes Sein absolut sein kann, und so bin ich auf Gott verwiesen. Aber diese Herabsetzung des An-sich zum Sein-für lehne ich gerade ab, und ich glaube in diesen Heften im Gegenteil gezeigt zu haben, daß das Sein-für nur auf dem Hintergrund des *An-sich* erscheinen kann, dessen Nichtung es ist. Aber man muß weiter gehen und zeigen, daß es zum Beispiel ein bestimmtes *An-sich* nicht des *Für-mich*, sondern des Für-andere gibt. Wenn ich eine jener wechselseitigen Anwesenheiten zweier Für-sich annehme, die ein Für-andere bilden, dann habe ich erklärt, daß sich diese Anwesenheit auf dem Hintergrund von An-sich zeigt. Aber wir würden in den idealistischen Irrtum des Primats der Erkenntnis zurückfallen, wenn wir annehmen würden, dieses Für-andere existiere nur, *insofern* es eine Seinsmodifikation für jedes der Für-sich ist. Zweifellos gibt es ein *Für-andere* nur als wechselseitige existentielle Modifikation von zwei (oder mehreren) *Für-sich*. Aber wenn jedes dieser Für-sich sein Für-andere über *seine* eigene existentielle Modifikation verwirklicht, was können wir dann über die *wechselseitige* existentielle Modifikation sagen? Ist sie nur die *Summe* der beiden individuellen Modifikationen? Aber diese Summe kann sich nur auf dem Hintergrund einer vorgängigen Einheit bilden. Existiert sie nur *für* eine dritte Person? Das ist anscheinend möglich, und wir würden in den Idealismus und letztlich in die Zuflucht zu Gott zurückfallen, da letztlich die wechselseitige existentielle Modifikation absolut *an sich* nur für das absolute Sein existieren würde, das Ursache von sich ist. Oder gibt es schließlich eine eigene Existenz der wechselseitigen existentiellen Modifikation, eine Existenz, die sich weder in Termini des *Für-sich* noch in Termini des *Für-andere* stellen würde?

Ein Beispiel: Pieter tritt ein, er sieht mich, er spricht mit mir, und schon beschneidet er mich in meiner Existenz, und ich bohre mich meinerseits wie ein Messer in die seine. Und schon sind wir in eine Unterhaltung verwickelt. Ich frage mich, ob diese *«Unterhaltung»* Existenz nur hat für mich, der ich mich unterhalte, *und* für ihn, der sich unterhält. Oder ob sie außerdem noch existiert, zwar nicht unabhängig von ihm und von mir, aber unabhängig vom Für-sich-sein jedes einzelnen von uns. Das ist nicht einfach, denn das Für-sich existiert nur als Nichtung des An-sich. Wohin wir uns daher auch wenden mögen, wir finden nur *genichtetes An-sich.* Aber das An-sich erfaßt aufs neue, was ihm in der Nichtung entgeht, indem es eben dieser Nichtung den Wert eines innerhalb des An-sich erschienenen *Faktums* verleiht. Durch die *Faktizität* wird das Bewußtsein in seiner Nichtung des An-sich hinterrücks durch das von ihm genichtete An-sich wiedererfaßt, und genau das meine ich, wenn ich sage, daß das An-sich sein eigenes Nichts ist. Nicht, daß es selbst Begründung für das Nichts ist, aber damit das Nichts das An-sich nichten kann, muß es aus eben dem An-sich heraustreten, muß es *von Sein besetzt werden.* Und dieser dünne Existenzfilm, durch den das An-sich seine eigene Nichtung wiedererlangt, genau das ist die Faktizität oder Grenze der Transparenz des Bewußtseins. Nicht, daß es *hinter* dieser Transparenz nichts gäbe, aber allein das *Faktum*, wie-für-sich-zu-sein, ist die opake Grenze dieser Transluzidität. Kurz, es *ist* ein jeder Nichtung entgehendes Faktum *an sich*, daß in diesem Augenblick ein *Für-sich* existiert, das Nichtung des An-sich ist. Die Reflexion kann diese Faktizität zwar überwinden, indem sie die faktische Existenz des reflektierten Bewußtseins nichtet, aber dann hat sie es mit der reflexiven Faktizität zu tun, die Faktizität ist nur verschoben worden. Dieses Faktum existiert-für niemanden. Wenn das Bewußtsein sich ihm zuwendet, um es zu befragen, *sieht* es das Faktum nicht, es sieht nur die unendliche und nichtende Freiheit seiner eigenen Motivationen. Es *ist* einfach. Nicht in den Augen Gottes: an sich. Das führt uns dicht an die Frage der Zeit heran, die ich in den nächsten Tagen untersuchen will. Genau dieser Faktizitätsfilm verleiht meiner Unterhaltung mit Pieter eine Existenz *an sich.*

Das Eigentümliche des Nichts ist nicht nur, daß es das Sein nichtet, sondern daß es sich selbst zum An-sich hin nichtet. Daher besteht die Transzendenz des Bewußtseins darin, die Welt zu einer Selbstheit [*ipséité*] hin zu überschreiten, die es als ein *An-sich* will. Aber dieses An-sich, das es über die Welt hinaus entwirft, bewahrt die Wesensmerkmale des Bewußtseins in sich selbst auf. Es ist ein An-sich, das sich selbst seine eigene Begründung ist, so wie das Bewußtsein sich selbst seine eigene Motivation ist, ein An-sich, von dem die Faktizität umhüllt, überschritten und in seinem Schoß aufbewahrt wird. Ein An-sich, das sich selbst ein Für-sich ist. Diese zwitterhafte Projektion des An-sich und des Für-sich ist die einzige Art und Weise, auf die das Bewußtsein sich selbst das An-sich zum Zweck geben kann. Genau das nennt man «Ursache von sich». Ein An-sich, das Für-sich wäre, ist Ursache-von-sich. Die Transzendenz ist das Sein des Bewußtseins, insofern es ist, um Ursache-von-sich zu sein.

Wir essen mit fünf Jägern zu Mittag, den beiden von Pieter und drei anderen. Immer wieder diese herbe Verbitterung über die Offiziere. Sie alle haben unter ihnen gestöhnt und erinnern sich ohne Prahlerei, mit einer Art zynischer Härte, die mir gefällt, an die übelsten Orte, über unsere Köpfe hinweg. Sie reden gerne davon, daß sie ihre Offiziere umlegen wollen. Freilich wird keiner es tun, aber das Verblüffende ist, daß das nicht aufrührerisch und mit geballten Fäusten gesagt wird, sondern in ungezwungenem Plauderton, wie etwas, was sich von selbst versteht. Sie beabsichtigen nicht einmal, sie eigenhändig umzulegen, sondern konstatieren objektiv als eine Tatsache, daß Oberst Deligne, wenn er nachts die Vorposten besichtigen kommt, «umgelegt wird». Einige ihrer Offiziere haben mit ihnen auf dem Fußboden geschlafen, aber sie haben das Stadium hinter sich, in dem man das imponierend findet; sie sagen einfach: «Wie geschickt.» Mehr als Zorn empfinden sie Verachtung für sie. Einer von ihnen, aus Épinal, den ich zum erstenmal sehe – dicker Schädel, blonder Schnurrbart –, erzählt sehr schön: «Der Hauptmann, der regt sich beim Reden auf, schließlich gerät er ganz allein in Wut, er sagt uns: wer raucht, dem jage ich eine

Kugel in den Kopf, ich hänge am Leben.» Mitleidiges Achselzucken. Ein anderer, ein Musiklehrer, beschreibt seinen Hauptmann: «Er ist Grundschullehrer, er kann nicht befehlen, ich werfe ihm das ja nicht vor, aber was hat er da zu suchen? Er hat Angst, immerzu Angst. Wenn er uns bestraft, jammert er: ‹Ich bin euch nicht böse, ich bin euch nicht böse, aber ich muß es tun. Zwei Wochen Bau, ihr meint bestimmt, das ist hart, aber was wollt ihr, ich bin nicht allein.› Bevor es an die Front geht, versammelt er uns: ‹Stillgestanden, rührt euch. Bisher sind wir nur Eingezogene gewesen, jetzt werden wir Kämpfer sein. Vielleicht falle ich als erster. Ich bin sicher, daß neunzig Prozent von euch...› Wir sind ganz grün geworden, wir glaubten, er wollte sagen: ...daß neunzig Prozent von euch auf der Strecke bleiben. Aber nein: ‹Ich bin sicher, daß neunzig Prozent von euch mich aus den feindlichen Linien holen werden, wenn ich dort falle. Ich bitte nur um eines, daß ich nicht in deutscher Erde die Augen schließe. Es lebe Frankreich!› Oberst Deligne war wütend auf ihn, er hat ihm gesagt: ‹Betrachten Sie sich als moralisch bestraft.› Acht Tage später, als etwas schiefging, ist er in Harnisch geraten, er hat geflucht: ‹Verdammt noch mal, ich will nicht zweimal bestraft werden, ich bin schon moralisch bestraft worden, das reicht!›»

Ich kann mir Paul sehr gut vorstellen, ein zwischen seiner Angst und seinem sozialistischen Gewissen schwankender Offizier. Er soll übrigens nach meiner Abreise zweimal geschluchzt haben. Am Abend meiner Abreise hat er einen Brief von seiner Frau bekommen, die ihm ankündigt, daß sein Sohn ein bißchen abgespannt sei. Erster Schluchzer. Am nächsten Tag bekommt er ein Telegramm, er wird grün und dreht es zehn Minuten in seinen Fingern, ohne es aufzumachen. Gereizt sagt Pieter zu ihm: «Mach es auf.» Endlich reißt er es halb auf, liest ein paar belanglose Worte: seine Frau ist nach Châteauroux berufen worden, in eine Oberschule, glaube ich. Er hatte das Schlimmste befürchtet. Er bricht zusammen und schluchzt «wie eine Frau», sagt Pieter entrüstet.

Um zu meinen Jägern zurückzukehren – wir fragen sie, ob sie angegriffen worden sind: «Wir glaubten es. Einmal hat es eine fürchterliche Schießerei gegeben, wir sind zu unseren Waffen gestürzt, man hat uns Befehle zugebrüllt, und danach hat man uns gesagt, daß es in einem anderen Abschnitt war. Aber die Wahrheit, die haben wir am nächsten Tag von einem Wachtposten erfahren, der hat gehört, wie der Hauptmann zu einem Feldwebel sagte: ‹Diese Kerle! Fünfzehnhundert Patronen haben wir verschossen, um sie in Stimmung zu bringen.›»

Ich sage nicht, daß das stimmt. Aber es stimmt, daß alle es denken. Der gleiche Eindruck gestern beim Abendessen mit anderen Jägern. Sie glauben zwar nicht sehr an eine Frühjahrsoffensive, aber sie haben es satt. Die meisten sagen uns: «Es wird von innen zusammenbrechen. Hier und drüben.»

Der Feldwebel hat den Refrain gewechselt. Er meint, daß man ein Expeditionskorps nach Finnland entsenden wird und daß er dabei sein wird. «Ich gehe mit», sagt er, «um Väterchen Stalin seinen Schnurrbart zu schneiden.»

Meine gestrige Bemerkung über das Unrealisierbare ist geeignet, Verwirrung zu stiften. Was unrealisierbar ist, ist niemals ein *Gegenstand*. Es ist eine *Situation*. Nicht Paris, sondern das In-Paris-sein ist der Anlaß, bei dem sich die Frage des Unrealisierbaren stellt.

Ein Feldwebel, der unsere Gesellschaft sucht, weil er eine unglückliche Liebe zur Intelligenz hat, erzählt Pieter, daß er in einer heute evakuierten elsässischen Region ein «nettes Heim» hatte. «Ich hatte schöne Möbel gekauft, ich hatte mir ein hübsches Boudoir eingerichtet mit Sofas und zwölf Puppen. Ach, mein armer Freund! Als ich neulich hingegangen bin, habe ich geheult. Sie hatten alles verwüstet; wäre mir ein Soldat über den Weg gelaufen, ich hätte ihn aufgehängt. Und meine hübschen Puppen hatten sie im Kreis hingesetzt und in die Mitte geschissen!»

Hang hat seine Moral eingebüßt, sein Urlaub hat ihn mitgenommen. Er will sich krank schreiben lassen und sagt kopfschüttelnd: «Wenn das so weitergeht, ohne daß was passiert, haben wir bald die Revolution, und zwar zuerst in der Armee.»

Heftige und düstere Raserei wegen eines Briefes, der nicht war, was er hätte sein sollen. Ich gehe spazieren, um mich zu beruhigen. Ich durchquere das Dorf und komme oben auf eine kurvenreiche und abschüssige breite Straße. Soldaten, Mädchen, Kinder rasen mit Schlitten hinunter. Oft sind vier oder fünf Schlitten aneinandergekoppelt, und das wirkt wie ein kleiner Bobsleigh. Die Hälfte dieser Mannschaften kippt unterwegs lachend um. Auf beiden Seiten der Straße drängen sich Soldaten, wie das Publikum in Chamonix beim Skispringen. Wenn die Schlitten vorbeikommen, werfen sie lachend Schneebälle nach ihnen. Sehnsucht nach Skifahren. Ich kehre völlig ruhig zurück. Ich notiere hier diese schwarzen Rasereien, die bei mir so häufig sind, daß sie einen Charakterzug bilden.

Fast schäme ich mich, mit der Untersuchung der Zeitlichkeit zu beginnen. Die Zeit ist für mich philosophisch immer eine harte Nuß gewesen, und ich habe, ohne darauf zu achten, eine Philosophie des Augenblicks gemacht (was mir Koyré an einem Abend im Juni 39 vorwarf), weil ich die Dauer nicht begriff. In *La nausée* behaupte ich, daß die Vergangenheit nicht ist, und früher versuchte ich, das Gedächtnis auf eine wahre Fiktion zu reduzieren. In meinen Unterrichtsstunden übertrieb ich den Anteil der Rekonstruktion in der Erinnerung, weil sich die Rekonstruktion *in der Gegenwart* vollzieht. Dieses Unverständnis paßte sehr gut zu meinem Mangel an Solidarität mit mir selbst, der dafür sorgte, daß ich meine tote Vergangenheit anmaßend aus der Höhe meiner Gegenwart beurteilte. Die Schwierigkeiten einer Theorie des Gedächtnisses sowie Husserls Einfluß veranlaßten mich, der Vergangenheit eine gewisse Existenz zuzusprechen, ganz genau die Existenz in der *Vergangenheit*. Und ich akzeptierte diese neue Idee um so leichter, als ich überaus bestürzt und gekränkt darüber war, mich, den einzigen Augenblicksphilosophen, mitten in die zeitgenössischen Philosophien geworfen zu sehen, die allesamt Philosophien der Zeit sind. Ich versuchte in *La psyché*, die Zeit dialektisch aus der Freiheit abzuleiten. Für mich war das eine Kühnheit. Aber das alles war noch nicht reif. Und jetzt erahne ich eine Theorie der Zeit. Ich fühle mich eingeschüchtert, noch bevor ich sie darlege, ich fühle mich wie ein Kind.

Zunächst stelle ich fest, daß die Zeit nicht ursprünglich von derselben Natur ist wie das An-sich. Sie ist also weder ein Milieu noch ein Rahmen, noch eine apriorische Form der Sensibilität, noch ein Entwicklungsgesetz. Vielmehr ist sie ganz vom Nichts durchdrungen. Wenn ich sie von einer bestimmten Warte aus betrachte, *ist* sie, und wenn ich sie von einer anderen Warte aus betrachte, ist sie nicht: die Zukunft *ist noch nicht*, die Vergangenheit *ist nicht mehr*, die Gegenwart gerinnt zu einem unendlich kleinen Punkt, die Zeit ist nur noch ein Traum.

Ich sehe auch deutlich, daß die Zeit nicht von derselben Natur ist wie das Für-sich, wie die zeitgenössischen Theorien uns einreden wollen. Ich bin nicht *in* der Zeit, das steht fest, aber ich bin auch nicht meine eigene Zeit, so wie Heidegger es versteht, sonst gäbe es eine zeitliche Transluzidität, die mit der Transluzidität des Bewußtseins zusammenfiele; das Bewußtsein wäre Zeit, insofern es Bewußtsein der Zeit wäre. Aber mit der Zeit verhält es sich nicht wie mit der Lust, die für das Bewußtsein nur existieren kann, wenn sie Bewußtsein ist. Ich brauche mich nicht zu Zeit zu machen, um zeitlich zu sein. Die Zeit ist die opake

Grenze des Bewußtseins. Im übrigen ist es eine ungreifbare Opazität in einer totalen Transluzidität. Alle unsere Handlungen setzen ein vorontologisches Verstehen der Zeit voraus, und außerdem kann man die Zeit thematisieren, sie zum Gegenstand einer Theorie machen. Aber die Zeit ist weder *vor uns* wie ein Gegenstand der Welt noch *wir selbst* als Für-sich. Sie kann nicht der Gegenstand einer Intuition sein, wie Bergson meint, sie kann auch keine Situation sein in dem Sinne, in dem die Situation nur existiert, um überschritten zu werden. Dennoch *sind* wir Zeit, aber wir *verzeitlichen* uns nicht. In Wirklichkeit erscheint uns die Zeit nur dank der *Vergangenheit* oder der *Zukunft*, es ist uns nicht gegeben, sie in ihrem fortgesetzten Fluß zu leben. In dem Maße also, wie wir Zeit *sind*, *sind* wir etwas nach einem anderen Modus als nach dem des Für-sich. Und dennoch ist dieses Etwas *nichts* [*rien*]; wenn wir uns ihm zuwenden, um es zu erfassen, zerstiebt es in punktförmige Gegenwart, in das, was nicht mehr ist, in das, was noch nicht ist. Es erscheint zuerst als das Nichts [*rien*], das das Bewußtsein von seinen Anlässen und von seinem Wesen trennt. Es scheint sich nicht vom Prozeß der Nichtung des An-sich im Für-sich zu unterscheiden. Ich entgehe nämlich *in der Zeit* meinen eigenen Anlässen, *in der Zeit* meinem Wesen, denn das *Wesen ist, was gewesen ist**. Dennoch ist das offensichtlich nicht dasselbe, da ich mein eigenes Nichts [*néant*] und nicht meine eigene Zeit bin. Wenn man lieber will: es gibt keinerlei Unterschied zwischen Nichtung und Verzeitlichung, es sei denn, daß das Für-sich *sich* nichtet und verzeitlicht *wird*. Und trotzdem sind Nichtung und Verzeitlichung in ein und derselben Bewegung gegeben, wenngleich existentiell unterschieden. Die Zeit ist die Faktizität der Nichtung. Unsere Zeitlichkeit und unsere Faktizität sind ein und dasselbe.

* Deutsch im Original.

Ich werde morgen weitermachen.

Meinung von Zivilisten: Madame X sagt zu meiner Mutter: «Eigentlich sollte man ihnen keinen Urlaub geben, weil ihre Moral bei der Rückkehr dann schlechter ist.»

19. Januar[4]
Mistler ist nicht mehr hier. Er war Jahrgang 02, und man hat ihn kurz nach Keller als Schreiber zum Generalstab der 5. Armee nach Wangenbourg beordert.

Ich lese durcheinander (da ich alles gleichzeitig angefangen habe):

Plutarque a menti: Pierrefeu [deutsch: *Plutarch hat gelogen*]

Le siège de Paris: Duveau [Die Belagerung von Paris]

Bismarck: Ludwig

La guerre de 1870–71: Chuquet [deutsch: *Der Krieg 1870–71*]

Ich habe auch, auf deutsch, *Dichtung und Wahrheit* von Goethe angefangen, was ich in der Bibliothek unserer Gastgeber fand. In Reserve einen «Marat», ich weiß nicht von wem, den ich aus Castors Zimmer mitgenommen habe, sowie Auszüge aus Saint-Simon über die Régence.

Ich komme auf die Zeit zurück. Das Eindringen des Für-sich in das Sein als Nichtung des An-sich ist als ein nicht auf das An-sich reduzierbarer Existenzmodus gekennzeichnet. Das Für-sich ist das Sein, das in seinem Sein nicht ist, was es ist, und ist, was es nicht ist. Es wäre vergeblich, wollte man durch Ausdrücke wie «Bewußtseinszustand» versuchen, den Seinsmodus des Für-sich zu *reduzieren*: es entgeht dem An-sich allenthalben, es ist das genichtete An-sich. Und obwohl es auf einem Hintergrund an An-sich erscheint und synthetisch mit dem An-sich durch

4 Irrtum im Datum: es handelt sich um den 19. Februar.

eben die Negation verbunden ist, die es an ihm verwirklicht, entgeht es ihm, eben weil es es nichtet. Zum Beispiel kann sich das Für-sich nicht ohne die Ausdehnung erfassen, deren Negation es ist. Es ist vom An-sich gerade durch die Tatsache abhängig, daß es als ihm Entgehendes existiert. Diese Abhängigkeit ist jedoch unter einem anderen Gesichtspunkt totale Unabhängigkeit, da sich das Für-sich in bezug auf die Ausdehnung als das konstituiert, was nicht die Ausdehnung ist. Es *macht sich* zur Nicht-Ausdehnung, es ist seine eigene Unausgedehntheit. Das alles haben wir bereits dargelegt. Aber dafür erfaßt das An-sich das Für-sich von neuem, da das Für-sich Nichtung eines bestimmten An-sich *ist*. Mit einem Wort, das Für-sich, das Nichtung des An-sich ist und nur diese Nichtung ist, insofern es Für-sich ist, erscheint in der Einheit des An-sich als ein bestimmtes Existierendes, das durch ein Phänomen synthetischer Verbindung zur Totalität gehört. Das *Äußere* des Für-sich ist, daß es als Negation des An-sich nach der Art des An-sich *ist*. Das nannten wir die Faktizität. Aber diese Faktizität selbst, die nur eine notwendige Spiegelung des An-sich auf dem Für-sich ist, kann nicht die Konsistenz des An-sich haben, sonst würde sie das Für-sich *lähmen*. Sie spielt sich an der Oberfläche des Für-sich ab, und sie ist so etwas wie ein inkonsistentes Phantom von An-sich. Mit einem Wort: wenn sich das Für-sich innen wie außen zur Nichtung des An-sich macht, kann es nicht nur das synthetische Verhältnis der Negation zum An-sich haben; es muß von diesem An-sich in Form einer synthetischen Einheit wiedererfaßt werden, *die diesmal vom An-sich kommt*. Diese Bedingungen sind erfüllt, da die Nichtung innerhalb des An-sich geschieht, und das Für-sich läßt sich nicht betrachten, als konstituiere es sich schlagartig *außerhalb* des An-sich, sondern im Gegenteil *innerhalb* des An-sich wie ein nagender Wurm. Ich werde dieses «An-sich», von dem das Für-sich gefärbt ist und das ihm ein Äußeres konstituiert, mit jenen Spiegelungen vergleichen, die man auf einer Glasscheibe sehen kann, wenn man sie von der Seite betrachtet, und die plötzlich deren Durchsichtigkeit verdecken, um sofort zu verschwinden, sobald man seine Stellung in bezug auf die Scheibe verändert. Mit dieser Beschreibung, so scheint mir, läßt sich darüber Aufschluß geben, daß ich immer behaupten darf, daß Pieters Bewußtsein *existiert* und durch eine bestimmte Koexistenzbeziehung mit diesen Tischen, diesen Gläsern und meinem Bewußtsein verbunden ist, obwohl es überhaupt nicht denselben Existenzmodus hat wie die Tische, die Gläser und die Wände. Nur, diese schwindende, schillernde und bewegliche Spiegelung des An-sich, die sich an der Oberfläche des Für-sich abspielt und die ich Faktizität nenne, diese völlig *inkonsistente* Spiegelung läßt sich nicht wie die opake und kompakte Existenz der *Dinge* betrachten. Das An-sich-sein des Für-sich in seiner unerfaßbaren Realität werden wir *Ereignis* nennen. Das Ereignis ist weder ein Vorkommnis noch etwas, was im Rahmen der Zeitlichkeit geschieht. Das Ereignis ist das existentielle Merkmal des Bewußtseins, insofern es vom An-sich wiedererfaßt ist. Jenes Vergnügen zum Beispiel, das ich empfinde, existiert nur, sofern ich mir seiner bewußt bin, und seine tiefe Existenz ist die des Wechselspiels von Spiegelung und Gespiegeltem. Aber *daß* dieses Vergnügen, das so geartet ist, daß es in seinem Sein um sein Sein geht, nach dem Modus des Für-sich ist, eben das nenne ich Ereignis. Und die Seinsverbindung, die in der Einheit des An-sich von außen *dieses* Für-sich wieder mit der Intimität des An-sich vereint, ist die *Simultaneität*. Die Simultaneität ist ebensowenig wie das Ereignis etwas, was innerhalb der konstituierten Zeit geschehen würde, zum Beispiel das für mehrere Gegenstände kontingente Faktum, daß sie sich in derselben Gegenwart befinden. Es ist im Gegenteil ein existentielles Merkmal, das für die Zeit konstitutiv sein wird: die Notwendigkeit, die für ein Für-sich besteht, insofern es von An-sich gefärbt ist, mit der Totalität des An-sich zu koexistieren, zu dessen Negation es sich macht. Das An-sich der Nichtung des An-sich, das ist das Ereignis; die Einheit des genichteten An-sich mit dem An-sich der Nichtung *dieses* An-sich, das ist die Simultaneität.

Dennoch kann das Für-sich in bezug auf das An-sich, das es ist, nur in Form von Nichtung sein. Das heißt, daß die Faktizität des Für-sich alsbald genichtet wird, oder vielmehr, daß das Für-sich nicht Für-sich sein kann, wenn es sich nicht selbst als von dieser Faktizität durch *nichts* getrennt gibt. Die Faktizität ist dem Für-sich niemals *gegeben*, insofern sie das Äußere bildet, das es *ist*, sie ist ihm nur insofern gegenwärtig, als es sie bereits auf ganz spezielle Weise als das negiert, was es *nicht mehr* ist. Das Für-sich kann nur sein, indem es dem Sein, das es ist, entgeht, und diese Flucht des Nichts vor dem An-sich konstituiert die Zeitlichkeit. Denn man muß begreifen, daß diesem An-sich, das sich niemals bilden kann, ohne daß das Für-sich ihm entgeht, das Für-sich niemals entgehen kann, ohne vom An-sich des Ereignisses und der Simultaneität wiederergriffen zu werden. Das Für-sich kann dem An-sich nur im An-sich entgehen. So hat das, was man Gegenwart nennt, das heißt das Ereignis in der Simultaneität, niemals Konsistenz, es ist, um sich zu verflüchtigen, sein Sein fällt mit seinem Verschwinden zusammen, sonst würde das An-sich das Für-sich ganz und gar leimen. In diesem Sinne gibt sich jede Gegenwart als *negierte Vergangenheit*, meine Gegenwart ist die Negation dessen, was *ich bin*, jede Gegenwart definiert sich als durch *nichts* von einem Gewesenen [*a été*] getrennt, mag das Gewesene der Gegenwart auch noch so nahe sein. Aber aus diesem Grunde wird das verworfene, als gewesen gesetzte Für-sich im Ganzen vom An-sich wiedererfaßt und total geleimt. Die Vergangenheit ist ein An-sich, das Für-sich war. Genau hier können wir den Sinn von «das *war*» verstehen. Der Unterschied zwischen der Negation der Ausdehnung durch das Für-sich und der Negation des Für-sich durch es selbst ist ganz und gar durch die Tatsache gegeben, daß im ersten Fall das Bewußtsein nicht ist, was es nicht ist, während es im zweiten Fall nicht ist, was es ist. Trotzdem muß man noch unterscheiden: das *gegenwärtige* Sein des Für-sich ist in seiner existentiellen Aktualität gekennzeichnet als nicht das seiend, was es ist. Innerhalb des Für-sich ist die Nichtung *von Sein besetzt*. Der Fall der Vergangenheit ist anders, er liegt zwischen der Nichtung, die zum Beispiel der Ausdehnung entgeht, und der interstrukturellen Nichtung des Für-sich. Wenn man vom Für-sich sagt, es war, dann sagt man, daß es nicht ist, was es ist in der Art, in der es nicht ist, was es nicht ist. Das heißt, es *macht sich* in der Totalität seines Für-sich zu anderem, als es als Totalität ist. In diesem Fall bleibt das erste Für-sich völlig erhalten, es existiert immer noch; es gibt sogar dem gegenwärtigen Für-sich seinen Sinn als das, was negiert ist, was überschritten ist, dies und nichts anderes, und das gegenwärtige Für-sich entgeht dem ersten Für-sich nur dadurch, daß es *nichts ist*. Nur erhält diese Negation die tiefe Einheit des Für-sich aufrecht, ich kann der Vergangenheit nur entgehen als nicht das seiend, was *ich* bin. Und gleichzeitig erfährt das erste Für-sich eine wesenhafte Modifikation. Es nichtet sich nicht, ganz im Gegenteil: nur ein Bewußtsein kann sich nichten, und diese Nichtung definiert gerade seine Gegenwart. Es vernichtet sich nicht, sondern wird vom An-sich wiederergriffen. Nicht aus irgendeinem mystischen Grund, sondern weil es, sowohl *vor* dem reinen Ereignis oder Nichten wie *danach*, überall nur An-sich gibt. Die Vergangenheit hat also gegenüber dem Bewußtsein die ganze Überlegenheit der Konsistenz und Solidität, auch Opazität, die ihr das An-sich verleiht. Nur in der Vergangenheit kann das Bewußtsein nach dem Modus des An-sich existieren, und die Vergangenheit ist nichts anderes als die Existenz des Für-sich nach dem Modus des An-sich. Trotzdem ist die Existenz des An-sich, das vormals Für-sich war, und des gegenwärtigen Für-sich nicht *Ko*existenz, eben weil das gegenwärtige Für-sich in seiner Totalität das andere ausschließt. Damit ist der Modus der Durchdringung des Für-sich durch das Für-sich, das es war, nicht die «*Anwesenheit*» in dem Sinne, in dem wir sie für die Welt definiert hatten. Es ist eben gerade die *Vergangenheit*. Und da diese unmittelbare Vergangenheit Negation einer ferneren Vergangenheit ist und so fort, definiert sich das in seiner Anwesenheit gegenwärtige Für-sich durch diese Nichtung des ganzen Blocks an Vergangenheit, die es *gewesen ist*. So läßt sich nicht die Frage stellen, warum die Freiheit dieser Vergangenheit nicht entgehen oder uns eine andere geben kann, denn wir sind ja gerade frei *in bezug* auf diese Vergangenheit. Wäre sie nicht Freiheit in bezug auf etwas, dann würde die Freiheit nichts mehr bedeuten.

So zeigt eine erste Beschreibung, daß das Für-sich nicht in die Welt eindringen kann ohne Koexistenz in der Gegenwart mit der Totalität des An-sich und ohne eine präzise Verbindung mit einem Gewesenen, das es *ist* und zugleich *nicht ist*. Wie steht es nun um die Zukunft? Das Für-sich kann nur dann von einem An-sich durchdrungen sein, wenn es dieses zur «causa sui» hin überschreitet, die es ist-um-zu-sein. Das Für-sich flieht vor dem An-sich durch das An-sich zum An-sich. Die «causa sui» ist seit dem Eindringen des Für-sich ins An-sich gegeben, und zwar weder als ein *Gegenstand* noch als eine *Vorstellung*, noch als ein thematisierter *Wert*, sondern als das, zu dem das Für-sich vor seiner Faktizität flieht. Als unmögliche Synthese von An-sich und Für-sich, von totaler Opazität und totaler Freiheit, ist die «causa sui» sowohl das, wohin die Flucht geht, durch die das Für-sich sich von sich selbst losreißt, als auch das, wohin sich das Überschreiten des zu dieser Welt konstituierten An-sich vollzieht. Die «causa sui» ist der *Sinn der Welt*; die Welt kündigt sie an und macht sich, indem sie sie ankündigt, zur Welt; durch sie wird, sobald das Für-sich ins An-sich eindringt, das An-sich *vermenschlicht* und *verweltlicht*, was auf dasselbe hinausläuft. Dennoch gehört uns die «causa sui» nicht so, als bilde sie mit unserem Entwurf ein Ganzes. Sie ist die transzendente Einheit des Entwurfs, durch das das Für-sich sich selbst entgeht hin zu ... Aber sie muß dem Wesen nach außer Reichweite bleiben. Ich habe es bereits gesagt, die Nichtung des An-sich in Für-sich ist kein *Abstandgewinnen* gegenüber dem An-sich: es ist vielmehr ein Zusammenbruch, eine Dekompression. Das Für-sich ist in dem Maße unausgedehnt, wie es *nichts* [*rien*] ist. Aber dieses Nichts selbst *ist* es nicht, man findet an ihm nicht einmal jene Konsistenz, *nichts* zu sein. Das Nichts ist Flucht des Nichts zur «causa sui», Nichtung des Nichts zum An-sich hin. Die Zukunft ist die Welt, insofern sie menschlich ist, sie ist die Welt, insofern das *ens causa sui* ihr Sinn ist als das, zu dem das Für-sich vor sich selbst flieht. Man darf die Welt nicht mit dem An-sich verwechseln. Die Welt ist das An-sich *für* das Für-sich. Ebenso ist die Zukunft nicht das An-sich. Die Zukunft ist die Welt. Irgendein Für-sich erfaßt einen Aspekt der Welt nur als eine Gelegenheit, jenen Mangel, der es selbst ist, im An-sich zu nichten. Welchen Gegenstand man auch betrachtet, er ist Ersuchen an das Für-sich, sich über ihn hinaus als *causa sui* zu entwerfen. Und sei es ein Sessel, der «uns die Arme entgegenstreckt» – entwerfen, sich auf ihn zu setzen, heißt sich in diesen Sessel entwerfen als das Existierende, das sich selbst dazu bestimmt hat, als in einem Sessel sitzend zu existieren, und das mit der Fülle des An-sich sitzend existieren wird. Das Für-sich kann alles vor sich hin entwerfen, nur nicht, daß es – wohin es auch gehen oder was es auch tun mag – immer noch ein Für-sich sein wird.

So läßt das Eindringen des Für-sich ins An-sich mit einem Schlag die Zeitlichkeit erscheinen mit ihrer dreifachen Dimension von Gegenwart, Vergangenheit und Zukunft. Die Zeitlichkeit ist weder An-sich noch Für-sich, sie ist die Art, auf die das An-sich das Für-sich wiedererfaßt oder, wenn man lieber will, die Existenz an sich des Für-sich. Insofern das Für-sich, das vor der Faktizität, von der es wiedererfaßt wird, in die Zukunft flieht, trotz allem Faktizität ist, *ist* das Für-sich, ohne seine eigene Zeitlichkeit zu sein, trotz allem Zeitlichkeit. Es ist genichtetes An-sich zwischen einem An-sich, das es nicht mehr ist (man darf nicht sagen, daß die Vergangenheit nicht mehr ist, sondern daß *wir* nicht mehr die Vergangenheit nach dem Modus des Für-sich sind), und einem An-sich, das es noch nicht ist (dasselbe gilt für die Zukunft). Und seine Natur ist es, nichtende Gegenwart zu sein, die unaufhörlich sich selbst zur Zukunft hin entgeht und unaufhörlich vom An-sich wiederergriffen wird.

Bleibt noch der genaue Seinsmodus der Vergangenheit und der Zukunft zu bestimmen. Jedenfalls können wir sagen, daß mit dem Für-sich die Zeitlichkeit in die Welt eindringt. Wenn das Bewußtsein, wie Valéry sagt, eine Abwesenheit ist, dann ist die Zeitlichkeit das Haften dieser Abwesenheit als solcher an der Welt.

Heft XII

Februar 1940
Bouxwiller

Dienstag, 20. Februar

Ein wenig glaube ich, daß ich vor meinem Urlaub authentisch war. Wahrscheinlich, weil ich allein war. In Paris bin ich es nicht gewesen. Im Augenblick bin ich gar nichts mehr. Das veranlaßt mich, einige Punkte bezüglich der Authentizität zu präzisieren. Zuallererst folgenden: die Authentizität erlangt man als Ganzes, man ist authentisch, oder man ist es nicht. Aber das soll nicht heißen, daß man die Authentizität ein für allemal erwirbt. Ich habe schon gesagt, daß die Gegenwart nichts über die Zukunft vermag, und die Vergangenheit nichts über die Gegenwart. In der Moral ebensowenig wie im Roman, Gide meint, man «profitiert nicht vom erworbenen Elan». Und die Authentizität des vorherigen Elans bewahrt uns im nächsten Augenblick in keiner Weise vor einem Sturz in die Unauthentizität. Allenfalls kann man sagen, daß es weniger schwierig ist, die Authentizität zu erhalten, als sie zu erwerben. Aber kann man wirklich von «erhalten» sprechen? Der kommende Augenblick ist neu, die Situation ist neu; man muß eine neue Authentizität erfinden. Immerhin, so wird man sagen, muß uns die Erinnerung an die Authentizität ein wenig vor der Unauthentizität bewahren. Aber die Erinnerung an das Authentische in der Unauthentizität ist selbst unauthentisch.

Das veranlaßt mich auch zu präzisieren, was ich über den Wunsch nach Authentizität gesagt habe. In der Unauthentizität können wir einen gewissen Wunsch nach Authentizität haben. Gewöhnlich meint man, dieser Wunsch nach Authentizität sei «immerhin etwas, mehr als nichts». Damit bringt man klammheimlich und auf Umwegen wieder die Kontinuität ins Spiel, die man zuerst weggeschoben hatte. Dann erkennt man die unauthentischen Menschen, die sich in ihrer Unauthentizität suhlen – sodann jene, die ein schon lobenswerter Wunsch in ihrem Schlamm bedrängt, und schließlich jene, die sich des Authentischen erfreuen. Aber auf diesem Umweg würden wir zur Moral der Tugenden zurückkehren. Es muß gesagt werden: entweder – oder: entweder quält uns der Wunsch nach Authentizität innerhalb der Unauthentizität – und dann ist er selbst unauthentisch –, oder er ist schon die ganze Authentizität, die sich jedoch nicht kennt, sich noch nicht erfaßt hat. Es gibt keinen Platz für einen dritten Zustand. Ich sehe zum Beispiel, wie sehr L.s Wunsch nach Authentizität durch die Unauthentizität vergiftet ist. Sie möchte authentisch sein aus Zuneigung zu uns, aus Vertrauen zu uns, um zu uns zu stoßen – und auch aus einer Vorstellung von Verdienst. Sie leidet, wenn sie sieht, daß ein höchster Wert gesetzt wird, der ihr fremd ist, sie möchte authentisch sein, so wie sie vielleicht eine gute Skifahrerin oder eine fähige Philosophin werden möchte. Ihr scheint auch, daß sie, wenn sie diese Authentizität erwerben würde, gegenüber dem Leben und den Menschen mehr *Verdienst* erwerben würde. Ohne Zweifel hat sie klar verstanden, daß der authentische Mensch jede Idee von Verdienst *a priori* zurückweist, aber sie kann sich der Idee nicht erwehren, daß er gerade in seiner Art, das Verdienst abzulehnen, um so verdienstvoller ist. Ich sehe hier nur einen völlig vergifteten Wunsch, der, auf welcher Reflexionsebene auch immer, durch und durch vergiftet bleibt. Und ich sage nicht einmal, daß dieser Wunsch unter gewissen Umständen nicht eine totale Umwandlung veranlassen kann, die gerade die Authentizität gewährt. Ich sage lediglich, daß er nicht von sich aus zum Authentischen führen kann. Er muß innerhalb eines bereits authentischen Bewußtseins aufgegriffen und umgewandelt werden.

Dagegen kann ich mir sehr gut vorstellen, daß die durch eine freie Umwälzung erworbene Authentizität sich zuerst in Form eines Wunsches nach Authentizität äußert.

Dieser bringt dann nur zum Ausdruck, daß die Sache gewonnen ist. Denn obwohl die Authentizität ein Ganzes ist, genügt es nicht, sie einmal bei einer besonderen und konkreten Gelegenheit erworben zu haben, damit sie sich ganz von selbst auf alle Situationen ausdehnt, in denen wir stecken. Ich denke zum Beispiel an einen Eingezogenen, der ein äußerst unauthentischer Bürger war und in den vielen gesellschaftlichen Situationen, in die er geworfen war, Familie, Beruf usw., unauthentisch lebte. Ich nehme an, daß der Schock des Krieges ihn plötzlich zu einer Konversion zum Authentischen bestimmt hat, was ihn dazu führt, gegenüber dem Krieg auf authentische Weise *in einer Situation* zu sein. Aber diese Authentizität will neue Gebiete erobern, wenn sie *wahr* ist. Sie zeigt sich zuerst in Form eines Wunsches, die alten Situationen im Licht dieser Veränderung zu überprüfen. Sie äußert sich zuerst als Unruhe und kritischer Wunsch. Hier darf diese Art, die Authentizität *auszudehnen*, auf keinen Fall mit einem Gewinn an Authentizität verwechselt werden. Die Authentizität *ist schon da*. Nur gilt es, sie zu konsolidieren und auszudehnen. Das würde sich anders darstellen, wenn die vorher erlebten Situationen gegenwärtig wären. Aber sie sind weggerückt. Der Eingezogene befindet sich nicht mehr «im Familienkreis», er übt seinen Beruf nicht mehr aus usw. Er wird veranlaßt, über diese Situationen *nachzudenken*, Beschlüsse für die Zukunft zu fassen, Leitfäden zu legen, um die Authentizität beim Übergang zu anderen Ereignissen zu *bewahren*. Der Wunsch, die Authentizität zu erwerben, ist im Grunde nur ein Wunsch, klarer zu sehen und sie nicht zu verlieren. Und der Widerstand kommt nicht von Rückständen an Unauthentizität, die in einem schlecht abgestaubten Bewußtsein hier und dort noch übrig wären, sondern einfach daher, daß die früheren Situationen der Veränderung als *Dinge* Widerstand leisten. Er hat sie bisher auf eine bestimmte Art gelebt, und indem er sie lebte, hat er sie *konstituiert*. Sie sind *Insti-*

tutionen geworden, sie haben außerhalb von ihm ihre eigene Permanenz und entwickeln sich sogar gegen seinen Willen. Man muß *erneut in Frage stellen*. Der Wunsch, erneut in Frage zu stellen, kann, wenn er aufrichtig ist, nur vor einem Hintergrund an Authentizität erscheinen. Und es genügt nicht, in Frage zu stellen, man muß verändern. Aber diese revolutionären Veränderungen, die sich durch einen Kampf gegen die Kohärenz der Institutionen äußern, unterscheiden sich ihrer Natur nach nicht von den Veränderungen, die ein Politiker an den gesellschaftlichen Institutionen vornehmen will, und begegnen den gleichen Widerständen. Es genügt also nicht, authentisch zu sein, man muß sein Leben an seine Authentizität anpassen. Daher jener tiefe Wunsch und jene Furcht und jene Angst auf dem Grund jeder Authentizität, die Besorgnisse *vor dem Leben* sind. Gleichwohl muß man richtig verstehen, daß die Authentizität unteilbar ist. Diese Furcht rührt daher, daß sich die ins Auge gefaßten Situationen am Horizont befinden, außer Reichweite, daher, daß man sie später wiederfinden wird, ohne sich gegenwärtig in ihnen zu befinden. Und wer immer man sein mag, es gibt stets eine große Zahl ferner Situationen am Horizont, derentwegen man sich im Authentischen «sorgt». Wenn man jedoch annimmt, daß eine dieser Situationen sich unverhofft um mich herum von neuem bildet, und wenn ich authentisch bin, dann werde ich mich als authentisch erweisen, ohne mich in dieser wiedererstandenen Situation zu befragen, ohne einen Übergang vorbereiten zu müssen, einfach weil ich es *bin*. Wenn zum Beispiel die Frau dieses Eingezogenen ihn in seinem Abschnitt besucht, wird er mühelos *anders* mit ihr sein, ohne Nachdenken, ohne thematische Vorbereitung, einfach weil er anders *ist*. Aber, so wird man sagen, sie wird ihm sehr schnell das Bild seiner ursprünglichen Unauthentizität vorhalten. Ja, und das wird der Prüfstein sein, nicht für seine Authentizität selbst, sondern für den Willen, mit dem er sich an sie klammert. Vielleicht wird er nachgeben, aber er kann gegenüber dieser Frau nicht in seine alten Irrtümer zurückfallen, ohne mit einem Schlag kopfüber in die Unauthentizität zu stürzen, und davon wird dann sogar sein Im-Krieg-sein affiziert. Man muß nämlich bedenken, daß ein Wesen, das Unauthentisches von uns erwartet, uns bis ins Herz vor Unauthentizität erstarren läßt, indem es unsere alte Liebe wiedererweckt. Es ist eine erlittene Unauthentizität, gegen die es leicht, aber schmerzhaft ist, sich zu wehren.

Wenn der Krieg nicht allzu lange dauert, befürchte ich seit meinem Urlaub, daß ich mich so, wie ich im letzten Jahr war, bei dem Treffen einfinden werde, das ich mir für nach dem Krieg vorgenommen hatte.

Pierrefeu schreibt in Übereinstimmung mit Gide in *Plutarque a menti*: «Ich behaupte, daß jeder Mensch von mittlerem Verstande, ohne besondere Begabung, einfach durch den Gebrauch seines Denkvermögens mühelos in jedes militärische Problem eindringen kann. Ebensogut wie ein Spezialist, vielleicht besser, wird er das Wahre und das Falsche einer taktischen oder strategischen Situation erkennen, vorausgesetzt, daß man keine technischen Sonderfragen aufwirft, die übrigens nur den Geist durch Einzelheiten verwirren und den Blick auf das Ganze und die großen Linien verhüllen.»

Und er zeigt sehr gut, wie der Generalstab von 14 sich gegen das kartesianische und kostspielige Recht auf freie Prüfung wehrte und sich auf die Bergsonsche Intuition berief. Da er seine Überlegenheit nicht auf das Wissen des Technikers stützen konnte, suchte er sie mit der Unfehlbarkeit des Priesters zu begründen. Auf welche Weise auch immer, der Generalstab sollte ein Kollegium von Eingeweihten sein. Der Krieg von 14 hat ihn um seine Unfehlbarkeit gebracht. Die Männer von heute haben nicht mehr dieses religiöse Vertrauen in ihre Vorgesetzten. Sie haben sogar überhaupt keine Art von Vertrauen. Sie sind davon überzeugt, daß man einen totalen Krieg aus ökonomischen und politischen Gründen gewinnt, und was die militärischen Siege betrifft, so meinen sie, daß nur die Überlegenheit der Rüstung darüber entscheidet. Ich habe hier nie von Gamelin sprechen hören. Niemals, auch nicht im schlechten Sinn. Er existiert überhaupt nicht. Nicht, daß man Mißtrauen gegen die Vorgesetzten hegte. Man nimmt sie demokratisch hin als gewählte Beamte. Es muß ja welche geben. Diese oder andere ... Und die Gläubigen von heute ahnen vielleicht nicht, welchen Schlag sie der militärischen Geistlichkeit versetzen, wenn sie schreiben, daß im modernen Krieg die Organisation bei weitem wichtiger ist als die Strategie. Denn ein Mensch von mittlerem Verstand, der ausdauernd und arbeitsam ist und von Untergebenen desselben Kalibers unterstützt wird, kann immer organisieren. Da im übrigen die Organisation der Einzelheiten in der Armee immer skandalös ist, ist die Schlußfolgerung rasch gezogen.

Man wundert sich, daß in der *Revue de Paris* vom 15. Februar 1920 ein anonymer Adept der Doktrin (offensichtlich ein höherer Offizier) noch zu schreiben gewagt hat: «Die Fortschritte der Rüstung begünstigen von selbst die Offensive auf Kosten der Defensive.»

Großartige Passage: Die deutschen Generäle sind nach der Marneschlacht auf dem Rückzug: «Die Regel des Kriegsspiels fordert in der Tat, daß jede Armee, die auf ihren Flanken bedroht ist, sich als unterlegen betrachtet. Sie gehorchten unverzüglich der Spielregel, was unseren vollständigen Sieg und die Rettung ihrer Armee sicherte. Im folgenden werden wir sehen, wie jegliche Regel verschwindet und der Krieg ohne Rücksicht auf irgendwelche Regel jahrelang dauert. Das unselige Prinzip der Abnützung der Kräfte trat an die Stelle der Manöveridee und bezeichnet den erstaunlichsten Rückschritt der Kriegskunst, den man jemals erlebt hat.»

Richtig, die Kriegskunst ist tot, und der Krieg siecht dahin. Dieser Krieg von 1940 ist ein mehr als zur Hälfte unmöglicher Krieg. Hitler hat es gespürt, aber er sah darin nur den Tod einer *bestimmten Form* von Krieg, da der Krieg ja für ihn die ewige Form der menschlichen Beziehungen ist. Und auf der Stelle hat sein autodidaktischer Erfindergeist sich der Erfindung einer neuen Form des Kriegs zugewandt. Ich gestehe, daß mich das, was er Rauschning über «seinen» Krieg sagt, nicht sehr beeindruckt hat. Das sind doch nur Kindereien und abgedroschenes Zeug. Der Propagandakrieg war schon 14/18 intensiv gewesen, ebenso die Spionage. Was den Angriff des Feindes von innen her betrifft, so dachte schon der deutsche Generalstab daran, als er Lenin nach Rußland einreisen ließ.

Im übrigen weist er darauf hin, daß die forcierte Offensive aus innenpolitischen Gründen gewollt war. Der Autor des Artikels vom 15. Februar 1920 schreibt: «War es nicht geboten, ein Abflauen der Volksbegeisterung, eine Schwächung des allgemeinen Vertrauens durch eine zaghafte, zögernde Haltung zu vermeiden, die man zu Beginn des Feldzugs einnahm, von dem man spürte, er müsse entscheidend sein?» Nun lese ich aber bei Duveau und Chuquet, daß 1870 ähnliche Überlegungen die Armee von Mac Mahon daran gehindert hatten, sich nach Paris zurückzuziehen, wo sie seelenruhig den Ansturm des Feindes hätte abwarten können. Auf Metz zu marschieren war zwar Wahnsinn, aber das Land hätte einen Rückzug und eine endlose Warterei vor den Toren von Paris nicht hingenommen. Dieselbe Sorge, die sich ein halbes Jahrhundert später wiederholt und im einen wie im anderen Fall verheerende Folgen hatte, erlaubt es, die Veränderung der öffentlichen Meinung in diesen letzten Jahren zu ermessen. Gewiß ist heute alle Welt davon überzeugt, daß die Verteidigung leichter durchzuhalten ist als die Offensive, und dieser etwas abstrakte Gedanke wird auch dem unbedarftesten Geist durch die Existenz zweier Linien illustriert, der Maginot- und der Siegfriedlinie. Aber immerhin lehrte sie die alte zivile Weisheit der Militärs – die sie in militärische Tollheiten stürzte –, daß man enorme Risiken eingeht, wenn man eine Nation, die man zum Krieg angestachelt hat, mit Abwarten und ruhmloser Defensive hinhält. Es muß Blut fließen, um so schnell wie möglich etwas Irreparables hinter die Soldaten zu legen und ihnen den Weg abzuschneiden. Man muß die Menschen gegen ihren Willen, unter Ausnutzung ihrer ersten Begeisterung, in die Trunkenheit des Sieges oder die Komplizenschaft der Niederlage stürzen. Heute weiß man, daß die aufwendigen und vergeblichen Handstreiche von Schützengraben zu Schützengraben, die die Soldaten von 15 bis 18 so irritierten, vor allem das Ziel verfolgten, die Moral, das heißt den Haß, aufrechtzuerhalten. Alain hat hinlänglich gezeigt, daß der Feind für das Funktionieren der Militärmaschine unerläßlich ist. Er ist das Ziel der Flucht nach vorn. Sein Druck, der den Druck ausgleicht, den die Etappe auf den Soldaten ausübt, bestimmt die *Spannung* in ihm, das heißt den militärischen Geist. Solange kein Blut geflossen ist, nimmt die Etappe den Krieg nicht ernst.

Nun ist jedoch unsere Armee seit sechs Monaten auf den Krieg eingestellt. Die Männer werden von ihrem Heim, ihren Berufen ferngehalten und der militärischen Disziplin unterworfen. Es wird eine Diktatur auf die Presse, die Reden, das Denken ausgeübt. Unser ganzes Leben hat das Äußere des Krieges. Aber die Kriegsmaschine läuft leer, der Feind ist ungreifbar, unsichtbar, und die Männer warten Gewehr bei Fuß. Die ganze Armee wartet, in jener «zaghaften und zögernden» Haltung, die der Generalstab wie die Pest vermeiden wollte. Mehr noch, diese Haltung ist nicht einmal defensiv, denn damit man in der Defensive ist, muß der Feind angreifen oder es beabsichtigen. Doch seit sechs Monaten ruhen die Deutschen sich aus; um aus der Situation das Beste zu machen, haben sie überall Schilder aufgestellt, die ihren Wunsch nach Frieden beteuerten. Außerdem haben sie uns nicht den Krieg erklärt, sie erklärten uns im Gegenteil den Frieden, während sie in Polen einfielen, und wir sind die Aggressoren. Wir haben einfach ein Ultimatum geschickt und sind, nachdem es abgewiesen wurde, in den Krieg getreten. Was ist von einem Krieg zu halten, bei dem der Aggressor nicht angreift? Schlimmer noch, die paar Quadratkilometer, die wir im Saarland besetzten, haben wir in aller Eile zurückgegeben, sobald der Feind die Zähne gezeigt hat – ganz genau, sobald er mit Polen fertig war. Warten, Zaghaftigkeit, Zögern, Rückzüge, der Generalstab hat wissentlich alles akzeptiert. Es hätte nicht den zehnten Teil davon bedurft, um die Revolution von 70 zu beschleunigen, um 1914 patriotische oder sozialistische Wutausbrüche zu entfesseln.

Und tatsächlich, dieses Warten, das nicht einmal ein Warten auf etwas ist, da viele meinen, daß die Deutschen nicht angreifen werden, hat seine Wirkung nicht verfehlt: die Etappe interessiert sich nicht für uns, wir selbst denken kaum mit offensiven Absichten an die Deutschen. Viele hoffen auf ein «Arrangement». Erst gestern sagte mir ein Unteroffizier mit einem albernen Hoffnungsschimmer in den Augen: «Also, wenn Sie mich fragen, wird sich das arrangieren, England wird Wasser in seinen Wein gießen.» Die meisten sind recht empfänglich für die Hitlerpropaganda. Man langweilt sich, die «Moral» sinkt. Man stelle sich einmal vor, wie bestürzt die Soldaten von 14 gewesen wären, wenn sie, zwei oder drei Tage nach ihrem lärmenden Aufbruch, in einer endlosen und ruhmlosen Warterei gesteckt hätten. Wir, wir akzeptieren das, keiner protestiert. Niemals protestieren wir dagegen. Die meisten von uns rechnen resigniert damit, drei oder vier Jahre so zu verbringen, und wenn ich ihnen dann sage, um sie auf die Probe zu stellen: «Das ist immerhin besser als ein Gemetzel», dann sagen sie alle: «O ja, natürlich!» Nichts zeigt besser, daß die Kriegsmentalität in Frankreich am Verschwinden ist. Daraus sollte man nicht, wie einige Schwachköpfe, schließen, daß wir degenerieren. Die Männer haben vom ersten Tag an Schlimmes mitgemacht, und sie haben alles ertragen, ohne zu murren, sie meinten nicht einmal das Recht zu haben, beklagt zu werden. Sie waren von keinem patriotischen oder ideologischen Ideal getragen. Sie mochten den Hitlerismus nicht, aber sie waren auch nicht scharf auf die Demokratie, Polen war ihnen völlig schnuppe. Obendrein hatten sie das vage Gefühl, hintergangen worden zu sein. Trotzdem haben sie alles mit einer Art unspektakulärer Würde ertragen, einfach weil es da war. Sie hatten keinerlei Sehnsucht nach einem Sieg, nur den tiefen Wunsch, daß «das aufhört». An diese neue Situation, diesen unauffindbaren Krieg, der sie in ihrem *Denken* überraschen kann, sind sie in ihrem *Sein* gründlich *angepaßt*. Es ist wirklich *ihr* Krieg, dieser Geduldskrieg ohne Kriegskunst, ohne Heiligkeit, ohne Schlächtereien (bis jetzt, versteht sich), in dem sie den Eindruck haben, nicht einmal das Hauptelement zu sein, das Ganze nur zu ergänzen, ohne das ruhmreiche Ansehen des Kriegers zu genießen.

Zur oben zitierten Passage von Pierrefeu (*Plutarque*): ich glaube, er war es, der Romains zu einigen seiner Bemerkungen inspiriert hat, die ich wohl in meine Hefte geschrieben habe und in denen das geregelte Kriegs*spiel* zur Zeit der Kriegskunst dem totalen Krieg als eine Anstrengung ohne Regeln – ohne irgendwelche Regel – und ohne Kunst entgegengestellt wird.

Jedes Glück hat seinen Preis, und es gibt keine Geschichte, die gut ausgeht. Ich schreibe das nicht pathetisch, sondern ganz schlicht und trocken, weil ich es immer gedacht habe und es hier einfach sagen mußte. Das hat mich zwar nicht davon abgehalten, mich in Geschichten zu stürzen, aber ich war immer der Überzeugung, daß sie ein böses Ende nehmen würden, und es ist mir noch nie ein Glück zugestoßen, ohne daß ich sofort daran denke, was wohl *danach* kommt.

Pierrefeu: «In Wahrheit gibt es keine Kriegskunst ohne ein Minimum an Regeln, die von beiden Seiten akzeptiert werden müssen. Doch sobald ein Krieg aufhört, ein Spiel von Fachleuten zu sein, das heißt, sobald er dem Volkskrieg den Platz räumt, werden die Regeln nicht mehr eingehalten, und die Kriegskunst existiert nicht mehr ... Mit der durchgehenden Front stürzt das ganze Gebäude der alten Erfahrungen zusammen, ist nur noch ein gegenstandsloser und nutzloser Plunder. Wozu dient jetzt die Manövrierkunst? Es gibt ja keine Flügel mehr. Wozu dient es, den Plan des Gegners zu erraten? Es gibt ja keinen Plan mehr. Wozu die mühsamen Arbeiten über den Annäherungskampf, die Vorschriften, die die Bewegung und die Verwendung der Vorhut, der Nachhut, der Hauptarmee regeln? Die Wirklichkeit des Krieges beschränkt sich auf Truppen, die auf Tausenden von Kilometern einander gegenüberliegen und einander aus nächster Nähe beschießen... Ganz offensichtlich hat der moderne Krieg nicht die Gestalt gefunden, die ihm zukommt und die ihn weniger mörderisch und weniger lang machen würde... Wir stehen am Anfang einer neuen Kriegskunst, an einem Neubeginn. Der Krieg von 1914 wird in den Augen der Zukunft wie ein unförmiger Entwurf, wie ein erster grober Versuch des industrialisierten Krieges erscheinen, den der Fortschritt der Wissenschaft und der Industrie den Völkern aufgedrängt hat.»

Zweifellos, aber es liegt ein Widerspruch in diesen Zeilen. Eine Kriegskunst beruht wie jede Kunst, Pierrefeu sagt es, auf Regeln. Aber ein *Volks*krieg weist prinzipiell jede Regel zurück. Daraus resultiert viel eher das irreparable Ende der Kriegskunst als deren eventuelle Umgestaltung. Man sollte besser sagen: die Ära der Volkskriege hat die Kriegskunst unmöglich gemacht.

Und wie steht es mit uns in diesem Krieg hier? Nun, wir beginnen mit einer durchgehenden Front, genau wie 1915. Sie ist nur besser eingerichtet, bewohnbarer. Aber wir haben auf beiden Seiten erkannt, daß es völlig nutzlos ist, sich auf der durchgehenden Front zu *schlagen*, weil es keine Flügel zu überlaufen und keinen Durchbruch zu erzielen gibt. Also tun wir gar nichts mehr.

Zwei Patrouillengänger und zwei Infanteristen, die einander nicht kennen, essen neben Pieter zu Mittag. Sie beginnen voll Groll, die 35. Division zu verhöhnen, die in Wissembourg unsere Division abgelöst hat: «Die verdammten Kerle aus Bordeaux, wir haben den Abschnitt zwei Monate gehalten, und die, die haben nichts anderes gekonnt, als zwei Kilometer (?) zu verlieren, seit sie da sind.» Merkwürdiger Stolz auf das Korps und die Region. Woraufhin sie übereinander herziehen, die Patrouillengänger sagen zu den Infanteristen: «Wir tun das meiste!», und die Infanteristen antworten: «Wir sind am meisten in Gefahr!» Fast werden sie handgreiflich, aber Pieter sagt ihnen plötzlich: «Seid doch nicht verrückt, wir stecken alle in der Patsche!» Da beruhigen sie sich schlagartig und geben ihm einen aus.

Kleins Frau, Krankenschwester im Hospital von Strasbourg, das ein paar Kilometer nach hinten verlegt worden ist, hat eine böse Blinddarmentzündung. Aber es gibt nur einen Chirurgen in diesem gemischten Hospital, wo man sowohl Zivilisten wie Soldaten behandelt. Und seine Situation ist recht merkwürdig. Da er als Invalide ausgemustert ist, wird er nicht eingezogen, obwohl er sehr jung ist, sondern dienstverpflichtet, was ihn übrigens sehr wehmütig stimmt: wäre er Major, dann bekäme er seinen Sold. Als Zivilist arbeitet er für die Armee den ganzen Tag ohne

Lohn. Jede Operation muß er von der Militärbehörde genehmigen lassen. Er untersucht Madame Klein und beschließt, sie sofort zu operieren. Aber die Genehmigung läßt 48 Stunden auf sich warten, und Madame Klein stirbt auf dem Operationstisch.

Die Vergangenheit kann nur als Vergangenheit eines Für-sich existieren. Nur ein Für-sich hat eine Vergangenheit, und der Seinsmodus dieser Vergangenheit ist ein ganz besonderer. Zweifellos ist es vor allem ein An-sich; das An-sich hat hier das Für-sich ganz und gar wiederergriffen und es damit beseitigt, aber trotz allem ist es ein Für-sich gewesen, das vor dem An-sich in die Welt und in die Zukunft floh. Es hat also den Doppelcharakter, ein gelähmtes, erstarrtes, Ding gewordenes Für-sich zu sein, das heißt ein versteinertes Ereignis und ein «Zukunft-gehabthabendes», ob diese Zukunft nun verwirklicht worden ist oder nicht. In dieser *realen* Form wird die Existenz der Vergangenheit nicht thematisch. Und wir schleppen unsere ganze Vergangenheit hinter uns her als das, was wir nicht mehr sind. Wenn wir diese Vergangenheit thematisieren, wird sie imaginär.

Mittwoch, 21. Februar

Dieser Krieg hier ähnelt dem von 14 mehr, als es zunächst scheint. Pierrefeu: «Die Abnutzung Deutschlands! Darauf also baut man! In diesem Augenblick erfindet man die Formel: ‹Die Zeit arbeitet für uns.› Die Überlegenheit der Nationen der Entente an Ressourcen ist so offenkundig, daß auch der schließliche Erfolg offenkundig zu sein scheint. Und die von den Zweiten Büros aufgestellten Verlustrechnungen weisen darauf hin, daß man, auch um den Preis einiger Irrtümer, diesem Glauben eine solide Grundlage zu geben versuchte. Die Abnutzung des Feindes, das war der einzige Ausweg, den der Generalstab für diesen endlosen Krieg ins Auge faßte ... Aber das ist nun wirklich eine Konzeption, die die Kriegskunst zerstört und völlig negiert.»

Aber was ist unsere Hoffnung im Jahr 1940? Genau dieselbe: wir wünschen uns, daß der Feind sich abnutzt. Und gerade lese ich einen Artikel von Pierre Cot in *L'Œuvre* von heute, in dem er schreibt:

«Frankreich und England, durch das Meer mit den Vereinigten Staaten verbunden, sind für den Abnutzungskrieg besser geeignet als Deutschland, das mit der Sowjetunion durch die Ostsee und ein schlechtes Eisenbahnnetz verbunden ist ... Ich bin überzeugt, daß wir den langen Krieg gewinnen werden ... Einen langen Abnutzungskrieg vorbereiten ist das beste Mittel, diesen Abnutzungskrieg so kurz wie möglich zu machen ...»

Sogar der Terminus ist dem anderen Krieg entlehnt und auch die Sache. Nur ist die Abnutzung nicht mehr eine Abnutzung von Menschen und Material, sondern bislang nur von Material. Gleichzeitig kümmert man sich mehr darum (und das ist der Sinn des Artikels von Pierre Cot), den Widerstand gegen die Abnutzung im Innern der kriegführenden Länder zu organisieren: «Man sieht, wie notwendig es ist, eine exportorientierte Wirtschaftspolitik zu haben. Die Politik, die nur sagen würde: ‹Alles – Kredite und Spezialisten – für die Kriegsindustrie, nichts für die Exportindustrie›, wäre heller Wahnsinn.» Aber das wesentliche Prinzip bleibt das gleiche. Und es kann gar nicht anders sein, da es im Volkskrieg keine Spielregeln mehr gibt. Jedes Land kann durchhalten – bis zur Vernichtung. Also sucht man eben diese langsame Vernichtung zu bewerkstelligen.

Die Lektüre des vorzüglichen Buches von Pierrefeu bestärkt mich in einer Idee, die mir im Oktober gekommen war: er zeigt, daß die Kriegskunst im Krieg von 14 ihre Regeln verloren hatte. Und ich meinte, als ich mir die Anfänge des jetzigen Kriegs vor Augen hielt, daß wir einen

Krieg nach Art der nichteuklidischen Mathematik führten, wo man zunächst den willkürlichen Charakter eines jeden Postulats anerkennt. Im Grunde hat der Krieg von 14 eine gewisse Zahl von Postulaten ad absurdum geführt, die der Kriegskunst zugrunde liegen, Postulate, die ohne weiteres durch andere ersetzt werden konnten, vorausgesetzt, der Gegner nahm diese anderen zur gleichen Zeit an. Der Krieg von 15/18 ist ohne Postulate geführt worden, aber er ließ sich auch nicht mehr *denken*. Pierrefeu sagt sehr schön: «Die Heeresleitung hat während des Krieges an viele Abstraktheiten geglaubt, in dem Wunsch, die formlose Materie, die sie zu kneten hatte, zu vergeistigen, aber jede von ihnen erwies sich als Luftgespinst.» Nach fünfundzwanzig Jahren denkt die Heeresleitung erneut über diesen Krieg nach, erkennt die Willkür der Postulate und lockert die Begriffe, entweder indem sie sie ohne Postulate zu konstruieren sucht oder indem sie die *bequemsten* Postulate verwendet, ohne sich über ihren schlechthin willkürlichen Wert zu täuschen. Daher der Ausdruck «wissenschaftlicher Krieg», den ich damals verwendete, ein wissenschaftlicher Krieg, der im übrigen, wenn er stattfindet, beim Zusammenprall der Waffen in einen barbarischen Massenkampf ausarten kann.

Seit ich Paris wiedergesehen habe, kommt es mir vor, als hätte ich es begraben. Meine jüngsten und zärtlichsten Erinnerungen kommen mir jetzt aus diesem sterbenden Paris. Und ich glaube wirklich, daß mich mit dem anderen, dem Paris meines vergangenen Lebens, überhaupt nichts mehr verbindet. Zum erstenmal seit Beginn des Krieges bin ich schroff gegenüber meiner Vergangenheit. Ich hänge nur noch an Personen, und wenn ich daran denke, sie wiederzusehen, dann versetze ich unsere Begegnungen ins Paris des Krieges. Mein Urlaub hat den Bruch mit meiner Vergangenheit vollendet. Ich gewinne Abstand von ihr, und eines Tages – vielleicht morgen – werde ich sagen können, was Paris für mich bedeutete. Ich bin mir klar, daß ich, wenn nicht Patriot, so doch Lokalpatriot und Regionalist war. Paris war mein Dorf, wie es in einem Chanson heißt. Als Citoyen von Paris wäre ich Chauvinist gewesen.

T., die meine Hefte liest, sagt mir: «Das überrascht mich. Ich bin so sehr an die Dummköpfe gewöhnt, die etwas beweisen wollen, daß ich vor dem Willkürlichen die Fassung verliere.» Das entzückt mich, und es stimmt. Völlige Willkürlichkeit dieses Hefts wie des Denkens im allgemeinen. Morgen werde ich über Paris schreiben. Aber wozu? Ohne Grund, weil es mir Spaß macht. Und hier hat nichts einen Grund; alles ist Spiel. Vor allem tue ich meinem Denken nie Gewalt an. Würde ich ein durchdachtes Buch schreiben, dann würde ich weitergehen, wie die Soldaten im Krieg, die man immer zwingt, etwas länger durchzuhalten, als sie können. Während ich hier abbreche, sobald ich im Begriff bin, mir Gewalt anzutun.

Donnerstag, 22. Februar
Über die Natur der Zukunft. Die Zukunft ist ein transzendentes Existierendes, das seine Quelle im Für-sich hat. Das An-sich hat keine Zukunft, denn es ist in seiner Totalität *alles, was es ist*, es gibt also nichts außerhalb von ihm, das es sein kann. Das Identitätsprinzip als existentielles Gesetz des An-sich weist jede Möglichkeit einer Zukunft zurück. Die Zukunft kann nur als Komplement eines Mangels in der Gegenwart existieren. Sie ist die Bedeutung dieses Mangels selbst. Aber dieser Begriff des Mangels muß noch definiert werden. Es ist ganz und gar überraschend, daß man in allen Philosophien und in allen Psychologien den Willen, das Begehren, die Leidenschaft eingehend beschreiben konnte, ohne das wesentliche Faktum zu erkennen, daß keines dieser Phänomene überhaupt gedacht werden kann, wenn das Sein, das will, leidet, be-

gehrt, in seinem Sein nicht als mit einem existentiellen Mangel behaftet erfaßt wird. Vielleicht ist das Christentum dieser notwendigen Feststellung am nächsten gekommen, indem es die menschliche Seele als durch den Mangel an Gott «beseelt» zeigte, und die Schriften der Mystiker sind reich an beeindruckenden Beschreibungen dieses inneren Nichts im Herzen des Menschen. Allerdings haben die meisten christlichen Denker, verwirrt von ihrer monistischen Auffassung des Seins als eines *An-sich*, das existentielle Nichts des menschlichen Bewußtseins mit seiner Endlichkeit verwechselt – wie übrigens auch Heidegger. Nun kann aber die Endlichkeit, die eine äußere Grenze des Seins ist, nicht am Ursprung des Mangels stehen, der sich mitten im Bewußtsein selbst befindet. Wenn dieses Bewußtsein für sich selbst seine eigene Endlichkeit ist, so ist das eine Frage, die ich hier nicht zu erörtern habe, aber es zeigt sich deutlich, daß das Begehren niemals zu erklären ist, wenn man nicht auf einen existentiellen Mangel zurückgreift. Wenn ich mir zum Beispiel die inzwischen klassisch gewordenen psychophysiologischen Beschreibungen des Hungers oder des Durstes vornehme, sehe ich, daß man ziemlich naiv oder ziemlich verbohrt sein muß, um sich damit zufriedenzugeben. Denn was wird uns gezeigt? Zum Beispiel eine Verarmung des Bluts wie beim Ersticken – die Irritation des Bulbus durch das Venenblut, die spasmische Kontraktionen des Zwerchfells hervorruft –, beim Hunger Kontraktionen der Tunica, Speichelabsonderung, eine gesteigerte Reizbarkeit, die Kaubewegungen auslöst, usw. Das alles ist schön und gut, aber es bringt uns nicht weiter, denn wir versteifen uns darauf, in Form von An-sich existierende *Zustände* zu beschreiben, die zwar aufeinander einwirken mögen, aber in keiner Weise von sich aus als *Begierden* erscheinen können und dem Begehren ebensowenig ähneln, wie eine Schwingung des Äthers der Farbe Rot ähnelt. Und es ist keine befriedigende Antwort, wenn man sagt, daß das Bewußtsein diesen körperlichen Zustand in Begehren *verwandelt*, ihn in Form von Begehren erfaßt, denn falls man ihm keine magische Kraft zuspricht, muß noch erklärt werden, warum es diese körperlichen Veränderungen nicht in Form eines *Zustands* erfaßt. Denn man muß blind sein, um nicht zu sehen, daß der wesentliche Unterschied zwischen dem Begehren und dem physiologischen *Zustand*, den man ihm zugrunde legen will, existentieller Ordnung ist. Es geht nicht darum, daß das Begehren *gedacht* wird, Vorstellung ist, geistig, unausgedehnt ist und was noch alles. Wenn man es zu einem *Zustand* macht, begreift man gar nichts mehr. Nun gründet aber der Parallelismus auf der absurden Idee, daß einem *Zustand* des Körpers ein psychischer *Zustand* entspricht. Doch der so aufgefaßte Zustand wird niemals aus sich heraustreten, weil er einen wie auch immer gearteten transzendenten Gegenstand «braucht». Wenn wir einen Organismus als einen bestimmten Typus physiologischer Verknüpfung begreifen, sehe ich zwar, daß er, wenn ihm das Wasser entzogen wird, bestimmte Zustände bis zum Endzustand oder Tod durchläuft. Aber ich sehe nicht, was das Begehren damit zu tun hat. Ich meine übrigens, daß in dieser Konzeption des Organismus ein schwerer Irrtum liegt, aber es ist hier nicht der Ort, darüber zu diskutieren. Damit es Begehren gibt, muß der begehrte Gegenstand – er und kein anderer – in der tiefen Intimität des Für-sich konkret gegenwärtig sein, aber gegenwärtig als ein Nichts, das es affiziert, oder genauer als ein Mangel. Und das ist nur möglich, wenn das Für-sich in seiner Existenz selbst durch diesen Mangel definiert werden kann. Das heißt, daß kein Mangel dem Für-sich von außen geschehen kann. So wie bei der Unaufrichtigkeit das Belügen seiner selbst nur möglich ist, wenn das Bewußtsein von Natur aus ist, was es nicht ist, so ist auch das Begehren nur möglich, wenn das Für-sich *von Natur aus* Begehren ist, das heißt, wenn es von Natur aus *Mangel* ist. Die Absurdität des «Willens zur Macht» bei Schopenhauer oder Nietzsche besteht darin, daß man, wenn man ihn als eine Kraft auffaßt, niemals verstehen kann, daß er sich durch *Begierden* oder *Willensäußerungen* ausdrückt. Er wird Kraft bleiben und ganz einfach durch antagonistische Kräfte ausgeglichen werden. Es nützt dann nichts zu sagen, daß es sich um «geistige» Kräfte handelt, es sei denn, man hat den Geist als das vom Nichts durchdrungene An-sich definiert. Wenn also an den Ursprung aller Begierden und des Willens der existentielle Mangel als Merkmal des Bewußtseins zu setzen ist, dann müssen wir uns die beiden Vorfragen stellen: was ist ein Mangel – was mangelt?

Der Mangel gehört eindeutig zur Kategorie des «nicht sein», in dem Sinne, in dem das «nicht sein» ein konkretes und sozusagen positives Band zwischen dem Für-sich und einem anderen Existierenden ist. Aber er ist ein Sonderfall des «nicht sein». Wenn wir sagen, daß Bewußtsein ist nicht ausgedehnt, dann meinen wir damit nicht, daß ihm die Ausdehnung *mangelt*. Halten wir zunächst fest, daß der Mangel nicht so betrachtet werden darf, wie wir ihn von außen feststellen können, wie wenn wir zum Beispiel sagen, daß dem Stuhl ein Bein «mangelt». Dieser gewissermaßen hypothetische Mangel läßt den Stuhl mit seinen drei Beinen völlig intakt. Nur für den Fall, daß wir uns setzen möchten, «mangelt» dem Stuhl ein Bein, oder vielmehr *uns* fehlt das Bein. Diese Art, den Mangel zu betrachten, hat den Nachteil, daß man ihn als etwas Äußeres, kurz gesagt, als einen Aspekt der Endlichkeit des Stuhls zeigt. Wir schwanken zwischen der praktischen Auffassung des Stuhls als eines Geräts, dem ein wesentlicher Teil fehlt, und der theoretischen und kontemplativen Auffassung dieses Stuhls «an sich», eines Gegenstandes, der so ist, wie er ist, mit drei Beinen, und dem nichts fehlt. So fassen wir gewöhnlich unsere psychischen Zustände auf. Wir sehen sie jeweils vollständig als An-sich, und in dieser Hinsicht mangelt ihnen nichts, aber wenn man sie wieder in einen Gesamtprozeß stellt, wird man von außen konstatieren, daß ihnen etwas fehlt (zum Beispiel dem Abwesenden fehlt jemand oder etwas); das heißt, man denkt: zur Erreichung des Idealzustands, den sie erreichen sollten (Glück, Seelenruhe usw.), fehlt ihnen etwas. Aber so genommen, wie sie sich darbieten, sind sie vollständig. Somit ist der Mangel hypothetisch und in gewisser Weise beliebig. Es fehlt ihnen etwas für einen Dritten, der diese Feststellung objektiv treffen würde. Aber damit vergißt man, daß das Für-sich ein Sein ist, das so geartet ist, daß es in seinem Sein um sein Sein *geht*. Nichts geschieht ihm von außen, und ein Mangel für das Bewußtsein ist Bewußtsein von Mangel. Durch das Spiel der Spiegelung und des Gespiegelten kann das Für-sich nur *für es selbst sein eigener Mangel sein*. Damit ist es existentiell als Mangel definiert. Für-sich sein heißt etwas ermangeln, und etwas ermangeln definiert sich: sich selbst als *nicht das seiend* bestimmen, dessen Existenz notwendig und hinreichend wäre, um einem eine vollkommene Existenz zu geben. Das Für-sich *ist nicht* ausgedehnt, aber es mangelt ihm nicht an Ausdehnung, weil es, obgleich die Ausdehnung dem An-sich zugehört, nicht so geartet ist, daß ihm die Existenz der Ausdehnung in ihm die vollkommene Existenz des An-sich verleihen könnte. Dagegen mangelt es dem Für-sich an der *Welt* (insofern die Welt *auch* die Ausdehnung in sich schließt), denn die Welt ist für das Für-sich die konkrete Totalität des An-sich, die es *nicht ist*. Wir verstehen darunter, daß das Für-sich, das nicht die Welt ist, insofern es sich selbst nichtet, sich selbst durch Nichtung als Mangel am An-sich bestimmt und eben dadurch das An-sich als Welt bestimmt. Die Welt ist die Totalität dessen, was dem Für-sich mangelt, um An-sich zu werden. Und das Eindringen des Für-sich in die Welt entspricht einer existentiellen und konstitutiven Selbstbestimmung des Für-sich als das, dem es gegenüber dem An-sich an An-sich *mangelt*. Bewußtsein sein von ... (in dem Sinne, in dem Husserl sagt: jedes Bewußtsein ist Bewußtsein *von* etwas) heißt also sich für sich durch das Spiel der Spiegelung und des Gespiegelten selbst bestimmen als etwas *ermangelnd*. Und wie ich bereits in Heft 3, glaube ich, sagte, ist jedes Bewußtsein *zuerst* Bewußtsein von der Welt. Was die Welt betrifft, so ist sie das gegenwärtige An-sich als das, was das Für-sich durch Absorption in *ens causa sui* verwandeln kann. Die Einheit und der Sinn der Welt ist das *ens causa sui* als ideelle Synthese des Für-sich und der Welt im An-sich. Man muß nämlich festhalten, daß die Idee der *Ursache* vom Für-sich sich selbst entnommen ist; das kausale Band ist ursprünglich die existentielle Verbindung zwischen der Spiegelung und dem Spiegelnden. Aber wir müssen immer bedenken, daß der *Mangel* nicht im idealistischen Sinn verstanden werden darf. Was dem Für-sich mangelt, ist *da*, vor ihm; genau an diesem mangelt es ihm, nämlich am An-sich, insofern es dem Für-sich gegenwärtig ist, insofern Für-sich und An-sich durch *nichts* getrennt sind. Der Mangel ist nicht schöpferisch, sondern das Für-sich konstituiert sich gegenüber dem An-sich als das, dem es von Natur aus an An-sich *mangelt*. Gleichwohl wird das An-sich gerade dadurch dem Für-sich gegenwärtig, was es zwar in keiner Weise in ihm selbst und in seiner Existenz als An-sich berührt, was jedoch das Für-sich als das konstituiert, dem die Welt gegenwärtig ist als das, an dem es ihm mangelt, um *ens causa sui* zu werden. Von hier aus können wir das Zukünftige definieren.

In dem Maße, wie das Für-sich sich nichtet, ist es Mangel. Aber *was* sich im Für-sich nichtet, ist das An-sich. Der Mangel, wie jede Form des Nichts, *wird von Sein besetzt*. In seiner negativen Form, sofern er genichtetes Nichts ist, ist der Mangel Intentionalität, *Bewußtsein von* im Husserlschen Sinn. Insofern er Nichtung von *An-sich* ist, das heißt, insofern das *An-sich* es ist, das sein eigener Mangel *ist*, ist der Mangel unter seinem positiven Aspekt *Begehren*. Oder, anders gesagt, Wille. So ließe sich die ständige

Flucht des Für-sich vor dem An-sich, das es erstarren läßt, mit der Beweglichkeit eines schnellen Flusses vergleichen, der bei großer Kälte dank der Schnelligkeit seines Laufs dem Frost entgehen kann. Sobald er innehält, erstarrt er. Aber der Fluß ist gerichtet, er fließt zu etwas hin. Ebenso flieht das Für-sich vor dem An-sich in der Welt zum *ens causa sui*, das es sein will. Wir haben hier jene offene Totalität, die das Für-sich ist. Das Für-sich ist sich selbst sein eigenes Nichts als An-sich, das sich in Form von Für-sich nichtet. Und was das Für-sich sich selbst ist, ist ein Mangel, eben der Mangel an Totalität, deren Negation es ist, oder Welt. Das An-sich ist ihm gegenüber gegenwärtig als das, was es nicht ist, und das Für-sich *ist nichts* [*rien*], es ist an sich selbst nichts als eine totale Transluzidität, die wiederum Herabminderung des An-sich ist. Aber dieses Nichts wird nun gerade in der totalen Transluzidität des Für-sich erfaßt als *Mangel an* etwas. Das vom An-sich in Form eines Ereignisses wiedererfaßte Für-sich entgeht sich ständig selbst in eben dem Augenblick, da es sich erfassen will, und diese Flucht geht in Richtung auf das, was ihm mangelt, das heißt zur Welt. So ist die Vergangenheit das vom An-sich wiedererfaßte Für-sich, und die Zukunft ist die Welt, insofern sie dem Für-sich mangelt als das, dessen Absorption es in *causa sui* verwandeln würde. Das An-sich, insofern es dem Für-sich erscheint, ist bereits zukünftig. Dieses Glas, insofern es sich darbietet als zu Ergreifendes, dieser Stuhl, insofern er sich darbietet als das, worauf ich mich setzen werde, usw. usw., alles ist *in der Zukunft*. Das Für-sich ist zeitgleich mit dem An-sich, insofern es von ihm durchdrungen ist, aber die Welt ist für es in der Zukunft, insofern sie ihm *mangelt*. Das heißt, wenn sich das Für-sich zur Existenz schlechthin bestimmen könnte, wäre es zeitgleich mit dem An-sich. Aber insofern es Mangel ist, erscheint ihm die Welt als zukünftig auf der Grundlage der gegenwärtigen Durchdringung. Ich will damit sagen, daß es ein Taschenspielertrick ist zu behaupten, daß dieser Füllfederhalter, den ich ergreifen werde, ganz in der Zukunft ist. Als Füllfederhalter ist er gewiß in der Zukunft. Aber als An-sich, das mein Für-sich durchdringt, ist er gegenwärtig, ist er *eine* Anwesenheit. Jedes Ding ist eine unmittelbare Anwesenheit, die wir erst in der Zukunft erreichen können. Das ist der Sinn der Transzendenz oder Überschreitung der gegenwärtigen Durchdringung zum «zukünftigen Ding» der Welt.

Pieter vertraut mir an: «Junge, was hab ich Spaß gehabt vor meiner Heirat. Tolle Abenteuer hatten wir, ich und meine zwei Kumpels! Manchmal hockten wir uns danach zusammen und erzählten sie uns eins nach dem andern, um uns dran zu erinnern. Jeden Samstag nahm man das Auto und ging auf Jagd. Irgendwann, da hatte ich sogar mal drei feste Freundinnen auf einmal, aber das machte nichts, ich ging trotzdem auf Jagd, abends um Mitternacht, wenn ich von ihnen zurückkam, zum Spaß, damit ich noch eine mehr in der Sammlung hätte. Oh, man kriegte sie nicht mit schönen Worten rum, man schlug ihnen vor, den Abend im Tanzlokal zu verbringen, und wenn sie emanzipiert waren, dann verbrachten sie die Nacht mit uns, und am nächsten Tag fuhr man sie im Auto ins *Touquet* und zahlte ihnen ein gutes Essen. Und am Abend trennte man sich dann, einfach so, und wenn sie gute Kumpels gewesen waren, konnten sie immer kommen und dann mit uns essen. Man war nicht eifersüchtig, man arrangierte sich. Nur einmal gab es einen, der wollte eine für sich allein, er war nicht verknallt, aber er bildete sich ein, daß er eine Eroberung gemacht hätte, er sagte ganz im Ernst: ‹Die da, die ist nicht wie die andern.› Und dabei war es eine ganz schnippische Ziege, und wir wollten ihm einen Streich spielen. Eines Abends sagt er zu uns: ‹Geht ihr mal für mich zu Hélène, ich bin verhindert, ich brauch eine Stunde.› Gut, wir gehen ins Café, und statt ihr zu sagen, er kommt in einer Stunde, erzählen wir ihr, was weiß ich, daß er mit ner andern Frau losgezogen ist. Na, mein Lieber, diese Frau da, die hat doch aus Eifersucht, aus Rache sofort mit mir schlafen wollen. Ich geh mit hoch auf ihr Zimmer, ich schlafe mit ihr, und dann wurde ich wütend auf sie, ich tat das ja bloß, um ihn zu ärgern, keine Ahnung, was ich ihr alles an den Kopf geworfen habe, schließlich sage ich zu ihr: ‹Du bist eine Schlampe wie alle andern, du hast Jules betrogen›, und ich erzähl ihr die ganze Sache. Du würdest nie drauf kommen, was sie mir geantwortet hat. Sie hat zu mir gesagt: ‹Also den Jules, den hab ich gar nicht betrogen, ich bin gar nicht gekommen.› Aber sonst, weißt du, sonst teilte man alles, man nahm sie, wie's grade so kam. Einmal waren wir achtundvierzig Stunden mit kleinen Mädchen auf einem Zimmer, die bloß zum Jux herkamen, wir haben sie der Reihe nach bestiegen. Wir waren nicht für Parties, weißt du, nein, es war bloß zum Spaß; wir haben sie vor unseren Augen zusammen schlafen lassen, haben uns Essen hochbringen lassen. Erst als wir merkten, daß sie Moos wollten, also da waren wir große Klasse. Da haben wir uns am meisten amüsiert, verstehst du, man versprach nichts Genaues, aber man machte Andeutungen, du verstehst schon, und sie fielen drauf rein, und das lustigste war dann, daß wir sie ohne einen Sou sitzen ließen. Und einmal, da nehmen wir eine elegante große Blondine im Auto mit, in den Wald. Ich saß am Steuer, mein Kumpel hinten; er zeigt ihr einen Fünfhundertfrancschein im Licht einer Gaslampe, und dann bespringt er sie, und danach gibt er ihr ein weißes Stück Papier, das er extra vorbereitet hatte. Sie steckt es in ihr Strumpfband, ohne was zu merken. Daraufhin lasse ich meinem Kumpel das Steuer, setze mich nach hinten zu der Frau, und jetzt bin ich dran. Danach wollte sie noch mal Geld, aber ich hab nein gesagt. Da ist sie wütend geworden, sie hat sich heimfahren lassen und beim Aussteigen hat sie mir gesagt: ‹Ihr Freund ist ein Gentleman, aber Sie sind ein Flegel.› Kannst dir denken, was wir gelacht haben. Wir sagten: ‹Sie wird eine Enttäuschung erleben.› Damals ging ich oft mit einem Pelzhändler aus Lyon auf Achse, wir kannten ihn zwar kaum, aber er kam an, zahlte seinen Anteil, und wir teilten uns die Frauen. Junge, was ne Type, in der Praxis null! Aber ein erstklassiger Jäger. Ein richtiger Psychologe; er sagte, bei neun Frauen von zehn wäre der schwache Punkt das Geld. Und so kam er klar, er machte Versprechungen, er kriegte sie alle. Du zogst mit ihm los, er sagte dir: ‹Willst du eine Frau?› Und hopp, in null Komma nichts war's geschafft. Aber, weißt du, doch zu frech. Da er ihnen nie was gab, bekam er schließlich Scherereien mit allen Weibern. Da gab es eine, die ist ihm frühmorgens schreiend auf der Straße nachgerannt – stell dir vor, eine Frau, die passabel aussah, die müssen doch völlig verhurt sein. Er behält die Ruhe, er sieht einen Polizisten, er sagt zu ihm: ‹Ich kenne die Dame nicht, schaffen Sie sie mir vom Hals.› Ein andermal zerreißt ihm eine wütende Frau das Hemd, damit er nicht abhaut, ohne zu zahlen. Er fackelt nicht lange, er nimmt die Stiefel der Frau und schmeißt sie aus dem Fenster. Was mir wegen dem für Geschichten passiert sind! Die könnten in deinen Roman passen! Deswegen ging ich nicht so gern mit ihm auf Jagd, er trieb es zu arg. Zum Beispiel, einmal hatte er Krach mit seinem Kumpel, und schließlich zieht er mit mir los. Er sagt zu mir: ‹Gehen wir jagen?› Gut, sage ich, gehen wir jagen. Wir fahren mit seinem Rosengart ins Quartier Latin, gehen ins Tanzlokal, unten im *Soufflot*, dem alten, du weißt schon. Dort war der Trick, daß man die Frau so lange aufhalten mußte, bis sie ihre letzte Metro verpaßte. Dann schlug man ihr vor, sie im Auto heimzufahren, man arrangierte sich, verstehst du? Man trifft zwei Mädchen, sie lassen sich bitten. Mein Kumpel verspricht ihnen, wenn sie mit uns kämen, würden wir sie am nächsten Tag nach Fontainebleau ausführen, ihnen Strümpfe kaufen und Hüte, mindestens für fünfhundert Francs Sachen, natürlich hatten wir keinen einzigen Sou davon. Sie sträuben sich, wir lassen nicht locker; wir verlassen das Lokal mit ihnen, sie wollten immer noch nicht; sie haben sich so lange geziert, daß wir noch um vier Uhr morgens, stell dir vor, vor einem Hotel in Montmartre herumstanden und über die Sache verhandelten. Zum Schluß überlegen sie sich's, mein Freund parkt seinen Wagen in einer Garage nebenan, und wir gehen alle vier ins Hotel. Und da gab's dann noch mal einen Riesenzirkus. Sie wollten ein Zimmer für sich, ein Zimmer für uns. Wir sagen ja. Wir gehen hoch; und oben sagen wir zu ihnen: ‹Dürfen wir nicht bei euch schlafen? Wir werden brav sein.› – ‹Na gut, aber nur angezogen!› Kannst dir denken, was das für 'ne Schufterei war. Endlich schlafe ich im einen Zimmer mit der einen, mein Freund im andern Zimmer mit der andern. Ich ficke meine und penne ein. Das Aas! Um sieben Uhr früh weckt sie mich. Ich reibe mir die Augen: ‹Was ist?› – ‹Na, wir müssen los! Wir müssen los!› – ‹Was? Was?› – ‹Na, nach Fontainebleau.› – ‹Ach ja›, sage ich. Ich saß ganz schön in der Patsche, kannst dir ja denken, daß nie die Rede davon war, dahinzufahren, nach Fontainebleau, vor allem wo wir ihnen einen Haufen Sachen versprochen hatten und keinen Sou hatten, sie zu bezahlen. ‹Gut›, sage ich, ‹steh auf und komm mit zu meinem Kumpel.› Wir gehen hin, wecken sie auf. Und da merkt mein Freund, als er aufwacht, daß er die Häßlichere gefickt hat und ich die Hübschere. Das wurmt ihn. Und wie! Das Schwein hätte ruhig damit zufrieden sein können. Aber nein! Er sagt zu mir: ‹Du gehst mit Renée einkaufen.› (Renée war die, mit der er im Bett war). Ein Trick, damit er mit meiner allein sein konnte, und hinterher hab ich erfahren, daß er sie ohne Mühe gefickt hat. Ich gehe also mit der andern runter, ich konnte schlecht nein sagen, aber ich fluchte. Ich sage zu mir: was tun? Ich kaufe eine Zeitung an einem Kiosk und tue so, als ob ich die Schlagzeilen lese, damit ich Zeit zum Nachdenken habe. Und da fällt mir ein Café ein, nicht weit von da, das zwei Eingänge hat. Ich sage zu der Frau:

‹Wir gehen frühstücken. Wir brauchen uns nicht zu beeilen, die werden schon warten.› Wir gehen hin, ich bestelle zwei Frühstück und zahle gleich. Man plaudert, und dann sage ich plötzlich zu ihr: ‹Entschuldigen Sie, ich muß mal.› Und ich haue durch den zweiten Eingang ab und tue so, als ob ich aufs Klo gehe. Junge, Junge! Die Fortsetzung hab ich am nächsten Tag erfahren. Nach einer halben Stunde Warten riecht die Tante den Braten, sie geht ins Hotel zurück, und da hat mein Typ jetzt die zwei Weiber am Hals. Er ist über mich hergezogen, wie er nur konnte, er hat gesagt, daß ich ein Rüpel bin und daß er mich kaum kennt. Aber sie waren mißtrauisch geworden; bis vier Uhr nachmittags konnte er sie nicht loswerden. Er sagte: ‹Ich gehe in die Garage und hole das Auto.› – ‹Gut, wir kommen mit.› Schließlich hat er mitten im Wald eine Panne kriegen müssen. Er hat ihnen gesagt, sie sollen aussteigen und das Werkzeug von hinten holen, und dann, als sie sich bückten, hopp, da ist er abgezischt. Weißt du, wenn man das alles erlebt hat in meinem Alter, dann interessieren einen die Geschichten nicht mehr. Ich hab zuviel Spaß gehabt, verstehst du, was ich meine? Typen, die in meinem Alter Geschichten haben, das sind Typen wie Paul, die noch nichts erlebt haben. Aber ich, nein. Das interessiert mich nicht, ich bin meiner Frau treu.»

Um das Porträt zu vervollständigen, muß ich hinzufügen, daß Pieter ansonsten immer einen moralischen Abscheu vor der Zuhälterei gehabt hat. Er kann für Zuhälter gar keine Worte finden, die beleidigend genug wären. Und so legt er, zumindest auf der einen Seite, strenge moralische Maßstäbe an sexuelle Beziehungen. Erst heute hat er durch ein komisches Zusammentreffen einen neuen Beweis dafür geliefert. Es war wegen Hantziger, dieses romantischen und schwermütigen und gefräßigen traurigen Pierrot, der seit Beginn des Krieges zwischen zwei Frauen schwankt. Er ist Direktor oder stellvertretender Direktor der französischen Filiale einer amerikanischen Filmgesellschaft. Als der Krieg kam, verlor er seine Einnahmequelle. Zwei Monate vor dem Einmarsch in Polen hatte er seine fromme und reizlose Frau verlassen, die er in zu jungen Jahren geheiratet hatte, und er beabsichtigte, seine Geliebte zu heiraten, eine junge englische Stenotypistin, glaube ich. Der Krieg hat ihn in einen Wachtraum versetzt. Sehr wenig empfänglich für militärische Ereignisse und, wie es schien, sogar im unklaren über seine Situation in der Armee, brachte er seine Zeit damit zu, sich zu fragen: «Welche?» Sollte er sich scheiden lassen, um die Engländerin zu heiraten? Sollte er zu seiner Frau zurückkehren? Tagelang aß er Süßigkeiten, raufte seine fahlweißen Albinohaare, sah mit seinen großen roten Kaninchenaugen ins Leere, und abends setzte er sich, um seine Stimmung zu heben, ans Klavier und spielte kleine leichte Walzer, die er auf den Tasten zerquetschte. Man hielt ihn für verstört, aber man meinte auch, daß ihm seine Verstörtheit einträglich sein mußte; er schien einen diskreten und zärtlichen Sinn für seine Interessen zu haben. Er ging von einem zum andern und fragte jeden: «Welche soll ich nehmen? Da, lies diesen Brief!» Der ganze Stab war auf dem laufenden. Die Spießer rieten ihm, zu seiner Frau zurückzukehren, die anderen, doch lieber die Junge zu nehmen. Er blieb mit seiner Frau in Verbindung, weil er ja immerhin diese Scheidungssache regeln mußte. Sie schickte ihm weinerliche und würdevolle Briefe, und ihre im übrigen recht schlaue Argumentation lautete: «Reich die Scheidung ein, wenn du willst, ich werde aus Liebe zu dir einwilligen. Aber verlange nicht von mir, daß ich selbst Schritte gegen meine Religion und meine Liebe unternehme.» Was darauf hinauslief, ihm die Dinge besonders schwer zu machen, da er ja an der Front war. Aber sie ließ sich noch schlauere Mittel einfallen, sie schickte ihm Süßigkeiten, Honigtöpfe, Kuchen, die er mit krankhafter Gefräßigkeit verschlang, und zum Schluß einen Fünfzigfrancschein. Diesmal suchte er mich auf: «Sartre, du bist doch Philosoph, meinst du, ich soll ihn annehmen, meinst du, es ist eine Falle?» Ich antwortete ihm, daß ich den Charakter seiner Frau nicht kennte (er zeigte mir höchst gediegene Briefe, die nach Heimtücke stanken), daß ich außerdem nicht zu entscheiden hätte, ob er sich scheiden lassen oder sich mit ihr versöhnen solle, aber daß er, falls er zum Bruch entschlossen sei, das Geld schnell zurückschicken müsse. Er nickte, sagte, daß ich recht hätte, und ich hörte nie mehr etwas von diesen fünfzig Francs. Heute bin ich überzeugt, daß er sie behalten hat. Als sein Urlaub näherrückte, wurde er immer ängstlicher: wo sollte er ihn verbringen? Die junge Engländerin zog ihn sinnlich an. «Aber», erklärte er uns, «bei meiner Frau werde ich die Möbel wiederfinden, die ich gerade gekauft hatte, als wir uns trennten, schöne geräumige Zimmer und ein Klavier.» Ich weiß nicht, wozu er sich schließlich durchgerungen hatte, als er wegfuhr, denn ich war selber in Paris. Jedenfalls ist er gestern zurückgekehrt, mit seiner Frau versöhnt, die ihren Lebensunterhalt verdient, und mit einem Haufen Geld. Er hat ein großes Paket mit Kuchen, Honig, Marmelade, Würsten, trockenen Feigen usw.; er hat tausend Francs, er, der immer blank war, und als erstes hat er sich gestern mit einem Sonderauftrag nach Saverne schicken lassen. Dort hat er bei der Militärgenossenschaft eine Hose für 140 Francs und Stiefel für 300 Francs gekauft. Fast hätte er auch noch eine Jacke erstanden, aber er sagt, das werde er später sehen. Mehr noch als Pieters Miene triumphierender und engelhafter Bescheidenheit entzückt mich seine Entrüstung. «Das ist doch ein Zuhälter!» rief er mir vorhin zu, als er hereinkam. «Also nein! Wirklich allerhand. Ich, wenn ich an Scheidung gedacht hätte und mich dann mit meiner Frau versöhnt hätte, dann wäre ich vielleicht im Urlaub bei ihr zu Hause gewesen, aber es hätte mir sehr daran gelegen, keinen Sou von ihr anzunehmen, wenigstens am Anfang.» Er überlegt einen Augenblick und fügt dann redlicherweise hinzu: «Oder höchstens hundert Francs.»

Man darf nie versuchen, das Nichts durch die Endlichkeit zu erklären, denn die Endlichkeit scheint, für sich allein genommen, ein Merkmal zu sein, das dem betrachteten Individuum äußerlich ist. Wenn man jedoch, wie es wohl manchmal bei den christlichen Philosophen vorkommt, die Endlichkeit als ein inneres Merkmal der menschlichen-Realität betrachtet, dann muß man sich im Gegensatz zur gewohnten Methode dazu entschließen, sie auf das Nichts zu gründen. Ein Sein, das sein eigenes Nichts *ist*, ist gerade deshalb endlich. Sollte man sich wundern, daß das An-sich, sobald es genichtet ist, zur endlichen Individualität herabsinkt, so ist die Antwort einfach: ein Bewußtsein, das dieselbe Ausdehnung hätte wie die unendliche Totalität des An-sich, kann prinzipiell nicht existieren. Die Negation verdichtet. Gerade weil das Für-sich das An-sich *nicht ist*, die Ausdehnung nicht ist, der Widerstand, die Kraft usw. nicht ist, ist es ein Individuum. Jede neue Negation drängt es weiter zusammen, und am Ende konstituiert sich das Für-sich als endliches Individuum *in bezug* auf die Totalität des An-sich; das Bewußtsein taucht aus dem totalen An-sich auf, und es wäre absurd, nur ein kleines Stück genichtetes An-sich darin zu sehen. Nur kann die Nichtung des An-sich in seiner Totalität nur in Form des Eindringens eines besonderen Bewußtseins in die Welt geschehen. Nur das *Sein* kann unendlich oder unbestimmt sein. Die Negation ist naturgemäß endlich.

Freitag, 23. Februar

Ein Feldjäger, der aus Paris zurückkommt: «Ich hatte da unten den Eindruck, daß man uns für Arbeitslose hält.»

Wie kann der Mangel – oder erster Bezug des Bewußtseins zur Welt – zu besonderen Begierden führen? Halten wir zunächst fest, daß jedes besondere Begehren eine Spezifizierung des Begehrens nach der Welt ist. Oder, wenn man lieber will, der begehrte Gegenstand erscheint an der Spitze der begehrten Welt und symbolisiert die begehrte Welt. Einen Gegenstand begehren heißt die Welt in der Person dieses Gegenstands begehren. Und was begehrt man vom Gegenstand? Man begehrt, ihn sich *anzueignen*. Und was ist Aneignung? Es ist merkwürdig, daß so viele soziale Kontroversen das Eigentum zum Thema hatten und daß man nie auf den Gedanken gekommen ist, den Akt der Aneignung und die Eigentumssituation phänomenologisch zu beschreiben. Zunächst fällt auf, daß sich die Aneignung nicht als ein äußerer Bezug zwischen zwei Substanzen auffassen läßt. Eine «realistische» Theorie der Aneignung begegnet denselben Schwierigkeiten wie eine dogmatische und realistische Theorie der Erkenntnis: wie kann es zwischen zwei vollen an sich existierenden Substanzen eine innere Beziehung wie die der Erkenntnis, wie die des Eigentums geben? Das ist offenbar nicht möglich. Der Idealismus löst das Problem, indem er die Unselbständigkeit* auf die Seite der Welt stellt; ich dagegen stelle eine Unselbständigkeit neuen Typs auf die Seite des Bewußtseins. Eine Substanz kann sich also keine andere Substanz aneignen. Die Aneignung hat einen ganz anderen Sinn als den physischen. Was heißt, einen Gegenstand besitzen? Ich sehe zwar, daß es in unseren aktuellen Gesellschaften ein negatives Recht ist, das Recht, daß niemand außer mir ihn sich aneignet. Aber lassen wir diese negative Sicht beiseite, und wenden wir uns dem Positiven zu. Ich sehe auch, daß sich einen Gegenstand aneignen ihn *benutzen* können heißt. Dennoch bin ich nicht zufrieden: ich sehe, daß ich hier den Tisch und die Gläser benutze, und trotzdem gehören sie mir nicht. Können wir sagen, daß ein Gegenstand mir gehört, wenn ich das Recht habe, ihn

* Deutsch im Original.

zu zerstören? Aber das wäre zum einen sehr abstrakt, und ich denke kaum daran. Zum anderen kann ein Unternehmer eine Fabrik besitzen und nicht das Recht haben, sie zu schließen. Ich werde auch nicht annehmen, daß das Eigentum eine bloße soziale Funktion ist, denn obwohl das Soziale dem Eigentum einen rechtlichen Charakter, einen heiligen Charakter verleihen kann, gibt es ja *das, was* heilig zu werden vermag, was sich unter dem sozialen Band befindet, dem primären Band des Menschen zum Ding, das Besitz heißt. Natürlich hat jede Erklärung durch Kauf oder Verkauf nur einen juristischen Sinn und erledigt die Frage nicht. Wenn ich also alle diese Definitionen des Eigentums als zweitrangig wegschiebe, bleibt das Problem bestehen: was heißt besitzen? Nun merke ich aber, daß uns in dieser Frage, wie in vielen anderen, die Magie leiten kann. Ich stelle fest, daß man einen Menschen einen Besessenen nennt, wenn die Dämonen in seinem Körper sind. Aber ich sehe auch, daß in diesem Fall die Dämonen nicht nur in ihm sind, sie *sind er*; sie vollenden sich in ihm; schließlich ist es eine bestimmte Eigenschaft des besessenen Menschen, besessen zu sein, er ist in ihm selbst gegeben als *gehörig zu* ... Und ich sehe auch, daß man bei primitiven Beerdigungen mit dem Toten auch die Gegenstände beerdigt, die ihm gehören. Die rationale Erklärung, «damit er sich ihrer bedienen kann», ist offenbar nachträglich erfunden. Es sieht vielmehr so aus, als gebe es hier gar keine Frage: der Tote und seine Gegenstände bilden ein Ganzes. Es kommt ebensowenig in Frage, den Toten ohne seine Gebrauchsgegenstände zu beerdigen, wie ihn beispielsweise ohne eines seiner Beine zu beerdigen. Jenseits der diskontinuierlichen Existenz aller dieser Gegenstände lebt ein großer Organismus, den man als ganzen beerdigt. Der Leichnam, die Schale, aus der er trank, das Messer, das er benutzte, usw., sind *ein einziger Toter*. Daher ist der Brauch, die malabarischen Witwen zu verbrennen, obgleich barbarisch, in seinen Ergebnissen und in seinem Prinzip sehr gut zu verstehen. Die Frau ist *besessen* worden. Sie bildet also einen Teil des Toten, rechtlich ist sie tot, man muß ihr nur noch sterben helfen. Diejenigen Gegenstände, die sich nicht begraben lassen, werden heimgesucht. Zwar sind die Gespenster, die die Wohnstätte heimsuchen, herabgesunkene Hausgötter. Aber was sind Hausgötter selbst, wenn nicht Gespenster? Das Gespenst ist nichts anderes als das, was von dem Menschen übrigbleibt in dem Haus, das er besessen hat. Wenn man sagt, daß es in einem Haus spukt, meint man, daß weder das Geld noch die Mühe seines zweiten Besitzers die metaphysische und absolute Tatsache auslöschen können, daß der erste Erwerber das Haus in *Besitz* gehabt hat. So zeigen uns Aberglaube und Religion das Eigentum als verlängertes Sein des Eigentümers. Der Mensch ist mit seinem Eigentum durch einen Seinsbezug metaphysisch verbunden. Es wäre zwecklos einzuwenden, daß der Aberglaube keine Begründung hat. Er hat im Gegenteil seine Begründung in der menschlichen-Realität. Jeder Aberglaube, jeder magische Glaube enthüllt, wenn man ihn richtig befragt, eine Wahrheit über die menschliche-Realität, denn der Mensch ist dem Wesen nach ein Zauberer. Das alles ist bereits gesagt worden, uns interessiert jedoch, nachdem wir schon das An-sich vom Für-sich unterschieden haben, daß das Eigentum die Verlängerung des Für-sich im An-sich ist. *Sich eine Sache aneignen heißt in dieser Sache nach dem Modus des An-sich existieren.* (Der Fall des Besitzes einer geliebten Person ist komplizierter, aber wir lassen ihn absichtlich beiseite, da er nicht primär ist.) Bleibt noch, diese letzte Formel zu erklären. Sie hat keinen anderen Sinn als diesen: der Wille des Für-sich ist nichts anderes, als aus sich selbst ein An-sich zu gewinnen, das symbolisch das Für-sich selbst ist. Das führt uns zum Ursprung des Symbols, über das ich morgen sprechen werde. Im Augenblick jedoch stehen wir vor dem Faktum der Transsubstantiation. Eigentum ist Transsubstantiation.

Eigentümer eines Gegenstandes sein heißt in diesem Gegenstand das Für-sich selbst als An-sich sein. In diesem Sinne ist ein besessener Gegenstand ein Gegenstand, der in der Welt die Wechselfälle des Für-sich spiegelt, das ihn besitzt. Ein besessener Gegenstand ist der Repräsentant des Für-sich im An-sich. Und gleichzeitig repräsentiert der Besitz, der besessene Gegenstand für das Für-sich die ganze Welt. Somit ist der besessene Gegenstand, Symbol an sich des Für-sich, für das Für-sich symbolisch die Welt. Wer zum Beispiel zu Hause bleibt und seinen Garten bestellt, für den ist der Garten die Welt. Er ist die äußerste Spitze der Welt, und gleichzeitig ist die ganze Welt in ihm. Damit ist das ursprüngliche Besitzverhältnis das des Für-sich zur Welt. Aber auf dem Hintergrund der Welt erscheint ein besonderer Gegenstand, der *als* Welt besessen wird. Er *beruhigt* die menschliche-Realität, denn sie sieht sich in ihm existieren als Permanenz, als An-sich. Was ich besitze, bin ich, als opak, als *an sich*. Und da ich mir *beschaffen* muß, was ich besitze, stellt sich das An-sich hier dar als durch das Für-sich motiviert, anders gesagt, jeder Besitz spiegelt als *An-sich* das Bild des Für-sich als Ursache von sich. Bleibt, daß ich persönlich keinen Sinn für Eigentum habe. Das versuche ich morgen zu beschreiben und zu erklären.

Was dieses Heft hier (vom 20. Februar an) schlecht widerspiegelt, ist der Zustand von Nervosität und Angst, in dem ich mich wegen einer Sache befinde, die da unten in Paris sehr schlecht läuft. Dennoch ist meine Sache gerecht. Heute abend (zugegeben, nach einigen Zechereien) bin ich von einer Art Begeisterung ergriffen worden bei dem Gedanken, eine so gerechte Sache zu verteidigen. Verführt hat mich hier die Idee der Aktion. So oft schon habe ich, von irgendwelchen Personen in flagranti ertappt, aus Gutmütigkeit, aus Schlaffheit die Flut meiner Beredsamkeit und meiner Gründe verschwendet. Ich überzeugte immer. Heute ist die Sache schwierig, aber ich bin nicht schuldig.

Und außerdem hänge ich an T. wie an meinen Augäpfeln. In diesem verzweifelten Fall muß ich aus der Ferne, von perfiden Freunden bekämpft, mit goldener Zunge reden wie in so vielen Fällen, wo ich es leichthin getan habe. Das erregt und erbost mich. Ich bin fast froh, daß ich diese Aktion unternehmen muß, und um ein Haar würde ich zu mir sagen wie der Kaiser während des Frankreichfeldzugs: «Bonaparte, rette Napoleon!»

T. hält mich im Augenblick für einen geilen Bock. Das wirkt ebenso empörend auf mich wie damals, als ich, nach den vielen Erzählungen derer, die ihn kannten, Jules Romains für einen Knauser hielt. Ich habe vor mir, wie vor ihm, denselben Eindruck eines nicht zu rechtfertigenden Fehlers, der jedoch allenthalben von der Freiheit überschritten wird. Mir graut ein bißchen vor mir, obwohl ich weiß, daß dieser Vorwurf nicht sehr gerecht ist, und ich will mich ändern.

Samstag, 24.
Seit drei Tagen Tauwetter. Matsch, geschmolzener Schnee; die Straßen haben heute morgen einen komischen weiblichen Geruch. Dieses feuchte, milde, graue Wetter dreht einem den Magen um. Ich war ein bißchen betrunken gestern abend, als ich die beiden letzten Bemerkungen hinschrieb. Nicht, daß ich mich absichtlich besoffen hätte, aber Pieter, der auf Urlaub fuhr, hat die Runde bezahlt, danach hatte ich Durst und habe einen Schoppen getrunken, kurz, ich war so gereizt, daß der Alkohol mir in den Kopf gestiegen ist. Gerade genug, um mir eine Vorstellung von mir selbst zu geben. Letztlich ist *das* bei mir Trunkenheit: wenn ich blau bin, habe ich eine Vorstellung von mir. Heute früh bin ich trocken und trübsinnig, und tief in mir ist etwas, von dem ich spüre, daß es bald herauskommen wird, das bestimmt gegen ein Uhr mittags herauskommen wird.

Es gibt eine Art Beständigkeit und Notwendigkeit in den Enten und «Gerüchten» über den Krieg. In mein erstes Heft habe ich folgende Parole von 14 notiert: «Die deutsche Armee von Frankreich angesaugt.» Denselben Slogan finde ich im Jahre 1870. Ich lese im Tagebuch eines Ordonnanzoffiziers: «Man hörte ernsthafte, gesetzte, reiche, intelligente Männer sagen, daß unsere Niederlagen am Rhein in gewisser Weise schicksalhaft waren, insofern sie alle preußischen Armeen zu uns lockten, die dann in Frankreich ihr Grab fanden.»

Der Ursprung dieser Parole scheint mir der Rückzug aus Rußland zu sein und vielleicht auch die Schwierigkeiten, die Napoleon in Spanien hatte.

Gestern versuchte ich zu zeigen, daß der Sinn der Aneignung eine Wesensstruktur des Menschen ist. Und zwar ungeachtet irgendeiner politischen Theorie, denn daneben kann man durchaus Sozialist oder Kommunist sein. Aber wenn das richtig wäre, wie läßt sich dann erklären, daß ich, der ich diese Zeilen schreibe, keinen Sinn für Eigentum habe? Und habe ich wirklich keinen?

Am leichtesten läßt sich feststellen, daß ich keinen Sinn für Eigentum bei anderen habe. Ich könnte durchaus einer von jenen Plünderern sein, die ich in den vorangegangenen Heften erwähne, wenn in der *Aktion* des Plünderns nicht etwas zutiefst Gemeines läge, was ganz und gar außerhalb des heiligen Charakters des Eigentums ist. An anderer Stelle habe ich erwähnt, daß ich keinerlei Skrupel hatte, einen Brief zu öffnen, der nicht für mich bestimmt war. Wie oft habe ich in vertraulichen Papieren geblättert, die sorgfältig versteckt worden waren und die ich entdeckt hatte. Und außerdem habe ich oft gestohlen, als ich jung war. Im Notfall würde ich auch jetzt noch stehlen. Vor drei Jahren, auf der Gare du Nord, als ich kein Geld mehr hatte, um mir einen Kriminalroman zu kaufen, habe ich skrupellos an einem Zeitungskiosk einen geklaut. Ich borge sehr gern, und wenn ich zurückgebe – ich gebe immer und pünktlich zurück –, dann wegen des *Bewußtseins* des Anderen, nicht wegen seines Eigentumsrechts, ich möchte nicht, daß man *denkt*, ich sei ein ehrloser Schnorrer. Aber es wäre mir einerlei, es zu *sein*. Wenn jemand, den ich liebe, auf einen Gegenstand großen Wert legt, werde ich ihn pfleglich behandeln. Aber nur, weil ich mir intensiv die Betrübnis meines Freundes vorstelle, wenn der Gegenstand kaputtginge. Auch hier habe ich das Bewußtsein im Auge, nicht das Eigentum.

Was mich betrifft, so stimmt es, daß ich nie Lust auf viel Geld hatte. Ich könnte nur ein klein wenig mehr gebrauchen, als ich habe. Ganz einfach, weil ich das Geld verschleudere, das ich verdiene. Ich schaffe es nicht, mein Guthaben auf den ganzen Monat zu verteilen. Um den 20. herum, gleichgültig, welche Bedürfnisse ich habe und über welche Summe ich verfügte, pfeife ich auf dem letzten Loch, und ich borge. Wenn mich dieser Zustand vor dem Krieg allmählich anwiderte, lag das eher daran, daß ich ängstlich zu allen meinen Freunden rennen mußte, um mir mein Mittagessen für den nächsten Tag zusammenzubetteln, als an der Unmöglichkeit, «mein eigenes Geld» zu haben. Scheine, Münzen in meiner Tasche geben mir eine Art Vertrauen, verleihen mir Ansehen, aber eigentlich dauert dieses Vergnügen nicht lange, das Geld zerrinnt, und wenn welches übrigbleibt, widert es mich an. Ich muß ausgeben. Nicht um etwas zu *kaufen*, sondern um diese monetäre Energie explodieren zu lassen, sie mir gewissermaßen vom Hals zu schaffen und weit von mir wegzuschleudern wie eine Handgranate. Es gibt so etwas wie eine Vergänglichkeit des Geldes, die ich liebe: ich liebe es, es mir durch die Finger rinnen und verschwinden zu sehen. Aber es darf nicht durch irgendeinen festen und bequemen Gegenstand ersetzt werden, dessen Permanenz noch kompakter wäre als die des Geldes. Es muß in ungreifbaren Feuerwerken davonstieben. Zum Beispiel an einem *Abend*. In irgendein Tanzlokal gehen, dort viel ausgeben, im Taxi herumfahren usw. usw., kurz, damit vom Geld nichts übrigbleibt als eine Erinnerung – manchmal *weniger* als eine Erinnerung. Gewöhnlich habe ich schon an dem Abend, an dem ich mein Gehalt bekomme, ein Drittel davon ausgegeben. Im übrigen rechne ich nie, wenigstens nicht in den ersten Tagen. Das Geld muß die Verlängerung meiner Gesten sein, ich muß ausgeben, wie ich atme, es darf nur die Wirksamkeit meiner Gesten darstellen. Nach ein paar Tagen bin ich dann niedergeschmettert, weil fast nichts mehr übrig ist und man von neuem mühsam rechnen muß. Als ich jung war, hatte Guille sich ein kleines Heft gekauft, in das er eifrig seine täglichen Ausgaben eintrug, und er ermahnte mich lebhaft, das gleiche zu kaufen. Aber ich konnte mich nie dazu aufraffen. Ich bewunderte Guille, daß er auf diese Weise Buch führte, aber es wäre mir unangenehm und schäbig vorgekommen, mich dem zu unterwerfen. Überall, wo ich hinkomme, erregt meine Art des Ausgebens Aufsehen – sogar bei den großzügigsten Menschen. Guille war das genaue Gegenteil eines Geizkragens, und doch zuckte er die Achseln, wenn er mich sah; der kleine Bost hat mir wohl hundertmal mit heiterer Mißbilligung gesagt: «Sie kommen schlecht zu Rande.»

Auffallend ist vor allem, daß ich dieses Geld, das ich ausgebe, *für nichts* ausgebe. Ich habe Maniker wie Albert Morel kennengelernt, die ihr Geld in tausend Lappalien umsetzten, in Kompasse, perfektionierte Korkenzieher, geniale kleine Maschinen. Diese Leute wollen besitzen; sie halten das Geld für zu abstrakt, sie stützen sich mit aller Kraft auf diese tausend Kinkerlitzchen, sie beschützen sie und umgeben sie mit einer vertrauten Runde. Andere, wie Nizan, machen sich Geschenke. Geheimnisvoll zieht er los und kauft sich ein schönes Paar Schuhe, und dieser Kauf ist gleichsam eine heilige und prunkvolle Zeremonie seiner Beziehungen zu sich selbst. Nizans Verhältnis zu *seinen* Gegenständen ist absolut bezaubernd; er betätschelt sie schelmisch und zärtlich, es sind sowohl kleine Haustiere wie lustige Streiche, die man anderen Leuten gespielt hat. Für einen ordnungsgemäß bezahlten Regenschirm empfindet er ebensoviel Zuneigung, als wenn er ihn entwendet hätte. Ich weiß auch, was für ein ungewöhnliches, mühsames und heiliges Unternehmen es für manche ist, für Keller zum Beispiel, etwas einzukaufen. Man denkt lange im voraus daran, man träumt, man erkundigt sich, man geht in mehrere Geschäfte, ohne zu kaufen. Ist der Gegenstand dann erworben, so betrachtet man ihn mit etwas verdrießlichem Ernst, sogar mit leiser Furcht, wie einen unvermuteten und unbekannten Gefährten, dessen Fehler und Tugenden man noch nicht kennt. Wie oft habe ich gesehen, wie Keller mißbilligend die Feuersteine betrachtete, die er gerade beim Tabakhändler erstanden hatte, und streng erklärte, noch bevor er sie benutzt hatte: «Sie sind nicht so gut wie in Paris.» Für diese Leute sind Kauf und Aneignung Momente eines ungewissen und gefahrvollen Paktes, den man am Ende wohl oder übel mit einem bestimmten Gegenstand schließen muß, ohne recht zu wissen, wohin er einen führt. Keller, der seine Pfeife zerbrochen hatte und erwägen mußte, eine neue zu kaufen, war zu diesem Zweck mit mir in Pfaffenhofen. Aber kaum hatte er den Fuß in die Stadt gesetzt, verließ ihn der Mut; er irrte von Tabakladen zu Tabakladen wie eine Seele in Not. Von dort aus fuhren wir nach Hagenau, und es war genauso. Schließlich zog er es vor, seinen zerbrochenen Pfeifenkopf mit Draht zu umwikkeln, und sagte: «Ich habe noch eine bei mir zu Hause, ich lasse sie mir schicken.» Und ich weiß wohl, daß viel Knausrigkeit dahinter steckt. Aber was eigentlich ist Knausrigkeit? Mehr als die Angst, nach dem Kauf weniger Geld zu haben, erkannte ich bei Keller eine Art Schrecken vor dem Neuen. Es gab hier eine beängstigende «Ablösung» der Gegenstände, und er fühlte sich nicht mutig genug, ihr beizuwohnen. Wieder andere, wie die beiden Z., umgeben sich mit einem winzigen, lebendigen Universum, das zwischen einem anmutigen Surrealismus und einer bloßen Spielzeugwelt schwankt. Tausend Feen, Elfen, Trolle, zahme Kobolde umgeben und beschützen sie, filtern für sie die wahre Welt, *gehören ihnen*. Toulouse trieb die Sache so weit, daß sie mit ihren Gegenständen Gespräche führte, sie rügte, sie belehrte oder sich belehren ließ. Aber weder die Welt der Kobolde, die die Schwestern Z. besitzen, noch jene mittelalterlichen Gegenstände, die sich mit Toulouse unterhalten, sind gekauft. Ihr Preis rührt vom Geschenkt-sein her. Und vielleicht ist das ja die ursprünglichste und heiligste Form des Eigentums: alle diese Gegenstände sind *geschenkte* Besitztümer, es hat eine Übergabezeremonie und Beziehungen von Bewußtsein zu Bewußtsein gegeben. Die beiden Schwestern Z. sind übrigens nicht im eigentlichen Sinne verschwenderisch, sie ignorieren die Existenz des Geldes völlig, was sie nicht daran hindert, sehr grimmige Besitzerinnen zu sein.

In allen diesen Arten des Besitzens sehe ich die Entstehung des Luxus, denn der Luxus beruht weder auf der Zahl noch auf der Qualität der besessenen Gegenstände, sondern auf einer überaus tiefen, stillen und intimen Beziehung zwischen dem Besitzenden und dem Gegenstand, den er besitzt: die Sache muß nicht nur sehr selten sein, sie muß auch bei dem geboren sein, der sie besitzt, und speziell für ihn zur Existenz gelangt sein. Geld wird niemals zu Luxus verhelfen. Was mich betrifft, so bin ich genau das Gegenteil eines luxuriösen Menschen, denn ich habe keinerlei Lust, die Gegenstände zu besitzen, ich wüßte nicht, was ich damit anfangen sollte. Darin bin ich ganz gewiß ein Kind meiner Epoche, ich spüre das Geld als eine abstrakte und flüchtige Macht, ich sehe es gern dahinschwinden und fühle mich fremd vor den Gegenständen, die es verschafft. Nie habe ich im bürgerlichen Leben irgend etwas für mich gehabt, weder Möbel noch Bücher, noch Nippes. Mir wäre höchst unwohl in einer Wohnung, und sie würde sich auch schnell in einen Stall verwandeln. Seit zehn Jahren habe ich immer nur meine Pfeife und meinen Füllfederhalter für mich gehabt. Und sogar in diesen Dingen bin ich verschwenderisch: ich verliere die Füllfederhalter und Pfeifen, ich hänge nicht an ihnen, sie sind bei mir im Exil und leben in einer Atmosphäre, die kaum intimer ist als das kalte Licht, in das sie getaucht waren, als sie neben ihren Brüdern im Schaufenster lagen. Ich liebe sie nicht, eine neue Pfeife mag mir zwei Tage Spaß machen, danach benutze ich sie, ohne darauf zu achten. Wenn man mir ein Geschenk macht, bin ich immer verwirrt und sehr verlegen, weil ich dunkel spüre, daß ich es nicht so entgegennehme, wie ich sollte. Zwar bewegt mich die Aufmerksamkeit vielleicht mehr als andere (zumal man mir fast nie ein Geschenk macht. Die Leute spüren wohl, daß sie an die falsche Adresse geraten würden. Sie mögen noch so sehr an mir hängen, sie schenken mir nichts. Auch kommt es selten vor, daß man mich fotografiert. Das gehört zusammen). Aber die unmittelbare Aufmerksamkeit, wie sie sich auf dem zärtlichen Gesicht der Person malt, die schenkt, genau diese Aufmerksamkeit bewegt mich. Ich bedanke mich zu überschwenglich, weil ich ein schlechtes Gewissen habe, ich weiß, ich sollte die Gunst, die man mir erweist, weniger auf dem Gesicht und mehr an dem Gegenstand spüren. Es ist ein Vergnügen, T. etwas zu schenken, sie bedankt sich nie, weil sich das Geschenkt-sein dem geschenkten Gegenstand einprägt. Sie denkt kaum an die Person, aber der Gegenstand wird dadurch sehr kostbar für sie. Ich selbst sehe nur einen nützlichen oder gefälligen Gegenstand, der, wie die anderen, ein kümmerliches Leben bei mir führen wird und den ich am Ende verlieren oder kaputtmachen werde. Weniger aus Ungeschick oder Zerfahrenheit als wegen der Abwesenheit jenes konkreten Bandes, das bewirkt, wie ich gestern sagte, daß man die toten Pharaonen mit der Schale beerdigte, aus der sie tranken, und das Eigentum ist. Ebensowenig wie man daran denkt, mir Geschenke zu machen, würde man, glaube ich, auf die Idee verfallen, mich mit meinen Habseligkeiten zu beerdigen, wenn ich stürbe. Meine Erben, falls ich welche hätte, würden sie in alle Winde verstreuen, abgestoßen von irgendeinem eisigen Aspekt dieser Gegenstände, der die einzige Erinnerung an ihren Verkehr mit mir wäre. Eine Zeitlang habe ich schöne Hemden gemocht, seidene Unterwäsche, elegante Anzüge – eine ziemlich unglückliche Liebe im übrigen, da ich kein Geld hatte, welche zu kaufen. Aber ich wollte sie nicht besitzen. Ich wollte sie nur haben, um mich wohl zu fühlen und um zu gefallen. Seit einiger Zeit ist sogar das verschwunden. Ich bescheide mich sehr gut mit ganz gewöhnlichen Hemden und damit, meine Anzüge lange zu tragen. In letzter Zeit hatte ich nur einen im Jahr, den ich bei allen Gelegenheiten trug. Ich verwandte meine Koketterie – falls ich überhaupt welche besaß – darauf, nachlässig zu sein. Die schönen Hemden, der wie aus dem Ei gepellte kleine Mann, das gehörte vor allem in die Zeit des «korsischen Feldwebels». Als der «große blonde Norweger» auftauchte, orientierte ich mich eher an alten Klamotten, an Lumpen, die einen Hauch Eleganz bewahrten. Aber ich lehnte es immer ab, zwei Konfektionsanzüge fürs Jahr zu kaufen, was mir erlaubt hätte, immer sauber zu sein. Lieber ließ ich mir zum selben Preis in einem guten Haus einen einzigen anfertigen, der dann rasch den Glanz verlor. Vielleicht muß man darin ein vages Rudiment der Lust am Eigentum sehen und gleichsam einen lächerlichen und unmerklichen Hang zum Luxus.

Aber auch wenn ich nichts für mich besitze, wenn ich die Habe der anderen nicht respektiere, so habe ich doch ein direktes und starkes Band zum Eigentum: ich habe die Neigung, die anderen besitzen zu lassen. Ich gebe oft meine eigenen Sachen her, manchmal mit einer gewissen Überschwenglichkeit; wenn ich schöne Gegenstände in einem Schaufenster sehe, kommt es vor, daß ich sie lüstern anschaue, als wolle ich sie für mich haben. Aber in Wirklichkeit ist es eine Lüsternheit *für andere*. Sie betrachtend sage ich mir: «Wie schön sie sind! Wenn ich bloß Geld hätte, würde ich sie X. oder Y. schenken.» Und gewiß handelt es sich zuerst um eine gewisse imperialistische Neigung, auf andere einzuwirken, das Gewissen der Leute zu plagen, sie auf diese oder jene Art zu zwingen, sich an mich zu erinnern, indiskret in ihr Innenleben einzudringen wie ein Splitter. Das könnte mich veranlassen, über meine Beziehungen zu den Leuten nachzudenken, und ich glaube, daß ich es bald tun werde, denn – besonders im Moment – das ist eine offene Wunde. Aber da ist etwas Tieferes: ich empfinde gleichsam ein tiefes Bedauern darüber, nicht besitzen zu können, und indem ich gebe, zu geben träume, delegiere ich meine Fähigkeiten an die anderen, ich besitze auf die einzige Art und Weise, die mir zugänglich ist: in Stellvertretung. Wenn ich T. etwas schenke und sehe, mit welcher Sorgfalt sie mein Geschenk behandelt – eine Sorgfalt, die dem Gegenstand keineswegs deshalb gilt, weil er von mir kommt, sondern weil er schön ist –, komme ich mir ein wenig wie jener impotente Gangster aus *Die Freistatt* von Faulkner vor, der einen anderen Mann zwang, mit der Frau zu schlafen, die er begehrte. Ich habe etwas von dieser grämlichen und einsamen Freude des Voyeurs. Ich freue mich, weil sie den Gegenstand *durch mich* besitzt; ich bin es, der dieses Eigentumsverhältnis geschaffen hat. Ich bleibe am Rand des Aneignungskultes stehen, aber ich sehe ihn von weitem, ich genieße ihn mit den Augen und weiß, daß ich sein Urheber bin. Ich habe also sehr wohl ein Verhältnis zu dem Gegenstand. Desgleichen könnte ich mich nicht mit einem «Interieur» abfinden, aber ich mag das Interieur von anderen. Es gibt zwei Wohnungen, die für mich den poetischsten Zauber der Welt besitzen und in denen ich mich gern und lange aufhalte: die Wohnung von Madame Morel in der

Rue Vavin und die Wohnung von Toulouse in Montmartre. Ich genieße sie, weil ich sie *besessen* fühle, und genau in dieser Atmosphäre des Besitzes lebe ich gern. Ich mag es, daß alle Gegenstände jemandem gehören, der zudem mein Freund ist und sie mich in bestimmtem Maße benutzen läßt. Offen gesagt werde ich ihrer rasch überdrüssig, und ich ziehe es vor – oder zumindest werde ich dessen nicht überdrüssig –, mich auf Stühle zu setzen, die niemandem gehören – oder allen, wenn man so will –, an Tische, die niemandem gehören. Aus diesem Grunde gehe ich zum Arbeiten in Cafés, ich gelange zu einer Art von Einsamkeit und Abstraktion. Aber von Zeit zu Zeit gefällt es mir, in dieser strahlenden Wärme zu versinken, die nicht die meine ist, aber einen Augenblick lang für mich ist. Es besteht jedoch kein Zweifel, daß keiner besser als ich mit einer Kollektivierung des Eigentums zurechtkäme, denn dabei würde ich nur das Vergnügen des Gebens einbüßen – und außerdem könnte ich auf tausend andere Arten geben.

Daß ich dieses totale Fehlen der Lust am Eigentum mit der Geschichte und der Bildung erkläre, scheint mir vor allem daran zu liegen, daß ich aus einem Beamtenmilieu stamme. Das Geld, das jeden Monat ins Haus floß, mit der geregelten Monotonie des Menstruationsflusses, schien meinem Großvater nicht in unmittelbarer Beziehung zu der Arbeit zu stehen, die er leistete. Und tatsächlich wäre ihm eine Verbesserung der Qualität dieser Arbeit nicht bezahlt worden. Im übrigen setzte er so sehr seine Ehre darein, mit priesterlicher Mission zu unterrichten, daß er das Verhältnis dieser Arbeit zu seinen Bezügen völlig vergaß. Ebenso erstaunt und naiv angesichts dieser Geldscheine, die er monatlich empfing, wie die Eingeborenen der Koralleninseln angesichts der Schwangerschaft ihrer Frauen, die sie jeder beliebigen Ursache zuschrieben, nur nicht ihrem eigenen Tun. Mein Großvater wurde auf seine alten Tage geizig, aus Altersschwachsinn, aber lange Zeit ist er mit losen Goldstücken in seinen Taschen herumspaziert, ohne zu ahnen, welche Menge Goldes er mit sich schleppte. Meine Großmutter stahl ihm nachts welches aus seiner Jacke, er hat es nie gemerkt. Als Akademiker wie er habe ich nie den Eindruck gehabt, Geld zu *verdienen*. Mein Beruf scheint mir eine unverbindliche, zuweilen amüsante, oft langweilige soziale Verpflichtung zu sein, die jedoch in keiner Beziehung zu dem Geld steht, das man mir am Ende des Monats gibt. Für mich ist dieses Geld immer von einer gewissen Unverbindlichkeit. Ich habe nicht den Eindruck, daß man es mir schuldet. Daher ist es mir leicht, ich streue es sorglos in alle Winde, in der Gewißheit, daß sich das Wunder am Ende des Monats von neuem ereignen wird. Ich kenne auf diesem Gebiet weder Schrecken noch besonderen Genuß. Es zählt nicht. Es ist wie die Luft, die ich atme, oder das Wasser, das ich trinke. Auch da habe ich keine *Wurzeln*. Nichts verwurzelt stärker als eine harte finanzielle *Situation*. Ich habe in meiner Kindheit nie jemanden gesehen, der hart und voller Angst arbeiten mußte, um ein paar Sous zu verdienen: das Geld fiel vom Himmel wie reife Früchte. Es war ein kleiner Goldregen. Ich erinnere mich an den Referendar Delarue, nebenbei auch Schauspielschüler bei Dullin, der meine Schüler anschnauzte und zu ihnen sagte – er geriet beim Sprechen in Rage, ohne sie anzuschauen, aus Schüchternheit, und wurde am Schluß rot vor Zorn: «Ihr macht euch über die Wilden lustig, weil sie glauben, daß Regen fallen wird, wenn sie trommeln. Aber was macht ihr denn, he? Ihr dreht den Lichtschalter, eine gebieterische und magische Geste, deren Sinn ihr nicht kennt – und erwartet wie die Wilden, daß es hell wird. Wer von euch hat jemals an die menschliche Arbeit gedacht, die nötig war, um den elektrischen Strom durch die Leitungen fließen zu lassen?» Nun, was das Geld betrifft, bin ich dem Wilden ähnlich. Die Geste, mit der ich einen Schein auf den Tisch lege, kommt mir wie eine rituelle und magische Geste vor, wie eine Zeremonie, fast nie denke ich daran, was dieser

Schein *repräsentiert*. Bestimmt hat Keller, wenn er einkauft, den Eindruck, daß er seine Arbeit gegen einen Gegenstand tauscht. Ich nicht: ich führe die Reihe der nötigen Gesten aus, damit der Gegenstand geboren wird. Das ist alles. Ich füge hinzu, daß ich aus einer Familie stamme, die keine Immobilien besitzt; zwar habe ich im Alter von zwanzig Jahren eine kleine Erbschaft gemacht, die ich innerhalb von wenigen Jahren verschleudert habe. Doch abgesehen von diesem einmaligen Umstand besaß bei uns niemand etwas, weder Land noch Vermögen. Eine Mietswohnung, mehr nicht. Von der Wohnung, die mein Stiefvater, mein Großvater gemietet hatten, bis zu dem Hotelzimmer, in dem ich lebe, ist es weniger weit als von einem Landhaus, das man rechtmäßig als Erbe besitzt, bis zu einer Mietwohnung. Obwohl mein Stiefvater mir chronisch vorwirft, daß ich im Hotel wohne, gehe ich im Grunde den Weg meiner ganzen Familie: keine Güter, ich erwarte keine Erbschaft und werde keine hinterlassen, ich besitze das Zimmer nicht, in dem ich wohne. Die große Veränderung hat vor meiner Zeit stattgefunden, als die elsässischen Bauern, die Großväter meines Großvaters, von den Feldern in die Stadt zogen, als der Vater meines Großvaters Lehrer geworden ist. Was mich angeht, so verstärke ich lediglich die Entwicklung. Insoweit bin ich übrigens kein «Bohemien» – vielleicht wäre ich es 1848 gewesen. Ich nähere mich nur jenem amerikanischen Kleinbürgertum zum Beispiel, dessen Domizil ein Mittelding zwischen unserer Wohnung und unserem Hotelzimmer ist. In diesem Sinne bin ich, Urenkel von Bauern, Enkel von Beamten, selber Beamter, in einem fortgeschritteneren Grad kollektiviert. Das meine ich nur in bezug auf das Eigentum, denn die materielle Kollektivierung verstärkt bei mir den Individualismus und den Hang zur Freiheit.

Denn diese Erklärung kann nicht ausreichen, und es fehlt nicht an Beamten und Beamtensöhnen, die einen Hang zum «Heim», einen Hang zum Besitz haben. Das ist sogar die Regel. Zumindest werden sie Bücher besitzen wollen. Und sicherlich kann man noch etwas weitergehen und sagen, daß ich von einem unpersönlichen Rationalismus geprägt worden bin, der mir den Sinn für die Unpersönlichkeit der Ideen verliehen hat. Weil eine Idee von Pascal, sobald ich sie kenne, ebenso mir wie Pascal oder meinem Nachbarn zu gehören scheint oder, besser, weil sie mir als Kollektiveigentum erscheint. Daher habe ich kein Bedürfnis, einen Pascal aus Chagrinleder in meiner Bibliothek zu besitzen. Bei anderen Leuten mag es innigere Beziehungen zu Büchern geben. Sie kommen ihnen wohl noch bewohnt vor, sie streicheln sie, sie meinen, daß sie ein unerschöpfliches Geheimnis bergen und daß man sie bei sich zu Hause besitzen muß, aus Angst, dieses Geheimnis könnte entweichen, Papier, Einband, Buchstaben und Ideen bilden ein Ganzes. Aber für mich ist ein gelesenes Buch ein Leichnam. Man kann es nur noch wegwerfen. Und wenn ich mich an bestimmte Stellen erinnern will, verschmähe ich es nicht, sie in einer öffentlichen Bibliothek nachzulesen. In Le Havre verwirklichte ich das Maximum an Kollektivierung, indem ich im Hotel schlief und meine Tage zwischen dem Café *Guillaume Tell* und der Stadtbibliothek aufteilte. Ich finde sogar Geschmack an Bibliotheken, und es ist mir wirklich absolut gleichgültig, daß das Buch nicht mir gehört, daß darin geblättert worden ist und daß es noch durch viele Hände gehen wird. Im Gegenteil, mir scheint, gerade das ist seine wahre Natur.

Aber um die wirkliche Erklärung zu finden, muß man trotz allem zu jenem In-der-Welt-sein kommen, das bei mir wie bei jedem Menschen seine historische Situation zur Einsamkeit hin überschreitet.

Ich will nicht besitzen, zuallererst aus metaphysischem Stolz. Ich genüge mir selbst in der nichtenden Einsamkeit des Für-sich. Ich würde keinerlei Trost in jenen substantiierten Surrogaten meiner selbst finden. Ich fühle mich nur in der Freiheit wohl, den Gegenständen entgehend, mir selbst entgehend; ich fühle mich wohl nur im Nichts, ich bin ein vor Hochmut trunkenes und durchsichtiges wahres Nichts. Freilich löst das nicht die metaphysische Frage, denn Stolz hin, Stolz her, ich bin ein *Mangel*, und es mangelt mir genau *an der Welt*. Daher will ich die Welt besitzen. Aber ohne symbolisches Surrogat. Auch das ist eine Sache des Hochmuts: ich würde nie akzeptieren, die Welt *in der Person* dieses oder jenes Gegenstandes zu besitzen. Ich, ein Individuum, stehe vor der Totalität der Welt, und eben diese Totalität will ich besitzen. Aber dieser Besitz ist von besonderer Art: ich will sie als *Erkenntnis* besitzen. Es ist mein Ehrgeiz, die Welt für mich ganz allein zu erkennen, nicht in ihren Einzelheiten (Wissenschaft), sondern als Totalität (Metaphysik). Und für mich hat die Erkenntnis einen magischen Sinn von Aneignung. Erkennen heißt sich aneignen, genauso wie für den Primitiven den geheimen Namen eines Menschen kennen sich diesen Menschen aneignen und ihn versklaven heißt. Dieser Besitz besteht im wesentlichen darin, den Sinn der Welt durch Sätze einzufangen. Aber dazu reicht die Metaphysik nicht aus; es bedarf auch der Kunst, denn der einfangende Satz befriedigt mich nur dann, wenn er selbst Gegenstand ist, das heißt, wenn der Sinn der Welt darin nicht in seiner begrifflichen Nacktheit, sondern über eine Materie erscheint. Man muß den Sinn mit Hilfe eines einfangenden Dings einfangen, und ein solches Ding ist der ästhetische Satz, ein von mir erschaffener Gegenstand, der durch sich allein existiert. Zudem wird mein Wunsch nach Besitz der Dinge von einem komplexeren Wunsch verhüllt und gebremst, der gesondert beschrieben werden müßte, meinem Wunsch nach Besitz des *Anderen*. Und gewiß ist der Besitz hier von ganz anderer Art, aber es erscheint mir sicher, daß man die beiden Wünsche nicht zur selben Zeit haben kann, den, die Dinge zu besitzen, und den, die Leute zu besitzen. Und so erscheint mir die Welt einheitlicher und uniformer als vielen anderen. Sie hat nicht jene lauen Schattenlöcher, jene rettenden Häfen, die die besessenen Gegenstände darstellen. In gewissem Sinn bin ich ihr gegenüber verlassener und einsamer. Und in einem anderen Sinn auf hochmütigere Weise Eroberer. So ist die Metaphysik Wunsch nach Aneignung.

Sonntag, 25. Februar
Das berühmte «Kein Morgen Land» von Daladier, das 1939 die Stunde des Ruhms erlebte, erinnert fatal an eine nicht minder berühmte Erklärung von Jules Favre in einem Rundschreiben von 1870: «Keinen Zoll unseres Territoriums, keinen Stein unserer Festungen.»

Ich habe das plötzliche Vermögen von Hantziger erwähnt. Er ist bieder davon geworden. Gestern sagte er, die Augen niederschlagend, zu jemand, der ihm was von «Eroberungen machen» erzählte: «O nein, mein Lieber, die Ehe, das ist das einzige.» Aber um der Wahrheit willen muß ich sagen, daß er behauptet, das Geld stamme von seinem Direktor, der ihm bei seiner Durchreise in Paris ein Monatsgehalt ausgezahlt habe. Das ist möglich, aber ich bezweifle es. Warum sollte er ihm plötzlich nach sechs Monaten Krieg dieses Geld geben? Jedenfalls ist er ganz aufgeregt. Er wird zum Gefreiten befördert werden, und er möchte davon profitieren und sich vor den kleinen Dreckarbeiten drücken: fegen, Suppe holen. Aber Klein faßt ihn hart an; gestern hat er zu ihm gesagt: «Solange du die Suppe nicht holst, ißt du auch nicht mit uns.» Gestern hat Hantziger durchgehalten. Mittags ist er ins Restaurant gegangen, und abends hat er Konserven gegessen. Aber Klein ist hartnäckig und wird ihn mit dem Hunger weichkriegen. Klein ist stark. Er hat vor drei Wochen seine Frau verloren, aber er läßt sich nichts anmerken. Entweder ist es ihm schnuppe, oder er kann sich verdammt gut beherrschen. Aber ich glaube, es ist ihm nicht schnuppe.

Heute habe ich die Gedichte eines jungen Mannes namens Alain Borne erhalten, ich habe sie gelesen und muß gestehen, daß ich nichts begreife. Aus Ärger und um mir klarzuwerden und auch, weil ich mich in den letzten Tagen in einem unleidlichen, aber poetischen Zustand befinde, habe ich versucht, ein Gedicht zu machen. Ich führe es hier an, so wie es ist, aus Masochismus.

Fondus les crissements de lumière sous les arbres morts
En eau les mille lumières d'eau qui cachaient leur nom
Fondu le sel pur de l'hiver, mes mains sèchent.
J'égoutte entre les maisons la douce étoupe grasse de l'air
et
Le ciel est un jardin botanique qui sent la plante revenue.
Aux fenêtres des grandes halles désertes
Des fantômes poudrés voient couler dans les rues la lente
colle noire.
Fondues les aiguilles de joie blanche en mon cœur
Mon cœur sent le poisson.

Printemps vénéneux qui commence
Ne me fais pas de mal
Mon cœur était si dur à la peine
Et voici qu'il s'écœure de printemps

Printemps qui commence en mon cœur
Puisses-tu brûler comme une torche
Et que la pierre torride de l'été touche
Et sèche les herbes souples.

Souffle embrasé j'ai glissé sur la pierre
Et les germes brûlaient, incendiés par le vent
Souffle glacé sur la neige
J'ai glissé, dur et transparent
Et le monde était de marbre et j'étais le vent
Mais voici revenu l'exil du printemps.

[Geschmolzen das Knirschen des Lichts unter den toten
Bäumen
Zu Wasser die tausend Lichter aus Wasser, die ihren
Namen verbargen
Geschmolzen das reine Salz des Winters, meine Hände
trocknen.
Ich tropfe zwischen den Häusern das weiche fette Werg
der Luft ab und
Der Himmel ist ein botanischer Garten und riecht nach
wiedergekehrter Pflanze
An den Fenstern der großen verlassenen Hallen
Sehen gepuderte Phantome den langsamen schwarzen
Leim in den Straßen fließen
Geschmolzen die Nadeln weißer Freude in meinem
Herzen
Mein Herz riecht nach Fisch.

Giftiger Frühling, der beginnt
Tu mir nicht weh
Mein Herz war so hart durch die Mühsal
Und nun wird ihm übel vom Frühling

Frühling, der in meinem Herzen beginnt
Könntest du brennen wie eine Fackel
Und der sengende Stein des Sommers berühre
Und trockne die biegsamen Gräser

Gluthauch bin ich über den Stein geglitten
Und die Keime brannten, entfacht vom Wind
Eisiger Hauch über dem Schnee
Bin ich geglitten, hart und durchsichtig
Und die Welt war aus Marmor und ich war der Wind
Aber nun ist zurück das Exil des Frühlings.]

In all diesen Tagen arbeitete ich morgens und abends im *Hôtel du Soleil*, einem großen kalten Café, das mich, ich weiß nicht, warum, an das 18. Jahrhundert der Jesuiten erinnert. Aber die Anweisungen sind strenger geworden, seit der General aus dem Urlaub zurück ist, und heute morgen hat mich ein Gendarm richtiggehend rausgeschmissen. Ich bin in den ersten Stock gestiegen, in einen großen Saal, der in Friedenszeiten als Kino benutzt wurde und den die Heilsarmee als Soldaten-Foyer hergerichtet hat. An der hinteren Wand hängt noch eine Leinwand. Der langgestreckte, ziemlich dunkle Saal enthält etwa fünfzehn Tische, eine Menge Stühle, ein Pingpongspiel, ein russisches Billard und ist mit pietätvoller Koketterie geschmückt. Auf den Tischen karierte Tischtücher und Blumen in Vasen. Fünfzig stumme Soldaten in den Hauptzeiten, die hier spielen, lesen, schreiben; auf ihren Gesichtern die stumpfe Resignation von Männern, die zur Messe gehen. Eine kleine Alte mit Backfischwangen und harter Miene trippelt zwischen den Tischen. Das riecht nach englischem Club, Altersheim und Stadtbibliothek. Ein Radioapparat überträgt diskret ernste Musik. Ich war fast glücklich, hier zu sein. Jedenfalls froh, das gesehen zu haben. Ich werde jetzt jeden Tag herkommen, morgens und abends, denn ich habe kein anderes Asyl.

Ich lese noch mal mein Gedicht von vorhin und schäme mich, nicht nur, weil es schlecht ist, sondern weil es ein Gedicht ist, das heißt für mich eine Obszönität. Daß ich den Frühling geduzt habe, geschah zwar widerwillig, jedenfalls habe ich es getan. Um das Gedicht erträglicher zu machen, müßte man, so scheint mir, fast alles streichen und es wie folgt schreiben:

Fondus les crissements de lumière sous les arbres morts
En eau les mille lumières d'eau qui cachaient leur nom
Fondu le sel pur de l'hiver, mes mains sèchent
Je tords entre mes mains l'étoupe grasse du ciel
Fondues les aiguilles de joie blanche en mon cœur.

[Geschmolzen das Knirschen des Lichts unter den toten
Bäumen
Zu Wasser die tausend Lichter aus Wasser, die ihren
Namen verbargen
Geschmolzen das reine Salz des Winters, meine Hände
trocknen
Ich wringe in meinen Händen das fette Werg des Himmels
Geschmolzen die Nadeln weißer Freude in meinem
Herzen.]

Das ist alles. Der Rest gehört in den Papierkorb.

Montag, 26. Februar
Mit großer Bewunderung noch einmal die ersten sechzig Seiten der *Chartreuse de Parme* gelesen. Die Natürlichkeit, der Charme, die Lebhaftigkeit von Stendhals Phantasie sind unerreicht. Dieses bei mir so seltene Gefühl der Bewunderung hatte ich vollauf. Und welche Kunst des Romans, welche Einheit in der Bewegung.

Dienstag, 27. Februar
Paul ist zurück, absolut heiter, ich frage mich, warum. Ich hätte eher erwartet, daß er in einem Zustand der Niedergeschlagenheit vom Urlaub zurückkommt. Aber er ist aufgekratzt, hat ständig ein Lächeln auf den Lippen, das er vergeblich zu zügeln versucht. So daß ich mich frage, ob er heute früh in Dettwiller nicht was getrunken hat. Er sagt mir, er habe *L'enfance d'un chef** gelesen und zwei seiner Kollegen zu lesen gegeben. «Sie haben mir gesagt: Ihr Kamerad ist ja ein Antisemit. Und ich muß sagen, wenn ich dich nicht kennen würde ...»

* Deutsch: *Die Kindheit eines Chefs* in: *Die Kindheit eines Chefs*, Rowohlt Verlag, Reinbek.

Das Leben hier ist immer dasselbe. Ohne jeden Reiz, ohne irgend etwas Aufregendes. Man lebt vor sich hin. Was mir zustößt, kommt von da unten, aus Paris, und ich kann hier nicht davon sprechen. Aber seit gestern spüre ich, wie sich die Gegenwart wieder wie eine Kruste um mich bildet. Ich habe mir mein Nest gebaut, wie Mistler sagt. Das bedeutet, daß die Gegenstände stärker hervortreten; es gibt in mir kleine Erwartungen, begrenzt auf die unmittelbar folgenden Stunden, mein Leben hier umgibt mich wie dicker Nebel und verhindert, daß ich vergeblich beunruhigenden Abwesenheiten oder fernen Zukünften zustrebe. Von neuem entsteht in mir eine trübe Lebensfreude, ich achte auf den Geschmack des Tabaks, den Duft eines Kaffees, die Atmosphäre des Foyers. Das ganze Problem der Gefühle (Kummer, Fröhlichkeit, Gleichgültigkeit) hängt von den verschiedenen Graden der *Dichte* der Gegenwart ab. In den meisten Fällen von Trübsal ist die Gegenwart so dünn und so durchsichtig geworden, daß der Blick durch sie hindurchdringt, sie ist nur noch die Glaswand, die von der Zukunft trennt und die man nicht zerbrechen kann; sie wird von einem theoretischen Licht erleuchtet, einem Atelierlicht ohne Schatten, man fühlt sich unwohl darin wie in einem großen menschenleeren Saal.

In jedem Gefühlsimperialismus wie dem meinen steckt irgendeine Unauthentizität. Es ist ein Versuch, der Einsamkeit zu entrinnen. Aber man muß verstehen, was das heißt. Heute morgen frappiert mich diese universelle Forderung: «geliebt werden» wollen. Auf den ersten Blick ist es gar nicht so einleuchtend, daß man geliebt werden will, wenn man liebt. Vor allem bei den landläufig anerkannten psychologischen Prinzipien. Wenn man diese akzeptiert und wenn der Mensch eine existentielle Fülle ist, müßte er den Gegenstand, den er liebt, besitzen wollen, Tag und Nacht über ihn verfügen und in seinem unterwürfigen Blicken und seinem Lächeln seine totale Abhängigkeit lesen wollen. Was braucht er weiterzugehen? Nun kommt aber eine solche Abhängigkeit häufiger vor, als man glaubt, und es ist sattsam bekannt, daß sie bei weitem nicht befriedigt; sie erhöht nur die Hartnäckigkeit dieser Suche, die, über die absolute Unterwerfung hinaus, dem zustrebt, was der Knechtschaft selbst entgeht, zu jenem freien Bewußtsein, dessen Liebe man will. Ich verstehe gut, daß für den Besitzer die Liebe des lebendigen Wesens, das sein Eigentum ist, die Dinge sehr vereinfacht. Dennoch sehe ich auch, daß derjenige, der die absolute Macht will, auf die Liebe pfeift: er begnügt sich mit der Angst. Die absoluten Monarchen und die Diktatoren haben die Liebe ihrer Untertanen immer nur aus politischem Interesse zu erringen gesucht – und wenn sie ein ökonomisches Mittel fanden, sie zu knechten, benutzten sie es sofort. Aber umgekehrt kommt es auch vor, daß eine totale Unterjochung des geliebten Wesens bei dem, der liebt, die Liebe tötet. Es ist immer beruhigend und mißlich, mehr geliebt zu werden, als man liebt. Diese Wahrheiten des gemeinen Verstandes zeigen hinlänglich, daß der Liebende nicht von der totalen Unterjochung des Geliebten träumt. Er legt keinen Wert darauf, Gegenstand einer überschwenglichen und mechanischen Leidenschaft zu werden. Er will nur eine Nadelspitze, ein labiles Gleichgewicht zwischen Leidenschaft und Freiheit. Vor allem will er, daß die Freiheit sich selbst dazu bestimmt, Liebe zu werden, und zwar nicht nur zu Beginn des Abenteuers, sondern in jedem Augenblick. Nichts ist für den Liebenden kostbarer als das, was ich die Autonomie der Liebe beim geliebten Wesen nennen möchte. Ich selbst habe immer mit heimlichem Mißvergnügen diese Liebestrankgeschichten bei Wagner oder Bédier gelesen. Wenn Tristan und Isolde durch einen Liebestrank betört worden sind, interessieren sie mich nicht mehr im geringsten; ihre Liebe ist nur eine Krankheit, eine Vergiftung des Bluts. Und ich erinnere mich, daß mich die ergreifendsten Episoden dieser Geschichte kaltließen, weil ich den Ursprung dieser Liebe nicht aus den Augen verlieren konnte. Und wenn man mir vorschlagen würde, die schönste Frau der Welt durch ein Zaubermittel für mich zu begeistern, dann könnte man mir ebensogut anbieten, mit einer lebensgroßen Puppe zu schlafen. Nichts ist mir teurer als die Freiheit derer, die ich liebe. Das ist aber ein sonderbarer Imperialismus, wird man sagen. Ja, doch diese Freiheit ist mir nur unter der Bedingung teuer, daß ich sie überhaupt nicht respektiere. Es geht nicht darum, sie zu beseitigen, sondern schlicht und einfach darum, sie zu schänden. Aber kann eine Freiheit, die man schändet, Freiheit bleiben? Bleibt eine «verführte» Frau frei? Genau das ist die Frage. Aber mir scheint gerade, daß es in der Liebe ein sicheres und gleichsam metaphysisches Wissen um die Antwort gibt: die Freiheit kann in keinem Fall aufhören, frei zu sein. Ich weiß, daß ein etwas antiquiertes Beiwerk der Liebe die Hörigkeit ist, symbolisiert durch die Ketten, die Eisen und diesen ganzen Plunder. Aber ich nehme die Leute nicht allzu ernst, die sich beklagen, gefangen zu sein. Aber, wird man sagen, man muß wählen: wenn die Freiheit ihrem Wesen nach frei bleiben muß, wenn nichts sie in Ketten legen kann, wie soll man sie dann schänden? Darin liegt ein Widerspruch, wie kann man das in Ketten legen wollen, von dem man will, daß es frei bleibt? Das ist jedoch ohne jeden Zweifel die Bedeutung des Wunsches, geliebt zu werden: den anderen in seiner absoluten Freiheit treffen zu wollen. Das ist die Wurzel des Sadismus zum Beispiel, dessen Ideal darin besteht, zum Stöhnen zu bringen. Der Sadist treibt die Martern bis zu dem Punkt, wo das Opfer sich nicht enthalten kann, um Gnade zu flehen, und er genießt es, diesen Schrei der Freiheit des Gemarterten zuzurechnen; er *konnte* auch nicht schreien, er konnte wählen, unter den Schlägen umzukommen, ohne den Mund aufzumachen. So sieht man häufig, daß der Sadist zuvor eine Wahl vorschlägt: entweder du fügst dich willig in das Geschäft, das dir widerstrebt – das du verurteilst –, oder du wirst in deinem Fleisch leiden. Die Wahl wird deshalb vorgeschlagen, um beim Opfer einen Freiheitstaumel hervorzurufen und die ganze Verhandlung auf dem Terrain der Autonomie zu führen. Das gezähmte Opfer, das nachgibt, der geschundene Jude, der «Nieder mit den Juden» schreit, trifft nichtsdestoweniger eine reale Wahl. Der Augenblick des Orgasmus beim Sadisten ist genau dieser zwiespältige Augenblick, in dem der Zwang die Freiheit auslöst, in dem die Freiheit den Zwang, den der Sadist auferlegt, auf sich nimmt. Und der Sadist weiß, daß es immer einen Moment gibt, wo die Wahl getroffen sein wird, und daß er nur abzuwarten braucht, indem er von Augenblick zu Augenblick seinen Zwang verstärkt, und daß das Opfer in eben dem Augenblick, da es nachgibt, dennoch frei bleiben wird. Diese Gewißheit, daß die Freiheit sich nicht zerstören läßt, könnte den Sadisten entmutigen – oder vielmehr, sie würde jeden anderen entmutigen –, aber der Sadist ist so beschaffen, daß ihn gerade dieser Widerspruch erregt, genau diese Unmöglichkeit, diese Verbindung von Wörtern, die sich beißen: eine versklavte Freiheit, das ist es, was ihn anzieht. Es gibt immer eine wesenhafte Leere im Herzen des Lasters, und die Lust des Lasterhaften ist bitter. Ich sage nicht, daß die Liebe ein Sadismus sei, aber der Sadismus schöpft aus der Quelle der Liebe. Wer geliebt werden will, übt keinen Zwang auf die freie Wahl aus. Aber die Gesten und Sätze, die ihn am stärksten bewegen, sind jene, die dem geliebten Wesen «entschlüpfen». Das heißt jene, die zeigen, daß der Wille nach Diskretion, Zurückhaltung, Weigerung plötzlich von einer ganz neuen Freiheit besiegt ist, der Freiheit, die nachgibt, die die Hinnahme wählt, die beschließt, sich fallenzulassen. Diese Freiheit ist *von ihr selbst* gefangen, sie zieht sich auf sich selbst zurück, wie im Wahnsinn, wie im Traum, um ihre Gefangenschaft zu wollen. Eine Freiheit, die sich selbst ihr Bedürfnis schafft, das geliebte Wesen zu sehen, zu berühren, zu liebkosen, eben das verlangen wir von denen, die wir lieben. Und damit diese Freiheit auch in dieser Verwirrung Freiheit bleibt, wollen wir fürchten, daß sie sich losmacht und ausbricht, daß sie sich wieder fängt und sich einen Augenblick später als Freiheit *gegen* das stellt, was sie war. Genau das aber ist die Natur der Freiheit. Jeder Liebesgedanke und jedes Liebesgeständnis bringen uns zum Augenblick zurück, pressen uns an die Gegenwart, weil sie die Folge einer Freiheit sind, die in der Zukunft absolut frei ist. Sie mögen die Zukunft noch so sehr festlegen, wer liebt, wird nicht aufhören, angesichts dieser Schwüre zu zittern, weil in der Liebe ein dumpfes Wissen um die Freiheit gegeben ist. Der Beweis dafür ist, daß wir uns bei dem geliebten Wesen nicht mit einer Liebe begnügen würden, die reine Treue zum Treueid wäre, den wir ihm soeben entrissen haben. Eine Frau, die uns antwortete: «Ich liebe Sie, weil ich Ihnen einmal mein Wort gegeben habe und es nicht zurücknehmen will, aus Treue zu mir selbst», könnte sicher sein, daß wir in die Luft gehen. Wir wollen, daß sie uns liebt, heute wie gestern, in einer Freiheit, die ihre Freiheit darein setzt, sich selbst zu entschlüpfen. Was uns nicht hindert, im nächsten Augenblick einen neuen Liebesschwur zu fordern. Wir wollen also vom Anderen genau diese immer schwankende und immer wieder erneuerte Freiheit, die auf uns zugeht und uns immerfort als ihre Haupttriebfeder nimmt. Wir fordern vom geliebten Wesen, daß seine Freiheit für uns den Determinismus aus Leidenschaft *spielt*.

Nun müssen wir noch verstehen, *warum* wir es wollen. Denn diese Form der Liebe, die die häufigste und stärkste ist, die Liebe, die die sklavische Freiheit verlangt, die Liebe, die die Freiheit beim Anderen nur will, um sie schänden zu können, ist ganz und gar unauthentisch. Es gibt andere Arten zu lieben. Aber gerade diese Unauthentizität kann als Wegweiser dienen, denn es ist eine Tatsache, daß jede Form unauthentischer Existenz ihrer Unauthentizität wegen gewollt ist. Man weiß, daß die Unauthentizität darin besteht, sich eine Begründung zu suchen, um die absurde Irrationalität der Faktizität «aufzuheben». Der Wunsch, geliebt zu werden, scheint mir das Ziel zu haben, den Anderen als Begründung unserer eigenen Existenz zu setzen. Wer uns liebt – vorausgesetzt, wir lieben ihn –, wird unsere Faktizität aufheben.

Das möchte ich nun erklären.

Man muß sehen, daß die Liebe die Beziehungen zum Anderen nicht schafft; sie erscheint auf dem existentiellen Hintergrund des *Für-andere*, das uns in unserer Existenz selbst angreift. Ich habe gesagt, daß es in der Natur des Für-sich liegt, *für andere* zu existieren, das heißt, als ein wehrloses, auf die unendliche Freiheit des Anderen entworfenes Außen zu existieren. Eben das für-mich innerhalb des Für-sich zu sein liegt in meiner Natur. Meine einzige Art, der Andere *nicht* zu *sein*, *ist*, *für* den Anderen zu *sein*. Und in dem Maße, in dem ich mir selbst mein eigenes «Nicht-der-Andere-sein» bin, bin ich mir selbst mein eigenes «Sein-für-den-Anderen». Von Natur aus gebe ich mir vor dem Anderen «eine Blöße», bin ich mir selbst «in Gefahr» angesichts der unendlichen Freiheit des Anderen. Es ist mir unmöglich, mich nicht darum zu kümmern, indem ich vorgebe, der Andere habe eine «Vorstellung» von mir, die mich nicht berührt. Das stimmt nicht: in Wirklichkeit bin ich im Anderen einfach durch meine Existenz *verstrickt*, verstrickt in seine Freiheit, auf die ich prinzipiell in keiner Weise einwirken kann. Das zielt darauf ab, die gewöhnlichen Beziehungen zwischen den Bewußtseinen darzustellen, die auf der Tatsache gründen, daß die Bewußtseine in der Vereinigung des Für-andere im Plural existieren. Die Unauthentizität besteht hier darin, sich die existentielle Einheit des Für-andere zu verhüllen, indem man behauptet, daß der Andere «sich ein Bild von mir macht». Aber das im Eindringen des Für-sich in die Welt selbst gegebene vorontologische Verstehen macht diese

Versuche, sich die Wahrheit zu verhüllen, unwirksam oder zumindest immer stockend; dann kommt es zu einer Enthüllung. Die Schüchternheit ist eine dieser Enthüllungen. Vom Anderen geliebt werden wollen heißt sein Sein-für-andere «wiedererlangen» wollen, indem man darauf hinwirkt, daß die Freiheit des Anderen sich selbst gefangennimmt angesichts der wehrlosen Nacktheit, die wir *für* sie sind. Gleichwohl muß man vermeiden, diesen Willen, geliebt zu werden, zum Beispiel mit dem Willen, geachtet zu werden, zu verwechseln. Im Fall des Willens, geachtet zu werden, bietet man sich dem Anderen als ein Existierendes dar, über das der Andere gemäß seinen eigenen Prinzipien bestimmte Urteile fällen soll. Aber der Andere bleibt absolut frei, er kann zum Beispiel unaufrichtig sein. Im Fall der Liebe dagegen erwarten wir, daß der Andere sich selbst in seiner eigenen Freiheit verhext, daß er seine Freiheit darein setzt, uns gegenüber seine Freiheit zu leugnen. Nur insofern hören wir auf, uns vor seiner Freiheit eine Blöße zu geben. Wenn sich die Freiheit uns gegenüber in Ketten legt, hören wir auf, ihr gegenüber wehrlos zu sein, und soweit es überhaupt möglich ist, hört das *Außen*, das wir ihr gegenüber sind, auf, ein *Außen* zu sein. Mit dem, was wir *für sie* sind, unterhalten wir Beziehungen, die denen des Für-sich zu sich selbst ähneln. Statt daß das Für-andere vom Für-sich losgerissen wird, scheint es dessen natürliche Verlängerung zu sein. Im Schoße der Freiheit desjenigen, der uns liebt, und für die ganze Zeit, in der man uns lieben wird, sind wir *in Sicherheit*. Also heißt von jemandem geliebt werden wollen nicht ihm ein schmeichelhaftes Bild von sich selbst zu geben versuchen, sondern *im Schoß seiner Freiheit in Sicherheit existieren*.

Aber das ist nicht alles: neulich habe ich gezeigt, daß jeder Wunsch *Wunsch nach Aneignung* ist. Und daß jede Aneignung Aneignung der Welt über einen besonderen Gegenstand ist. Der Wunsch ist so geartet, daß der begehrte Gegenstand uns immer als die unabdingbare Voraussetzung erscheint, die unser In-der-Welt-sein möglich macht. Ich habe das vor fünf oder sechs Jahren gemerkt, als ich den Entschluß gefaßt hatte, nicht mehr zu rauchen. Was mich bis dahin hinderte, mich dazu zu entschließen, war nicht der Gedanke an die tausend kleinen besonderen Entbehrungen, die mich im Laufe des Tages quälen würden. Sondern mir schien, daß die «Welt ohne Tabak» völlig farblos und wie tot wäre; ich sah nicht mehr, welches Vergnügen ich im Kino haben sollte, wenn ich mir den Film nicht pfeiferauchend anschauen könnte. Ich erwartete nichts Angenehmes mehr von einem Glas Alkohol, wenn ich nicht zwischen zwei Schluck einen Zug tun könnte – nicht einmal von einem Gespräch mit Freunden, wenn ich die Pfeife nicht in der Hand hätte. Auf irgendeines der Dinge verzichten, die man liebt, heißt sich in eine andere Welt begeben. Und wenn man sieht, wie einem der Gegenstand eines Begehrens entgeht, scheint es, als zerrönne die Welt zwischen den Fingern. Wahrscheinlich deshalb besteht eine angemessene Heilmethode darin, den Gegenstand auf ihn selbst zu reduzieren. Aber nach dieser Reduktion hängt man auch nicht mehr an ihm. Als ich mir einfallen ließ, Tabak nur noch als das zu betrachten, was er ist, nämlich ein bestimmtes Vergnügen unter anderen *in* der Welt, konnte ich mühelos das Rauchen aufgeben. Also ist das Begehren Begehren *nach* der Welt, und die Aneignung bedeutet Verschmelzung des An-sich und des Für-sich in der ideellen Einheit der «Ursache von sich». Wenn mich nun jemand liebt und begehrt, dann bin ich nicht nur bezüglich seiner Freiheit beruhigt, sondern dieses «Für-andere», das ich für den bin, der mich liebt, ist *die Welt*. Da bin ich nun ein reales Existierendes (nach dem Modus des Für-andere) als die unabdingbare Voraussetzung, die das In-der-Welt-sein-des-Anderen ermöglicht. Und diese Welt, die ich bin, ist genau jene, die der erste Gegenstand meiner Begierden ist, diese Bäume, diese Straßen, dieser Himmel, dieses Meer (das ist der tiefe Sinn von Stendhals

Kristallisierung*: das in Welt verwandelte geliebte Wesen), weil wir, der Andere und ich, nur noch ein und dieselbe Welt haben. So existiert das nichtende und genichtete Für-sich, das seiner ersten Struktur nach Begehren nach der Welt ist, als für-den-Anderen genau wie die begehrte Welt. Das heißt, daß die Vereinigung des Für-sich und der Welt um einen Grad enger wird, da sie jetzt für ein und dieselbe menschliche-Realität *der* Typus der Einheit des Für-sich und des Für-andere ist. Genau das heißt geliebt werden wollen: *die Vereinigung des Für-sich und der Welt nach dem Typus der Einheit des Für-sich und des Für-andere verwirklichen, indem man in Sicherheit im Schoß einer Freiheit existiert, die sich gefangennimmt, um einen als Welt zu begehren.*

Man wird sagen, daß ich sehr einfache Dinge sehr kompliziert ausdrücke und daß man schon seit langem weiß, daß der Liebende für den Geliebten «alles auf der Welt sein» will. Ich weiß das sehr gut und beabsichtige keine Psychologie der Liebe. Ich will nur betonen, daß es, wenn das Verhältnis der menschlichen-Realitäten zueinander nicht nach dem Modus des *Für-andere* ist, völlig zwecklos ist, verstehen zu wollen, warum sich jemand eines schönen Tages in den Kopf setzen sollte, für eine Frau «alles auf der Welt» zu sein. Weil er an ihr hängt? Aber wenn er sie den ganzen Tag sehen kann, mit ihr schlafen kann, sooft er will, ist das nicht nötig. Weil er will, daß sie genauso an ihm hängt wie er an ihr? Aber warum sollte er das wollen? Aus Willen zur Macht? Aber der Wille zur Macht, das habe ich neulich gezeigt, verlangt selbst eine existentielle Erklärung. Der Irrtum der Psychologie ähnelte bisher demjenigen, den ein Physiker beginge, wenn er ein Röhrchen voll Luft umgekehrt in ein Becken mit Quecksilber stecken würde, um zu zeigen, wie durch den Druck das Quecksilber in das Röhrchen steigt. Das Quecksilber

* Siehe *De l'amour*. Deutsch: *Über die Liebe*.

würde nicht steigen, *weil das Röhrchen leer sein muß*. Und wenn wir nicht selbst eine existentielle Leere sind, werden wir nie jene merkwürdige Eitelkeit verstehen, die, Pascal zufolge, bewirkt, daß wir zu den ärgsten Verrücktheiten fähig sind, um den Leuten schmeichelhafte «Bilder» von uns zu geben.

Doch fahren wir fort, denn genau hier verbirgt sich die Unauthentizität. Wir begehren, daß das geliebte Wesen uns liebt, um es mit unserer Existenz beglücken zu können. Aber diese Hingabe ist eigennützig: diese Existenz, die wir von nun an *gerufen* fühlen, verliert in unseren Augen ihre Faktizität, wir behaupten, uns selbst aus freien Stücken zur Existenz zu bringen, um das Begehren eines freien Bewußtseins zu befriedigen. Diese geliebten Adern auf unseren Händen existieren aus Güte. Wie gut sind wir, daß wir Augen, Haare, Augenbrauen haben und sie unermüdlich in überschwenglicher Hingabe an jenes unermüdliche Begehren des Anderen verschwenden. Während wir, bevor wir geliebt wurden, beunruhigt waren über diese ungerechtfertigte Protuberanz, die unsere Existenz war und sich in alle Richtungen entfaltete, wird jetzt diese Existenz selbst in allen ihren unendlichen Einzelheiten angenommen und gewollt von einer der unseren analogen Freiheit – einer Freiheit, die wir selbst mit der unseren wollen. Das ist der Kern der Liebesfreude: sich berechtigt fühlen zu existieren. Tatsächlich sind wir es überhaupt nicht, wir haben bloß unsere Einsamkeit verloren, das Wesen, das uns liebt, nimmt uns in sich auf, und wir stecken unseren Kopf in seinen Schoß wie der Vogel Strauß den seinen in den Sand. Denn unsere Einsamkeit existiert nicht, ohne daß wir unsere nicht zu rechtfertigende Faktizität auf uns genommen haben. Keine Liebe kann uns berechtigen zu existieren. Im Grunde habe ich den Leuten, die geliebt werden wollen, ohne zu lieben, vor allem diese Unauthentizität vorzuwerfen. Aber ich bin ja sehr oft selbst einer von ihnen gewesen. Was mich am häufigsten in eine Geschichte hineinzog, war das Bedürfnis, einem Bewußtsein nach Art eines Kunstwerks «notwendig» zu erscheinen. Als Manna, das sich selbst erzeugt hätte, um es zu beglücken. Aber ich muß sagen, daß man, sobald man seinerseits liebt, gleichgültig, welche Liebe das geliebte Wesen einem entgegenbringt, aus der Einsamkeit emportaucht. Aber es wäre zu lang, hier darüber zu sprechen, denn dann müßte man erklären, was Liebe ist. Zwar habe ich meine Ideen darüber, aber es wäre zweifellos ein ganzes Buch nötig. Zumal die Liebe ihrer Natur nach *sexuell* ist. Ich wollte nur rasch jene merkwürdige Unauthentizität zu fassen kriegen, die uns von einer Person *abhängig* macht, eben weil wir für sie alles sind. Es sieht zwar nicht so aus, aber ich habe mich mit dieser metaphysischen Beschreibung in voller Größe selbst gemalt. Morgen werde ich versuchen, mich in meinen Beziehungen zu anderen einfacher zu beschreiben. Ich muß auch darauf hinweisen, daß ich im Begriff bin, jene Art Authentizität, die ich bei meiner Reise nach Paris verloren hatte, mühsam wiederzuerobern. Das heißt im Grunde, daß ich mich von neuem allein fühle. Nicht allein *neben* den Leuten und den Dingen, die ich liebe (es ist der alte und absurde monadische Anarchismus), sondern allein *jenseits* all derer, an denen ich hänge und die an mir hängen können. Ich finde «meinen» Krieg und mein Schicksal wieder. Zumal es im Moment nicht gut aussieht und die Zeit, wie irgendeine italienische Zeitung sagte, in keiner Weise gegen Deutschland zu arbeiten scheint. Die in Schrecken versetzten skandinavischen Länder lassen zu, daß Finnland stranguliert wird, und versprechen, schön brav zu sein. Italien scheint eine Annäherung ans Reich zu vollziehen, wir scheinen noch immer nicht zu wissen, an welchem Ende wir den Feind fassen sollen. Ziemlich düstere Aussichten, die ausreichen, mich von meinen persönlichen kleinen Geschichten abzulenken.

Heute 10 Uhr 15, erste Impfung gegen Typhus. Es ist jetzt 19 Uhr 45, und ich habe nur ein bißchen Fieber und einen leichten Schmerz unter dem Arm gehabt. Den Tag im Foyer verbracht. Jetzt gefällt es mir dort recht gut. Brief von Mistler, der zum Generalstab der Armee, zum 3. Büro in Wangenbourg versetzt worden ist: «Nach zehn Tagen grüble ich immer noch über bestimmte bürokratische Zwänge, die dem Krieg hier ein komisches Gesicht geben. Schade, daß ich nichts zu den Heften beitragen kann. Wie soll ich das machen ... Hier bin ich ‹der, der von der Front kommt›. Zum Lachen! Aber was für ein Ansehen bei denen, die hier seit sechs Monaten ein Kasernenleben führen, das sich um so besser erhalten hat, als die meisten von ihnen im September aus einem solchen kamen.

Der rasend schnelle Rhythmus der zweiten Urlaubswelle macht die Soldaten höchst mißtrauisch. Sie fragen: «Heißt das, man fürchtet den großen Knall fürs Frühjahr?» Und seufzend fügen sie hinzu: «Na ja, das hätten wir dann schon mal.» Die Optimistischsten weisen darauf hin, daß man, wenn die zweite Welle am 30. April zu Ende ist, zwei Urlaube innerhalb von acht Monaten gehabt hat, gerade das Nötige, und daß die Heeresleitung vielleicht die Fahrten nur deshalb beschleunige, um mit ihren eigenen Entscheidungen in Übereinstimmung zu sein. Man sagt auch feixend: «Das tun sie wegen der Moral.» Und alle, gewitzt: «Da steckt was dahinter, die tun doch nie was wegen nichts.» Bei uns gibt es welche, die sich weigern wegzufahren, weil sie gerade erst von ihrem ersten Urlaub zurück sind, und andere mit etwas bitterer Ironie: «Man wird meinen, daß man uns dauernd zu sehen kriegt in der Heimat.»

Mittwoch, 28.

Gute, aber etwas fiebrige Nacht. Ich habe einen bitteren Geschmack im Mund. Ich erfahre, daß unter den gestern

Geimpften zwei kräftige Burschen im Laufe des Tages «umgekippt» sind. Da erinnere ich mich, daß gestern eine verderbliche Süße in mir war, auf die ich kaum geachtet hatte. Ich hätte nur dafür zu sorgen brauchen, daß sie mich ganz überschwemmt, und ich wäre bestimmt auch umgekippt. Wieder einmal denke ich mit gewisser Befriedigung, wie sehr doch Ohnmacht, Nervenkrise, Seekrankheit usw. eine Sache der Zustimmung sind. Irgendwann einmal werde ich ausführen, wie sich die Leute nach der Natur ihrer Zustimmung zu sich selbst klassifizieren lassen. Wie Castor, wenn wir wandern, ihrer Müdigkeit zustimmt und sich darin badet, so daß das ein angenehmer und begehrter Zustand wird, wie sehr mir dagegen dieselbe Müdigkeit unangenehm ist, bis ich mich endgültig «hinüber» fühle, weil ich ihr nicht zustimme. Es gibt eine Art, zu sich selbst zu stehen, die mir fremd ist, was seine Vor- und Nachteile hat.

Aber heute möchte ich, aus rein deskriptiver und historischer Sicht, die Frage meines Imperialismus und meiner Beziehungen zu anderen aufgreifen.

Ich sagte schon, und es mag überraschen, daß ich in meiner Kindheit hübsch gewesen bin. Hübsch und verhätschelt, das heißt lieb Kind bei allen. Ich hatte «Verlobte» in allen Städten, in die ich kam, und die gerührten Familien beschirmten diese Verlobungen (ich war sechs oder sieben Jahre alt). Eindeutig zog ich die Gesellschaft von Mädchen der von Jungen vor. Im übrigen hatte ich weder Vater noch Bruder, die mir Härte hätten beibringen können, und so thronte ich wie ein kleiner König in einer Welt von Frauen. Übrigens war ich schon zu jener Zeit Komödiant. Ich wollte durch rein ästhetisch orientierte Erfindungen gefallen, Erfindung von Spielen, poetischen Fiktionen, Reden usw. Schon in meinem neunten Lebensjahr hatte mir meine Mutter einen Kasperle gekauft, und immer wenn ich ein bißchen Geld hatte, erstand ich einen neuen Schauspieler für mein Theater. Ich hatte: den Juden, den Gendarmen, die Alte, Kasperle selbst usw. sowie eine Figur, die mich mit starrer Bewunderung erfüllte, obwohl ich sie noch nicht richtig zu benutzen verstand, Bu-Ba-Bo, die im Casino von Vichy verkauft wurde und die die Besonderheit besaß, daß man ihr Gewand wechseln konnte, da der Kopf abnehmbar war. Diese Figuren enttäuschten mich alle ein wenig, weil ihre Köpfe aus Pappmaché waren oder (wie bei Bi-Ba-Bo) aus Zelluloid. Mir wären die schweren und prächtigen Holzköpfe des Lyoner Kasperls lieber gewesen. Wie dem auch sei: wie viele Kinder war ich empfänglich für das Geläuterte, Unmenschliche, Künstliche und Notwendige eines Marionettenstücks. Es hat lange gedauert, bis ich begriff, daß man alle Charaktere auch im richtigen Theater findet, wenn man sich nicht von einem stupiden Realismus ablenken läßt. Ich las damals ein sehr altes Kinderbuch mit dem Titel *Monsieur le Vent et Madame la Pluie* *, das mir überaus ehrwürdig vorkam, weil es nach Schimmel roch, weil es zerrissen und fleckig war; es hatte wohl die Kindheit meiner Mutter verzaubert. Dieses Buch entzückte mich. Noch heute sage ich mir oft, daß ich es gern wiederfände. In diesem Buch besaß einer der Helden ein magisches Puppentheater, man schlug dreimal mit dem Zauberstab, und die Puppen bewegten sich ganz von allein. Ich erinnere mich noch dunkel an die Stiche, die mich mit religiöser Ekstase erfüllten und auf denen Soldaten abgebildet waren, deren kleine Holzarme starr von dicken Fäden hochgezogen wurden. Kurz, ich dachte mir viele Stücke aus und spielte sie selbst. Zuerst im Klo unserer Wohnung (ich wohnte damals bei meinen Großeltern im sechsten Stock in der Rue Le Goff, die auf die Rue Soufflot geht). Nach und nach wurde ich dann kühner: ich trug meine Puppen mit einem Handtuch in den Luxembourg, ich suchte mir in einer der Alleen der «Englischen Gärten» einen Stuhl aus, hockte mich hinter

* Herr Wind und Frau Regen.

den Stuhl, dessen Beine ich mit meinem Handtuch verhüllte, und ließ die über meine erhobenen Hände gestülpten Puppen zwischen den Stäben der Rückenlehne erscheinen. Damit war der Stuhl in eine durchaus akzeptable Bühne verwandelt. Ich spielte und sprach laut, wie mit mir selbst. Aber ich wußte genau, worauf ich wartete, was auch, schon beim erstenmal, nach einer Viertelstunde eintraf: die Kinder unterbrachen ihre Spiele, setzten sich artig auf Stühle und sahen sich aufmerksam dieses unentgeltliche Schauspiel an. Auf diese Weise machte ich mir Freundinnen, besonders eine gewisse Nicole, die in meinem Alter sein mußte und deren Gesicht mit Sommersprossen übersät war. Sie wurde meine «Verlobte» des Augenblicks, und sie war mir besonders teuer, weil ich ihre Zuneigung durch meine Erfindungen errungen hatte. Schon in jener Zeit verband ich – und das war vielleicht das Tiefste in meinem Wunsch zu schreiben – Kunst und Liebe so miteinander, daß es mir unmöglich erschien, die Zuneigung dieser kleinen Mädchen anders zu erringen als durch meine schauspielerischen und erzählerischen Talente. Nicht nur unmöglich, sondern auch gemein. Ich hätte es verabscheut, wenn man mich meines Gesichts oder meines körperlichen Reizes wegen geliebt hätte, man mußte durch den Zauber meiner Erfindungen, meiner Komödien, meiner Reden, meiner Gedichte verführt werden und von hier aus dazu kommen, mich zu lieben. Darum bezauberten mich damals *Les bouffons** von Zamacoïs über alle Maßen, weil darin eine Prinzessin vorkam, die von einem wortgewandten Burschen namens Jacasse betört war, obwohl er einen riesigen Buckel hatte (es war übrigens ein künstlicher Buckel, aber die Prinzessin wußte das nicht). Man wird sagen, das seien die Hoffnungen eines häßlichen Mannes: sich mit schönen Reden schadlos halten. Aber ich betone, daß ich noch nicht häßlich war.

* Die Possenreißer.

Ich hatte schöne blonde Haare, volle Wangen, mein Schielen war noch kaum bemerkbar. Sagen wir eher, daß ich mich, auch wenn ich noch nicht häßlich war, mit sicherem Instinkt darauf vorbereitete, es zu sein. Wenn *Les bouffons* mich entzückte, so empörte und betrübte mich Cyrano. Wie konnte Roxane den törichten Christian lieben, warum hatte sie nicht vom ersten Tag an Cyrano erkoren? Cyrano verkörperte damals für mich den Typus des vollkommenen Liebhabers. Auf dem Grund all dieser Dinge gab es, mehr als eine Vorahnung meiner künftigen Häßlichkeit, eine bestimmte Auffassung von der menschlichen Größe, die mich, auch wenn sie diese naive Form abgestreift hat, seither nicht mehr verlassen hat. Ich habe in Heft 2 darüber gesprochen. Die Größe erhob sich für mich über das Abscheuliche. Der Geist nahm die Gebrechen des Körpers auf sich, beherrschte sie, beseitigte sie in gewisser Weise und strahlte, indem er sich in dem entstellten Körper äußerte, nur um so heller. Ich liebte das Märchen *La belle et la bête* *, weil das Tier die Schöne zuerst in seiner Tiergestalt interessiert und rührt. Später, etwa im Alter von sechzehn Jahren, schrieb ich sogar ein Märchen über dieses Thema. In einer Regung, die wie ein Blitz vorüberging, fand ich sehr viel später, in der École Normale, etwas von diesem ursprünglichen Gefühl wieder. Ich las gerade ein Buch von André Bellesort über Balzac; man berichtete darin von Balzacs erster Begegnung mit Madame Hanska. Sie kannten einander nicht, sie sollten sich, glaube ich, auf der Promenade treffen und hatten irgendein Erkennungszeichen verabredet. Madame Hanska sah voll Entsetzen einen mit aufdringlicher Eleganz gekleideten dicken Mann auf sich zukommen, der das verabredete Zeichen trug. Sie bekam es mit der Angst und wollte schon weglaufen. «Aber», sagte Bellesort, «sie erblickte seine Augen und blieb.» Mehr war nicht nötig, um

* Die Schöne und das Tier.

mich einige Augenblicke lang zutiefst zu verwirren. Es stimmt, daß ich zur damaligen Zeit meine Häßlichkeit entdeckt hatte und darunter litt. Die romantischen Bücher, die ich etwa in meinem zehnten Lebensjahr las, haben sicherlich dazu beigetragen, diese Idee der Größe zu entwickeln: Triboulet und viele andere erhabene Seelen in mißgestalten Körpern. Aber es war eigentlich nicht die Erhabenheit der Seele, um die ich sie beneidete, sondern eher jene Fähigkeit, Verse zu wunderbaren Tiraden aneinanderzureihen, die, so schien mir, eine Frau wie angewurzelt dastehen lassen und dem Rezitierenden ausliefern mußten. Es versteht sich von selbst, daß die Lieben, die ich mir ausdachte, keusch waren: der Rezitierende nahm sie in seine Arme und liebkoste sie sanft. Dabei ließ es die Geschichte bewenden. Ich sah nicht nur nicht die körperlichen Freuden, die sich aus dieser poetischen Rezitation ergeben mußten, ich kümmerte mich auch nicht darum, die Fortsetzung des Abenteuers auszumalen. Nun, gewiß liebten sie sich zärtlich und waren sehr glücklich miteinander. Aber diese Perspektive langweilte mich eher. Mich entzückte vor allem das Unternehmen der Verführung. War die Frau einmal verführt, überließ ich sie ihrem Schicksal. Und schon erwog ich für den Helden neue Verführungsunternehmen. Sicher schöpfte ich diese Idee der verführerischen Kraft der *Worte* aus dem akademischen Klima, in dem ich lebte. Und es war wiederum eine Art, die Überlegenheit der geistigen Werte anzuerkennen, wenn ich davon träumte, ein gebildeter Don Juan zu sein, der die Frauen durch die Kraft seiner schönen Reden umlegt. Und gewiß lag in alledem auch die spiritualistische Unkenntnis darüber, was ein Körper ist, sowie die Unmöglichkeit, mir deutlich vorzustellen, was körperliche Erregung sein kann. Eine Unmöglichkeit, die bei einem achtjährigen Kind völlig normal ist, jedoch ungeheuerlich erscheint, wenn man weiß, daß ich sie bis zum Ende meiner Jugend behielt. Nicht, daß mir die Sache im Alter von fünfundzwanzig Jahren unbekannt war, aber sie erschien mir als ein unvernünftiger Skandal. Ein bereitwillig bewunderndes Publikum umgab mich in meiner Kindheit und ermunterte meine Wörter. Ich faßte immer mehr Vertrauen und wurde vollends unerträglich, obwohl ich schlau genug war, es nicht allzusehr zu zeigen. Trotzdem war ich nicht wirklich hochmütig – der Hochmut kam später –, ich spielte mir selbst die Komödie des Hochmuts vor. Als ich zehn Jahre alt war, gingen wir in Vic-sur-Cère, wo ich mit meinen Eltern die Ferien verbrachte, oft in Begleitung eines ehemaligen *Censeur*, der durch seinen Beruf meinem Großvater nahestand, mit dessen Frau und einer hübschen Frau spazieren, die, glaube ich, Madame Lebrun hieß und deren Mann eingezogen war. Diese Ansammlung von Personen, die so gütig waren, mich als Wunderkind zu betrachten (das war die Spielregel), zeigt recht gut die Art Gesellschaft, in der ich damals meine Artigkeiten entfaltete: alte Akademiker im Ruhestand, Greise und Greisinnen, die mich verwöhnten, und hin und wieder eine junge Frau im Schlepptau. Diese junge Frau, Madame Lebrun, begehrte ich, wie ein zehnjähriges Kind eine Frau nur begehren kann, das heißt, ich hätte gern ihren Busen gesehen und ihre Schultern berührt. Ich machte ihr den Hof, und eines Tages, von meiner Schwärmerei so hingerissen, daß ich mein Alter vergaß, vertraute ich ihr an, daß mir ein Mädchen großes Leid zugefügt habe und daß ich aus Rache beschlossen hätte, alle Frauen leiden zu lassen, die mir begegnen würden. Natürlich war das eine Erfindung des Augenblicks, aber ich spürte sogleich sehr heftig und pathetisch die imaginäre Kränkung, die die Treulose mir zugefügt hatte. Noch heute kann ich nicht ohne Zähneknirschen an diese kleine Episode denken, und ich schließe daraus, daß ich damals völlig verdorben war. Wenig später erklärte Madame Lebrun allen Ernstes: «Ich würde den Kleinen gern sehen, wenn er zwanzig ist. Ich bin sicher, daß dann alle Frauen verrückt nach ihm sind.» Ich akzeptierte diese Vorhersage, ohne mit der Wimper zu zucken. Sie kam mir sogar ganz natürlich vor. Ich war ein infames kleines Königskind. Zu meiner Verteidigung kann ich nur vorbringen, daß ich im Grunde lieben wollte wie in den Büchern. Ich hielt die Liebe für ein höfisches Abenteuer, ein Spiel mit Regeln, denen sehr ähnlich, die in den Minnehöfen üblich waren. Auch eine unbestimmte Idee von Ritterlichkeit spielte mit, aber nur gedämpft. Ich sah mich irgendein schönes Mädchen retten. Manchmal gefiel es mir auch, mich verkannt zu sehen, irrtümlich angeklagt, von allen verlassen, sogar von der, die ich liebte, und dann zehn Jahre später rehabilitiert. Offen gesagt war ich mir unschlüssig über die Rolle der Geliebten: damit mein Unglück vollständig und mein endlicher Sieg ungetrübt wäre, müßte sie mich zuerst verkennen. Doch überall las ich und hatte mich leicht überzeugen lassen, daß die Liebe eine Art wahrsagerischen Instinkt einschließt. Wenn diese Frau mich also wirklich liebte, durfte sie an meiner Unschuld keinerlei Zweifel hegen. Ich zog mich aus der Schlinge, indem ich alle möglichen Hindernisse zwischen unsere Liebe warf. Auf dem Grund dieser schaurigen und ergreifenden Abenteuer sehe ich, daß es mir unmöglich war, mir eine glückliche Liebe *nach* der Verführung vorzustellen. Sobald die Frau erobert war, wußte ich nichts mehr mit ihr anzufangen, und wenn ich die Geschichte trotzdem fortsetzen wollte, galt es, Mißverständnisse und Hindernisse zu erfinden, so daß jede Versöhnung einer neuen Verführung gleichkam. Und im Grunde gab es für mich lange Zeit – vielleicht heute noch – nichts Ergreifenderes als den Augenblick, da das Liebesgeständnis endlich heraus ist. Und ich denke heute, daß das, was mich schon in meiner Kindheit an diesem Geständnis faszinierte, die verhexte Freiheit war, der es entspringt.

Für das gehätschelte Kind, das ich war, hatte die Liebe einen Spottpreis, sie entstand auf Schritt und Tritt. Unter den alten Damen fand ich keine, die grausam war. Und so fiel ich aus allen Wolken, als ich mich in La Rochelle häßlich und verlassen wiederfand, als ich feststellte, daß es schwierig war, die Liebe einer Frau zu erringen, und daß es anderen besser gelang als mir. Ich versank in tiefe Schwermut und lernte die Qualen nicht erwiderter Liebe kennen. Nicht zu einem Mädchen, sondern zu zwei meiner Kameraden, Pelletier und Boutillier. Es handelte sich nicht um homosexuelle Zärtlichkeit, sondern um eine grenzenlose Bewunderung und Zuneigung, die von den beiden Burschen sofort ausgenutzt wurde. Sie ließen mich zappeln, und ich machte mich zu ihrem Lakaien. Ihretwegen bestahl ich meine Mutter, ich prügelte mich wohl hundertmal für sie, und sie verrieten mich schändlich. Gleichzeitig wurde ich, damals zu meinem großen Unglück, für die Zukunft zu meinem großen Glück, der Sündenbock aller Kinder im Gymnasium. Entstand vielleicht zu jener Zeit in mir der Wunsch nach einer ausgewählten Gesellschaft, in der ich König wäre? Ich vermute es. Zumal für mich der Ursprung dieses Traums aus irgendwelchem Grund mit einem Stück von Verlaine verbunden ist, *Les uns et les autres**, das ich damals las. Ich glaube, es war eine Kompensation. Ich dachte mir also ein richtiges kleines Phalansterium aus, mit eleganten, intelligenten und starken schönen Jünglingen und bezaubernden Mädchen. Und dort saß ich und herrschte durch die Macht des Geistes, durch den Charme. Und diese Fiktion, die eine soziale war bei mir, der ich doch so wenig sozial war, hegte ich sicherlich aus Rache, denn mir gegenüber gab es zwar eine Gruppe, in der ich jedoch nicht König war, ich war ihr Sündenbock, sie stand ganz und gar gegen mich. Dabei hatte ich weder eine Freundin noch eine *poule*, um dieses abscheuliche Wort zu verwenden, das sie damals benutzten, und verbrachte meine Zeit damit, darüber zu verzweifeln. Von diesem Moment an war zu lieben und geliebt zu

* Deutsch: *Die einen und die anderen.*

werden die große Sache für mich. Vor allem geliebt zu werden. Ich verstand nicht, warum dieses Gefühl, das mir in meiner Kindheit so spottbillig erschien, nun so selten und so kostbar geworden war. Melancholisch wiederholte ich mir die Prophezeiung von Madame Lebrun: «Wenn er zwanzig ist, werden alle Frauen verrückt nach ihm sein.» Ich hoffte ein wenig, daß sich in meinem zwanzigsten Lebensjahr die Dinge verändern würden. Aber inzwischen verging die Zeit, und ich war immer tiefer vom Gefühl meiner Häßlichkeit durchdrungen. Gleichzeitig wurde der Traum von verführerischen Reden, zu denen man mir freilich keine Gelegenheit gab, präziser und tiefer. Es hätte darum gehen müssen, einer Frau die Welt zu «präsentieren», noch die verhülltesten Bedeutungen der Landschaften oder der Augenblicke für sie herauszuschälen, ihr ein vorgekautes Werk zu schenken, mich immer und überall an die Stelle ihrer Person, ihres Denkens, ihrer Wahrnehmung zu setzen, ihr schon bearbeitete, schon wahrgenommene Gegenstände zu präsentieren, kurz, den Zauberer zu spielen, immer derjenige zu sein, dessen Gegenwart bewirkt, daß die Bäume mehr als Bäume, die Häuser mehr als Häuser sind, daß die Welt mit einemmal stärker existiert. Dazu war ich damals natürlich ganz unfähig. Aber ich erwähne diesen Wunsch, weil es ein weiteres Mal darum ging, den Einklang von Kunst und Liebe zu verwirklichen. Schreiben, das hieß den Sinn der Dinge erfassen und ihn so gut wie möglich wiedergeben. Und verführen war schlechthin dasselbe. Und ich sehe mit Bestürzung, wie tief der Imperialismus war, der darin lag. Denn immerhin ging es um nichts Geringeres, als an der Stelle einer Frau wahrzunehmen, an ihrer Stelle zu denken, ihr ihre Gedanken zu stehlen und sie durch meine zu ersetzen. Auf diese Weise wären meine Gedanken, von einem verzauberten Bewußtsein erfahren, in meinen eigenen Augen Zaubereien geworden, hätten gerade nur so viel Relief und Abstand gewonnen, daß ich mich selbst an ihnen berücken konnte. Doch inzwischen trat die zu verführende Frau noch immer nicht in Erscheinung. Was mich damals freilich nicht daran hinderte, zu beschließen, daß ich die Gesellschaft von Frauen der von Männern vorzog. Ich werde darauf zurückkommen. Zu jener Zeit tat mein Stiefvater einen Ausspruch, der mich mit glühendem Eisen stempelte: «Er ist wie ich», sagte er, auf mich deutend, «er wird nie in der Lage sein, zu Frauen zu sprechen.» Ich sehe die Geschichte dieses Ausspruchs sehr gut. Ich kann mir sehr gut vorstellen, wie er gesagt wurde, ins Blaue, zerstreut, ohne irgendwelche Bosheit seitens meines Stiefvaters, der damit wohl eher seine Wertschätzung für den fleißigen, tüchtigen und wenig brillanten Knaben ausdrücken wollte, für den er mich hielt. Aber im Leben eines Kindes gibt es immer solche zerstreut hingeworfenen Sprüche, die wie das Streichholz des zerstreuten Rauchers einen ganzen Wald in Brand stecken. Ich bin nicht sicher, ob dieser Ausspruch nicht eine der Hauptursachen all jener Gespräche ist, die ich später töricht damit vergeudet habe, Artigkeiten von mir zu geben, um mir zu beweisen, daß ich durchaus in der Lage war, zu Frauen zu sprechen. Und bestimmt hat mein Stiefvater ihn schon seit Jahren vergessen. Zumal er mir später in aller Strenge sagte (er meinte es als Rüge, für mein Herz war es Balsam, der alles auslöschte): «Pah, du bist ein Weiberheld.» Darunter verstand er wohl einen Mann, der fähig ist, für die Frauen Tollheiten zu begehen. Ich verstand darunter lieber: einen Mann, der mit Frauen eingedeckt ist. Aber bestimmt haben diese beiden Aussprüche einen außerordentlichen Einfluß auf mich gehabt. In La Rochelle hatte ich also keinen Erfolg bei Frauen. Als ich nach Paris kam, war es kaum anders, und Jules Laforgue wurde mein Lieblingsautor: er rühmte sich hochmütig, tausend Paläste in seinem Herzen zu haben, und nur die Dummheit der Frauen hielte sie davon ab, sie zu besichtigen. Ich kam auf meine Kosten. Ich weinte über diesen Versen. Besonders eines Nachts, als ich mit meinen

Eltern eine Operette namens *Madame* gesehen hatte, in der eine charmante häßliche Frau namens Davia «Sie ist gar nicht so übel» sang. Sie hatte mein Herz erobert. Zu Hause las ich dann Gedichte von Laforgue und schluchzte, oder beinahe. Auch Nizan verfiel in diese Schwermut, obwohl er mehr Erfolg hatte als ich. Doch was sich seit meiner Ankunft in Paris völlig verändert hatte, war, daß ich Kameraden und einen Freund gefunden hatte. Die Freundschaft war das wichtigste Faktum. Es ist etwas, was mit meinem sechzehnten Lebensjahr und Nizan in mein Leben getreten ist und es in unterschiedlichen Formen nicht mehr verlassen hat. Ich habe drei «intime Freunde» gehabt und jeder entsprach einer bestimmten Periode meines Lebens: Nizan – Guille – Castor (denn Castor ist *auch* mein Freund gewesen und ist es noch). Die Freundschaft bescherte mir, weit mehr als nur Zuneigung (wie groß sie auch gewesen sein mag), eine Bündniswelt, in der mein Freund und ich alle unsere Werte, alle unsere Gedanken, alle unsere Neigungen zusammenlegten. Und diese Welt wurde durch eine unaufhörliche Erfindung immer wieder erneuert. Gleichzeitig stützte jeder von uns den anderen, und daraus erwuchs ein *Paar* von beträchtlicher Stärke. Vielleicht trifft das auf meine Freundschaft mit Guille weniger zu, denn es ist uns nie gelungen, unsere Welten zusammenzulegen. Obwohl wir uns zueinander hingezogen fühlten und die größte Achtung voreinander hatten, trennten uns doch zu viele Dinge. Und zudem bildeten wir keine geschlossene Gruppe: da war Maheu, da war vor allem Madame Morel, die Guille mir deutlich vorzog und die ich zum Schluß ihm vorzog. Aber in den beiden anderen Fällen zählte vor allem das mächtige Paar, das wir bildeten. In der École Normale hieß es lange Zeit: «Sartre und Nizan», und diese Vorstellung war so stark, daß man uns gelegentlich verwechselte. Noch lange da-

* Deutsch: *Das Leben des Antoine B.*

nach schrieb man mir *Antoine Bloyé** zu und meinte, Nizan sei Lehrer in Le Havre. Noch im letzten Jahr sagte mir Brunschvicg, als ich ihn bei Gallimard traf: «Ich muß Ihnen sagen, daß ich trotz aller Angriffe, die Sie gegen mich veröffentlicht haben, Ihre Bücher sehr liebe.» Ich war verblüfft, während er sich entfernte, ohne mir Zeit zu lassen, ihm zu antworten. Denn die Angriffe gegen Brunschvicg hatte Nizan in *Les chiens de garde** verfaßt. Und welche Bücher «liebte» er? Das war schwer zu sagen. *La conspiration***? *Les chiens de garde*? *La nausée*? Wichtig ist jedenfalls, daß wir eine beneidete und geachtete *Kraft* waren. Kurzum, seit meinem siebzehnten Lebensjahr habe ich immer als Paar gelebt, und damit meine ich in keiner Weise als Liebespaar. Ich will sagen, daß ich in eine strahlende und ein wenig sengende Existenzform verstrickt war, die kein Innenleben und keine Geheimnisse kannte, in der ich ständig den totalen Druck einer anderen Anwesenheit auf mir spürte und in der ich mich abhärtete, diese Anwesenheit zu ertragen. Das Leben als Paar machte mich hart und durchsichtig wie einen Diamanten, sonst hätte ich es nicht ausgehalten. Das ist zweifellos eine der großen Ursachen für die «Öffentlichkeit» meines Lebens. Ich sagte, daß auch meine geringsten Gefühle, meine geringsten Gedanken von ihrer Entstehung an öffentlich waren. T. wunderte sich, daß ich überhaupt erwägen konnte, Tagebücher von totaler Aufrichtigkeit zu veröffentlichen. Aber das ist mir zur Natur geworden, und ich glaube fast, daß das an meinen Freundschaften liegt. In jedem Augenblick hatte ich den Eindruck, daß meine Freunde in meinem Herzen lesen konnten, daß sie sahen, wie meine Gedanken sich formten, auch wenn sie erst breiige Blasen waren, und daß das, was mir erst klar wurde, für sie bereits klar war. Ich spürte ihren Blick tief in mir selbst, und das

* Deutsch: *Die Wachhunde.*

** Deutsch: *Die Verschwörung.*

zwang mich, mir so schnell wie möglich Klarheit zu verschaffen, die Schatten in mir zu vertreiben, und sobald ein Gedanke in aller Durchsichtigkeit mir gehörte, gehörte er auch ihnen. Seit jener Epoche herrschte in meinem Geist eine unbarmherzige Klarheit, er war ein Operationssaal, hygienisch, ohne Schatten, ohne Winkel, ohne Mikroben, unter einem kalten Licht. Aber da sich die Intimität nie ganz vertreiben läßt, gab es jenseits dieser Aufrichtigkeit des öffentlichen Bekenntnisses, oder vielmehr diesseits, eine Art Unaufrichtigkeit, die wirklich mir gehörte, die ich war, nicht so sehr in der Tatsache, Geheimnisse zu haben, als vielmehr in einer bestimmten Art, mich aus eben dieser Aufrichtigkeit davonzustehlen und mich ihr nicht hinzugeben. Wenn man so will, war ich in gewissem Sinn völlig bei der Sache, und in einem anderen Sinn entwischte ich ihr, indem ich mich bei der Sache *sah* und mich von diesem öffentlichen Teil meiner selbst allein dadurch distanzierte, daß ich ihn betrachtete. Ich sagte ja schon, daß die wesentliche Form meines Hochmuts darin besteht, keine Solidarität mit mir selbst zu haben. Hat sie sich als Abwehr gegen die erstickende Durchsichtigkeit der Freundschaft herausgebildet, oder ist im Gegenteil sie es gewesen, die es mir erlaubt hat, dieses helle öffentliche Leben zu ertragen? Ich weiß es nicht, aber die Beziehung ist evident. Nur das unerschütterliche Bewußtsein, immer über das hinaus zu sein, was ich war, hat es mir erlaubt, mich meinen Freunden jahrelang ohne Schleier, in völliger Nacktheit zu zeigen. Nur mein Hochmut hat mir diese totale Aufrichtigkeit ermöglicht. Eine Aufrichtigkeit, die im übrigen nur *in den geäußerten Tatsachen* total war, die jedoch meine *Haltung gegenüber meiner Aufrichtigkeit* unberührt ließ. Alles, was ich über mich sagte, löste sich von mir ab, wenn ich es sagte, wurde Gemeingut, Bundesschatz; es war viel mehr *wir* als ich. Was aber war ich dann selbst? Ein einfacher Blick, weder traurig noch fröhlich, kontemplativ und zurückhaltend gegenüber dem, was ich sagte, was mir in den Sinn oder ins Herz kam. Ich lebte von mir selbst getrennt, wie Valérys Monsieur Teste*; ich hatte nicht jene warme und intime Promiskuität mit mir selbst, die so vielen Leuten als Trost und Wiegenlied dient. Alles, was ich fühlte, nahm ich behutsam in die Hand und drückte es in Worten aus, noch bevor ich es sich voll entfalten ließ, ich bog es ein wenig zurecht und servierte es brühwarum dem Freund. Und sogleich gab mir dieser seine Meinung über die Sache kund und half mir eben damit, sie vollständig hervorzubringen. Kaum geboren, erhielt eine Regung der Laune oder der Zärtlichkeit, der Großmut oder des Egoismus ihr Etikett, wurde unter andere ähnliche Regungen abgeheftet und sogar mit einem Wert verknüpft; wir beschlossen gemeinsam, ob es im Hinblick auf die Moral, die wir beide vertraten, tadelnswert oder löblich war. Aus diesem Grunde fehlte etwas in mir. Was fehlte, läßt sich nicht ausdrücken, so daß ich lange gelebt habe, ohne es zu bemerken, es war gar nichts, nur eine bestimmte Art, sich in sich auszuruhen, mit sich eins zu sein. T. dagegen, die allein in Laigle war und nur auf sich selbst zählen konnte, gelangte zu einer Intimität mit sich, die zwar, das will ich gern einräumen, eine gewisse Unaufrichtigkeit nicht ausschloß, jedoch süß war wie eine Liebkosung. Die Gefühle in ihr, unbenannt und unnennbar, entfalteten sich mit einer Art Lässigkeit bis zu dem Punkt, den sie erreichen wollten, weiter nicht, ohne Gefahr zu laufen, sogleich an den Haaren gezogen, heftig zappelnd ans Licht gezerrt, mit einem gekonnten Faustschlag auf den Nacken getötet und dann katalogisiert, einbalsamiert oder ausgestopft zu werden. Was Castor mit den Worten ausdrückte, «Sie sind nicht psychologisch», was nicht heißen soll, daß ich nicht dieselben psychologischen Reaktionen habe wie die anderen, sondern vielmehr, daß sie von vornherein wie getrocknete Pflanzen in einem

* *La soirée avec M. Teste.* Deutsch: *Herr Teste.*

Herbarium in mir auftauchen. Diese totale Durchsichtigkeit, das muß ich sagen, war eher mein Werk als das meiner Freunde, woraus ich bei näherem Nachdenken schließe, daß eher ich es war, der die Freundschaft auf diesen Boden stellte. Sogar Castor hat stets Zonen des Schattens oder der Scham zu wahren verstanden, die ein Herd von «Psychologischem» waren, wo sich tausend zärtliche oder bittere Viren entwickelten. Nizan und Guille wahrten natürlich ihr Selbstgefühl peinlich genau. Dennoch zog ich sie ein wenig in diese Strahlung kalten Lichts hinein. Das Resultat dieses Bundes, als er mit Castor zu seiner höchsten Vollendung gelangte, war ein überwältigendes Glück, dem Sommer ähnlich. Castor hat sich in ihrem Roman leise darüber beklagt. Ihre Heldin, Françoise[1], steht manchmal ganz fassungslos vor diesem Glück, das ihr nicht einmal die Möglichkeit läßt, etwas anderes zu wünschen, und das dennoch bisweilen vor der dunklen Anmut sanfter Gesichter, die einander nicht kennen, unerträglich hart erscheinen kann. Das ist etwas, was ich in diesen Heften wohl nicht deutlich genug hervorgehoben habe, obwohl es mich erklärt: bis zu diesem Krieg habe ich *öffentlich gelebt*. Und im Grund sind auch diese Hefte noch eine Art, öffentlich zu leben. Häufig biege ich meine Eindrücke zurecht. Man verstehe mich richtig: ich biege sie in die richtige Richtung, aber ein frischer, düsterer Irrtum wäre vielleicht ihrer blendenden Wahrheit vorzuziehen. Denn diese Wahrheit hat nichts Historisches mehr, sie betrifft nicht mehr den Menschen, der ich an jenem Tag, zu jener Stunde war. Es ist eine *Wesens*-Wahrheit: seinem Wesen nach mußte ein bestimmter Mensch bei dieser oder jener Gelegenheit diesen oder jenen Eindruck empfinden. Umstände, Charakter, Eindruck werden gewissenhaft definiert: aber das alles bin schon nicht mehr ich. In Wirklichkeit behandle ich meine Gefühle wie Ideen: eine Idee

1 *L'Invitée.*

bearbeitet man so lange, bis sie platzt oder endlich zu dem wird, «was sie war». Doch wenn der Psychologe das Recht hat, auf diese Weise mit den Gefühlen umzuspringen, so schreit der *Mensch* um Gnade, er möchte einmal Reaktionen haben, die er nicht benennen kann. Aber ich bin nicht «psychologisch», eben weil ich mich mir selbst gegenüber als Psychologe verhalte. Und sicherlich haben meine Freundschaften dazu beigetragen, mir diese Haltung zu geben. Doch während ich mich ihnen voll hingab, während ich Maheu so sehr bestürmte, daß ich ihn strapazierte, während ich mit Castor unermüdliche Scheinwerfer konstruierte, träumte ich von einem anderen Menschen, der schön, zaudernd, dunkel, in seinen Gedanken langsam und gewissenhaft gewesen wäre, der keine erworbene Anmut, sondern eine stille und spontane Anmut gehabt hätte; ich weiß nicht, warum ich ihn mir als Arbeiter und Vagabunden im amerikanischen Osten vorstellte. Wie gern hätte ich gespürt, daß sich Ideen in mir bilden, langsam, geduldig, wie gern hätte ich vor finsterem Zorn gekocht, wie gern wäre ich vor grundlosen Zärtlichkeiten schwach geworden. Das alles konnte mein amerikanischer Arbeiter (er ähnelte Gary Cooper) tun und spüren. Ich sah ihn auf einer Eisenbahnböschung sitzen, müde und staubig; er wartete auf den Viehwaggon, auf den er unerkannt springen würde, und ich wäre gern *er* gewesen. Ich erfand sogar mit Castor eine (in meinen Augen) reizende Figur, den kleinen Crâne, der wenig dachte, wenig sprach und immer tat, was nötig war. Da mir durch eine merkwürdige Gebung des Schicksals immer zustößt, was ich mir ausmale, begegnete ich zum Schluß dem kleinen Crâne: es war der kleine Bost. Ich komme noch darauf zurück. Fest steht, daß ich aus dem Schoß der Freundschaft heraus die Liebe immer als einen Anlaß betrachtet habe, den Kopf zu verlieren und endlich handeln zu können, ohne zu wissen, was ich tue.

Ich sagte schon, das Gegenstück zu dieser erdrückenden Durchsichtigkeit war die Stärke, die olympische Sicherheit und das Glück. Die verschiedenen Paare, von denen ich ein Glied war, sind den Leuten unserer Umgebung immer überwältigend vorgekommen. Und sie waren es. Vor allem das letzte, das ich mit Castor gebildet habe. Unsere Bindung war so fest und faszinierend für andere, daß niemand einen von uns beiden lieben konnte, ohne von wilder Eifersucht auf den anderen ergriffen zu sein, die schließlich in unwiderstehliche Anziehung umschlug, noch bevor man ihn gesehen hatte, auf Grund bloßer Erzählungen. So daß die Freundschaft für mich immer nicht eine vage affektive Verbindung, sondern ein Milieu, eine Welt und eine Kraft gewesen ist.

Dennoch bin ich nicht für die Freundschaft geschaffen. Ich habe alle meine Freunde enttäuscht, nicht aus Verrat, Unachtsamkeit oder mangelnder Rücksichtnahme, sondern auf Grund eines tiefen Mangels an Wärme. Ich bin immer rücksichtsvoll gegen jedermann gewesen, ich habe keine Verabredung verpaßt, ich machte mich keiner Nachlässigkeit schuldig. Aber es war etwas Beflissenes dabei, das sich gegen meinen Willen verraten mußte. Guille warf mir vor, daß ich mich immer «perfekt» zu zeigen suchte; er behauptete, ich würde mir, wenn ich Madame Morels Haus verließ, sicher die Hände reiben und zu Castor sagen: «Nun, liebe Castor, haben Sie gesehen, ich war wieder mal perfekt.» In der Tat war Guille in unserer Freundschaft der Nachlässigere, der Launischere und über lange Perioden der Gleichgültigere. Aber er hatte meistens eine kommunikative Wärme, eine fast weibliche Zärtlichkeit, einen eifersüchtigen Ausschließlichkeitsdrang, den ich selbst bei weitem nicht besaß. Ich ärgerte mich nie. Dabei kam es vor, daß er mich harten Prüfungen aussetzte: ich kam zu Madame Morel, um ihn zu treffen – er hatte sich mit mir verabredet –, und ich fand einen Zettel auf dem Tisch im Salon: «Wir sind mit dem Auto nach Saint-Germain gefahren, warte auf uns.» Ich wartete zwei Stunden, drei Stunden und las galante Erzählungen aus dem

17. Jahrhundert, die ich in der Bibliothek des Salons fand. Dann kamen sie zurück, und Guille sagte: «Diese Dame war unausstehlich, immerfort sagte sie: Der arme Sartre, er wartet auf uns, und sie wollte umkehren. Aber das Wetter war so schön ...» Doch mein Zug nach Le Havre ging um zwanzig Uhr, so daß ich gerade noch Zeit hatte, sie eine Viertelstunde zu unterhalten. Ich ärgerte mich nicht. Ich ärgerte mich nie, aber ich bin mir nicht sicher, ob mein Gleichmut mir nicht zur Last gelegt wurde; er wirkte wie Gleichgültigkeit, und in gewisser Weise war er es auch. Ich erinnere mich nicht, daß ich jemals, wenn mich der Zug nach Paris zu Guille trug, die gleiche freudige Erregung verspürt habe, die er bestimmt empfand, wenn er guter Laune war und mich vom Bahnhof abholte. Ich dachte nicht einmal, daß ich ihn bald sehen würde. Wenn er mich zwei Stunden in Madame Morels Salon allein ließ, langweilte ich mich nicht, sondern war ganz damit beschäftigt zu lesen, es zu genießen dazusein (ich sagte ja schon, daß ich die Wohnung der anderen mochte und besonders diese hier), ich fand meine Einsamkeit poetisch. Wenn Guille mir eine gewisse Zärtlichkeit entgegenbrachte – immer sehr diskret und charmant –, war mir das ebenso peinlich, als hätte mir ein Homosexueller einen Antrag gemacht. Sobald die Beziehungen zu einem Mann nicht mehr oberflächlich und herzlich sind, stört mich das. Ich mag mich nicht ausliefern, und ich mag auch nicht, daß er sich ausliefert. Nicht, daß ich diskret bin. Im Gegenteil, es kommt vor, daß ich über mein Leben spreche und dabei Details preisgebe, die man für Vertraulichkeiten halten könnte. Aber in meinen Augen sind es keine: ich sage nichts, was ich nicht aller Welt zu sagen bereit wäre. Was ich Vertraulichkeit nenne, definiert sich mehr durch die Form als durch den Inhalt, durch ein bestimmtes Sichgehenlassen, eine bestimmte feuchte Hingabe, einen Wunsch, verstanden und unterstützt zu werden. Wenn ein Mann mir damit kommt, erstarre ich zu Eis. Sicher, für Pelletier und Bou-

tillier, für Nizan habe ich leidenschaftliche Gefühle gehabt. Aber das war zu der Zeit, als meine Sexualität noch nicht genau definiert war, und sicherlich ging auch platonische Liebe in meine Gefühle ein. Die seelische oder körperliche Nacktheit eines Mannes schockiert mich in höchstem Maße. Guille fand nichts dabei, sich nackt vor mir auszuziehen, aber mir war das äußerst peinlich, und ich wußte nicht, wo ich hinschauen sollte. In diesen Heften habe ich geschrieben, daß das vielleicht verdrängte Päderastie war, und Castor hat sich halb totgelacht, als sie diese Bemerkung las. Ich meine ja auch, daß es keine ist. Aber was ist es dann? Ich weiß es nicht; vielleicht fordert eine gewisse Rauheit im Bau des männlichen Körpers mich selber zur Rauheit heraus, und da ein großer Teil von mir Härte und Rauheit ist, ergreift er hier vielleicht die Gelegenheit, sich zu äußern. Oder vielleicht ist die Zärtlichkeit bei mir so eindeutig sexuell wie auch die Intimität, daß ich mir nicht vorstellen kann, zu einem Mann zärtlich zu sein, ohne daß ich sogleich einen kurzen Schub von Sexualität verspüre, die keine Verwendung findet und mich sofort abstößt und stört. Ich will gar nicht von *Begierde* sprechen, aber ich sehe zum Beispiel genau, wie meine rein freundschaftliche Zärtlichkeit für Madame Morel Nahrung findet in der Feinheit ihrer Züge, ihrer Haut, ihrer Gesten. Es besteht hier gleichsam eine natürliche Verwandtschaft. Im übrigen habe ich in der Zärtlichkeit häufig eine sonderbare Ununterscheidbarkeit bemerkt, die sich zwischen dem Gesicht des anderen und dem meinen herstellt. Wenn dieses Phänomen zu stark wird, hat es in der Psychiatrie einen Namen: es gibt Kranke, die ihr Glas zum Mund führen und zu ihrem Nachbarn sagen: «Ach, Sie trinken?», oder umgekehrt selbst zu trinken meinen, wenn sie ihren Nachbarn einen Schluck trinken sehen. Und genau das stößt mir zu, wenn meine Zärtlichkeit erwidert wird: ich lese mein eigenes Mienenspiel auf dem Gesicht des Anderen, mir scheint, daß ich genauso aussehe. Ohne Zweifel liegt das daran, daß meine eigene Miene, wie es bei erwiderter Liebe vorkommt, den Anderen rührt und sogleich das sanfte Lächeln hervorruft, das ich auf seinen Lippen sehe. Daher habe ich den Eindruck, daß es mein Lächeln ist, das dort auf diesen schönen Lippen entsteht. Aber das Faktum besteht, ich habe immer den Eindruck, mit Hilfe des Körpers des Anderen zärtlich zu sein. Trotzdem spüre ich mich noch, ich reguliere mein Mienenspiel, aber ich nehme es dort auf jenem anderen Gesicht wahr. So daß für mich die Zärtlichkeit nicht nur ein Gefühl ist, sondern vielmehr eine Situation zu zweit. Und natürlich, wenn der Andere ein Mann ist, bildet die Rauheit seines Äußeren ein unüberwindliches Hindernis für die Herstellung dieser Situation. Daher habe ich immer besser als andere die Widerstände verstanden, die ein junges Mädchen überwinden muß, bevor sie einen Mann wirklich begehrt, was Castor und ich, nach einem Ausspruch von Charles Du Bos in einem schlechten Vorwort zu einem schlechten Roman von Hope Mirrlees[2], den «Nymphencharakter» jedes jungen Mädchens nannten. Der Körper eines Mannes erschien mir immer zu stark gewürzt, zu kräftig, zu scharf, als daß er auf Anhieb begehrt werden konnte. Bestimmt bedarf es einer Lehrzeit. O. hatte es mir eines Tages bestätigt, als sie im *Café Victor* in Rouen sagte, daß der Charme einer Frau oder eines Knaben sofort zu erkennen ist, während es einer langen Gewöhnung und besonderer Aufmerksamkeit bedarf, damit der eines Mannes sich offenbart. Wenn ich mit Entzücken einen frischen und zarten Mund küßte, mußte ich immer daran denken, welch merkwürdigen Eindruck der meine wohl machte, der rauh war und nach Tabak stank. Man wird sagen, daß die Frau den Mann begehrt, weil sie Frau

2 Es handelt sich offenbar um den Roman *The counterplot*, der 1929 in französischer Sprache unter dem Titel *Le choc en retour* erschienen ist.

ist, aber für mich besagt das gar nichts. Ich denke im Gegenteil, daß, sowohl für die Frau wie für den Mann, die Frau das absolute Objekt der Begierde ist. Damit der Mann seinerseits begehrenswert wird, muß eine «Übertragung» erfolgen. Aber hier ist nicht der Ort, das zu erörtern. Ich wollte nur anmerken, daß ich mir, was meine Person betrifft, keine Zärtlichkeit in meinen Beziehungen zu Männern vorstellen kann. Außerdem bin ich immer nur mit «Frauen-Männern», wie ich sie nenne, befreundet gewesen, einer sehr seltenen Spezies, die sich von den anderen durch ihren körperlichen Charme und manchmal durch ihre Schönheit sowie durch tausend innere Tugenden abheben, die die gewöhnlichen Männer nicht kennen. In seinen guten Momenten konnte Guille stundenlang mit mir über ein Gesicht, eine flüchtige Nuance des Lichts oder seiner Stimmung, über eine unbedeutende Szene sprechen, die sich gerade vor uns abgespielt hatte. Und so bin ich selber, glaube ich, trotz meiner Häßlichkeit, Frau-Mann, zumindest bei meinen Hauptbeschäftigungen. Aber die anderen Männer sind ganz draußen, ich sagte es anderswo; sie vergessen sich völlig, es sind Rechner. Diese langweilen und irritieren mich; ich fliehe sie, und lange Zeit – solange ich jung war – schmeichelte ich mir, gegen sie der Komplize der Frauen zu sein. Ich erinnere mich, daß erst vor zwei Jahren die kleine Lucile, eine lasterhafte und verlogene Schauspielerin vom *Atelier*, eine, die sich an jeden heranmachte, voll plumper weiblicher Tricks, aber immerhin eine Frau, mich durch ihren «Kerl» zum Essen einladen ließ, einen herrlichen Ägypter mit glühenden Augen, finster eifersüchtig, der mir den vollkommenen Typ des männlichen Mannes zu verkörpern schien, den Mann, der auf dem Schoß einer braven Frau vor Wollust vergeht, sie mit starker Hand beschützt, wenn sie es gar nicht nötig hat, nach großen Gewittern vor ihr auf den Knien liegt, sie mit unbeholfenen Aufmerksamkeiten überhäuft, ohne irgend etwas von ihrem Charakter zu verstehen, der verrückt ist vor Angst, wenn sie ihn liebt, und friedfertig, wenn sie an einen anderen denkt, manchmal laut schluchzt und sich an der Nase herumführen läßt. Sie liebte ihn, das ist sicher, und sie fühlte sich gerade deswegen allein neben diesem großen Körper, dessen sinnliche Wärme sie durchdrang: sie liebte ihn, weil sie ihn betrügen konnte. Sie hatte versucht, sich an mich heranzumachen, aber ich war nicht darauf eingegangen, denn ich wußte, daß sie, ohne sich selbst anrühren zu lassen, allen Schauspielern des *Atelier*, mochten sie nun fünfzehn oder sechzig Jahre alt sein, die eindeutigsten Liebkosungen hatte angedeihen lassen. Wir hatten ein oder zwei Tage lang mit dummer Hinterhältigkeit gekämpft, und ich hatte sie bezwungen, ich weiß nicht recht, was für ein sonderbares Vergnügen ich an diesem Spiel fand. Jedenfalls stieß sie mich während des ganzen Essens mit Füßen und Knien an. Es ging dabei keineswegs darum, mir zu zeigen, daß sie bereit sei, mir ihre Gunst zu erweisen, da ich ja Bescheid wußte und die Sache zwischen uns bereinigt war. Ich glaubte, daß es ihr ein tückisches Vergnügen bereitete, ihren Kerl zu betrügen, ich glaube sogar, daß sie bei dieser Geste, die weder für sie noch für mich reale Folgen hatte, da sie keinen von uns beiden mehr entflammen konnte, an ihn und nicht an mich dachte. Ihn auf diese Weise gefahrlos zum Gespött zu machen, in seiner Anwesenheit, während er sehr höflich mit mir über sein Juraexamen sprach, das war ihre Art, ihn zu lieben; bestimmt war sie ganz naß vor Sinnlichkeit, die keineswegs mir, sondern ihm galt. Mich amüsierte nur, daß sie gerade mich zum Komplizen erkoren hatte *gegen diesen männlichen Mann*, den sie liebte. Sie konnte nicht hoffen, mich zu verwirren, ich hatte das mit ihr geklärt, sie wußte genau, was ich von ihrem Spiel hielt, aber gerade deshalb zog sie mich mit derselben Schamlosigkeit in dieses Spiel hinein, als wenn ich ein Eunuch oder eine Frau gewesen wäre. Sie wußte irgendwie, ich stand auf ihrer Seite und war weiblich genug, daß man sich *mit mir* über einen Mann lustig machen konnte (wäre ich fähig gewesen, mich von diesem Drängen verwirren zu lassen, dann hätte sie sich ganz allein und gegen mich über ihren Mann mokiert, aber das Spiel wäre gefährlicher gewesen). Das war meine letzte und flüchtige Komplikation dieser Art. In der Geschichte mit O. Z. habe ich mich meinerseits männlich gefühlt, leider.

Und dann hat die Freundschaft etwas Nüchternes, was mich langweilt und bedrückt. Gerade weil ich nichts Besonderes in mir fühle, stellt sie sich in meinen Augen vor allem als Pflicht dar. Ich habe versucht, freundschaftliche Beziehungen zu Frauen zu bewahren, mit denen ich durch Bande ganz anderer Art vereint gewesen war. Aber sobald ich nicht mehr liebe, langweile ich mich. Ich glaube, daß ich keinen Freund *brauche*, weil ich im Grunde niemanden brauche, ich brauche keine Hilfe, auch nicht jenen nüchternen und stetigen Beistand, den die Freundschaft bietet. Seit ich nun im Krieg bin, habe ich zum Beispiel nie Lust gehabt, jemanden zu treffen, der meine Art von Intelligenz besäße und den Dingen dasselbe Interesse entgegenbrächte wie ich. Ich beziehe lieber alles aus mir selbst. Andererseits verstehe ich es schlecht, die anderen zu benutzen; Castor hat mir oft gesagt, daß ich den Geschichten, die man mir erzählt, nicht zuhöre. Das ist zwar ein bißchen ungerecht, aber ich bin wirklich ein ziemlich schlechter Zuhörer, und oft rutsche ich auf meinem Stuhl und warte, daß die Geschichte endlich zu Ende ist. Mit den Freunden geht es mir wie mit den Philosophien der andern, die mir anzueignen mir so schwer fällt. Da ich ohnehin keine Lust habe, ihnen etwas von mir zu erzählen, langweile ich mich schnell. Bestimmt fehlt mir ein individueller Humanismus. Ich bin von Menschenmengen angetan, von Leuten, die vorbeigehen, aber für die Individuen empfinde ich nicht jene Sympathie auf den ersten Blick, auf die sich eine gute Freundschaft gründen ließe.

Meine erste Regung ist im Gegenteil Mißtrauen und Argwohn. Ich schreibe das im Soldatenfoyer; es sind hundert Männer im Saal. Als Masse rühren sie mich ein wenig, aber wenn ich sie einzeln betrachte, gibt es nur wenige, die mich durch ihre Haltung oder ihre Redeweise nicht schokkieren. Es ist kein einziger darunter, dessen Bekanntschaft ich machen möchte. Ich mag eben Männer nicht, das heißt, die männlichen dieser Gattung.

Doch in der École Normale entdeckte ich mit Nizan die Kameradschaft, und das war für mich eine gute Verwendung der Männer. In einer Bande leben, das reizte mich plötzlich. Ich denke, es ist ein ganz besonderes Vergnügen, sich vor dem Hintergrund, den eine Gruppe bildet, abzuheben, um sich herum eine Art Solidarität zu spüren, der man in eben dem Augenblick entgeht, da man sich ihr beugt. Ich glaube, mich reizte vor allem die empfundene Simultaneität. Während ich schreibe, blättert mein Nachbar normalerweise in einer Zeitschrift, nicht weit von mir spielen zwei Männer Schach, auch das ist eine Simultaneität. Aber in gewissem Sinn ist sie abstrakt, sie zerfällt in tausend kleine lokale und vereinzelte Handlungen. Ich denke sie nur und empfinde sie kaum. Während auf Grund der Solidarität, die uns damals vereinte, sich jede meiner Gesten in der Einheit unserer Gruppe als Simultaneität zu irgendeiner Geste eines meiner Kameraden zeigte: das verlieh ihr eine Art Notwendigkeit. Mit Entsetzen habe ich in Berlin gesehen, wie sehr die Deutschen diese Art Simultaneität genießen. In der *Neuen Welt*, einem riesigen Schuppen, in den Tausende von Deutschen Bier trinken gehen, traten auf der Bühne Gruppen von Bayern auf, die nichts anderes zustande brachten, als diese Simultaneität lebhaft an den Tag zu legen; einer warf seinen Hut in die Luft, während der andere tanzte und der dritte in ein Jagdhorn blies usw. Der Reiz der Darbietung war ganz offenkundig das «während», das nichts gemein hat mit der Mannigfaltigkeit in der Einheit einer Balletttruppe, denn sie ist reale Vielfalt in einer bloß affektiven Einheit. Das war also etwas, was wir sehr stark spürten und was mich beglückte. Und außerdem wollte ich Anführer sein, zumindest «Animator». Sicherlich, um mich für die in La Rochelle erlittenen Demütigungen zu rächen, die mich, ich sagte es bereits, tief getroffen hatten. Bin ich dieser Anführer gewesen? Animator vielleicht – aber obwohl man mich fürchten und manchmal bewundern mochte, obwohl ich bestimmt amüsant war (ich verausgabte mich rückhaltlos, führte Parodien auf, sang kleine Liedchen, organisierte tausend Possen mit Nizan), habe ich um mich herum immer eine Art von republikanischem Mißtrauen gesehen, wenn es darum ging, mich offiziell zum Anführer einer Unternehmung zu wählen. Man würde mir zweifellos weder Unternehmungsgeist noch Beharrlichkeit absprechen, aber ich wirke beängstigend, weil es mir an Würde fehlt, bestimmt ist etwas Possenhaftes an mir, und in sozialen Gruppierungen gewinnt meine Possenhaftigkeit die Oberhand. Die Leute betrachten mich mit einer Mischung aus Belustigung und Unwillen, sie sind auf der Hut. Im übrigen habe ich fast unmittelbar danach begriffen, wie schändlich es ist, ein Anführer zu sein. Aber meine Herrschsucht nahm nur eine andere Gestalt an. Ich hatte den Traum nicht verloren, durch Liebe über eine anmutige und müßiggehende Gemeinschaft zu herrschen. Nach und nach verwandelte sich der Traum noch mehr (ich muß sagen, daß ich auch hier zu wiederholten Malen bekommen habe, was ich begehrte) und wurde Wunsch nach geistiger Autorität. Ich wäre gern ein Weiser gewesen, den man um Rat fragt, genauer einer von den Starosten, wie sie bei Dostojewski vorkommen. Ich bin nicht sicher, ob ich, wenn ich tief genug in mir schürfen würde, nicht noch Bruchstücke dieses alten Wunsches fände. Ich fühlte mich sehr heimatlos und trist, als ich dieses Gruppenleben nach Abschluß der École Normale verließ. Keine Freundschaft, keine Liebe vermochte zunächst diese Dichte eines besonderen und leichten Lebens zu ersetzen. Heute wäre sie mir unerträglich. Noch Jahre später habe ich mich jedesmal, wenn ich mich in einer Männergesellschaft befand, als bissiger und eigenbrötlerischer Zensor erwiesen. Das Erstaunliche aber ist, daß ich trotz allem Sympathien wecke: Brunschvicg und Copeau in Berlin, Pieter hier. Ich schwöre, daß sie nicht verdient waren. Wenn ich aus Spaß am Abenteuer, aus Neugier einen Artgenossen an mich herangelassen habe, hege ich nur noch einen Wunsch: ihn fallenzulassen, sobald die Umstände es erlauben. Die Beziehungen unter Männern, die man in meinem Alter zu knüpfen pflegt und die weder Beziehungen der Bandenkameradschaft noch Freundschaft sind, sind mir unerträglich. Schon seit Jahren habe ich nicht *verlangt*, einen Mann zu treffen, und mich nicht im mindesten darum bemüht, einem zu begegnen. Sie bemühen sich um mich, und ich erdulde sie. Ich lebe in einem Kreis von Frauen, die alle viel darum geben würden, einen Faulkner oder einen Caldwell kennenzulernen. Ich dagegen, obwohl ich den einen zutiefst bewundere und für den anderen große Sympathien hege, habe nicht die geringste Lust, sie zu sehen. Auch nicht Hemingway, von dem jeder sagt, er sei so unterhaltsam. Brauchte man nur über die Straße zu gehen und in einen dritten Stock zu steigen, dann würde ich es sicher tun, aber sehr viel weiter würde ich nicht gehen. Oder besser, ich würde viel darum geben, sie leben zu sehen, wobei ich selber unsichtbar wäre, um unbemerkt in ihrem Haus herumzuspuken. Es widert mich jedoch schon im voraus an, daß die Beziehung eine wechselseitige ist, daß ich von ihnen gesehen werde, während ich sie sehe, daß es ein affektives Band zwischen uns geben kann, und sei es bloß ein Band der Herzlichkeit oder auch nur der Höflichkeit.

Kurz, habe ich jemals einen Mann meines Alters wirklich geliebt – von Nizan früher abgesehen? Ich glaube nicht. Auch nie gewünscht, daß man mich lieben möge. In der Freundschaft bleiben die Bewußtseine von einer Festigkeit und Freiheit, die mir sehr nüchtern vorkamen, ich hatte nicht das Bedürfnis, mich diesen Bewußtseinen auszuliefern (nicht, daß ich den Scharfsinn ihres Urteils fürchtete, aber sie waren eher schöne Frauen aus Marmor, die meine Begierde nicht weckten). Nur Sinnenrausch und die freiwillige Versklavung der verliebten Bewußtseine zogen mich an. Kurz, für mich existiert eine Hälfte der Menschheit kaum. Die andere – nun, ich muß es gestehen, die andere ist mein einziges, mein ständiges Anliegen. Nur die Gesellschaft von Frauen bereitet mir Vergnügen, nur für Frauen hege ich Achtung, Zärtlichkeit, Freundschaft. Ich würde keinen Fuß vor den anderen setzen, um Faulkner zu treffen, aber ich würde eine lange Reise machen, um Rosamond Lehmann kennenzulernen. Um mit Bost zu reden: «Auf Knien würde ich hinrutschen!» Ich erröte, das alles aufzuschreiben, weil es ein bißchen klingt wie *J'aime les femmes à la folie*, ein Lied, das Tino Rossi singt, aber es ist eine Tatsache. Anfangs hätte man glauben können, diese Leidenschaft, die nicht wählerisch war – oder nur wenig –, entspringe bei einem sehr jungen Mann einer pubertären Romantik. Aber nun bin ich bald fünfunddreißig Jahre alt, und schon seit Jahren bin ich von Frauen umgeben und will immer neue kennenlernen, zumindest wollte ich es noch vor kurzem, jetzt ist das vorbei. Ich, der ich mich in Gesellschaft von Männern unsäglich langweile, erlebe nur äußerst selten, daß die Gesellschaft von Frauen mich nicht unterhält. Ich ziehe es vor, mit einer Frau über die kleinsten Dinge zu sprechen statt mit Aron über Philosophie. Weil es diese kleinen Dinge sind, die für mich existieren, und jede Frau, sogar die dümmste, so darüber spricht, wie ich selbst darüber zu sprechen liebe; ich *verstehe mich* mit den Frauen. Ich liebe ihre Art zu sprechen, die Dinge zu sagen und zu sehen, ich liebe ihre Art zu denken, ich liebe die Themen, über die sie nachdenken. Sehr lange habe ich geglaubt, die Achtung, die ich für sie empfinde, am besten dadurch auszudrücken, daß ich sie für den Männern gleichwertig erklärte und Gleichberechtigung für sie forderte. Gleichzeitig weigerte ich mich, irgendeinen radikalen Unterschied zwischen den Geschlechtern anzuerkennen, und legte die sekundären Unterschiede der Erziehung und der Gesellschaft zur Last. Doch damit erwies ich ihrer Sache einen schlechten Dienst. Daß sie dieselben Rechte haben müssen wie wir, steht außer Zweifel. Aber man macht ihnen wirklich ein schönes Kompliment, wenn man sagt, sie seien den Männern «gleich», und ihnen versichert, daß es ihnen ohne ihre niedrige gesellschaftliche Situation bestimmt gelänge, ebenso gut zu denken wie wir. Die Dummheit, die Auguste Comte mit Eklat begangen hatte, bestand darin, ihnen großmütig Sensibilität zuzusprechen. Als ob das irgend etwas besagte. Als ob es eine menschliche Fähigkeit gäbe, die Sensibilität hieße und mit der bestimmte Vertreter der Gattung in größerem Maße ausgestattet wären als die anderen. Als ob nicht jede menschliche-Realität bei jedem ihrer Schritte in der Totalität existierte. Die ganze Frage muß neu aufgerollt werden. Aber man löst das Problem bestimmt nicht dadurch, daß man, als guter kantianischer Rationalist, die Gleichheit der Geschlechter bekräftigt; dieser Begriff der Gleichheit taugt nichts, und ich täuschte mich völlig.

29. Februar

Ich weiß nicht, ob ich eine Zeitlang die Gesellschaft der Frauen nicht deshalb gesucht habe, um mich von der Last meiner Häßlichkeit zu befreien. Wenn ich sie anschaute, zu ihnen sprach, mich bemühte, auf ihren Gesichtern einen angeregten und glücklichen Ausdruck hervorzurufen, verlor ich mich in ihnen und vergaß mich. Es muß so etwas gewesen sein, denn zur gleichen Zeit (ungefähr zwischen meinem 20. und 25. Lebensjahr) spürte ich, sobald ich mit einer häßlichen oder mißgestalten Frau zusammen war, sehr lebhaft und zynisch das Paar, das wir bildeten. Ich rettete sie nicht, im Gegenteil, und das Ganze war ebenso häßlich wie seine Teile. Dann haßte ich uns unbarmherzig. Mir schien sogar – sehr zu Unrecht –, daß eine Umgebung schöner Frauen mich rettete, daß bei dieser Kombination, die wir bildeten, das beherrschende Element die Schönheit war. Wenn ich ausdrücken wollte, was ich damals empfand, würde ich wohl sagen, daß ich auf keinen Fall ein anderes Gesicht hätte haben wollen, sondern nur gewünscht hätte, daß sich die Schönheit wie eine wirksame Gnade auf eben diesem Gesicht hier ausbreite. Sicherlich hatte ich ein Verlangen nach Schönheit, das nicht wirklich sinnlich, sondern eher magisch war. Ich hätte die Schönheit essen und mir einverleiben mögen, ich denke, daß ich in gewisser Weise gegenüber allen hübschen Personen an einem Identifikationskomplex litt, und das erklärt, daß ich mir immer schöne Männer zu Freunden erkoren habe oder solche, die ich für schön hielt. Maheu sagte einmal ziemlich perfide zu Castor: «Das Große und Tragische an Sartre ist, daß er in allem eine ganz und gar unglückliche Liebe zur Schönheit hat.» Darunter verstand er nicht nur, daß ich es bedauerte, häßlich zu sein, daß ich schöne Frauen liebte, sondern auch, daß ich versuchte, in meinen literarischen Essays eine Schönheit zu erhaschen, für die ich nicht geschaffen war. Er war von Barrès und Gide sehr angetan und begriff die Schönheit des Geschriebenen nur in einer bestimmten, sehr engen Form. Im übrigen ist es richtig, daß ich damals versuchte, kantige und spröde Gedanken im Stil von Anatole France wiederzugeben, und daß daraus in der Tat mißglückte Werke entstanden, vergebliche Anstrengungen, die Schönheit einzufangen. Aber heute scheint mir, daß Maheus Gedanke noch viel richtiger war, als er selbst meinte. Ich bin nur Sehnsucht nach Schönheit und außerhalb davon Leere, nichts. Und unter Schönheit verstehe ich nicht nur das sinnliche Vergnügen der Augenblicke, sondern eher die Einheit und

Notwendigkeit im Ablauf der Zeit. Rhythmen, wiederkehrende Perioden oder Refrains entlocken mir Tränen, die elementarsten Formen der Periodizität bewegen mich. Ich weise darauf hin, daß diese geregelten Abläufe ihrem Wesen nach zeitliche sein müssen, denn räumliche Symmetrie läßt mich gleichgültig. Ein gutes Beispiel dafür ist der Wunsch, den ich im Februar hatte, mein Urlaub möge *kostbar* sein, das heißt, ich möge ihn bis zum Schluß spüren als einen geregelten Fluß, der seinem Ende zuströmt. Es versteht sich von selbst, daß deshalb die Musik für mich die ergreifendste und am unmittelbarsten zugängliche Form des Schönen ist. Was ich immer leidenschaftlich begehrt habe, was ich noch heute begehre, obwohl ohne jede Hoffnung, ist im Grunde, im Mittelpunkt eines schönen *Ereignisses* zu stehen. Eines Ereignisses, das heißt eines zeitlichen Stromes, der mir *zustößt*, der mir nicht *gegenüber* ist wie ein Bild oder eine Melodie, sondern rings um mein Leben und in meinem Leben geschieht, mit meiner Zeit. Ein Ereignis, dessen Hauptakteur ich bin, das meine Wünsche und Begierden mit sich trägt, aber von meinen Wünschen und Begierden gelenkt wird, dessen Urheber ich bin, so wie der Maler der Urheber seines Bildes ist. Und daß dieses Ereignis schön sei, das heißt, daß es die herrliche und bittere Notwendigkeit einer Tragödie, einer Melodie oder eines Rhythmus habe, all jener zeitlichen Formen, die in geregelter Wiederkehr majestätisch einem Ende zustreben, das sie in ihrem Schoß tragen. Das alles habe ich schon in *La nausée* erklärt, bald wird man sehen, warum ich darauf zurückkomme. Zuvor möchte ich notieren, daß ich diese heftige und vergebliche Sehnsucht nach zeitlicher Schönheit dem *Menschen* zuschrieb. Während ich sie heute für meine Eigenart halte. Ich sehe, daß Castor vor allem von der Darbietung einer ganz nichtmenschlichen ästhetischen Notwendigkeit außerhalb ihrer Person bewegt wird – sagen wir von einer Fuge von Bach, einem Bild von Braque; sie wünscht nicht, daß ihr

Leben das Material dieser Notwendigkeit sei. O. Z. dagegen wurde vom sinnlichen Inhalt einer schönen Form bewegt. Ich sehe sie noch, wie sie mit einer Art Aggressivität im Zimmer von Zuorro zu uns sagte: «Komposition und Melodie sind für mich nebensächlich; mich bewegen die Noten.» Fast glaube ich, daß eine sinnliche Augenblickspracht ausreichen würde, sie zu beglücken. In Wirklichkeit ist die Sache komplizierter, da der Augenblick niemals ausreicht, aber zumindest ist das für sie ein ideeller Wert, und alles in allem ist dieser unrealisierbare Traum nicht widersprüchlicher als der meine, er ist genauso widersprüchlich. Letzte Woche sprach ich vom Unrealisierbaren. Sagen wir, daß ich mein eigenes Unrealisierbares habe: die Schönheit des Ereignisses. Wenn ich sage, daß ich mein eigenes Unrealisierbares habe, meine ich nicht, daß ich manchmal einen vagen Traum hege. Nein: Ich bin in diese Situation geworfen, mein In-der-Welt-sein ist ein In-einer-unrealisierbaren-Situation-sein, ich bin ganz und gar in diesem Ereignis, dessen Schönheit mich anzieht und mich flieht: es ist mein Leben. Was die Komödien erklärt, die ich ständig spiele, ohne mich ganz darüber zu täuschen, es sind gleichsam Pantomimen, um das Unrealisierbare einzufangen, magische Tänze, was auch jene plötzlichen Anfälle von Grobheit und Zynismus erklärt, die die Leute meiner Umgebung oft verwirrt oder schockiert haben. Kurz, es ist meine Leidenschaft, und meine Leidenschaft bin ich.

Ich betone das, weil ich darin die Hauptursache meiner Amouren sehe. Lange – fast bis heute – habe ich die Illusion gehabt, daß das Ereignis der Liebe jenes notwendige, mit einem Wort schöne Ereignis sein könnte und sollte, nach dem ich strebte. Das lag sicher daran, daß ich die Liebe als ein höfisches Verführungsspiel betrachtete. Als solches trug es ihr Ende in sich. Das Ende war das Geständnis – später war es der Liebesakt, den Leiris mit der Tötung im Stierkampf vergleicht. Es ging wirklich um ein geregeltes Fortschreiten hin zu einem bekannten Ziel –

doch bekannt wie die Lösung des Knotens in den griechischen Tragödien, die die Athener voraussahen und dennoch fürchteten und begehrten –, bekannt wie die Auflösungen einer Melodie, vorausgesehen und doch ganz unvorhersehbar. Und dieses Schlußereignis mußte ich durch meine Worte und meine Gesten herbeiführen. Man sieht, wie weit ich davon entfernt war, die bloß sinnliche Erregung zu begreifen. Sie war mir nicht unbekannt, aber ich spürte sie nicht. Und mir lag nicht sehr daran, daß meine Partnerin sie zuerst empfand, ebensowenig wie der Torero wünschen kann, daß der Stier, nach dem Setzen der Banderillas von einem Blutsturz betroffen, in die Knie sinkt. Sie mußte *verdient* sein, das heißt sich am Ende der Komödie einstellen, genau in dem Augenblick, da der Vorhang fällt, herbeigeführt von der letzten Replik. Sicherlich hätte mich eine starke sinnliche Leidenschaft, die diese oder jene Frau für mich empfunden hätte, völlig aus der Fassung gebracht und schockiert. Für mich war die Frau – sicherlich auf Grund meiner Lektüre – ein Wesen, das zuerst nein sagt und sich dann nach und nach umgarnen läßt, immer Widerstand leistend, aber jedesmal ein bißchen weniger. So hatte jeder von uns seine im voraus festgelegte Rolle. Die Frau versagte sich, und ich insistierte sanft, geduldig, gewann jeden Tag ein wenig an Boden. Aber ich betrachtete die Verführung nicht als ein machiavellistisches Feuerwerk wie der junge Stendhal. Es hätte mir sehr mißfallen, eine Frau durch Finten herumzukriegen, und gerade das beweist zur Genüge, daß mir weniger an der Frau lag als an der Komödie, zu der sie mir Gelegenheit bot, da ich nicht akzeptiert hätte, sie durch ein beliebiges Mittel zu erringen. Noch einmal, ihr Besitz zählte weniger als die Verheißung von Besitz. Zur Verführung zählte ich einzig auf mein Wort. Ich erinnere mich noch an meine Verlegenheit in Berlin: ich war mit dem festen Vorsatz fortgefahren, die Liebe der deutschen Frauen kennenzulernen, aber nach kurzer Zeit begriff ich, daß ich für ein Gespräch nicht genug Deutsch konnte. Somit meiner Waffe beraubt, stand ich ganz blöde da und wagte nicht, etwas zu unternehmen; ich mußte mit einer Französin vorliebnehmen. Und wie sympathisch war mir da jene naive Bemerkung, die ein abgeblitzter Ungar zu Castor machte: «Wenn Sie wüßten, wie geistreich ich auf Ungarisch bin.»

Dabei ging es mir gar nicht darum, geistreich zu sein oder auch nur zu glänzen. Ich sagte es schon, es ging darum, die Welt in Worten einzufangen, sie *für* meine Gefährtin einzufangen, sie stärker und schöner existieren zu lassen, ihr zu helfen, sich zu «manifestieren», wie Gide in *Narcisse** sagt. Man mußte übrigens nicht nur reden. Man mußte auch geschickt die Pausen nutzen und die Gesichtspunkte wählen. Im Grunde war es eine richtige literarische Arbeit. Und mein Ziel war nicht, mich als Dragoman, als Vermittler zwischen der Welt und ihr unentbehrlich zu machen, sondern eher, in ihren Augen unauflöslich mit der Schönheit der Welt zu verschmelzen. Alles in allem ging es darum, die Kristallisation künstlich herbeizuführen. Abgesehen davon, daß dieses kleine Kunstwerk im geregelten Ablauf der Verführung seinen Platz hatte, gefiel es mir auch an sich, so wie ein Ausführen des Themas in der Mitte der Melodie gefallen kann, ohne daß man es deswegen vom Ganzen abtrennt. Daran lag mir sogar am meisten. Und da die meisten meiner Gefährtinnen intelligent und anspruchsvoll waren, mußte ich mich anstrengen, und am Abend trug ich die befriedigende Erinnerung mit nach Hause, «gute Arbeit geleistet» zu haben. Heute, da ich mit Abstand über diese vergangene Zeit sprechen kann, meine ich, daß das, was ich sagte, sogar zu den besten Frauen der Welt, meinesgleichen, recht kläglich war. Um bestehen zu können, mußte es gestützt werden durch

* *Le traîté du Narcisse.* Deutsch: *Der Traktat vom Erlebnis des Narkissos.*

die Örtlichkeit, die Stimmung, die Uhrzeit und jene heimliche Gewißheit, in der wir uns beide befanden, Liebesbeziehungen anzuknüpfen. Letztlich war alles leicht, viel zu leicht und, wie Castor später sagte, «viel Luft». Zur gleichen Zeit verwendeten wir auch zur Charakterisierung der Sache den Ausdruck «auf wunderbar machen». Heute verabscheue ich diese Reden, diese Pausen und diese Artigkeiten, aber verabscheute ich sie nicht schon damals, während ich sie genoß? Nach solchen Rendezvous war mein Mund trocken, die Gesichtsmuskeln müde vom vielen Lächeln, die Stimme noch von Honig verklebt, ich empfand eine Übelkeit, die ich mir nicht eingestehen wollte und die von der Befriedigung überdeckt wurde, «meine Sache vorangebracht», das Aufleuchten eines Blicks, ein paar unfreiwillige Bewegungen entdeckt zu haben. Witzig ist, daß ich – obwohl mir selbst ziemlich bewußt, daß ich Komödie spielte – mir keine Sekunde vorstellte, daß die Frau vielleicht ihrerseits Komödie spielte und daß diese verhaltenen Geständnisse, diese entschlüpften Vertraulichkeiten ebenso sorgfältig abgestimmt waren wie meine Reden. Ganz bestimmt war das meistens der Fall – es handelt sich natürlich um jene halbbewußten und nicht allzu zynischen Komödien, die man in den meisten Liebesbeziehungen antrifft –, und das lag nicht nur am Charakter der Frau, sondern daran, wie mir scheint, daß ich diese Komödien durch mein Getue herbeirief. Wenn ich es gewußt hätte, wäre ich außer mir gewesen. Es ging für mich nicht um einen Sketch zu zweit, in dem jeder seine Rolle zu spielen hatte, ich erkenne jetzt genau, daß ich seitens der Frau eine totale Naivität brauchte. In diesem vergänglichen Kunstwerk, das ich zu schaffen versuchte, stellt die Frau das Rohmaterial dar, das ich gestalten mußte.

Heft XIV

März 1940
Bouxwiller – Brumath

6. März 40

Eine Zeichnung in *Le Petit Parisien* von heute. Ein herkulischer böser Bube hält eine junge Person umklammert, die sich energisch, aber vergeblich zur Wehr setzt. Eng an die Wand gedrückt, voller Angst betrachtet ein winziger Soldat in mittleren Jahren reglos die Szene. Und die junge Person schreit ihm empört zu: «He, Urlauber, du hättest mir nicht zu sagen brauchen, daß du bei Handstreichen ein As warst.» Diese Zeichnung scheint mir nach vielen anderen und nach dem Chanson von Chevalier, das ich in einem meiner Hefte kommentiert habe[1], bezeichnend zu sein. Es ist die Zerstörung der militärischen Idee. Die militärische Idee, entstanden zur Zeit der Berufsheere, verleiht dem Soldaten *a fortiori* Zivilcourage. Und tatsächlich ist der Soldat, mehr oder weniger Söldner, immer ein bißchen ein «Hitzkopf», wie die berühmten amerikanischen Matrosen der Filmserie, die mit «Eine Frau in jedem Hafen» begann. Gerade wegen seiner Qualitäten als Raufbold wurde er vom Anwerber oft ausgesucht, und sie sind ihm im Krieg auch nützlich, man kämpft mit dem Säbel, mit dem Messer und zum Schluß mit den Fäusten. Aber das «Volk in Waffen» hat das alles verändert, weil nicht mehr der starke Mann des Dorfs Soldat wird, sondern der Krämer, der Bäcker, der Standesbeamte, alle diese schwächlichen, friedfertigen Menschen, über deren kleine Fehler die Zeitungen in Friedenszeiten freundlich spotteten: Knausrigkeit, Feigheit, Kleinkrämerei usw. Blieb die Tatsache, daß es zweierlei ist, ein Volk in Waffen zu sein

1 Sicherlich handelt es sich um das im Jahre 1939 von Maurice Chevalier kreierte Chanson *D'excellents Français,* das von einem biederen Patriotismus geprägt ist.

und sich als Volk in Waffen seiner selbst bewußt zu werden. Genauso wie es zweierlei ist, die Arbeiterklasse zu *sein* und sich als Proletariat seiner selbst bewußt zu werden. Mir scheint, daß die erste Reaktion des Volks in Waffen auf sich selbst mythologisch war. 1914 gab es ein goldenes Buch des Krämers, des Bäckers usw. Die Zeichnungen, an die ich mich erinnere, waren idealisierend. Zwar erkannte man die schmächtigen Körper, die unbeholfenen Gesten, die zivilen Köpfe wieder, aber die Kunst verlieh diesen etwas mageren Gesichtern unbezähmbare Energie, sie waren von asketischer Magerkeit, heiliger Zorn stand in ihren Augen, und in ihrer linkischen Haltung lag kriegerische Tatkraft. Abel Faivre war Spezialist dieser *Legenda aurea*. Sie sind nach Hause zurückgekehrt, sie haben ihren Beruf und ihre Gewohnheiten wieder aufgenommen, und nun ist der zweite Volkskrieg da. Mir scheint, daß sich das Volk in Waffen diesmal seiner selbst bewußt geworden ist. Dieses lange Warten zu Beginn des Krieges hat ihm Zeit dazu gelassen. Und diesmal weiß man, daß die Soldaten, die an der Maginotlinie auf den Feind warten, *dieselben sind* wie die kleinen liberalen Händler, die kleinen Beamten der Friedenszeit. Sicher meint man – denn man meint es immer gut –, daß sie für das Kriegshandwerk tauglich und sogar hinlänglich geeignet sind. Aber es kommt zu einer deutlichen Trennung zwischen den verschiedenen Formen des Muts und der Aktion. Dieser oder jener Soldat, der vor einem Boss zittert, ist ein As bei Handstreichen. Weil der Handstreich seine Spielregeln hat – Überraschung, Einkreisung, Gewehrschüsse, aber kein Nahkampf. Unter guter Anleitung kann der Krämer bei einem Handstreich Erfolg haben. Aber das befähigt ihn nicht, sich gehörig mit Fäusten zu schlagen. Er ist nicht heilig geworden, man sucht in seinen Augen nicht nach einem unbezähmbaren Funkeln. Und wenn man meint, daß er da unten seinem «Menschenberuf» nachgeht, meint man, daß er die Kraft dazu aus einer

Art biederem Humanismus schöpft; eben jenem Humanismus, der ihm in Friedenszeiten half, mit gebeugtem Nacken die harten Schläge zu überstehen. Das nenne ich Antiheroismus. Und ein demokratisches Volk in Waffen, das sich als solches seiner selbst bewußt wird, befindet sich, so behaupte ich, an den Antipoden des Heroismus. Denn der Heroismus ist immer eine Sache von Spezialisten gewesen und muß es auch sein. Er muß von Geheimnis und Undurchdringlichem umwittert bleiben. Wenn man jedoch entdeckt, wie Faulkner sagt, daß «jeder in den Heroismus fallen kann», gibt es keine Helden mehr. Das «Volk in Waffen» zerstört das heilige Privileg des Krieges, denn es stellt die Funktion des Kriegers einer zivilen Dienstleistung gleich, die allen obliegt. Gerade dadurch gibt es eine Zivilisierung des Krieges. Ganz zu Anfang hielt man sich noch in respektvoller Entfernung von den Mobilisierten. Und meine Schüler Chauffard und Kanapa schrieben mir noch: «Einem ‹Nichtmobilisierten› fällt es schwer, einem Mobilisierten zu schreiben.» Aber jetzt spuckt man ihm auf den Kopf, und das ist gut so. Wie das alles werden soll, wenn es wirklich zum Krieg kommt, weiß ich nicht. Ich weiß nur, daß alle Soldaten sich leise über die ironische und gönnerhafte Vertraulichkeit der Zivilisten ihnen gegenüber beklagen. Und das ist fatal, denn der Zivilist *arbeitet*, er übt noch einen Beruf aus, auf den er stolz ist, für den er sein Bestes gibt. Wenn nun aber der Soldat aufgehört hat, ein Held zu sein, dann ist er nur noch ein Faulpelz wider Willen, der nicht mehr von den Erfordernissen eines technischen Berufs gezügelt und gerettet wird und den man fürs Nichtstun durchfüttert. Kurz, wie jemand so richtig sagte, ein Arbeitsloser. Und darüber sollte man sich freuen, trotz diesem Groll, der sich im Herzen der Soldaten staut, weil auch das dazu beiträgt, den Krieg zu töten.

Wenn ich mich über diese Zersetzung des militärischen Geistes freue, dann sage ich nur, was ich sehe, mehr nicht. Ich verkenne nicht, daß der Geist in Deutschland ein ganz anderer ist. Und wenn ich nicht von ihm spreche, so deshalb, weil ich ihn nicht kenne. Aber ich weiß, daß diese Veränderung, die der französische Geist anzeigt, vom Sieg der Demokratien abhängig ist. Würden wir dagegen besiegt werden, dann würde ein kalt denkender künftiger Historiker darin einen Beweis für unsere Dekadenz und den tieferen Grund unserer Niederlage erblicken. Somit ist der tiefere Sinn dieser öffentlichen Geisteshaltung zweideutig. Aber auch wenn ich auf einen Endsieg der Plutodemokratien hoffe, baue ich dennoch nicht auf ihren Heroismus, sondern auf ihren Reichtum. Ich rechne mit einem Krieg ohne «Größe», vor allem einem ökonomischen. In diesem Fall kann die «Dekadenz» harmlos bleiben und im Gegenteil zu einem günstigen Faktor werden. Das ganze Problem kreist um die Frage: gibt es ein ehernes Gesetz der Geschichte, nach dem die «allzu» zivilisierten und «allzu» friedfertigen Völker eben auf Grund dieser Zivilisation am Ende verschlungen werden? Oder gilt dieses Gesetz nur für die «kriegerische» Ära, das heißt für die vergangene Epoche, in der die militärischen Probleme und die ökonomischen Probleme relativ getrennt waren? Wenn das eherne Gesetz noch existiert, dann stehen wir vor dem Un-Sinn, daß eine bestimmte Dosis an absurder Brutalität, die den Mythos des Helden sowie die Unfehlbarkeit des Heerführers einschließt, für die Gesundheit eines Volkes unerläßlich ist, und sei sie auch von der Vernunft verurteilt, und zwar genau deshalb, weil jede vernünftige Verurteilung, indem sie die Macht dieser Brutalität schwächt, das Volk selbst und damit den Frieden schwächt. Dann wird die «Gesundheit» eines Volkes zu einer Art Gleichgewicht zwischen einer bestimmten Dosis an primärer Aggressivität und der Vernunft. Wenn jedoch der zynische ökonomische Materialismus dem Krieger die

Flügel stutzt, wenn Erdöl für den Krieg unerläßlicher ist als Mut, dann kann, was als verderbliche, widerliche Feigheit *allzu* zivilisierter Leute erscheinen mochte, zum neuen Geist werden. Und die größelose Erdrosselung des Kriegers durch die Feiglinge wird nunmehr zum neuen ehernen Gesetz. Dann ist der Historiker, der die Ideologie nach ihrem Erfolg beurteilt, gezwungen, in dieser angeblich dekadenten Ideologie den Ausdruck der Widersprüche des zeitgenössischen Kapitalismus zu sehen, der zum Krieg führt und ihn *nicht* führen *kann*. Und eben dadurch, daß der Sieg dem Reichsten und nicht dem Tapfersten zufällt, kann diese Ideologie ein Faktor des Fortschritts werden. Aus diesem wie aus vielen anderen Gründen bleibt es daher richtig, daß wir uns an einem Wendepunkt befinden, denn allein der Sieg wird über den Wert *unserer* Ideologie oder der Naziideologie entscheiden.

1888 – Rede von Bismarck auf der Tribüne des Reichstags. Darin drückt er zum letztenmal die Konzeption des Volks in Waffen aus, und zwar *aus der Sicht* der veralteten Konzeption des Berufsheeres.

«Wenn wir in Deutschland einen Krieg mit der vollen Wirkung unserer Nationalkraft führen wollen, so ... muß es ein Volkskrieg sein ... Ein Krieg, zu dem wir nicht vom Volkswillen getragen werden, der wird geführt werden, wenn schließlich die verordneten Obrigkeiten ihn für nötig halten und erklärt haben werden ... Aber es wird nicht von Hause aus der Elan und das Feuer dahinter sein ... Natürlich, jeder Soldat glaubt das [seinem Gegner überlegen zu sein]; er würde beinahe aufhören, ein brauchbarer Soldat zu sein, wenn er nicht den Krieg wünschte und nicht an seinen Sieg darin glaubte.»

Welche Überraschung hätte ihm dieser Krieg bereitet: wir glauben nicht, daß wir den deutschen Soldaten überlegen sind, wir wünschten diesen Krieg nicht, im Gegenteil, wir lehnten ihn mit allen Kräften ab. Schließlich *hoffen* wir auf den Sieg, und wir alle haben den Eindruck, daß er von Konstellationen abhängt, die unserem militärischen Wert völlig äußerlich sind: von ökonomischen Konstellationen. Und trotzdem sind wir brauchbare Soldaten.

Sicher bin ich das monströse Produkt des Kapitalismus, des Parlamentarismus, der Zentralisierung und des Beamtentums. Oder das sind, wenn man so will, die primären Situationen, über die hinaus ich mich projiziert habe. Dem Kapitalismus verdanke ich, daß ich von den arbeitenden Klassen abgeschnitten bin, ohne deshalb zu den Kreisen Zugang zu haben, die Politik und Wirtschaft lenken. Dem Parlamentarismus verdanke ich die Idee der bürgerlichen Freiheiten, die am Ursprung meiner manischen Leidenschaft für die Freiheit steht. Der Zentralisierung verdanke ich, daß ich die Landarbeit nie kennengelernt habe, daß ich die Provinz hasse, daß mir jede regionale Bindung fehlt und daß ich mehr als jeder andere für den Mythos «Paris-Großstadt», wie Caillois sagt, empfänglich bin. Dem Beamtentum verdanke ich die völlige Ahnungslosigkeit in Geldsachen, die sicher die letzte Verkörperung der «Integrität» und der «Uneigennützigkeit» einer Beamtenfamilie ist; ich verdanke ihm auch die Idee der Universalität der Vernunft, denn der Beamte in Frankreich ist die Vestalin des Rationalismus. Allen diesen Abstraktionen zusammen verdanke ich, daß ich ein Abstrakter und ein Entwurzelter bin. Ich wäre vielleicht gerettet worden, wenn ich von Natur aus sinnlich wäre, aber ich bin kalt. Ich hänge also «in der Luft», ohne jegliche Zugehörigkeit, weder habe ich durch Feldarbeit Verbundenheit mit der Erde kennengelernt noch durch Solidarität der Interessen Verbundenheit mit einer Klasse, noch durch Lust Verbundenheit mit den Körpern. Der Tod meines Vaters, die Wiederheirat meiner Mutter und die Meinungsverschiedenheiten mit meinem Stiefvater haben mich frühzeitig dem Familieneinfluß entzogen, die Feindseligkeit meiner Klassenkameraden in La

Rochelle hat mir beigebracht, mich auf mich selbst zurückzuziehen. Mein gesunder, kräftiger, williger und diskreter Körper meldet sich nie, außer er revoltiert einmal geräuschvoll bei einer Nierenkolik. Ich bin mit nichts solidarisch, nicht einmal mit mir selbst; ich brauche niemanden und nichts. So sieht die Persönlichkeit aus, die ich mir in vierunddreißig Lebensjahren gemacht habe. Wirklich das, was die Nazis den «abstrakten Menschen der Plutodemokratien» nennen. Ich habe keinerlei Sympathie für diese Persönlichkeit und will mich ändern. Verstanden habe ich, daß die Freiheit nichts mit dem stoischen Verzicht auf Liebe und Güter zu tun hat. Im Gegenteil, sie setzt eine tiefe Verwurzelung in der Welt voraus, und *jenseits* dieser Verwurzelung ist man frei, jenseits der Menge, der Nation, der Klasse und Freunde ist man allein. Statt dessen behaupte ich meine Einsamkeit und meine Freiheit *gegen* die Menge, die Nation usw. Castor schreibt mir gerade, daß die wirkliche Authentizität nicht darin besteht, sein Leben nach allen Seiten überquellen zu lassen oder zurückzutreten, um über es zu urteilen, oder sich jeden Augenblick von ihm zu befreien, sondern im Gegenteil in es hineinzutauchen und mit ihm eins zu sein. Aber das ist leichter gesagt als getan, wenn man vierunddreißig Jahre alt ist, wenn man von allem abgeschnitten und ein Luftgewächs ist. Alles, was ich im Augenblick tun kann, ist, diese Freiheit in der Luft zu kritisieren, die ich mir beharrlich verschafft habe, und an dem Grundsatz festzuhalten, daß man sich verwurzeln muß. Damit will ich nicht sagen, man müsse an bestimmten Dingen *hängen*, denn ich hänge mit aller Kraft an einem Haufen Dinge. Ich meine aber, daß die Persönlichkeit einen *Inhalt* haben muß. Man muß aus Lehm sein, und ich bin aus Wind.

Da ich keine große Leidenschaft für die Gesellschaft habe, da ich außerhalb meiner Klasse und meiner Zeit lebe, ähnele ich dem Kaninchen von Claude Bernard, das zu experimentellen Zwecken isoliert ist, fasten muß und sich selbst verdaut.

«Die Freiheit, wie die Vernunft, existiert und manifestiert sich nur durch die unaufhörliche Verwerfung ihrer eigenen Werke; sie geht zugrunde, sobald sie sich anbetet. Darum war die Ironie zu allen Zeiten das Merkmal des philosophischen und liberalen Genius, das Siegel des menschlichen Geistes, das unwiderstehliche Werkzeug des Fortschritts.» (Proudhon: *Confessions d'un révolutionnaire**)

7. März

Mit großem Interesse lese ich *Wilhelm der Zweite* von Emil Ludwig. Über ihn versuche ich, ein Problem aufzugreifen und zu wenden, das mich seit einiger Zeit plagt – genau seit September 38. Wir haben oft darüber diskutiert, Castor und ich: mit Aron räume ich ein, daß man sowohl in der Erklärung wie im Verstehen des historischen Ereignisses verschiedene Bedeutungsschichten finden kann. Und diese Bedeutungsschichten erlauben es, die Entwicklung des historischen Prozesses auf befriedigende Weise zu beschreiben, jede auf ihrer eigenen Ebene. Aber diese Bedeutungen laufen parallel, und es ist nicht möglich, von einer zur anderen überzugehen. So läßt sich der Krieg von 14 durch die Rivalität des deutschen und des englischen Imperialismus erklären. Wir befinden uns auf dem Boden der marxistischen und streng ökonomischen Erklärung. Wir gelangen zu Lenins Buch über Imperialismus und Kapitalismus. Aber man kann den Krieg *auch* erklären, indem man sich auf ein historischeres Bedeutungsfeld begibt, und den Pangermanismus als Ausdruck der Tendenz Deutschlands darstellen, seine von Bismarck begonnene Vereinigung zu vollenden. Man kann, auf derselben Ebene und sich allein an die deutsche Verantwortlichkeit haltend,

* Deutsch: *Bekenntnisse eines Revolutionärs.*

darauf hinweisen, daß die Hegenomie Preußens der Herrschaft eines Adels von militarisierten Junkern entspricht. Auf einer «diplomatischen» Bedeutungsebene kann man zeigen, wie der Zusammenbruch der Bismarckschen Bündnisse mit Rußland und Österreich – Bündnisse, die das Ziel hatten, diese beiden Mächte in Zaum zu halten, die immer auf dem Sprung waren, wegen der Balkanländer aneinanderzugeraten – dazu geführt hat, Rußland in das Bündnis mit Frankreich zu treiben und den österreichisch-russischen Antagonismus auszulösen. Schließlich kann man zum Hof von Kaiser Wilhelm gelangen, zu seiner Regierung, seinen Beratern, seiner Persönlichkeit. Auf jeder Ebene ist die Beschreibung des Prozesses befriedigend, und es lassen sich sogar Ursachen finden, wenn man, gemäß der von Aron aufgegriffenen Formulierung von Weber, die Ursache dann entdeckt hat, wenn man feststellen kann, daß es bei einem Fehlen des entsprechenden Phänomens sehr wahrscheinlich ist, daß das Phänomen nicht stattgefunden hat. Aber alle diese Beschreibungen und Erklärungen fügen sich *niemals* zusammen. Der häufige Irrtum der Historiker besteht darin, diese Erklärungen auf dieselbe Ebene zu stellen und sie durch ein «und» zu verknüpfen, als müsse aus ihrem Nebeneinander eine organisierte Totalität mit hierarchischen Strukturen hervorgehen, die das Phänomen selbst wäre mit seinen Ursachen und seinen verschiedenen Prozessen. Tatsächlich jedoch bleiben die Bedeutungen getrennt. In einer anderen Ideenordnung kann man eine Verbindung herstellen zwischen der Genfer Herkunft von Rousseau und dem *Contrat social** – also den *Contrat social* von den ideologischen Strömungen in Genf her «hervorbringen». Man kann den *Contrat social* aber auch aus Rousseaus Persönlichkeit ableiten, das heißt von Rousseaus Persönlichkeit ausgehen, um zu zeigen, daß er, *wenn* er einen *Contrat*

* Deutsch: *Vom Gesellschaftsvertrag.*

social schrieb, ihn *so* schreiben mußte. Dann würden wir einen Charakterzug Rousseaus bis hin zu seiner Projektion im *Contrat social* verfolgen. Ebenso könnten wir das Buch durch die früheren Werke Rousseaus und durch ihn selbst erklären, das heißt das Werk von den früheren Ideen Rousseaus *herleiten* oder ein bestimmtes Kapitel des Werkes durch den inneren Zusammenhang des Buches und durch die Notwendigkeit der Logik erklären. Aber in keinem Fall können diese Erklärungen gleichzeitig gegeben werden. Sie beziehen sich nämlich auf autonome Existenzbereiche, und in jedem von ihnen wird das Werk unter einem anderen Gesichtspunkt betrachtet. Es liegt zum Beispiel auf der Hand, daß Rousseaus Persönlichkeit in den Hintergrund tritt, wenn man den *Contrat social* mit Genf erklärt, Rousseau wird dann lediglich zu dem abstrakten Bewußtsein, dem bezeichnenden Medium, in dem sich die Verbindung zwischen der Genfer Ideologie und *dem Contrat social* herstellt als *einem* juristischen Werk, einer Synthese dieser ideologischen Strömungen unter anderen. Betrachte ich dagegen den *Contrat* von Rousseau her, dann wird er zu einer bloßen Verlängerung seiner Persönlichkeit, einer Objektivierung seiner persönlichen Neigungen, kurz, zu einem rein individuellen und unvergleichlichen Gegenstand. In diesem Fall wird die Bestimmung der Verständnisverbindungen Rousseaus zu seinem Buch eine reine Sache der Psychologie. Betrachtet man das Buch schließlich im Rahmen von Rousseaus Gesamtwerk und an sich selbst, dann haben wir es mit Ideen zu tun, die sich nach ihrer konkreten Logik und fast autonom entwickeln. Und sicherlich ist das Buch all das, aber nicht all das *auf einmal*. Daher jener historische Skeptizismus bei Aron.

Von alldem war ich im September 38 völlig überzeugt. Ich erinnere mich, auf welche Schwierigkeiten wir stießen, Castor und ich, als wir die Ursachen des drohenden Krieges erfassen wollten. Nicht, daß sie fehlten, ganz im Gegenteil. Aber nach welchen Prinzipien sie koordinieren und hierarchisieren? Wie von der Rivalität der proletarischen Völker mit den Plutodemokratien zur Persönlichkeit Hitlers gelangen? Es war vielleicht um so verwirrender, als Hitler und seine Berater wirklich mehrfach die freie Wahl zwischen Krieg und Frieden gehabt haben. Und das trifft im September 39 vielleicht noch mehr zu, wo es wirklich nur einer Geste bedurft hätte, um den Frieden zu bewahren. Und ich sehe heute, daß der Streit über die Kriegsziele daher rührt, daß jeder einzelne sich «gemäß seiner eigenen Philosophie», wie Aron sagen würde, auf eine bestimmte Bedeutungsebene stellt, um die Verantwortlichkeiten für den Krieg zu erörtern. Denn wenn man ihn fortan verhindern will, muß man ihn in seiner Ursache treffen. Wer sich damit begnügte, den Zusammenbruch des Nationalsozialismus zu erleben, stellt sich auf die individuelle Bedeutungsebene: die Verantwortlichen sind Hitler und seine Offiziere. Man beseitige Hitler, und der Friede wird zurückkehren. Wer dagegen eine Zerstückelung Deutschlands und die Annexion des linken Rheinufers will und erklärt, daß «die Völker für ihre Regierung verantwortlich sind», stellt sich auf die Ebene der historischen Kollektivität. Er kann das mit mehr oder weniger Erfolg tun, sei es, daß er die Fabel vom «bösen Boche» wiederauflegt und an ein angeborenes Prinzip des Bösen glaubt, das die Seele jedes Deutschen an der Wurzel verdirbt, sei es, daß er sich auf wirklich historische Gründe stützt: auf die Ursprünge der deutschen Einheit, die ständige Drohung, die ein zentrales Reich darstellt, die geographische Situation Deutschlands, durch die es ständig in Gefahr und gefährlich ist, usw. Und wenn schließlich Valois behauptet, der Friede sei nur durch eine echte ökonomische Revolution und einen neuen Typus der Organisation von Produktion und Konsumtion zu erreichen, dann hält er den Krieg für eine Folge der großen Wirtschaftskrisen des 20. Jahrhunderts sowie des Kampfs der neuen, proletarischen Völker gegen das riesige englisch-französische Imperium. Das ist die «materialistische» Erklärung. Und zweifellos könnte man sagen, daß wir, wenn wir den Sieg davontragen, alles *zugleich* tun müsen: Hitler stürzen, Vorsichtsmaßnahmen gegen die deutsche Nation ergreifen sowie eine bessere Verteilung der Reichtümer realisieren. Nichtsdestoweniger sind diese Ideen logisch voneinander unabhängig. Es ist zum Beispiel keineswegs dasselbe, ob man Hitler für einen Usurpator hält, der infolge der Verstörtheit eines besiegten Volkes die Macht an sich gerissen hat und diese Macht durch Terror aufrechterhält – oder für eine Emanation der deutschen Nation, den vollkommenen und adäquaten Ausdruck germanischer Wünsche und Bedürfnisse, die «Inkarnation» dieses Volkes – oder für das austauschbare Werkzeug einer großen ökonomischen Evolution. Wenn man unter Berücksichtigung der drei oben erwähnten Erfordernisse Frieden schließen würde, so geschähe das, weil sich die Führer über den wesentlichen Faktor des Krieges im unklaren wären.

Obwohl mir das alles sehr richtig erscheint, halte ich es doch nicht für ganz befriedigend. Denn schließlich darf man nicht vergessen, daß diese verschiedenen Bedeutungsschichten *menschliche* sind und als solche hervorgebracht von einer menschlichen-Realität, die sich vergeschichtlicht. Zum Beispiel schreibt Marx in *Das Elend der Philosophie*, daß das Elend eine «revolutionäre Kraft» sein kann. Und Albert Ollivier (*La Commune*) antwortet ihm zu Recht, daß die Wirkung des Elends für sich allein nur lähmend sein kann. Denn damit das Elend eine revolutionäre Kraft wird, muß es von den Elenden als *ihr* Elend übernommen werden. Und nicht nur das, es muß auch als Situation, die *sich ändern soll*, übernommen werden, das heißt, es muß vom Elenden wieder in eine menschliche Welt gestellt werden, in der es wirklich unerträglich ist. Aber das Elend für sich allein ist nie unerträglich: es ist *wirklich nichts.* Der Lebensstandard der Arbeiter von 1835 war unendlich niedriger als der, den die Benachteiligtsten von heute für zumutbar halten würden. Und dennoch ertrugen sie ihn, da sie ihn nicht als kontingente, ihrem Wesen nicht inhärente Situation begriffen hatten. Ebensowenig darf derjenige, der die miteinander kämpfenden oder sich im Gleichgewicht befindenden ökonomischen Kräfte zeigt, nicht vergessen, daß es menschliche Kräfte sind. Wenn man von Marktrivalitäten oder auch von der geographischen Situation eines Landes spricht, wenn man zum Beispiel zeigt, daß die geographische Situation Deutschlands für seine Geschichte bestimmend ist, darf man nicht vergessen, daß diese Rivalitäten menschliche sind und daß es eine «Situation», ob eine geographische oder eine andere, nur für eine menschliche-Realität gibt, die sich über diese Situation zu sich selbst hin entwirft. Keine Situation wird je *erlitten*. Wäre der Mensch ein «innerweltliches» Sein, dann gäbe es niemals eine Situation, es gäbe nur Positionen. Und die menschliche-Realität bringt die Situation nicht nur zum «Aufblühen», indem sie in die Welt eindringt, sondern sie entscheidet auch allein und in ihrem ursprünglichen Vor-wurf über den Sinn dieser Situation. Daher gibt es keine mechanische Kraft, die über die Geschichte entscheiden kann, und wir können in einem anderen Sinn den berühmten Satz von Marx aufgreifen, der besagt, daß «die Menschen Verfasser und Schausteller ihres eigenen Dramas» sind. Aber das macht die Parallelität der historischen Bedeutungen noch irritierender, denn wenn wir den Menschen überall als Verfasser und Schausteller seines eigenen Dramas wiederfinden, wenn alle Bedeutungen menschliche sind und wenn der Mensch eine unitarische Totalität ist, wie soll man dann der scharfen und unaufhebbaren Trennung zwischen den Bedeutungsschichten Rechnung tragen?

Das Problem ist um so komplexer, als der Mensch unter

dem Gesetz des Mit-sein * existiert, was bedeutet, daß man jedesmal, wenn man in einem Individuum den Schlüssel zu einem gesellschaftlichen Ereignis finden will, von ihm auf andere Individuen zurückgeworfen ist. Napoleon hat die Schlacht von Waterloo verloren, weil er sie zu früh begonnen hatte. Ja. Aber wenn Grouchy ... usw., dann hätte Napoleon die Schlacht, obwohl er sie falsch begonnen hatte, vielleicht gewonnen. Und würde man dann sagen, er habe sie zu früh begonnen? Und wenn, wie Pierrefeu sagt, Wellington nicht so dumm gewesen wäre, hätte er sehr bald gemerkt, daß er geschlagen war, und sich nach den Spielregeln zurückgezogen, statt töricht auf dem Terrain auszuharren, was ihm schließlich den Sieg bescherte. So wird man von Bewußtsein zu Bewußtsein verwiesen, ohne jemals das hinreichende Bewußtsein, das wirksame Bewußtsein zu finden und ohne daß eine Addition der Bewußtseine ein organisches Ganzes zu bilden vermag. Es gibt noch ein weiteres Problem; der historische Relativismus à la Simmel hätte kaum Schwierigkeiten, das Ereignis in *Vorstellungen* sich verflüchtigen zu lassen, was dem vorhin erwähnten Skeptizismus im Grunde eine theoretische Basis gäbe und ihm gleichzeitig ermöglichte, innerhalb der menschlichen Grenzen zu bleiben. Aber es liegt auf der Hand, daß das Ereignis, obwohl es *menschlich* ist, das heißt nach dem Modus des Für-sich gefühlt und gelebt wird, trotzdem *ist*, das heißt, daß es hinterrücks vom An-sich wieder erfaßt wird. Das heißt, daß es sich nicht auf Ansichten von Bewußtseinen übereinander reduzieren läßt, es entgeht den Bewußtseinen – und transzendiert sie, insofern es plötzlich wechselseitige Existenz dieser Bewußtseine ist. Ich habe das in Heft 12 erläutert. Obwohl das Ereignis den Menschen zum «Verfasser und Schausteller» hat, entgeht es ihm jetzt und beherrscht ihn plötzlich. Um den Vergleich von Marx weiterzuverfolgen, stelle ich

* Deutsch im Original.

mir einen Verfasser-Schauspieler wie Shakesspeare oder Molière vor, der obendrein noch Regisseur ist und ein bestimmtes Stück schreibt, inszeniert und spielt. Alles ist auf seinem Boden gewachsen. Wenn ich ihn aus dem Besitz einer Sache vertreiben will, werde ich sogleich auf die Bewußtseine der anderen Schauspieler und schließlich auf die der Zuschauer zurückfallen. Dennoch gibt es etwas jenseits von alldem. Ich meine nicht so sehr, daß es *das* Theaterstück ist. Gewiß, der Verfasser-Schauspieler ist nicht «drin», auch nicht die anderen Schauspieler und auch nicht das Publikum. Es ist vor ihnen; wenn man so will, ist es zwischen der Bühne und der Rampe. Nur, obwohl *Gegenstand*, ist es Gegenstand *für* Bewußtseine. Es ist die transzendente Einheit der Bewußtseine, die ihm *zu*streben, es existiert nur in bezug auf Bewußtseine. Was jedoch viel weniger menschlich und rational ist, was Verfasser, Zuschauer und Schauspieler in der Ununterscheidbarkeit einer Existenz *an sich* wiedererfaßt, ist das *Faktum*, daß alle diese Bewußtseine ein und demselben Stück zugestrebt sind, nämlich am 6. Mai 1680 im Hôtel de Bourgogne. Und mögen auch das Hôtel de Bourgogne wie der 6. Mai ihres substantiellen Seins durch die Bemerkung entledigt werden, daß es ein Hôtel oder ein Datum nur für Bewußtseine geben kann, so bleibt doch die Tatsache bestehen, daß in einem nicht datierten Ablauf eine bestimmte synthetische Einheit von Bewußtseinen nach dem Modus des *An-sich* existiert hat. Und diese Einheit ist opak und unerschöpflich; es ist ein wirkliches Absolutes. Ich füge hinzu, daß sein Inhalt ganz und gar menschlich ist, daß aber die Einheit selbst als Existenz *an sich* radikal nichtmenschlich ist. Das ist die Faktizität des Für-andere. Der Mensch kann ja nur insofern existieren, als er Für-sich oder Für-andere ist. Aber er entgeht sich selbst durch seine Faktizität, die dieses Für-sich mit einer bestimmten Dichte von An-sich umhüllt. Dasselbe gilt für die wechselseitigen Beziehungen des Für-andere. Das ist das *Ereig-*

nis. Nun ist es aber dieses Ereignis in seiner absoluten Existenz, auf das der Historiker abzielt. Man braucht nur zu sehen, auf welche Weise er davon spricht. Zum Beispiel Emil Ludwig, wenn er von den dauernden Streitigkeiten zwischen Holstein und Eulenburg spricht: «In solchen Zerrungen zweier Neurastheniker wurde damals die auswärtige Politik des Deutschen Reichs hin und her gerissen.» Es ist evident, daß er, um so sprechen zu können, auf das abzielt, was keines dieser beiden Bewußtseine erfassen kann, daß er sich auf eine Wahrheit stützt, die von der Evidenz des Für-sich nicht garantiert ist. Auch wenn er schreibt: «Seine Mutter tut nichts dagegen», hat er zwar ein Bewußtsein als Garanten, das zu sich selbst sagte: «Ich werde nichts dagegen tun.» Aber man sieht, daß er über dieses Bewußtsein hinaus auf die Ebene steigt, auf der es ein *Faktum* geworden ist, für das Kaiserin Viktoria – insofern es Faktum ist – nicht mehr verantwortlich ist. Der Historiker steht immer auf der Ebene der Faktizität. Nur besteht die tiefe Zweideutigkeit der historischen Forschung darin, daß sie dieses absolute Ereignis *datiert*, das heißt es in menschliche Perspektiven zurückversetzt, während es doch das nichtmenschliche An-sich der menschlichen-Realität ist, seine Faktizität selbst oder das Faktum, daß die menschliche-Realität nicht ihre eigene Begründung ist. Und er verfährt deshalb so, weil dieses nichtmenschliche Faktum zunächst einen menschlichen Inhalt hat und sodann von anderen Bewußtseinen aufgegriffen, übernommen, transzendiert wird, Bewußtseinen, die sich über die Faktizität des Ereignisses hinaus entwerfen und es in *Situation* verwandeln. Letztlich ist *das* das Nichtmenschliche in der Geschichte – ein metaphysisches Nichtmenschliches – und nicht die geographische Existenz von Erdölquellen in Rumänien oder Mexiko. Denn die Erdölquelle ist «schon-in-der-Welt», wenn das Eindringen einer menschlichen-Realität sie «für sie selbst zum Aufblühen bringt». Wohingegen das historische Ereignis jenseits dessen ist, was bewirkt, daß es eine Welt gibt.

So daß der Mensch letztlich auf das Faktum «Pierre ist gestern nicht zu Thérèse gegangen» genauso reagiert wie auf das Faktum «Es gibt einen Graben zur Linken». In beiden Fällen betrachtet er sich als in Anwesenheit des An-sich. Er beweist es durch seine Handlungen. Nur wird dadurch das nichtmenschliche An-sich vermenschlicht, in die Welt zurückversetzt, übernommen und transzendiert: «Pierre ist nicht zu Thérèse gegangen? – Gut, ich habe noch Zeit zu telefonieren» usw. Somit ist das *Ereignis* zweideutig: nichtmenschlich, insofern es jede menschliche-Realität umschließt und überschreitet, insofern das An-sich das Für-sich wiedererfaßt, das ihm sich nichtend entgeht – menschlich, insofern es, sobald es auftaucht, «Welt» wird für andere menschliche-Realitäten, die es «zum Aufblühen» bringen, die es transzendieren und für die es *Situation* wird. In der nichtenden Einheit des Für-sich erlebt, im nichtmenschlichen Leim des An-sich wiedererfaßt, von einem anderen Bewußtsein übernommen und überschritten – wie übrigens die Totalität des An-sich –, ist das Ereignis strenggenommen unbeschreibbar. Und der Historiker selbst bewegt sich auf drei Ebenen: der des Für-sich, auf der er zu zeigen versucht, wie die Entscheidung ihr selbst erscheint bei der historischen Person – auf der des An-sich, auf der diese Entscheidung absolutes, zeitliches, aber nicht datiertes Faktum ist – schließlich auf der des Für-andere, auf der das reine Ereignis von anderen Bewußtseinen als «Welt» seiend wiedererfaßt, datiert und überschritten wird. Was klar ist, wenn beispielsweise ein Historiker sich bemüht, das, was der Sturm auf die Bastille an sich *war*, von dem zu unterscheiden, was man daraus *machte*. Sonst hätte die Debatte gar nicht eingesetzt: wäre der Historiker ein Relativist à la Simmel, dann würde sich das Ereignis nicht von dem unterscheiden, was man daraus gemacht hat.

Aber von dieser wesenhaften Zweideutigkeit einmal abgesehen: ist es denn nicht möglich, eine ähnliche Konversion herbeizuführen wie A. Comte, als er zeigte, daß die Soziologie, als zeitlich letzte der Wissenschaften und von allen anderen abhängig, sich zu den Wissenschaften zurückwandte, um sie alle zu umfangen und in ihrer individuellen Konkretion zu begründen? Könnte man nicht versuchen, *nicht* die Situation zu zeigen, die auf den Menschen einwirkt, was zur Trennung der Bedeutungsschichten führt, sondern den Menschen, der sich durch die Situationen hindurchwirft und sie in der Einheit der menschlichen-Realität erlebt? Würde es damit nicht gelingen, eine unerwartete und unvorhersehbare Einheit der Bedeutungsschichten zu verwirklichen? Bleiben die Bedeutungsschichten nicht parallel, genauso wie zunächst die Wissenschaften bei Comte, weil man sie zunächst isoliert betrachtet? Wenn man sie nun aber vom Entwurf der menschlichen-Realität her betrachtet? Für den klassischen Historiker sind zum Beispiel die Politik Wilhelms II. gegenüber England einerseits und die Atrophie seines linken Arms andererseits zwei sehr verschiedene Arten psychologischer Motivationen. Aber nur, weil man damit beginnt, die Atrophie des linken Arms als ein *Faktum* und die Existenz von englisch-deutschen Beziehungen als ein anderes Faktum zu setzen. Angenommen, wir gingen von Wilhelm II. als menschlicher-Realität aus, die sich über eine Reihe von Situationen entwirft. Wer weiß, ob wir dann nicht einen inneren Verständnisbezug zwischen dieser englischen Politik und diesem verkrüppelten Arm finden? Und Ludwig ermöglicht es gerade, sich dessen zu versichern. Nur darf man nicht den Standpunkt der Psychoanalyse einnehmen, der wiederum ein Determinismus ist und als solcher – obwohl er sich rühmt, die historische Erklärung in das Leben des Individuums eingeführt zu haben – antihistorisch ist. Denn die Geschichte läßt sich ja nur durch *das Wiederaufgreifen und die Übernahme der*

Denkmäler verstehen. Es gibt nur dann Geschichte, wenn es Übernahme der Vergangenheit gibt und nicht reine kausale Wirkung dieser Vergangenheit. Ich möchte hier versuchen, nach Ludwigs Interpretationen das Porträt Wilhelms II. als einer menschlichen-Realität zu zeichnen, die die Situationen auf sich nimmt und transzendiert, um herauszufinden, ob die verschiedenen Bedeutungsschichten (einschließlich der geographischen und gesellschaftlichen) nicht innerhalb ein und desselben Entwurfs vereint sind, und zu bestimmen, inwieweit Wilhelm II. eine *Ursache* des Krieges von 14 ist. Ich werde also einen anderen Typus historischer Beschreibung skizzieren, der die Erklärung umkehrt und vom Menschen zur Situation geht und nicht von der Situation zum Menschen. Es tut wenig zur Sache, ob Ludwigs Interpretationen *alle* richtig sind. Es genügt, sie als Arbeitshypothese für wahr zu halten, denn es geht darum, ein methodisches Beispiel zu geben, und nicht darum, eine historische Tatsachenwahrheit zu entdecken. Es geht sogar weniger darum, Verfahrensweisen zu entwikkeln, die der Geschichte nützlich sein könnten, als darum, eine Art Metaphysik der Geschichtlichkeit zu instituieren und zu zeigen, inwiefern der historische Mensch sich im Rahmen bestimmter Situationen frei vergeschichtlicht. Ich werde das wohl morgen in Angriff nehmen.

Ein junger Mann mit Brille, schmächtig, mit der Miene eines Dummkopfs, der mit der Intelligenz umzugehen weiß, sieht, daß ich *La Commune* von Ollivier lese, und spricht mich vorsichtig an, enthüllt mir dann, daß er Sozialist ist und «sich aktiv mit der Arbeiterbewegung befaßt». Er beschreibt mir ausführlich die Orientierungslosigkeit der Arbeiterparteien, ihren Pessimismus. «Man hat vom Krieg dermaßen die Schnauze voll, daß Daladier, wenn er jetzt den Frieden brächte, ein Gott wäre, er könnte machen, was er wollte, das Proletariat ließe sich einen Maulkorb umhängen.» Ich sage, um ihm auf den

Zahn zu fühlen: «Na, glücklicherweise ist er dazu ganz und gar unfähig.» Aber er denkt seine Ideen nicht zu Ende. Er kommt aus dem Urlaub zurück, und er hat nicht wenige Zwangsverpflichtete gesehen, die in den Fabriken der Pariser Region arbeiten. «Der reinste Terror in den Fabriken», sagt er, «sobald ein Arbeiter sich öffentlich beschwert, hopp, wird er eingesperrt und ohne Urteil in ein Konzentrationslager gesteckt. Die Arbeiter sind niedergeschlagen und verstört.» Die Information erscheint mir wertvoll, aber die Person des Mannes schmälert ihre Bedeutung; sagt er mir doch mit verschwörerischer Miene: «Und ... man läßt dich diese Bücher da lesen, hier ... deine Offiziere ...? Du ... versteckst dich nicht ein bißchen ... vorsichtshalber?» Ich stelle mir also vor, daß dieser Mann, wenn er nicht einem Terrorregime unterworfen wäre, sich seinen eigenen kleinen Terror erfinden würde. Er schließt in optimistischem Ton: «Die Arbeiterbewegung ist bis ins Mark vom Kommunismus verseucht, aber Rußland wird als erstes zusammenbrechen, und ich glaube, dann wird die Arbeiterbewegung ihre Reinheit zurückgewinnen.» So mißtrauisch er ist, wenn es um Regierungsmaßnahmen geht, und so nüchtern er das partielle Scheitern der Blockade feststellt, so naiv wird er wieder, sobald es um das Proletariat geht, und er rechnet noch immer mit einem Volksaufstand in Deutschland.

Freitag, 8. März
Jacques Chardonne zitiert in *Chronique privée* einen Historiker, dessen Namen er nicht nennt: «Alles ist sehr schlecht verlaufen, immer.»

Der klassische Historiker, der die Geschichte Wilhelms II. schreiben wollte, wäre zunächst versucht, das *Faktum* oder besser die Gesamtheit der Fakten zu erkennen, die vor seiner Individualität zu existieren und die Entwicklung seiner Persönlichkeit zu beeinflussen scheinen. Diese

Fakten sind klar genug, daß man die wichtigsten aufzählen kann, und sie erscheinen sofort als unreduzierbaren Bedeutungsschichten zugehörig. Ich würde sagen, daß das erste Faktum das des Reichs ist, das heißt diese heilige Macht, die in der Zukunft auf ihn wartet, ohne daß er sie auf besondere Weise verdienen oder erobern müßte. Aber hier geht es nicht um irgendein Reich. Dieses konkrete Reich ist ganz neu, es ist endgültig erst im Jahre 1871 besiegelt worden. Und der «kaiserliche Held» ist auch Oberhaupt eines Militärstaats, er ist König von Preußen. Als solcher wird er Oberbefehlshaber des Heeres und Kriegsherr * sein wie sein Großvater. Man müßte hier sehr genau die Vollmachten definieren, die ihm die deutsche Verfassung gewährt, um eine klare Vorstellung von dieser kaiserlichen Funktion zu bekommen, die Bismarck für ihn geschaffen hat und die seiner harrt.

Das zweite Faktum betrifft seine *Familie*. Man müßte ihn zuerst als Enkel Wilhelms I. einerseits und – über die Mutter – Königin Viktorias andererseits zeigen. Als Neffen Eduards VII. Als Sohn eines schwachen und einfältigen Preußen und einer anglomanen Engländerin, die ihn zum Liberalismus bekehrt hatte. Man müßte den ganz besonderen Charakter des Vaters hervorheben, des ewigen Kronprinzen, der im Schatten des Throns verkümmert. So daß Wilhelm II. nicht *Königssohn*, sondern Königsenkel ist. Das Erbe überspringt eine Generation. Und wenn sein Vater endlich den Thron besteigt, weiß bereits jeder, daß er im Sterben liegt.

Das dritte Faktum, das übrigens mit diesem Fehlen einer Übergangsgeneration zusammenhängt, ist, daß das Führungs*personal* in keinem Verhältnis zum Alter des künftigen Herrschers steht. In den meisten Fällen handelt es sich um Greise, häufig achtzigjährige, wie am Hof Ludwigs XIV. im Jahre 1713. Ganz offensichtlich kann ein

* Deutsch im Original.

junger Herrscher mit einem so alten Personal nicht regieren. Es ist zwar ein künftiges, aber vollkommen voraussehbares Faktum, daß er es wird erneuern müssen. Da jedoch der allmächtige Herr über Deutschland Bismarck ist, wird diese Erneuerung den Aspekt einer Palastrevolution annehmen müssen, denn Bismarck, der Chef des Personals, wird sich nur durch eine Revolution vertreiben lassen.

Das vierte Faktum ist, daß der ganze Regierungsapparat *von* Bismarck und *für* Bismarck geschaffen worden ist. Die Schwäche dieser Institution liegt darin, daß sie nur dann Sinn hat, wenn Bismarck sie selbst kontrolliert und dirigiert. Wilhelm wird den Reichstag so vorfinden, wie Bismarcks Terror ihn für ihn geschaffen hat. Nach seinem Sturz räumt Bismarck es ein und beklagt es: «Ich habe mit dem Reichstage jahrzehntelang aufs Blut gekämpft; aber ich sehe, daß diese Institution sich gerade im Kampfe mit Kaiser Wilhelm I. und mir abgeschwächt hat ... Wir brauchen frische Luft in der Kritik.» Folglich ist das, was Wilhelm II. erwartet, kein altes Königsgewand, das, von vielen Vorgängern getragen, geschmeidig geworden wäre, es ist ein ganz neues und für einen anderen geschneidertes Gewand.

Die folgenden Fakten sind überall beschrieben worden: geographische, ökonomische, soziale und kulturelle Situation Deutschlands zur damaligen Zeit: Aufschwung der Industrie, Geburtenproblem, Fortschritt der Sozialdemokratie.

Schließlich das letzte, der Person des Kaisers sowohl innerliche wie äußerliche Faktum: die angeborene Atrophie seines linken Arms.

Diese ungeordnet aufgezählten Fakten (ein Historiker würde mit der Schilderung des Zustands Deutschlands beginnen, von hier zum Thron übergehen, zum Werk Bismarcks, zum Führungspersonal, zur Familie und schließlich zum körperlichen Gebrechen – woraufhin er einige allgemeine Betrachtungen über den Charakter des Kaisers anstellen würde) gehören als solche ganz verschiedenen Bedeutungsschichten an. Der Historiker, davon beeindruckt, daß sie alle vom Handeln Wilhelms II. *unabhängig* sind, würde sie als *Motivationen* seines Handelns darstellen. Zwar würde er den Charakter des Kaisers nicht gerade als unberührtes Wachs zeigen, aber seine psychologische Beschreibung wäre doch so vage, daß er diesen Charakter als von diesen verschiedenen Kräften geprägt präsentieren könnte.

Sehen wir uns an, wie es damit steht. Zunächst stelle ich fest, daß die Persönlichkeit eines Erbprinzen in erster Linie durch die künftige Krone definiert wird und daß es sinnlos ist, seinen Charakter von seiner Natur als Kronprinz zu trennen, wie man es gewöhnlich tut. Es gibt hier nicht *einen* schwachen und zaudernden Menschen, der *außerdem*, ein kontingentes Faktum, einer Würde und Macht gegenübersteht, die er eines Tages bekleiden wird. Sondern jede Schwäche und jedes Zaudern erscheint auf dem primären Hintergrund des wesenhaften und «apriorischen» Verhältnisses des Menschen zur Krone. Was hier täuscht, ist, daß wir alle in einem bestimmten Alter für einen Beruf optiert haben und mit dieser sozialen Funktion nicht gar so sehr verbunden sind. Wir haben vielleicht schon andere ausgeübt und können uns durchaus in irgendeiner anderen Situation vorstellen. Aber man muß zugeben, daß Könige eine andere Menschengattung sind. Der Kronprinz hat eine versperrte und festgelegte Zukunft, sobald er in der Welt auftaucht. Sein Sein ist ein «Sein-zum-Herrschen», so wie das Sein des Menschen ein «Sein-zum-Tode» ist. Sobald er sich seiner bewußt ist, sieht er diese Zukunft vor sich, in der *Herrschen* seine wesentlichste und individuellste Möglichkeit ist. Und auch wenn es Kronprinzen gibt, die das Herrschen ablehnen, so entscheiden sie sich doch gegenüber ihrem wesentlichen Schicksal, sie können ihrem «Sein-zum-Herrschen» nicht ausweichen, sie können nichts dagegen tun, daß sie im tiefsten Grund ihrer Natur Kronprinzen gewesen sind, sie können nichts dagegen tun, daß das Sein-zum-Herrschen ein *quasi-existentielles* Merkmal für sie ist. Ihre Zukunft hat nicht den kontingenten Charakter wie die unsere – die unsere, die verdient werden muß und die uns entgeht, sogar wenn sie verdient ist, die «in Gottes Hand» liegt. Und sollte die ihre kontingent sein, sollte sie verdient sein können, dann nur jenseits des ersten existentiellen Faktums, daß das Königtum *auf sie wartet*. Es ist oft gesagt worden, daß Könige allein sind. Das ist zwar richtig, aber man hat nicht den wahren Grund dafür angegeben. Allein sind sie, weil immer auf die Fülle ihrer Individualität zurückgeworfen, da sie ihrer Natur nach dem «Man» der alltäglichen Banalität entgehen, allein wie einer, der auf seinen Tod sinnt. Das einzige Werden, das sie verdienen können, ist das eines *großen* Königs, ein Titel, den sie nach der Krönung erwerben und der auf diese Krönung selbst zurückkommt, um sie zu rechtfertigen. Ein Titel, der ihnen endlich eine Gesellschaft gibt – denn man ist ein großer König *unter* Königen –, jedoch ohne sie aus ihrer Isolierung zu ziehen. Gleichwohl wird diese erste Situation nicht erlitten, sie ist keine passiv empfangene Eigenschaft. Im Gegenteil, sie ist die primäre Spannung, der ursprüngliche und freie Vor-wurf auf eine endliche Zukunft hin; die man auf sich selbst hin überschreitet. Das Königtum ist – wie es Heidegger von der Welt sagt – das, wodurch der künftige Herrscher sich als das ankündigen läßt, was er ist. Es erscheint mir also, daß die erste Freiheit Wilhelms II. Königtum heißt. Im übrigen greift die Freiheit noch in *die Art und Weise* des Seins-zum-Herrschen ein. Ich sehe, daß Wilhelm zuerst «großer» König sein will. Aber gerade das verlangt eine Beschreibung. Man kann ein großer König sein wollen, um sich dafür zu entschuldigen, daß man König ist, man kann sich des Königtums *bedienen* wollen, um groß zu sein. Aber Wilhelm betrachtet die Größe nur als die Individualisierung des Königtums. Er will groß sein, um *dieser* König zu sein, um auf tiefere, individuellere Weise König zu sein, um sich den Königstitel fester anzueignen. Unter diesen Bedingungen ist es absolut normal, daß ein König diese ursprüngliche Situation in der Form des Rechts von Gottes Gnaden frei erfaßt. Das ist bei Wilhelm II. der Fall. Er verleiht der Tatsache, daß sein Sein, allein unter den Menschen, ein Sein-zum-Herrschen ist, einen mythischen Ausdruck. Er *ist* die Herrschaft. Und das konstatiert er *in seinem Sein*, sein vorontologisches Verständnis von sich koinzidiert mit dem Vor-wurf seiner selbst auf die Krönung hin. Kurz, in der Konstitution seines Seins als Seins-zum-Herrschen selbst bleibt der Kronprinz frei, seine Faktizität auf sich zu nehmen (ich bin, um zu herrschen, aber meine Existenz selbst hat keine Rechtfertigung) oder sie sich zu verschleiern (die Begründung meiner Existenz ist die Herrschaft – ich bin nicht nur, um zu herrschen, sondern ich *existiere*, um zu herrschen). Hier schließt sich der Kreis des Rechts von Gottes Gnaden, und der künftige Herrscher sperrt sich in seiner unauthentischen Einsamkeit ein. Da ist er nun *in seinem Sein* voll und ganz verantwortlich für das, was der Historiker uns zuerst als ein äußeres und kontingentes Faktum vorstellte. Die Herrschaft ist für Wilhelm II. nichts *Äußeres*. Es ist auch keine innere und privilegierte Vorstellung. Er *ist* die Herrschaft.

Halten wir hier jedoch fest, daß der Mann, der herrschen wird, ein Krüppel ist. Er hat einen gelähmten Arm. Ich möchte darauf aufmerksam machen, daß sich dieses Gebrechen in keiner Weise mit anderen, physiologisch ähnlichen Gebrechen vergleichen läßt, die bei *Untertanen* oder *freien Bürgern* auftreten können. Beim künftigen freien Bürger wird das Gebrechen aufgefaßt als eine unbestimmte Behinderung, die eine nicht genau festgelegte Kategorie von Möglichkeiten ausschließt. Doch zur gleichen Zeit, wie sie sie ausschließt, orientiert sie, insofern sie erfaßt und transzendiert wird, auf andere Möglichkeiten hin. Meine Art, *mein gelähmter Arm zu sein*, bedeutet einerseits, daß ich auf die militärische Karriere verzichte, dem Sport entsage, vielleicht sogar den Sport verachte, und andererseits, daß ich mich über dieses Gebrechen hinaus dem Studium, den freien Berufen, der Kunst usw. zuwende. Meine Art, mein blindes Auge zu sein, ist sicherlich meine Art, durch geistige Verführung geliebt werden zu wollen, eine Hingabe abzulehnen, die mir nicht stehen würde, sowie auch, es mit Bedauern abzulehnen, an Anaglyphensitzungen teilzunehmen oder in Stereoskope zu schauen. Ich *bin* dieser Mensch mit dem erloschenen Auge nur dann, wenn ich es aus freien Stücken bin. Und ich bin es in dem Maße, wie ich mich über dieses erloschene Auge hinaus wähle. Wie aber steht es um einen künftigen König, der *bereits* König ist, wenn er sich als Krüppel auf sich nimmt? Es tut hier wenig zur Sache, ob eine dieser Entdeckungen der anderen chronologisch vorausgeht. Das Wesentliche ist die Hierarchie. Der König ist, um-zu-herrschen, aber er ist nicht, um-Krüppel-zu-sein. Das Gebrechen enthüllt sich vor dem Hintergrund des Rechts von Gottes Gnaden. Stellen wir fest, daß das Sein-zum-Herrschen hier ein sehr besonderes ist. Die Würde des Königs von Preußen verleiht dieser Herrschaft einen militärischen Charakter. Der König ist Soldatenkönig. Damit kann das Gebrechen nicht so erscheinen, als präzisiere es die Konturen eines Lebens, indem es bestimmte Kategorien von Möglichkeiten streicht. Es kann ebensowenig am Herrschen hindern, wie es am Sterben hindern wird. Es wird also von einem Sein erfaßt, das, *bereits König*, auf es zurückkommt; es wird vom Königtum her begriffen. Es ist die ständige Behinderung, die ständig überwunden werden muß und *niemals hingenommen* werden darf. Denn das Hinnehmen käme der Preisgabe bestimmter Möglichkeiten gleich, die Wilhelm aus freien Stücken als seinem eigenen Sein zugehörig konstituiert hat. Die hier frei angenommene Haltung ist die der Ablehnung, denn das

Gebrechen ist der geheime Riß im Königtum. Es repräsentiert den *Skandal* und ganz genau die Faktizität, die man leugnen will. Wilhelm kann also nur hinnehmen, sie zu *verschleiern* und zu *kompensieren*. Natürlich handelt es sich dabei nur um magische Verfahren. Aber wenn wir hier das Wort Minderwertigkeitskomplex verwenden, so verstehen wir es in einem ganz speziellen Sinn. Ein Minderwertigkeitskomplex kann für einen König nicht vom selben Typus sein wie bei einem Bürger, denn beim König erscheint er auf dem Hintergrund des Seins-zum-Herrschen, das den König bereits isoliert hat und ihn über die Menschen erhebt. Es handelt sich gewissermaßen um eine absolute Minderwertigkeit, die nicht Minderwertigkeit gegenüber jemandem ist, da sich jeder Vergleich verbietet (was natürlich eine gewisse melancholische Trauer angesichts der zwei kräftigen und geschickten Arme eines Generalstabsoffiziers nicht ausschließt). Daher die Neigung, alle seine wesentlichen Möglichkeiten *trotz* der körperlichen Minderwertigkeit zu bewahren. Daher der spezielle Umhang, der den linken Arm verbirgt, daher eine um so ausgeprägtere Neigung für militärische und sportliche Übungen sowie für die Jagd. Daher tausend Listen: «Geschickt lernte er, die Linke in den Gürtel, in die Tasche zu stützen, aus der normalen Rechten die Zügel in die Linke gleiten zu lassen, Hantierungen aller Art ohne Diener zu betreiben; dadurch wurde der rechte Arm so überentwikkelt, daß der arme Junge beim Reiten oft rechts vom Pferd glitt.» Daher auch ausgemachte Lügen. Besonders die der Jagd. Der Kaiser konnte nicht richtig jagen: «Da muß der Leibjäger, seinen rechten Arm auf eine lange Stange stützend, dem Prinzen als Stützpunkt zum Auflegen der Büchse dienen.» Und trotzdem will er der erste Jäger im Königreich sein. So verwandelt er jede Jagd in eine Treibjagd: «Ein Heer von Forstbeamten war zu Rad, zu Wagen, zu Pferde so in Tätigkeit, daß tatsächlich jeder Punkt dauernd unter schärfster Observation lag ... Die Jagden waren entsetzlich ... Seltsamerweise hat niemand an seinem Hof das Gefühl dafür, daß es zum Glanz eines Königs nicht unbedingt gehört, armes Wild in eine große Umzäunung zu treiben, in deren Mitte die hohen Schützen aufgestellt sind, die nun so lange auf das atemlos und verzweifelt immer an den äußeren Zäunen entlang rasende Wild schießen, bis alles tot ist oder sich todwund heranschleppt, bis ihm am Schluß der Jagd der Fang gegeben wird.» Ausgeschlossen, daß Wilhelm die *Komplizenschaft* seiner Umgebung in diesem wie in vielen anderen Fällen nicht spürt. Dennoch konnte er in seinem 43. Lebensjahr auf einen Granitblock in goldene Lettern setzen lassen: «Hier erlegte S. M. Kaiser Wilhelm II. Allerhöchst seine 50000. Kreatur, einen weißen Fasanhahn.» Sollte das eine Selbstlüge sein, so ist es eine Lüge, die auf der Totalität der menschlichen-Realität beruht, eine königliche Lüge. Weil nämlich das Gottesgnadentum seinem Nutznießer, da es ihn von den anderen Menschen trennt, Recht auf eine heilige Komplizenschaft verleiht. Die rituelle Lüge gehört zu den Zeremonien, durch die die Untertanen mit dem tabuierten Gegenstand kommunizieren. Es ist eine Huldigung, die der Herrscher von den anderen Menschen *erwartet*. Und der Glaube, den er ihr schenkt, verdunkelt die Hellsicht, ohne sie ganz zu verhindern. Es ist ein zeremoniöser Glaube. Um so zeremoniöser, als der Herrscher zeremoniöse Beziehungen zu sich selbst unterhält. Gerade die Tonalität seiner innerbewußtheitlichen Beziehungen ist, auf der Ebene, wo das Bewußtsein Bewußtsein von sich ist, das Heilige. Der Untertan ist es sich schuldig zu lügen, und der Herrscher ist es sich schuldig, an die Lüge zu glauben. Denn die einzigen menschlichen Beziehungen, die die Lüge ausschließen, sind die der Gleichheit, und der Herrscher ist derjenige, der die Gleichheit nicht wollen kann.

Dennoch ist die Art, wie er sein Gebrechen verbirgt, nicht nur Flucht, es ist eine freie und energische Anstrengung, es zu überschreiten. Und Ludwig hat recht, wenn er schreibt: «Die wenigen, die damals die Bedeutung dieses Sieges der moralischen Kraft über körperliche Schwäche ermessen konnten, fühlten sich seit der Zeit zu den stolzesten Hoffnungen auf diese Persönlichkeit berechtigt. In Wahrheit ist der moralische Sieg über die Physis sein Verderben geworden. Wenn dies der größte Tag des jungen Prinzen war, in glänzender Uniform auf galoppierendem Pferd im Morgensonnenscheine an der Spitze seines Regimentes den Vätern zu imponieren, so war dies nur das Vorspiel zahlloser Auftritte und Einzüge, klirrender Reden und drohender Fäuste, mit denen er sich jahrzehntelang vor seinem Selbstgefühl zu legitimieren suchte.»

Und ein anderer Text macht verständlich, worin Wilhelms «Schwäche» besteht: «Nur wer diesen lebenslangen Kampf gegen die angeborene Schwäche nachfühlt, wird ihm gerecht, wenn er den späteren Kaiser seine Nervenkraft überspannen oder verlieren sieht. Der stete Kampf gegen ein nur allzu offensichtliches Übel, das er lieber auf ganz natürliche Weise hätte zeigen sollen, dieses stündliche, lebenslange Bestreben, ein angeborenes, nicht einmal abstoßendes Zeichen der Natur zu verstecken, hat seine gesamte Charakterbildung mit entschieden. Der Schwache suchte die Stärke zu betonen, doch statt sie im Geiste zu suchen, wo sein beweglicher Intellekt sie finden konnte, trieb ihn Tradition und Ehrgeiz, sie in einem helden-, das heißt offiziersmäßigen Auftreten zu beweisen.»

Ludwig behandelt Wilhelm hier zu Unrecht wie einen beliebigen Bürger, sonst würde er sich nicht wundern, daß er ein «nur allzu offensichtliches Übel» zu verstecken trachtet. Die heilige Komplizenschaft, die von jedem zu fordern er sich das Recht zuspricht, erlaubt es Wilhelm, den Grundsatz aufzustellen, daß jede *Zeremonie*, die das Ziel verfolgt, ein sonst sichtbares Übel zu verbergen, auf magische Weise erreichen muß, daß sich jedermanns Augen mit einem Nebelschleier überziehen. Wilhelms heilige

Unaufrichtigkeit ist ein – auf dem Gottesgnadentum gründender – Anspruch auf die Unaufrichtigkeit seiner Untertanen. Außerdem sagt er zu Unrecht, in Begriffen einer vulgären Kausalität, daß Tradition und Ehrgeiz «ihn trieben», sein Gebrechen durch ein offiziersmäßiges Auftreten zu kompensieren. Weil Ludwig das Gebrechen des Kaisers isoliert betrachtet. Er nähert sich ihm nicht *ausgehend* vom Sein-zum-Herrschen des Kaisers. Vom Sein-zum-Herrschen in Preußen, als Soldatenkönig. Die freie Wahl wird nicht auf der Ebene der Haltung gegenüber dem Gebrechen getroffen. Sie ist weit totaler, da sie mit Rücksicht auf das Sein-für-den-Thron erfolgt. Ein Wilhelm, der «im Geiste» zu reüssieren trachtete, wäre nicht nur ein anderer Mensch, sondern ein anderer *König*, der eine andere Herrschaft und ein anderes Preußen wählte – sich bemühte, Preußen zu verändern –, und diese Veränderung wäre so einschneidend gewesen, daß selbst Ludwig deutlich sieht, daß sie den ganzen weiteren Verlauf der Geschichte modifiziert hätte. Nur auf der Ebene des freien Entwurfs seines «In-der-Welt-seins» wäre die Wahl möglich gewesen, und dann hätte Wilhelm, sich als *Anderer* über sein Gebrechen hinaus entwerfend, an einem *anderen* Gebrechen gelitten. Bleibt, daß die Wahl, die die Totalität der Person verpflichtete, möglich gewesen wäre. Was uns verständlich macht, daß Wilhelm seine Schwäche *gewählt* hat. Man darf nicht wie Ludwig sagen: «Der Schwache suchte die Stärke zu betonen», denn wenn er sich auf geistigem Gebiet hervorgetan und sein Gebrechen zynisch aufgedeckt hätte, dann hätte er *wirklich stark sein* können. Doch da er sich selbst als Soldatenkaiser von Gottes Gnaden verstand, der sein Gebrechen als Skandal durch steten Kampf überschreiten und verleugnen mußte, *wählte* er, daß seine Stärke Schwäche war. Er *wählte* den geheimen Riß. Er hat sich schwach «*gemacht*». Das heißt, er hat sich gewählt, mit einem Fehler behaftet zu sein. Aber Ludwigs Text, den wir soeben zitierten, hat den großen Vorteil, uns zu zeigen, daß Wilhelms Gebrechen nicht einfach ein körperliches und sichtbares Übel sein kann, eine gewisse Atrophie eines Arms. So betrachtet, wie ein klassischer Historiker es betrachten würde, steht es in keinerlei Beziehung zur Politik Wilhelms gegenüber England zum Beispiel. Nun ist aber bereits deutlich geworden, daß es für ihn nur als bedeutende Situation existieren kann. Schon Ludwig zeigt uns, durch das Gebrechen, «Auftritte und Einzüge, klirrende Reden und drohende Fäuste». Aber es ist nicht *Ursache*, nicht einmal *Anlaß* dieser Manifestationen. Doch diese Manifestationen zeigen, *auf welche Weise* das Gebrechen als Situation wahrgenommen wird. Aus dieser Sicht werden wir beispielsweise Wilhelms Krügerdepesche begreifen als eine Weise, *sein-eigenes-Gebrechen zu sein.*

Aber das kann nicht ausreichen, und wir werden von daher sehen, wie sich scheinbar nichtassimilierbare Bedeutungsschichten plötzlich mit diesem angeborenen Gebrechen verbinden. Es steht nämlich fest: für Wilhelm heißt Gebrechen = England und England besiegen = sein Gebrechen beseitigen. Ich werde morgen fortfahren.

Es war das Bürgertum, das 38 den Krieg verhindert und die Kapitulation von München beschlossen hat, mehr noch aus Angst vor dem Sieg als vor der Niederlage. Es fürchtete, daß der Krieg dem Kommunismus nützen könnte. Im September 39 dagegen wird der Krieg vom Bürgertum begrüßt, weil der deutsch-russische Pakt den Kommunismus in Verruf gebracht hat und weil man jetzt weiß, daß dieser Krieg, der, direkt oder indirekt, gegen die Sowjets geführt wird, notwendig mit einer Polizeioperation im Innern einhergehen wird. Die Kommunistische Partei wird aufgelöst werden. Was zehn Jahre Politik nicht zustande gebracht hatten, wird der Krieg in einem Monat leisten. Das ist, so scheint mir, der Hauptgrund für die Zustimmung des Bürgertums zum Krieg. Unter seinem äußeren Aspekt eines Volkskrieges ist er zum großen Teil ein Bürgerkrieg. Während viele von uns gegen die Hitler-Ideologie kämpfen, liquidiert man unterderhand alles, was von der kommunistischen Ideologie übrigbleibt. Im Jahre 38 wäre der Krieg möglicherweise Anlaß für eine Revolution gewesen. Im Jahre 40 ist er Anlaß für eine Konterrevolution. Im Jahre 38 wäre der Krieg ein «linker» Krieg gewesen – der von 39 ist ein «rechter» Krieg. Hitlers Ungeschick bestand darin, nicht zu sehen, daß sich im Jahre 38 die kapitalistischen Demokratien auf zwei Fronten verteidigten: in ihrem Imperialismus von den Ambitionen der Nazis bedroht, waren sie in ihrer inneren Verfassung von der kommunistischen Aktion bedroht. Sie wollten den Krieg nicht, um sich nicht auf zwei Fronten gleichzeitig verteidigen zu müssen. Indem Hitler mit Stalin eine Front bildet, entlastet er sie, indem er ihnen erlaubt, dem Kommunismus den Garaus zu machen, der nun als eine *äußere* Gefahr gilt. Und zweifellos hoffte er sehr, beide Fronten zu halten, er rechnete mit der Auflösung der «moralischen Front». Aber warum hat er die rasche Repression nicht in Betracht gezogen, die durchzuführen die bürgerlichen Regierungen nur *allzu glücklich sein* mußten?

Ich lese das *Livre jaune français*[2] und bemerke, daß hier nirgendwo von dem berühmten «Handstreich vom 2. Juli» die Rede ist, dem angeblichen Putschversuch in Danzig, dem ein deutsches Zurückweichen gefolgt sein soll. Dabei war das Gerücht damals in aller Munde gewesen, und natürlich hatte Tabouis[3] es ausposaunt. Auf einer Versammlung der *Nouvelle Revue française*, der ich am 1. Juli, glaube ich, beiwohnte, war lange darüber gesprochen

2 Im Jahre 1939 vom Quai d'Orsay veröffentlicht.

3 Geneviève Tabouis, Journalistin. Ihre außenpolitischen Rundfunkkommentare wurden aufmerksam verfolgt.

worden, und Nizan hatte mir gesagt: «Wir riskieren, daß morgen der Krieg ausbricht.» Der Ursprung dieses Gerüchts war, wie mir scheint, ein Bericht von Herrn Coulondre[4] vom 27. Juni, der auf die Möglichkeit einer von innen her durchgeführten Annexion Danzigs hinweist, sowie eine Note von Georges Bonnet[5] an den französischen Botschafter in London, in der er ihn auffordert, Lord Halifax[6] zu bitten, in seiner für den 29. Juni vorgesehenen Rede das Manöver zu vereiteln – ein Grenzzwischenfall, den die deutsche und die polnische Presse verschwiegen hatten (eine Gruppe von Hitlerjungen hatte in Pommern die Grenze überschritten), sowie das Gespräch Bonnets mit dem deutschen Botschafter in Paris.

Samstag, 9. März

Ich komme auf Wilhelm zurück. Ich will zeigen, daß es keine äußeren Fakten gibt, die auf seine Persönlichkeit *eingewirkt* haben, sondern daß er selbst eine Totalität in einer Situation *ist*, daß die Situationen nur durch seine Art und Weise existieren, sich über sie als Totalität zu entwerfen. Ich will zeigen, daß sein Gebrechen nicht nur ein physiologischer Defekt ist, sondern eine bedeutende Situation. Ich habe gezeigt, daß es Auftritte und Einzüge und drohende Fäuste *bedeutete*. Nun will ich sein bedeutendes Verhältnis zu Wilhelms Englandpolitik zeigen. Zunächst muß man sich mit der *Familie* befassen. Auch hier unterscheidet sich der Herrscher radikal von seinen Untertanen. Wilhelm ist Enkel der Königin Viktoria, und als diese ihn wegen seines Verhaltens gegenüber Lord Salisbury rügt, schreibt sie: «Ich zweifle, ob jemals ein Monarch in solchem Ton an einen andern Monarchen geschrieben hat, und nun gar an seine leibliche Großmutter ...»

4 Botschafter Frankreichs in Berlin.
5 Französischer Außenminister.
6 Sekretär des Foreign Office.

Staatsbeziehungen sind für den Herrscher Familienbeziehungen. Freilich darf man den Familienbegriff auch nicht in dem Sinne verstehen, wie man ihn versteht, wenn es sich um Bürger handelt. Dort könnte man umgekehrt sagen, daß Familienbeziehungen Staatsbeziehungen sind. Viktorias Brief ist bezeichnend. In erster Linie wirft sie Wilhelm vor, gegen die Zeremonien verstoßen zu haben, wie sie unter Monarchen üblich sind. Und die Tatsache, daß eine dieser herrschenden Persönlichkeiten die Großmutter des anderen ist, wird als *erschwerender* Umstand dargestellt. Ich kann das nur mit der Achtung vergleichen, die unsere Offiziere von uns fordern: ich muß meinen Oberst achten, *weil* er Oberst ist. Und wenn er obendrein fünfundsechzig ist, hat dieser Umstand zwar Gewicht, aber nur als Dreingabe, als *Nuance* meiner Achtung. Ich wäre sehr schlecht beraten, ihm beispielsweise zu sagen: «Sie haben Recht auf meine Achtung als alter Mann, aber nicht als Oberst.» Es gibt hier also eine Besonderheit – die sich zum Beispiel in der Tatsache äußert, daß Wilhelm, als frischgebackener Kaiser seinen Onkel Eduard, der damals einfacher Thronfolger war, seine Würde spüren läßt. «Bei seinem ersten Besuch in Wien, September 88, macht der junge Kaiser, weil Eduard sich zugleich angesagt hat, die Bedingung, allein empfangen zu werden, lehnt sogar Eduards Anerbieten ab, ihn in preußischer Uniform auf dem Wiener Bahnhof zu empfangen, zwingt ihn, für eine Woche von Wien weg und nach Ungarn zu gehen.» Dabei war Eduard zwanzig Jahre älter als er. Die Familienbeziehungen färben auf die Beziehungen unter Monarchen ab, sie markieren konkret, daß die Monarchen *Standesgenossen* sind; freilich schließt diese Gleichheit die Isolierung nicht aus, weil es eine heilige Gleichheit ist. Zudem erhält jedes Familientreffen eine internationale und diplomatische Dimension. Es bedeutet «Annäherung». 1899 zum Beispiel ist Königin Viktoria aus politischen Gründen dagegen, daß ihr Enkel sie an ihrem achtzigsten Geburtstag besucht. Kurz, im Sein-zum-Herrschen jedes einzelnen ist das Sein-zum-Herrschen des anderen gegeben. Und die konkrete Verbindung dieses herrschenden Anderen zum Monarchen besteht darin, *aus seiner Familie* zu sein. Und da jeder in seinem Sein-zum-Herrschen von Gottes Gnaden der Staat *ist*, über den er herrscht, sind die Beziehungen des Monarchen zu den Ländern der anderen Herrscher Familienbeziehungen. Wilhelm II. ist über seine Mutter Engländer, würden wir sagen, wenn wir es mit einem einfachen Bürger zu tun hätten. Doch bei einem Herrscher schockiert ein solcher Satz. Er ist nicht Engländer, weil er zuerst Kaiser ist. Aber als Kaiser gehört er einer großen Familie von Einsamen an, von der jedes Mitglied ein bestimmtes Land *ist*. Und die Beziehungen des einzelnen Herrschers zu den Ländern der anderen Herrscher sind durch folgendes definiert: sie sind *konkret*, *individuell*, *affektiv* und folglich leicht *emotional* und *heilig*. Zwischen dem Herrscher und den anderen Nationen besteht ein *Blutsband*. Wilhelms II. Sein-zum-Herrschen über Deutschland impliziert von Anfang an ein seltsames, heiliges und emotionales Blutsband zum Beispiel mit England. Es gibt bei Wilhelm von Anfang an eine heilige Familiengeographie, ähnlich den berühmten *Du côté de chez Swann* und *Le côté de Guermantes** von Proust. Es ist wirklich ein heiliger und primitiver «hodologischer» Raum, der große Ähnlichkeit mit dem der australischen Clans aufweist. Österreich, Rußland, England sind heilige Richtungen und Homogenitätsvektoren. Ludwig hat dieses besondere Merkmal der Welt unterstrichen: «Der Kaiser dagegen sagte zu seinen Generalen: ‹Rußland will Bulgarien besetzen und fordert dafür unsre Neutralität. Ich aber habe dem Kaiser von Österreich Treue gelobt und dem Zaren erwidert, ich könnte Österreich nicht im Stiche lassen.› ... Die Freundschaft für Österreich, die

* Deutsch: *In Swanns Welt* und *Die Welt der Guermantes*.

Deutschland am Ende ruinieren sollte, ist, soweit sie der Kaiser pflegte, nur auf das feudale Haus Habsburg gegründet gewesen und wäre einem Staatenbunde wie der Schweiz, wenn die 8 Staaten anstatt in der Monarchie in einer Republik zusammengefaßt wären, von ihm niemals erwiesen worden … Seine Freundschaft mit Habsburg und dem Sultan [war] weniger politischer Gedanke, es waren dynastische Gefühle, die ihn mit diesen beiden Kaisern und nur mit ihnen in dauernder Verbindung hielten. Nichts ist echter an Wilhelm dem Zweiten gewesen als der fatale Gedanke solcher ‹Brudertreue›, doch nur, weil sie der Kaiser nur dem gleichberechtigten Fürsten, nicht etwa einem teilweise deutschen Volke hielt.

Darum war der Kaiser zeitlebens zwischen Wien und Petersburg im Gewissenskonflikt.»

Weil der «fatale Gedanke solcher Brudertreue» kein «Gefühl» ist: es ist eine ursprünglich im freien-Entwurf seiner selbst auf die Herrschaft hin erfaßte Situation. Die räumliche Orientierung ist im Sein-zum-Herrschen als das ursprüngliche Sein-für-andere gegeben. Natürlich werden die Republiken in dieser geographischen und dynastischen Karte gesperrte und verbotene Zonen bilden. Wir werden später den familiären Ursprung der Furcht und des Hasses kennenlernen, die der Kaiser ihnen entgegenbrachte. Aber vor jedem Haß sind, im Entwurf seiner selbst auf die Herrschaft hin, die Republiken als tote Zonen gegeben. Niemandsländer. Ich werde nach dem Essen fortfahren.

Ich unterbreche und notiere das Gespräch dreier Jäger hinter mir. Der eine: «Der Hauptmann hat drohend gesagt: ‹Ich werd euch schon Gelegenheit geben, euch freizukaufen, zählt nur auf mich.› Also, ich schwör's dir, wenn ich ein Loch finde, schmeiß ich mich rein. Ich brauche mich nicht freizukaufen.» Ein anderer: «Weiß

Gott, um sich freizukaufen, muß man verkauft worden sein: ich bin nicht verkauft worden.»

Ausnahmsweise stimmte ich Montherlant (*Nouvelle Revue française*) zu, Anmerkung zu *Les Olympiques*:

«Das Spiel ist die einzige Aktionsform, die sich vertreten läßt; die einzige, die menschenwürdig ist, weil intelligent und zugleich konstruktiv, und es ist im übrigen schon einmal gesagt worden: ‹Der Mensch ... ist nur da ganz Mensch, wo er spielt› (Schiller).»

Weshalb muß er töricht hinzufügen, diese Aktionsform sei «die einzige, die ernst genommen werden kann»? Sieht er denn nicht, daß das Spiel seiner Natur nach die Idee des Ernstes ausschließt? Wenn es irgendeine Einheit in meinem Leben gibt, dann die, daß ich nie ernst habe leben wollen. Ich konnte Theater spielen, das Pathos und die Angst und die Freude kennenlernen. Aber niemals, niemals habe ich den Ernst kennengelernt. Mein ganzes Leben ist nur ein Spiel gewesen, das manchmal lang, ungenießbar, manchmal geschmacklos war – aber doch ein Spiel, und dieser Krieg ist für mich nur ein Spiel. Es gibt eine gewisse Konsistenz des Realen, die es zu einer Art Birnenpudding macht und die ich Gott sei Dank nicht kenne; ich habe erlebt, daß sich Leute auf diese Grießspeise stürzten, und mir schauderte vor ihnen. Ich werde hier erklären müssen, wenn ich mit Wilhelm fertig bin, der mich anzuöden beginnt, was ein Spiel ist, die glückliche Verwandlung des Kontingenten in Willkürliches, und warum auch die Übernahme seiner selbst ein Spiel ist. Das Gegenstück dazu ist sicherlich mein namenloser Leichtsinn. Ein lyrischer und unangenehmer Zustand in diesem Moment; es gibt ein Klavier im Foyer, hinter schwarzen Vorhängen verborgen, jemand spielt – ausgezeichnet – Jazzmelodien. Das erinnert mich an das milchige Licht jener Sommerabende, an die Pianisten des *College-Inn*; T. und ich saßen an der Bar; ab und zu öffnete sich der

Vorhang der Eingangstür über der Nacht, die rund und blau war wie eine Weltkarte, und das war der Friede.

Einen Brief von Adrienne Monnier erhalten. Sie schreibt mir: «Ihre Unterschrift hat sich ein wenig verändert. Das J. P. ist etwas Erstaunliches geworden, etwas sehr ... Luftiges – bestimmt der Einfluß der Meteorologie!» Ich hatte die Schwäche, davon gerührt zu sein, ich sah darin ein Zeichen jener Veränderungen, die in mir zu erreichen ich mich bemühe, ein Zeichen und eine Verheißung.

Ich möchte rasend werden, daß ich kein Dichter bin, daß ich so fest an der Prosa klebe. Ich möchte gern solche funkelnden, absurden Dinge schaffen können wie Gedichte, die einem Schiff in einer Flasche ähneln und wie die Ewigkeit eines Augenblicks sind. Aber es ist etwas Verkrampftes in mir, eine geheime Scham, ein zu gründlich erlernter Zynismus und auch Unbeholfenheit; meine Gefühle haben ihre Sprache nicht gefunden, ich spüre sie, ich strecke schüchtern einen Finger aus, und sobald ich sie berühre, verwandle ich sie in Prosa. Die Wahl der Wörter verrät mich. Wenn ich anfange, wenn ich einen poetischen Satz finde, hat sich ein Wort hineingeschlichen, das ihn zerreißt, ein zu pointiertes, zu scharfes Wort; die Bewegung des Satzes ist oratorisch, er fließt – und wenn ich ihn anhalten will, steht er plump und tönend da in der prächtigen Reglosigkeit eines Maulhelden. Ich weiß nicht, was nötig wäre. Vielleicht sich auf regelmäßige Rhythmen stützen. Oder vielmehr, ich weiß es nur allzu gut: ich sollte schweigen. An das alles denke ich, während ich diese Verse lese – ich weiß nicht, von wem, von Aragon vielleicht –, die ich hier abschreibe, weil sie schön sind und ich gern ebensolche machen würde: – nach näherer Überlegung schreibe ich sie doch nicht ab, jetzt ärgern sie mich, sie sind nicht rein. Mir gefallen die folgenden besser, die anscheinend aus einem Chanson stammen:

Y a des cailloux sur toutes les routes,
Sur toutes les routes y a du chagrin ...

[Es gibt Steine auf allen Landstraßen,
Auf allen Landstraßen gibt es Kummer ...]

Sonntag, 10. März

Brief von J. Duboin[7] an Bayet[8] über den Überfluß:

«Der Krieg verlangsamt den Rhythmus des technischen Fortschritts nicht, im Gegenteil, er beschleunigt ihn. Das ergibt sich aus folgender Feststellung. Es existieren auf der Welt 25 Millionen eingezogene Männer: was für die Produktion Null bedeutet. Außerdem gibt es 75 Millionen Menschen, die Waffen und Munition herstellen; von dem besonderen Gesichtspunkt aus, der uns interessiert, ist diese notwendige Produktion unnütze Produktion. Das macht insgesamt 100 Millionen Menschen, die außerhalb der nützlichen Produktion stehen, aber von der Arbeit der anderen leben. Daher verwenden diese anderen immer bessere Techniken, um ihre zahlenmäßige Unterlegenheit wettzumachen.»

Was mich an diesem Text interessiert: der Krieg als *weltweites Phänomen*: 100 Millionen Menschen außerhalb des Kreislaufs nützlicher Arbeit, davon 25 Millionen Zerstörer. Zu vergleichen mit folgender Bemerkung von Ramuz (*Nouvelle Revue française*): «*Asymmetrie*: Es besteht ein großes Mißverhältnis zwischen schaffen und abschaffen, aufbauen und zerstören. Das heißt zwischen der Zeit, die der Mensch benötigt, um etwas zu errichten, und der Zeit,

7 Ökonom, Theoretiker des Überflusses. Er schrieb unter anderem *La grande relève de l'homme par la machine* (1932) und *En route vers l'abondance* (1935).

8 Professor und Publizist (1880–1961). Während des Zweiten Weltkriegs Vorsitzender des Verbands der Untergrundpresse.

die er braucht, es zu beseitigen. Der Bau eines Hauses verlangt wochen- und monatelang die Arbeit eines ganzen Maurerteams: es bedarf nur eines Augenblicks, um es dem Erdboden gleichzumachen. Es besteht Asymmetrie, denn auch wenn die Natur diese Verfahren ebenfalls kennt, so benutzt sie sie doch nur ausnahmsweise. Langsam errichtet sie eine Bergkette und verschleißt sie ebenso langsam; sie baut langsam einen Menschen und vernichtet ihn meistens ganz allmählich.»

In Kürze wird man uns in die Etappe abberufen. Hauptmann Munier hatte Oberst Weissenburger geschrieben, dem Bataillonschef des Departements Air, um ihm zu melden, daß wir Hilfskräfte seien und er uns folglich die Gewehre wegnehmen müsse. Worauf Oberst Weissenburger antwortete: «Unmöglich, die Gewehre wegzunehmen, aber ich nehme die Männer weg.» Man wird also diesen Gewehren, alten ausgedienten Karabinern, die Männer geben, die zu ihnen passen, junge Berufssoldaten. Und wir, wohin werden wir gehen? Sollte es Tours sein – oder irgendein Ort dieser Art –, dann freue ich mich: ich könnte öfter nach Paris fahren und meine Freunde aus Paris kommen lassen. Aber ich frage mich, ob ich dann noch dieses Heft führen werde. Seine wichtigste Bedeutung bestand ja darin, meine Isolierung aufzuzeigen sowie den Bruch zwischen meinem vergangenen Leben und meinem gegenwärtigen Leben. Solange ich «in Schußlinie» war, zehn Kilometer von den Vorposten entfernt, und bombardiert werden konnte, hatte es seinen Sinn. In der Etappe wird man vielleicht einen Schlußpunkt unter diese «Infragestellung» setzen und wieder mit dem Konstruieren anfangen müssen: meinen Roman beenden – eine Philosophie des Nichts schreiben. Und da ich hier täglich Jäger sah, die von den Vorposten kamen, Offiziere usw., war ich ganz unmittelbar in den Krieg verwickelt. Werde ich es auch in der Etappe sein? Und lohnt es sich dann, täglich belanglosen Klatsch zu notieren? Oder ich setze dieses Tagebuch fort, aber nur sporadisch. Jedenfalls wird es wohl noch zwei Monate dauern, bis die Abberufung erfolgt. Ich bin froh, aber trotzdem geht etwas zu Ende: meine erste Kriegsperiode.

Ich komme auf Wilhelm zurück. Ich habe jene seltsamen Familienbeziehungen erwähnt, die den Herrscher charakterisieren. Wichtig aber ist im Fall Wilhelms, daß England für ihn *ein Zuhause* war. Seine Mutter ist Engländerin und Anglomanin. Und England ist zunächst seine Mutter. Aber diese Mutter verachtet und haßt ihn, vor allem weil er ein Krüppel ist. «Die ehrgeizige Viktoria, Tochter der mächtigen Königin von England und ihres klugen Gatten, verzeiht nicht einem Kind, das unvollkommen war, zumal sie das Blut ihres Gatten geringer als das ihres Vaters schätzte... Statt Mitleid trug sie heimliche Vorwürfe gegen den entstellten Sohn im Herzen, gerade weil es der Erstgeborene war, und zog ihm ihre anderen... Kinder in unverhüllter Parteinahme vor.» Demütigungen in der Kindheit. *Englische* Demütigungen, das Kind wird englisch erzogen, und es haßt seine englische Erziehung. Trotzdem bleibt es beherrscht von der englischen Hoffart, England gegenüber hat es seinen Minderwertigkeitskomplex. Aber es findet gerade in der Besonderheit seines Seins-zum-Herrschen eine Art Revanche. Friedrich Wilhelm, sein Vater, vertrocknet im Schatten des Throns. Er ist nicht Monarch, vielleicht wird er es niemals sein, jedenfalls nicht für lange; der wahre Erbprinz ist Wilhelm. Er begreift sich selbst als solchen, und da er nicht der Erbe eines herrschenden *Vaters* ist, da die Krone vom Großvater auf den Enkel übergeht, versteht er sich nicht als einen, der sein Recht auf die Herrschaft vom Vater erhält; es gibt bei ihm eine Art Urzeugung des Gottesgnadentums, die *keine Wurzeln* hat. Er wirft sich zur Herrschaft, *gegen* seine Eltern. Es versteht sich, daß das «gegen» zweideutig ist: er will sie beherrschen und endlich ihre Bewunderung erzwingen. Das aber verleiht seinem Sein-zum-Herrschen von Anfang an einen gespannten, unruhigen, unsicheren Charakter. Dieses Gottesgnadentum ist eine Revanche. Er wird gegen diesen Vater und diese Mutter herrschen, die den Thron nicht zu erringen verstanden oder ihn nur für sehr kurze Zeit besessen haben werden. Seiner «Herrschaft» fehlt es an Tradition, er ist ein Parvenü auf dem Thron, auch wenn er von Gottes Gnaden herrscht. Es liegt im Sein Wilhelms, daß er im Sein-zum-Herrschen gleichsam ein Parvenü von Gottes Gnaden ist. Aber aus diesem Grunde ist-er-um-jung-zu-herrschen. Ludwig schreibt, es sei für ihn ein großes Unglück gewesen, daß er seine Herrschaft schon im Alter von dreißig Jahren, also vor der Reife, angetreten habe. Aber schon seit langem hatte er sich darauf vorbereitet, mit jungen Jahren zu herrschen. Diese verfrühte Krönung war kein plötzliches Ereignis. Es war eine lange im voraus erlebte und für Wilhelms Sein konstitutive Situation, die er in seiner Jugend nach und nach entdeckt hat. Es war seine eigene Möglichkeit, und er lebte sie bereits seit fünfzehn Jahren, als er sie endlich verwirklichte. Was wäre geschehen, wenn Friedrich Wilhelm nicht von einem englischen Arzt umgebracht, sondern von einem deutschen Arzt geheilt worden wäre? Ich weiß es nicht. Jedenfalls wäre in Wilhelms neue Haltung, da er nun verurteilt gewesen wäre, lange Erbprinz zu bleiben, jene konkrete Möglichkeit, jung zu herrschen, sicherlich als neue Komponente eingegangen, zumindest wäre sie, bevor sie zusammengebrochen wäre, jahrelang seine *eigene* Möglichkeit gewesen. So hat er sich nun zum König von Gottes Gnaden gemacht, sich zum jungen König gemacht, lange bevor er es ist. König gegen seinen Vater, gegen seine Mutter, gegen England und gleichzeitig aus einem Wurf aus sich selbst, bevor er sie überhaupt verstand, gegen die liberalen Ideen, die seine Mutter seinem Vater einzutrichtern versuchte. «Je liberaler ihn die Eltern haben wollten, um so unnahbarer trat er auf. In Kassel (er war zwölf Jahre alt) war er schon ‹ganz der künftige Kaiser›.» Dieser Haß auf den Liberalismus, der sich in einem «gegen-den-Liberalismus-herrschen» ausdrücken sollte, ist der Haß auf England und zugleich die Weigerung, im Geistesleben Hilfe gegen sein Gebrechen zu suchen, sowie die ursprüngliche Bestimmung, *auf preußische Art* zu herrschen.

Man sieht, daß Thron und Gebrechen untrennbar verbunden sind, in der Einheit ein und desselben Entwurfs von sich, der vom Thron auf das Gebrechen zurückfällt und ausgehend von dem Gebrechen das Sein-zum-Herrschen nuanciert. Man sieht, daß weder *Thron* noch *verfrühte Krönung*, noch *Familie*, noch *Mißbildung* kontingente Fakten sind, in dem Sinne, daß sie andere sein könnten und von außen auf Wilhelm einwirkten oder daß man sich Wilhelm zwar anders, aber trotzdem im Kern identisch vorstellen könnte, wenn andere Fakten ihn beeinflußt hätten. In Wirklichkeit ist es unmöglich, sich einen *anderen* Wilhelm vorzustellen als den, der sich durch diese Situation hindurch geworfen hat, der freier Entwurf seiner selbst in diese Situation *ist*. Sein Charakter ist nicht *eine* Sache und sein Sein-zum-Herrschen eine andere – sein Temperament eine Sache und sein Gebrechen eine andere. Es gibt eine freie menschliche Totalität, die nichts *an* sich selbst ist, in einer Immanenz, die vorgezeichnet wäre, und die ganz und gar in ihrem Entwurf ist. In diesem Sinne könnte man vom «Herrschen» des Seins-zum-Herrschen sagen, daß es – wie Heidegger von der Welt sagt – weder subjektiv noch objektiv ist. Weder subjektiv: es ist keine innere Eigenart Wilhelms, etwas, was in seinem Innenleben wie eine Eigenschaft wäre – noch objektiv: es ist kein äußeres Faktum, denn das Sein-zum-Herrschen ist eine Einheit, und das «Herrschen» läßt sich nicht aus dem Sein-zum-Herrschen herauslösen. Anders gesagt, Wilhelm ist nichts anderes als die Art, wie er sich *vergeschichtlicht*.

Und man sieht, daß in der Einheit dieser Vergeschichtlichung die verschiedensten Bedeutungsschichten verbunden sind: die Herrschaft enthüllt das Gebrechen, das wiederum die Familie, England, den Antiliberalismus und den preußischen Militarismus anzeigt. Es handelt sich nicht um ein und dieselbe Sache, sondern um Situationen, die sich hierarchisieren und sich gemäß der Einheit ein und desselben ursprünglichen Entwurfs unterordnen. Man müßte nun zeigen, inwiefern Bismarcks Sturz am Ende dieses Entwurfs steht (die Erneuerung eines zu alten Personals – es stammt aus der Zeit seines Großvaters – muß eine Revolution sein. Würde der Vater herrschen, dann wäre es eine langsame Evolution. Und gerade weil der Prinz sich als Parvenü von Gottes Gnaden versteht, steht diese Revolution am Ende seines Entwurfs, unabhängig von seinem schwankenden Verhalten gegenüber Bismarck); inwiefern auch die Haltung des Prinzen gegenüber dem Proletariat (Haß auf die Sozialdemokratie und Angst vor ihr, Versuche, die Arbeiter zu gewinnen) in dem ursprünglichen Entwurf inbegriffen ist. So daß dieser Entwurf wirklich ein Vor-wurf von sich in die Welt ist und die wechselnde und schwache Politik des Prinzen gegenüber England, Rußland, dem Proletariat keine Folge von Wilhelms II. Charakter ist, sondern Wilhelm II. selbst *ist*, wie er sich in der Welt vergeschichtlicht. Aber das alles versteht sich von selbst, wenn man die vorhergehenden Beschreibungen akzeptiert. Natürlich müßte man – und das ist eine große Lücke in diesem Essay – die päderastischen Neigungen Wilhelms erörtern und sehen, ob sie in der Einheit des ersten Entwurfs sowie ihrem hierarchischen Verhältnis zum Sein-zum-Herrschen begriffen werden können. Was ist ein päderastischer König – was ist ein päderastischer König von Preußen? Doch wenn ich das nicht erörtere, so ist das nicht meine Schuld: es liegt daran, daß Ludwig bei diesem wichtigen Thema äußerst vage und zurückhaltend ist. Ich wollte lediglich zeigen, daß nur die historische Methode und die psychologischen Vorurteile, die sie beherrschen – und nicht die Struktur der Dinge selbst –, zu dieser Aufspaltung der historischen Faktoren in parallele Bedeutungsschichten führen. Dieser Parallelismus verschwindet, wenn man die historische Person von der Einheit ihrer Vergeschichtlichung her behandelt. Aber ich gebe zu, daß das, was ich gezeigt zu haben glaube, nur in dem Fall gültig ist, in dem die historische Untersuchung eine *Monographie* ist und das Individuum als Schmied seines eigenen Schicksals zeigt. Bleibt die Tatsache, daß es auch *auf die anderen* einwirkt. In ein paar Tagen – sofern das Buch von Ludwig sich dazu hergibt – werde ich versuchen, darüber nachzudenken, welche «Verantwortung» Wilhelm II. am Krieg von 14 trägt.

C. gesehen, den stellvertretenden Direktor der Agence Havas. Ein schöner großer Typ mit weißen Haaren, könnte Gary Cooper ähneln, wenn er nicht etwas dick wäre. Gewöhnlich sehr reserviert und wenig beliebt. Trägt frech zur Schau, daß er von anderer Art ist. Er geruht, mit mir zu sprechen und meine Hand zu berühren, sogar um mich zu werben – denn meine Trägheit und mein Mangel an Sympathie für männliche Männer führen dazu, daß ich ihn nicht einmal grüße, wenn ich ihm begegne, und so tue, als sähe ich ihn nicht; also kommt er auf mich zu, mit der Lässigkeit eines Segelschiffs. Ich selbst habe Nachsicht mit ihm, weil er schön ist. Wäre er häßlich, dann würde ich ihn nicht ertragen. Ich habe bereits erklärt, auf Grund welcher Mechanismen. Übrigens ist er es, von dem ich in einem meiner ersten Hefte gesprochen habe und sagte, daß ich mich wegen seiner Schönheit vage von ihm angezogen fühlte. Immer dieser Hang, die Schönheit zu unterwerfen, wo sie auch sei, und, da ich sie nicht an mir besitzen kann, dieses Verlangen, sie «durch eine Mittelsperson» zu besitzen. Aber wenn es sich um einen Mann handelt, geht das nicht sehr weit. Er scheint nicht dumm zu sein, zumindest hat er einen gewissen Schliff. Er ist stolz, *Licencié ès lettres* zu sein. Neulich hat er mich im Foyer angesprochen, um mir mit gespielter Lässigkeit eine Nummer von *Match* zu zeigen, die halb zerrissen auf einem Tisch herumlag: «Da bin ich drin», hat er zu mir gesagt. Ich habe hingesehen: auf einem Foto, das den Direktor der Agence Havas mit seinen Mitarbeitern zeigte, sah man ihn, prachtvoll, in schwarzer Jacke mit steifem Kragen, halb zum Direktor gebeugt. Diese Naivität hat mir gefallen. Er hatte sich als Zivilist in einer toten zivilen Welt wiederentdeckt, in der er seinen Platz hatte; er hatte seine Entdeckung nicht für sich behalten können, sie mußte von jemandem registriert werden. Ein wenig wie Castor, die sagt, es würde ihr davor grauen zu sterben, ohne daß jemand da wäre, es festzustellen. Die Auferstehung seiner Vergangenheit wäre nicht so total gewesen, hätte sie keinen Zeugen gehabt.

Heute saß ich im Foyer auf einem Stuhl neben dem Ofen, während die diensthabenden Soldaten damit beschäftigt waren, alle Fenster für die Kinovorführung zu verhängen. Es war ein Uhr mittags. Draußen Sonne, goldener Halbschatten in dem menschenleeren Saal. Atmosphäre der Erwartung; ich genoß sie, wenngleich fest entschlossen, vor Beginn der Vorführung abzuhauen. Ich wollte *Un oiseau rare* nicht sehen, ebensowenig einen Dokumentarfilm über die Maginotlinie. Doch in diesem dunklen und vergoldeten Dunst, der den Saal erfüllte, blieb etwas hängen, gleichsam eine dunkle Erinnerung an jene Frühlingsnachmittage (Sonntagnachmittage wie diesen hier), die Castor und ich vor sechs oder sieben Jahren im *Cinéma des Ursulines* verbrachten, einem frischen und dunklen Raum, und uns der Sonnenflut, die draußen niederging, deutlich bewußt waren; wie Saint-John Perse sagt, die Sonne wurde nicht genannt, aber ihre Anwesenheit war mitten unter uns. Ich las, ich dachte über den Begriff «Situation» nach, ich war auf eine Idee gekommen, und dann ist sie mir wegen C. abhanden gekommen. Ich werde sie wiederfinden, ich rechne mit Wiederholungen. Man denkt immer in Wiederholungen; nie ist eine vergessene Idee verloren: man findet sie zwar nicht wieder, wenn man sie sucht, aber es fällt einem eine andere, ganz neue ein – und es ist dieselbe.

C. rückt also an, ich sehe ihn, ich tue so, als sähe ich ihn nicht, ich senke den Kopf, und schließlich sehe ich seine Stiefel vor mir strammstehen. Man grüßt sich mit gesuchter Gleichgültigkeit. Er gibt mir das Geheimnis seiner verbitterten Seele preis: «Sie gehen also weg, wie es scheint?» – «Ja.» – «Ich bleibe lieber hier. Wenn man schon den Idioten spielen muß, dann besser hier.» – «Ja. Man ist freier. Aber bedenken Sie, wieviel Schwierigkeiten Sie hatten, Ihre Frau kommen zu lassen. Wären Sie in der Etappe, dann könnten Sie sich mit ihrer Familie arrangieren.» Er, schroff: «Die Familie ist nicht alles.» Sogar in seinen harten Sätzen ist immer eine heimliche Ungezwungenheit, als stünde er über dem, was er gerade sagte. Allmählich betreten die Soldaten den Saal und setzen sich. Stühle rücken. Er fährt fort, ohne mich anzusehen, er ist im Profil, und ich sehe sein eigensinniges Kinn: «Ich will nichts tun, ich wasche meine Hände in Unschuld; wenn die Heeresleitung meint, daß sie einen *Licencié ès lettres* braucht, um die Öfen anzuzünden, soll sie dafür die Verantwortung tragen. Ich rühre mich nicht vom Fleck.» – «Gut», sage ich, «aber Havas hätte Sie ja zu besonderer Verwendung abberufen können.» Er ist der einzige hier, den ich sieze und der mich siezt. Anfangs duzte ich ihn, aber da er mich hartnäckig siezt, mache ich es genauso. «Ja», sagt er. Und dann schnell: «Havas hat keinen stellvertretenden Direktor mehr ...» Frostig fährt er fort: «Die müssen selber wissen, ob sie mich brauchen. Ich rühre mich nicht vom Fleck ... Und Kurse absolvieren, um Offizier zu werden ... auf die andere Seite der Barrikade überwechseln ... Nein. Also: ich bleibe beim militärischen Proletariat, wo man mich hingesteckt hat.» Kurz, er schmollt; hier der Kern der Affäre: er hätte es gern gesehen, daß man ihm einen Sonderauftrag oder einen Leutnantsgrad auf einem silbernen Tablett serviert hätte. Wenig später nähert sich Hantziger; sein birnenförmiges Gesicht glüht und seine wimpernlosen Augen blinzeln. «C.», sagt Hantziger in jenem flüsternden und flehenden Ton, in den er fällt, wenn er um einen Gefallen bittet, «wenn du zu Havas gehst, wenn du Urlaub hast, dann bring mir doch eine englische oder kanadische Zeitung mit.» – «Ich weiß nicht, ob ich zu Havas gehe», sagt C. im selben düsteren Ton. «Wenn man mal in einer Firma gearbeitet hat, soll man nicht wieder hin. Man stört bloß. Es gibt dort einen Haufen Neue, dauernd stolpert man über sie, sie wissen nicht, was sie einem sagen sollen.» – «Traurig», sagt Hantziger, «all diese Neuen, die unsere Plätze eingenommen haben, wie sollen wir die bloß loswerden, wenn wieder Friede ist?» Die düstere Miene von C. wird noch düsterer und boshafter: «Keine Bange. Wir räumen da schon auf. Wer aus dem Krieg heimkommt, ist bestimmt nicht in demselben idiotischen Zustand nationaler Euphorie wie die von 18. Er ist fest entschlossen, sich zu wehren: man hat uns zu sehr zum Narren gehabt, wir werden die Zähne zeigen. Das kann nicht schwer sein, wenn es eine starke Solidarität zwischen uns gibt. Nicht die der alten Frontkämpfer, die unter dem Arc de Triomphe vorbeiziehen. Eine andere: eine Solidarität, die Forderungen stellt. Und wenn dann eine Gruppe auftaucht, die das organisiert, dann wollen wir doch mal sehen.»

Ich notiere hier eine merkwürdige kleine Schweinerei, die bei mir häufig vorkommt und deren Ursprung ich kenne. Sie gehört in das Schema: verkannte und rehabilitierte Größe. Ich erwähnte bereits die Bedeutung dieses Schemas, das mich in meiner Kindheit zu masochistisch angehauchten Träumereien veranlaßte – die aber im Grunde sehr wenig masochistisch waren. Ich vergoß einige Tränen wegen Griseldis; noch heute rührt mich Cordelia, König Lears Tochter. Es gibt also zuerst einen Irrtum – rechtlicher oder anderer Art – und eine Katastrophe, die jemand würdevoll und stumm erduldet. Woraufhin die Apotheose kommt, die gerade seiner Verlassenheit und seinem Schweigen entspringt. So trägt auch der furchtbarste Sturz seinen Lohn in sich. Die Prüfung hat nichts Christliches, denn kein Gott wägt das schließliche Glück gegen die erlittenen Qualen ab: das kommt aus einem selbst. Der Lohn ist der natürliche Abschluß der Prüfung. Was meine Vereinsamung während der Prüfung betrifft, so ist sie recht charakteristisch und im Grunde dem Schmollen von C. sehr ähnlich, beispielsweise. Man wehrt sich nicht, man zieht sich zurück – ganz und gar jene Art, die ich hier schon erwähnt habe, eine absolute Distanz zwischen die anderen Menschen und mich zu legen: beim erstbesten Vorwand entferne ich mich; immer wieder mein Hochmut. Und schließlich warte ich, daß man auf mich zukommt. Mein ganzes Leben habe ich darauf gewartet, daß man auf mich zukommt, ich habe nie den ersten Schritt getan, ich will umworben werden. Als ich 14 Jahre alt war, ging ich an einer Gruppe meiner besten Klassenkameraden vorbei und tat so, als sähe ich sie nicht, um ihnen Gelegenheit zu geben, mich zu rufen. Leider war der Zeitpunkt schlecht gewählt: ich war für sie ein Sündenbock und ohne Belang; sie riefen mich nicht. Dann rannte ich einen großen Umweg, um abermals an ihnen vorbeizugehen, wieder mit abwesender Miene, und ihnen erneut Gelegenheit zu geben, mir zuzurufen. Und so weiter, bis einer von ihnen zu mir sagte: «Du Idiot, was schleichst du seit einer dreiviertel Stunde dauernd um uns rum?» Im übrigen zweifle ich bei diesen Träumereien nicht daran, daß man zum Schluß doch auf mich zukommt. Diese Einsamkeit ist nicht rein: der Held meiner Träume geht nicht weg, um die Menschen endgültig zu fliehen, sondern in der Gewißheit, daß ihm die Menschen eines Tages zu Füßen liegen werden. Hochmut, falsche Einsamkeit, Optimismus, seltsam, daß das alles schon in meinen ersten Kinderträumen vorhanden ist. Und sogar in der Idee, die ich mir von der Größe machte, lag der Anspruch auf eine Belohnung. Das ist mir geblieben. Ich meine, ich kenne zwar so einen kalten Schmerz mit starrem Blick, der Selbstvergessenheit ist und wirklich unerträglich. Den schätze ich am meisten. Aber über manchen meiner Trübseligkeiten schwebt immer ein Engel, der sich herabbeugt, mir scheint, daß eine Gunst des Schicksals dafür sorgt, daß die schönste Belohnung dieser Traurigkeit selbst entspringen wird: jede Traurigkeit muß ihre schöne Auflösung haben. Im Grunde sah ich den Krieg sehr schnell nach diesem Schema. Jahre der Prüfungen und Größe, für die ich mit einer Erneuerung und einer zweiten Jugend belohnt würde. Ich würde bestimmt nicht an die verlorenen Leiden des Krieges, an die verlorenen Leiden der Liebe glauben. Doch gestern wollte ich genau dahin kommen, so schwermütig war ich, kein Dichter zu sein, und ich habe in dieses Heft geschrieben, daß ich schwermütig sei. Und der Flügel eines Engels streichelte diese Schwermut; diese Schwermut trug die ganz versteckte Hoffnung in sich, daß gerade die Stelle, in der ich meine Trauer darüber beschrieb, kein Dichter zu sein, sich durch eine spontane Belohnung unter meinen Händen in die schönste Prosa verwandeln würde, ohne daß es mir bewußt wäre, und daß ich kurze Zeit später, wenn ich diese sehr bescheidene und redliche Klage noch einmal läse, mit verzückter Bestürzung entdecken würde, daß ich mit meiner Prosa genau den schönen Gegenstand geschaffen hätte, das Schiff in der Flasche, den ich von der Poesie vergeblich erheischte. Ich kann nicht sagen, daß diese infame Hoffnung der *Anlaß* war, der mich schreiben ließ. Nein, Gott sei's gelobt. Aber sie färbte mein Schreiben. Wissen, ob man es bemerkt haben wird. Jedenfalls erkennt man das Schema: in tiefer Verzweiflung, weil er nicht Musiker ist, schwitzt er einfach seinen Schmerz aus, und *siehe da* sein Schmerz wird Musik, diese karge und unschuldige Klage ist mit einemmal die schönste Harmonie.

Montag, 11. März

Ich wollte eine Passage aus Gides Tagebuch über das «bißchen Realität» abschreiben und habe es leider nicht getan. Er erklärt Roger Martin du Gard, daß ihm ein bestimmtes Gefühl für das Reale fehle und ihm die wichtigsten Ereignisse wie Maskeraden vorkämen. Mir geht es genauso, und daher kommt wohl meine Frivolität. Ich war lange im Zweifel, ob das ein bestimmter Charakterzug mancher Leute sei, zu denen auch ich gehöre, oder ob im Grunde nicht jeder so sei, ob die Realität nicht ein unmöglich zu spürendes, im Unendlichen liegendes Ideal sei. Noch heute weiß ich nichts Genaues darüber, aber ich stelle fest, daß wir, Gide als Großbürger und ich als Beamter aus einer Beamtenfamilie, nur allzu bereit waren, das Reale für einen Dekor zu halten. Letztlich hat Gide ebensowenig wie ich etwas Irreparables erlebt. Ich habe das Irreparable nur ein- oder zweimal geahnt, zum Beispiel, als ich verrückt zu werden glaubte. In dem Moment habe ich entdeckt, daß *mir* alles zustoßen konnte. Das ist ein kostbares und für die Authentizität unbedingt notwendiges Gefühl, und ich bemühe mich, es zu bewahren, soweit ich nur kann. Aber es ist sehr unbeständig, und außer bei großen Katastrophen bedarf es einer gewissen Anstrengung, es in sich aufrechtzuerhalten. Und im übrigen, außer in jenem Fall vermeintlichen Wahnsinns, wo mein höchstes Bewußtsein an der Gurgel gepackt wurde, befreite ich mich von diesen Ängsten um *mein* Schicksal oft dadurch, daß ich mich in den Schoß eines absoluten und kontemplativen höchsten Bewußtseins flüchtete, für das mein Schicksal und sogar der Zusammenbruch meiner Person nur Verwandlungen eines bevorzugten Gegenstands waren. Der Gegenstand konnte verschwinden, das Bewußtsein war dennoch von ihm berührt; meine Person war nur eine vorübergehende Verkörperung dieses Bewußtseins oder, noch besser, ein bestimmtes Band, das sie an der Welt befestigte, wie einen Fesselballon. Ob diese kontemplative Haltung nun meiner kontemplativen Funktion als Wächter der Kultur innerhalb der Gesellschaft entspringt, wie ein Marxist ohne Umschweife sagen würde, oder ob sie einen ersten Entwurf meiner Existenz darstellt (in der Tat findet man darin den Hochmut, die Freiheit, die Distanzierung von sich selbst, den kontemplativen Stoizismus und den Optimismus, die sicherlich zu meinem ersten Entwurf gehören), das will ich hier nicht entscheiden. Jedenfalls steht fest, daß diese Art, mich auf die Spitze des Turms zu flüchten, wenn dessen Fuß angegriffen wird, und von oben hinunterzuschauen, ohne mit der Wimper zu zucken, wenngleich mit etwas angstgeweiteten Augen, die Haltung war, die ich 38/39 angesichts der Kriegsdrohungen gewählt hatte. Sie hat mich auch ein wenig früher zu meinem Aufsatz über die Transzendenz des Ego inspiriert, in dem ich kurzerhand das Ich aus dem Bewußtsein hinauswarf, wie einen zudringlichen Besucher. Ich besaß nicht jenes zärtliche, innige Verhältnis zu mir selbst, durch das es zwischen Ich und Bewußtsein Adhäsionen gibt, wie man in der Medizin sagt, und man befürchten muß, es zu zerreißen, wenn man es von ihm abzutrennen versucht. Im Gegenteil, es ging ihm draußen sehr gut, und da blieb es auch, aber ich betrachtete es in aller Seelenruhe, in aller Strenge durch die Scheibe. Lange glaubte ich überdies, daß man die Existenz eines Charakters nicht mit der Freiheit des Bewußtseins vereinbaren könne; ich dachte, der Charakter sei nichts anderes als der Strauß mehr moralischer als psychologischer Maximen, zu dem der Nachbar seine Erfahrung mit uns zusammenfaßt. Das Bewußtsein als Refugium blieb, wie es sollte, farblos, geruchlos, geschmacklos. Erst in diesem Jahr habe ich anläßlich des Krieges die Wahrheit begriffen: gewiß darf man den Charakter nicht mit all jenen Maximen und Rezepten der Moralisten verwechseln, «er ist cholerisch, er ist faul» usw., aber er ist der erste und freie Entwurf unseres Seins in der Welt. Ich habe das für Wilhelm II. nachzuweisen versucht. Kurz, die Existenz eines Bewußtseins als Refugium erlaubte es mir, nach Belieben darüber zu befinden, welcher Grad an Ernst der Situation angemessen war; ich war wie einer, der auch in den schlimmsten Abenteuern die drohende Realität der Torturen, die man ihm vorbehält, nicht allzu stark spürt, weil er immer ein Körnchen hochwirksames Gift bei sich hat, das ihn erlösen wird, bevor man ihn anrührt. In *La condition humaine** von Malraux gibt es eine Figur, die so ist, Katow. Daher ist er groß erst dann, wenn er das Gift seinen Kameraden schenkt. Mir scheint, daß er in diesem Augenblick wahrhaft menschliche-Realität ist, weil nichts ihn aus der Welt heraushält, er ist mitten darin, frei und völlig wehrlos. Der Übergang der absoluten Freiheit zur entwaffneten, menschlichen Freiheit, die Ablehnung des Gifts hat sich in diesem Jahr vollzogen, und mit einemmal betrachte ich jetzt mein Schicksal als *endlich*. Und meine neue Lehrzeit muß gerade darin bestehen, mich «mittendrin» zu fühlen, wehrlos. Der Krieg und Heidegger haben mich auf den rechten Weg gebracht; Heidegger, indem er mir zeigte, daß es jenseits des Entwurfs, durch den die menschliche-Realität sich selbst verwirklicht, nichts gibt. Heißt das, daß ich das Ich wieder hereinlassen werde? Sicherlich nicht. Aber die Selbstheit [*ipséité*] oder Totalität des Für-sich ist nicht das Ich, und doch ist sie die *Person*. Im Grunde bin ich im Begriff zu lernen, eine Person zu sein. Aber darum geht es mir jetzt nicht. Ich wollte darauf hinweisen, daß ich, da ich nicht sofort in etwas verstrickt gewesen bin, da ich mich nicht *verantwortlich* fühlte und keine Geldsorgen hatte, die Welt nie ernst genommen habe. In anderen Zeiten hätte mich das zum Mystizismus führen können, denn diejeni-

* Deutsch: *So lebt der Mensch.*

gen, die das «bißchen Realität» nicht befriedigt, sind bereit, die Surrealität zu suchen. Und ich denke, daß das vor fünfzehn Jahren für viele der Ursprung des surrealistischen Glaubens war (aber nicht für alle: der Einfluß des Krieges, den man häufig erwähnt, scheint mir für die Häupter weitaus entscheidender zu sein). Aber ich war Atheist aus Hochmut. Nicht aus dem Gefühl des Hochmuts, sondern meine Existenz selbst war Hochmut, *ich war* der Hochmut. Es gab keinen Platz für Gott neben mir, ich war so beständig die Quelle meiner selbst, daß ich nicht sah, was in dieser Geschichte ein Allmächtiger zu schaffen gehabt hätte. Später bestärkte mich die Armseligkeit des religiösen Denkens in meinem Atheismus. Der Glaube ist töricht oder unaufrichtig. Meine Mutter hatte wohl etwas von dieser frivolen Kälte gegenüber der Welt mitbekommen, denn sie wiederholt gern, daß ich ein paar Jahrhunderte früher Mönch geworden wäre. In Ermangelung des Glaubens habe ich mich darauf beschränkt, den Ernst zu verlieren. Es liegt Ernst vor, wenn man von der *Welt* ausgeht und wenn man der Welt mehr Realität beimißt als sich selbst – oder wenn man sich zumindest in dem Maße eine Realität verleiht, wie man zur Welt gehört. Nicht durch Zufall ist der Materialismus *ernst*; er ist auch nicht durch Zufall immer und überall die bevorzugte philosophische Doktrin des Revolutionärs. Denn Revolutionäre sind ernst. Sie erkennen sich zuerst, weil sie von der Welt erdrückt werden, sie erkennen sich von dieser Welt her, die sie erdrückt, und sie wollen die Welt verändern. Darin stimmen sie mit ihren alten Gegnern, den Besitzenden, überein, die sich ebenfalls von ihrer Situation in der Welt her erkennen und schätzen. Ich hasse den Ernst. Durch die ernste Sorge eines Ingenieurs geht die ganze Welt hindurch mit ihrer Trägheit, ihren Gesetzen, ihrer hartnäckigen Opazität; jeder ernste Gedanke wird von der Welt eingedickt und gerinnt; er ist eine Abdankung des Menschen zugunsten der Welt. Man sehe sich jenen Menschen an, der den Kopf schüttelt und sagt: «Das ist ernst! Sehr ernst!», und versuche zu verstehen, was er mit diesem Kopfschütteln meint: dies nämlich, daß die Welt den Menschen beherrscht, daß es Gesetze und Regeln zu beachten gab – alle außerhalb von uns, geschichtet, versteinert –, die sich günstig auswirken sollten. Und diese Regeln sind verletzt worden, die Katastrophe ist gekommen, und nun hat der Mensch keine Zuflucht mehr. Denn er hat keine Zuflucht mehr *in sich*: er ist «Welt», die Welt hat sich in ihm eingenistet, und jenes verletzte Tabu ist auch *in ihm* verletzt. Man ist ernst, wenn man nicht einmal die Möglichkeit erwägt, die Welt zu *verlassen*, wenn die Welt mit ihren Alpen und ihren Felsen, ihrer Kruste und ihrem Schlamm, ihren Mooren, ihren Wüsten, all diesen starrsinnigen Unermeßlichkeiten, einen von allen Seiten einschließt, wenn man sich selbst den Existenzmodus des Felsens, die Konsistenz, die Trägheit, die Opazität verleiht; ein ernster Mensch ist ein geronnenes Bewußtsein; man ist ernst, wenn man den Geist verneint. Jene Ungläubigen, von denen Platon im *Sophisten* spricht und die nur glauben, was sie berühren, das sind die Ahnen der Ernsthaftigkeit. Es versteht sich von selbst, daß der ernste Mensch, da er Welt ist, nicht das geringste Bewußtsein von seiner Freiheit hat, oder wenn er es hat, dann verscharrt er es voll Entsetzen im Innern seiner selbst, wie Unrat. Wie der Felsen, wie das Atom, wie der Stern ist er determiniert. Und wenn sich die Ernsthaftigkeit durch die Beflissenheit auszeichnet, mit der sie die *Konsequenzen* ihrer Handlungen betrachtet, so deshalb, weil für sie alles Konsequenz ist. Der ernste Mensch ist selbst nur eine Konsequenz, eine unerträgliche Konsequenz, niemals ein Prinzip. Endlos steckt er in einer Reihe von Konsequenzen und sieht weit und breit nur Konsequenzen. Das ist der Grund, warum das Geld, Zeichen aller Dinge der Welt, Konsequenz und *von* Konsequenz, der Gegenstand *par excellence* des Ernstes ist. Kurz, Marx hat das erste Dogma des Ernstes gesetzt, als er den Vorrang des Objekts vor dem Subjekt behauptete. Und der Mensch ist ernst, wenn er sich vergißt, wenn er das Subjekt zu einem Objekt macht, wenn er sich für eine Strahlung hält, die aus der Welt kommt; Ingenieure, Ärzte, Physiker, Biologen sind ernst.

Ich aber war durch das, was ich sagte, gegen den Ernst gefeit. Eher zuviel als zuwenig: ich war nicht Welt, weil ich frei und erster Anfang war. Es ist nicht möglich, sich selbst als Bewußtsein zu erfassen, ohne zu denken, daß das Leben ein Spiel ist.

Was ist ein Spiel denn anderes als eine Tätigkeit, deren Ursprung der Mensch ist, deren Prinzipien der Mensch selbst setzt und die nur nach den aufgestellten Prinzipien Konsequenzen haben kann. Doch sobald der Mensch sich als frei erfaßt und seine Freiheit nutzen will, ist seine ganze Tätigkeit Spiel: er ist deren erstes Prinzip, er entgeht der Welt von Natur aus, er setzt selbst den Wert und die Regeln seiner Handlungen und ist zu zahlen nur bereit nach den Regeln, die er selbst gesetzt und definiert hat. Daher das bißchen Realität der Welt und das Verschwinden des Ernstes. Ich habe nie ernst sein wollen, ich fühlte mich zu frei. Zur Zeit meiner Liebe zu Toulouse schrieb ich ein langes Gedicht, ein sehr schlechtes, wie ich meine, mit dem Titel *Peter Pan*, das Lied des kleinen Jungen, der nicht groß werden wollte. Immer diese «kleinen Jungen» und diese «kleinen Mädchen», diese Schablonen unserer Liebesbeziehungen. Ich finde das seitens eines Burschen von zwanzig Jahren und eines kräftigen Mädchens von dreiundzwanzig genauso inzestuös wie das «Mama», das Rousseau Madame de Warens zuseufzte. Aber das ist nicht mein Thema. Jedenfalls wollte dieser kleine Junge nicht groß werden aus Angst, ernst zu werden. Ich hätte ruhig sein können: heute bin ich vierzehn Jahre älter, und ich bin nie ernst gewesen, außer einmal auf dem Friedhof von Tetuan, weil Castor wollte, daß ich meinen Strohhut aufsetze, und ich es nicht wollte. Ich habe die Verantwortung für meine Handlungen immer mit dem Gefühl übernommen, ihnen ansonsten völlig zu entgehen. Wegen des Turms des Bewußtseins, den ich nach Belieben besteigen konnte.

Aber die Frage, die mich heute interessiert, ist folgende: wird die Authentizität, indem sie die Tür des Turms für immer versperrt, den Geist der Ernsthaftigkeit in mich zurückbringen. Ich glaube, darauf gibt es nur eine Antwort: nein, überhaupt nicht. Denn sich als eine *Person* begreifen ist etwas ganz anderes als sich von der Welt her begreifen. Und so authentisch man auch ist, man ist deshalb nicht weniger frei – sogar noch freier als in der Hypothese des Turms –, weil man zu einer Freiheit ohne Schatten und ohne Ausrede verurteilt ist. Und schließlich heißt in-der-Welt-sein nicht *von der* Welt sein. Es heißt sogar das Gegenteil. Wenn ich auf den Elfenbeinturm verzichte, möchte ich zwar gern, daß mir die Welt in ihrer vollen und drohenden Realität erscheine, aber mein Leben soll deshalb nicht aufhören, ein Spiel zu sein. Daher unterschreibe ich Schillers Satz voll und ganz: «Der Mensch ... ist nur da ganz Mensch, wo er spielt.»

Dienstag, 12. März

Freitag oder Samstag gehen wir wieder nach Brumath. Wahrscheinlich, um hier einer Division Platz zu machen, die aus dem Hinterland kommt und an die Front zieht. Ich freue mich, Brumath wiederzusehen, ich habe es in sehr poetischer Erinnerung. Von Morsbronn habe ich ein strahlendes und eisiges, sehr hartes Bild, der Schnee, von starker Poesie, aber voller Wind. Brumath erscheint mir wie ein gedämpftes, sanftes Licht. Ich sehe noch die frühen Morgenstunden in der *Taverne de la Rose*, die langen Nachmittage im Schulzimmer. Brumath ist für mich Castors Reise und meine Rückkehr in der Nacht, nachdem ich sie in der Nähe des Bahnhofs verlassen hatte – es ist auch meine Krise der Leidenschaft für T. und jene neue und tragische Welt, in der ich gelebt habe, geleitet von Saint-Exupéry und Koestler. Dort habe ich geahnt, was die Authentizität ist (in den allerletzten Tagen, in der *Taverne du Lion d'Or*), dort habe ich meine alte Haut abgestreift. Ich bin gespannt, die *Écrevisse* wiederzusehen, die Badeanstalt, ich frage mich, wie das alles auf mich wirken wird. Ich selbst werde kaum dort bleiben. Wenn wir am 17. ankommen, bleibe ich kaum länger als acht Tage. Danach fahre ich in Urlaub, und wenn ich zurückkehre, kommt wohl die Rückberufung ins Innere. Schon löse ich mich langsam von den Schicksalen der Division wie von einer alten Rinde. Wenn man mir von ihrem Schicksal erzählt – daß sie vielleicht nach Bitche verlegt wird, daß wir nach dieser Urlaubsrunde vielleicht sechs Monate auf die nächste warten müssen –, dann kommt mir das alles bereits verstaubt und vertrocknet vor; es ist nicht mehr ich. Dagegen habe ich ein paar Bilder, von einem Gemüsegarten am Hang, ganz «Île de France», die meine nächste Zukunft symbolisieren. Das heißt: Meteorologiestation in der Etappe – denn als ich meinen Militärdienst in der Meteorologiestation von Saint-Symphorien ableistete, oberhalb von Tours, bestellte Monsieur Ledoux, ein ziviler Meteorologe, nicht weit von der Station entfernt seinen Garten. Ich habe also eine dunkle und törichte Hoffnung *auf die Station* von Tours. Natürlich sagt mir mein Verstand, daß man mich überall hinschicken kann, nur nicht dorthin.

Deutschland – Erklärungsversuch von Edmond Vermeil. Seine Hauptthese lautet: «Das Ungesunde und Überspannte, also Gefährliche am deutschen Nationalismus, seinem glühenden Traum von einer religiösen und rassischen Gemeinschaft, die dazu berufen ist, eine absolute Hegemonie in diesem alten Kontinent zu übernehmen, erklärt sich durch die territoriale Zersplitterung von einst sowie durch den darauf folgenden Pluralismus der Institutionen, Tendenzen und Parteien im Rahmen des bismarckschen Reichs und der Weimarer Verfassung. Mit anderen Worten, der Pangermanismus ist das Gegenstück der deutschen Länder.» Gut, das ist so evident, daß ich selbst schon daran gedacht hatte, obwohl geschichtliche Erklärungen nicht meine Stärke sind. Nur gibt es hier eine Verständnisverbindung zwischen zwei Naturen, von denen die eine ein *Faktum* ist: die *faktische* Existenz einer politischen und administrativen Zersplitterung – und die andere ein *Ideal*: die «Gemeinschaft» erscheint als die der deutschen Nation eigentümliche Möglichkeit als führende Gemeinschaft in Europa. Sogleich sehe ich die Verbindung der Bedeutungen: das Streben nach Einheit geht über die bloße Vereinigung der deutschen Länder hinaus – es zielt ab auf die Vereinigung der deutschen Länder *als* Europa einigende Vereinigung. Das Phänomen der Vereinigung erscheint so, als müsse es einfach für den gesamten Kontinent einen Sinn haben; die Vereinigung steckt sich selbst ein Ziel, das über sie hinausgeht und sie nur um so dringlicher macht: sie ist Vereinigung, um zu herrschen. Gut, aber das befriedigt mich nicht: ich sehe nicht, inwiefern die Zersplitterung der deutschen Länder von sich aus diese mythische Vorstellung erzeugen könnte. Die Zusammenstellung: Zersplitterung-Pangermanismus ist nur deshalb bedeutend, weil sie *menschlich* ist. Man muß sie begreifen als etwas, was durch die sich vergeschichtlichenden Menschen existiert. Aber es geht auch nicht an, daß die Zersplitterung von außen die Geister beeinflußt, um sie dazu zu bestimmen, eine mythische Vorstellung von der Einheit zu schaffen, die diese Zersplitterung beseitigen wird. An sich selbst ist die Zersplitterung nichts und hat keinen Einfluß, sie kann nichts weiter tun, als sich endlos zu zersplittern. Es würde auch nichts nützen, wenn man zeigte, daß der Traum nach Einheit aus den Schwierigkeiten erwächst, auf die die einigenden Kräfte (wirtschaftliche, kulturelle, religiöse Kräfte) stoßen, wenn sie gegen diese Zersplitterung angehen, sowie aus dem sich daraus ergebenden Konflikt. Dieser Dialektik fehlt ein Faktor: immer derselbe; der Widerstand muß empfunden werden, die wirtschaftlichen Kräfte, die sich der Zersplitterung entgegenwerfen, müssen menschlich sein; man muß auf den Menschen zurückkommen. Anders gesagt, diese Zusammenstellung von Naturen, die sich dem Verständnis so einleuchtend darbietet, ist durch sich selbst unselbständig*, sie verweist auf die menschliche-Realität, *für die* sie existiert. Es gibt nur eine mögliche Erklärung: die Zersplitterung ist eine *Situation*, und der Pangermanismus ist die Möglichkeit, zu der die menschliche-Realität sich in dieser Situation wirft. Indem also die menschliche-Realität die Zersplitterung *hin zum* Pangermanismus transzendiert, konstituiert sie sie als Situation und erfaßt sie als solche. Ohne dieses freie Überschreiten gäbe es weder Situation noch faktische Zersplitterung. Und wenn sie als reine Zersplitterung erfaßt würde? Das ist unmöglich – oder mindestens *zuerst* unmöglich. Würde sie als Zersplitterung erfaßt, so könnte das nur durch eine menschliche-Realität geschehen, die sie zu etwas anderem hin überschreiten würde: zum Beispiel zum Föderalismus hin. Doch um sie als *reine* Zersplitterung betrachten zu können, als *Faktum* der Zersplitterung, muß der Geist einen kontemplativen Abstand schaffen, muß er versuchen, die Situation zu *zergliedern*, das Gegebene aus ihr herauszuziehen und es in *Position* zu verwandeln. Daher besteht keine Veranlassung, zu jenen dunklen Kräften Zuflucht zu nehmen, die von der Weisheit der Diplomaten so häufig beschworen werden, zum Beispiel zu jener unwiderstehlichen Anziehungskraft, die angeblich zwischen den Bruchstücken eines zersplitterten Landes besteht und es zwangsläufig zur Einheit führt. Das ist das Gegenteil der marxistischen Theorie des Mythos. Den marxistischen

* Deutsch im Original.

Historikern zufolge ist der Mythos das Ergebnis einer Einwirkung des Sachverhalts *auf* die Bewußtseine. Ich kehre die Glieder um und sage, daß der Sachverhalt selbst erst durch den Entwurf einer menschlichen-Realität über ihn zum Mythos *konstituiert* wird, der ihre eigene Möglichkeit konstituiert. Aber *welcher* menschlichen-Realität? Es gibt nur individuelle menschliche-Realitäten, und so sind wir auf einen historischen Individualismus verwiesen, der sich mit diesen großen kollektiven Naturen schlecht verträgt. Denn ganz sicherlich ist Vermeil, wenn er den Pangermanismus von der Zersplitterung der deutschen Länder herleitet, von den Individuen sehr weit entfernt. Es geht ja nicht um die Frage, was Peter oder Paul von der Situation erfassen kann: wir befinden uns auf der Ebene der nationalen Kollektivität. Und doch, ich wiederhole es, es gibt nur Individuen. Wie aus der Sackgasse herauskommen? Durch den Begriff Situation selbst, auf den wir uns zuerst berufen haben. Wenn das Individuum auf die Situation und die Situation auf das Individuum verweist, dann heißt das nicht, daß man die Situation mit ein wenig Druck in das Individuum eingehen lassen kann. Ebensowenig wie das In-der-Welt-sein bedeutet, daß die Welt in das Individuum hineinpassen kann. In Wirklichkeit gibt es *einen* Pangermanismus, weil es *viele* Pangermanisten gibt, aber es gibt nur *einen* Pangermanismus. Die *Situationen*, die dem Entwurf eines Individuums entsprechen, das sich durch das Mit-sein* in die Welt wirft, bieten sich als Situationen *für* die anderen dar, und man *ist* erst man selbst, wenn man sich über die durch den Entwurf der anderen konstituierten Situationen frei entwirft. Ich habe das anläßlich des Vaterlandes erläutert. Jedes Individuum steht vor Hinweisschildern, die nur *durch ihn* hinweisen, deren Hinweis jedoch von anderen bereits konstituiert worden ist. Daher können die Zersplitterung und

* Deutsch im Original.

der Pangermanismus zwar nur durch Individuen zu sich selbst erblühen, aber ihre Natur geht unendlich über jedes Individuum hinaus – und darf *weder* mit der bloßen Summe der Pangermanisten *noch* mit irgendwelchem kollektivem Bewußtsein verwechselt werden, das sich der Individuen hinterrücks bemächtigte und sich auf ihre Kosten herausbildete. Jeder Deutsche, der vor dem Krieg in der Welt auftauchte, fand sich dem Pangermanismus als Situation gegenüber. Er konnte sich frei bestimmen, diese Situation auf irgendeine Weise zu erfassen (sie ablehnen, verachten, bekämpfen, annehmen, billigen, die Bewegung wohlwollend aus der Ferne verfolgen usw.), aber es war ihm unmöglich zu bewirken, daß der Pangermanismus keine Situation für ihn sei, es war ihm unmöglich, die Verständnisbeziehung Zersplitterung-Pangermanismus nicht zu *beseelen*. Und eben durch diese Stellungnahme – die er selbst war – bereicherte er die Situation *für andere*, stellte sie sich den anderen reicher, flexibler, dringlicher dar. Der Historiker, der die Bedeutungsbeziehungen zwischen Ideen, Bewegungen, einer politischen Situation und Tendenzen oder Ansprüchen beschreibt, behandelt zwar reale Gegenstände, aber sie haben alle das Merkmal der Unselbständigkeit*. Und die Verbindungen konkreter Logik, die er zwischen ihnen entdeckt, verweisen auf eine menschliche-Realität, die er mit Stillschweigen übergeht. Das ist sein gutes Recht; und er kann gar nicht anders verfahren. Doch der Irrtum, den er dann begeht, besteht darin, daß er diese Verbindungen erst als unabhängig und *danach auf* die Menschen einwirkend zeigt, während sie doch ohne die Menschen nicht existieren und nur das sind, zu dem hin sie sich entwerfen und das sie eben durch ihren Entwurf selbst existieren lassen. In diesem Sinne müßte die von politischen Gegebenheiten ausgehende Beschreibung der konkreten Entwicklung einer Ideologie einhergehen

* Deutsch im Original.

mit der Monographie einer der wichtigen Persönlichkeiten der Epoche, um die Ideologie als gelebte Situation und von einem menschlichen Entwurf als Situation konstituiert zu zeigen. Gewonnen wäre damit, daß wir nicht mehr das bloße abstrakte Verständnisschema (zum Beispiel: Zersplitterung-Pangermanismus), sondern eine Synthese von Bedeutungen sehen, die zu den verschiedensten Schichten gehören, so daß das abstrakte Schema nur noch ihre Achse und ihre zentrale Struktur wäre. Also ein synthetisches Korrektiv gegen die abstrakte Zerlegung, in etwa das, was für Comte die konkreten Wissenschaften sind, nämlich synthetisches Wiederzusammensetzen des Realen durch die gleichzeitige Verwendung der verschiedenen abstrakten Wissenschaften – während die abstrakten Wissenschaften nur die Untersuchung der Möglichkeitsbedingungen eines allgemeinen Phänomens sind. In diesem Sinne könnte man auch sagen, daß in dieser Trennung der Bedeutungen in parallele Schichten weder ein großes Geheimnis noch eine große Schwierigkeit liegt. Sie sind deshalb getrennt, weil der Historiker die abstrakten Möglichkeitsbedingungen eines konkreten, menschlichen Phänomens untersucht und das Menschliche dabei prinzipiell beiseite läßt. Die Hungersnot, die Niederlage Frankreichs und der Proudhonsche Föderalismus laufen parallel und berühren einander niemals, wenn man sie zuerst als Möglichkeitsbedingungen der Commune abstrahiert. Aber in dem totalen Entwurf seiner selbst, den ein Arbeiter von Belleville am 18. März machen konnte, waren alle diese Faktoren in der Einheit ein und derselben Bewegung vereint.

Im Foyer spielen zwei Mobilgardisten Pingpong. Der Kriegsrichter, ein Mann aus dem Süden, von dem ich schon gesprochen habe, nähert sich freundlich: «Mal sehen, ob ihr die Bälle genauso geschickt fangt wie die Delinquenten.»

Angelica von Leo Ferrero gelesen. Schwach. Absurde Fabel: es ist Orlandos Schuld, wenn ihm sein Befreiungswerk mißlingt. Die erste Pflicht eines Revolutionärs, der die Revolution gemacht hat, ist es, die Macht zu ergreifen. Auch dann, wenn diese Revolution gemacht worden ist, um einem Volk die Freiheit wiederzugeben. Ein Volk von einem Tyrannen befreien und dann, nachdem man es des Führers beraubt und ihm nicht beigebracht hat, mit der Freiheit umzugehen, die Verantwortung der Macht ablehnen, das bedeutet es an Händen und Füßen gefesselt einem anderen Tyrannen ausliefern. Es gibt keine Revolution ohne Diktatur. Weil die Führer der Commune nicht *zuerst* Diktatoren gewesen sind, sind sie zugrunde gegangen.

Mittwoch, 13. März
Sonderbarer Umschwung in meiner Stimmung. Gestern gegen sechs Uhr flimmern plötzlich meine Augen, verlöschen halb, und ich lebe eine Viertelstunde in leerer nervöser Angst, jener Angst, die ich 1935 für Wahnsinn hielt. Es geht vorbei, und für den Rest des Abends bin ich erschöpft. Woraufhin ich heute glücklich aufwache, es ist ein komisches Glück mit verbundenen Augen, ein Glück aus Mangel. Ich, der ich bis gestern sensibel und über mein ganzes Universum gespannt war wie ein Spinnennetz – so wenig in meiner engen Gegenwart, daß ich gerade nur die Zeit verrinnen fühlte –, bin nun zusammengerollt, knickrig, sparsam, sogar geizig, aus Unfähigkeit, meine Sorgen auf das Maß meines wirklichen Lebens aufzublähen; ich kümmere mich nicht mehr um Paris, weder um meine Zukunft noch um die Zukunft der Gemeinschaft, der ich angehöre. Auf Sparflamme; knickrig in einem verkürzten Universum; ich habe so etwas wie den frivolen und mürrischen Willen, mich nicht anöden zu lassen. Glückliche Atonie, Freuden eines Idioten: ich löse gewissenhaft die Kreuzworträtsel in *Marianne*, ich finde den *Canard enchaîné* komisch. Alle Gegenstände meiner Umgebung fas-

zinieren und fixieren mich, ich tauche hinein. Die Augen immer noch sehr angegriffen.

Ich gehe auf einer kleinen schlammigen Abkürzung zwischen zwei langen Mauern zur Post hinunter, um meine Briefe aufzugeben. Ich betrachte die von winzigen Pflanzenresten übersäte schwarze Erde, und die Erinnerungen sind da. Zuerst, ich weiß nicht, warum, ein Spaziergang, den ich mit O. gegen vier Uhr morgens, im Juni, durch die Rue Eau-de-Robec gemacht habe; in jener Nacht sind wir nicht schlafen gegangen. Dann ein Weg in Arcachon mit Kiefernnadeln bedeckt, auf dem Castor und ich wanderten, von einer schwindsüchtigen Stille umgeben; es roch nach Meer, warmem Sand und Harz. Ich habe zu denken versucht: das alles habe ich gehabt, *ich*. Wie mein Roquentin, der zu denken versucht, daß er den Ganges und den Tempel von Angkor gesehen hat. Und es hat nichts gebracht. Vor allem hätte ich gern diese mürrische und verkrustete Gestalt gespürt – die jeden Tag Briefe zur Post brachte –, umhüllt von der Leidenschaft und, warum nicht, von der Gnade, die ich in jener Nacht in Rouen erleben durfte. Es war ein Augenblick meines Lebens, der einen *Wert* gehabt hatte. Ich erinnerte mich an alles: wir waren in der Dunkelheit um das neue Schwimmbad herumgegangen, und der Nachtwächter war wütend herausgekommen: «Das ist verboten; wenn ich Ihnen eine Kugel in den Hintern gejagt hätte, wär's Ihnen nur recht geschehen.» Wir waren wohl zwanzigmal an denselben Orten gewesen, wir hatten gesehen, wie sie Abendtoilette machten und einschliefen; das *Café Victor*, das zuerst mit all seinen Lichtern funkelte gegenüber einer großen grünen Leuchtreklame auf der anderen Seite der Seine, hatte geflackert, zuerst hatte es zugemacht, und die auf der riesigen Terrasse gestapelten Stühle hatten sich wie Schattenspiele von der Glasscheibe abgehoben vor den bleichen Lichtern im Innern, wo die Kassiererin abrechnete, die Kellner ihre Schürzen abnahmen und zusammenfalteten.

Dann waren auch diese Lichter ausgegangen, und die Scheiben waren schwarz und stumpf geworden, die Stühle waren von der Außenwelt ergriffen worden, sie gehörten den Quais, der Nacht wie die reglosen Kräne im Hafen. Sie waren schon etwas mehr Schrott, etwas weniger Stühle. Das *Océanic* hatte vier- oder fünfmal die Kundschaft gewechselt, die schönen Nutten, die in dem großen Tanzlokal der Stadt (ich habe seinen Namen vergessen) als Animierdamen fungierten und, wie wir gesehen hatten, um acht Uhr aus den Zimmern des *Océanic* heruntergekommen waren, um in der Bar eine feste Mahlzeit zu sich zu nehmen, gelockt, geschminkt, herausgeputzt, gepudert, in ihren Lamékleidern, sahen wir um Mitternacht, um ein Uhr wieder, schweißgebadet, gerötet und zerzaust, mit Männern zu Abend essen. Dann hatte auch das *Océanic* zugemacht; durch die Ritzen der hölzernen Fensterläden hatten wir Lichtstreifen gesehen, die uns anzeigten, daß es heimlich geöffnet blieb für die Eingeweihten, für die Freunde des Besitzers, eines wortkargen Rohlings, den man den Kanadier nannte. Wir waren durch dunkle, enge Straßen gegangen, in denen die Schritte widerhallten, und wir hatten instinktiv die Stimme gesenkt in diesen Straßen und geflüstert. Dann waren wir in der *Nicod Bar* gewesen, dem einzigen Bierlokal in Rouen, das die ganze Nacht geöffnet blieb; es war eine fahle, grelle Atmosphäre, blendendes Scheinwerferlicht in einem vollen Saal, in dem die Musiker, die gerade aus dem Tanzlokal kamen, mit normannischen Bauern zusammenhockten, die auf den ersten Morgenzug warteten. Und dort war ihr schlecht geworden, sie war rausgegangen. Ich hatte sie gefragt: «Sind Sie krank?», und sie hatte mir gesagt: «Ich habe gerade gekotzt, Sie sind mir so sympathisch heute abend, daß ich es Ihnen nicht verheimlichen kann», mit einem komischen und bezaubernden Gesichtsausdruck, der mich aufgewühlt hatte. Und dann waren wir gegangen, wir waren in der Rue Eau-de-Robec gewesen. Da es schon hell wurde, waren wir in die Rue Jeanne-d'Arc zurückgekehrt und hatten uns im Morgengrauen in den Schaufenstern der Schuhgeschäfte Schuhe angesehen, weil sie immer sagte, meine seien so häßlich. Ein seltsamer Anblick, den diese Schuhe, die am Abend vorher noch angestrahlt waren von den Rampenlichtern, jetzt im grauen Schein des Morgens boten, stumpf, abgeschminkt, tot und doch unverschämt neu mit dem leeren und schwarzen Geschäft hinter ihnen. Wir sind bis zum Bahnhof gegangen, wir haben uns auf eine Bank auf dem Boulevard de la Marne gesetzt und haben Poker-As gespielt.

Jene Nacht ist von Wohlgeruch erfüllt; ich hatte einen Wert – sie auch, das weiß ich bestimmt; ich war nicht sehr glücklich, ich hatte keinerlei Hoffnung, aber wir waren zusammen, und ich hatte sie die ganze Nacht für mich, und die Nacht umschloß uns von allen Seiten, es war sinnlos zu fragen, was am Morgen geschehen würde (tatsächlich war der Morgen eine Katastrophe, Haß, Zerwürfnis und was weiß ich noch alles). Ich glaube wirklich, daß diese Nacht für mich ein privilegierter Augenblick war; ich frage mich, welche Erinnerung sie daran bewahrt hat. Vielleicht gar keine, vielleicht hatte sie Hintergedanken, die ich nicht ahnte, vielleicht hat ihr der Haß vom nächsten Tag für immer das Unbeschwerte dieser Nacht verhüllt. Und dann ist es nicht mehr dieselbe O., weder für mich noch für sie. Und ich bin nicht mehr derselbe. Das wollte ich hier notieren – und dann habe ich mich hinreißen lassen, diese Nacht zu beschreiben. Als die Erinnerung gekommen ist, habe ich ihr gleichsam zugerufen, ich hätte mir gewünscht, daß sie mich unaufdringlich schmückt, mich aus meiner verfluchten dreckigen Soldatenhaut befreit. Und in gewisser Weise hat sie geantwortet, sie hat sich mir hingegeben, soweit sie konnte, sie hat sich mir geöffnet wie eine Mutter mit vielen Kindern unter ihren Röcken und hat eine ganze Schar anderer kleiner Erinnerungen herausschlüpfen lassen. Aber sie hat nicht getan, worum ich sie bat: sie hat nicht *angebissen*. Im Grunde wollte ich *der Mensch sein, der diese Nacht erlebt hat*. Ich wollte nicht nur, daß sie *vor mir* stünde wie ein Bruchstück der verlorenen Zeit, sondern daß meine Leidenschaft von damals in mir wäre wie eine Kraft. Ich wollte, daß diese verlorene, aber so stark erlebte Zeit eben keine verlorene Zeit wäre. Ich wollte, um offen zu sein, daß sie mir guttut, so wie man sagt: «Essen Sie doch, das kann Ihnen nicht schaden, das wird Ihnen guttun.» Ich fühlte mich so mickrig, so schmächtig auf diesem schlammigen Pfad, so sehr «Soldat, der seine Briefe zur Post bringt», und nur das, daß ich mich gern mit allen meinen vergangenen Lieben und Qualen gemästet hätte. Aber vergebens: ich habe mich diesen Erinnerungen gegenüber völlig frei gefühlt. Das ist der Preis der Freiheit, man steht immer draußen. Man ist von den Erinnerungen wie von den Anlässen durch *nichts* getrennt, es gibt keine Periode des Lebens, an die man sich *anhängen* kann, so wie die verbrannte Milch am Topf «anhängt»; nichts prägt, man ist ständige Flucht; gegenüber dem, was man gewesen ist, ist man immer dasselbe: *nichts*. Ich fühlte mich zutiefst *nichts* gegenüber dieser vergangenen Nacht, sie war für mich wie die Nacht eines Anderen. Ich hatte diese wehrlose Schwäche der Vergangenheit in *La nausée* vorausgeahnt, aber einen falschen Schluß gezogen, ich hatte gesagt, daß die Vergangenheit sich vernichtet. Das stimmt nicht, sie existiert immer; im Gegenteil, sie existiert *an sich*. Nur wirkt sie nicht stärker auf uns, als wenn sie nicht existierte. Es hat keinerlei Bedeutung, ob man nun diese Vergangenheit oder jene Vergangenheit hat. Damit sie existiert, müssen wir uns durch sie hindurch in eine bestimmte Zukunft werfen; wir müssen sie wieder auf uns nehmen *für* diesen oder jenen künftigen Zweck. Jedesmal entscheidet ein Akt der Freiheit über ihre Wirksamkeit und sogar über ihren Sinn. Aber es nützt nichts, die Welt durchreist, die heftigsten Leidenschaften empfunden zu haben, immer werden wir, wenn es sein muß, der leere, arme Soldat sein, der seine Briefe zum Briefkasten bringt; jede Solidarität mit unserer Vergangenheit wird in der Gegenwart durch unsere Selbstgefälligkeit beschlossen.

Vor fünf Tagen habe ich einen Brief von den *Cahiers de Paris* erhalten:

«Monsieur – Ihr Name ist zusammen mit einigen anderen für den Preis des *Roman Populiste* vorgeschlagen worden. Falls Sie sich bewerben, wären wir Ihnen zu Dank verpflichtet, wenn Sie den Mitgliedern der Jury ein Exemplar Ihres Buches sowie ein Bewerbungsschreiben übersenden würden.»

Zuerst zufrieden: ich bin weit weg, bei der Armee, ich brauchte mir die Hände nicht schmutzig zu machen. Immer dieser Hochmut, der mich um nichts bitten läßt. Trotzdem sehr zufrieden, falls ich ihn kriegen sollte, diesen mit 2000 Francs dotierten Preis. Woraufhin ich den Brief noch einmal lese und merke – was für ein Pech –, daß man sich bewerben muß. Der ganze insulare Hochmut bricht zusammen, ich kann meine Hände nicht mehr in Unschuld waschen. Dann fällt mir auf, daß es sich um einen *populistischen* Preis handelt. Sich bewerben heißt also sich unter das populistische Banner scharen, da ich ja einen populistischen Preis bekommen und verlangen soll. Also beschließe ich abzulehnen. Doch der tiefere Grund ist, daß ich den Preis als gebratene Taube bekommen und mich nicht kompromittieren will. Falschheit und Unauthentizität in dieser Hinsicht. Denn wenn ich Preise verschmähe, muß ich sie auch ablehnen. Und wenn ich sie begehre, muß ich es auf mich nehmen, mich um sie zu bewerben. Die List bestand hier darin, diesen Anfall von Hochmut unter dem Vorwand zu vertuschen, den Titel Populist abzulehnen. Woraufhin ich die Sache Castor schreibe und sie nach ihrer Meinung frage. Sicherlich war es normal, Castor um Rat zu fragen; bei jeder derartigen Gelegenheit hätte ich es getan. Aber allein dadurch, daß ich sie um Rat frage, wende ich das Blatt, denn ich weiß, was sie mir antworten wird. Castor ist ohne Anstrengung authentisch, ich würde sagen: von Natur aus, wenn die Authentizität je in der Natur ihren Ursprung haben könnte. Ich wußte, daß sie mir einfach antworten würde: «Was liegt an der Etikette; wir brauchen Geld. Versuchen Sie es zu kriegen, wenn es sich anbietet.» Ich war also, als ich ihr schrieb, schon mehr als zur Hälfte durch die Antwort überzeugt, die sie mir noch gar nicht gegeben hatte. Hier erneute Schweinerei: da ich wußte, daß Castor die Frage auf den Boden des Geldes stellen würde, stellte ich sie selbst darauf, indem ich ihr schrieb, und hielt sie auch später dort fest. Daher die Möglichkeit, eine eventuelle Annahme mit Zynismus zu färben: ich tue es nur des Geldes wegen, man kann doch einen etwas demütigenden Schritt des Geldes wegen tun. Das war wieder eine Art, zu entwischen und meinen Hochmut zu beschwichtigen: es geht nicht darum, sich dem Urteil von Schriftstellern zu beugen, die älter sind als ich, sondern naiven Leuten zweitausend Francs aus der Tasche zu ziehen. Und ich blinzelte mir zu und dachte: die braven Narren. Was mir durch den Eindruck – den ich immer gehabt habe – erleichtert wurde, daß diejenigen, die meine Werke ernst nehmen, Schafsköpfe sind. Das liegt natürlich an dem «bißchen Realität» und an meiner Unfähigkeit, mich ernst zu nehmen. Aber bin ich wirklich so lauter? Was genau halte ich eigentlich von *Preisen*? Nun, einerseits kitzelt es mich, wenn ich mir den brausenden Beifall vorstelle, der zum Beispiel um einen Goncourt-Preisträger losbricht. Und andererseits ist mir die Vorstellung, daß man seinen Preis dem *Urteil* gewisser Leute verdankt, unerträglich. Ein Foto in *Match* zeigte den alten Rosny, wie er Troyat beglückwünscht, der soeben preisgekrönt worden war. Troyat beugte sich respektvoll nach vorn, mit einem aufmerksamen Lächeln, jener Art Lächeln, das man hat, wenn man versucht, die Worte eines ehrwürdigen alten Mannes zu verstehen, der einen Kloß im Mund hat. Und der Alte sagte: «Sehr gut, junger Mann, machen Sie weiter so.» Es hat mich angeekelt. Ein Preis, insofern er *verliehen* wird, ekelt mich also an. Und gewiß finde ich auch nicht, daß man besonders schlau aussieht, wenn man ihn besitzt, wenn man «der Sowieso, Prix Renaudot, Prix Goncourt» wird. Das wirkt wie die Krönung eines Rosenmädchens, und man sieht noch lange wie ein Rosenmädchen aus, solange die Erinnerung an den Preis nicht verblaßt ist. Aber ich weiß nicht, es gibt noch etwas dazwischen, eine Art, bei der der *Preis* als gesellschaftliches Phänomen erscheint, völlig unabhängig von denen, die ihn verleihen, eher wie die Wiederkehr eines jährlichen Sonnenfestes, das sich launisch auf einem erwählten Haupt niederläßt – und so betrachtet, das heißt im Grunde ein Jahr lang als Nutznießer einer ehrwürdigen Institution, würde ich mir gar nicht so sehr mißfallen. Demnach verschleiert der Zynismus einen verdächtigen Hang zur Weihung. Blieb die Tatsache, daß mein lieber kleiner Hochmut noch ein wenig blutete, weil ich ganz und gar nicht sicher war, ob ich diesen Preis überhaupt bekäme. Gegen meinen Willen habe ich 38/39 die komische Rolle des ewigen Bewerbers gespielt. Die Zeitungen erwähnten mich für den Goncourt. Dann hat Nizan mir gewissermaßen den Renaudot angeboten, Charensol und Descaves hatten ihm gesagt, die Sache sei sicher. Nach diesen beiden Schlappen machte Gallimard viel Wind, damit ich den Preis der Renaissance bekäme. Das war die dritte Schlappe. Schließlich kam der Krieg, ich vergaß, daß es überhaupt Preise gibt, und dann erfuhr ich zu meiner Überraschung, daß komischerweise zwei Hartnäckige, ohne daß jemand sie darum gebeten hätte, mir ihre Stimme für den Renaudot 39 gegeben hatten. Das alles hat mich kaltgelassen, weil es ohne mich verhandelt wurde. Aber sollte ich jetzt zum fünftenmal starten, nur um einen Konkurrenten fünf Längen vor mir ankommen zu sehen? Das grenzte ja allmählich an Todesmut. Trotzdem hatte ich irgendein vages Vertrauen: diesmal würde es klappen. Und dann las ich jenen Artikel in *Match*, der mich daran erinnerte, daß Troyat den populistischen Preis bekommen hatte, und er nahm mir einen Vorwand: Troyat hat nichts von einem populistischen Romancier. Und auch die Mitglieder der Jury (Duhamel, Jaloux, Romains) sind nicht alle populistisch. Kurz, ich war ins Wanken geraten, und da hat mir das kleine Selbstporträt, das ich in diesen Heften versuche, genutzt: ich habe mir in Erinnerung gerufen, was ich über die List meines Hochmuts geschrieben hatte, und habe mich entschlossen, falls Castor mich dazu ermutigen sollte, tapfer und auf eigene Gefahr als Bewerber aufzutreten. Heute ist Castors Antwort eingetroffen, sie entspricht meinen Vorhersagen – und ich habe siebzehn Bewerbungsbriefe geschrieben, meine Hand war ganz lahm davon. Allerdings konnte ich es nicht lassen, die würdigsten Floskeln zu wählen, so daß ich mich in meinen Augen noch als denjenigen vorstellen konnte, der das strikte Minimum tut, um zu erreichen, was er will.

Daneben spielte sich eine kleine Komödie ab, die, nachdem sie meinen Hochmut befriedigt hatte, im Sande verlief. *L'imaginaire* sollte erscheinen. Und Paulhan schrieb mir am 7.: «Wahl spielt mit dem Gedanken, Sie gegen Ihren Willen zum Doktor zu machen, im Einvernehmen mit Brunschvicg. Es geht wohl darum, *L'imaginaire* in eine Dissertation umzuwandeln, Sie müßten dafür nichts anderes tun, als sein Erscheinen ein wenig hinauszuzögern.» Jawohl, so lasse ich mich gerne behandeln. Daß man mir *gegen meinen Willen* eine Würde verleiht und sich fast dafür entschuldigt. Ich war sehr aufgeregt und stellte mir vor, immer um Dankbarkeit zu vermeiden, daß Wahl zu Brunschvicg sagt wie Fabre über Rochefort am 4. September 70: «Es ist besser, ihn drinnen zu haben als draußen.» Ich schrieb einen würdevollen Zustimmungsbrief. Komisch jedoch ist, daß *L'imaginaire* in der Zwischenzeit erschienen war. Ich habe Paulhan wegen der machiavellistischen Bedürfnisse seiner Politik im Verdacht, daß er gewartet hat, mir zu schreiben, bis er sicher sein konnte, daß *L'imaginaire* erscheinen würde, bevor er meine Antwort erhielt. Zwei gemeine Fußtritte gegen meinen Hochmut oder besser, denn es ist nicht einmal Hochmut, gegen meine Eitelkeit.

19 Uhr 45. Auf der Post erfahre ich von der Kapitulation Finnlands. Schmerzlicher Eindruck.

Donnerstag, 14. März
Wir rücken morgen nachmittag nach Brumath ab. Angeblich freut man sich dort, uns wiederzusehen.

Poupette, die *L'âge de raison** abtippt, schreibt Castor: «Es macht mich immer trübsinnig, wenn ich Sartres Werke tippe. Mit ihm zu sprechen ist erfrischend, seine Werke zu lesen und dann an etwas anderes zu denken, könnte auch noch angehen. Aber bis zum Hals darin zu leben, das ist gräßlich. Ich hoffe, es sieht in seinem Innern nicht so aus, wie er die Leute in seinen Büchern schildert, denn dann wäre sein Leben kaum zu ertragen.»

Das gibt mir zu denken: warum sind Antoine Roquentin und Mathieu, die *ich sind*, in der Tat düster, während sich, mein Gott, das Leben für mich gar nicht so übel darstellt? Ich denke, das liegt daran, daß sie Homunkuli sind. In der Tat sind sie *ich, dem man das Lebensprinzip aus dem Leib gerissen hätte*. Der wesentliche Unterschied zwischen Antoine Roquentin und mir besteht darin, daß ich die Geschichte von Antoine Roquentin schreibe. Es geschieht hier etwas Ähnliches wie jener Zerfall der niederen Lebensfunktionen, mit dem Mourgue die Halluzinationen erklären will. In allen unseren Gedanken, in allen un-

* Deutsch: *Das Zeitalter der Reife*.

seren Gefühlen gibt es, an ihrem Platz, eine Komponente entsetzlicher Traurigkeit. Aber wenn die hierarchische Integration streng ist, wenn die innere Organisation durch synthetische Prinzipien gesichert ist, dann ist diese Traurigkeit ungefährlich; sie geht in dem Ganzen auf wie der Schatten, der das Licht schärfer hervorhebt. Zieht man jedoch aus der Mischung ein Leitprinzip heraus, dann beginnen die sekundären Strukturen, die bisher dem Ganzen unterworfen waren, für sich allein zu existieren. Die «kosmische Traurigkeit» setzt sich für sich. Genau das habe ich getan: ich habe meinen Personen meine manische Leidenschaft für das Schreiben weggenommen, meinen Hochmut, meinen Glauben an mein Schicksal, meinen metaphysischen Optimismus, und habe daher in ihnen ein düsteres Gewimmel hervorgerufen. Sie, das bin ich als Enthaupteter. Und da man an ein synthetisches Ganzes nicht rühren kann, ohne es kaputtzumachen, sind diese Helden nicht lebensfähig. Ich hoffe, daß sie als romanhafte, imaginäre Geschöpfe nicht ganz lebensunfähig sind, aber sie können nur in dem künstlichen Milieu existieren, das ich um sie herum geschaffen habe, um sie zu nähren: außer der Traurigkeit des Zerfalls, die ich vorhin erwähnte, haben sie noch eine andere, tiefere, die vorwurfsvolle und verbitterte Traurigkeit des Homunkulus in seiner Flasche; sie wissen, daß sie nicht lebensfähig sind und durch künstliche Ernährung am Leben erhalten werden, und der Leser fühlt sich in dem Maße, wie er sie mit seiner Zeit konstituiert, von der metaphysischen Traurigkeit der prähistorischen Tiere durchdrungen, die wegen ihrer unzulänglichen Beschaffenheit zum baldigen Aussterben verurteilt sind. Fabrice aus *La chartreuse de Parme* dagegen ist sogar noch in der tiefsten Verzweiflung für den Leser eine Quelle ständigen Glücks, weil er selbständig* ist. Er steht auf eigenen Füßen, er ist lebensfähig, es gibt bei ihm kei-

* Deutsch im Original.

nerlei Zerfall. Ich sage das ohne Neid und ohne Bescheidenheit: Stendhal ist mir aus ganz anderen Gründen überlegen. Wir haben nämlich nicht dasselbe Ziel. Meine Romane sind Experimente, und sie sind nur durch Zerfall möglich. Mir scheint, daß die Gesamtheit meiner Bücher optimistisch sein wird, weil sich durch diese Gesamtheit das *Ganze* rekonstituieren wird. Aber jede meiner Personen ist ein Krüppel. Eigentlich soll Mathieu in meinem letzten Band eine Totalität werden, aber gleich darauf wird er sterben. Aus diesem Grunde, glaube ich, kann ich düstere Bücher schreiben, ohne daß ich selbst traurig oder ein Scharlatan bin, und an das glauben, was ich schreibe.

Das Wort *pulluler* [wimmeln], das mir so oft in die Feder fließt und das ich gerade auf der letzten Seite verwendet habe, hat für mich den Zauber behalten, den es in meiner Kindheit hatte. Es ist kein erlerntes Wort, sondern ein Wort, dem ich begegnet bin. Eines schönen Tages, als ich ein Bilderbuch von Boutet de Monvel über die Geschichte Frankreichs aufschlug (ich war sechs Jahre alt), sah ich ein großes farbiges Bild, auf dem splitternackte blonde Kinder mitten unter rosigen, sauberen Schweinchen abgebildet waren. Es war ein appetitliches Durcheinander; die Schweine trampelten auf den Kindern herum, die Kinder zogen die Schweine am Schwanz, das alles in einer heiteren, prähistorischen Landschaft, die Heiterkeit war durch schöne Bäume und grünes Laub dargestellt, die Vorgeschichte durch große graue Felsen mit tiefen Höhlen. Darunter stand: «*Ils pullulent, les petits cochons*» [sie wimmeln, die Schweinchen]. Ich kannte das Wort nicht, und daher sah ich es mit entzückten Augen in seiner reinen Individualität. Das *pullu* belustigte mich sehr, und die beiden *l* nach dem *u* ließen mich an *bulle* [Blase] denken – Seifenblase zum Beispiel (schon das Wort *bulle* war für mich äußerst lustvoll zu lesen wie auszusprechen). Und die Schweinchen und die Kinder auf dem Bild hatten die

Leichtigkeit, die luftige Sauberkeit von Blasen. Schließlich besaß das Wort, noch bevor ich es verstand, bereits eine affektive Bedeutung, die es immer behalten hat: das bunte und reine Gewimmel der Luftballons, an einem langen Stab, die die Händler des Luxembourg damals verkauften. Am liebsten würde man nur mit solchen Wörtern schreiben, aber es ist nicht sicher, daß sie beim Leser denselben Eindruck hervorrufen, und außerdem braucht man Stützen, einen verbindenden Stoff aus Wörtern von rein semantischem Wert. Diese Erfahrung sowie einige ähnliche Begegnungen haben mich zutiefst von der grundlegenden Sauberkeit der Schweine überzeugt im Gegensatz zu ihrem gewöhnlichen Ruf. Dieser Glaube ist an meiner Vorliebe für Schweinefleisch nicht unbeteiligt. Wohingegen das Kalb, fahl und traurig, schon lebendig so aussieht, als sei es bereits gekaut worden.

Die Entrüstung, die die schwedische «Feigheit» in der französischen Presse auslöst, ist genau die gleiche, die vor drei Jahren unsere Haltung gegenüber Spanien ausgelöst hat.

Ein sehr bezeichnender Brief Wilhelms II. auf seiner letzten Reise (1912) nach England:

«Ich hatte im Schloß Windsor die Zimmer meiner Eltern zugewiesen bekommen, in denen ich als kleiner Junge oft gespielt ... Es waren mannigfache Erinnerungen, die mein Herz durchzogen ... Sie riefen mein altes Heimatgefühl von neuem wach, welches mich an diesen Ort so fest bindet, und das mir persönlich im Hinblick auf die politische Seite die letzten Jahre besonders schwer zu tragen gemacht hat. Ich bin stolz, diesen Ort meine zweite Heimat zu nennen und ein Mitglied dieser königlichen Familie zu sein ... Auch fand ich noch einen Platz in der Erinnerung, wo ich als Kind infolge des vielen Puddingessens mich kolossal übergeben habe.»

Die *Nouvelle Revue française* vom März erhalten. Meinen Artikel über Giraudoux noch mal gelesen.* Ich hätte den «Rationalismus aus Höflichkeit» stärker betonen sollen. Giraudoux' Welt ist eine Welt gefertigter Gegenstände. Nur von einem Tisch kann man sagen, er habe vier Beine, weil er Tisch ist. Zu vergleichen mit dem Sieg des Kapitalismus und dem Auftauchen des Serienprodukts, das «geformt» herauskommt, ohne daß menschliche Arbeit *an ihm* verrichtet wurde.

Auch die ersten 180 Seiten meines Romans erhalten, von Poupette abgetippt. Enttäuschung: zu lyrisch, der Zusammenhang der Kapitel ist nicht klar genug. Unschlüssigkeit über Mathieus Charakter und seine Bestrebungen. Man spürt nicht genug Vergangenheit hinter der Gegenwart der einzelnen Personen. Zu überarbeiten.

Schrecklicher Wind heute abend; er bringt die elektrischen Leitungen durcheinander, und die ganze Stadt ist in Dunkel getaucht. Ich schreibe das bei Kerzenschein, einer beschwerlichen, aber charmanten Beleuchtung.

Freitag, 15. März

Aufbruch nach Brumath um 14 Uhr 30 – Ankunft um 17 Uhr. Wir finden die Schule wieder, aber unsere Büros sind im ersten Stock. Pieter[9] und Paul[10] haben Zimmer in der Stadt, ich schlafe im Büro.

* *M. Jean Giraudoux et la philosophie d'Aristote. À propos de* Choix des élues in: *La Nouvelle Revue française* Nr. 318, März 1940. Wiederabgedruckt in: Jean-Paul Sartre, *Situations I*, Gallimard, Paris 1947. Deutsch: *Jean Giraudoux und die aristotelische Philosophie. Über* Die Auserwählten in: *Der Mensch und die Dinge*. Aufsätze zur Literatur 1938–1946; Schriften zur Literatur. Band 1. Rowohlt Taschenbuch Verlag, Reinbek 1978.

9 Trotz den zuweilen gereizten Bemerkungen, die Sartre über Pieters Charakter macht, blieben sie während ihres ganzen militärischen Abenteuers einander nahe; sie trafen sich im Juni 1940

Samstag, 16. März
Heute morgen in die *Rose* gegangen. Im November gab es hier eine reizende kleine Kellnerin, rothaarig und dumm, immer schläfrig, namens Jeanette. Ich schaute ihr gern zu. Jetzt hat sie zerzauste Haare, sie schminkt sich, trägt ein hochgeschürztes Kleid und sagt *Punaise!* (vor uns war eine Division aus dem Süden hier). Alice, die dicke Braune, die mit jedermann schlief, rauscht um acht Uhr zwanzig lärmend herein. Sie trägt einen schwarzen Pelzmantel und riecht gewaltig nach Parfum. Sie hat einen Soldaten geheiratet. Naudin, der sie gehabt hat, feixt und sagt: «Die Hahnreie haben nichts zu lachen.»

Sonderbarer, nicht sehr angenehmer Eindruck, sowohl von Heimkehr wie von Fremde. Die Soldaten werden hier mit offenen Armen empfangen, jeder findet sein Liebchen oder seine Quartiergeber wieder, die angeblich Tränen der Rührung darüber vergießen, aber das Spiel wird ohne mich gespielt, keiner erkennt mich wieder, und ich finde niemanden wieder. Außer der dicken Alten aus der *Rose*, die mir herzlich die Hand geschüttelt hat.

Am besten habe ich das nächtliche Gequietsche der Türen in der dunklen, hallenden Schule wiedererkannt. Sie hatten alle einen geheimnisvollen und bekannten Sinn wie eine Verheißung auf Erinnerung. Und es liegt in dieser Schule eine vergangene Atmosphäre, die ich nicht beschreiben kann, die jedoch überall gegenwärtig ist. Es heißt, daß wir nicht länger als acht Tage hierbleiben, und das beunruhigt mich etwas wegen meines Urlaubs. Heute

im Gefangenenlager wieder und unterhielten auch nach dem Krieg freundschaftliche Beziehungen. Pieter hat Sartre zu der Gestalt des Charlot Wroclaw in *La mort dans l'âme* (deutsch: *Der Pfahl im Fleische*, rororo 526) inspiriert.

10 Einige Figuren in *La mort dans l'âme* verdanken den «Kumpanen» (*acolytes*) sehr viel. Paul inspirierte Sartre zu der Gestalt des Unteroffiziers Pierné.

morgen wird mir zum erstenmal seit langem die Zeit lang.

Albert Ollivier, *La Commune*:

«Der Liberalismus ist nicht das richtige Mittel, die Freiheit zu sichern, die Commune mußte das zu ihrem Leidwesen erfahren ... Toleranz ist oft nur Opportunismus, der seinen Namen nicht nennen will.»

Ausgezeichnete Bemerkung in *L'Œuvre*:

«Unter den schlechten Parolen, die der Krieg hervorgebracht hat, ist eine der ärgerlichsten der berühmte Satz: ‹Die Zeit arbeitet für uns.›

Man sagt das listig oder schmunzelnd, augenzwinkernd. Um ein Haar würde man hinzufügen: ‹Die Zeit arbeitet, lassen wir sie, stören wir sie nicht dabei!›

Warum macht man sich nicht klar, daß das die beste Methode ist, Apathie, Phantasielosigkeit und Mangel an Initiative heraufzubeschwören?

Arbeitet die Zeit für uns, wenn Schweden und Norwegen vom Lager der Demokratien in Hitlers Lager überwechseln?

Arbeitet die Zeit für uns, wenn sich das heldenhafte Volk Finnlands dem russisch-deutschen Diktat beugen muß?»

Und folgende Bemerkung von Déat: «Nickel und Eisen unterstehen künftig Deutschland, die skandinavischen Länder werden Stalins und vor allem Hitlers Kunden. Morgen werden die Fjorde zweifellos die deutschen Unterseeboote beherbergen, bis man in diesen heimischen Gewässern Flugbasen einrichtet. Wir haben die skandinavischen Länder verloren. Wenn das so weitergeht, werden wir auch die Balkanländer verlieren. Entweder – oder: entweder man manövriert an den Flügeln, im militärischen Stil, da der Ausfall im Zentrum wohlweislich ausgeschlossen ist. Und dann benützt man die Flügel, solange noch Zeit dazu ist. Oder man gibt zu, daß es keine Flügel mehr gibt und daß jede Operation verwehrt ist. In diesem Fall führt man einen anderen Krieg. Einen nicht weniger schwierigen, nicht weniger gefährlichen, nicht weniger totalen Krieg. Aber er verlangt eine andere Diplomatie, eine andere Wirtschaftsorganisation, ein andere Moral, eine andere Propaganda, andere Regierungsmethoden.»

Chaumeix (*Paris-Soir*): «Für England und Frankreich eine unbestreitbare Niederlage.»

Unsere erste Niederlage. Sie wird hier mit einer Art Gleichgültigkeit aufgenommen. Man sagt: «Jetzt wird der Krieg zehn Jahre dauern.»

Sonntag, 17. März

Ich lese *La vie littéraire** von A. France, Band IV, und bemerke zu meiner Verwunderung, daß er schreibt, wie Brichot in *Sodome et Gomorrhe* spricht, und daß er Proust bestimmt Modell gestanden hat; das gleiche Bemühen, literarische oder philologische Bildung mit dem konkreten Detail zu verknüpfen, was ihn als «Kenner des modernen Lebens» ausweisen soll, um auf beiden Ebenen zu gewinnen, die gleiche affektierte Vertraulichkeit mit berühmten Männern, die gleiche Art, Shakespeare «den großen Will» zu nennen, die gleiche erschreckende und tiefe *Häßlichkeit* hinter den Kunstgriffen des Stils. Es ist *entsetzlich*. Die Beziehungen Brichots zu Madame Verdurin sind sicherlich zum Teil von denen inspiriert, die France zu Madame de Caillavet unterhält.

Montag, 19. März

Courcy: muß Lärm machen, um sicher zu sein, daß er existiert. Er läßt seine Absätze knallen, stößt geräuschvoll den Pfeifenqualm aus, ruft in die Stille hinein: «Was soll

* Das literarische Leben.

die Gute denn tun?» oder: «Na, Alter?» oder: «Oh! sagte er auf Japanisch.» Jede seiner Gesten hat außer ihrer besonderen Nützlichkeit das zweite Ziel, ihm zu beweisen, daß er existiert. Ein ewiges «Ich trinke, also existiere ich; ich rauche, also existiere ich» usw. In diesem Moment wandert er auf und ab, knabbert Erdnüsse, denkt, daß er Erdnüsse knabbert, und das sieht man. Ich schreibe, Hantziger tippt, Grener liest. Niemand achtet auf ihn. Er sagt mit schmetternder Stimme und absolut leerem Kopf: «Das ist kein Witz, man hat Lust, Hitlerianer zu werden.» Dann, verschwommen über das nachdenkend, was er soeben gesagt hat (denn er demonstriert sprechend und reagiert dann auf seine eigenen Demonstrationen): «Das stimmt, wenn man sieht, wie das pa-a-assiert.» Dieses «pa-a-assiert» ist ironisch – ebenfalls leer. Sein Ziel besteht darin, seinen Mund mit dem Laut «*a*» zu füllen, was es dem Gaumen und der Zunge gestattet, sich ihrer Existenz zu versichern – und gleichzeitig seinen Sätzen jeden Ernst zu nehmen, denn er würde vor Angst zittern, würde man ihn für einen subversiven Geist oder einfach für jemanden halten, der selber denken kann. Aus Höflichkeit und Stumpfsinn zwingt er sich, jedem ein munteres und optimistisches Wort zu sagen. Zum Beispiel mir plötzlich, heute morgen – ohne der Antwort zuzuhören: «Na, verdammter Glückspilz, jetzt gibt's bald Urlaub.» Hin und wieder versucht er sich in Kraftausdrücken: «Scheiße! Was man sich hier verarschen läßt, Kumpel!» Aber mit einer wohldosierten Schlaffheit und einer Art Zerstreutheit, als wüßte er nichts von diesem Ausbruch, an dem nur sein Mund beteiligt war.

Schlußfolgerung aus jener Geschichte, die ich «Melancholie des Urlaubs» genannt hatte: meine Mutter, die den Protokollführer des Kriegsgerichts kannte, schreibt: «Der Soldat, der das kleine Mädchen erwürgt hat, zum Tode verurteilt war und die Vorbereitungen durch ein Loch in der Mauer gesehen hatte, brüllte wie ein Tier.»

Brief von Bonnafé[11]: «Wie kommen Sie darauf, daß es Ihren Schriften (und Ihrer Person) an jenem Feuer der Sympathie mangelt – das wie die Umarmung in Schweiß und Blut ist, die Handschuhe noch an den Fäusten, wenn man sich wacker geschlagen hat? Gerade das haben Sie doch am meisten. André Rousseaux[12] versteht nichts davon.»

Bestimmt sieht er mich so – und bei ihm verhalte ich mich so, weil ich wirklich Freundschaft für ihn empfinde. Habe ich mich geirrt? Habe ich übertrieben, weil ich von Typen wie Courcy umgeben bin, für die ich keine Sympathie aufbringen *kann*? Sicher ist, daß mein ganz zufällig begonnenes Selbstporträt mir selbst zum Trotz systematisch geworden ist.

Ich schreibe im Augenblick kaum noch in dieses Heft, weil ich zu sehr damit beschäftigt bin, den Prolog zu *L'âge de raison* zu schreiben. Beschäftigt, angeregt, glücklich. Frage, ob alle diese Notizen nicht meinen Augenblicken niedriger Spannung entsprechen und ob ich mich nicht selbst in niedriger Spannung geschildert habe. Das ist der Fehler von Tagebüchern im allgemeinen. Ich bin froh, wieder in Brumath zu sein. Bouxwiller deprimierte mich.

Ein englischer Offizier sagt zu seiner elsässischen Wirtin: «Der Krieg ist aus, Madame. Aber das Publikum darf es nicht wissen.»

Mittwoch, 20. März

Ich lese noch mal das *Journal* von Renard.[13] Ein sonderba-

11 Freund von Sartre, mit dem er geboxt hat.

12 Literaturkritiker, der *Le mur* nicht mochte.

13 Siehe *L'homme ligoté. Notes sur le* Journal *de Jules*

rer Typ und ein sonderbarer Schriftsteller. Er leidet an einem doppelten Widerspruch. Der erste ist ihm eigentümlich, weil er geschaffen war, zu schweigen; hinter ihm stehen Generationen der Stummheit. Seine Mutter spricht in Bauernsätzen, die voller und kürzer sind als die anderen, sein Vater ist eines jener Originale vom Land, zu denen auch mein Großvater väterlicherseits gehörte, der in vierzig Jahren Ehe keine drei Worte an meine Großmutter richtete und den sie «mein Dauergast» nannte. Er hat seine ganze Kindheit unter Bauern verbracht, deren Schweigen und Reglosigkeit er so gut beschreibt und die, auf die eine oder andere Weise, allen die Nutzlosigkeit des Sprechens verkünden.

«Wenn der Bauer nach Hause kommt, bewegt er sich kaum mehr als das Faultier. Er mag die Dunkelheit, nicht nur aus Sparsamkeit, sondern auch aus Vorliebe. Seine brennenden Augen ruhen sich aus.»

Oder die Beschreibung des Père Bulot. Eine neue Magd stellt sich vor:

«Am ersten Tag fragte sie:

‹Was soll ich Ihnen zum Vesper kochen?›

‹Kartoffelsuppe.›

Am nächsten Tag fragte sie:

‹Was soll ich Ihnen kochen?›

‹Ich hab es dir doch gesagt: Kartoffelsuppe.›

Am dritten Tag fragte sie, und er antwortete dasselbe.

Da verstand sie und machte von sich aus jeden Tag Kartoffelsuppe.»

Dieses volle und geizige Schweigen war die Landschaft

Renard in: *Messages* II, 15. April 1945. Wiederabgedruckt in: *Situations I*, Gallimard, Paris 1947. Deutsch: *Der gefesselte Mensch. Anmerkungen zum* Journal *von Jules Renard* in: *Der Mensch und die Dinge*. Aufsätze zur Literatur 1938–1946, Schriften zur Literatur. Band 1. Rowohlt Taschenbuch Verlag, Reinbek 1978.

seiner Kindheit. Poil de Carotte war schweigsam, und wenn Renard in literarischen Kreisen gefürchtet und wenig beliebt war, so lag das daran, daß er diesen so geschwätzigen Leuten die Rechte der Stummheit präsentierte. Er war geschaffen, ein Dorforiginal abzugeben; er hatte eine ursprüngliche Misanthropie und etwas Knotiges und Eigenbrötlerisches an sich, das seine Verwandtschaft mit Père Bulot unterstrich. Nur hatte dieses Original Lust zum Schreiben, er kam nach Paris, um das Original *zu spielen*, um seine Einsamkeit in den Gesellschaften, die er suchte, zu bekräftigen, er kam, um schreibend zu schweigen. Daher suchte er, um diesen Widerspruch aufzulösen, nach einer literarischen Form, die dem Schweigen entspricht: die Lakonik. Den kürzesten und vollsten Satz. Den Satz, der die wenigsten Wörter und den reichsten Sinn enthält. Und gleichzeitig den Satz, der es einem, wie das «Kartoffelsuppe» des Père Bulot, soweit irgend möglich erspart, später andere Sätze auszusprechen. Er muß in sich selbst eine *Sparsamkeit* in bezug auf die anderen möglichen Übersetzungen der Idee verwirklichen, die einem in der Gegenwart einfällt, und auch eine Sparsamkeit für die Zukunft. Daher Renards große Illusion bezüglich des Stils: Stil ist für ihn die Kunst, sich kurz zu fassen. Der Gegenstand seiner Studien wird also die Gesamtheit der Mittel sein, in einem Satz die größtmögliche Anzahl von Ideen unterzubringen, das heißt, die Ideen in einen Satz *einzuordnen*. Das Korbproblem: wie bringt man die meisten Backsteine in ein und demselben Korb unter? Daher folgendes Geständnis: was ihn an Romanen interessiert, sind die «Merkwürdigkeiten des Stils». Natürlich ist es töricht, diese Merkwürdigkeiten des Stils in Romanen zu suchen: zum einen findet man sie dort am wenigsten, da in einem guten Roman der Stil hinter der Geschichte zurücktritt. Zum anderen verdirbt man damit den Roman und versteht nichts von ihm. Aber man sieht auch, daß er nicht anders konnte. Er behauptet, von der Poesie angewidert worden zu sein, weil ein Vers noch zu lang ist. Soviel zur Syntax, zum inneren Aufbau des Satzes. Was die Elemente, die *Wörter*, betrifft, so müssen sie mit Sinn aufgebläht, absolut voll sein, ohne eine Lücke, das heißt nicht nur für die besondere Bedeutung der Idee gelten, sondern sie darüber hinaus mit Obertönen anreichern. Er ruft Malherbe zu Hilfe: «Die schöne Rolle, die Malherbe in diesem Augenblick spielen könnte! ‹Mit einem Wort am Platz uns lehren seine Macht.› Und alle anderen Wörter, die glibbrig sind wie Quallen, in den Abfalleimer werfen.» Soviel Sinn wie möglich in den Wörtern, soviel Sinn wie möglich im Satz, seiner Gliederung. Es kommt hier zu einer Übersättigung an Bedeutung. Alles kristallisiert. Jeder Satz ist ein in sich geschlossenes, übersättigtes Schweigen. Und das merkwürdigste ist, daß Renard, der so heiß bemüht war, soviel wie möglich mit möglichst wenigen Wörtern zu sagen, absolut nichts zu sagen hatte. Er war nicht sehr intelligent und überhaupt nicht tief. Denn er erstrebt die Ökonomie an Wörtern nicht aus einem Überfluß an Ideen, sondern im Gegenteil, er erstrebt diese Ökonomie um ihrer selbst willen, aus Lust am Schweigen; *um des Schweigens willen* sucht er den Satz, und *um des Satzes willen* sucht er die Idee.

«Wie unnütz ist doch eine Idee: ohne den Satz würde ich mich schlafen legen.»

Denn er glaubt in aller Naivität, daß ein Gedanke sich in *einem* Satz, der ihn ausdrückt, auch erschöpft. Der Satz zwischen den Punkten, die ihn begrenzen, erscheint ihm als natürlicher Körper der Idee. Es kommt ihm nicht in den Sinn, daß eine Idee ein Kapitel, ja ein ganzes Buch benötigen könnte, um sich auszudrücken, oder daß sie sich auch gar nicht ausdrücken läßt, in dem Sinne, in dem Brunschvicg von der «kritischen Idee» spricht, und eine *Methode* darstellen kann, an Probleme heranzugehen. Für ihn ist die Idee eine affirmative Formel, die eine bestimmte Menge von Erfahrungen verdichtet. Idee: Verdichtung von Erfahrungen – Satz: Verdichtung von Ideen.

Beispiel: «Es würde mir soviel Spaß machen, gut zu sein.»

Und das ist der erste Grund für Renards Pointillismus: seine Lakonik sperrt ihn in den Satz ein. Die Maßeinheit seines Stils ist der Satz. Von einem Satz zum anderen gibt es weder Bewegung noch Übergang. Es gibt nichts: Leere. Er ist von Natur aus zum Diskontinuierlichen verurteilt. Auch das ist einer der Gründe – aber nicht der hauptsächliche – für seine ständige Suche nach dem Bild. Durch das Bild drückt man die Idee und ihr harmonisches Jenseits aus; man spart Zeit und nochmals Wörter. Beispiel: «Dieser geniale Mann ist ein Adler, der dumm ist wie eine Gans.» Man sieht, was das Verhältnis Adler – Gans alles bedeutet, wie viele Annäherungen es uns erspart. Das Bild ist für Renard eine Denkabkürzung. Und damit trifft sich dieser gelehrte Stil, diese «Kalligraphie», von der Arène spricht, mit der mythischen und sprichwörtlichen Redeweise der Bauern. Jeder seiner Sätze ist eine kleine Fabel.

Ein Salonschweiger mit gerunzelter Stirn, schroffer Miene, dessen ganze Person schreit: «Ich schweige! Seht, wie ich schweige!» und dessen gewolltes, einstudiertes, künstlerisches Schweigen das unfreiwillige und wehrlose Schweigen eines Menschen verhüllt, der absolut nichts zu sagen hat.

Der zweite Widerspruch, der Renard erklärt, entspringt seinem literarischen Milieu. Wir kommen zum völligen Zerfall des Realismus. Der Naturalismus von Flaubert und Zola ist zum Realismus von Maupassant geworden, und Maupassant hat Renard hervorgebracht. Man wollte sich von der unter dem naturalistischen Etikett verborgenen Romantik befreien. Und vor allem verdeckten ihnen die großen Fresken der Vorgänger alle Sujets. Alle Sujets waren von Zola systematisch behandelt worden, und die Neuankömmlinge besaßen keine Methode, die es erlaubte, sie zu erneuern. Renard kritisiert Zola, macht sich über dessen Manie für das Dokument lustig. Dennoch bekennt er sich dazu, daß er wie die Naturalisten die *Wahrheit* sucht. Und nach den Beschreibungen Flauberts und des Parnasse, die eine umfassende Bestandsaufnahme des Realen waren, ein Gemälde mit breiten Pinselstrichen (zum Beispiel die Beschreibung des Dampfers am Anfang der *Éducation sentimentale*), empfanden sie das Bedürfnis, tiefer in das *Ding* einzudringen, den Gegenstand, den Baum, das Glas auf dem Tisch enger zu fassen, in den *Stoff* des Realen einzudringen. Aber sie werden gerade vom Realismus behindert, denn um eine derartige Kommunion mit dem Realen zu verwirklichen, muß man unbedingt aufhören, Realist zu sein. Proust wird es können, gerade weil er kein Realist ist, auch andere, die nach der *Substanz* suchen werden. Man spürt diese Suche fortwährend bei Renard und wie er gehemmt wird, weil er sich etwas anderes als die Realität der Erscheinungen nicht einmal vorzustellen vermag. Daher der tiefe Sinn seiner Vergleiche: sie sind dazu da, das Reale auf der Ebene seines Emporschießens, seiner Substanz zu fassen. Aber sie werden sofort zur bloßen Vergleichung abgelenkt, weil sie von einer Taineschen Metaphysik nach hinten oder zur Seite gezerrt werden. Am Ursprung steht ein Bemühen, das Werkzeug zu schärfen, damit es tiefer in die Materie eindringen kann. Wie man an folgender einfachen Formulierung sieht: «der kräftige Duft trockenen Reisigs», «das Gurgeln des Wassers unter dem Eis». Ich habe volle Sympathie für diese holprigen Bemühungen, die Dinge bluten zu lassen. Renard ist ein gehemmter Proust, ein verhinderter Proust, weil er auf der Ebene der *Beobachtung* bleibt. Er ist auf die Beobachtung hereingefallen wie auf das Dokument. Es war die Weisheit der Epoche, eine literarische Version des Empirismus. Er hat das Dokument über Bord geworfen, aber er beobachtet, der Unglückliche, er beobachtet, soviel er kann. Genau am 17. *Januar* spricht er vom Gurgeln des Wassers unter dem Eis, am 13. *Mai* wird er über das Maiglöckchen sprechen. Es fiele ihm nicht ein, an einem Hochsommertag von Eis zu sprechen wie Proust, er wagt niemals zu *rekonstruieren*. Daher streift er die Gegenstände nur. Aber immerhin, um sie aus größerer Nähe zu streifen, um sich ihren Kurven und ihren Bewegungen anzuschmiegen, verwendet er das Bild. Renards «als wenn» ist zunächst eine rekonstruktive Annäherung: «Eine Spinne gleitet auf einem unsichtbaren Faden, als wenn sie in der Luft schwimmen würde.» «Schwimmen» hat hier die Funktion, den ungewöhnlichen Widerstand wiederzugeben, den die Luft der Spinne entgegenzusetzen scheint und der überhaupt nicht der ist, den sie zum Beispiel der Fliege entgegensetzt und den man nur – den Renard nur – durch eine Umwandlung der Elemente erfassen kann. Allerdings müßte man, um die Sache weiterzuführen, wie Proust davon überzeugt sein, daß es gar keine Umwandlung gibt, daß die Begriffe Luft und Wasser erlernt und bloß bequeme Rubriken sind und daß das «Ding» jenseits aller Begriffe ist, die man unterschiedslos verwenden kann, sofern sie nur den ersten Eindruck *wiedergeben*. Renards Realismus ist der Realismus der Wissenschaft und des gesunden Menschenverstands, daher sind seine Vergleiche zweigliedrige Beziehungen, wobei das erste Glied, das Verglichene, genau umschrieben, definiert, wissenschaftlich erklärt, gut verankert und handfest ist (eine Spinne gleitet auf einem unsichtbaren Faden: man *erklärt* uns den Grund für den folgenden Eindruck, man geht soweit, diesen Faden, den man nicht sieht, vorauszusetzen) – und das zweite Glied luftig ist oder, besser, «in der Luft hängt», ohne feste Grundlage, reine Phantasie und am Rand des Märchenhaften. Genau das ist die Verdrehtheit, die alle Bilder Renards bedroht. Er schreibt: «11. Juli 92: Die existierenden Gesetze durch Gesetze ersetzen, die nicht existierten.» Und so sind seine Bilder: auf der einen Seite das existierende Gesetz: der Gegenstand; auf der anderen Seite das Gesetz, das nicht existiert: der Vergleich. Und schließlich soll das Bild eine imaginäre Welt schaffen, in der die Spinnen in der Luft schwimmen, in der «ohnmächtig werden in der frischen Luft ertrinken heißt», in der «das Licht ins Wasser getunkt ist», usw. Das ist Renards Vorliebe für Launigkeit und Nettigkeit. Er hält das für Poesie und merkt nicht, daß er sich verliert. So findet er einen Ausspruch von Saint-Pol Roux «köstlich»: «Die Bäume tauschen Vögel aus wie Worte», und macht sich nicht klar, daß er weder die notwendige Kraft besitzt, die Realität durch stark gefilterte Vergleiche zu rekonstruieren (wie Proust), die ganz der versuchten Rekonstruktion dienstbar gemacht sind – noch den Mut hat, die materielle Basis und den festen Boden des gesunden Menschenverstands zu verlassen, um etwas Surreales zu schaffen wie Rimbaud. Der Arsch zwischen zwei Stühlen, das ist Renards Vergleich. Und so schreibt er schließlich folgendes, was gräßlich und dumm ist und vor allem *nichts bedeutet*, weil sich das Bild durch sein Eigengewicht entwickelt: «Die Sträucher schienen betrunken von der Sonne, schwankten, als wäre ihnen unwohl, und erbrachen Weißdorn, weißen Schaum.» Bei Renard gibt, wie Gide sagt, der Vergleich «sich selbst den Vorzug». Er ist Zaudern: er möchte winzige Bruchstücke des Realen fassen, «Fliegenskalps» – aber das Reale ist nicht mehr zu sagen, oder es kommt zu spät, falls man nicht eine völlig andere Metaphysik hat, und das Irreale ist gefährlich, es macht angst; Renard will sich nicht verlieren, und man müßte sich verlieren, um es zu erhaschen.

Renard als Opfer der Unfähigkeit seiner Epoche. Er repräsentiert sehr gut den Zerfall des Naturalismus. Denn wie seine Zeitgenossen geht er vom Typischen zum Individuellen, vom Kontinuierlichen zum Diskontinuierlichen. Die großen Typen: *der* Finanzmann, *die* galante Frau, damit ist Schluß. Zola und die großen Naturalisten haben sie ausgeschöpft. Bleibt das Detail, das *Individuelle*. «17. Januar: An den Anfang des Buches setzen: Ich habe keine Typen, sondern Individuen gesehen. Der Wissenschaftler generalisiert, der Künstler individualisiert.» Aber obwohl diese 1889 geschriebenen Sätze wie ein Vorgeschmack Gidescher Glaubensbekenntnisse wirken, die Monographien fordern, sehe ich darin eher ein Eingeständnis der Unfähigkeit. Gide ist von dem Positiven angezogen, das er im Individuellen sieht. Für Renard und seine Zeitgenossen ist das Individuelle das, *was ihnen bleibt*, was nicht das Allgemeine und Typische ist, Material, das ihre «Vorfahren» bereits bearbeitet hatten. Der Beweis dafür ist die totale Unschlüssigkeit, in der Renard ist, wenn er die Natur dieses «Individuellen» berührt. 1889 regt er sich über Dubus[14] auf, weil dieser «Theorien über die Frau hat. Schon wieder? Ist also immer noch nicht Schluß mit Theorien über die Frau?» Aber das hindert ihn nicht, 1894 seinem Sohn den Rat zu geben: «Frantec, als Autor studier nur eine Frau, aber durchforsche sie gut, dann wirst du die Frau kennen.» Und so entschwindet das gut durchforschte Individuelle klammheimlich, und wir stoßen wieder auf das Typische. Diese Neigung zum Individuellen wurde im übrigen durch eine pluralistische, antifinalistische und pessimistische Wahrheitsauffassung gefördert, die aus den Schwierigkeiten hervorgegangen war, denen die Wissenschaften allmählich auf ihrem jeweiligen Gebiet begegneten. Renard schreibt: «Unsere ‹Vorfahren› sahen den Charakter, den in sich geschlossenen Typus... Wir sehen den widersprüchlichen Typus mit seinen Flauten und seinen Krisen, seinen Augenblicken der Güte und seinen Augenblicken der Bosheit.» Es gibt mehr nur *eine* Wahrheit, sondern *mehrere* Wahrheiten. Und es ist ku-

14 Dichter und Journalist, einer der Gründer des *Mercure de France*.

rios, daß Anatole France, sein Zeitgenosse, ungefähr zur gleichen Zeit in *La vie littéraire* schreibt (1891 – der zitierte Satz von Renard stammt von 1892):

«... Man hat gesagt, daß es Gehirne mit wasserdichten Schotten gibt. Die dünnste Flüssigkeit, mit der eine der Abteilungen gefüllt ist, dringt nicht in die anderen ein. Und als sich ein glühender Rationalist in Gegenwart Théodule Ribots erstaunt darüber zeigte, daß es derartig konstruierte Köpfe gibt, antwortete ihm der Meister der experimentellen Philosophie mit sanftem Lächeln: ‹Nichts kann uns weniger überraschen. Ist es umgekehrt aber nicht eine reichlich spiritualistische Auffassung, die Einheitlichkeit der menschlichen Intelligenz behaupten zu wollen? Weshalb haben Sie etwas dagegen, daß der Mensch doppelt, dreifach oder vierfach sei?›»

Eine gerade in ihrem Schwachsinn kostbare Stelle, denn sie enthüllt uns einen der philosophischen Einflüsse, unter dem diese Literaten direkt oder indirekt stehen: Ribot. Und auch weil sie uns zeigt, daß sich dieser experimentelle Pluralismus ausdrücklich gegen den Rationalismus wandte. Diese ganze pessimistische Strömung mußte zu Metschnikows «Disharmonien der menschlichen Natur» führen, und auf eine solche «Disharmonie der Natur» will auch Renard hinaus. Was ihn legitimiert, nur Momentaufnahmen zu machen: «In Stücken», ruft er aus, «in kleinen Stücken, in ganz kleinen Stücken.» So werden wir auf einem anderen Weg, den er großspurig Nihilismus nennt, wieder zum Satz zurückgeführt, der für sich allein als Kunstwerk gilt. Ist die Natur nämlich in erster Linie Unordnung und Disharmonie, dann ist der Roman künftig nicht mehr möglich. Renard schreibt mehrfach, daß der Roman ausgedient habe, da er eine kontinuierliche Entwicklung verlangt. Wenn der Mensch eine zerhackte Serie ist, soll man lieber Novellen schreiben. «Einen Band mit immer kürzer werdenden Erzählungen schreiben und das Ganze *Das Walzwerk* nennen.»

Aber es ist immer dasselbe: in der Not friß der Teufel Fliegen.

Donnerstag, 21. März
Was Renard endgültig fesselte, war die Idee, daß er ein «Künstler» sei. Diese *Künstler*idee stammt von den Goncourts. Sie ist von deren vulgärer Dummheit geprägt. Dialektisch ist sie das, was von Hugos «Seher»-Dichter und vom *poète maudit* der großen romantischen Epoche übrigbleibt. Ein weißer, verbürgerlichter, bequemer Fluch: nicht mehr der des einsamen Zauberers, sondern gerade noch der, der auf einer Elite lastet, glückliches Unglück, das sich darauf reduziert, Nerven zart wie Spitzen und ein besonders delikates «Gehirn» zu haben, wie Goncourt sagt. Gautier und das *L'art por l'art*, Flaubert und sein falscher schöner Stil sind da hindurchgegangen. Und in der Tat ist dieser Künstlerbegriff nicht nur das Überbleibsel eines großen, gleichsam religiösen Mythos, des romantischen Mythos des Dichters; er ist auch das Prisma, durch das sich eine kleine Gesellschaft wohlhabender und gebildeter Bürger, die schreiben, als Elite sieht und begreift. Er schließt die Fehler und Mängel dieser Gesellschaft in sich. Merkwürdige Epoche, in der die Schriftsteller unter sich leben, weil sie sich noch nicht damit abfinden wollen, Menschen wie andere zu sein. Ich habe nicht den Eindruck, daß die Leute, die schreiben, heute miteinander verkehren, und vor allem nicht, daß sie diesen gemeinsamen Beruf für einen hinreichenden Grund der Annäherung halten. Aber damals fühlten sie sich als Eingeweihte. Es war für sie eine Pflicht, miteinander zu reden. Renards Wort an ich weiß nicht wen: «Bleiben Sie nicht noch einen Moment? Wir hätten von Literatur gesprochen.» Denn man spricht «von Literatur», man hält zusammen und man haßt sich, man fühlt sich von den anderen Leuten ein wenig verachtet, von denen, die leben, aber man verachtet sie selber noch mehr. Man ist nicht ganz sauber, aber so

sensibel. Und gerade darüber staunen wir heute: der Schriftsteller, der mit demselben Recht wie der Bildhauer oder der Musiker Künstler zu sein beansprucht. Ich bin nie auf die Idee gekommen, daß ich ein Künstler sei. Das Wort hat gar keinen Sinn für mich. Aber ich sehe, daß Renard wütend wird, weil ein alter Geigenspieler behauptet, einen lebhafteren Kunstgenuß zu empfinden als ein Schriftsteller: «Vergleich zwischen Musik und Literatur. Diese Leute wollen uns einreden, ihre Empfindungen seien erfüllter als die unsrigen... Ich kann schwerlich glauben, daß dieses kaum noch lebendige Männchen tiefer in die Lust an der Kunst eindringt als Victor Hugo oder Lamartine, die die Musik nicht mochten.»

Der Künstler zeichnet sich also nicht nur dadurch aus, daß er Kunstwerke schafft, wie man naiverweise glauben könnte, sondern daß er Lust an der Kunst hat. Immer wieder die Elite. Und diese künstlerischen Sensibilitäten tun sich zusammen. Daher bei Renard wie bei vielen anderen seiner Zeitgenossen eine ganz formale Auffassung von Schönheit. Die Materie ist schleimig und unheimlich. Aber diese der Elite eigentümlichen Sensibilitäten erbeben bei dem Satz, der diese Armseligkeit prachtvoll ausdrückt. Der platteste Realismus wird durch den Glanz der Form gerettet. Die Idee, daß auch das *Material* des Kunstwerks schön sein muß, entgeht ihnen oder sucht sie heim wie ein Bedauern: «Der Realismus! Der Realismus! Geben Sie mir eine schöne Realität, ich werde nach ihr arbeiten» (30. Mai 1890). Nichts war je falscher als diese gesellschaftliche Auffassung vom Schriftsteller als Mitglied eines Künstlerkollegiums – und nichts unechter als diese Auffassung der Schönheit als das, was die Realität würzt.

Renard, ein völlig gefesselter Mensch. Gefesselt von seiner Familie, seiner Epoche, den literarischen Moden, seiner Ehe, seinem Lakonismus, ausgelaugt von seinem *Journal*. Fand Stärkung nur noch im Traum (häufig dem ganz platten Traum eines netten kleinen Ehebruchs, den er nicht zu begehen wagt).

Renards Wunsch nach Originalität um jeden Preis, Reaktion auf diese lästigen Vorfahren, die ihm nichts mehr zu tun übriggelassen haben – und auf seine allzu große Formbarkeit, seine allzu gebieterische Neigung zur Nachahmung.

Freitag, 22. März
Brief von Maurice Saillet: «Ich bemühe mich, ein richtiger Eingezogener zu werden – eine womöglich noch seltenere Spezies als der Verfügbare der *Nourritures.*»

Samstag, 23. März
Grener, elsässischer Gießer, kommunistisch gesinnt: «Es wird ja keine hundertsieben Jahre dauern.»

Ich: «Nein, aber noch eine ganze Weile.»

Er: «Oh, die Kerle, die machen sich nicht viel draus.»

Ich: «Na und? Wer meckert, wird an die Wand gestellt wie im Jahr 17.»

Er: «Kann sein. Nicht gleich. Aber du wirst sehen! Bei denen genauso wie bei uns.»

Ich: «Bei denen ...»

Er: «Die werden bloß mehr in Schach gehalten als wir. Aber keine Bange. Wenn's bei uns losgeht, geht's auch bei denen los. Das kann nicht dauern.»

Es stoßen mir ebenso viele kleine Dinge zu wie im Dezember, und ich habe ebenso viele Ideen. Aber ich habe weniger Lust, sie aufzuschreiben. Dieses Heft wird an Auszehrung sterben, falls nicht eine Veränderung in meinem Leben eintritt.

Renard: das Ereignis seines Lebens, auch wenn er sich darüber nicht klar zu sein scheint, ist die Veränderung des Milieus: er geht vom kunsttümelnden Milieu der Goncourts zum Milieu des Theaters über: Rostand – Capus – T. Bernard – Guitry. Er braucht Guitrys Wärme zum Leben. Sein ganzes Leben ist in diesem Übergang von Schwob zu Guitry zusammengedrängt. Hat der Liebe die Freundschaft vorgezogen, aus Vorsicht und wegen eines Überbleibsels der päderastischen Gefühlsduselei seiner Jugend.

Das erschreckende Leben von J. Renard. Sein *Journal* ist weniger eine Übung in luzider Strenge als ein Winkel schamhafter und zärtlicher Komplizenschaft mit sich selbst. Das ist das Gegenstück des Schweigens im Familienkreis von Lepic. Er ist hier aufgeknöpft – es sieht nicht so aus, weil der Stil gut gekleidet ist.

Die Passage des Tagebuchs der Goncourts, die meine Bemerkung über Renards Generation bestätigt:

«27. August 70. Zola ist bei mir zum Essen. Er erzählt mir von einer Folge von Romanen, die er vorhat, einer Epopöe in zehn Bänden, Natur- und Sozialgeschichte einer Familie ... Er sagt zu mir: nach den Analysen der winzigsten Teile des Gefühls, da diese Analyse von Flaubert in *Madame Bovary* versucht worden ist, und nach der Analyse der künstlerischen, bildnerischen und nervlichen Dinge, wie Sie sie betrieben haben, nach diesen *Edelschmuck-Werken*, diesen ziselierten Bänden ist kein Platz mehr für die Jungen; nichts mehr zu tun; keine Person, keine Figur mehr zu bilden, zu konstruieren: nur durch die Quantität der Bände und die schöpferische Kraft kann man das Publikum ansprechen.»

Sehr gut. Doch *nach* den Epopöen in zehn Bänden? Was dann? Genau zu diesem Zeitpunkt taucht Renard auf, Renard, das Schwanzende dieser Literatur, die von Flaubert über die Brüder Goncourt und Zola zu Maupassant reicht. Ein Sterbender. Er hat sein Leben lang im Sterben gelegen. Und trotzdem hat er den meisten Einfluß auf die gesamte Nachkriegsliteratur gehabt.

Ich schwöre, daß es wirklich sehr bestürzend ist – wenn es einem so geht wie mir und man sieht, daß alle Wege zum Schreiben und Denken frei sind, alles neu begonnen werden kann und daß man jedesmal, wenn man wählt, den Eindruck hat, sich um tausend jungfräuliche Möglichkeiten zu beschneiden –, daß es wirklich verblüffend ist, dieses Tagebuch eines Menschen zu lesen, der auf jeder Seite versichert, daß alle Wege versperrt seien und daß man die Originalität im Schweiße seines Angesichts erringen müsse.

Mittwoch, 27. März
All die letzten Tage hatte ich keine Lust, in dieses Heft zu schreiben: ich beendete, so rasch es ging, das erste Kapitel des Prologs zu *L'âge de raison*, weil ich in Urlaub fahren sollte. Ich bin zur Zeit etwas angewidert von meinem Roman: er kommt mir unbeholfen und leer vor. Freilich ist es ein Anfangswerk: mein Debut im Roman. Ich muß ihn ganz überarbeiten; so ist er zerfahren und abgehackt.

Ich bin recht froh, in Urlaub zu gehen, aber einfacher als das letzte Mal. Ich habe ganz einfach Lust, die Leute und Paris wiederzusehen. Alles hat sich erweitert, alles hat sich entspannt seit Februar. Ich habe nicht zu jener Anspannung der ersten Monate zurückgefunden. Heute arbeite ich, lebe ich in den Tag hinein, bin ich an dieses Leben so angepaßt, daß ich es gar nicht mehr merke. Die heroischen Zeiten dieses *drôle de guerre* sind für mich vorbei. Schon lange habe ich mich nicht mehr um die Authentizität gekümmert – auch nicht um das Nichts. Ich glaube, ich tauge weniger, als ich in Morsbronn zum Beispiel taugte. Ich bin alltäglich geworden.

Nach dem Tagebuch von Renard habe ich das der Goncourts aus den Jahren 70/71 gelesen. Zuerst war ich angenehm überrascht, *volle* Seiten zu finden, nach jener betäubenden Folge leerer Seiten bei Renard. Es war die Belagerung von Paris, es war die Commune. Sofort ist Goncourt in meiner Achtung wieder etwas gestiegen. Aber die Ernüchterung ließ nicht auf sich warten. Schändlichkeit dieses egoistischen, ängstlichen, greinenden und manischen und überdies kunsttümelnden alten Knaben. Doch was er erzählt, ist im Licht der Bücher von Duveau und Ollivier faszinierend.

Angefangen, noch einmal *La Condition humaine* zu lesen. Gereizt wegen einer brüderlichen Ähnlichkeit zwischen Malraux' literarischen Verfahren und den meinen. «Es war eine Welt des Mordes, und er blieb dort wie in der Wärme.» Das hätte ich schreiben können. Ich bin nie von ihm beeinflußt worden, aber wir waren gemeinsamen Einflüssen ausgesetzt – nichtliterarischen Einflüssen. Die gleiche Art, über das konkrete Detail zu stolpern (was Nizan so gut wiedergibt) und sich an der Schilderung von Atmosphäre schadlos zu halten. Die gleiche geduldige Art, ein kleines Detail zu wählen (Kyo erkennt seine Stimme auf der Schallplatte nicht wieder, weil man «die eigene Stimme mit der Kehle hört») und es dann von Seite zu Seite zum Symbol aufzublasen. Die gleiche etwas abrupte Art, plötzlich in die direkte Rede zu fallen und sie wieder zu verlassen. Liegt es daran, daß ich die Tricks zu gut sehe? Keiner der Effekte trägt. Ich *fühle* nichts. Trotzdem eine sehr schöne Stelle (und auch das ähnelt den Monologen von Mathieu zum Beispiel):

«Die Stimme der andern hört man mit den Ohren, seine eigene mit der Kehle. Ja. Auch sein Leben hört man mit der Kehle, und das der andern? ... Zuerst war da die Einsamkeit, die unwandelbare Einsamkeit hinter der sterblichen Menge, gleich der großen Ur-Nacht hinter dieser dichten, niedrigen Nacht, in der die ausgestorbene Stadt lauerte, voll von Hoffnung und von Haß. ‹Aber ich, was bin ich für mich, für die Kehle? Eine Art von absoluter Bejahung, irrsinniger Bejahung: eine größere Intensität als die aller übrigen. Für die andern bin ich das, was ich getan habe.› Nur für May war er nicht das, was er getan hatte;

nur für ihn war sie etwas ganz anderes als ihre Biographie. Die Umarmung, mit der die Liebe die Wesen gegen die Einsamkeit zusammenschließt, nicht dem Menschen brachte sie Hilfe, sondern dem Irrsinnigen, dem unvergleichbaren, allem vorzuziehenden Monstrum, das jeder für sich selbst ist und das er in seinem Herzen hätschelt. Seit dem Tod seiner Mutter war May das einzige Wesen, für das er nicht Kyo Gisors war, sondern die engste Komplizenschaft. ‹Eine verabredete, erstrittene, gewählte Komplizenschaft›, dachte er … ‹Die Menschen sind nicht meinesgleichen, es sind diejenigen, die mich beobachten und über mich urteilen; meinesgleichen sind diejenigen, die mich lieben und mich nicht beobachten, die mich lieben allem zum Trotz, die mich lieben trotz Verkommenheit, trotz Niedertracht, trotz Verrat, mich selbst und nicht das, was ich getan habe oder tun werde, die mich lieben würden, solange ich selbst mich lieben würde – bis zum Selbstmord, einschließlich … Mit ihr allein habe ich diese zerrissene oder nicht zerrissene Liebe gemeinsam, wie andere miteinander kranke Kinder haben, die sterben können.›»

Neulich spürte ich, wie sehr Schlumberger mit Gide «eine Epoche ist». Aber ich spüre ebenso stark, wie sehr ich mit Malraux eine Epoche bin (derselbe Intellektualismus). Ich muß sagen, daß bei ihm nichts zur Vollkommenheit gebracht ist. Die Syntax ist lasch, die Wörter sind oft häßlich und zweideutig. Ich habe den Eindruck, meinen ersten Entwurf zu lesen.

Donnerstag, 28.
Kabinett Reynaud: zwangsläufig kriegt dieser versprengte Rechte eine Volksfrontmehrheit zustande, während Daladier als Vorsitzender einer großen Partei, die die Volksfront schuf, mit einer Mehrheit des nationalen Blocks regierte. Geschicklichkeit der Sozialisten, die die Kommunistische Partei von einer Regierung, die auf ihre Stimmen nicht

zählen konnte, verfolgen und zersetzen ließen und nach erfolgter Säuberung die Beteiligung akzeptieren. Wird diese Regierung dauern? Ich weiß noch nicht recht, wie sie hier akzeptiert wird. Die reaktionären Offiziere werfen Reynaud seine «Russenfreundlichkeit» vor. Es scheint offenkundig zu sein, daß einer der Gründe für den Sturz des Kabinetts Daladier seine zögernde Haltung gegenüber Rußland war. Die vom Kabinett Daladier geforderte Abberufung von Souritz scheint dazu bestimmt, die Rechten zufriedenzustellen.

Heute nachmittag fahre ich in Urlaub.

Die Soldaten hier werfen Reynaud vor, in seiner Rundfunkansprache kein Wort über «den Heldenmut unserer tapferen Soldaten» verloren zu haben. «Daladier würde das nie vergessen!» sagen sie mit Bedauern.

Langes Gespräch gestern mit Grener. Mit diesem brutalen und groben dicken Mann, der rülpst und furzt, wie er atmet, prostituiere ich mich, weil er Arbeiter ist. Vorgestern abend schnarchte er, von Müdigkeit und Alkohol überwältigt, auf einer Bank, während ich schrieb. Plötzlich steht er auf, mit rosigen Augen, weder schlafend noch wachend, verrückt, dreht sich zur Wand, knöpft seinen Hosenschlitz auf und pißt. Ich stürze auf ihn los: «Hör auf, du Drecksau!» Er brummt «Halt's Maul», pißt weiter, während ich ihn schüttele, und sackt auf seiner Bank zusammen, wo er wieder anfängt zu schnarchen, zu stöhnen und zu strampeln. Obwohl ich einen gewissen körperlichen Widerwillen gegen seinen Geruch und sein Fett empfinde, will ich ihm gefallen, und es gelingt mir auch ohne Mühe, denn er ist geschmeichelt, daß ich mit ihm rede. Gestern war er gesprächig. Die Worte strömten aus seinem reglosen und schweren Gesicht wie von ihrem eigenen Gewicht gezogen. Immer derselbe Tonfall verhaltenen Ungestüms. Kurze Pausen, als wolle er seinen Vorrat an Wörtern auffüllen, und dann fängt es wieder an zu strömen. Ab und zu trinkt er Rotwein, und sein Ungestüm wächst. Übrigens fällt es mir nicht schwer, ihm zuzuhören: er interessiert mich. Er haßt und verachtet die Schreiber und erklärt mir, wie stolz er darauf sei, alles, was er hat, sich selbst zu verdanken. «Die andern, wenn die ihren Beruf verlieren, was sollen sie dann tun? Sie können nicht mit den Händen arbeiten, sie werden betteln gehen. Ich bin genausoviel wert wie sie, ich kann alles. Man sagt mir: nehmen Sie die Axt, ich nehme die Axt; nehmen Sie die Säge, ich nehme die Säge. Jahrelang habe ich neben meiner Arbeit Holz gefällt! So hab ich mir das Haus und die zwei Kühe kaufen können. Du verstehst das nicht, aber wenn man zwei Kühe hat, hat man's geschafft.» Ich spüre sehr stark seinen Stolz, von Gegenständen umgeben zu sein, die ihm ihre Existenz verdanken, die er direkt oder indirekt mit der Kraft seiner Arme hergestellt hat; und auch sein Gefühl der Sicherheit gegenüber Schicksalsschlägen: er wird sich immer durchschlagen, weil er alles kann; sein Gefühl, in einer feindseligen und unheilschwangeren Welt zu leben, die man zähmen muß und die er zähmen kann, und seine Verachtung für die Laffen von Schreibern, die nur auf dem Gipfel einer gut gepolsterten und geordneten Gesellschaft leben können. Ansonsten schimpft er und beschwert sich – mehr wie ein Bauer als wie ein Arbeiter. Er sagt: «Man frotzelt über den Adolf, aber es gibt auch Gutes bei dem, was er gemacht hat. Man frotzelt über die Sowjets, aber auch die machen Gutes.»

Bemerkung seines zwölfjährigen Sohns, der mit der Gemeindeschule nichts am Hut haben will: «Ich brauch das nicht, um Arbeiter zu werden.» Der Vater hat den Lehrer aufgesucht und ihm gesagt: «Prügeln Sie ihn. Ich hab mich geödet, als ich klein war, da kann er sich auch öden.»

Bibliographie

a) Deutsch

Altwegg, Jürg, *Ein Kriegstagebuch Jean-Paul Sartres* in: *Frankfurter Allgemeine Zeitung* vom 1. Oktober 1982.

Altwegg, Jürg, *Der «totale Intellektuelle» Jean-Paul Sartre* in: *Solothurner Nachrichten* vom 10. April 1985 (dito: *Sartre, ein «Dinosaurier des Jahrhunderts»* in: *St. Galler Tageblatt* vom 23. April 1985).

Baumgart, Reinhart, *Der schreibsüchtige Soldat* in: *Der Spiegel* vom 7. Januar 1985.

Berberich, Frank, *Inspirierte kalte Schlange beim Schleiertanz* in: *Pflasterstrand* vom 21. Januar 1985.

Campe, Joachim, *Entwurf nach freier Wahl* in: *Nürnberger Nachrichten* vom 8./9. Dezember 1984.

Dederke, Karlheinz, *Jean-Paul Sartres Kriegsexistentialismus* in: *Der Tagesspiegel* vom 24. März 1985.

Dyck, Joachim, *Zeuge sein* in: *Die Zeit* vom 5. Oktober 1984.

Flynn, Thomas R., *Skizze einer Theorie der Geschichte* in: Traugott König (Hg.), *Sartre. Ein Kongreß*, Rowohlt Taschenbuch Verlag, Reinbek 1988, 201–225.

Grössel, Hanns, *Soldat Sartre. Abschnitt 108* in: *Süddeutsche Zeitung* vom 6. Dezember 1984.

Heissenbüttel, Helmut, *«Mir graust vor mir»* in: *Deutsches Allgemeines Sonntagsblatt* vom 14. Oktober 1984.

Heissenbüttel, Helmut, *Der unendliche Debattierer* in: *Frankfurter Rundschau* vom 27. Oktober 1984.

Koch, Claus, *In der Windstille des Weltkriegs* in: *Merkur*, April 1984, 287–299.

Lange, Manfred, *Gedanken über das absurde Dasein beim Wetterdienst*, in: *Deutsche Tagespost* vom 25. Januar 1985.

Lepenies, Wolf, *Kriegsgewinnler Sartre* in: *Frankfurter Allgemeine Zeitung* vom 17. November 1984.

Pfau, Una, *Schönheit, Leere und Nichts* in: *Stuttgarter Zeitung* vom 1. September 1983.

Raether, Martin, *Zur Poetik des Existentialismus* in: Helene Hardt/Volker Roloff (Hg.), *Literarische Diskurse des Existentialismus*, Stauffenberg Verlag, Tübingen 1986, 45–56.

Scheller, Wolf, *Ein Intellektueller im Krieg* in: *Generalanzeiger für Bonn* vom 1. November 1984, und in: *Rhein-Neckar-Zeitung* vom 24. November 1984 (dito: *In kriegerischer Männergesellschaft* in: *Bergische Morgenpost* und: *Rheinische Morgenpost* vom 17. November 1984, und: *Intellektueller hinter der Front* in: *Allgemeine Zeitung* (Mainz) vom 15. Dezember 1984, und: *Sartres Kriegstagebücher: Ein Genie, besessen von der eigenen Mission* in: *Die Presse* vom 6. Januar 1985).

Wroblewsky, Vincent von, *Von der Authenzität des Individuums zur Intelligibilität der Geschichte* in: Traugott König (Hg.), *Sartre. Ein Kongreß*, Rowohlt Taschenbuch Verlag, Reinbek 1988, 385–407.

Zeltner, Gerda, *Ein ganz gewöhnlicher Soldat* in: *Neue Zürcher Zeitung* vom 4./5. Juni 1983.

b) Französisch

Burnier, Michel-Antoine, *Carnets brillants, cahiers brouillons* in: *Le Point* vom 18. April 1983.

Cossé, Laurence, *Les carnets de guerre de Sartre* in: *Le Quotidien de Paris* vom 18. April 1983.

Daix, Pierre, *Sartre avant et après Sartre* in: *Le Quotidien de Paris* vom 18. April 1983.

Deguy, Jacques, *Sartre critique littéraire: une autre postmodernité?* in: A Kibédi Varga (Hg.), *Littérature et postmodernité*, CRIN 14, Grossingen 1986, 55–70.

Dollé, Jean-Paul, *Le paien et l'orgueilleux* in: *Le Matin de Paris* vom 8. April 1983.

Doubrovsky, Serge, *Sartre: retouches à un autoportrait* in: Claude Burgelin (Hg.), *Lectures de Sartre*, Presses Universitaires de Lyon, Lyon 1986.

El Kaim, Arlette, *Son attention au monde* (Interview) in: *L'Express* vom 8.–14. April 1983.

Faucher, Michel, *Remarquable, mais…* in: *Le Nouveau Journal* vom 21. April 1983.

Galey, Matthieu, *La genèse de Sartre* in: *L'Express* vom 8.–14. April 1983.

Grodent, Michel, *Les carnets de guerre de Sartre un posthume capital!* in: *Le Soir* vom 16. April 1983.

Idt, Geneviève, *Préhistoire de Sartre biographe d'après «Les carnets de la drôle de guerre* in: Helene Hardt/Volker Roloff

(Hg.), *Diskurse des Existentialismus*, Stauffenburg Verlag, Tübingen 1986, 57–74.
Lacoste, Jean, *Sartre-en-guerre* in: *La Quinzaine Littéraire* 1983, Nr. 383.
Pierre, Jean, *La drôle «drôle de guerre» de Sartre* in: *Les Nouvelles Littéraires* vom 26. Mai / 1. Juni 1983.
Poirot-Delpech, Bertrand, *Le pitre moral* in: *Le Monde* vom 1. April 1983.
Saint-Sernin, Bertrand, *Les carnets de la drôle de guerre* in: *Études*, Juli / August 1983.
Spiteri, Gérard, *Sartre: les «devoirs de vacances» d'un petit bourgeois* in: *Les Nouvelles Littéraires* vom 14. April 1983.
Todd, Olivier, *Sartre inconnu* in: *Le Matin de Paris* vom 6. April 1983.

Personenregister